KB042546

서비스 운영 관리

김진한 저

박영사

　　우리나라는 제조업 분야에서 세계적인 강점을 보이고 있으나 서비스 분야의 경쟁력은 여전히 상대적으로 미흡한 수준이다. 현장에서 개별 서비스의 수준이 최고라고 인정받는 데도 불구하고 우리나라 서비스 분야의 경쟁력은 선진국 대비 낮고 조만간 세계적인 수준이 될 거라고 전망하는 사람도 많지 않다. 분명한 것은 우리나라 경제가 제2의 도약을 위해서는 서비스 분야의 혁신과 성장이 필수적으로 요구되고 경쟁력을 향상시키는 방안을 찾아 실행에 옮겨야 한다는 것이다. 특히, 4차 산업혁명에 기초한 기술과 혁신의 도입으로 인해 서비스 분야의 불확실성이 증가되고 세계적인 전염병의 충격으로 인한 불확실성이 이러한 부정적 영향을 더욱 확장시키고 있다. 그러나 항상 그렇듯이 이러한 위기는 서비스 부문의 새로운 기회를 창출하는 중요한 주춧돌의 역할도 할 것이다. 이제 이러한 변화와 기회에 재빨리 적응하고, 그 기회를 포착하고, 변화를 선도하는 서비스 조직이 5년 이내에 경쟁력 있는 기업으로서 새로이 등장하여 자리 잡게 될 것이다. 하지만 이에 대비하기 위해서 기존의 이론과 관점을 무시하고 오직 새로운 것만을 추구하기보다는 기존의 것에 토대하여 새로운 방향으로 재빨리 변화 및 적응해 가는 것이 필요하다. 모든 문제는 반드시 문제를 푸는 열쇠가 있어 끊임없이 생각하고 찾아낼 필요가 있다는 점을 명심할 필요가 있다.

　　본서는 운영 시스템 관점에서 서비스와 관련한 이슈를 설명한 교재이다. 서비스를 운영 시스템 관점에서 기술한다는 것은 어떤 전략적 목표를 달성하기 위해 환경을 고려하면서 변환과정을 거쳐 투입물을 산출물로 만드는 반복과정을 핵심 체계로 한다는 것을 의미한다. 이러한 체계에 기초하여 본서는 서비스 경제와 특성에 대한 이해, 서비스 전략 수립, 서비스 산출물, 서비스 투입물, 서비스 프로세스 디자인이라는 순서로 내용을 전개하였다. 본서의 몇 가지 특징을 정리하면 다음과 같다. 첫째, 운영 시스템 차원에서 전체적인 내용이 정리되었다. 경영학 분야의 유사한 과목으로서 생산운영관리, 서비스마케팅이 있으나 두 과목은 이러한 내용과 차원에서 차별화될 수 있다. 그러나 운영 관리와 관련된 의사결정 문제를 다루기 위해 경영과학을 이용한 다양한 수학적 모형이 적용될 수 있으나 분량의 문제뿐만 아니라 난이도 조절과 타 과목과의 중복을 감안해 과감하게 생략하였다. 이에 대해 관심이 있는 독자는 경영과학, 계량경영, 생산운영관리 등 관련 과목의 해당 내용을 참고하기 바라고 이를 포함한 교재의 출간은 다음 기회로 미룬다. 둘째, 본서는 서비스 운영 관리의 주요 내용에 대해 새로운 관점을 창출하거나 저자의 관점을 강조하여 기존의 연구를 새롭게 정리하는 교재가 아니다. 오히려 독자들이 서비스 운영 관리에 대한 전반적 내용을 익히고 기본 체계를 잡는 데 도움을 주기 위해 기존 연구를 가급적 많이 소개하고 설명하는 역할에 초점을 두었다. 물론 그렇다고 해서 서비스 운영 관리 분야에서 다루는 모든 내용이 포함되어 있는 것은 아니다. 셋째, 본서의 수준은 학부뿐만 아니라 대학원 수준에도 적합하도록 다양하고 중요한 최근 내용이 많이 포함되어 있다. 학부 수준에서 익혀야 하는 필수적인 내용을 모두 언급하도록 노력하였을 뿐만 아니라 각 장별 흥미로운 추가 이슈를 통해 최근의 전문 학술지에서 논의되었던 중요한 이슈들을 소개하였다. 특히, 대학원 수업을 듣거나 논문을 준비하는 독자들이 본 교재를 통해 어떤 주제에 필요한 내용을 가급적 짧은 시간에 정리하고 체계를 잡도록 많은 주요 변수나 이슈를 포함시키기 위해 노력하였다. 넷째, 너무 많은 내용을 포함시키다 보면 핵심 주제가 분산될 가능성이 있어 관련 주제 중 대표적 연구를 소개하는 것에서부터 출발하여 다양한 기타 논의를 언급하는 방식으로 교재가 전개되었다. 따라서, 분량이 너무 많다고 생각하는 독자는 자신의 목적에 맞게 기본 연구를 중심으로 학습하고 여유가 있을 경우에 나머지를 추가로 학습할 수 있을 것이다. 다섯째, 서비스 운영 관리 교재가 단순히 이론에서 벗어나 현실적 문제와 소통하기 위해서는 예제가 많이 포함되는 것이 한 방법이라고 저자는 생각한다. 본서는 이를 위해 가급적 국내·외 사례 기업을 많이 언급하고자 하였다. 물론 분량의 문제로 사례 기업에 대한 구체적인 내용을 모두 소개하는 것이 불가능하지만 이론과 해당 사례의 구체적인 연결은 독자들의 과제로 남겨

놓았다.

　제가 이 자리에 오기까지 많은 분들의 도움이 있었다. 우선, 지도교수님이셨던 민재형 교수님께 감사의 마음을 전한다. 또한 부족함에도 불구하고 같이 과제와 연구를 수행했던 이원준 교수님, 김성홍 교수님, 김길선, 조성빈, 이상근, 하병천 교수님, 학계로 이끌어준 이상식 교수님, 홍석기 교수님, 금오공대의 동료 및 선후배 교수님과 제자분들께 감사의 말씀을 드린다. 이름을 모두 거론할 수 없지만 10년이 넘는 연구소 생활에서도 많은 분들의 도움을 받았다. 그분들과 함께 한 경험은 저에게 이론을 벗어나 실제와 현실에서의 경영학을 맛보게 했다. 또한, 이 책의 출판을 위해 많은 기여를 해 준 박영사 임직원분들께도 감사드린다. 마지막으로 저를 위해 한없는 희생을 해 주신 부모님, 삶의 교훈을 안겨준 가족, 다 표현할 수 없지만 여러 친구들께도 감사의 마음을 전한다.

2021년 2월
자택에서 저자 씀

CONTENTS | | 차 례

15^{CHAPTER}
서비스 프랜차이즈 관리

서비스 경제 시대의
서비스 운영 관리

Service Operations Management

01 CHAPTER

배경

서비스가 한 나라의 경제에서 차지하는 비중이 점차 증가하고 있다. 이러한 이유로 국가경제에서 차지하는 서비스 부문의 부가가치와 고용의 비중으로 대표되는 서비스의 중요성에 기초하여 세계경제의 현황을 살펴보는 것이 필요하다. 본격적으로 서비스 운영 관리의 주요 내용에 들어가기에 앞서 이 장에서 우리나라 서비스 부문의 중요한 문제점을 살펴보고 서비스의 효과적 관리를 위한 서비스 운영 관리의 체계를 이해하는 것이 필요하다. 마지막으로 서비스 부문의 추세를 파악하여 향후에 이 과목을 학습하면서 어떤 부분에 초점을 두어 공부해야 하는지를 제시한다.

주요 이슈

- 경제에서 차지하는 서비스 부문의 중요성은?
- 몇 가지 거시경제 지표로 살펴본 선진국 대비 우리나라의 서비스 현황은?
- 우리나라 서비스의 주요 문제점은?
- 서비스 운영 관리의 체계는?
- 글로벌 서비스 추세는?

1 서비스에 대한 관심

　우리는 다양한 매체를 통해서 서비스(service) 시대 혹은 서비스 경제라는 말을 자주 들어왔다. 어떤 용어가 자주 등장하고 사용된다는 것은 많은 사람들이 그 용어에 관심을 갖고 있고 현 시대상이 그 용어와 밀접하게 관련되어 있다는 것을 반영한다. 그렇다면 우리는 서비스 운영 관리를 본격적으로 학습하기에 앞서 왜 서비스가 중요하고 그것을 공부해야 하는지에 대해 이해할 필요가 있다.

　서비스 시대 혹은 서비스 경제라는 단어를 활용하여 인터넷 검색을 해 보자. 그러면 여러분은 한국 서비스업의 현황과 문제점, 5G 서비스, 비대면 서비스, 로봇 서비스 시대, 코로나 이후 서비스 등 다양한 관련 용어와 자료를 볼 수 있을 것이다. 이러한 용어는 우리의 생활과도 밀접한 관련이 있지만 한 국가경제의 관점에서도 중요한 의미를 갖는다.

　왜 우리는 현시대를 서비스 경제 시대라 부르는가? 아직 서비스의 개념을 명확히 정의하지 않았지만 통계청의 표준산업분류표를 보면 서비스의 개념을 어느 정도 이해할 수 있다. 〈그림 1-1〉과 같이 한 나라의 산업은 농업, 광업, 제조업을 포함한 다양한 산업으로 이루어져 있는데 표준산업분류표에는 많은 산업이 서비스로 분류되고 있음을 확인할 수 있다. 심지어 숙박 및 음식점업은 세분화되었을 경우에 더욱 많은 업종으로 구성되어 있으며, 최근에 다양한 사회 변화상을 반영하기 위해 개정(2017년 제10차 개정)된 한국표준산업분류를 보더라도 대부분이 서비스업에 관련된 산업에 속해 있음을 알 수 있다. 이처럼 서비스 산업은 그 범위가 매우 다양하기 때문에 단적으로 정의하기 매우 어렵지만 한 경제의 넓은 영역을 차지하고 있다는 것은 분명히 알 수 있다.

한국표준산업분류	
A. 농업, 임업 및 어업(01~03) B. 광업(05~08) C. 제조업(10~34) D. 전기, 가스, 증기 및 공기 조절 공급업(35) E. 수도, 하수 및 폐기물 처리, 원료 재생업(36~39) F. 건설업(41~42) G. 도매 및 소매업(45~47) H. 운수 및 창고업(49~52) **I. 숙박 및 음식점업(55~56)** J. 정보통신업(58~63) K. 금융 및 보험업(64~66) L. 부동산업(68) M. 전문, 과학 및 기술 서비스업(70~73) N. 사업시설 관리, 사업 지원 및 임대 서비스업(74~76) O. 공공 행정, 국방 및 사회보장 행정(84) P. 교육 서비스업(85) Q. 보건업 및 사회복지 서비스업(86~87) R. 예술, 스포츠 및 여가관련 서비스업(90~91) S. 협회 및 단체, 수리 및 기타 개인 서비스업(94~96) T. 가구 내 고용활동 및 달리 분류되지 않은 자가 소비 생산활동(97~98) U. 국제 및 외국기관(99)	I. 숙박 및 음식점업(55~56) 55.숙박업 　551.일반 및 생활 숙박시설 운영업 　　5510.일반 및 생활 숙박시설 운영업 　　　55101.호텔업 　　　55102.여관업 　　　55103.휴양 콘도 운영업 　　　55104.민박업 　　　55109.기타 일반 및 생활 숙박시설 운영업 　559.기타 숙박업 　　5590.기타 숙박업 　　　55901.기숙사 및 고시원 운영업 　　　55909.그 외 기타 숙박업 56.음식점 및 주점업 　561.음식점업 　　5611.한식 음식점업 　　　56111.한식 일반 음식점업 　　　56112.한식 면 요리 전문점 　　　56113.한식 육류 요리 전문점 　　　56114.한식 해산물 요리 전문점 　　5612.외국식 음식점업 　　　56121.중식 음식점업 　　　56122.일식 음식점업 　　　56123.서양식 음식점업 　　　56129.기타 외국식 음식점업 　　5613.기관 구내식당업 　　　56130.기관 구내식당업 　　5614.출장 및 이동 음식점업 　　　56141.출장 음식 서비스업 　　　56142.이동 음식점업 　　5619.기타 간이 음식점업 　　　56191.제과점업 　　　56192.피자, 햄버거, 샌드위치 및 유사 음식점업 　　　56193.치킨 전문점 　　　56194.김밥 및 기타 간이 음식점업 　　　56199.간이 음식 포장 판매 전문점 　562.주점 및 비알코올 음료점업 　　5621.주점업 　　　56211.일반 유흥 주점업 　　　56212.무도 유흥 주점업 　　　56213.생맥주 전문점 　　　56219.기타 주점업 　　5622.비알코올 음료점업 　　　56221.커피 전문점 　　　56229.기타 비알코올 음료점업

그림 1-1 표준산업분류표

출처: 통계분류포털//분류내용보기(해설서)
(https://kssc.kostat.go.kr:8443/ksscNew_web/kssc/common/ClassificationContent.do?gubun=1&strCategoryNameCode=001&categoryMenu=007&addGubun=no)

2 서비스의 중요성

2.1. 사전 자료조사

여러분은 본 장에서 가장 중요한 내용을 이해하기 위해 다음의 사이트를 검색하여 자료를 조사할 필요가 있다.

- ◆ 국내
  - ― 한국은행 통계자료 및 연구보고서
  - ― 한국무역협회
  - ― 통계청 통계 데이터베이스
  - ― 금융감독원
  - ― 고용노동부
  - ― 현대, 삼성, LG 등 민간연구소의 연구보고서
- ◆ 해외
  - ― World Bank National Accounts Data
  - ― OECD National Accounts Data, OECD Databases
  - ― World Trade Organization, World Trade Statistical Review

2.2. 서비스의 유형과 국가경제에서 역할

서비스는 국가경제의 주변이 아니라 중심이 되고 있다. 즉, 서비스는 건강한 경제의 핵심이자 심장역할을 한다. 구체적으로, 서비스는 다음의 유형이 있고 제조업 혹은 다른 서비스 부문들과 상호 연계되어 한 국가경제를 원활히 돌아가게 하는 역할을 한다.

- ◆ 제조 지원 서비스: 제조 기업 내부에서 이루어지는 서비스 활동으로서 중요한 가치사슬을 지원하는 서비스에 해당하는 재무, 회계, 정보, 인사, 법률, R&D 등이 모두 이 서비스에 해당한다.
- ◆ 금융 서비스: 자본조달, 투자, 보험 등의 서비스

◆ 비즈니스 서비스: 컨설팅, 회계감사, 광고 등의 서비스
◆ 인프라 서비스: 정보통신, 운송, 전기와 물 등의 유틸리티 관련 서비스
◆ 유통 서비스: 도매, 소매, 창고 등의 서비스
◆ 개인 서비스: 의료, 식당, 호텔, 헬스 등의 서비스
◆ 정부 서비스: 국방, 교육, 사법, 정치, 소방, 경찰 등의 서비스
◆ 소비자 서비스: 셀프 서비스로서 소비자가 직접 서비스 창출

이 밖에도 많은 서비스 유형이 새로 생겨나고 있다. 종합하면, 서비스는 경제 활동의 촉진자 역할뿐만 아니라 제조 부문의 활동을 가능하게 하는 역할도 수행한다. 미래학자인 짐 데이토(Jim Dator)는 모든 산업의 '문화 산업화'라는 용어를 사용한 바 있다. 그 의미는 제조업을 IT와 융합시키고 여기에 인간의 감성과 문화를 입혀 제조업의 서비스 산업화, 문화 산업화로 경쟁력을 강화하는 것이 필요하다는 의미이다.

2.3. 세계경제에서 서비스의 공헌

경제의 구조적 변화는 경제성장을 수반하고 그 영향은 주로 고용과 부가가치의 변화로 나타난다. 경제성장의 초기 단계는 제조 부문이 지배하였다. 그러나 제조의 지배는 서비스 부문과의 경쟁으로 인해 소멸하게 된다. 실제로 20세기 말부터 서비스 부문이 고용과 부가가치의 가장 큰 비중을 차지하고 있고 이를 서비스 경제의 등장으로 설명할 수 있다.

2.3.1. GDP 성장에 공헌

세계은행 자료에 의하면 제조 부문은 전체 GDP에서 차지하는 비중이 감소하는 반면에 서비스 부문의 비중은 증가하고 있다. 2015년 기준 세계에서 서비스 부문이 GDP에서 차지하는 비중은 약 70%이었다. 이러한 현상은 소위 고소득국가와 중저소득국가에서 마찬가지이지만 특히, 고소득국가에서 더욱 두드러지게 나타난다. 고소득국가의 경우에 GDP에서 차지하는 서비스 부문의

비중은 74%에 달하고 있어 소위 선진국일수록 전체 산업에서 차지하는 서비스 부문의 중요성이 증가하는 것을 알 수 있다.

2.3.2. 부가가치와 고용창출에 공헌

제조 부문과 서비스 부문의 산업별 부가가치 비중은 G7에서 제조 부문이 평균 16%를 차지하는 반면에 서비스 부문은 약 70%를 차지한다. 그러나 제조 부문이 상대적으로 강한 독일과 일본은 제조 부문의 부가가치 비중이 각각 약 23%, 20%로서 상대적으로 다른 선진국에 비해 높고 우리나라는 약 28%로서 가장 높은 편에 속한다.

한편, 산업별 고용은 G7 국가의 제조 부문 평균이 약 14%를 차지하는 반면에 서비스 부문은 약 75%를 차지한다. 여기서도 독일과 일본은 제조 부문이 차지하는 고용비율이 각각 약 20%, 17%로서 다른 나라에 비해 상대적으로 높다. 우리나라는 일본과 유사한 비율을 보인다.

2.3.3. 수출 증가에 공헌

2017년 세계무역기구(WTO)의 자료에 의하면 2016년 기준 과거 10년 동안 제품 수출에 비해서 서비스의 수출 증가세가 훨씬 빠른 것으로 나타났다. 구체적으로 제조 부문은 약 47%이나 서비스 부문은 약 65%의 가파른 성장세를 보이고 있다.

3 우리나라의 서비스 현황

우리나라는 코로나 이전 2018년 세계 경기회복으로 인한 수출 증가세를 보였다. 그 결과, 2018년 수출 규모가 $6,000억을 돌파하였고 이 중 반도체 부문이 $1,300억을 차지하였다. 그러나 코로나19 이전에도 우리나라의 수출 증가율은 지속적으로 감소 추세에 있었고 코로나 시대를 맞이하여 비록 전 세계적인 현상이기는 하지만 감소 추세가 더욱 확대되고 있다.

특히, 우리나라에서 경제성장에 큰 공헌을 하였던 제조 부문은 고용창출에서 차지하는 역할이 중요함에도 불구하고 임금증가, 공장 자동화 확대, 노조와 관계 등의 문제로 인해 공장의 해외 이전(offshoring)이 증가하여 2000년대 이후에 국내 제조업이 1% 성장할 때 고용은 오히려 0.1% 감소하였다. 이에 비해 서비스 부문은 1% 성장할 때 고용은 0.66% 증가하여 서비스 부문이 많은 일자리를 창출하는 역할을 대신하고 있다.

3.1. 국가별 총부가가치에서 차지하는 서비스업의 비중

국가별 총부가가치 대비 제조 부문의 비중은 세계 수준 약 17% 대비 우리나라가 약 30%대 이상을 점유하고 있다. 이것은 역설적으로 국가 GDP에서 서비스 부문이 차지하는 비중이 우리나라가 약 60%대로서 세계 수준보다 상대적으로 낮다는 것을 의미한다. 특히, 선진국 GDP에서 제조업 부문이 가장 높은 비중을 차지하는 독일과 일본의 약 70% 수준인 서비스 부문의 비중에 비해서도 낮게 나타나고 있다.

3.2. 취업자 비중

우리나라 제조 부문의 취업자 비중 추이를 보면 2015년 16.9% 수준에 있는 반면에 서비스 부문의 취업자 비중은 70%를 넘어 점점 증가하고 있는 추세이다. 그 결과, 서비스 부문에서 많은 일자리를 만들고 있고 제조 부문의 취업자를 흡수하고 있는 추세가 계속 확산되고 있다.

3.3. 서비스 생산성

제조업 대비 서비스 부문의 노동생산성이 2004년 67.2%였으나 2013년 47.1%로 점점 하락하여 지속적으로 감소하는 추세이다. 여기서, 노동생산성은 부가가치를 총 근로시간으로 나눈 결과이다. 이러한 서비스 부문의 낮은 노동생산성은 우리나라 서비스의 경쟁력을 하락시키는 중요한 요인 중 하나이다. 구체적으로 우리나라는 시간당 $10-20대 수준이나 주요 선진국은 $50-60 수준으로서 미국, 일본, 독일 등 주요 선진국과 서비스 부문의 노동생산성 비교에서도 현저히 떨어지는 결과이다.

3.4. 서비스 업종별 현황

서비스 부문을 세분화하여 다양한 경제 지표를 비교하면 〈표 1−1〉과 같다. 총부가가치 대비 비중은 도매 및 소매와 부동산 및 임대 서비스에서 높게 나타나고 있다. 그러나 이 서비스업은 주로 영세 서비스로 분류되는 개인 서비스 업종이 주류를 이루고 있다. 고용비중에서도 도매 및 소매, 음식 및 숙박, 사업 서비스가 주를 이루고 있다. 이 결과는 선진국에서 주를 이루고 있는 비즈니스 서비스(연구 및 개발, 엔지니어링, 전문 디자인, 법률 및 회계, 경영컨설팅, 광고, 시장조사 등), 금융 및 보험, 정보 및 통신과 같은 지식기반 서비스가 더욱 활성화될 필요가 있음을 보여준다.

표 1-1 국내 서비스 부문 업종별 현황

	총부가가치 대비 비중(%)		고용비중(%)		1인당 부가가치	
	2004	2014	2004	2014	2004	2014
전 서비스 부문	58.5	59.4	64.1	69.2	37.1	42.5
도매·소매	8.4	8.6	16.9	14.8	21.2	31.2
운수·보관	4.4	3.7	5.0	5.5	30.6	34.6
부동산임대	8.7	8.0	2.0	2.0	171.5	188.4
음식·숙박	2.7	2.6	9.1	8.2	13.3	14.9
교육	5.4	5.5	6.8	7.1	36.5	36.1
정보통신	4.6	3.8	2.7	2.8	60.5	76.2
사업 서비스	5.8	7.4	5.7	8.6	40.4	41.2
보건·사회복지	3.0	4.2	2.6	6.6	51.3	32.5
금융·보험	6.3	5.6	3.3	3.3	71.4	99.2

자료: 1인당 부가가치는 실질 GDP를 취업자 수로 나눈 값이며, 한국은행, 통계청, 고용노동부 등의 자료에 기초

4 우리나라 서비스 산업의 문제점

지금까지 언급한 바와 같이 다른 선진국에 비해 우리나라 서비스 부문이 국가경제에 공헌하는 바가 낮은 이유는 무엇일까? 여러 기관에서 이미 발표된 내용을 종합하면 다음과 같다. 그 전에 아래의 기사를 참고하기 바란다.

서비스 산업 규제와 관련한 글(매경. 2019.6.27.)

정부가 26일 유망 서비스 산업에 대한 재정·세제·금융 지원을 제조업 수준으로 확대하고 규제를 완화해 서비스 산업을 육성하는 내용의 '서비스 산업 혁신전략'을 내왔다. 정부는 제조업과의 차별 해소, 기초 인프라 구축, 융·복합 촉진, 거버넌스 체계화 등을 통해 2023년까지 서비스업 부가가치 비중을 64%로 늘리고 일자리도 50만 개 이상 추가로 창출하겠다고 밝혔다. 정부는 이를 위해 관광·보건·물류·콘텐츠 등 4대 유망 서비스 산업을 중심으로 자금 공급을 70조 원으로 확대하고 5년간 연구 개발(R&D)에도 6조 원을 투자할 계획이다.

규제 완화 대책으로는 게임 셧다운제 개선, 복합테마파크 인허가 절차 신속 가동, 의료광고 허용 등이 포함됐다.

우리나라 서비스 산업의 경쟁력이 해외 선직국에 크게 뒤처진 상황에서 정부가 늦게나마 대책을 제시한 것은 다행이다. 서비스 산업의 혁신은 수출 부진과 성장률 둔화 등 우리 경제가 직면한 어려움을 타개하고 일자리를 창출하는 데 꼭 필요하다. 현재 국내 서비스 산업의 고용·부가가치 비중은 미국, 일본, 독일, 영국보다 10-20%포인트 낮다. 서비스 산업의 노동생산성도 낮은 규제와 미흡한 R&D 지원으로 경제협력개발기구(OECD) 국가 중 27위에 머물고, 서비스수지 적자폭도 확대되는 추세다. 이처럼 서비스 산업이 열악하다 보니 국내 100대 기업 중 서비스 기업은 38개에 불과하다. 글로벌 기업 중 서비스 기업이 절반이 넘는 것과는 큰 차이다.

산업의 중심축이 제조업에서 서비스업으로 이동하는 상황에서 서비스 산업 생산성을 높이고 경쟁력을 키우려면 핵심 규제에 대한 개혁이 시급하다. OECD에 따르면 우리나라 서비스 산업 규제는 제조업의 4배일 만큼 과도하다.

하지만 이번 규제 대책을 보면 재탕에 그치거나 백화점식 정책이 많아 실효성이 있을지 의문이다. 4차 산업혁명 시대에 원격의료, 상업용 드론, 자율주행차, 승차·숙박 공유, 데이터 등의 사업이 각종 규제에 막혀 답보상태인데도 이런 신성장 서비스 산업을 살릴 수 있는 해법은 잘 보이지 않는다.

2001년부터 20여 차례 서비스 산업 대책이 나왔지만 효과가 없었던 것은 규제 철폐 의지와 실행 능력이 부족했기 때문이다.

서비스 산업을 성장동력으로 삼으려면 부처 간 칸막이 규제부터 없애고, 금지된 것을 빼고 다 허용해 주는 네거티브 규제 시스템으로 전환해야 한다. 규제 개혁이 뒷받침되는 한 서비스 산업 활성화는 공염불일 뿐이다. '타다'와 택시업계 충돌에서 보듯, 규제 개혁을 반대하는 이익집단에 대한 설득의 리더십도 절실하다.

8년째 국회에 계류 중인 서비스산업발전법도 더 이상 방치하지 말고 신속히 처리해야 한다.

4.1. 높은 규제와 장벽

어떤 산업이 발전하기 위해서는 새로운 기술과 혁신이 지속적으로 등장해야 한다. 그러나 최근 뉴스에 자주 등장하는 숙박공유, 원격의료, 모빌리티(타다 등), 데이터법, 드론, 블록체인, 핀테크 등의 논란에서 볼 수 있듯이 까다로운 승인과 규제로 인해서 엄청난 진입장벽이 형성되어 지식기반 서비스 산업의 성장이 억제되고 있다. 또한 서비스 산업의 혁신을 방해하는 가장 큰 요소로서 불필요하고 과도한 규제가 자주 언급되고 있다.

4.2. 낮은 규모의 효과

우리나라 서비스 기업은 낮은 노동생산성과 낮은 규모를 보유하고 있다. 이로 인해서 성장을 촉진하는 자본 유입이 다시 낮은 수준에 머무르게 되는 악순환이 반복되고 있다. 서비스 부문은 서비스 창출과 전달에 큰 설비가 필요하지 않기 때문에 대부분 무형자산에 기초하는데 국내 금융기관에서 자본조달을 위해서는 여전히 부동산 등의 물적 담보가 필요하게 된다. 그 결과, 우리나라 서비스는 대부분 개인기업 형태의 영세 서비스가 높은 비중을 차지하고 있다.

4.3. 작은 시장규모

국내의 작은 시장규모로 인해서 규모의 효과를 누리지 못하는 서비스는 혁신보다는 생존이 더욱 중요한 문제이다. 따라서 우리나라 서비스는 자본과 혁신 역량의 부족으로 해외 시장을 목표로 적극적인 노력을 전개하지 못하고 있다. 또한 공공의 이익을 고려한 의료와 법률 서비스의 광고 금지와 같은 여러 제한으로 인해 서비스 시장의 확장이 저해되고 있다. 이것은 다시 중소 제조기업의 낮은 수익성과 자본으로 인해서 비즈니스 서비스의 아웃소싱이 원활히 이루어지지 않아 시장규모가 제한받는 악순환이 반복되고 있다.

4.4. 낮은 수준의 연구개발 투자

서비스 부문의 혁신을 위해서는 연구개발(R&D: Research and Development)에 대한 높은 수준의 투자가 필요하다. 그러나 우리나라 R&D 투자는 대부분 제조 부문에서 이루어지고 서비스 부문은 단지 약 7% 수준에 그치고 있다. 그나마 서비스 부문 R&D 지출의 대부분은 ICT 관련 서비스가 대부분인 것을 고려한다면 상당히 큰 문제가 될 수 있다.

4.5. 인적 자원과 혁신

서비스 산업의 혁신은 우수한 인적 자원의 역량에 의존하나 우리나라 서비스 부문은 가격에만 기초해서 경쟁하는 실정이다. 그러나 이러한 가격 경쟁은 결국 치킨게임(chicken game)으로 이어지고 시장 내 모든 경쟁자들의 경쟁력을 잡아먹고 공멸하는 상황을 초래할 수도 있다. 우수한 인적 자원(혹은 인적 자본)이 서비스 부문의 지식기반과 혁신 역량을 구성하는 가장 중요한 요소임을 고려할 때 우리나라도 우수한 인적 자원에 대한 투자를 통해서 서비스 부문의 혁신을 제고할 수 있는 전문성과 창의성을 갖춘 인력양성 노력이 절대적으로 필요하다. 본 교재도 그러한 목적을 달성하는 데 도움이 되고자 한다.

5 왜 서비스 운영 관리를 배워야 하는가?

5.1. 서비스 업종의 현실

많은 서비스 업종들이 자고 나면 생겨나고 사라진다. 그럼에도 불구하고 너도나도 편의점과 치킨점을 하려고 한다. 통계청과 국세청 자료에 의하면 2018년 자영업자(개인 사업자)의 폐업률은 11%대이고 2019년 소득 하위 20%로 추락한 자영업자의 비중이 70.2%라고 한다. 이것은 대부분의 서비스 업종이 성공하지 못하고 있는 현실을 단적으로 보여주고 있다.

왜 이러한 현상이 반복될까? 많은 서비스 경영자들은 실패하지 않기 위해서 사업 이전에 많은 고민과 준비를 한다. 그들은 이미 소상공인의 핵심 성공 요인을 여러 경로의 학습을 통해서 잘 파악하고 있을 것이다. 예를 들어, 차별화된 기술 보유, 가격 경쟁에서 자신감, 뛰어난 서비스 응대, 고객감동을 포함한 대고객관리, 환경과 위생, ICT 활용 능력, 다양한 마케팅 도구 활용 등에 대한 이야기는 누구나 한번쯤 들어봤을 것이다. 그러나 상황에 따라서 이러한 관리를 체계적이고 구체적으로 어떻게 해야 하는지에 대해서는 아는 것이 별로 없을 것이다. 바로 이 점에서 서비스의 성공 가능성을 높이기 위해서는 체계적인 학습이 필요한 것이다. 물론, 이 과목을 학습함으로써 100% 성공을 보장한다는 것은 아니다. 그러나 이 과목을 학습함으로써 적어도 실패할 가능성을 크게 줄일 수는 있다는 것이다! 특히, 서비스 부문에 창업을 도전하는 청년들은 이러한 실패를 줄이기 위해 많은 노력과 학습을 필요로 한다.

5.2. 서비스 생태계

서비스 부문이 성공적으로 발전하기 위해서는 서비스 조직의 효과적 운영도 중요하지만 각 서비스 기업의 성장을 위한 한 국가 내 서비스의 생태계 조건을 갖추는 것도 절실하다. 서비스 생태계는 우선, 서비스 조직 간의 연결관계로 표현되지만 1차 산업에 해당하는 농공업과 2차 산업에 해당하는 제조업 등 타 부문과도 긴밀히 연결되어 설명될 수 있다.

5.2.1. 인프라 관련 서비스와 연계

한 국가의 인프라를 구성하는 서비스로는 정보통신 서비스, 운송 서비스, 전기와 가스 등 유틸리티 관련 서비스, 금융 서비스 등이 존재한다. 이 서비스는 서비스 부문과 제조 부문의 기능을 강화하는 인프라를 제공하는 역할을 주로 한다. 결국, 이 서비스에 기초하여 자본 조달, 리스, 보험과 같은 재무 관련 서비스가 효과적으로 운영될 수 있고 도매, 소매, 수리와 같은 유통 관련 서비스와 의료 및 건강, 레스토랑, 호텔과 같은 개인 서비스도 성공적 운영에 영향을 받을 수 있다. 즉, 효과적인 인프라 관련 서비스가 제대로 작동하지 않으면 중요한 개별 서비스가 효과적으로 운영되기 어렵게 된다.

5.2.2. 제조 관련 서비스와 연계

서비스는 제조 부문과도 직접 연결된다. 재무 서비스와 유통 서비스뿐만 아니라 컨설팅, 회계 및 감사, 세무, 광고와 같은 비즈니스 서비스는 모두 제조를 뒷받침하는 서비스에 해당한다. 나아가, 제조 부문 내에서도 다양한 서비스 활동이 수행되는데 일반적으로 마이클 포터(Michael Porter)의 가치사슬에서 부수적 혹은 지원 활동에 해당하는 재무, 회계, 법무, R&D와 신제품개발, 고객과의 커뮤니케이션과 같은 마케팅 등이 기업 내 서비스 활동으로 수행된다.

이러한 연계는 2차 산업과도 관련이 있지만 1차 산업에 해당하는 농업과도 확장된 관계를 맺는다. 소위 6차 산업(1+2+3=6 혹은 1×2×3=6)이라고 하는 분야는 농산물 생산이라는 1차 산업, 농산물의 가공을 통한 제품화라는 2차 산업, 홍보 및 판매와 관련되는 3차 산업을 모두 아우르는 개념으로서 그 최종 성과는 3차 산업인 서비스에 의해 결정되고 마무리된다.

5.2.3. 정부 서비스와 연계

한 국가 내 서비스 활동은 다양한 정부 및 행정 서비스와 상호 관련된다. 행정, 복지, 국방, 교육, 법률, 경찰 및 소방 서비스는 한 국가가 존재하기 위해 필수적인 정부지원 서비스에 해당하면서도 영리기업이 존재하고 그 활동을 원활히 하기 위해서는 이러한 정부지원 서비스의 효과적 지원을 받아야 한다.

6 본 과목의 체계

본 교재는 서비스를 운영 시스템 관점에서 프레임워크를 잡고 서비스와 관련된 주요 이슈 및 의사결정 문제를 논의한다.

6.1. 운영 시스템

운영(operation)이란 주어진 환경 내에서 어떤 조직의 투입물을 변환과정을 거쳐 산출물로 바꾸고 각 단계별로 피드백을 거쳐 사전에 결정된 운영 전략을 지속적으로 달성하도록 만드는 반복적인 과정이다. 이러한 운영을 바라보는 관점은 시스템(system)에 기반한다. 시스템이란 어떤 환경 내에서 시스템을 구성하는 독립적인 구성요소(elements or objects)들이 유기적으로 상호작용(interaction) 혹은 상호의존을 통해서 주어진 목표를 달성하기 위해 복잡하게 얽힌 하나의 집합체이다. 이러한 시스템적 관점은 한 조직의 효과적 운영을 위한 뛰어난 분석 방법론일 뿐만 아니라 전체 서비스 생태계를 바라보는 효과적 도구이기도 하다.

서비스 운영 시스템은 〈그림 1-2〉와 같이 표현된다.

6.2. 서비스 운영 관리의 체계

시스템 관점에서 서비스 운영 관리는 다음의 체계와 내용으로 구성된다.

6.2.1. 서비스의 기본 개념에 대한 이해

◆ 1장. 서비스 경제 시대의 서비스 관리
  – 왜 서비스가 중요하고 학습해야 하는가?
◆ 2장. 서비스 특성과 유형
  – 관심 대상인 서비스는 어떻게 정의하고 분류할 수 있는가?

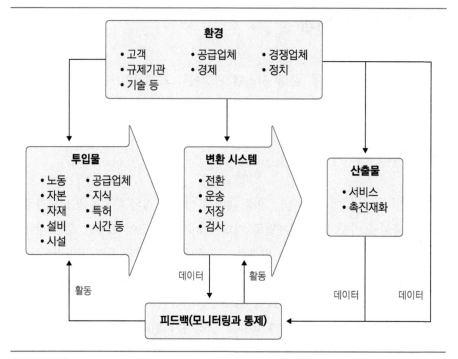

그림 1-2 서비스 운영 시스템

6.2.2. 서비스 전략

◆ 3장. 서비스 전략
  - 환경을 고려한 서비스 전략 수립 방법은?

6.2.3. 서비스 산출물 디자인

◆ 4장. 서비스 산출물과 기반 이론
  - 서비스 산출물을 부르는 다양한 용어와 기반 이론은 어떻게 진화하고 있는가?
◆ 5장. 서비스 혁신
  - 성공적인 서비스 혁신의 개념과 신서비스 디자인을 위한 효과적인

방법론은?

- ◆ 6장. 공급능력 관리
  - – 수요와 산출물의 공급능력에 대한 효과적인 의사결정은?
- ◆ 7장. 서비스 가격 관리
  - – 서비스 산출물의 효과적 가격 정책은?

6.2.4. 서비스 투입물 디자인

- ◆ 8장. 서비스 접점 관리
  - – 서비스 접점 관리를 위한 서비스 조직, 현장 인력, 고객에 대한 관리는?
- ◆ 9장. 서비스 시설 관리
  - – 서비스스케이프로 대표되는 시설 환경에 대한 관리 방안은?
- ◆ 10장. 서비스 입지 관리
  - – 장기 투자에 해당하는 효과적 서비스 입지를 위한 의사결정은?
- ◆ 11장. 서비스 공급사슬 관리
  - – 서비스의 투입물을 효과적으로 조달하기 위한 관리 방안은?

6.2.5. 서비스 프로세스 디자인

- ◆ 12장. 서비스 프로세스와 품질 관리
  - – 서비스 프로세스의 분석 방법과 품질의 측정 및 관리 방법은?
- ◆ 13장. 서비스 전달 프로세스에서 기술의 관리
  - – 서비스에서 기술은 어떤 역할을 하고 이에 대한 효과적 관리는?
- ◆ 14장. 서비스 회복 관리
  - – 서비스 실패에 대응하는 회복 전략은?
- ◆ 15장. 서비스 프랜차이즈 관리
  - – 서비스 프랜차이즈의 다양한 관리요소에 대한 효과적인 의사결정 요소는?

7 흥미로운 추가 이슈

본격적으로 서비스 운영 관리를 학습하기 전에 여러분은 서비스에 대한 흥미를 갖기 위해 다음의 주제에 한번쯤 관심을 가질 필요가 있다.

7.1. 압도적인 서비스 부문의 성장이 항상 바람직한가?

한 국가에서 서비스 경제의 비중이 높아지는 것에 대한 논쟁도 존재한다. 앞서 설명한 것처럼 선진국으로 갈수록 한 경제에서 서비스가 차지하는 비중이 높아지고 있지만 서비스 경제에 대한 강한 초점이 항상 장기적 경쟁우위로 이어지지 않으며, 서비스가 경제의 핵심 부분이긴 하지만 제조 부문을 간과해서는 안 된다는 주장도 있다.

예를 들어, 서비스에 대한 과도한 초점은 제조 부문의 생산과 공헌을 무시하는 결과가 된다. 일반적으로 '제조업 30% 법칙'이라는 것이 있다. 이것은 선진국에서 제조업 비중이 전체 GDP의 30% 부근에 도달한 뒤 점진적으로 하락하고 이를 대체하여 서비스 산업의 비중이 증가하는 현상을 의미한다. 한 예로 미국은 2차 세계대전 당시 제조업 비중이 급상승해 1953년 28.5%로 정점에 도달했고 1960년대 말부터 본격적으로 하락해 2010년대는 12% 수준에 머물러 있다. 그러나 2008년 금융위기로 인해서 전 세계 경제가 영향을 받았을 때 가장 회복력이 높은 국가는 제조업이 상대적으로 강했고 국가경제에서 차지하는 비중도 높았던 독일, 스웨덴, 일본이었다. 이에 비해, 상대적으로 서비스 부문의 비중이 높았던 영국, 프랑스, 미국 등은 더딘 경제회복을 보일 수밖에 없었다. 이러한 결과는 무조건적인 서비스 부문의 성장을 추구하기보다는 제조와 서비스의 적절한 균형이 필요함을 암시한다. 건실한 제조 부문의 성장과 더불어 이를 지원하는 서비스 부문의 균형적 성장은 외부 리스크에 강건한 경제성장의 필수조건으로서 인식될 필요가 있다.

7.2. 뜨고 지는 서비스 업종

시대에 따라 경쟁력 있는 서비스 업종이 계속 변화하고 있다. 당연한 이야기지만 여러분이 성공하기 위해서는 지는 업종보다는 뜨는 업종에 더 관심을 가질 필요가 있다. 대중음식, 카페, 헤어, 헬스, 네일, 인테리어, 쇼핑, 학원, 보육시설, 한식, 기성복, 술 및 유흥, 골프 등에서 연령대별 뜨는 업종과 지는 업종을 찾아보기 바란다. 특히, 비대면 서비스가 각광받고 있는 상황에서 기존의 서비스는 어떤 영향을 받을지 고민해 보기 바란다.

7.3. 개인 사업자 업종별 창업 증감률

개인 사업자의 경우에 점점 피부관리, 커피숍, 휴대폰대리점, 헬스클럽, 편의점, 당구장 등의 소위 영세사업의 창업이 증가하고 있다. 반대로, 주점, 식료품가게, 문구점, 이발소, 목욕탕, 주유소, 철물점, 옷가게 등은 오히려 창업보다 폐업이 증가하고 있다. 인터넷 검색으로 자세한 현황을 찾아보기 바란다.

7.4. 학생 희망 직업 비교

과거에 학생들이 희망하는 직업군의 변화를 통해서 인기 있는 서비스 업종을 예견할 수 있다. 2007년 초등학생은 교사, 의사, 연예인, 운동선수, 교수를 희망 직업으로 꼽았으나 2018년에는 운동선수, 교사, 의사, 조리사, 유튜버를 뽑았다. 한편, 중학생과 고등학생은 다른 결과를 보였다. 이에 대해 여러분이 직접 조사를 해 보기 바란다. 그러나 감염병과 같은 거시적인 환경요인으로 인해서 이러한 직업군의 변화도 계속 바뀔 것이다.

7.5. 글로벌 서비스 추세

많은 단체와 기구에서 글로벌 서비스 추세를 선정하고 발표하고 있다. 로봇, 센서도구, 빅데이터, 3D 프린팅, 모바일 금융거래, 고속철도, 자율주행차 등이 서비스 추세를 변화시키는 기술 동력이 될 것은 분명하다. 향후에 이러한 도구를 활용한 연결된 삶(connected living)이 서비스에 막대한 영향을 미치고 큰 변화를 초래하게 될 것이다.

7.6. 서비스에 영향을 미치는 환경 변화

7.6.1. 정보통신기술의 발전

정보통신기술(ICT: Information & Communication Technology)의 기술의 도움으로 서비스 조직은 물리적 인접성 니즈를 제거하였다. 인터넷 뱅킹, 원격 진료, 온라인 강의 등이 그 예이다. 또한 이 기술은 서비스 전달 프로세스에 영향을 미치고 새로운 서비스 가치사슬을 창출한다. 예를 들어, ATM, 온라인 주식 거래, 극장이 아닌 넷플릭스(Netflix) 등이 있다.

7.6.2. 기술혁신

새로운 혁신 제품의 등장은 그 제품에서 도출되는 새로운 서비스의 창출로 이어진다. 예를 들어, 스마트폰의 등장으로 앱 서비스가 등장하였다. 또한 기술의 발전으로 인해서 새로운 서비스가 지속적으로 만들어지고 있다. 예를 들어, 텔레마케팅 서비스 등이 있다. 나아가, 서비스 인력을 대체하는 로봇, 인공지능의 활용이 더욱 증가할 것이다.

7.6.3. 인구통계학적 특성의 변화

서비스 부문에 영향을 미치는 대표적인 특성 변화가 자주 언급되고 있다.

(1) 의료와 같은 고령화 관련 산업의 성장
(2) 맞벌이 가족의 증가로 인한 외식 산업의 성장
(3) 1인 가구의 증가로 인한 무인 세탁 서비스의 성장

(4) 미성년자 출산율과 이혼가정 증가로 인한 사회 복지 카운슬링과 관련한 서비스의 성장

(5) 다문화가정 및 이주민 증가로 인해 그들에 대한 상담 및 교육 서비스의 성장

7.6.4. 사고 및 생활방식의 변화

(1) 개인화로 인한 배달 서비스 활성화, 집단적 회식문화에서 탈피, 개인 취미생활과 관련한 서비스 증가

(2) 기타, 도시화, 민주화, 탈물질화, 탈가부장화, 경제권력의 변화, 기후변화와 환경, 자원 희소성, 남녀평등, 여성 주도의 소비패턴, 욜로(YOLO), 스마트 시티, 도시 농업 등

──── 참고문헌

Porter, M.E. (1985), *Competitive Advantage, Creating and Sustaining Superior Performance*, The Free Press, Macmillan, New York.

생각해 볼 문제

Question

객관식 문제

01 다음 문제의 참과 거짓을 판단하시오.

1.1 서비스는 제조업 혹은 다른 서비스 부문과 상호 연계되어 한 국가경제를 원활히 돌아가게 하는 역할을 한다.

1.2 제조기업 내부에서 이루어지는 서비스 활동으로서 중요한 가치사슬을 구성하는 지원 서비스에 해당하는 재무, 회계, 정보, 인사, 법률, R&D 등의 서비스를 비즈니스 서비스라고 한다.

1.3 세계경제에서 서비스의 공헌은 GDP와 고용 측면에서 제조 부문과 비교하여 우월한 위치에 있는 상황이다.

1.4 우수한 인적 자원(혹은 인적 자본)이 서비스 부문의 지식기반과 혁신 역량을 구성하는 가장 중요한 요소이다.

1.5 제조업 30% 법칙은 개발도상국에서 제조업 비중이 전체 GDP의 30% 부근에 도달한 뒤 점진적으로 하락하고 이를 대체하여 서비스 산업의 비중이 증가하는 현상을 의미한다.

1.6 한 국가의 경제가 건전한 성장을 달성하기 위해서는 무조건적인 서비스 부문의 성장을 추구하기보다는 제조와 서비스의 적절한 균형이 필요하다.

1.7 서비스 운영 관리를 학습하는 중요한 이유 중 하나는 서비스 창업의 성공률을 100%로 만들기 위함이다.

1.8 서비스 생태계는 서비스 조직 간의 연결관계로 설명되지만 1차 산업에 해당하는 농공업과 2차 산업에 해당하는 제조업 등 타 부문과도 긴밀히 연결되어 설명될 수 있다.

1.9 운영(operation)이란 주어진 환경 내에서 어떤 조직의 투입물을 변환과정을 거쳐 산출물로 바꾸고 각 단계별로 피드백을 거쳐 사전에 결정된 운영 전략을 지속적으로 달성하도록 만드는 반복적인 과정이다.

1.10 고령화, 맞벌이와 1인 가구 증가, 다문화가정 증가, 탈가부장화, 욜로 (YOLO)와 같은 인구통계학적 변화와 생활 및 사고방식의 변화는 서비스 산업에 중요한 영향을 미친다.

02 선택형 문제

2.1 다음 중 우리나라 서비스 현황에 대한 올바르지 않은 설명은?
① 서비스 부문의 일자리가 계속 증가하고 있다.
② 서비스 부문의 노동생산성이 제조 부문 대비 지속적으로 상승하는 추세이다.
③ 영세 자영 서비스업이 증가하는 추세이다.
④ 선진국 대비 국가 GDP에서 차지하는 서비스업의 비중이 상대적으로 낮다.

2.2 다음 중 서비스 유형이 잘못 분류된 것은?
① 비즈니스 서비스: 컨설팅, 회계감사, 광고 등의 서비스
② 인프라 서비스: 정보통신, 운송, 전기와 물 등의 유틸리티 관련 서비스
③ 유통 서비스: 도매, 소매, 창고 등의 서비스
④ 소비자 서비스: 의료, 식당, 호텔, 헬스 등의 서비스

2.3 다음 중 우리나라 서비스 산업의 문제점에서 가장 거리가 먼 것은?
① 제조 부문 대비 서비스 부문의 낮은 고용률
② 규제로 인한 높은 진입장벽
③ 낮은 연구개발 투자
④ 낮은 노동생산성과 낮은 규모 보유

2.4 다음 중 서비스 운영 관리의 주요 이슈에서 가장 거리가 먼 것은?

　　① 서비스 혁신

　　② 서비스 생산성

　　③ 서비스 가격 관리

　　④ 서비스 접점 관리

2.5 다음 중 서비스 산업에 영향을 미치는 환경 변화로 가장 적절하지 않은 것은?

　　① 정보통신기술의 발전

　　② 고령화

　　③ 정치 이데올로기

　　④ 코로나 바이러스 감염증

1.1 미래의 소비 트렌드를 상징하는 단어 하나를 선정하고 그와 관련된 서비스 부문의 추세를 예측하시오.

1.2 본인이 자주 이용하거나 관심을 갖고 있던 서비스를 선정하고 그 서비스가 세계적인 수준의 경쟁력을 갖기 위해 어떠한 부분의 향상이 이루어져야 하는지를 제시하시오.

1.3 본인이 자주 이용하거나 관심을 갖고 있던 서비스를 선정하고 그 서비스를 직접 운영 또는 창업한다는 가정에서 어떤 요소들에 대한 관리가 중점적으로 필요한지를 모두 제시하시오.

1.4 구글(Google)에서 service business ideas를 검색하여 미래에 유망한 서비스 분야의 아이디어를 찾아 정리하시오.

> 검색어 예: new service business ideas, best small business ideas, most unique(promising) service business ideas, golden service business ideas, profitable service business ideas, business ideas for starting your own service business

1.5 본인이 자주 이용하거나 관심을 갖고 있던 서비스를 선정하고 그 서비스의 몇 가지 중요한 최신 추세를 규명해 보시오.

1.6 10년 뒤에 우리나라에서 새롭게 뜨는 서비스 직업을 찾아 제시하고 그 이유를 설명하시오.

1.7 코로나 바이러스 감염증의 등장으로 새롭게 변화된 시대에 대한 논의가 이루어지고 있다. 이러한 변화가 서비스 산업에 어떠한 영향을 미칠 것인가를 예상해 보시오.

1.8 4차 산업혁명이 서비스에 미칠 영향을 거시적 측면(국가와 산업 차원)과 미시적 측면(개인의 소비 차원)에서 논의하시오.

1.9 다음의 비대면 서비스를 고려하시오.

무인카페, 음식 배달 서비스, 온라인 금융, 비대면 교육, 온라인 취미 수업, 무인 세탁물 픽업 및 배달 서비스, 매장 내 물건 주문과 픽업 서비스, 셀프 관리형 정수기 필터 서비스, VR을 이용한 인테리어 제안, 사이버 모델 하우스, 메신저 상담, 챗봇, AI 스피커를 통한 쇼핑, 가상 피팅 의류/안경 쇼핑몰, 비대면 화상 면접, 비대면 육아 서비스, 재택근무 서비스, 온라인 합동연주 및 콘서트, 비대면 결제 서비스, 동영상 스트리밍 서비스, 100% 셀프 스토어

(1) 각 서비스가 어떤 방식으로 수행되는지 검색을 통해 이해하시오.
(2) 각 서비스가 어떤 대면 서비스를 대체할 수 있는지 파악하시오.

서비스 특성과 유형

02 CHAPTER

배경

서비스 운영 관리에 대해 본격적으로 학습하기 전에 본 과목의 대상인 서비스를 정의하는 주요 특성과 그 분류 방법에 대해 이해할 필요가 있다. 일반적으로 운영 시스템(operating system)에서 산출물이 유형의 제품이 아닌 서비스가 되는 경우에 제품과 차별화되는 서비스의 특성을 이해함으로써 향후에 고려하는 서비스 이슈와 관련된 내용과 관리 방안들의 체계를 잡을 수 있다. 나아가 서비스 유형에 따라 그 관리 방법이 달라질 수 있는데, 이를 위한 사전 단계로서 서비스를 분류하는 방법을 명확히 이해할 필요가 있다. 본 장에서는 서비스의 중요한 특성은 무엇이고 어떤 기준에 의해 서비스가 어떤 유형으로 분류될 수 있는지에 역점을 두어 설명을 이어간다.

주요 이슈

● 서비스를 정의하기 위한 중요한 특성들은 무엇이 있는가?
● 서비스 특성과 관련한 중요한 관리 이슈는 무엇이 있는가?
● 서비스는 어떤 기준에 의해 분류할 수 있는가?
● 분류된 서비스의 중요한 특징들은 무엇인가?

1 서비스 특성

1.1. 일반적 서비스 특징

서비스는 제품과 비교하여 다음의 네 가지 특징으로 규정된다.

1.1.1. 서비스 생산

(1) 전문가의 지식과 인적 자본이 서비스 생산에서 핵심 경쟁요인이다

미용실에서 서비스 생산을 위해 전문적인 미용기술이 있어야 하고 이 서비스 생산에서 핵심은 사람의 숙련, 스킬, 노하우, 경험 등으로 구성된 사람에게 체화된 인적 자본이다.

(2) 어떤 서비스는 고도로 전문적(특히, 대인 간 스킬을 필요로 하는)이고 어떤 서비스는 상대적으로 비숙련적(흔히 일시적 파트타임 노동을 포함하는)이다

컨설팅 서비스, 교육 서비스, 사회복지 서비스, 법률 서비스 등은 전문성을 담보하기 위해 반드시 자격증을 필요로 하고 고객에 대한 개인화된 서비스를 제공해야 한다. 이에 비해 택배 서비스, 패스트푸드 서비스, 경비 서비스 등은 전문자격증이 필요하지 않고 숙련도도 상대적으로 낮은 임시직을 고용한다.

(3) 규모의 경제가 제한된다

앞서 언급한 바와 같이 서비스는 인적 자본에 기반한 생산이 중심을 이루기 때문에 서비스 제조비용에서 노동비(즉, 인건비)가 차지하는 비중이 높고 노동 숙련성의 한계로 인해 제품생산에서 자동화된 설비가 제공하는 것처럼 규모의 경제효과가 크게 발생하지 않는다. 식당 서비스에서 대부분의 소요비용은 인건비가 차지하며, 인력을 많이 채용하여 분업을 추진한다고 해도 생산성 및 수익 증가의 한계가 분명히 존재한다.

(4) 자본설비에 대한 투자는 낮고 건물 및 토지에 대한 투자수준은 높다

부동산 서비스, 교육 서비스, 음식 및 음료 서비스 생산 등에 소요되는 설비에 대한 투자는 매우 낮으나 건물에 입주하여 내는 임대료 규모는 상대적으로 더 크고 캠핑과 주차 서비스는 토지에 대한 투자 수준이 크다.

(5) 노동력은 흔히 경영보다는 숙련에 기반한 생산 활동에 관여한다

청소 서비스, 식당 서비스, 차량정비 서비스 등의 인력은 서비스 프로세스에 대한 체계적 경영 및 관리보다 자신의 숙련성 혹은 장인정신에 기반하여 생산 활동에 참여한다.

1.1.2. 서비스 본질

(1) 서비스는 비물질적인 무형이다

보험 서비스(예, 미래 리스크에 대한 보장), 운송 서비스(예, 인간 및 제품의 공간 이동), 극장 서비스(예, 오락 및 감동) 등은 비록 유형의 장비 및 설비가 사용될지라도 제공되는 핵심 서비스는 무형이다.

(2) 흔히 정보집약적이다

정보제공 서비스(예, 주가예측 및 예상보험금), 컨설팅 서비스(예, 문제해결 프랙티스 및 보고서), 일기예보 서비스 등은 제공되는 서비스의 핵심이 정보이며, 기술 발전으로 인해 정보를 중심으로 생산 및 소비되는 서비스가 점점 늘어나고 있다.

(3) 저장 혹은 운반이 어렵다

극장 서비스(예, 빈 좌석), 철도운송 서비스(예, 빈 좌석), 공연 서비스(예, 빈 좌석) 등은 고객이 사용하지 않으면 생산된 서비스는 소멸되고 서비스 시설 내로 그 소비가 제한되기 때문에 사용되지 않는 서비스를 다른 고객이 대신 사용하도록 이전시키는 것이 불가능하다.

(4) 서비스 프로세스와 제품의 구분이 어렵다

숙박 서비스, 여행 서비스에서는 숙박 및 여행이라는 순수한 서비스뿐만 아니라 수건, 비누, 담요, 식사 등의 제품을 같이 소비하기 때문에 서비스는 이들 제품과 함께 생산이 되고 고객에게 제공된다.

(5) 흔히 고객 요구사항을 토대로 고객화된다

병원 서비스(예, 환자의 증세), 마사지 서비스(예, 요구하는 마사지 부위나 강도), 헬스클럽 서비스(예, 헬스 목적 및 난이도) 등에서 성공하기 위해서는 고객의 특화된 요구사항에 맞춰 개인화된 서비스를 제공해야 한다.

1.1.3. 서비스 소비

(1) 시간과 공간 차원에서 생산과 소비 사이에 긴밀한 상호작용이 이루어진다

식당 서비스(예, 음식의 매운 수준 요청), 의료 서비스(예, 자신의 증세 설명), 수리 서비스(예, 차량 및 가전제품의 문제점 설명) 등 서비스의 생산과 소비는 시간과 공간 차원에서 동시에 이루어지기 때문에 서비스 제공자와 고객은 한 접점에서 밀접한 상호작용을 할 수밖에 없다.

(2) 디자인/생산 프로세스에 소비자의 투입물을 필요로 하는 소비자집약적이다

셀프 서비스(예, 분식집에서 물과 수저 등은 고객이 준비), 뷔페 서비스(예, 고객이 음식 운반), 도박 서비스(예, 게임 계속 여부와 판돈은 고객이 결정) 등에서는 서비스가 고객에게 전달되는 과정에서 고객의 참여가 필수적이다.

(3) 제품의 전달이 또한 서비스의 본질적 측면에 포함된다

식당 서비스(예, 음식, 부산물 등), 교육 서비스(예, 강의노트, 교재 등)는 제품과 결합하여 서비스가 제공되기 때문에 제품과 서비스가 묶인 패키지 형태의 전달이 이루어진다.

(4) 생산과 소비를 분리하는 것이 어렵다

공연 서비스(예, 빈 좌석), 운송 서비스(예, 빈 좌석), 골프장 서비스(예, 비어 있는 코스) 등은 생산과 소비가 동시에 이루어지기 때문에 소비하지 않은 서비스는 영원히 사라진다.

1.1.4. 서비스 시장

(1) 어떤 비용은 보이지 않게 재화에 포함되어 있다

인터넷 및 와이파이 서비스, 전자제품 무료 정비 서비스 등 구매되는 재화에 서비스 비용이 포함된 경우가 흔히 있다. 그 반대로 정수기 필터 교체 서비스는 서비스에 재화의 비용이 포함되어 있는 경우이다.

(2) 어떤 서비스에서는 전문적 규제가 일반적이다

자동차정비, 운송 서비스, 의료 서비스, 법률 서비스 등에서 서비스 실패가 고객에게 물리적 및 금전적으로 중요한 영향을 미치기 때문에 이들 서비스에서는 서비스 제공자의 전문자격증 보유, 서비스 실패 시 법률적 소송 등 정부의 간섭 및 규제가 일반적이다.

(3) 사전에 제품을 시연하는 것이 어렵다

제품은 구매 이전에 볼 수 있고, 만질 수 있고, 시연해 볼 수 있으나 극장 서비스, 운송 서비스, 병원 서비스 등의 서비스에서 이러한 경험은 소비 그 자체가 되기 때문에 사전체험이 불가능하다. 그러나 일회성 서비스가 아닌 장기적으로 제공되는 헬스클럽, 학원강의 등의 서비스에서는 판촉활동으로 시연이 가능하기도 하다.

1.2. IHIP 기준에 의한 서비스 특성

앞서 살펴본 일반적 서비스 특성은 서비스의 모든 특성을 반영하고 있으나 많은 중복이 존재하기 때문에 보통은 서비스의 차별적 특성을 IHIP 기준에 의해 구분한다.

1.2.1. 무형성(Intangibility)

(1) 개념

어떤 운영 시스템의 산출물은 크게 제품과 서비스로 구분된다. 여기서, 제품이 유형의 사물인 반면에 서비스는 아이디어, 개념 혹은 프로세스 등으로 정의될 수 있다. 또한 재화는 사물, 물건, 장치이나 서비스는 행위, 성과, 노력으로 볼 수 있다. 서비스는 구매되고 판매될 수 있는 어떤 것이지만 발위에 얹어놓을 수는 없는 것이다. 일반적으로 재화와 서비스의 구분이 제공품(offerings: 서비스에서 고객에게 가치를 제공하기 위해 전달되는 모든 것)의 무형성 상태에 기초한다는 사실로 인해서 이 무형성은 서비스의 가장 중요한 특성으로 고려되어 왔다. 이러한 특성을 갖는 서비스도 이발소와 같이 제품 혹은 재화를 구매하지 않는 서비스는 순수한 서비스(이·미용 부속 제품을 구매하지 않고 머리만 자르는 경우)로 분류되고 병원 서비스에서 약을 구매한다든지 치킨점과 커피숍에서 재화를 구매하는 것은 혼합 서비스로 분류된다.

(2) 무형성에 대한 비판

서비스 성과에 관련된 많은 유형의 개체들이 존재한다. 항공사는 이동 서비스를 제공하는 서비스 기업으로 분류되지만 그 서비스를 위한 비행기, 음식, 음료수, 인력은 모두 유형의 개체이다. 그렇다고 해서 만약 내가 병원에서 수술받는다면 나 자신은 수리와 유지의 대상인 기계인가? 비록 그렇지 않다고 해도 순수한 서비스보다는 혼합 서비스를 우리 주위에서 쉽게 찾아볼 수 있다. 나아가, 유형성은 제공자 관점인 것으로 간주되고 고객은 유형의 제공품과 무형의 제공품을 구분하지 않기 때문에 무형성은 적절하지 않은 것으로 이야기되기도 한다.

(3) 관련 이슈

무형성으로 인해 서비스 부문에서 경쟁력을 어떻게 확보할 것인지가 중요한 문제로 대두된다. 제품은 특허 등의 지적재산권을 통해서 보호를 받을 수 있는 반면에 무형성의 특성을 갖는 서비스는 특허로 보호받기 힘들다. 이러한 문제를 해결하고 경쟁자에 대한 진입장벽을 높이는 몇 가지 방법이 있다.

① 프랜차이즈 활용

프랜차이즈는 본사(franchisor)가 가맹점(franchisee)에게 브랜드, 운영 방식, 설비, 기타 자문 등을 제공하고 이에 대한 보상으로 프랜차이즈 가입비와 매출액 대비 수수료를 지불하는 방식으로 많은 가맹점을 네트워크 형태로 활용하는 방식이다. 이 방법은 경쟁자보다 더 빨리 시장을 선점하여 진입장벽을 높이기 때문에 서비스 부문에서 매우 빠르게 확장하고 있는 사업 방식이다.

② 중요한 입지 선점

리조트와 호텔처럼 자연전망이 좋은 장소를 선점하거나 교통이나 접근성이 뛰어난 병원처럼 중요한 위치를 선점하여 경쟁자에 대한 진입장벽을 높이는 것이 필요하다.

③ 평판(명성)의 활용

서비스는 특허로 보호받을 수 없을 뿐더러 제품 구매 시에 고객은 그 제품을 보고, 느끼고, 테스트 및 시연할 수 있으나 서비스에서는 그것이 불가능하기 때문에 고객은 서비스 선택 시 제공자의 평판에 자주 의존한다. 결과적으로 서비스 제공자는 자신이 고객으로부터 선택받기 위해 자신의 평판을 높일 필요가 있고 이를 위해 여러 서비스 업체들은 창의적 광고를 전개하고 있다. 병원, 교육기관, 의사 등 많은 서비스 제공자는 고객 만족도, 서비스 품질상 수상, 평가인증, 입시 배치표, 매스미디어 출연 등을 이용하여 자신의 우수하고 신뢰할 만한 서비스를 홍보하고 있다.

④ 소비자 보호를 위한 정부 개입

고객의 서비스 선택 시 제품의 무형성으로 인해 소비자의 판단이 어려워진다는 문제가 계속 발생한다. 정부는 이러한 문제에서 소비자들을 보호하기 위해 등록제, 라이선스, 규제를 활용하여 시장에 개입한다. 이러한 개입은 소비자나 시장에서 수용가능하고 서비스 제공자의 특정 기준을 일정 수준 충족시키기 위해 활용하는 것으로서 의사면허증, 교원자격증, 정비면허증, 택시운전면허증 등이 이에 해당한다. 최근 들어, 택시와 타다의 갈등은 이러한 이슈에 관련된 사회적 문제로서 대두된 바 있다.

1.2.2. 이질성(Heterogeneity)

(1) 개념

고객은 만들어진 제품에 대해 소비만 할 뿐 제품의 생산과정에 그들이 참여하는 경우는 거의 없다. 그러나 서비스 소비자는 자신이 원하는 서비스가 모두 다를 수밖에 없기 때문에 서비스 전달 프로세스에 적극적으로 참여하는 것을 선호한다. 그 결과, 서비스 전달 프로세스에 고객의 참여는 고객별 서비스의 변동성으로 결과된다. 즉, 이질성은 변환과정에서 고객의 이질적 참여와 관련된다. 서비스 프로세스에 고객의 참여는 서비스 성과에 매우 중요한 영향을 미치기 때문에 서비스에서 이질성은 필수적인 특성이다.

(2) 이질성에 대한 비판

서비스에서 이질성을 줄여 표준화를 시킬 수 있는 잠재적 가능성이 많이 존재하기 때문에 서비스의 특성이 아닌 것으로 비판받을 수 있다. ATM을 갖춘 소매 은행은 일부 금융서비스 업무를 표준화시켰고 병원의 건강검진도 일부 의료 서비스를 표준화시킨 사례이다.

(3) 관련 이슈

① 참여 수준

서비스 전달 프로세스에 낮은 고객 참여 수준은 대량으로 제공되는 서비스에서 주로 나타난다. 항공과 버스 등의 서비스에서 고객은 주어진 루틴에 따라 그 서비스를 이용하기만 할 수 있다. 중간 수준의 경우는 미용실에서 자신의 헤어스타일을 주문한다든지 식당에서 고기의 익힘 정도나 음식의 짜거나 매운 수준을 요구하는 것과 관련한다. 한편, 높은 수준의 고객 참여는 고객이 서비스를 공동으로 창출하는 방식으로서 헬스장에서 고객이 직접 운동하거나, 샤브샤브 뷔페에서 자신이 직접 샤브를 요리하거나, 고객이 직접 튜닝 자동차를 만드는 행위들이 이에 해당한다. 이러한 참여 수준에 따라 서비스의 성패가 결정되기 때문에 이질성은 서비스 디자인에서 중요한 주제가 된다.

② 전방부서와 후방부서의 구분

서비스에서 전방부서(front office)는 고객과 직접 대면 접촉하는 부서이고 후방부서(back office)는 고객과 대면하거나 접촉하지 않는 부서를 말한다. 공항의 경우에 대표적 전방부서로는 발권부서가 있고 후방부서로는 화물취급부서가 있다. 따라서 전방부서는 고객과 대면하는 속성상 인테리어 장식, 가구배치, 설비배치, 소음, 색 등을 포함한 서비스 환경에 대한 관리가 중요해진다. 그러나 후방부서의 경우는 고객의 소비에 직접적 영향을 미치지 않기 때문에 이러한 속성보다는 효율적인 운영을 위한 관리가 매우 중요해진다. 최근에 전방부서와 후방부서의 구분이 모호하거나 폐지되는 경우가 자주 발생하고 있다. 예를 들어, 고객의 신뢰를 높이기 위해 어떤 식당은 주방이 보이도록 배치하거나 철판요리의 경우처럼 고객이 직접 서비스 전달 프로세스에 참여하거나 전·후방 부서의 구분 없이 운영하는 경우도 발생하고 있다.

③ 설비와 공동생산 관련 이슈

전·후방부서의 분리 운영과 더불어 개별 고객에 맞춤형 서비스 제공을 지원하는 공동생산 및 고객과 접촉(혹은 진실의 순간이라고도 함)에 대한 관리가 중요해진다. 레스토랑에서 고객이 잘 익은 스테이크를 주문했는데 덜 익은 스테이크를 제공한다든지, 서비스 분위기에 맞지 않는 음악을 제공한다든지(젊은이가 오는 카페에서 트로트 음악 제공), 어린이 치과병원에서 어린이가 선호하는 분위기를 창출하는 것 등은 모두 이와 관련된 이슈이다. 또한 교육기관에서 학생의 참여에 의해 높은 교육성과가 나올 수 있고 각 학생에 맞춤화된 교육이 이루어져야 한다. 그럼에도 불구하고 대량으로 교육 서비스가 제공되고 있는 상황에서 학생들의 적극적 참여를 유도하기 위해서는 어떤 서비스 전달 프로세스가 필요한가(예를 들어, 질문, 개별과제에 대한 피드백 등)에 대한 이슈도 매우 중요하다.

④ 서비스 전달 프로세스

고객의 이질성에 맞추어 주요 목표고객에 대해 서비스를 어떻게 전달할 것인가가 중요한 관리 이슈가 된다. 예를 들어, 서비스 전달 프로세스에 고객의 참여를 늘리기 위한 프로세스 설계(예, 서브웨이(Subway)와 같은 방식)와 표준화된 메뉴와 대량생산 방식에 의해 통일되고 표준화된 서비스를 전달하는 프로세스 설계(예, 맥도날드(McDonald's)와 같은 방식) 방식 중 어떤 것을 선택할지도 중요해진다. 서비스 전달에서 자동화는 이질화와 반대되는 표준화된 서비스를 제공하는 방식이다. 은행의 ATM과 같이 비개인적인 업무를 제거하기 위해 표준화된 서비스를 24시간 제공하는 서비스 전달 프로세스를 어떻게 창출하여 개인화와 균형을 맞출 것인지도 중요한 관리 이슈이다.

⑤ 고객 만족

이질성으로 인해 모든 고객의 만족을 높이는 것이 쉬운 일은 아니지만 서비스 부문에서 고객 만족은 중요한 이슈가 될 수밖에 없다. 특히, 서비스 제공 현장에서 벌어지는 고객과 직원의 접점(contact point)에 대한 관리를 통해 고객 만족을 높이기 위한 다양하고 효율적인 관리가 매우 중요하다. 이를 위해서는 현장의 서비스 인력뿐만 아니라 조직의 문화와 분위기, 그리고 고객의 특성 등에 대한 이해와 관리가 중요해진다.

1.2.3. 동시성(Inseparability)

(1) 개념

비분리성이라고도 불리는 이 개념은 서비스가 창출(혹은 생산)되자마자 동시에 소비된다는 의미이다. 즉, 서비스 제공자는 소비가 발생할 때 동시에 물리적으로 존재한다는 의미와 마찬가지이다. 제조 부문에서는 생산이 완료된 최종 제품은 바로 고객에게 판매되고 그렇지 않은 제품은 일정 기간 재고로 쌓아 놓은 후 고객에게 판매가 이루어진다. 따라서 어느 정도의 수요 변동에 재고를 이용하여 대응하게 된다. 그러나 서비스는 창출된 서비스가 바로 소비되지 않으면 재고로 쌓을 수 없고 곧바로 소멸되게 된다. 그 예로서 대면교육 서비스에서 수업 결석 시 재수강 문제(하지만 온라인과 같은 비대면 수업은 이 문제를 해결할 수 있음), 의사의 진찰 시 환자의 존재, 음악 콘서트에서 연주가와 관객의 존재 등이 있다.

(2) 동시성에 대한 비판

고객이 존재하지 않더라도 서비스가 제공되는 경우가 흔히 있다. 화물 운송, 의료 세탁과 같은 고객의 소유물에 대한 서비스가 그 경우이다. 특히 정기적인 세탁을 하는 것은 고객이 존재하지 않더라도 매우 일반적으로 수행된다.

(3) 관련 이슈

① 수요 문제

서비스가 동시에 창출되고 소비되기 때문에 이 수요를 어떻게 관리하느냐가 서비스 제공자의 성공에 결정적 역할을 한다. 그러나 서비스는 수요 변동의 영향을 크게 받는 일종의 개방 시스템이다. 그 결과, 수요에 매우 민감한 속성을 지니고 있고 재고로서 이 격차를 메우기도 불가능하다. 예를 들어, 스키장과 아이스크림 가게의 계절적 수요 변동 문제, 복날의 삼계탕 서비스, 방학과 학기 중 학원 등에서 수요의 변화에 어떻게 효과적으로 대응할 것인지가 중요한 이슈가 된다.

② 품질 문제

동시성으로 인해 서비스 품질은 서비스가 창출되자마자 소비되는 순간에서 서비스 제공자와 고객 사이의 상호작용에 의해 결정된다. 따라서, 이러한 순간의 서비스 품질을 향상시키기 위해서는 어떤 요인에 의해 이 품질이 결정되고 어떻게 관리해야 하는지가 중요해진다.

③ 고객 대기 문제

고객이 줄을 선다는 것은 일반적으로 불편한 경험을 하는 것으로 인식될 수 있다. 은행의 대기 줄, 식당의 대기 줄, 버스의 긴 줄 등을 생각해 보기 바란다. 이러한 대기 줄을 줄이기 위한 다양한 관리가 필요하다. 그러나 대기 줄은 항상 고객에게 불편한 감정만을 초래하는 것은 아니고 어떤 경우에는 더 긴 줄에 대한 고객의 기대(유명 식당과 유명 공연의 긴 줄 혹은 명품 혹은 새로운 브랜드 제품을 구매하기 위한 긴 줄 등)를 창출하기도 한다.

1.2.4. 소멸성(Perishability)

(1) 개념

서비스가 사용되지 않는 경우에 영원히 그 서비스를 사용할 기회를 잃게 된다. 이미 언급한 바와 같이 소비되지 않는 서비스는 재고와 저장이 불가능하다. 즉, 사용되지 않음으로써 서비스 결과와 공급능력이 소멸된다는 의미이다.

(2) 소멸성에 대한 비판

서비스가 저장될 수 없다는 주장은 무의미할 수도 있다. 서비스는 시스템, 빌딩, 기계, 지식, 사람에 저장된다. ATM은 표준화된 현금인출 서비스의 저장으로 볼 수 있다. 또한 응급병원은 숙련된 사람, 장비, 절차들의 저장이고 호텔은 방들의 저장으로 볼 수 있다. 이 문제는 어떻게 보면 서비스를 포괄적으로 보느냐 아니면 특정 서비스 자체로 보느냐에 달려 있다고 볼 수 있다.

(3) 관련 이슈

① 공급능력 관리

일반적으로 서비스 수요의 변화를 예측하는 것은 어렵기 때문에 공급능력 혹은 용량(capacity)을 효과적으로 관리하여 수요에 대응할 필요가 있다. 여기서, 빈 고객좌석, 빈 병동 및 호텔 방 등에서 볼 수 있듯이 수요와 공급의 일치 문제, 유휴 공급능력의 관리 문제가 중요한 이슈가 된다. 특히, 서비스에서 인건비가 차지하는 비중이 제조 부문에 비해 매우 높은 점을 고려할 때 이 이슈는 중요한 이슈로 고려될 수 있다. 피크시간 동안 파트타임 직원 활용, 셀프 서비스 활용, 근무교대 일정계획 등이 또한 중요한 이슈가 된다.

② 수요 관리

수요 예측도 중요하지만 수요를 어떻게 관리할 것인지도 매우 중요한 문제이다. 그 예로서 골프장의 예약제도 활용, 할인을 통한 영화관의 특정 시간대로 고객 유인, 연말 시즌에 최고 수준의 수요를 줄이기 위한 역마케팅, 수요의 균등화 문제, 고객의 대기 허용 등은 수요 관리와 관련된 중요한 관리 이슈이다.

1.2.5. 기타 서비스 특징

(1) 비소유권 특징

마케팅 분야의 학자들은 IHIP 특성이 서비스를 제대로 반영하기 어렵다고 보고 비소유권(non-ownership) 특성만을 주장하기도 한다(Judd, 1964). 제품은 시장에서 거래하는 목적이 소유권의 이전인 데 비해 서비스는 이러한 소유권의 이전이 발생하지 않고 단순히 기업에 의한 시장거래만이 존재한다는 점을 강조한다. 그러나 운영 관리 분야의 학자들은 기존의 IHIP에 이 특성을 추가하기도 한다.

(2) FTU 프레임워크

이 프레임워크는 운영 시스템(operation system)의 관점에서 서비스 제공의 세 단계인 시설(facilities), 변환(transformation), 활용(usage)과 두 가지 유형의 자원(resources)인 고객 자원과 제공자 자원을 고려하여 서비스의 특성을 설명한다(Moeller, 2010). 이 프레임워크의 가장 큰 특징은 서비스를 설명할 때 고객을 포함시킨다는 점에 있다.

첫 번째 단계인 시설은 가치창출의 기반으로서 어떤 서비스 제공이 이루어지기 전에 서비스 제공자가 보유해야 하는 기계, 사람, 노하우를 포함한 모든 자원으로 이루어진다. 여기서, 자원은 주어진 시간에 기업이 보유하는 유형, 무형, 인적 자산 모두를 말한다. 이것은 서비스 생산의 선제조건이다. 서비스 제공자의 자원에 대한 고객의 요구가 없는 한 그 시설은 사용되지 않은 채 남아 있을 것이다.

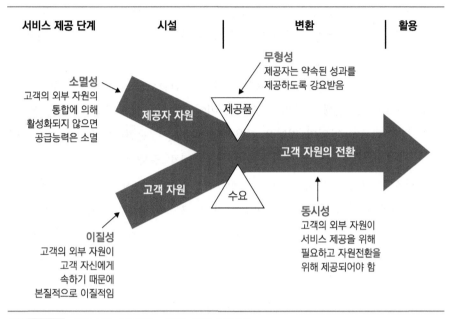

| 서비스 제공 단계 | 시설 | 변환 | 활용 |

소멸성
고객의 외부 자원의
통합에 의해
활성화되지 않으면
공급능력은 소멸

무형성
제공자는 약속된 성과를
제공하도록 강요받음

제공자 자원   제공품

고객 자원의 전환

고객 자원   수요

동시성
고객의 외부 자원이
서비스 제공을 위해
필요하고 자원전환을
위해 제공되어야 함

이질성
고객의 외부 자원이
고객 자신에게
속하기 때문에
본질적으로 이질적임

그림 2-1 서비스를 특징짓는 고객 통합 접근법

　　두 번째 단계는 변환이다. 이 변환은 고객 혹은 제공자 자원에서 발생할 수 있다. 제공자 자원의 변환은 간접적 서비스 제공(유통의 메커니즘으로서 사용되는 재화)과 직접적 서비스 제공(순수 서비스)으로서 분류되며, 고객 자원을 포함하는 변환이다. 제공자의 자원만을 포함하는 재화의 생산과 반대로 서비스 제공자들은 전환 프로세스에서 모든 투입물을 구매하거나 보유할 수 없다. 그 이유는 바로 이 과정에서 고객의 투입물이 들어가기 때문이다. 서비스되는 재화인 투입물은 그 서비스의 고객에 의해 계속 소유된다. 그러한 고객 자원은 고객 자신(예, 수술 혹은 이발), 그들의 물리적 대상(예, 자동차 수리), 그들의 권리(예, 변호사), 그들의 일반적 재화(예, 투자 은행), 그들의 데이터(세무 조언)로서 나타날 수 있다. 결국, 서비스를 제공함으로써 고객 자원은 소위 제공자 자원으로 결합된다. 이 결합은 고객 자원의 전환으로 결과된다. 여기서, 시설 단계와 전환 단계는 한 측면에서 다른 특성을 갖는다. 서비스 제공자가 충분히 마음대로 보유하는 제공자 자원과 달리 고객 자원에 대한 서비스 제공자의 보유와 사용은 제한될 수밖에 없다. 따라서 서비스 제공자는 자신의 자원과 프로세스에 대해

고객을 독립적으로 놓거나 고객이 자율적 의사결정을 하도록 만들 수 있다. 서비스 제공 기간 동안에 고객 자원의 통합은 바로 이 고객의 자율을 제한하고 통합적인 의사결정을 필요로 한다.

세 번째 단계는 활용이다. 고객의 자원을 전환으로 이동시키는 것은 FTU 프레임워크의 세 번째 단계인 활용으로 이어진다. 서비스 제공의 산출물은 이 고객 혹은 제공자 자원의 전환을 사용하여 가치를 창출한다. 여기서, 대부분의 전환된 산출물은 여러 요소들의 꾸러미(혹은 패키지) 형태로 구현된다. 그것은 시설 내에서 사전에 준비(예, 표준화된 브로슈어)되거나 고객 자원의 전환 시에 고객과 제공자에 의해 공동창출(예, 개인화된 서비스 꾸러미)된 요소들을 포함한다.

결론적으로 직접적 서비스 제공으로서 서비스는 사람, 개체, 일상적 재화, 데이터의 관점에서 고객 자원의 변환을 포함하는 제공품(offerings)이다. 여기서, 재화는 단지 제공자 자원의 전환만을 포함하고 이것은 서비스 제공의 유통 메커니즘으로서 작용하는 하나의 산출물로 결과된다.

이 프레임워크에 따르면 기존의 IHIP는 다음과 같이 설명될 수 있다.

① 무형성

서비스 제공자는 무형적인 성과 약속을 제공하도록 강요된다.

② 이질성

고객 자원은 고객 자신에게 속하기 때문에 본질적으로 이질적이다.

③ 분리불가능성

고객 자원이 서비스 제공에 필수적이고 자원전환을 위해 제공되어야 한다.

④ 소멸성

고객 자원의 통합에 의해 활성화되지 않으면 서비스 공급은 소멸된다.

2 서비스 유형

2.1. 서비스 분류 프레임워크

서비스 유형을 분류하기 위해 사용된 프레임워크는 다음의 세 가지 기준 하에서 제안되었다.

2.1.1. 이산항목 기준

몇 개의 차별적이고, 독립적이고, 절대적인 항목을 통해 서비스를 분류하는 방식이다. 예를 들어, Judd(1964)는 고객에게 전달되는 재화와 서비스 활동 사이의 관계에 기초하여 서비스를 임대(rent)된 재화 서비스, 소유된 재화 서비스, 비재화 서비스로 분류하였다. 또한 Kotler(1980)는 고객의 니즈, 사용된 기술의 유형 등 여러 가지 기준에 의해 서비스를 이상적으로 분류할 수 있다고 하였다.

2.1.2. 연속선 기준

이상적 유형이라 부르는 두 극단으로 이루어진 연속선 체계를 이용하여 서비스를 분류할 수 있다. 이러한 방법을 용이하게 적용하기 위해서는 소수의 준거점(reference point)이 선택될 수 있다. 과거에 사용된 몇 준거점의 예는 다음과 같다.

표 2-1 연속선 기준에서 사용한 준거점들

연구자들	연속선 기준을 위한 준거점
Hill(1977)	사람에게 영향을 미치는 서비스 대 재화에 영향을 미치는 서비스, 일시적 효과 대 영구적 효과, 물질적 효과 대 정신적 효과, 개별 서비스 대 집합 서비스
Thomas(1978)	사람기반 서비스 대 설비기반 서비스

연구자들	연속선 기준을 위한 준거점
Chase(1978)	서비스 전달에서 고객 접촉의 수준
Cunningham et al. (2004)	제품 구성요소의 수준, 고객-직원 접촉의 수준, 서비스 소비와 생산이 분리 가능하거나 분리불가능한 수준, 제공자의 전환이 용이하거나 어려운 수준, 서비스 대상, 제공자와 고객 사이의 관계, 서비스 전달이 연속적이거나 이산 적인 수준, 고객화 수준, 직원 재량의 수준, 서비스를 획득에서 편의성 수준

2.1.3. 2차원 매트릭스 기준

두 가지 차원으로 이루어진 매트릭스(matrix) 형태를 갖춤으로써 총 네 개의 항목으로 서비스를 분류하는 방식이다. Liu et al.(2008)에 의해 정리된 자주 사용되는 몇 가지 준거점의 예는 다음과 같다.

표 2-2 2차원 매트릭스 기준에서 사용한 준거점들

연구자들	연속선 기준을 위한 준거점
Davis et al.(1979)	소비자 내부 탐색의 수준
Kotler(1980)	공공 혹은 민간 대 영리 혹은 비영리 조직
Fitzsimmons and Sullivan (1982)	사람을 변화시키는 서비스, 사람을 처리하는 서비스, 서비스를 촉진 하는 서비스
Lovelock(1983)	서비스의 본질, 서비스된 대상, 서비스 제공자와 고객 사이의 관계, 고객화 잠재력과 직원 재량, 서비스 공급과 수요의 본질, 서비스 전 달 방법
Schmenner(1986)	노동 집약의 수준, 상호작용과 고객화의 수준
Shostack(1987)	분기(divergence)와 복잡성(complexity)
Haywood_Farmer(1988)	노동집약의 수준, 접촉/상호작용 수준, 고객화 수준(3차원)
Kelly(1989)	서비스 프로세스와 판단 시에 서비스 행위와 고객화의 본질
Wemmerlov(1990)	고객/서비스 시스템 상호작용의 본질, 서비스 프로세스 루틴화의 수 준, 서비스 프로세스에서 서비스된 대상
Haynes(1990)	기술 복잡성 수준 대 상호작용 유형(기계적 혹은 유기적)
Mersha(1990)	수동적 접촉 대 능동적 접촉
Hsieh and Chu(1992)	시간 혹은 공간 효용 창출, 서비스 대상이 사람 혹은 사물

연구자들	연속선 기준을 위한 준거점
Bitner(1992)	서비스 참가자들의 물리적 환경
Silvestro et al.(1992)	장비/사람 초점, 고객 접촉 시간의 길이, 고객화 수준, 개별니즈를 충족시키는 데 고객 접촉 지원의 자유재량, 부가가치의 원천이 전방 부서 혹은 후방부서, 제품/프로세스 초점
Tinnila and Vepsalainen (1995)	서비스 유형(대량 거래, 표준 계약, 고객화된 전달, 상황적 관계) 대 서비스에 채널 접근 유형(시장 네트워크, 서비스 인력, 대리인 연합, 내부 계층)
Kellogg and Nie(1995)	서비스 프로세스 구조(전문가 서비스, 서비스 숍, 서비스 공장) 대 서비스 패키지 구조(유일, 선택적, 제한적, 본원적)
Stell and Donoho(1996)	제품 유형(편의, 선호, 쇼핑, 특별) 대 리스크, 참여와 구매 노력
Schmenner(2004)	고객화와 상호작용 변동의 수준, 상대적 서비스 처리 시간

2.2. 서비스 프로세스 매트릭스에 의한 분류

서비스 문헌에서 가장 많이 사용되는 서비스 분류 방식은 서비스 프로세스 매트릭스(SPM: Service Process Matrix)로 불리는 Schmenner(1986)의 분류 방식이다. 이 방식은 〈표 2-3〉과 같이 고객화의 수준과 고객 접촉의 수준에 따라 2차원 방식으로 분류한다.

표 2-3 서비스 프로세스 매트릭스의 분류 프레임워크

		상호작용과 고객화의 수준	
		낮음	높음
노동집약의 수준	낮음	서비스 공장 (service factory)	서비스 숍 (service shop)
	높음	대량 서비스 (mass service)	전문 서비스 (professional service)

이 2차원 매트릭스의 수직축은 노동집약의 높고 낮은 수준을 나타내고 수평축은 상호작용과 고객화의 높고 낮은 수준을 나타낸다. 이 두 차원하에서 높고 낮음이라는 두 가지 평가 기준을 적용하면 총 네 개의 항목이 발생하고 각

항목들을 특성에 따라 정의할 수 있다. 여기서 노동집약 수준은 설비와 장비의 가치에 발생된 노동비의 비율을 의미한다. 즉, 높은 노동집약은 상대적으로 작은 설비와 장비 투자 혹은 노동 시간, 노력, 비용에 대한 매우 높은 투자를 나타낸다. 상호작용 혹은 고객화 수준은 고객이 서비스 프로세스에 능동적으로 참여 혹은 개입하는 정도를 의미한다. 즉, 개별 고객의 특정 선호를 만족시키는 것을 서비스 조직이 얼마나 지향하는지를 나타낸다. 각 항목별 의미는 다음과 같다.

2.2.1. 서비스 공장

노동집약 수준이 낮고 상호작용과 고객화 수준도 낮은 차원은 서비스 공장으로 정의한다. 상호작용과 고객화 수준이 낮다는 것은 표준화된 서비스의 생산을 의미하고 노동집약 수준이 낮다는 것은 반대로 높은 투자비를 통한 설비 집약도가 높다는 것을 의미하기 때문에 제조 부문과 비교하여 공장 형태의 표준화된 서비스가 생산되는 경우에 해당한다. 대표적 예로서, 항공, 트럭운송, 호텔, 리조트 등이 있다.

2.2.2. 대량 서비스

대량 서비스는 서비스 공장에 비해 상호작용과 고객화 수준은 동일하게 낮으나 노동집약 수준이 상대적으로 높다. 즉, 서비스 공장에 비해 상대적으로 많은 설비를 필요로 하지 않는다는 의미이다. 따라서 표준화된 서비스를 대량으로 생산하나 생산 시에 설비보다는 인력의 비중이 상대적으로 많이 활용되는 서비스들이 이에 해당되며, 그 예로는 도소매, 학교, 은행 등이 있다.

2.2.3. 서비스 숍

상호작용과 고객화 수준이 높은 서비스 중에서 노동집약 수준이 낮은 서비스는 서비스 숍으로 부른다. 이 항목에는 고객 맞춤형 서비스가 주로 생산되면서 높은 수준의 설비가 활용되는 서비스가 해당된다. 예를 들어, 병원, 자동차 수리 등이 있다.

2.2.4. 전문 서비스

전문 서비스는 상호작용과 고객화 수준이 높지만 노동집약 수준이 높은 서비스로서 법률, 회계, 컨설팅, 병원 등에서 제공하는 서비스가 이에 해당한다.

2.3. 서비스 분류 시 유의사항

서비스 분류 시 주의해야 할 점은 각 프레임워크에서 예시로 든 서비스들이 상황과 정의된 서비스 범위에 따라 상대적으로 고려될 필요가 있다는 점이다. 다시 말해, 절대적 서비스 분류 방식은 존재하지 않는다는 의미이다. SPM에서 예시로 든 서비스 분류 방식은 사실 광범위하고 상대적인 서비스 정의에 기초한다. 예를 들어, 미용실의 경우만 하더라도 다양한 형태의 미용실이 존재할 수 있다. 고전적인 전통 남성이발소의 경우에 이곳은 상호작용과 고객화 수준이 낮고 노동집약 수준이 높기 때문에 대량 서비스에 해당한다. 그러나 강남의 고급 미용실은 상대적으로 상호작용과 고객화 수준이 높다. 따라서 이러한 미용실은 전문 서비스에 해당할 수 있다. 숙박 서비스의 경우에도 여인숙, 무인모텔, 호텔, 에어비앤비(Airbnb) 등은 모두 다른 서비스 유형으로 분류될 수 있다. 또한 이러한 서비스 분류는 시대적인 상황에 따라서도 변화하는 결과로 나타난다. 과거에 시중은행의 예출금 등 업무는 상대적으로 노동집약 수준이 높았으나 최근에 자동화 기기의 도입과 온라인 금융으로 인해 점차 노동집약 수준이 낮아지고 있다. 따라서 시중은행의 예출금 서비스는 대량 서비스에서 서비스 공장으로 변화하고 있는 중이고 대출상담 서비스는 전문 서비스에 해당한다. 의료 서비스의 경우에도 서비스 범위에 따라 건강검진은 서비스 공장에 해당하나, 종합병원은 서비스 숍, 동네병원은 전문 서비스의 특성이 강하게 나타난다. 결국, 이러한 서비스 분류는 상대적인 개념하에 분류되는 것이기 때문에 절대적인 분류는 존재하지 않는다는 점을 다시 명심해야 한다.

2.4. 서비스 분류의 확장

지금까지 제안된 다양한 서비스 분류 방식을 확장하여 운영 시스템에 기초한 3P+C 분류 프레임워크가 제안될 수 있다. 이 프레임워크는 통합적 서비스 분류 모델을 제기하고자 하는 목적으로 서비스 분류 시 차원과 특성을 동시에 고려하는 방식으로서 Liu & Wang(2008)에 의해 제시되었다.

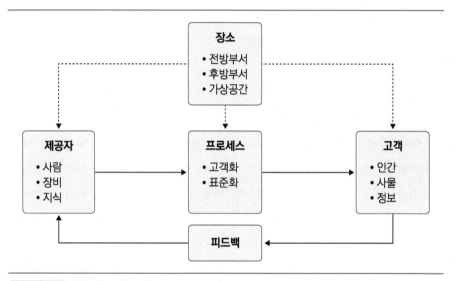

그림 2-2 확장된 서비스 분류 프레임워크

〈그림 2-2〉처럼 이 분류 매트릭스는 제공자, 프로세스, 고객, 장소의 네 가지 차원으로 구성된다. 제공자는 사람, 장비, 지식이라는 세 차원으로 이루어지며, 여기서 장비는 도구, 제품, 자재를 포함하는 재화를 의미한다. 프로세스는 고객화 초점과 표준화 초점이라는 두 가지 상반된 특성을 포함하고 고객은 인간, 사물, 정보를 포함한다. 마지막으로 장소는 전방부서, 후방부서, 가상공간을 포함한다. 결과적으로 다양한 서비스 제공자가 특정 목표에 초점을 둔 프로세스를 통해서 어떤 고객에게 서비스를 제공하는 데 이 서비스가 제공되는 장소가 이들 각 단계에 영향을 미치고 이러한 통합적 서비스 프로세스는 피드백을 거쳐 계속 반복되게 된다. 결과적으로 $3 \times 3 \times 2 \times 3 = 54$개의 서비스가 분

류될 수 있다. 이처럼 서비스는 매우 다양한 유형으로 분류될 수 있기 때문에
절대 공식화된 분류에 의존하지 않기를 바란다.

────── 참고문헌

Bitner, M.J. (1992), "Servicescapes: The impact of physical surrounding on customers
    and employees", *Journal of Marketing, 56*(2), 57–71.

Chase, R.B. (1978), "Where does the customer fit in a service operation", *Harvard
    Business Review, 56*(6), 137–142.

Cunningham, L.F., Young, C.E., Ulaga, W. & Lee, M. (2004), "Consumer views of
    service classifications in the USA and France", *Journal of Services Marketing,
    18*(6), 421–432.

Davis, D.L., Guiltnan, J.P. & Jones, W.H. (1979), "Service characteristics, consumer
    search, and the classification of retail services", *Journal of Retailing, 55*(3),
    3–23.

Fitzsimmons, J.A. & Sullivan, R.S. (1982), *Service Operation Management*, McGraw–Hill,
    New York.

Haynes, R.M. (1990), "Service typologies: A transaction modeling approach", International
    Journal of Service Industry Management, 1(1), 15–26.

Haywood–Farmer, J. (1988), "A conceptual model of service quality", International
    Journal of Operations & Production Management, 8(6), 19–29.

Hill, T.P. (1977), "On goods and services", *Review of Income and Wealth, 23*(4),
    315–338.

Hsieh, C.H. & Chu, T.Y. (1992), "Classification of service business from a utility creation
    perspective", *The Service Industries Journal, 12*(4), 545–557.

Judd, R. C. (1964), "The case for redefining services", *Journal of Marketing, 28*(1),
    58–79.

Kellogg, D.L. & Nie, W. (1995), "A framework for strategic service management",
    Journal of Operations Management, 13(4), 323–337.

Kelly, S.W. (1989), "Efficiency in service delivery: Technology of humanistic approach",
    Journal of Service Marketing, 3(3), 43–50.

Kotler, P. (1980), *Principle of Marketing*, Prentice–Hall, New Jersey.

Liu, C.H. & Wang, C.C. (2008), "Forecast competitor's service business strategy with integrative service taxonomy and CI data", *European Journal of Marketing*, 42(7/8), 746-765.

Liu, C.S., Wang, C.C. & Lee, Y.U. (2008), "Revisit service classification to construct a customer-oriented integrative service model", *International Journal of Service Industry Management*, 19(5), 639-661.

Lovelock, C.H. (1983), "Classifying services to gain strategic marketing insights", *Journal of Marketing*, 47(3), 9-20.

Mersha, T. (1990), "Enhancing the customer contact model", *Journal of Operations Management*, 9(3), 391-405.

Moeller, S. (2010), "Characteristics of services-a new approach uncovers their value", *Journal of Services Marketing*, 24(5), 359-368.

Schmenner, R.W. (1995), *Service Operations Management*, Prentice Hall, New Jersey.

Schmenner, R.W. (1986), "How can service business survive and prosper?", *MIT Sloan Management Review*, 27(3), 21-32.

Schmenner, R.W. (2004), "Service business and productivity", *Decision Science*, 35(3), 333-347.

Shostack, G.L. (1987), "Service positioning through structural change", *Journal of Marketing*, 51(1), 34-43.

Silvestro, R., Fitzgerald, L., Johnson, R. & Voss, C. (1992), "Towards a classification of service processes", *International Journal of Service Industry Management*, 3(3), 62-75.

Stell, R. & Donoho, C. (1996), "Classification services from a consumer perspective", *The Journal of Service Marketing*, 10(6), 33-44.

Thomas, D.R.E. (1978), "Strategy is different in service businesses", *Harvard Business Review*, 56(4), 158-165.

Tinnila, M. & Vepsalainen, A.P.J. (1995), "A model for strategic repositioning of service processes", *International Journal of Service Industry Management*, 6(4), 57-80.

Wemmerlov, U. (1990), "A taxonomy for service process and its implication for system design", *International Journal of Service Industry Management*, 1(3), 20-40.

📖 💡 ⏳ 생각해 볼 문제
Question

객관식 문제

01   다음 문제의 참과 거짓을 판단하시오.

1.1   서비스는 무형성의 특성으로 인해서 프랜차이즈와 같이 서비스 개념의 편익을 보장하기 위해 신속하게 확장할 필요가 있다.

1.2   서비스의 동시성으로 인해 서비스 조직은 명성의 중요성이 부각된다.

1.3   서비스는 특허 보장이 용이하기 때문에 창의적 광고를 해야 한다.

1.4   서비스의 소멸성으로 인해 서비스 제공자에게 전문자격증이 필요한 것처럼 소비자들을 보호하기 위한 정부 개입을 초래한다.

1.5   서비스 프로세스에 고객의 참여는 서비스의 이질성을 강화시킨다.

1.6   서비스 설비에 대한 관심과 고객의 서비스 공동생산은 서비스의 동시성과 관련된다.

1.7   전방부서와 후방부서의 구분은 서비스 이질성의 특성으로 인해 더욱 중요한 관리 대상이 된다.

1.8   서비스의 품질 문제는 서비스의 동시성과 직접 관련된다.

1.9   유휴용량의 기회손실은 서비스의 소멸성과 상관없다.

1.10 부가가치의 원천이 전방부서에 있는가 후방부서에 있는가는 서비스 분류의 한 기준으로 사용될 수 있다.

1.11 공인회계사가 수행하는 회계감사는 전문 서비스에 해당한다.

1.12 일방적인 강의로 이루어지는 수업은 대량 서비스에 해당한다.

1.13 학생들의 적극적 참여로 대부분 질문과 토론으로 진행되는 수업은 서비스 숍에 해당한다.

1.14 서비스 분류에서 적용하는 상호작용 및 고객화 수준과 노동집약도 수준은 모두 상대적이다.

1.15 택배 서비스는 상호작용 수준이 낮고 노동집약도가 높은 서비스 공장에 해당한다.

1.16 코인노래방 서비스는 서비스 공장에 해당한다.

1.17 부모의 아동에 대한 육아 서비스는 상호작용과 고객화가 높아야 하고 노동집약도가 높은 전문 서비스로 가야 한다.

1.18 부동산중개 서비스는 서비스 숍이다.

1.19 미용실은 서비스의 직접 수혜자가 사람의 육체이고 서비스 행위의 본질이 유형적 활동에 해당한다.

1.20 서비스 제공 시 비용증가에 대응하는 이슈는 서비스 숍과 전문 서비스에서 중요한 이슈이나 서비스 공장과 대량 서비스에서는 중요한 관심사가 아니다.

02 선택형 문제

2.1 다음 중 서비스의 이질성과 관련이 없는 것은?
 ① 서비스 프로세스에 고객참여가 성과에 미치는 영향
 ② 전방부서와 후방부서에 차별화된 관리
 ③ 서비스 설비의 내부 디자인에 대한 관심
 ④ 수요와 공급용량의 균형 이슈

2.2 다음 중 서비스의 소멸성과 직접 관련되지 않는 이슈는?
 ① 공급용량 문제
 ② 수요의 균등화 문제
 ③ 고객의 대기 문제
 ④ 서비스 프로세스의 자동화 문제

2.3 다음 중 서비스의 특징에 해당되지 않는 것은?
 ① 서비스는 흔히 정보집약적이다.
 ② 고객요구에 대해 자주 고객화된다.
 ③ 프로세스와 제품을 구분하기 쉽다.
 ④ 규모의 경제가 제한된다.

2.4 SPM에 대한 설명이 아닌 것은?

① 서비스 공장은 높은 자본투자를 갖는 표준화된 서비스이다.

② 서비스 유형을 자본집약 수준과 고객화 수준의 두 가지 차원에서 네 가지 분류 방식을 취한다.

③ 대량 서비스는 제조 부문에서 프로젝트 생산 방식과 유사하다.

④ 전문 서비스는 서비스 제공자의 높은 전문성에 따라 노동비가 높은 비용을 차지한다.

2.5 SPM 분류 방식에서 대학 교수의 학생에 대한 상담 서비스는 어떤 유형에 해당하는가?

① 서비스 공장   ② 서비스 숍
③ 대량 서비스   ④ 전문 서비스

2.6 SPM 분류 방식에서 병역의무에 기초한 국방 서비스는 어떤 유형에 해당하는가?

① 서비스 공장   ② 서비스 숍
③ 대량 서비스   ④ 전문 서비스

2.7 다음 중 서비스 분류와 사례가 잘못 연결되어 있는 것은?

① 서비스 공장 – 건강검진

② 서비스 숍 – 심혈관 치료

③ 대량 서비스 – 치과 스케일링

④ 전문 서비스 – 정신과 진료

2.8 서비스 유형 분류에서 사용된 프레임워크가 아닌 것은?

① 이산적 항목에 기초한 분류

② 연속선에 의한 분류

③ 2차원 기준에 의한 매트릭스형 분류

④ 고객과 시설에 기초한 분류

2.9 다음 중 서비스의 분류 기준으로 사용된 것이 아닌 것은?

① 설비/사람 초점

② 부가가치의 원천

③ 고객접촉의 수준

④ 제품/프로세스 초점

2.10 다음 중 박물관이 제공하는 서비스와 박물관 내 전시해설사(docent)가
제공하는 서비스의 연결이 옳은 것은?

① 서비스 공장 – 전문 서비스

② 서비스 숍 – 서비스 공장

③ 대량 서비스 – 대량 서비스

④ 대량 서비스 – 전문 서비스

1.1 다음 중 본인이 자주 이용하거나 관심을 갖고 있는 세 개의 서비스를 선정하시오.

> 찜질방, 택배 서비스, 아파트 경비, 종교시설에서 예배, 코로나19 방역 서비스, 독거노인을 위한 사회복지 서비스, 동사무소행정 서비스, 대학 비대면 강의 서비스, 스마트폰 서비스센터 서비스, 구내식당 서비스, 프로야구 서비스, 24시간 무인카페 서비스, 박물관, 기원

(1) 선정한 서비스에 대해 IHIP 특성이 어떻게 유지되는지를 설명하시오. 만약 해당되지 않는다면 어떤 이유에서인지를 설명하시오.

(2) 선정한 서비스를 SPM 매트릭스로 분류하였을 경우에 어떤 서비스에 해당하는지 정의하고 근거를 제시하시오.

(3) 선정한 서비스에서 제공하는 유형 및 무형의 제공품을 모두 나열하시오.

(4) 순수한 서비스와 혼합 서비스를 구분하시오.

1.2 다음의 비대면 서비스 중 잘 알거나 경험했던 서비스 세 개를 고려하시오.

> 무인카페, 배달 전문 도시락, 음식 배달 서비스, 인터넷 금융, 비대면 교육, 온라인 취미 수업, 세탁물 픽업 및 배달 서비스, 매장 내 물건 주문과 픽업 서비스, 셀프 관리형 정수기 필터 서비스, VR을 이용한 인테리어 제안, 사이버 모델 하우스, 메신저 상담, 챗봇, AI 스피커를 통한 쇼핑, 가상 피팅 의류/안경 쇼핑몰, 비대면 화상 면접, 비대면 육아 서비스, 재택 근무 서비스, 온라인 합동연주 및 콘서트, 비대면 결제 서비스, 동영상 스트리밍 서비스, 100% 셀프 스토어

(1) 선택한 서비스가 IHIP에 적용이 되는지 설명하시오.

(2) 선택한 서비스에 SPM 매트릭스를 적용시키는 것이 가능한지를 설명하시오. 그렇지 않다면 어떤 기준이 더 적절한지 제안하시오.

서비스 전략

Service Operations Management

03

배경

서비스 특성과 유형을 이해하였다면 본격적으로 서비스 조직을 효과적으로 관리하기 위한 첫 번째 절차는 서비스 전략을 수립하는 것이다. 서비스 전략은 서비스 조직이 나아가야 할 중요한 방향을 결정한다. 이러한 서비스 전략은 주어진 환경을 고려하여 조직이 치열한 경쟁에서 성공하기 위한 요인들을 결정한 후에 실행가능하도록 수립되어야 한다. 이 장에서는 서비스 부문이 경험하는 독특한 환경, 서비스 성공요인, 본원적 서비스 전략, 서비스 전략 삼각형, 제조의 서비스화 전략 등의 주제를 다룬다.

주요 이슈

● 서비스 조직이 경험하는 독특한 환경은 무엇이 있는가?
● 서비스 조직의 성공에 영향을 미치는 요인은?
● 제품에서 적용된 본원적 전략은 어떻게 서비스 부문에 적용되는가?
● 서비스 전략 삼각형의 개념과 구성요소의 관리 방안은?
● 제조의 서비스화 전략 수립은?
● 서비스의 제조화 전략은?

1 제조업 대비 서비스 부문 환경의 특이성

1.1. 극심한 경쟁

주변의 서비스업이 자주 생겼다가 사라지는 현상을 우리는 자주 목격한다. 일반적으로 서비스 기업은 제조 기업보다 더 경쟁적인 환경에서 생존해야 한다. 그 이유는 서비스 부문이 제조 부문보다 더 낮은 진입장벽을 갖고 있기 때문이다. 일반적으로 서비스에는 특허가 없어서 새로운 혁신은 쉽게 경쟁자에 의해 모방이 가능해진다. 또한 서비스 부문은 대부분 자본집약적이지 않고 노동집약적이어서 작은 자본으로도 쉽게 유망한 서비스에 너도나도 진입할 수 있다.

최근 모 식당에서 개발한 메뉴를 프랜차이즈 전문 기업이 모방해 상표권을 신청한 사례가 있다. 또한 부동산임대, 편의점, 숙박업, 식당, 당구장 등 법인형태가 아닌 영세 서비스업이 계속 증가하고 있다. 가장 큰 이유는 바로 낮은 진입장벽과 높은 노동집약 수준으로서 누구나 쉽게 따라할 수 있기 때문이다. 그러나 이러한 현상은 자본집약 수준이 상대적으로 높은 대규모 서비스 부문에도 존재한다. 카카오톡은 중국의 위챗(WeChat), 아마존은 중국의 알리바바(Alibaba), 구글은 중국의 바이두(Baidu)에 의해 쉽게 모방되고 있는 것이 현실이다. 이러한 모방을 막기 위해 기존의 서비스 조직은 브랜드 이미지의 차별화 전략을 전개하고 콘도, 호텔, 스키장, 골프장, 커피숍, 병원 등과 같은 일부 서비스는 진입장벽의 도구로서 우월한 입지 선점을 내세우고 있다.

1.2. 낮은 규모의 경제 수준

서비스 부문은 다양한 고객 요구사항 충족과 제공자와 고객 간의 긴밀한 상호작용을 필요로 하기 때문에 규모의 경제 기회가 매우 낮다. 그 결과, 고객에 대한 물리적 인접성이 시장 영역을 제한하고 경쟁이 심해질 경우에는 목표 시장이 줄어들어 점점 작은 규모의 시장을 추구하게 된다. 이 역시 커피숍, 식

당, 모텔 등의 경우와 같이 영세 자영업자의 비중을 늘리는 데 한몫하는 역할
을 한다. 이를 극복하기 위해 서비스에서는 원자재 구매와 광고비를 공유하는
편익을 창출하는 프랜차이즈(franchise)를 적극적으로 활용한다. 또한 규모의 경
제 수준을 증가시키는 목적으로 인터넷 및 모바일도구, 키오스크, 서비스 로봇
과 같은 신기술의 도입을 통해 자동화에 기반한 서비스의 표준화가 활발히 이
루어지고 있다.

1.3. 극심한 매출 변동

서비스 부문은 매출이 여러 요인에 의해 극심하게 변동한다. 예를 들어,
식당의 수요는 시간별(점심시간과 저녁시간이 피크타임), 극장은 일별과 시간(평일과
주말, 아침과 저녁 시간의 수요 차이), 스키장은 계절별(겨울과 기타 계절의 수요 차이),
병원은 요일과 시간별(월요일과 점심시간이 피크타임), 세차장은 시간별(출퇴근 시간
이 피크타임)로 영향받는다. 또한 식당, PC방, 여행은 세계적 감염병으로 극심한
매출 변동을 경험하고 있고 극장, 스킨스쿠버, 헬스, 보험 등의 오락과 취미생
활 및 재무 서비스는 경기 변동에 의해 수요가 영향을 받기도 한다. 그러나 수
요 변동에 대응하기 위한 재고 보유가 서비스의 특성으로 인해 쉽지 않고 서비
스 공급용량의 변화에 비용이 상대적으로 많이 소요되어 부동산 임대, 숙박 및
음식업, 스포츠 및 여가, 보건 및 사회복지, 도소매, 출판 및 음악 방송 등의
서비스의 매출액 변동에서 극심한 편차를 보인다. 비록 이를 극복하기 위한 수
요 평준화 정책으로서 예약(골프장), 대기(유명 맛집), 할인정책(극장의 조조할인)
등을 펼치고 있으나 이러한 정책으로도 극심한 매출 변동을 완전히 상쇄하기
는 쉽지 않다.

1.4. 신제품과 신기술의 서비스 대체

혁신적인 제품과 기술이 서비스를 대체하는 경우가 빈번히 발생한다. 이
미 무인편의점과 자동결제가 편의점의 서비스를 대체하거나, 스마트 뱅킹이 은
행서비스를 대체하거나, 스마트폰 게임 앱과 PC방이 전자오락실을 대체한 경

우를 소비자들은 경험하고 있다. 나아가, 주문 키오스크, 서비스 로봇을 포함한 인공지능과 자동판매기의 등장은 이미 서비스 부문의 인력을 대체하기 시작했고 인건비의 절감이라는 편익뿐만 아니라 실업의 증가라는 양날의 칼과 같은 효과를 내고 있다.

1.5. 높은 고객 충성 수준

서비스 부문은 제조 부문에 비해 고객 충성에 의해 매출과 이익이 상대적으로 큰 영향을 받는다. 그 이유로 인해 기존 서비스 조직은 충성 고객을 창출하려 노력하고 이것은 경쟁하는 서비스 조직에 진입장벽으로 작용할 수도 있다. 이러한 충성 고객 창출과 진입장벽 구축을 위해 교육기관, 병원, 프랜차이즈, 기타 서비스 조직들은 자신들의 평판과 명성 및 브랜드 이미지를 높이고자 광고, 촉진활동, 브랜드 커뮤니케이션, 고가격 정책 등 많은 노력을 전개하고 있다. 또한 고객 보유를 위해 고착효과(lock-in effect)를 창출하려 노력하고 있다. 예를 들어, 스마트폰 운영체제 개발사들은 고객이 타 브랜드로 전환하지 못하도록 고착시키기 위해 애플리케이션 서비스 형태로 다양한 앱(App)을 무료로 제공하고 있다. 또한 유명 식당 프랜차이즈는 자사 사장의 평판을 활용하여 고객 충성을 높이기 위해 가게에 대표의 사진과 이름을 홍보에 적극 활용하고 있다.

1.6. 낮은 퇴출장벽

서비스 부문의 퇴출장벽은 제조 부문에 비해 상대적으로 낮다. 그 이유는 자본집약 수준이 낮고 경쟁이 극심하기 때문이다. 그러나 일부 서비스 분야에서는 높은 퇴출장벽이 존재하기도 하는데 이처럼 퇴출되어야만 마땅한 한계 서비스 조직이 낮은 이윤에도 불구하고 계속 운영을 선택하는 이유는 낮은 수익에도 불구하고 서비스 조직 운영자의 높은 개인적 만족 수준이 뒤따르기 때문이다. 예를 들어, 자신의 취미생활을 겸한 골동품점, 낚시 가게, 문화계승을 위한 전통 판소리학원 등이 있다. 그러나 재무적 한계 상황을 극복하지 못하면 이들 서비스 조직도 쉽게 퇴출될 것이다.

2 서비스 성공의 결정요인

2.1. 고객 구매 의사결정 기준

어떤 서비스의 성공에 영향을 미치는 요인은 다양하다. 일반적으로 어떤 서비스를 경험한 후 고객이 그 서비스에 대해 인식하는 가치가 중요한 결정요인이 된다. 서비스에서 고객이 인식하는 가치는 가격 대비 서비스 패키지와 고객 경험의 함수이다. 즉, 서비스 가격(고객 관점에서는 비용)이 낮을수록 바람직하고 서비스 패키지와 고객의 경험이 형성하는 편익이 높을수록 바람직하다. 이러한 고객 구매 의사결정 기준은 다음과 같다.

2.1.1. 가격과 성과

물류, 운송, 도소매 등 대량으로 생산되는 서비스에서 특히 가격이 중요한 구매 의사결정 기준이 된다. 그러나 병원, 교육, 법률 등의 전문 서비스에서는 가격보다는 그 성과가 더 중요한 구매 의사결정 기준이 될 수 있다. 환자, 소송인, 학생은 비싼 비용에도 불구하고 종합병원, 유명 로펌, 서울의 사립대를 가려고 한다.

2.1.2. 이용가능성

시간과 관련하여 고객이 서비스에 얼마나 용이하게 접근할 수 있는가는 고객의 이용가능성을 높이는 중요한 요소이다. 이를 높이기 위해 24시간 ATM, 인터넷뱅킹, 편의점 등이 확대되고 있다.

2.1.3. 편리성

오프라인으로 제공되는 서비스의 입지는 고객이 이용하는 데 편리함을 결정하는 기준이 된다. 특히, 주유소, 극장, 패스트푸드 레스토랑, 병원, 세탁소 등은 점포의 입지에 각별한 관심을 갖는다.

2.1.4. 신뢰성

제공되는 서비스를 얼마나 신뢰할 수 있는가는 고객이 구매 의사결정을 하는 데 있어 품질을 결정하는 중요한 요소가 된다. 자동차 정비업체의 신뢰할 수 있는 진단과 비용, 비행기 정시 출도착 여부, 병원의 정확한 진단과 처방, 언론사의 신뢰할 수 있는 뉴스 제공, 최신의 믿을 수 있는 강의 등 원하는 성과를 얼마나 적시에 제공하는지가 고객의 중요한 선택 기준이 된다.

2.1.5. 고객화

서비스에서는 고객 개인별 세부적인 요구사항이 어느 정도 충족되는지가 성과에 매우 중요하다. 고객화는 법률, 의료, 세무, 건축 등 전문 서비스에서 특히 중요하지만 대량 서비스에서도 점점 중요한 목표가 되고 있다. 맥도날드 (McDonald's) 프랜차이즈의 표준화된 대량 서비스에서 벗어나 서브웨이(Subway)는 샌드위치에 포함하는 재료를 고객이 선택하도록 하고 있고 다른 인스턴트 프랜차이즈도 패티, 양념, 사이드를 고객이 선택하는 것을 강화하고 있다. 또한 기존의 대량 서비스인 자동세차장과 경쟁하기 위해 손세차장이 늘어나고 있다. 손세차장은 설비 중심의 표준화된 세차 서비스를 제공하던 자동세차가 아니라 고객화에 초점을 둔 서비스로서 고객화를 선호하는 목표 시장을 잠식하고 있다. 최근에는 고객이 자택에 주차를 하면 해당 주차장에 찾아가서 야간이나 새벽에 외부뿐만 아니라 실내 세차까지 수행하는 고객 맞춤형 세차 서비스가 고객화의 정점을 달리고 있다.

2.1.6. 품질

다양한 차원으로 평가되는 서비스 품질은 제공되는 서비스의 전달 프로세스와 성과에 대해 고객이 기대하고 인식하는 개인적이고 주관적인 인식이다. 따라서 효과적인 서비스 접점관리를 통해 고객의 경험에 중요한 영향을 미칠 수 있는 관리가 필요하다. 서비스 품질 대상과 같은 수상제도는 해마다 유사 서비스 업종에서 가장 높은 품질 수준을 달성한 업체를 공표하고 있고 선정된 업체는 평판의 향상을 노릴 뿐만 아니라 자사의 품질 수준 관리를 위해 이러한 수상제도에 높은 관심을 두고 있다.

2.1.7. 평판

빈약하거나 실패한 서비스 경험은 여러 서비스 회복 노력에도 불구하고 부정적 구전이 발생할 수 있다. 이러한 결과가 발생하면 고객을 원래 상태로 완전히 되돌리기 어렵기 때문에 적극적인 브랜드 이미지, 서비스 회복, 평판 등에 대한 관리가 요구된다. 많은 대학들은 자신들이 어떤 정부사업을 따고 평가에 통과하였는지를 홍보함으로써 명성을 올리려고 노력하고 있다.

2.1.8. 속도

서비스를 위해 얼마나 기다려야 하는가와 관련된 대기(queue)는 일반적으로 고객의 불만을 초래한다. 즉, 과잉 대기를 회피해야만 높은 고객 만족을 창출할 수 있다. 특히, 소방서, 경찰서, 긴급환자 후송 및 응급의료, 사회복지 등의 서비스 속도는 사람의 생명과도 직결되는 문제이다.

2.1.9. 안전

당연하지만 고객은 서비스 전달 프로세스에서 행복과 안전이 보장되는 것을 원하고 침해받는 것을 극단적으로 싫어한다. 운송과 의료 서비스의 경우에 고객은 안전한 서비스에 가장 큰 가중치를 부여한다. 또한 전염병으로부터의 안전이 서비스 선택에 미치는 영향은 지대하다.

2.2. 주문획득과 주문자격

다양한 구매 의사결정 기준 중에서 서비스가 성공하기 위해서는 어떤 조합을 선택해야 하는가? 이러한 질문에 답하는 하나의 방법으로서 주문획득(order winner)과 주문자격(order qualifier) 기준이 있다. 〈그림 3-1〉과 같이 주문자격 기준은 그것이 결여되면 부정적 편익을 제공하지만 충족되면 시장에서 경쟁할 수 있는 최소한의 자격을 부여한다. 주문획득 기준은 결여되어 있으면 역시 부정적 편익을 제공하지만 충족되어 있으면 긍정적인 편익을 제공하여 시장에서 성공하는 길을 제공해 준다.

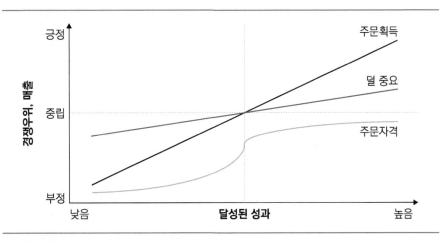

그림 3-1 주문 획득과 자격 기준의 성과

2.2.1. 서비스 주문자격 기준(Service qualifier)

이 요인은 시장 내 다른 경쟁자들과 경쟁하기 위해 최소한 일정 수준이 달성되어야 하는 요인들을 의미한다. 예를 들어, 패스트푸드, 식당, 극장 등에서 유지해야 하는 높은 청결 수준, 간편한 구내식당에서 가격, 고장 없는 물류 서비스, 정비업체의 정확한 고장 진단 및 수리, 대학의 최근 흐름에 적합한 과목 개설 및 적정 등록금 등과 같이 최소한 충족시켜야 하는 기본적 서비스 수준들이 이에 해당한다.

2.2.2. 서비스 주문획득 기준(Service winner)

시장 내 여러 경쟁자들 중에서 최종 선택을 받기 위한 기준 혹은 경쟁 차원들을 의미한다. 예를 들어, 구내식당의 다양한 메뉴 선택과 분위기, 저녁 데이트 식당으로서 고급 이미지와 명성, 여인숙에서 가격, 대학의 연구성과 및 사회적 인식 등이 이에 해당한다.

2.2.3. 서비스 실패 기준(Service loser)

시장 내 경쟁자들에 비해 기대 수준 혹은 그 이상을 고객에게 전달하는 데 실패하는 경우에 해당한다. 예를 들어, 자동차 정비업체에서 수리 실패(신뢰성), 환자의 질문에 대한 의사의 무례한 응답(개인화), 퀵서비스의 지연 배달(속도), 대학 구성원의 불법행위(신뢰) 및 사고(안전) 등과 같은 실패는 시장 및 고객을 잃게 되는 중요한 요인이다.

2.2.4. 상황에 따른 요인 변화

이러한 요인은 절대적인 요인이 아니라 시간에 따라 변동할 수 있다. 예를 들어, 저렴한 호텔 체인의 경우에 현재뿐만 아니라 미래에도 주문자격 기준은 청결, 보안 등이 될 수 있으나 현재의 주문획득 기준인 입지, 가격 등은 미래에 자격요인으로 바뀔 수도 있다. 물론, 입지는 미래에도 주문획득 기준이 될 수 있고 가격은 주문획득 기준 이상의 고객 감동을 불러일으킬 수도 있다. 또한, 상황과 서비스 조직의 전략에 따라 이 기준이 변화될 수 있다. 일반적으로 유명 백화점과 같은 도소매업체는 고객에게 고품질의 고가제품을 제공하여 자사의 명성을 높이고 고객을 얻고자 노력한다. 하지만 다이소라는 소매업체가 제공하는 가치는 바로 가격과 상품의 다양성이다. 이처럼, 시간과 상황 및 추진 전략에 따라 주문 자격과 획득 기준이 상대적으로 변화될 수 있기 때문에 서비스 관리자는 항상 미래 소비자의 사고와 행태에 관심을 갖고 있어야 한다.

3 전략수립을 위한 환경 분석

3.1. 파이브 포스 분석

마이클 포터(Michael Porter, 1979)에 의해 어떤 시장의 경쟁강도와 매력을 결정하기 위해 산업 수준에서 환경을 분석하는 방법론이 제안되었다. 제품에서는 이러한 다섯 가지 차원의 포스(5 Forces)에 정부, 보완재 등을 포함하기도 한다.

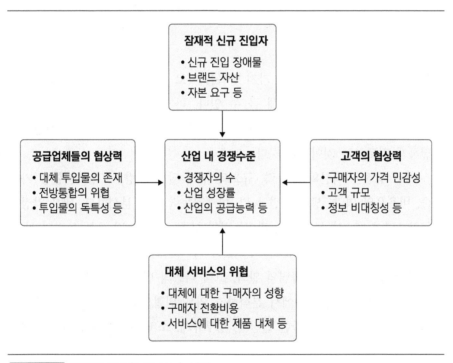

그림 3-2 파이브 포스(5 Forces) 분석

3.2. SWOT 분석

내부 자원분석에 해당하는 강점(strengths), 약점(weaknesses)과 외부 환경분석에 해당하는 기회(opportunities), 위협(threats)의 차원에서 환경을 분석하는 방

	위협	기회
강점	취약성 • 강점을 활용하기 이해 선행적 전략을 전개	경쟁우위 • 핵심 역량을 유지
약점	위기를 극복하기 위한 힘든 노력	제약된 • 내부 역량을 배양함으로써 경쟁우위로 이전

그림 3-3 SWOT 분석

법이다. 우선 S, W, O, T의 네 가지 항목을 따로 파악해 보고 그 후 내부 자원 (SW)과 외부 환경(OT)을 연계해 볼 수 있다. 하지만 동일 상황이 강점이면서 약점이 되기도 하고 기회이면서 위기일 수 있기 때문에 각 사건 및 상황별로 정밀하게 검토하는 것이 필요하다.

내부 강점은 자본확보 능력, 규모의 경제 달성 역량, 보유 및 활용 가능 기술, 비용우위 역량, 생산 관련 능력, 마케팅능력 등을 분석하고, 내부 약점은 자금확보의 한계, 시설의 낙후, 관리능력의 부족, 마케팅 및 유통 능력의 한계, 설비 수준 등의 차원에서 검토할 수 있다. 외부 기회로는 새로운 시장의 출현, 수직적 통합 가능성, 수출장벽의 완화, 고객 니즈의 변화, 경쟁사의 감소, 수요의 증가, 신기술의 출현 등에서 분석하고 외부 위협으로는 경쟁자의 등장, 시장의 감소, 최저임금을 포함한 인건비, 정부규제, 소비행태 변화 등의 차원에서 검토할 수 있다.

3.3. 3C 분석

조직(Companies), 고객(Customers), 경쟁자(Competitors)의 세 차원에서 환경을 분석한다. 조직은 자신의 핵심 역량 차원에서 강점과 약점을 고려하고, 고객은 시장 세분화, 목표 고객, 포지셔닝 차원에서 검토하며, 경쟁자는 기존 경

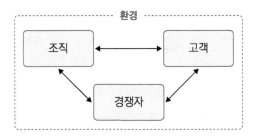

그림 3-4 3C 분석

쟁자, 잠재적 경쟁자의 차원에서 분석할 수 있다. 여기에 다른 환경도 추가될
수 있는데, 정부, NGO(Non−Governmental Organization: 비정부조직), 지역사회 혹
은 커뮤니티 등이 고려대상이 된다.

4 본원적 서비스 경쟁 전략

4.1. 유형

　서비스 조직이 경쟁에서 승리하기 위한 전략유형은 전통적 경쟁 운영 전
략인 마이클 포터(M. Porter)의 세 가지 본원적 경쟁 전략을 적용할 수 있다. 이
전략으로는 비용 리더십(혹은 원가우위) 전략, 차별화 전략, 초점 전략이 있고 그
전략을 전략적 우위의 원천과 전략적 목표에 따라 구분하면 〈표 3−1〉과 같다.
명백한 것은 저비용 전략과 차별화 전략은 광범위한 시장에 기초하고 초점 전
략은 특정 목표 시장에 기초한다는 것이다. 또한 초점 전략은 비용과 차별화에
초점을 두는 두 가지 전략을 모두 포함한다.

표 3-1 본원적 경쟁 전략

구분		전략적 우위의 원천	
		저비용	차별화
전략적 목표	광범위	원가우위 전략	차별화 전략
	특정 부분	초점 전략	
		비용에 초점	차별화에 초점

나아가, 각 전략의 운영적 특성을 정리하면 다음의 〈표 3-2〉와 같다.

표 3-2 각 전략의 운영적 특성

전략 유형	지배적 경쟁 전략	서비스 전략 상황의 특징
비용 리더십 전략	• 경쟁자들의 유사 제공품보다 더 낮은 가격으로 서비스 패키지 제공 • 대량의 표준화된 서비스 패키지에 초점	• 표준화된 서비스 제공품 • 대량의 고객 수요 • 고객 투입물의 낮은 변동성 • 거래기반 고객 관계
광범위한 부문에 차별화 전략	• 각 시장에서 큰 시장을 개발하고 유지하기 위해 다양한 시장에 폭넓은 범위의 서비스를 제공	↕
특정 부문에 초점 전략	• 특정한 협의의 고객 세그먼트에 특화된 서비스 패키지 제공 • 고객화를 통해 달성된 차별화	• 고객화된 서비스 제공품 • 소량의 고객 수요 • 고객 투입물의 높은 변동성 • 장기 고객 관계

4.2. 전반적 비용우위 전략

시장 내에서 경쟁자 대비 비용 리더십(혹은 비용우위)을 차지하기 위한 전략이다. 이를 위해 서비스 조직은 다음과 같은 다양한 방법을 따르고 있다.

4.2.1. 표준화된 서비스 제공

높은 수준의 자본투자를 바탕으로 서비스 전달에서 고객화를 제거하고 대량 서비스를 제공하여 서비스 가격을 낮추는 방식을 추구한다. ATM, 모바일 거래, 건강검진, 패스트푸드점의 키오스크 주문 방식 등이 이에 해당한다.

4.2.2. 공격적 가격 책정

고객에게 최저 가격의 제품과 서비스를 제공한다는 인식을 심어주는 방식이다. 이마트에서 판매되는 피자 가격, 키움증권의 거래 수수료, 저비용 항공사, 호식이 두마리치킨 등이 이에 해당한다.

4.2.3. 시장지분 확대

초기에 많은 손실을 감소하면서까지 경쟁자의 수를 줄이고 시장지분을 확대하기 위한 방식이다. 빽다방 및 동네 개인 커피숍의 1,000원대 커피, 애플TV와 넷플릭스의 경쟁, 택배업체와 이삿짐센터의 치킨게임 등이 이에 해당한다.

4.2.4. 저비용 고객 추구

전체 시장 중에서 저비용 고객을 목표로 하는 방식이다. 대형 할인점, 샘스클럽(Sam's club), 코스트코(Costco)가 해당된다.

4.2.5. 네트워크 비용절감

물류 서비스를 제공하는 서비스 조직에서 비용절감 효과를 보기 위한 방법으로서 페더럴익스프레스(Federal Express)의 Hub-and-Spoke, 우체국택배의 전국 네트워크 전략을 추진하고 있다.

4.3. 차별화 전략

차별화는 비용을 무시하지 않지만 그 주요 핵심은 고객 충성을 창출하는 데 있다. 다음의 사례가 있다.

4.3.1. 무형을 유형으로 변화

서비스 패키지 중에서 고객에게 강하게 인식되는 유형적 요소를 강화하여 서비스의 차별화를 촉진할 수 있다. 호텔 이름이 새겨진 비누, 수건, 타월 등 화장실 위생용품과 같이 무형을 유형의 제품으로 변화시키는 요소들을 개발하는 방법이다. 스타벅스(Starbucks)는 자신만의 분위기를 창출하여 특별한 서비스가 제공되지 않더라도 고객이 스타벅스를 하나의 상품으로 인식하도록 만들었다.

4.3.2. 표준제품의 고객화

표준적 서비스를 고객화를 통해서 차별화를 강화할 수 있다. 미용실은 이발소와 차별화하기 위해 많은 개인화된 특성들을 추가하였다. 그 결과, 개인 스타일리스트, 편한 환경, 부드러운 음악 등을 도입하였다. 패스트푸드 시장에서 서브웨이(Subway)는 주문생산(made-to-order) 정책을 도입하여 맥도날드(McDonald's)의 고전적인 재고생산(make-to-stock) 정책과 차별화하여 고객이 서비스 전달 프로세스에 참여하면서 가치를 공동창출하는 방식으로 고객별 요구에 대응하고 있다.

4.3.3. 인식된 리스크 절감

자동차 수리, 병원 진료와 같이 제공되는 서비스에 대한 지식 혹은 고객 확신이 결여되어 있는 경우에 제공되는 서비스가 고객의 리스크를 초래할 수 있다. 이를 해결하기 위해 진행 중인 서비스를 설명하거나, 청결하고 잘 정리된 시설을 보유하거나, 서비스 전달 결과를 보장하는 고객의 리스크 절감 서비스를 차별적으로 도입할 수 있다.

4.3.4. 품질 관리

품질은 모방이 어려운 경쟁우위 요소이다. 이러한 품질을 차별화하기 위해서는 직원에 대한 훈련, 명시적 업무절차, 기술의 적극적 활용, 품질 프로세스 운영 등의 품질 관리 노력이 필요하다. 국내 치킨업체들의 대학 운영을 통한 프랜차이즈 점포의 교육, 맥도날드의 햄버거 대학 등이 품질 관리를 위한 교육 및 훈련을 담당하고 있으며, 삼성전자 서비스센터는 셀(cell) 단위의 600여 개 분임조를 통해서 식스 시그마 MBB가 멘토로 지도를 해 주고 이 식스 시그마 도구를 활용하여 과학적이고 체계적인 분석을 통해 고객의 소리(VOC: Voice of Customer)를 개선하고 있다.

4.4. 초점 전략

고객의 구체적 니즈에 대응함으로서 특정 목표 시장에 서비스한다는 아이디어에 기초하는 전략이다. 전체 시장이라기보다는 특정 세분 시장에 차별화 혹은 전반적 비용 리더십을 전개하는 경우에 해당한다. 즉, 이 전략하에서 서비스 조직은 특정 고객 니즈를 만족시키거나 전문화를 통한 저비용을 통해 세분 시장을 얻고자 한다.

4.4.1. 특정 구매그룹에 초점

케이블 TV의 스포츠 채널, 한국농업방송, 낚시채널, 성인채널, 고연령층을 위한 실버 시네마, 젊은 층을 위한 유스호스텔, VVIP 고객을 위한 프라이빗 뱅킹, 방송통신대학 등이 특정 구매그룹을 목표로 삼고 있다.

4.4.2. 특정 분야에 초점

퀵서비스, VOD 콘텐츠 구독, 영화시설을 갖추거나 파티가 가능한 모텔, 대장 및 치질 전문 대항병원, 공학특화 공과대학 등은 유통, 숙박, 의료, 교육 서비스 분야에서 전문성과 차별성을 살려 특정 분야의 서비스에만 초점을 둔다.

4.4.3. 지리적 기준에 초점

지역 중심대학, 지역특화 축제 및 관광 등은 특정 지역에 초점을 두어 서비스를 제공한다.

4.5. 시장 전략에 기초한 전략

Miles & Snow(1978)는 제품 중심의 비즈니스 전략을 개척자(prospectors), 분석자(analyzers), 방어자(defenders), 반응자(reactors)로서 구분하였다. 앞의 셋은 유사한 성과를 제공하나 마지막 하나는 전략적 실패를 유도하는 전략이다.

(1) 개척자

신제품과 신시장의 선행적 개발을 통한 성장을 추구하고 혁신 시장의 초기 진입을 중시한다.

(2) 방어자

기존 제품 및 시장에서 구축된 포지션 유지에 중점을 두고 소극적이고 제한된 제품 범주에서 저가격, 고품질, 우월한 서비스 제공에 역점을 둔다.

(3) 분석자

개척자와 방어자의 중간 형태로 핵심 제품 시장에서 기존 포지션을 유지하며, 때때로 기존 시장과 연관성이 높은 새로운 시장으로 확장도 추구한다. 상대적으로 저원가, 고품질 제품을 이용해 산업 내 2, 3등을 추구하며, 유망 제품에 중점을 두어 제한된 제품 항목을 유지한다. 개척자에 비해 제품 시장영역이 협소하고 제품 시장변화의 대응속도가 느리며, 방어자에 비해 안정성과 효율성에 대한 초점 정도가 낮다.

(4) 반응자

즉흥적인 경쟁 전략 수립과 신제품 및 신시장 개발을 회피하며, 환경 변화의 압력이 높을 경우에만 대응하는 유형이다.

이러한 비즈니스 전략을 수정하여 시장 내에서 자신이 추구하는 포지션에 기초하는 전략적 서비스 방향을 다음의 네 가지 유형으로도 분류할 수도 있다.

(1) 개척자(Prospectors)

새로운 서비스와 시장기회를 규정하고 추구하는 전략을 추구한다. 이들의 일차적 역량은 서비스 혁신과 새로운 시장 개발에 있다. 커피숍의 경우에 보드레 안다미로(Bodre Andamiro)의 특수커피가 이에 해당한다.

(2) 분석자(Analyzers)

이들은 빠른 추종자들(fast followers)로서 방치된 세분화 시장을 목표로 하거나 서비스 개선(upgrade) 기회를 찾기 위해 고객 반응, 경쟁자 행동, 성공 및 실패사례를 정밀하게 조사 및 분석한다. 이들은 개척자가 도입한 성공적 서비스를 개선하거나 비용감소를 통해서 경쟁력 있는 서비스를 시장에 출시하는 데 주력한다. 분석자에 해당하는 스타벅스(Starbucks)는 철저한 고객 빅데이터 분석에 기반하여 새로운 서비스를 제공하고 있다.

(3) 저비용 방어자(Low cost defenders)

전통적으로 전체 시장 중에서 안정적인 시장에만 서비스하는 것에 초점을 둔다. 유연성에 기반한 효과성보다는 표준화된 관행을 통한 효율성을 더 강조한다. 이디야, 빽다방 등은 방어자는 아니지만 저비용에 초점을 두고 있다.

(4) 차별화된 방어자(Differenciated defenders)

전체 시장 중에서 안정적 시장을 지향하나 저비용 방어자와는 달리 저가격의 서비스를 제공하기보다는 고품질과 뛰어난 서비스를 제공하는 것을 강조한다. 즉, 차별화된 방어자는 우월한 서비스 품질과 이미지를 통해 시장의 통제를 유지하고자 노력한다. 커피 프랜차이즈의 프리미엄 커피매장이 이에 해당한다.

5 서비스 전략 삼각형

5.1. 개념 및 특징

Roth & Menor(2003)는 세 가지 요소로 이루어진 전략 삼각형을 제안하였다. 최상위에는 서비스 비전(vision)이 존재하고 이러한 비전을 달성하는 구체화된 전략적 목표는 목표 시장 세분화, 서비스 개념, 서비스 전달 시스템으로 이루어지고 이들은 모두 서비스 접점에 관련된다.

이 모델은 목표 시장 및 시장 세분화, 복잡한 서비스 패키지로서 서비스 개념, 서비스 전달 시스템이라는 3요소가 서비스 접점에 영향을 미치기 때문에 이의 전략적 배열이 중요하다는 점을 강조한다. 이 전략적 배열의 불일치는 서비스 전달의 성과에 해로운 영향을 미치게 된다. 이러한 삼각형은 서비스 개념이 목표 시장의 요구사항을 다루기 위해 개발되고 다시 서비스 개념의 규정은 서비스 전달 시스템의 디자인에 영향을 미친다는 점을 강조한다. 결과적으로 이 삼각형은 운영과 마케팅의 두 가지 다른 관점들을 조화시키고 서비스 디자인에 통합된 접근법의 필요성을 제안한다.

이러한 서비스 전략의 수립 절차는 다음과 같다.

(1) 목표 시장을 규명
(2) 목표 시장에 대한 서비스 개념을 개발
(3) 서비스 개념을 지원하기 위한 서비스 운영 전략을 결정
(4) 서비스 운영 전략을 지원하기 위한 서비스 전달 시스템을 디자인

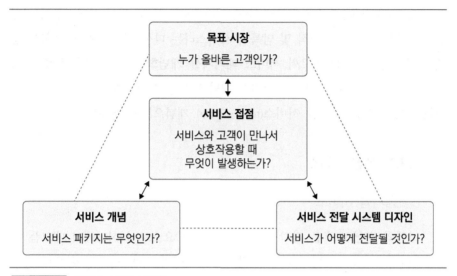

그림 3-5 서비스 전략 삼각형

5.2. 목표 시장 세분화

잠재적 고객을 공통의 특성에 기초하여 여러 그룹으로 세분화하는 개념이
다. 전통적으로 나이, 소득, 교육과 같은 인구통계학적 특징에 기초하나 고객
접촉 수준, 노동집약도 수준, 고객화의 수준과 같은 운영적 특징에 기초하여
세분화하는 것도 필요하다. 나아가 심리통계적 특징도 포함시킬 필요도 있는
데, 예를 들어, 고객이 어떻게 개인적으로 행동하고, 사고하고, 느끼는가? 고객
이 어떻게 개인적 방식으로 경험하고, 생각하고, 느끼는가? 등의 기준을 사용
할 수 있다.

5.3. 서비스 개념

서비스 개념은 서비스 패키지(package), 서비스 꾸러미(bundle), 서비스 제
공품(offering) 등의 개념을 정의하는 것을 의미한다. 서비스 개념은 목표 시장
에 제공된 서비스의 특징과 관련된다. 게다가, 서비스 개념은 고객에게 제공되
는 편익과 가치를 전달하기 때문에 이 관점에서 본다면 그것은 기업의 가치 제

안(value proposition)으로서 간주될 수도 있다. 예를 들어, 핵심 서비스로서 지원설비, 촉진재, 정보, 명시적 및 암묵적 서비스라는 다섯 개 요소를 이용하여 상대적 중요성을 정의함으로써 서비스 패키지를 개념화하고 그 다음에 주변 서비스를 정의하면 된다. 이러한 서비스 개념은 핵심 서비스와 주변 서비스를 포함하고 있기 때문에 토탈 서비스(total service) 개념으로도 정의된다.

5.3.1. 핵심 서비스

(1) 명시적 서비스

고객의 경험적 혹은 감각적 편익과 관련한 요소로서 식당에서 배고픔 해결, 시내버스의 운송, 병원의 진료 및 치료, 은행의 거래, 공연장의 오락 등이 그 예이다.

(2) 암묵적 서비스

고객이 단지 막연하게 느낄 수 있는 심리적 편익 혹은 더욱 암묵적 속성으로서 편리함, 상태, 위로, 복지, 즐거움 등의 감정이 그 예이다.

(3) 지원설비

서비스가 전달되기 위해 미리 있어야 하거나 준비해야 하는 물리적 및 구조적 자원들로서 편의점의 설비배치, 마트의 실내장식, 치과의 지원기술과 장비, 은행지점의 네트워크, 식당의 키오스크와 식탁, 테마파크의 롤러코스터, 극장의 주차장 등이 그 예이다.

(4) 촉진재

서비스 전달 프로세스에서 사용되거나 소비되는 자재, 소모품, 상품들과 같은 물리적 품목으로서 식당의 음식, ATM용 신용카드, 극장의 주차권, 식당의 영수증 등이 사례이다.

(5) 촉진정보

명시적 서비스의 실행을 지원하거나 향상시키는 정보로서 극장의 상영일
정, 프로야구 좌석의 비용정보, 치과의 의료정보, 헌혈센터의 헌혈기록, 배달앱
의 웹페이지 디자인 등이 그 예이다.

5.3.2. 주변 서비스

이것은 핵심 서비스의 보완으로서 고객의 가치를 향상시키고 핵심 서비스
를 차별화시키는 부가적 편익을 제공한다. 예를 들어, 공항의 명시적 서비스는
항공운송, 암묵적 서비스는 안전과 편리함에 대한 승객의 감정, 촉진재화와 정
보는 승객에게 제공된 음료와 정시 도착에 대한 정보, 지원시설은 항공기와 터
미널의 디자인과 장식이 될 수 있다. 여기에 중요한 주변 서비스는 공항의 쇼
핑몰이 있다. 이것은 전체 여행 경험에 가치를 잠재적으로 더하는 주변 서비스
이다.

5.4. 서비스 전달 시스템 디자인

서비스 전달 시스템 디자인은 서비스 개념이 어떻게 목표 고객에게 전달
되는지라는 질문과 관련된다. 이러한 디자인을 위해서는 사람, 기술, 시설, 장
비, 배치, 서비스 프로세스, 절차 등이 사람을 중심으로 고려되어야 한다. 결과
적으로, 서비스 시스템이 사람, 서비스 프로세스, 물리적 요소 사이에서 발생하
는 관계들로 특징되기 때문에 이 요소들이 서비스 전달 시스템을 효과적으로
계획하기 위해 함께 고려되어야 하고 주로 사람의 역할, 기술과 장비의 역할,
입지와 배치의 역할을 포함한다.

구체적으로 서비스 전달 시스템을 위한 디자인 의사결정은 구조, 인프라,
통합의 측면을 포함해야 한다.

5.4.1. 구조적 선택

시설, 배치, 장비와 같은 서비스 시스템의 물리적 측면과 관련된다.

(1) 구체적 내용

① 오프라인 시설의 물리적 디자인, 배치, 규모, 수, 위치에 관한 의사결정
② 서비스 접점 디자인에서 제공자와 고객 사이 상호작용의 장소와 특성의 규정
③ 서비스 전달 시스템에 핵심은 고객 접촉의 특성에 대한 명시적 고려 (예, 대면 상호작용, 전자적으로 매개된 상호작용, 후방부서의 지원과 관련한 상호작용)
④ 전방 및 후방부서에 대한 서비스 업무의 배분과 유통 채널의 수와 유형 (예, 전통적 점포, 키오스크, 인터넷, 메일 등의 채널)과 같은 고객접촉 접점의 초점에 기초
⑤ 구조적 선택은 또한 의도된 서비스 개념을 전달하기 위한 공정 기술, 장비, 네트워크 구성을 포함
⑥ 공급능력 선택은 정규직과 임시직 직원의 올바른 혼합, 수요를 관리하고 공급을 통제하는 전략, 아웃소싱과 프랜차이징의 수준을 포함하여, 공급과 수요의 균형을 맞추어야 함.
⑦ 추가적으로 중요한 구조적 디자인 선택은 점포 시설의 심미성과 외관, 제품과 공정기술의 이동과 사용의 용이성을 포함

(2) 필요한 질문들

① 어떤 유형의 경영과 전달 기술들이 전개되어야 하는가? 그렇다면 어디에서 전개되어야 하는가?
② 기술이 외부에서 구매되거나 아웃소싱되는 것과 비교하여 얼마나 많은 기술이 내부적으로 개발되어야 하는가?
③ 기존 기술과 최신 기술의 배합은?
④ 기술은 필수적인 핵심 역량과 어떻게 관련되는가?

⑤ 사람, 기술, 설비, 배치, 절차의 역할을 포함하여 서비스 전달 시스템
의 중요한 특징은 무엇인가?

⑥ 최고 수준에서 서비스 전달 시스템이 무엇을 제공하는가?

⑦ 서비스 전달 시스템이 어느 정도로 품질표준 보장, 경쟁자로부터 서비
스 차별화, 진입장벽 구축을 지원하는가?

5.4.2. 인프라 선택

직무 디자인, 정책, 스킬과 같은 서비스 제공자들의 역할을 의미하는 것으
로서 주로 서비스 전략의 프로그램, 정책, 행동적 측면과 관련된다.

(1) 구체적 내용

① 일반적으로 복잡하고 장기적인 의사결정을 구성하는 사람, 리더십, 서
비스 프로세스, 성과관리를 다룬다.

② 인프라 선택은 전략적 상보성(strategic complementarities)을 반영(한 인프
라 선택의 가치는 다른 특정 선택에 의해 향상)한다. 예를 들어, 각 인프라
구성요소들은 고객 인터페이스 품질의 디자인과 서비스 시스템의 유
연성 구축에 중요하다.

(2) 필요한 질문들

① 직원에게 얼마나 많이 권한부여와 재량이 주어져야 하는가?

② 기업이 서비스 개념을 강화하는 직원을 고용, 채용, 훈련, 보상하는 정
책에 관한 선순환을 어떻게 창출할 것인가?

③ 어떤 가치가 서비스 문화와 고객 지향에 관해 리더에 의해 촉진되는가?

④ 어떤 프로세스들이 품질, 신제품 개발, 고객 서비스, 생산성 목적에 사
용될 것인가?

⑤ 어떻게 서비스 실패와 회복이 다루어질 것인가?

⑥ 어떻게 서비스 표준이 설정되고 균형성과표(balanced scorecard) 관점의
성과가 결정될 것인가?

5.4.3. 통합 선택

외부와 내부 통합, 서비스 공급사슬, 적응 메커니즘과 관련된다.

(1) 구체적 내용

① 외부 통합: 상방의 공급자와 하방의 소비자들과 함께 개발된 서비스 공급사슬 관계를 다룸.
② 내부 통합: 운영과 비즈니스 성과 간, 다른 기능 분야들 간, 구조적 및 인프라적 선택 간의 전략적 적합성을 다룸.
③ 적응 메커니즘: 서비스 전달에 중요한 지적 자산(사람, 시스템 지식, 학습)에 초점

(2) 필요한 질문들

① 어떤 유형의 관계가 공급자와 고객과 함께 개발되고 배양되어야 하는가?
② 어떻게 서비스 네트워크가 구축되고 커뮤니케이션이 유지될 것인가?
③ 어떻게 다른 기능 분야들(재무, 인사와 같은 지원 서비스)과 인터페이스가 연결될 것인가?
④ 조직학습과 지식이전이 어떻게 촉진될 수 있는가?

이러한 서비스 전달 시스템의 디자인 특징과 서비스 유형 사이의 관계는 〈표 3-3〉과 같다.

표 3-3 서비스 전달 시스템의 디자인과 서비스 유형

서비스 전달 시스템 디자인의 특징	전문 서비스	서비스 숍	서비스 공장
• 사람의 역할			
– 스킬 수준	높음	중간	낮음
– 직원 재량 수준	높음	중간	낮음
• 기술과 설비의 역할			
– 루틴의 수준	낮음	중간	높음
– 자동화 수준	낮음	중간	높음
• 입지와 배치의 역할			
– 입지	분산(고객 인근)	미적용	집중(고객과 멀리)
– 전방–후방 구성	서비스 지향	미적용	효율성 지향

5.4.4. 서비스 전달 시스템의 실행, 평가, 개선

마지막으로, 서비스 시스템의 실행에 대한 평가와 개선이 뒤따라야 한다. 즉, 서비스 전달의 3요소를 지속적으로 평가하고 개선 방안을 도출할 필요가 있다.

(1) 실행

전달 시스템의 여러 특징을 서비스 접점에 적용할 필요가 있다. 구체적으로 제공자와 고객의 역할, 기술의 적절한 전개, 설비의 규모와 배치, 고객 접촉의 수준과 유형, 전방과 후방부서의 업무와 처리의 규정을 포함한다. 서비스에서 일관된 품질, 편리성, 채널에 접근성, 고객화, 저비용과 같은 경쟁우위를 창출하는 조직의 경쟁 역량은 실현된 서비스 개념에 중요한 역할을 한다. 이러한 경쟁 역량은 전반적 서비스 제공품과 경험의 편익을 평가하는 고객에 의해 실제로 인식될 수 있다. 리츠칼튼(Ritz Carlton) 호텔은 빌딩과 내부의 물리적 외관, 침대 시트와 베갯잇의 자수, 청결한 방의 정밀한 정의, 개인화를 보장하기 위해 예약 시 고객정보의 활용, 직원에 의해 창출된 즐거운 분위기, 고객에게 유쾌한 인사를 포함하는 각 서비스 개념 요소에 대해 서비스 품질 표준을 구축하고 있다.

(2) 평가

수월한 서비스를 전달하는 핵심은 고객이 원하고, 기대하고, 가치를 부여하는 것에 있기 때문에 고객이 경험하는 실현된 서비스 개념을 평가하는 것이 필수적이다. 실현된 서비스 전달 시스템의 성과결과는 경쟁 역량 향상, 역량 제고, 실현된 서비스 개념으로 나타난다. 그러나 의도된 전달 시스템과 실현된 전달 시스템 사이의 실행기반 차이와 전달 시스템과 목표 시장 기대 혹은 서비스 개념 사이의 차이가 발생할 수 있기 때문에 관리자들은 실현된 서비스 전달 시스템을 지속적으로 평가하고 개선시켜야 한다. 이러한 평가도구로서 서비스 청사진, 서비스 품질 전개, 서비스 실패예방(fail-safing) 등을 사용할 수 있다.

(3) 개선

전달 시스템을 개선하는 것은 서비스 조직이 세계 수준의 서비스 제공으로 발전하기 위한 중요한 활동 단계이다. 또한, 개선은 서비스 실패와 회복, 서비스 보장을 다룰 때도 수행하는 중요한 활동이다.

5.5. 서비스 접점

마지막으로 서비스 접점은 목표 시장, 서비스 개념, 서비스 전달 시스템과 상호 관련되면서 서비스 품질, 고객 만족, 고객 충성, 고객 보유가 결정되는 중요한 순간인 서비스 제공자와 고객이 접촉하는 포인트를 관리하기 위해 고객에 대한 이해를 바탕으로 현장 직원에 대한 관리를 어떻게 할 것인가를 강조한다. 구체적으로 제공자와 고객의 역할, 서비스 기술의 적절한 전개, 설비의 규모와 배치, 고객 접촉의 수준과 유형, 전방과 후방부서에 대한 업무와 절차의 규정을 포함한다.

6 서비스 운영 전략

서비스 운영은 제조 운영과 그 관심사에 차이가 있다. McLaughlin et al. (1991)에 의해 정리된 각 기능별 운영 관리자의 전략적 고려대상을 부서별로 정리하면 〈표 3-4〉와 같다.

표 3-4 제조와 서비스 분야 운영 관리자의 기능별 고려사항

제조	서비스	
	전방부서	후방부서
공급능력	* 공급능력 스케줄링	공급능력 규모 공급능력 스케줄링
설비 디자인	*	설비 디자인
설비 입지	*	*

제조	서비스	
	전방부서	후방부서
프로세스 기술	*	프로세스 기술
수직적 통합		수직적 통합
	수평적 조정	수평적 조정
공급업체 선택	*	공급업체
신제품	*	*
인적 자원	인적 자원	인적 자원
	*(내부 마케팅)	
	*(고객 자원)	
품질 관리	품질 관리	품질 관리
	*(품질 인식)	
수요 관리	*	수요 관리
기능적 조정	기능적 통합	기능적 조정

*는 서비스 패키지 수준에서 다루어짐

　　서비스 조직의 전체적인 방향을 설정하는 서비스 전략과 달리 서비스 운영에 초점을 둔 전략은 서비스 유형에 따라 각기 다른 모델과 프레임워크가 제시되어야 할 것이다. 서비스 조직의 활동 초점에 따라 기본적 운영 전략 모델이 Arias−Aranda(2002)에 의해 제시된 바 있다. 즉, 기존의 프로세스, 서비스, 고객 지향적 운영 전략 특성에 토대하여 서비스 운영 전략으로 이어지는 아홉 개의 구조적 및 인프라 의사결정들은 다음과 같다.

6.1. 업무 배치

　　이 의사결정은 서비스 전달 프로세스에서 운영이 구성되는 방식에 영향을 미친다. 프로세스 배치(process layout)는 서비스 전달 프로세스에 기초하여 순차적 활동 방식으로 조직화하는 경향이 있으나 제품별 배치(product layout 혹은 서비스별 배치)는 순차적인 업무를 지향하지 않는다. 따라서 서비스에서는 사전에 규정된 순서 없이 업무 개발 및 수행으로 이어질 수 있다. 즉, 서비스 전달 프로세스의 어떤 부분은 순차적이고 다른 부분들은 서비스 특유의 특성에 따라 개발된다는 혼합형 배치가 더 적절하다. 일반 외식업체의 서비스 프로세스는 고객도착 → 메뉴전달 → 주문 → 음료 및 음식제공 → 결제의 순차적 순서대로 이루어지지만 뷔페는 고객도착 → 사전결제 → 자발적 서비스로 다양한 방식의 서비스가 이루어진다.

6.2. 프로세스의 주도/견인 지향

이 의사결정은 서비스 전달의 철학 및 원칙을 결정한다. 견인(pull) 지향적 서비스 조직은 서비스 활동을 개발할 때 고객 니즈를 가장 우선적으로 고려하고 서비스 활동은 서비스 조직이 고객 기대를 만족시킬 때까지 종료되지 않는다. 이에 비해 주도(push) 지향적 서비스 조직은 수요를 만족시키기 위해 공급 용량에 대한 투자를 중요시한다. 여기서, 초과 수요는 강한 마케팅 노력을 통해 충족시키면 된다. 일반적으로 서비스에서는 혼합 지향이 고려된다. 미용실은 고객의 니즈가 중시되는 고객 견인 서비스가 이루어지는 데 비해 학교버스는 공급능력(보유하고 있는 버스 대수)에 토대하여 버스 운행이 결정된다.

6.3. 서비스 표준화 수준

이 개념은 서비스가 진행되는 업무 절차가 사전에 구축된 수준을 의미하는 것으로서 직원의 권한부여를 포함하여 서비스 전달 프로세스의 변동성을 최소화하는 것을 나타낸다. 고급호텔의 풀코스 정식은 주어진 메뉴에 토대하여 표준화된 음식과 음식제공 서비스가 전달되지만 회전초밥은 고객 스스로가 메뉴를 만들고 자동으로 주문을 하여 고객화된 음식 서비스 전달 프로세스를 반영한다.

6.4. 제공된 다른 서비스의 수

이 의사결정은 고객에 전달된 최종 제품/서비스의 수에 따른 기업의 다각화 수준과 관련한다. 기업이 얼마나 많은 세분화 시장을 지향하는지와 이 시장들을 최종 서비스가 얼마나 커버하는지를 반영한다. 골프장은 동일한 수준의 코스를 유지하여 서비스를 제공하나 스키장은 난이도가 다른 코스를 유지하여 고객별로 상이한 서비스를 제공한다.

6.5. 정보기술의 사용

이 의사결정에서는 기술에 의한 직원 대체와 같은 비용 절감과 기술에 의한 서비스 품질 향상과 같은 서비스 향상의 두 측면을 동시에 고려해야 한다. 프랜차이즈의 주문 키오스크는 비용 절감 차원이고 박물관의 AR과 VR 활용은 서비스 품질 향상 차원이다.

6.6. 전방 및 후방부서 간의 관계

전방 및 후방부서 사이의 관계에 대한 설계는 두 직원 간의 정보교환뿐만 아니라 물리적 입지에도 영향을 미친다. 이 관계는 서비스 전달에 대한 고객의 인식에 직접적으로 영향을 미친다. 두 활동이 물리적으로 분리되면 후방부서 활동에 대한 정보를 얻는 고객 노력이 더 필요해지고 정보교환의 도구에 의해 이 관계가 조절된다. 그러나 두 활동 간의 물리적인 인접성(혹은 밀착성)은 고객에 대한 정보 효과성과 신뢰성을 증가시킨다. 철판구이는 셰프가 직접 고객 앞에서 요리를 해 전달함으로써 전·후방부서의 구분을 사라지게 만든 데 비해 오직 후방부서만 존재하는 다크키친(dark kitchen)도 존재한다. 다크키친은 온라인으로만 주문을 받아 음식을 조리하고 배달만 하는 가상 식당이다. 4평 정도의 작은 창고, 컨테이너 등의 숨겨진 공간에 공유 주방시설을 갖춰 안전과 위생수칙을 준수하면서 요리가 가능한 곳이다. 일반 식당과 달리 오직 주문에 특화된 사업 모델이기 때문에 음식준비, 포장, 배달이 더욱 전문적이고 신속하다. 식당들은 멤버십 가입을 통해 모든 장비가 갖춰진 공유주방을 적게는 1-2시간 단위부터 이용할 수 있다.

6.7. 인력 전문화의 수준

고도로 전문화된 인력은 융통성이 없는 경향이 있는 반면에 다재다능한 인력은 환경 변화에 더 빠르고 효율적으로 대응하는 경향이 있다. 이러한 인력의 선발, 교육, 훈련, 보상 등에 관한 의사결정이 이에 해당한다. 전자제품 서비스센터의 인력은 고객 대응뿐만 아니라 수리에 대한 전문지식이 필수적인 반면에 이사 서비스의 전문성과 재량은 전문화 수준이 상대적으로 낮다.

6.8. 고객 참여의 수준

서비스 제공자와 고객의 상호작용이 중요하다는 서비스 명제에 관련된 의사결정으로서 프로세스 비용을 줄이거나 서비스 전달을 고객화하기 위해 어떤 활동을 고객에게 이전할지를 결정해야 한다. 셀프 서비스 도입과 병원에서 고객의 칭찬엽서와 같은 참여촉진 제도 등 다양한 방식으로 고객 참여 수준을 결정할 필요가 있다.

6.9. 새로운 서비스 디자인과 개발

새로운 서비스 전달 프로세스를 설계하여 서비스 혁신을 달성하기 위한 의사결정이다. 마켓컬리(Market Kurly)의 신선제품 새벽배송과 중증외상환자 헬기 이송 서비스는 서비스 운영 전략의 중요한 결과이다.

7 흥미로운 추가 이슈

7.1. 제조의 서비스화 전략

7.1.1. 중요성

제조의 서비스화(servitization; Vandermerwe & Rada, 1988) 혹은 서비스 주입 (service infusion; Kowalkowski et al., 2012)으로도 불리는 이 개념은 최근 제조업 에서 다양한 활동이 서비스화됨에 따라 매우 중요한 개념으로 발전하고 있다. 이처럼 제조의 서비스화가 진행되는 이유는 고객에 대한 부가가치 향상에 있 다. 핵심 가치사슬 단계별 시간에 따른 부가가치의 이동을 나타낸 〈그림 3-6〉 을 보면 2000년대 이후에는 생산에 의한 부가가치는 낮아지고 있고 R&D, 판 매 전 혹은 후 서비스 활동에 따른 부가가치가 더 높아지고 있다. 따라서 많은 제조기업들은 자신의 제조 활동의 일부를 서비스 활동으로 전환시키고 있는 것이다.

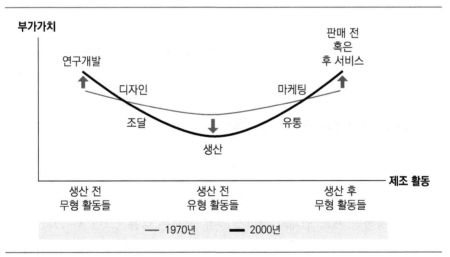

그림 3-6 부가가치의 이동

출처: Roos, G. (2015), "Servitization as innovation in manufacturing: a review of the literature", in Agarwal, R., Selen W., Roos, G. & Green, R. (eds.), *The Handbook of Service Innovation*, Springer, New York.

7.1.2. 제조의 서비스화 사례

(1) 페인트 업체

페인트 업체는 자동차 주문자상표부착생산업체(OEM: Original Equipment Manufacturer)에 페인트를 공급하고 제공된 페인트 양을 토대로 비용이 지불되는 방식 대신에 페인트 업체들이 자동차 OEM사의 페인트 라인을 직접 운영하고 페인트된 자동차당 비용을 받는 방식이다. 이는 'chemical management system' 으로 불린다.

(2) 기저귀 업체

일회용 기저귀 대신에 부모들은 환경을 고려하여 면 기저귀를 선택한 후에 면 기저귀 세탁 서비스를 이용하여 부모가 주당 비용을 지불하는 방식이다.

(3) 학술 저널과 음악 유통

물리적 재화(하드카피 저널 혹은 CD)의 일방적 유통이 다양한 상업적 협약 하에 디지털 파일의 양방향 온라인 다운로드로 대체되었다.

(4) 자동차 공유(Car sharing)

자동차의 개별 소유권이 아니라 집합적 소유권과 사용에 따른 지불 이슈를 창출하였다.

7.1.3. 제조 업체의 서비스 전략

(1) 제조 업체의 서비스 유형

여러 모델이 제시되었지만 그중에서 가장 단순한 Gebauer et al.(2007)의 모형을 이용하면 제조 업체의 서비스 분류 체계는 다음 〈그림 3-7〉과 같다. 이 그림은 제조업의 서비스 전략에 따른 서비스 제공의 특성을 보여준다. 수직 축의 고객 수와 수평축의 표준화 대 고객화 수준에 따라 서비스 제공자는 그 위치에 따라 판매 후 서비스 제공자, 고객지원 서비스 제공자, 개발 파트너로

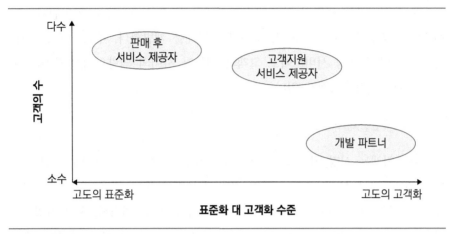

그림 3-7 제조 업체의 서비스 분류

정의될 수 있다.

① 판매 후 서비스 제공자

많은 고객을 보유하고 고도로 표준화된 제공자에게 서비스는 총 가치창출의 필수적 부분이다. 여기서 총 가치는 직원이 신뢰할 수 있는 문제해결자의 가치를 지니고, 표준화된 서비스를 전달하고, 가치명제는 매력적 가격으로 제품을 제공하고, 제품의 적절한 기능을 보장하는 데 있다. 이를 위한 주력 서비스 제공품은 부품, 수리, 검사, 대고객전화와 훈련 등이 있다.

② 고객지원 서비스 제공자

고객화와 유연성이 가치창출을 가능하게 하는 요인으로서 직원은 고도로 고객화된 서비스에서 가치를 갖고 성과창출을 가능하게 하는 요인으로 작용하며, 핵심 가치명제는 개별 고객에 맞춤화된 서비스 제공, 신뢰할 수 있는 제품 제공, 서비스를 통한 고객 효율성 및 효과성 향상이다. 주력 서비스 제공품은 종합적인 예방 정비, 고급 훈련, 프로세스 최적화, 수리, 검사, 부품, 대고객전화가 있다.

③ 개발 파트너

이들은 고객에 대해 서비스 제공자가 되는 것이 최고의 가치이며, 직원은 공동으로 혁신하는 협력적 혁신성과를 선도하고, 솔루션이 주요 가치원천이고, 신뢰받는 조언자로서 작용하고, 학습하는 관계를 개발한다. 주요 서비스 제공품은 디자인과 구성 서비스이고 고객과 제공자 사이의 역량의 공동생산과 편익 창출에 그 가치명제가 있다.

(2) 제조업체의 서비스 전략

제조업체는 시장 차별화를 달성하기 위해 필요한 경쟁 역량에 초점을 두어야 한다. 일반적으로, 제조업체의 경쟁 역량은 저가격, 디자인 유연성, 규모 유연성, 적합성(일관된 품질), 판매 후 서비스 등에 있다. 여기서, 시장 차별화는 가치사슬의 각 요소로부터 도출된다. 결국, 지속가능한 경쟁우위의 한 요소는 고객지원, 훈련, 제품 수리와 같은 서비스에서 나온다는 점을 명심해야 한다.

한편, Mathieu(2001)에 의하면 〈그림 3-8〉과 같이 제조업에서 서비스 전략은 서비스 특이성과 조직 강도에 따라 여러 차원으로 분류할 수 있다.

	조직 강도 →		
서비스 특이성 ↓	전술적	전략적	문화적
고객 서비스	포장된 재화에 무료 전화번호	델사의 온라인	도요타의 렉서스
제품 서비스	확장된 보장	GE사의 의료 시스템	캐터필러
제품으로서 서비스	경쟁사 차량 수리	Fiat의 IT 활용	IBM 글로벌 서비스

그림 3-8 제조업에서 서비스 전략 유형

실제로 대부분의 제조기업은 다양한 수준에서 서비스를 제공하고 있다. 소비자 시장에서, 패키지화된 소비재와 내구재의 생산자들은 유통과 수리와 같은 서비스를 개발하여 제공하고 있다. B2B 시장에서도 고객과 오래 지속되는 관계를 창출, 유지, 개발하기 위해 공급자들은 재무, 판매 후 서비스, 훈련을 포함하는 서비스를 실행할 필요가 있다. 서비스는 단지 제품의 지원역할만을 수행한다는 기존의 서비스 개념에 따르면 서비스는 유지와 수리 서비스/비즈니스 자문 서비스, 판매 전/판매 중/판매 후 서비스, 거래 관련/관계 관련 서비스로 분류된다.

이를 확장하여 〈그림 3-8〉은 제조 부문의 서비스 모델을 서비스 특이성과 조직 강도의 차원에서 분류한다. 서비스 특이성은 제공품의 특성(산출물)에 초점을 두며, 시장 관점에서 제조 서비스의 내용을 의미하는 것으로서 '고객 서비스', '제품 서비스', '제품으로서 서비스'로 갈수록 그 서비스화 수준이 높아진다. 한편, 조직 강도는 조직이 전략 행동을 수행하는 방식이며, 조직의 내부 관점에서 조직이 산출물을 얻기 위해 적용할 수 있는 다른 태도로서 전술적, 전략적, 문화적 수준으로 갈수록 강도가 높아진다.

① 서비스 특이성

◆ **고객 서비스**
판매자와 고객 사이 상호작용의 일반적 품질을 의미하는 것으로서 델(Dell) 컴퓨터의 온라인 서비스는 고객 서비스에 관한 전략 수행방향을 반영하고 있다.

◆ **제품 서비스**
물리적 유통, 판매 후 서비스, 기술적 지원과 같은 방식으로 공급자의 제품을 지원하는 것으로서 캐터필러(Caterpillar)의 뛰어난 판매 후 서비스가 예이다.

◆ **제품으로서 서비스**
기업의 제품과 독립적인 서비스(고객이 제품을 소비하지 않고 기업의 서비스를 경험할 수 있다는 의미)로서 피아트(Fiat)는 IT를 이용한 자문 서비스를 판매한다.

② 조직 강도

◆ 전술적 전략 수행

기업의 마케팅 믹스 특히 제품 믹스 내 특정 행동으로 제한하는 방식이
다. 예를 들어, 가전제품의 보증 확대, 포장제품에 나와 있는 수신자부
담 전화번호 등이 그 예이다.

◆ 전략적 전략 수행

그 미션과 기본 가치를 변화시키지 않고 기업의 포트폴리오에 몇 핵심
역량을 추가하는 것을 지향한다. 지이(GE) 의료 시스템은 고객과 강한
파트너십하에 혁신적 훈련 서비스를 개발하였으며, 그 서비스는 회사에
새로운 역량을 제공하고 있다.

◆ 문화적 전략 수행

기업의 미션을 재형성하고 근본적 신념, 가치, 규범, 행태를 포함하여
조직의 이떤 근본적 특징을 수정하는 잠재력을 보여준다. 아이비엠
(IBM)은 자사의 미션을 컨설팅 기업으로 재정의하였고 도요타의 렉서스
(Lexus)는 자신을 고급차 판매뿐만 아니라 고급 서비스 패키지 제공자로
서 정의하고 있다.

7.1.4. 제조업의 서비스화에 따른 편익과 비용

서비스 특이성과 조직 강도가 제품으로서 서비스와 문화적 조직 강도로
갈수록 전략적 편익, 재무적 편익, 마케팅 편익은 증가한다. 여기서 전략적 편
익은 진입장벽 강화, 경쟁우위 증가, 차별화우위 제고, 기술혁신 향상 등, 재무
적 편익은 현금흐름 향상, 주주가치 제고, 매출 증가, 비용 감소 등, 마케팅 편
익은 가격 향상, 고객 만족 증가, 반복구매 향상, 시장지분 증가 등을 나타낸
다. 이와 반대 개념으로서 비용은 전략적 비용과 정치적 비용으로 구분할 수
있다. 전략적 비용은 서비스를 통해 새로운 경쟁환경에서 효과적이 되기 위해
제조기업이 경쟁비용을 감소시키는 것을 말하고 정치적 비용은 서비스 전략
수행을 효율적으로 실행하는 것을 꺼려하는 조직 구성원의 저항과 사람들 간

의 갈등에 대응하는 비용을 나타낸다. 이러한 비용은 서비스 특이성과 조직 강도가 증가함에 따라 감소하는 형태를 보인다.

7.2. 서비스의 제품화(Productizing)

7.2.1. 개념

제조의 서비스화와 반대의 개념으로서 서비스에 더 많은 유형적 요소를 가미하는 서비스의 제품화 개념도 정립할 수 있다. 일반적으로 서비스 제품화는 서비스의 반복가능성을 얻기 위해 제품과 같은 개체형태로 적절한 요소들을 정의하고 결합하는 니즈를 분석하는 프로세스이다. 이러한 제품화 활동은 서비스를 판매, 전달, 사용, 비용지불을 가능하게 만드는 상업적 활동을 용이하게 만든다. 예를 들어, 커피숍에서 커피원두, 컵, 가방 판매, 마트에서 피자 판매, 미용실에서 샴푸 판매, 수업시간에 강의노트와 해답집 제공 등이 이에 해당한다.

7.2.2. 서비스 제품화의 편익

서비스 제품화를 통해서 다음의 편익이 가능하다.

(1) 모듈기법 적용과 제품개발과 같은 절차를 통해 신속한 서비스 개발
(2) 제품과 같은 품질 관리를 적용할 수 있어 고품질 가능
(3) 서비스의 제품화를 통한 새로운 고객 수요 창출
(4) 제품화된 서비스를 통한 반복가능한 판매와 고객의 새로운 니즈 충족을 통해 시장 지향
(5) 제품화를 통해 규모의 경제 가능
(6) 결과적으로 경쟁력 및 수익 향상

7.2.3. 서비스 제품화 관리 방안

종합하면, 서비스 제품화는 이러한 편익을 얻기 위해 서비스 구성요소들과 조직 내부 프로세스의 시스템화를 통해 서비스를 더욱 제품과 같이 만드는 활동을 의미한다. 이를 위해 자주 사용하는 구체적 방법으로는 다음이 있다.

(1) 서비스 제공품의 규격화와 표준화
(2) 서비스 제공품의 유형화와 구체화
(3) 프로세스와 방법의 표준화
(4) 서비스 프로세스 모듈(module) 창출(서비스를 더 쉽게 판매 및 구매하기 위해 쉽게 결합할 수 있는 단순하고 유형적 서비스 제공품을 창출하는 것으로서 서비스의 이질성을 줄여 더욱 통제가능하고 관리가능하게 만드는 역할을 한다.)

이러한 서비스 제품화를 위한 중점 관리 방안은 다음과 같다.

(1) 고객 지향 관점이 모든 활동의 원동력이자 기본 관점
(2) 서비스 제공품, 서비스 제품 구성, 서비스 요소(핵심, 지원, 부가), 서비스 프로세스에 초점
(3) 서비스 프로세스와 업무 방법을 명확히하고 문서화
(4) 핵심, 지원, 부가 서비스를 포함하여 서비스 제품을 정의
(5) 시스템화된, 유형화된, 공식화된 제공품을 정의
(6) 프랙티스와 기법의 사용(서비스 모듈화, 전달 프로세스를 위해 서비스 청사진 활용, 제품화 이전과 이후에 고객 편익을 평가, 시장 잠재력/규모/경쟁 분석, 시험(piloting))

7.3. 기술주도의 서비스 전략

기술이 중심인 서비스를 위한 독특한 전략도 필요하다. Huang & Rust(2017)에 따르면 이러한 전략을 위해 서비스 특성과 고객 특성에 기초하여 두 가지 차원을 정의할 수 있다. 여기서, 서비스 특성은 표준화 대 개인화, 고객 특성은

관계적 대 거래적으로 구분할 수 있다. 결과적으로 각 특성의 조합을 고려하면 총 네 가지 전략이 나올 수 있다.

7.3.1. 표준화된 거래 전략

표준화와 거래적 특성을 동시에 갖춘 전략으로서 동질적 수요와 고객과의 관계로부터 발생하는 총 수요의 가치가 낮은 경우이다. 이 경우에는 빈번한, 간단한, 반복적인, 일상적인 상호작용을 쉽게 수행하는 업무에 대해 최대의 효율성을 달성하기 위한 저비용의 표준화된 서비스가 필요하고 이를 위해 자동화된 기술을 요구한다. ATM과 같은 셀프서비스, 키오스크, 맥도날드와 같은 비숙련 현장 직원의 일률적 서비스의 대량생산 등이 효율성을 위한 표준화의 예이다. 관련한 새로운 기술로는 로봇 돌보미, 무인 자동차, 로봇 청소기, 로봇 레스토랑 웨이터 등이 등장하고 있다.

7.3.2. 표준화된 관계 전략

표준화와 관계적 특성을 동시에 갖춘 전략으로서 고객 니즈가 동질적이고 고객과 관계로부터 발생하는 총 수요의 가치가 높은 경우이다. 이 경우에는 고객 충성을 창출하기 위해 핵심적인 표준화된 서비스를 경쟁자와 차별화하는 것이 필요하고 이를 위해 고객 서비스, 확장된 제품 제공, 풀(full) 서비스를 통해 고객과의 긴밀한 관계를 형성하는 것을 지원하는 기술을 요구한다. 즉, 고객관계로부터 수요의 가치를 높이기 위해 이것을 강화하기 위한 데이터베이스와 CRM(Customer Relationship Management) 기술이 필요하다.

7.3.3. 고객화된 거래 전략

고객화와 거래적 특성을 동시에 갖춘 전략으로서 이질적 수요와 고객과 관계로부터 발생하는 총 수요의 가치가 낮은 경우이다. 이질적 수요는 고객화된 서비스를 필수불가결하게 만들고 고객과 관계로부터 발생하는 총 수요의 가치가 낮다는 것은 낮은 구매가격(예, 구글(Google)탐색, 넷플릭스(Netflix), 온라인 음악 다운로드 등)과 빈도(예, 웨딩 서비스, 리모델링 서비스 등)를 의미한다.

이 전략에서는 효율성과 고객 만족을 동시에 추구하는 효율성 최적화가 궁극적인 목표가 되고 이를 위한 기술로는 센서(sensors), 디바이스(devices), 비디오/오디오(video/audio), 네트워크(networks), 로그파일(log files), 거래 앱(transactional applications), 웹(web), 소셜 미디어(social media) 데이터에 기반하여 협력적 데이터 기반 고객화를 가능하게 하는 탐색 알고리즘과 빅데이터 애널리틱스(big data analytics; social network analysis, text analytics, data mining, machine learning, natural language processing, predictive analytics)가 있다.

7.3.4. 고객화된 관계 전략

고객화와 관계적 특성을 동시에 갖춘 전략으로서 고객 니즈가 이질적이고 고객과 관계로부터 발생하는 총 수요의 가치가 높은 경우이다. 높은 상호작용에 기반하여 고객화되고 공동생산에 기반한 긴밀한 고객과 관계 창출이 필요한 소위 하이터치(high touch) 서비스가 이에 해당한다. 고객 니즈 파악을 위해 복수의 커뮤니케이션 채널이 필요하고 관계에 기반한 고객화가 필수적이다. 관계기반 고객화의 한 예는 스마트 서비스(smart service)이다. 스마트 서비스란 기업이 사용 중인 제품에 기초하여 고객에게 지속 서비스를 제공할 수 있도록 제품에 인식과 연결성을 내재한 서비스이다. 스마트 서비스의 전체 라이프사이클이 추적될 수 있고 서비스가 이에 상응하여 수정될 수 있기 때문에 관계적이라고 할 수 있다. 이를 위한 기술로는 시각과 언어 인식, 불확실성하에 의사결정, 학습과 같은 인간지능이 하는 것을 할 수 있는 인공지능, 셀프 및 딥러닝과 같은 인지 컴퓨팅에 의해 직원과 고객 사이의 상호작용에서 학습하고 고객화된 바람직한 서비스를 고객에게 제공하고 적응시키는 스마트 기술, 인간감정을 보이고, 모방하고, 감지하고, 인식하고, 해석하고, 반응할 수 있는 감정 기술(emotional technologies), 사물인터넷(IoT) 등이 있다.

———— 참고문헌

Arias—Aranda, D. (2002), "Relationship between operations strategy and size in engineering consulting firms", *International Journal of Service Industry Management, 13*(3), 263—285.

Gebauer, H., Bravo—Sanches, C. & Fleisch, E. (2007), "Service strategies in product manufacturing companies", *Business Strategy Series, 1*(1), 21—29.

Huang, M.H. & Rust, R.T. (2017), "Technology—driven service strategy", *Journal of the Academy of Marketing Science, 45*(2), 1—19.

Mathieu, V. (2001), "Service strategies within the manufacturing sector: Benefits, costs and partnership", *International Journal of Service Industry Management, 12*(5), 451—475.

McLaughlin, C.P., Pannesi, R.T. & Kathuria, N. (1991), "The different operations strategy planning process for service operations", *International Journal of Operations & Production Management, 11*(3), 63—76.

Miles, R.E., & Snow, C.C. (1978), *Organizational Strategy, Structure, and Process,* McGraw—Hill, New York.

Porter, M.E. (1979), "How competitive forces shape strategy", *Harvard Business Review, 57*(2), 137—145.

Roos, G. (2015), "Servitization as innovation in manufacturing: a review of the literature", in Agarwal, R., Selen W., Roos, G. & Green, R. (eds.), *The Handbook of Service Innovation,* Springer, New York.

Roth, A.V. & Menor, L.J. (2003), "Insights into service operations management: A Research agenda", *Production and Operations Management, 12*(2), 145—164.

생각해 볼 문제 ⧗ 💡 📖

Question

01 **다음 문제의 참과 거짓을 판단하시오.**

1.1 서비스 부문은 진입장벽이 낮아서 극심한 경쟁이 일반화되어 있어 영세 서비스업이 증가하고 있다.

1.2 서비스 부문에서 진입장벽을 높이는 방법은 브랜드 이미지 향상과 입지 선점이 있다.

1.3 서비스 부문에서 규모의 경제 수준을 높이기 위해 서비스 고객화가 활발히 적용되고 있다.

1.4 서비스 고객이 인식하는 가치는 저렴한 가격이 아니라 이용가능성, 편리성, 신뢰성, 품질에 의해 결정된다.

1.5 대량 서비스에서는 서비스 가격이 중요한 구매 의사결정 기준이 되나 전문 서비스에서는 가격보다 성과가 더 중요하다.

1.6 대량 서비스에서는 고객화가 고객의 구매 의사결정에 중요한 영향을 미치지 않는다.

1.7 전략수립을 위한 환경분석은 모든 기업에 동일한 내용이 적용되는 절대적인 속성을 갖고 있다.

1.8 특정 부문에 초점을 두는 전략은 특정 세분화 시장에 대량의 표준화된 서비스 패키지를 제공하는 데 초점을 둔다.

1.9 ATM, 건강검진, 키오스크 주문은 서비스 전달에서 고객화를 제거하여 표준화된 대량 서비스를 제공하는 전략이다.

1.10 높은 수준의 품질 관리는 원가에 초점을 두는 전략의 한 방법론이다.

1.11 케이블 TV, 유스호스텔, 실버 시네마 등은 특정 고객 니즈를 만족시키는 차별화 전략에 해당되는 사례이다.

1.12 안정적 시장을 지향하나 우월한 서비스 품질과 이미지를 통해 시장의 통제를 유지하려고 노력하는 기업을 차별화된 방어자라고 한다.

1.13 서비스 전략 삼각형은 서비스 접점, 서비스 개념, 서비스 전달 시스템으로 구성된다.

1.14 서비스 전달 시스템에서 서비스 공장은 서비스 직원의 스킬과 재량 수준이 다른 유형에 비해 상대적으로 낮다.

1.15 서비스 운영 전략에서 서비스 전달 프로세스는 순차적으로만 구성되고 배치될 수 있다.

1.16 서비스 운영 전략 수립에서 전방과 후방부서와 인력의 결합보다는 적절한 분리에 대한 의사결정이 필요하다.

1.17 서비스 전달 시스템 디자인에서 전문 서비스의 루틴과 자동화 수준을 담당하는 기술과 설비의 역할은 다른 서비스보다 상대적으로 낮은 수준에 있다.

1.18 제조의 서비스화가 진행되는 가장 큰 이유는 고객의 부가가치 향상에 있다.

1.19 서비스의 제품화의 사례로는 커피숍에서 컵과 가방 판매, 미용실에서 샴푸 및 미용도구 판매, 대학에서 강의노트와 해답지 제공 등이 있다.

1.20 서비스의 제품화를 위한 방법으로는 서비스 프로세스 모듈화, 프로세스와 방법의 고객화, 서비스 제공품의 유형화와 구체화 등이 있다.

02 선택형 문제

2.1 다음 중 서비스 부문의 일반적 환경 특징이 아닌 것은?
① 낮은 규모의 경제 　　　 ② 신제품과 신기술의 서비스 대체
③ 극심한 매출 변동 　　　 ④ 낮은 고객 충성

2.2 다음 중 서비스의 극심한 매출 변동에 대응하는 방법이 아닌 것은?
① 할인 정책 　　　 ② 프랜차이즈 활용
③ 예약 시스템 　　　 ④ 대기 줄 활용

2.3 주문획득과 주문자격 요인에 대한 설명 중 맞지 않는 것은?

① 시간, 상황, 추진 전략에 따라 변하는 상대적 개념이다.

② 경쟁자들 중에서 고객의 최종 선택을 받기 위한 경쟁 차원은 서비스 주문획득 요인이다.

③ 구내식당에서 맛과 편리성은 서비스 주문자격 요인에 해당한다.

④ 자동차 정비업체에서 수리 실패는 서비스 실패 요인이다.

2.4 전략을 위한 환경분석 차원에서 활용되는 5 Forces에 해당되지 않는 것은?

① 잠재적 신규 진입자   ② 타 산업과의 경쟁

③ 공급자의 협상력   ④ 대체재의 위협

2.5 포터의 본원적 경쟁 전략에 대한 설명 중 적절하지 않은 것은?

① 초점 전략은 광범위한 부문에서 비용과 차별화에 초점을 두는 전략을 의미한다.

② 저비용 전략은 원가에 기반한다.

③ 차별화 전략은 광범위한 전략적 목표에 기반한다.

④ 특정 부문에서 비용에 초점을 두는 전략은 초점 전략이다.

2.6 다음 중 전반적 비용우위 접근법에 해당되지 않는 것은?

① 표준화된 서비스 제공

② 시장지분 확대

③ 무형을 유형으로 변화

④ 저비용 고객 추구

2.7 다음 중 연결이 잘된 것은?

① 개척자–신규 서비스와 시장 기회 추구

② 분석자–안정적 시장에 서비스 초점

③ 저비용 방어자–고품질과 뛰어난 서비스를 제공하는 것에 초점

④ 차별화된 방어자–빠른 추종자들로서 방치된 세분화 시장 혹은 서비스 개선 기회 탐색

2.8   다음 중 서비스 운영 전략에 대한 설명 중 적절하지 않은 것은?

① 정보기술을 통한 비용절감과 최종 서비스 향상이라는 목표에 대한 의사결정이 필요하다.

② 서비스 프로세스의 주도와 견인 지향에 대한 전략 수립이 필요하다.

③ 서비스 프로세스에 대한 서비스 표준화 수준에 대한 의사결정이 필요하다.

④ 서비스 프로세스에 고객 참여의 수준과 대상에 대한 의사결정이 필요하다.

2.9   다음 중 연결이 잘못된 것은?

① 서비스 프로세스의 표준화 수준 – 고급호텔의 풀코스 정식과 회전초밥

② 제공된 서비스 종류의 수 – 골프장과 스키장

③ 서비스 전달 프로세스 배치 – 일반 식당과 뷔페

④ 서비스 전달 프로세스의 주도/견인 지향 – 미용실과 학교버스

2.10   제조업체의 서비스 전략에 해당되지 않는 것은?

① 판매 후 서비스 제공자

② 판매 전 서비스 제공자

③ 고객지원 서비스 제공자

④ 개발 파트너

그룹 토론 주제

1.1 다음 중 본인이 자주 이용하거나 관심을 갖고 있는 세 개의 서비스를 고
    려하시오.

> 시내버스 서비스, 대학행정 서비스, 스마트폰 서비스센터, 택배 서비스,
> 음악공연 서비스, 패키지여행 서비스, 노인 요양병원 서비스, 치과
> 스케일링 서비스, 구글 정보검색 서비스, BTS 공연, 여행 가이드, 뷔페
> 식당, 대학의 온라인 강의, 스마트폰 애플리케이션, 만화방, 공항 터
> 미널, 자전거 수리 서비스, 대사관 서비스, 여행사, 외식 프랜차이즈

(1) 선택한 서비스의 경쟁 특징을 정리하시오.
(2) 선택한 서비스가 제공하는 핵심 가치를 정의하고 평가하시오.
(3) 선택한 서비스의 order-winning과 order-qualifying criteria를 규
    명하시오.

1.2 본인이 경험하거나 찾은 서비스의 제품화 사례를 소개하시오.

1.3 본인이 경험하거나 찾은 제조업의 서비스화 사례를 소개하시오.

1.4 구글(Google)을 이용하여 서비스 기업의 전략적 서비스 비전 설정 사례를
    찾아 정리하시오.

> 예: 맥도날드, South West Airlines 등

1.5 다음의 비대면 서비스 중 잘 알거나 경험했던 서비스 세 개를 고려하시오.

무인카페, 배달 전문 도시락, 음식 배달 서비스, 인터넷 금융, 비대면 교육, 온라인 취미 수업, 세탁물 픽업 및 배달 서비스, 매장 내 물건 주문과 픽업 서비스, 셀프 관리형 정수기 필터 서비스, VR을 이용한 인테리어 제안, 사이버 모델 하우스, 메신저 상담, 챗봇, AI 스피커를 통한 쇼핑, 가상 피팅 의류/안경 쇼핑몰, 비대면 화상 면접, 비대면 육아 서비스, 재택 근무 서비스, 온라인 합동연주 및 콘서트, 비대면 결제 서비스, 동영상 스트리밍 서비스, 100% 셀프 스토어

(1) 선택한 서비스 조직이 경험하는 독특한 환경을 정의해 보시오.

(2) 유사한 대면 서비스 조직과 비교하여 선택한 서비스 조직이 추구하는 본원적 전략은?

(3) 선택한 서비스에 서비스 전략 삼각형이 그대로 적용될 수 있는가? 그렇지 않다면 어떤 요인이 어떤 이유로 제외되는가?

서비스 산출물과
기반 이론

04 CHAPTER

배경

서비스 운영 시스템의 산출물은 제품이 아닌 서비스이다. 그러면, 우리가 이 과목에서 다루게 되는 서비스는 어떻게 정의되고 그 요소는 무엇으로 이루어져 있는가? 현실에서 서비스는 순수한 서비스뿐만 아니라 다양한 형태의 혼합 서비스가 제공되고 있기 때문에 이를 어떻게 정의할지도 중요해진다. 또한, 앞으로 다루게 될 관리이슈를 이해하고, 분석하고, 의사결정하는 데 있어서 토대를 이루는 관점이 존재한다. 이들은 서비스 기반 이론이라 할 수 있는데 서비스 경제 시대에 핵심이 되는 논리(logic)로서 구체적인 서비스 관리 방안을 학습하기 전에 그 이론적 체계를 이해할 필요가 있다.

주요 이슈

- 서비스와 관련되는 유사한 용어로는 무엇이 있는가?
- 서비스 패키지의 구성요소는 무엇이고 성공적인 관리 방안은?
- 서비스 솔루션과 제공품의 차이점은?
- 서비스 경제 시대에 적합한 서비스 관련 이론은 무엇이 있고 그들의 핵심 특징은?

1 서비스 관련 용어

1.1. 고객의 인식 가치

서비스의 중요성이 증가함에 따라 서비스가 고객에게 제공하는 가치가 무엇인지에 대한 관심도 증가하였다. 실제로 이 고객 가치에 대한 관점의 차이로 인해 서비스 기반 이론이 계속 진화하고 있다. 고객 가치는 상호작용적이고 상대적인 선호에 대한 경험이다. 동일한 식당 서비스를 경험한 사람이라 할지라도 그 경험에 대한 느낌이나 감정이 서로 다른 것은 바로 이 상대적 선호에 의해 영향을 받기 때문이다.

이 경험 내에서 고객은 인지적이고 감정적인 인식에 의해 영향받는 가치에 대한 인상을 형성하기 위해 현재 상황과 과거 기억 등 모든 투입물을 사용한다. 결국, 고객은 이 인상을 미래 행동을 위한 지침으로서 사용한다. 식당 서비스에서 고객은 자신의 과거 경험에 기초하여 그 식당에 대한 이미지를 형성하고 현재의 상호작용, 즉 경험에 의해 기존의 이미지에 더해진 새로운 인식을 형성하게 되는 것이다.

구체적으로 고객 인식 가치(customer perceived value)는 서비스 패키지와 경험요인들의 함수를 서비스 가격으로 나눈 것이다. 즉,

고객 인식 가치 = f(서비스 패키지+경험 요인)/가격

여기서, 고객의 경험 요인은 서비스 경험으로 인해 부가된 한계가치를 포함한다. 즉, 각 서비스 경험으로 인해 발생하는 가치의 증가 혹은 감소분을 나타낸다. 고객은 자신의 가치를 향상시키기 위해 서비스를 구매하고 이러한 구매 프로세스에서 서비스 시설을 포함하여 서비스 제공자와 다양한 경험을 하게 된다. 그 범위는 서비스 제공자와 고객 간 상호작용(접점)의 시작부터 상호작용의 완성과 다음 상호작용의 기대까지를 포함한다. 이 경험 요인은 반복 구매, 고객 충성, 고객 참여와 같은 최종 고객 행태로 결과된다.

일반적으로 반복 구매, 고객 충성, 고객 참여와 같은 경험기반 행동은 다

음의 요인에 의해 발생하는 것으로 알려졌다. 첫째, 고객의 감정, 감각, 상상, 느낌, 인식, 독창성, 지식, 새로움, 심미감, 인상, 환대 등이 중요하다. 둘째, 경험 내용의 지속가능성으로서 예를 들어, 과거의 접점에 기초하여 미래에도 공동체 의식과 단골을 만드는 고객의 성향이다. 셋째, 구전과 브랜드 홍보에 대한 고객의 열정이다.

이러한 경험 요인에 의해 '고객의 경험 중심 서비스'라는 용어가 중요해진다. 이 용어는 고객의 경험이 서비스에서 핵심이 된다는 의미이다. 고객이 서비스 제공자에 의해 창출된 어떤 패키지 요소들과 상호작용으로부터 결과되는 어떤 감정 혹은 지식을 획득할 때 이 경험이 발생했다고 말할 수 있다. 나아가, 성공적 경험은 고객이 독창적인, 기억할 만한, 지속가능한 경험을 발견하고, 이 경험을 반복하기를 원하며, 이 경험에 토대하여 구전을 통해 감정적으로 고취되는 경험을 말한다.

1.2. 서비스 제공품

제공품(offering)은 사전적 의미로는 판매 혹은 사용할 수 있는 어떤 것을 의미한다. 따라서 제품이든 서비스든 간에 판매 혹은 사용할 수 있는 어떤 것은 모두 제공품으로 불릴 수 있으며, 그 어떤 것 중에서 서비스로 분류될 수 있는 것은 서비스 오퍼링(본 교재에서는 서비스 제공품으로 명명)으로 표현한다. 이 제공품이 정확한 의미를 가지려면 반드시 가치를 지니고 있어야 한다. 만약 그 가치가 존재하지 않으면 판매되지 않을 것이고 사용되지 않을 것이기 때문이다.

일반적으로 기업은 재화, 서비스, 정보 등의 다양한 산출물을 만들고 있다. 이러한 재화와 서비스는 제공품에 결합되는데 여기서, 재화, 서비스, 정보, 지원, 셀프 서비스의 복잡한 꾸러미 혹은 묶음이 바로 서비스 제공품이 된다. 항공사가 제공하는 서비스 제공품으로는 고객의 이동, 비행정보와 출발 및 도착시간, 음료수 및 음식과 신문, 화장실 이용 등 다양한 유형의 서비스가 꾸러미 형태로 제공된다.

이 서비스 제공품은 고객의 서비스 공동창출을 더욱 효과적으로 가능하게 만들고 조직화하도록 설계된 인공물이다. 이것은 단지 물리적 제품만을 포함하는 것은 아니다. 예를 들어, 이케아(IKEA)의 제공품은 단순한 가구가 아니라 그 제품을 조립하는 프로세스의 구성으로서도 간주될 필요가 있다. 그러나 서비스 제공이 동결(즉, 종료)되어 고객에게 판매가 되면 그 결과는 물리적 제품이 된다. 예를 들어, 위키피디아(wikipedia)는 사용자 생성 콘텐츠를 활용하는 제공품을 만들어 소비자에게 전달하고 있다. 따라서, 서비스 조직의 입장에서는 최종제품을 영원히 지연시키고 비동결되도록 하여 서비스 결과물이 지속적으로 가치를 확장하도록 만드는 것이 중요하다.

1.3. 서비스 패키지

Roth & Menor(2003)는 서비스 패키지(service package) 개념을 제안하면서 이것을 고객이 인식, 지불, 사용, 경험하는 유형과 무형의 편익의 결합으로서 정의하였다. 이 꾸러미는 명시적 서비스, 암묵적 서비스, 지원시설, 정보, 촉진재화의 다섯 개의 요소들로 구성되어 최종적으로 고객의 경험 창출에 기여한다.

1.3.1. 서비스 패키지 구성요소

서비스 패키지의 다섯 개 요소들은 고객이 개별적으로 이용하는 것이 불가능하며, 개별적으로 구매된 요소들의 총 가격은 각 요소들의 단순 합보다 더 크게 증가하는 상승효과(synergy effect)를 볼 수 있다. 서비스 제공자의 관점에서 이 패키지는 함께 판매됨으로써 제공품의 범위를 단순화시키고 운영에서 규모의 경제를 제공한다. 반면에, 구매자의 관점에서는 이 패키지가 함께 구매됨으로서 선택을 단순화시키거나 필요로 하지 않는 요소들을 추가로 지불하는 것으로 결과될 수 있다.

서비스 패키지의 각 구성요소들에 대한 구체적 설명은 다음과 같다.

(1) 명시적 서비스(Explicit service)

오감을 포함하여 감각적으로 쉽게 관찰 가능하고 서비스의 핵심적, 본질적, 일차적 특징으로 이루어진 편익들을 의미한다. 치과에서 치아치료 후 치통의 해소, 정비업소에서 정비 후 부드럽게 달리는 자동차, 숙박업소에서 조용하고 청결한 방과 편안함, PC방에서 게임의 즐거움, 대학 교육을 통한 지식과 역량 향상 및 진리 탐구, 식당에서 음식의 맛과 환대, 극장에서 재미있고 감동적인 관람 등이 해당된다.

(2) 암묵적 서비스(Implicit service)

고객이 단지 막연하게 감지할 수 있는 심리적 편익 혹은 서비스의 부수적인 특징들을 의미한다. 명시적 서비스와 달리 모든 고객이 그 편익에 공통적으로 공감하지 않고 각기 다른 심리적 평가를 내릴 수 있으며, 그 서비스를 구매하는 주요 목적이 아닌 특징들은 모두 암묵적 서비스에 해당한다. 치과에서 신뢰할 수 있는 비용 청구, 자동차 정비업체에서 걱정없이 안심할 수 있는 수리서비스와 운행과 관련한 추가적인 정보 제공, 숙박업소에서 직원의 친절성과 프라이버시 보호, 대학 학위의 사회적 인식 및 평가, 대부 관련업체의 프라이버시 보호, 식당에서 발렛파킹 서비스, 극장에서 관람을 위한 편안한 분위기 등이 해당된다.

(3) 지원시설(Supporting facility)

서비스가 제공되기 전에 특정 위치에 있어야 하는 서비스 전달을 지원하는 유형의 물리적 자원들을 의미한다. 치과의 의자 및 의료시설, 정비업체의 정비 관련 시설 및 장비, 식당의 인테리어와 주방 및 테이블, 숙박업소의 건물과 TV 및 침대 등, 골프장의 골프코스, 스키장의 스키 리프트, 병원의 주차장, 학교의 강의실 시설, 극장의 스크린 및 의자 등이 해당된다.

(4) 촉진재화(Facilitating goods)

고객에 의해 구매되거나 소비된 재료 및 도구 혹은 고객에 의해 제공된 품목들이다. 치과에서 제공하는 빠진 교정칫솔/치간칫솔/금니 등, 식당의 포장된 반찬 및 음식, 정비업체의 엔진오일 및 스페어타이어, 숙박업소의 비누/수건/화장지, 골프장에서 골프클럽, 스키장에서 스키장비, 학교의 참고자료와 강의노트, 극장에서 음료 및 팝콘 등이 해당된다.

(5) 정보(Information)

효율적이고 고객화된 서비스를 가능하게 하기 위해 고객 혹은 서비스 제공자로부터 이용가능한 데이터가 이에 해당한다. 치과에서 예약여부 및 치료비 정보, 식당의 메뉴정보와 스마트폰을 이용한 예약, 정비업체의 정비시간 및 비용 정보, 골프장/항공사/모텔/극장에서 예약을 위한 웹사이트와 고객의 선호 정보, 호텔 웹사이트에 대한 구글 맵 링크, 병원의 진료예약 및 비용결제 키오스크 등이 해당된다.

1.3.2. 서비스 패키지 관리 포인트

서비스 관리자는 바람직한 서비스 패키지와 일치하는 전체적 경험을 고객에게 제공해야 한다.

이를 위해서는 서비스 패키지에 대한 대표적 관리 포인트를 고려할 필요가 있다.

(1) 명시적 서비스

현장 서비스 인력 교육 및 훈련, 서비스 일관성 제고, 서비스 이용가능성 향상 등

(2) 암묵적 서비스

현장 서비스 인력의 태도, 목표 고객의 일차적 감정을 고려한 내부 인테리어, 안전 및 프라이버시 보장, 효과적 대기 줄 관리, 편리성 제고 등

(3) 지원시설

고객 접근성과 이용 편리성을 고려한 시설의 위치, 색/복잡성/질감/향 등 다양한 서비스스케이프를 고려한 인테리어 디자인, 서비스를 지원하는 장비 및 도구 준비성, 시설의 구조적 적합성, 시설의 청결관리, 가구 및 제품 배치의 적합성, 고객의 효과적 이동동선을 고려한 서비스 프로세스 배치 등

(4) 촉진재화

서비스에 필요한 촉진재화의 품질 및 양, 촉진재화 선택의 다양성, 촉진재화의 가격 등

(5) 정보

정보의 정확성, 적시성, 양, 신뢰성, 유용성 등

1.4. 제품 – 서비스 시스템

1.4.1. 개념

어떤 서비스가 시스템 수준에서 고려된다는 것은 제공되는 서비스가 여러 환경적 영향을 반영해야 하고 이것은 시스템 관점을 취해야 한다는 것을 강조한다. 이 점을 강조하여, 경제성과 친환경성을 동시에 달성하기 위해 제품과 서비스가 통합된 서비스 제공품 혹은 패키지가 시스템 판매 방식으로 추진되어야 한다는 차원에서 '제품 – 서비스 시스템(PSS: Product – Service System)'이 등장하였다. 여기서, 시스템 판매는 하드웨어 요소(예, 제품)와 소프트웨어 요소(예, 기술 및 시장 노하우)의 결합이라는 제공품을 의미한다. 예를 들어, 비행 시뮬레이션을 위한 시뮬레이터는 하드웨어뿐만 아니라 관련 소프트웨어, 사용법, 수리 및 정비 매뉴얼 등 다양한 소프트웨어도 병행해 시스템화되어 판매된다.

1.4.2. 제품 – 서비스 시스템의 유형

Tukker(2004)에 의해 제시된 PSS의 분류 방식은 아래 〈그림 4 – 1〉에 기초한다. PSS는 순수한 제품과 순수한 서비스의 가운데에 위치하며, 이 중에 가치가 유형의 제품 콘텐츠 혹은 무형의 서비스 콘텐츠 중 주로 어디에서 나오는지에 따라 제품 지향적 PSS(혹은 제조의 서비스화라고도 함), 사용 지향적 PSS, 결과 지향적 PSS로 구분될 수 있다.

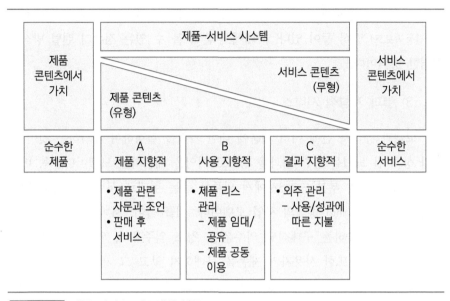

그림 4-1 제품-서비스 시스템의 분류

(1) 제품 지향적 PSS

　제품의 소유권은 제품 교환 시 이미 이전되었기 때문에 사용자(소비자)에게 존재한다. 이는 단순히 기존의 제품 판매에 서비스 기능을 추가한 방식으로 판매 후 서비스나 제품 관련 자문과 조언이 이에 해당한다. 현대자동차의 자동차 판매 시 현대캐피탈과 현대카드를 이용해 금융 서비스, 현대글로비스를 이용해 물류 서비스를 제공하는 것이 이러한 사례에 해당한다.

(2) 사용 지향적 서비스

　제품의 소유권은 생산자(혹은 판매자)에게 존재하나 다수의 사용자가 제품을 사용하거나 공유하는 모델이다. 흔히 제품 리스(lease)와 같이 제품의 소유권은 공급자에게 있고 유지보수의 책임을 지는 사용자는 사용 기간 동안 그 제품에 대한 사용료를 지불하는 방식이 이에 해당한다. 세부 유형으로는 동일제품에 대해 순차적으로 다른 사람들이 사용가능한 제품의 임대 혹은 공유(product renting or sharing; 집카(Zipcar)의 자동차공유, 에어비앤비(Airbnb)의 숙박공유 등) 방식,

특정 제품을 사용자가 공동으로 이용가능한 제품의 공동이용(product pooling; 예, 전동퀵보드) 방식 등이 있다. 국내에서 흔히 볼 수 있는 정수기 렌털 방식도 이러한 방식이다.

(3) 결과 지향적 서비스

고객과 공급자 간에 미리 제품에 대한 가격을 결정하여 계약하는 것이 아니라 상호 간 노력을 통한 성과를 기초로 이익을 배분하는 모델이다. 즉, 비즈니스 활동의 일정 부분을 제3자에게 외주를 주는 형태로 서비스에 따라 지불하는 외주(outsourcing) 방식의 사업 모델이다. 예를 들어, 서비스의 성과결과에 따라 비용을 지불하는 구내식당 외주운영, 청소 외주용역, 외주화된 운송 및 물류 등이 있다. 또한 사용자가 제품을 구매하지 않고 그 제품의 사용결과에 따라 지불하는(pay per service) 방식(예, 택시 요금, 복사기 요금, 호텔 세탁 서비스 등)이 있다. 운전시간 혹은 이동거리에 따라 요금을 지불하는 렌터카와 체중감량 등 건강관리 서비스를 제공할 때마다 이용료를 지불하는 스마트 밴드(smart band) 등도 제품을 구매하는 대신 필요한 시간만큼 이용하고 그에 따르는 비용을 지불하는 방식이다.

1.4.3. PSS 모델

PSS 유형에 따라 분류된 PSS 모델은 다음과 같다(Kim et al., 2012). 이 모델은 일반적 고객 니즈와 결합하여 PSS 개념을 개발하는 데 사용될 수 있다.

(1) 제품 지향적 PSS

M1. 리사이클 서비스: 재사용, 재활용, 수리, 재제조 제품

M2. 유지 서비스: 제품과 서비스를 수선하고 유지

M3. 자본예산 서비스: 고객의 자본예산을 위해 재무 서비스를 제공

M4. 진단 서비스: 사용 중인 제품/서비스의 조건을 모니터하고 진단

M5. 정보 서비스: 고객에게 라이프사이클 동안 제품/서비스에 대한 필수 정보 제공

M6. 자문 서비스: 고객에게 제품/서비스의 최적 사용을 위한 전문적 지식 혹은 조언을 제공

M7. 교육 서비스: 제품/서비스에 대해 고객을 교육 및 훈련

M8. 설치 서비스: 고객을 위해 제품을 설치하고 조립

M9. 대리 서비스: 고객을 위해 일을 수행

M10. 시범 서비스: 고객에게 제품/서비스를 일시적으로 경험하는 시범 버전 혹은 기회를 제공

M11. 라이프사이클 서비스: 제품/서비스 라이프사이클 동안 일련의 서비스를 제공

M12. 토탈 패키지 솔루션: 원스톱(one-stop) 패키지 솔루션을 제공

M13. 고객화된 솔루션: 고객의 특정 니즈 혹은 환경에 맞춰진 제품/서비스 제공

M14. 구성요소별 판매: 고객으로부터 수리 혹은 업그레이드 요청을 기대하여 제품/서비스의 구성요소 혹은 부품을 판매

M15. 접근의 확장: 고객이 제품/서비스에 접근하는 새로운 방법을 창출하고 제공

(2) 사용 지향적 PSS

M16. 셀프 서비스: 고객이 스스로 서비스하도록 허용

M17. 공유: 고객이 자신의 제품/서비스를 다른 고객에게 공유

M18. 리스와 렌트: 고객이 제품/서비스를 직매입하는 대신에 리스 혹은 렌트하는 옵션을 가짐.

M19. 사용할 권리를 양도: 고객이 예약 혹은 멤버십 시스템을 통해서만 제품/서비스를 사용할 수 있음.

(3) 결과 지향적 PSS

M20. 결과의 보장: 제품/서비스의 뛰어난 결과를 보장

M21. 사용당 지불(pay-per-use): 고객은 사용에 기반하여 제품/서비스를 지불

(4) 기타

M22. 친환경 자원의 사용: 제품/서비스를 만들고 제공하는 데 친환경 자
원을 사용

M23. 이익 공유: 제품/서비스에서 창출된 이익을 고객과 공유

M24. 신기술의 사용: 더 높은 효율성을 위해 최신의 기술을 사용하는 제
품/서비스를 제공

M25. 서비스 모듈화: 더 높은 유형성을 위해 모듈 구조에서 서비스를 디
자인하고 개발

1.4.4. PSS 사례와 필수 역량

여러 문헌에서 제시된 대표적 PSS 성공사례는 다음의 〈표 4-1〉에 정리
되어 있다.

표 4-1 성공적인 PSS 사례

기업	제품 유형	PSS 예시
제록스(Xerox)	사무용 장비	리스(lease) 혹은 복사 한 장당 지불(pay-per-copy) 모델
롤스로이스 (Rolls-Royce)	항공용 엔진	시간당 파워(power-by-the-hour) 서비스 패키지로서 유지, 보수, 정비에 대한 비용은 고객(항공사) 비행시간당 고정가격으로 부과
애크로메트 (Arcomet)	건설 크레인	조립과 분해를 포함한 렌털 서비스 제공
아틀라스콥코 (Atlas Copco)	에어 컴프레서	㎥당 압축된 공기 단위로 렌털 서비스 제공
미쉐린(Michelin)	트럭 타이어	km당 운송회사의 타이어 재고 관리
필립스라이팅 (Philips Lighting)	조명 시스템	조도당 지불(pay-per-lux) 개념에 의해 빌딩에 사전에 정해진 수준의 조도 판매 및 관리
힐티(Hilti)	전문 건설 도구	플릿관리 시스템(Fleet management system)을 통해 월 고정요금으로 3-5년 동안 일정 장치를 고객이 사용하도록 허용하는 방식으로 법인차량에 대해서도 그 위치와 주행 관리를 자동화하기 위해 사용

결과적으로, 제품−서비스 시스템은 제조업체에서 제공하는 제품과 서비스의 통합된 솔루션을 반영하는 개념으로서 제품의 총 가치를 증가시키기 위한 서비스의 도입이 시스템 관점에서 필수적이라는 사고이자 접근법이다. 이러한 시스템이 성공하기 위해서는 서비스 제공자 관점에서 시스템 통합(제품과 서비스의 결합), 운영 서비스(시스템의 지속적 운영 지원), 비즈니스 자문(고객의 비즈니스에 대한 종합 컨설팅 제공), 재무 서비스(고객의 수익창출 및 비용절감)라는 네 가지 역량을 향상시켜야 한다.

1.5. 제조의 서비스화

관점에서 다소 차이가 있지만 PSS 시스템 및 솔루션과 거의 유사한 용어로서 제조의 서비스화(servitization), 서비스의 제조화(productization)가 자주 사용된다. 즉, 전통적인 제조 부문이 점점 서비스 부문과 결합하는 방식으로 그 운영 방식이 변화하고 있다는 의미이다. 이미 앞서의 예처럼, 롤스로이스(Rolls−Royce)는 엔진을 생산한 후에 고객(항공사)에게 판매하지 않고 수년 동안 서비스 패키지를 제공한다. 고객은 이 제공된 서비스에 대해 엔진이 비행하는 시간별로 요금을 지불한다. 캐터필러(Caterpillar)도 서비스화된 제조업체로서 제조를 넘어 다양한 서비스 포트폴리오를 제공하면서, 부품의 수명연장과 고장방지 목적의 유지보수를 위한 원격 추적 및 모니터링 서비스를 제공하고 있다. 제록스(Xerox)도 허츠(Hertz)에 관리 및 지원 서비스를 포함한 학습 솔루션을 제공하고 지멘스(Siemens)에 문서관리 향상과 종이낭비를 줄이기 위한 디지털 문서화 인터페이스를 제공하고 있다. 국내 사례로서 정수기 생산업체는 비록 제조업체로 구분되지만 정수기 판매보다는 고객에 대한 임대 및 필터 교체 서비스에 집중하고 있다. 결과적으로, 이러한 제조의 서비스화는 빅데이터, 사물인터넷의 등장으로 인해 고객의 효율성 향상과 비용절감을 목표로 더욱 활발히 적용의 확대가 이루어질 것이다.

1.6. 서비스 솔루션

1.6.1. 개념

PSS와 거의 유사한 개념으로서 서비스 솔루션(service solution)이라는 용어가 등장하였다. 이 용어는 통합 솔루션(integrated solution), 고객 솔루션(customer solution), 비즈니스 솔루션(business solution), 토탈 솔루션(total solution), 풀 서비스(full service) 등 다양하게 불려진다. 이 용어들은 고객 특유의 문제해결에 초점을 둔다는 의미로서 솔루션이라는 단어를 사용하였으며, 그 솔루션은 제품, 서비스, 소프트웨어로 구성된 하나의 패키지로 결과된다. 즉, 서비스 제공자가 아닌 고객 혹은 사용자의 프로세스와 운영에 초점을 두며, 단순한 기술적 통합뿐만 아니라 모든 사용 상황에 초점을 두어 종합적인 서비스가 제공된다는 차원에서 종합 해결책을 제공하는 방식이다. 예를 들어, 앞에 나왔던 롤스로이스(Rolls-Royce) 사례뿐만 아니라 호텔의 세탁 서비스도 유사한 형태이다. 호텔에서 세탁은 호텔 서비스 제공자의 핵심 분야가 아니기 때문에 아웃소싱을 하게 되는데 아웃소싱 업체는 세탁에 관련된 모든 서비스를 제공한 후에 사용량 단위로 요금을 부과하게 된다.

이러한 방식은 소프트웨어를 월별 혹은 사용시간별로 요금을 부과하는 등 최근 들어 구독경제(subscription economy)의 확장과 결합되어 자전거 렌털, 온라인 교육, 컨설팅, 미디어 등의 분야에서 활용이 확대되고 있다. 구독경제는 소비자가 회원가입을 통해 매달 일정한 금액을 지불하고 정기적으로 상품이나 서비스를 이용하는 비즈니스 모델로서 과거 우유, 신문, 잡지 등뿐만 아니라 넷플릭스(Netflix)의 VOD 콘텐츠, 애플(Apple) 아케이드의 게임, 식품 배송, 생필품 배송, 차량공유 등으로 점차 그 범위를 넓혀가고 있다.

서비스 분야에서 솔루션의 중요성이 증가함에 따라 이에 대한 학자들과 실무자들의 관심이 점점 늘어나고 있다. 지금까지 많은 학자들은 솔루션의 개념에 대해 다양한 정의를 내렸다. 하지만 공통적인 특징은 솔루션이 고객 특유의 문제를 해결할 수 있고 기술적 통합뿐만 아니라 총 사용 상황에 초점을 둔 상대적으로 폭넓고 복잡한 제공품인 제품, 서비스, 소프트웨어의 꾸러미로서 묘사하고 있다.

1.6.2. 솔루션 관리 프레임워크

(1) 솔루션의 특징

솔루션으로 정의되기 위해서는 다음의 여러 가지 특징을 만족시켜야 한다.

① 고객화

솔루션은 특정 고객이 원하는 성과를 창출하기 위해 맞춤화된 제품과 서비스의 통합으로서 정의된다. 솔루션이 존재하기 위해서는 고객이 개별 구성요소들의 합보다 더 나은 성과를 얻도록 해 줘야 하고 그러한 목적을 추구하는 고객을 위해 고객화된 제품과 서비스의 통합이 솔루션으로 나와야 한다.

② 통합

솔루션은 제품과 서비스의 통합이다. 그러한 통합으로 인해서 고객은 개별 부분보다 더 많은 가치를 얻어야 하고 자신이 원하는 니즈의 전부는 아니더라도 대부분을 해결할 수 있는 광의의 제공품이 만들어져야 한다.

③ 범위

토탈 솔루션에서 토탈은 고객에 의해 정의되기 어렵기 때문에 복잡한 개념이다. 고객이 완전한 혹은 전체 문제가 무엇인지 모른다면 그 솔루션을 찾기도 어렵다는 점을 명심해야 한다. 따라서 솔루션을 위한 제공품은 광의의 범위를 가져야 한다.

④ 꾸러미

솔루션으로 전달하는 제공품은 제품 및 서비스를 단순히 통합하기보다는 하나의 결합 혹은 꾸러미로서 고려된다. 즉, 고객 니즈의 대부분을 해결할 수 있는 더 폭넓은 제공품으로서 솔루션을 고려해야 한다.

⑤ 능동적/수동적

솔루션은 고객의 문제에 단지 수동적 방식으로 대응하는 것뿐만 아니라 고객의 니즈에 대한 선행적 감지까지 포함하는 능동적 솔루션을 규정해야 한다.

⑥ 수직적/수평적

수직적 솔루션은 특정 산업특유의 솔루션, 수평적 솔루션은 여러 고객 그룹에 걸친 솔루션을 의미한다. 따라서 수직적 솔루션은 수평적 솔루션보다 더 고객 중심적 조직을 필요로 한다.

⑦ 제품/비즈니스/파트너십

제품 솔루션은 응용과 서비스에 의해 확장된 제품, 비즈니스 솔루션은 비즈니스 문제를 다루기 위해 연결된 복수의 제품 솔루션, 파트너십 솔루션은 기업 전 분야에 걸쳐 연결된 복수의 비즈니스 솔루션을 의미한다. 결국, 비즈니스 솔루션은 여러 기업에 걸쳐 다양한 비즈니스 솔루션들을 연결한 비즈니스 문제와 파트너십 솔루션을 다루기 위해 여러 제품 솔루션을 결합해야 한다.

(2) 솔루션 프로세스

기업은 자신이 판매하는 제품과 부품 대신에 사용자 프로세스와 운영에 초점을 두어야 한다. 즉, 경영자는 제품이 아니라 고객을 위한 바람직한 성과에서 출발해야 한다. 이러한 솔루션을 판매하는 절차는 다음과 같다.

① 고객의 비즈니스에 대한 심도 있는 분석
② 고객의 문제를 진단하고 규명
③ 유사한 상황에 직면한 많은 고객과 일한 경험에 기초하여 솔루션 제공
④ 각 구성요소를 솔루션으로 통합

또한 단계별 활동 중심에 기초한 프로세스는 다음과 같은 절차를 따른다.

① 전략적 관여 단계: 계약 이전 활동
② 가치명제 단계: 계약 제안 활동
③ 시스템 통합 단계: 프로젝트 실행 활동
④ 운영적 서비스 단계: 프로젝트 완료 후 활동

(3) 솔루션 성과

솔루션이 뛰어난 성과를 지니기 위해서는 다음의 조건을 충족시켜야 한다.

① 해결된 고객 문제(암묵적/명시적)

솔루션의 목표는 고객의 비즈니스 니즈를 만족시키는 것이다. 솔루션은 고객화되어야 하기 때문에 그 성과는 본원적으로 규정되는 것이 아니라 고객의 상황에 맞춰 결정된다.

② 고객에게 더 나은 생활 제공

솔루션을 통해서 고객의 생활을 더 쉽거나 더 좋게 만들어야 한다.

③ 제공자/고객에게 가치(경제적, 사회적, 환경적 가치)

제공자의 매출이익 향상, 더욱 안정적 수익 보장뿐만 아니라 다양한 고객 가치인 명시적 서비스 품질, 선행적 토탈 솔루션, 새로운 서비스의 적시성 및 감성적 디자인, 고객의 경제 상황의 개선 등 다양한 가치를 창출해야 한다.

1.6.3. 제조기업에 대한 시사점

이제 통합 솔루션은 제품과 서비스를 결합함으로써 고객 니즈에 대응하여 경쟁우위를 얻을 수 있는 방법으로서 제조기업에게 실제 중요한 비즈니스 기회를 제공한다. 다시 강조하면, 통합 솔루션 제공은 장기 지향적이고 서비스 제공자를 고객의 비즈니스 시스템의 한 부분으로서 통합하고 고객에게 총비용을 최적화시키는 것을 지향한다.

새로운 가치의 원천이 서비스 제공품, 패키지, 통합 솔루션에서 만들어지기 때문에 이제 단순한 유형의 재화는 더 이상 제조기업에 충분한 경쟁우위를 제공하지 않는다. 앞서 정의에서 언급하였듯이 통합 솔루션은 단순한 서비스와 제품의 꾸러미를 넘어서는 복잡하고 고객화된 제공품이다. 이 솔루션은 조직의 운영 효율성을 향상시키고, 자산의 투자수익을 증가시키고, 시장의 확장을 가능하게 하고, 리스크를 완화함으로써 가치를 창출할 수 있다. 특히, 솔루션은 작아진 이익과 증가하는 경쟁압력과 같은 환경에 직면한 성숙기에 있는 기업이 경험하는 문제들로부터 벗어나는 중요한 방안으로서 간주된다.

2 서비스 기반 이론의 진화

2.1. 지원 서비스

초기 서비스 개념이 도입되기 시작하던 때에 서비스는 단지 유형제품의 부수적 수단이었다. 지원 서비스(support service), 판매 후 서비스(after-sales service), 보완 서비스(supplementary service) 등 다양한 표현으로 불렸던 이 서비스 개념은 관련 제품의 구매 시기에 기초하여 구분되기도 하였다. 즉, 제품 판매 전(예, 제품의 시연), 판매 중(예, 재무 서비스), 판매 후(예, 유지보수 서비스)가 그 예로서 제품의 수명주기와 관련된다. 그러나 이러한 서비스는 제품에 부수적 형태로서, 제품과 분리되어, 선택적인 판매 방식으로서 고객에게 제공될 뿐이었다.

2.2. 서비스 지향

경쟁의 심화, 제품의 라이프사이클 단축, 고객 요구사항의 다양화 및 급변 등의 환경 변화로 인해서 경제의 흐름이 제조 중심에서 서비스 중심으로 이동하고 있는 것은 명확한 사실이다. 이에 따라, 서비스에 대한 관점이 초기의 단순한 제품 지원 서비스에서 복잡한 서비스 주도의 관점으로 점점 변화하였다. 이러한 변화의 초기 현상은 서비스 지향(service orientation)으로 나타났다. 이 관점은 Lytle et al.(1998)에 의해 제시된 것처럼 다음의 특성들을 포함하며, 그는 서비스 지향을 설명하고 측정하기 위해 〈그림 4-2〉와 같은 SERV*OR 척도를 개발하였다.

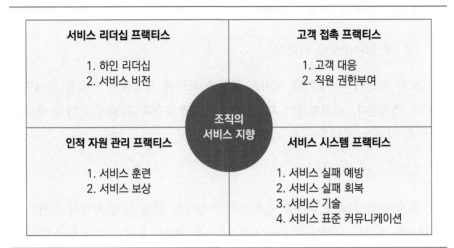

서비스 리더십 프랙티스	고객 접촉 프랙티스
1. 하인 리더십 2. 서비스 비전	1. 고객 대응 2. 직원 권한부여
인적 자원 관리 프랙티스	서비스 시스템 프랙티스
1. 서비스 훈련 2. 서비스 보상	1. 서비스 실패 예방 2. 서비스 실패 회복 3. 서비스 기술 4. 서비스 표준 커뮤니케이션

조직의 서비스 지향

그림 4-2 조직의 서비스 지향 구성요소

각 차원은 다음과 같이 측정되고 요약될 수 있다.

2.2.1. 고객 접촉 프랙티스

(1) 고객 대응

조직이 어떻게 고객을 돌보는지에 대한 직원의 인식에 의해 측정된다. 서비스 접점에서 행동의 기본원리(golden rule)를 실행하는 프랙티스에 지속적으로 관여하는 조직은 서비스에 대해 긍정적인 고객 인식을 창출한다.

(2) 직원 권한부여

직원이 얼마나 권한을 부여받았는지에 대한 직원의 인식에 의해 측정된다. 권한이 부여된 직원은 경영층의 허락을 얻을 때까지 고객에게 서비스하는 것을 미루지 않고 즉각 고객에게 편익을 제공하도록 의사결정할 수 있다.

2.2.2. 서비스 리더십 프랙티스

(1) 하인(Servant) 리더십

모든 직원이 더 강화된 서비스 활동을 하도록 경영층이 모범을 보여주는 것으로 측정된다. 경영자들이 더 서비스 지향적일수록 직원이 고객을 응대할 때 더욱 서비스 지향적이 될 것이다.

(2) 서비스 비전

조직 내에 서비스 비전을 끊임없이 소통하는 것에 대해 직원이 측정한다. 이 비전은 조직이 우월한 가치를 창출하는 데 서비스 품질과 고객 만족의 중요성을 강조한다. 하향식(top-down) 서비스 비전이 중요하고 조직 구성원이 수준 높은 서비스를 제공하려는 폭넓은 열망을 주입시키는 데 이 비전이 필수적이다.

2.2.3. 인적 자원 관리 프랙티스

(1) 서비스 훈련

조직 내에 얼마나 많은 서비스 관련 훈련이 존재하는지에 대한 직원의 인식을 측정한다. 성공적인 서비스 접점은 직원 훈련에 의해 크게 영향받는다. 성공적인 서비스 조직은 기술에 대한 투자만큼 사람에 대한 투자에 가치를 부여한다. 그 결과, 기술은 사람을 대체하는 대신에 사람의 노력을 지원하는 수단으로서 인식되어야 한다.

(2) 서비스 보상

서비스 관련 행동이 조직 내에서 보상받는지에 대한 직원의 인식을 측정한다. 서비스 품질의 중요한 요소는 보상과 서비스 성과 사이의 연계에 있다.

2.2.4. 서비스 시스템 프랙티스

(1) 서비스 실패 예방

조직이 시스템 차원의 조직적인 실패 방지 시스템을 디자인함으로써 서비스 실패 예방을 추구하는 수준에 대한 직원의 인식을 측정한다.

(2) 서비스 실패 회복

기존의 서비스 문제를 다루기 위한 조직의 전략에 대해 직원이 어떻게 인식하는지를 측정한다. 서비스 실패에 대한 즉각적이고 계획된 대응은 조직이 불만족된 고객의 95%를 재보유하도록 만들 수 있다.

(3) 서비스 기술

뛰어난 서비스를 전달하는 데 있어 조직의 기술 활용에 대한 직원의 인식을 측정한다. 서비스에 활용된 기술적 수월성은 우월한 고객 가치를 전달하는 것을 지원한다.

(4) 서비스 표준 커뮤니케이션

서비스 표준, 프랙티스, 행태의 관점에서 모든 직원이 따르도록 기대된 것을 소통하는 조직의 능력에 대한 직원 인식으로 측정한다. 높은 수준의 서비스 품질은 서비스 품질 표준을 측정, 통제, 소통하는 조직에 의해 달성된다.

2.3. 최근의 서비스 기반 이론

학술 측면에서 서비스 운영 관리와 마케팅의 발전에 대한 몇 가지 접근법들이 강조될 수 있다. 예를 들어, servuction(service+production의 합성어) 모델을 갖는 서비스 연구의 프랑스 학파(예, Langeard & Eiglier, 1987)와 서비스스케이프(servicescape) 모델을 갖는 북미 학파(Bitner, 1992)가 존재한다. 그러나 더욱 최근에 Vargo & Lusch(2004)는 서비스 지배(service-dominant) 관점을 적용하는 관점을 요청하였는 데 비해 Grönroos & Gummerus(2014)로 대표되는 노르딕

(Nordic) 학파는 서비스 관점에서 운영과 마케팅을 다시 고려하는 차원에서 서비스 논리(service logic)를 제안하였고 마지막으로 애리조나 대학의 the Center for Services Leadership(Ostrom et al., 2010)은 '서비스 사이언스 접근법'의 발전을 제안하였다. 이 중에서 서비스 운영 관리에서 대표적인 서비스 지배논리, 고객 지배논리, 서비스 사이언스를 설명한다.

2.3.1. 서비스 지배논리

(1) 배경

과거에는 제품이 시장 교환의 핵심이고 가치창출의 중심에 있었다. 이러한 관점은 재화 지배논리(GDL: Good–Dominant Logic)의 뿌리가 되었다. 이후, 서비스의 중요성이 증가함에 따라 기존의 견해와 대비되는 서비스 지배논리(SDL: Service–Dominant Logic)가 Vargo & Lusch(2004)에 의해 제시되었다. 사실, 재화 지배논리라는 용어는 실제 사용되지 않았지만 서비스 지배논리와 대비시키기 위해 나중에 만들어진 용어이다. 여기서, 논리는 연구자들과 경영자들을 인도하는 정신 모델을 표현한 것이다.

SDL의 핵심 사고는 마케팅의 초점은 서비스의 제공에 있어야 하며, 심지어 생산된 제품은 단순히 서비스의 제공을 위한 부수적 메커니즘 혹은 도구로서 고려되어야 한다는 데 있다. 이러한 사고에 기반한 주장으로는 "우리는 지금 모두 서비스에 있다(Levitt, 1972)", "모든 비즈니스는 서비스 비즈니스이다(Grönroos, 2000)", "제품은 총체적인, 지속적인 서비스 제공품에서 단지 한 요소일 뿐이다(Grönroos, 2000)" 등이 있다.

결국, 이 논리는 제품이 아닌 서비스가 경제적 교환의 근본적 밑바탕이라는 개념에 기초한다. 비록 SDL이 마케팅 문헌에 기원할지라도 현재는 서비스 운영 관리 분야, 서비스 사이언스(service science) 분야의 철학적 토대로서 폭넓은 인정을 받고 있고 서비스 관리, 서비스 운영, 서비스 혁신 등 서비스 관련 대부분의 이론에 기본적으로 적용되고 있다.

(2) 서비스 지배논리로의 진화

재화 지배논리와 서비스 지배논리의 구분을 명확히 하기 위해 중요한 차원에서 전환 과정을 정리하면 〈표 4-2〉와 같다.

표 4-2 재화 지배적 개념에서 서비스 지배적 개념으로 진화

차원	재화 지배적 개념 →	전이 개념	→ 서비스 지배적 개념
관심 대상	재화	서비스	서비스
가치 실현	제품	제공품	경험
가치 개념	특징/속성	편익	솔루션
가치 결정	부가가치	공동생산	가치 공동창출
소비자선택	가격	가치전달	가치명제
주체들 관계	공급사슬	가치사슬	가치창출 네트워크
시장과 관계	촉진	통합 마케팅 커뮤니케이션	상호작용
지향논리	제품 지향	시장 지향	서비스 지배논리

우선, 관심 대상은 재화가 아닌 서비스이다. 가치의 관점에서 본다면 그 가치의 실현은 제품에서 벗어나 제공품, 나아가 경험이다. 즉, 경험에 의한 가치 혹은 사용가치(value-in use)가 가장 중요한 가치의 요소이다. 그러한 가치를 결정하는 요소는 이제 제품의 특징이나 속성이 아니라 솔루션이고 그러한 가치를 결정하는 것은 제품의 부가가치에서 서비스의 상호작용에 의한 가치 공동창출이다.

제품을 선택할 경우에 소비자의 선택 기준은 여러 요소 중 가격이 가장 중요하였으나 이제는 기업이 고객에게 제시하는 가치의 총합을 의미하는 가치명제(혹은 가치 제안)가 중요하다. 이러한 가치를 함께 만들어나가는 여러 주체들은 제품 중심하에서는 수직적 공급사슬로 구성되었으나 이제는 수직과 수평을 모두 포함하는 가치창출 네트워크로 진화하였다. 고객을 포함한 시장과의 관계는 재화 지배적 사고에서는 제조기업이 촉진 활동을 통해 시장에서 판매를 하는 일방적 관계였으나 서비스 지배적 사고에서는 고객과 상호작용을 통해서 공동으로 가치를 창출하는 관계로 발전한다.

두 사고방식의 차이점을 사례를 통해 알아본다. 여행사에서 제공하는 여정

(itinerary) 수립 서비스가 있다고 가정하자. 대중운송에서 인터넷 등은 여행계획 수립에 점점 더 중요해지고 단지 물리적 인프라뿐만 아니라 고객에 정보제공과 같은 지원 시스템에 관한 것들을 포함해야 한다. 이 정보의 원천을 통해 개인은 감소된 대기시간, 줄어든 운송비용 등의 관점에서 여행 경험을 뛰어나게 향상시킬 수 있다. 이때, 두 사고의 차이점은 〈표 4-3〉과 같다.

표 4-3 여행사 여행계획 서비스에서 재화 지배적 사고와 서비스 지배적 사고의 차이

재화 지배적 사고	서비스 지배적 사고	서비스 지배적 사고의 예시 설명
버스	여행	고객이 요구하는 여행은?
버스정류소	목적지	고객 여행의 목적지는?
버스노선	환승	고객이 요구하는 환승지역은?
버스빈좌석	혼잡	고객이 요구하는 혼잡도는?
버스운행일정	시간	고객이 요구하는 총 소요시간은?
버스요금	비용	고객이 요구하는 총 비용은?
정보의 신뢰	확신	고객에 대한 정보가 확실?

재화 지배적 사고에서는 재화에 기초하여 가치가 결정되기 때문에 운송수단인 버스라는 재화에 기초하여 버스, 정류소, 노선, 공간, 운행일정, 버스요금 등의 여행계획이 수립된다. 그러나 이 경우에 그 버스가 고객에게 제공하는 가치가 무엇인지에 대한 혼란을 불러온다. 서비스가 지배하는 사고에서는 고객의 여행계획 수립 시 그 여행을 통한 고객의 인식가치 제고에 관심을 두고서 버스가 아닌 여행 서비스 자체에 중점을 두어 계획을 수립한다. 그 결과, 여행사는 고객이 어디로 여행을 가는가? 여행의 목적지는 어디인가? 어디에서 환승해야 하는가? 소요시간과 비용은 어떻게 되는가? 여행계획이 얼마나 확실한가?에 대한 고민을 통해서 고객과 상호작용을 통해 최종 여행계획을 수립해야 한다. 결국, 고객에게 가치를 제공하는 중요한 것은 여행이지 버스가 아니라는 것이다.

(3) SDL의 기본 원칙

① 서비스는 교환의 기본 단위이다.

즉, 기업과 고객이 공유할 수 있는 지식이나 기술과 같은 무형적인 것들

이 교환의 기본 단위가 된다. 레고(Lego)는 마인드스톰(Mindstorm)을 통해 유형의 플라스틱 블록 장난감이 아니라 무형의 소프트웨어를 판매하게 되었다.

② 서비스는 제품이나 기타 수단과의 결합을 통해 간접적으로 전달이 가능하다.

서비스는 제품이나 화폐뿐만 아니라 제도나 다양한 수단을 통해 복합적으로 제공되기 때문에 교환은 간접적으로 이루어진다. 스타벅스(Starbucks)와 이케아(IKEA)는 여러 제품을 전시하고 판매하는 매장에서 고객의 무의식적 경험을 통해 서비스를 전달하는 데 주력하고 있다.

③ 제품이 사용될 때 서비스의 가치가 창출된다.

고객이 제품을 어떻게 사용하였는가? 그리고 그 사용법은 어떻게 전달되었는가?에 따라 가치가 창출된다. 즉, 사용가치가 중요하다. 학원의 온라인강의 서비스의 진정한 가치는 사전에 결정된 수강료가 아니라 수강생들이 수강 후에 인식하는 사용가치에 있다.

④ 무형 자원(operant resources 혹은 주체적 자원이라고도 함)이 경쟁우위의 근원이다.

이 자원은 지식이나 기술과 같이 무형적, 동태적, 무한적이며, 유형 자원(operand resources)을 인간이 어떻게 활용할지에 대해 학습할 때 비로소 자원으로서의 의미를 갖게 된다. 즉 단순한 유형의 자원을 많이 보유하는 것이 중요하지 않고 무형의 자원을 보유하는 것이 더 중요하다는 개념이다. 사람들은 전문적 역량(지식과 스킬) 혹은 서비스를 얻기 위해 교환 활동에 참여한다. 가정 내 서비스의 가치는 비싼 아파트, 자동차, 냉장고, 기타 가전제품에 있는 것이 아니라 그 제품을 효과적으로 사용하는 지식 혹은 기술에 의해 결정된다는 것이다.

⑤ 모든 경제는 서비스 경제이다.

모든 조직은 이제 주체적인 자원, 즉 무형 자원이 있어야지만 치열한 경쟁에서 수익을 창출해 낼 수 있다. 아이비엠(IBM)과 같이 이미 많은 제조기업이 서비스 기업으로 전환하고 있다. 또한 기아자동차, 레이시온(Raytheon) 등 여러 제조기업도 화학물질 관리 서비스를 도입하여 화학물질 사용의 절감을 추구하고 있다.

⑥ 고객은 항상 가치의 공동창출자이다.

공동창출이란 고객이 가치창출의 전 과정에 기업과 함께 참여하는 것을 의미하며, 제품 또는 산출물 자체에 부여된 가치보다 고객과 서비스 제공자가 공동으로 창출하는 가치가 더 중요하다. 고객이 자신의 투입물로 직접 서비스 전달 프로세스에 참여하여 가치를 공동창출하는 사례로서 대학 교육에서 두 가지 이상의 학습 방법을 결합한 블렌디드 러닝(blended learning), 동영상을 보고난 후 토론 수업을 진행하는 역진행 러닝(flipped learning) 등은 모두 고객의 공동창출자로서 고려한 학습자 중심 방식의 수업을 고려한 교육 방식이다.

⑦ 기업은 가치를 직접 전달할 수 없고 단지 제안만 한다.

가치는 단지 기업의 제공 자체로만 창출되는 것이 아니라 제공받는 고객과의 협업을 통해 함께 경험하고 공유함으로써 만들어진다. 고객과 상호작용할 때 기업은 가치 명제를 제안할 수 있으나 가치를 직접 전달할 수는 없다. 다이소는 편익 대비 비용으로 정의되는 가치를 고객에게 직접 전달하기보다는 저렴한 가격과 상품의 다양성을 고객에게 인식시키고 이를 효과적으로 제안함으로써 백화점과 할인매장의 주요 경쟁자가 되었다.

⑧ 서비스 중심 관점은 내재적으로는 고객 위주의 관계 지향적이다.

기업과 고객은 서로 분리되어 있는 것이 아니라 함께 결합되어 운영되어야만 진정한 가치를 창출한다. 따라서, 가치는 항상 기업과 고객이 끊임없는 의사소통을 통해 함께 만들어가는 것이다. 안경점이나 의료 서비스에서 건강에 관한 뉴스레터 발송, 환자의 기념일에 축하카드 발송, 24시간 건강상담 전화, 건강진단일 사전 통보 등을 통해 고객 충성을 높이는 지속적인 고객관계 관리가 필요하다.

⑨ 모든 사회 및 경제 주체들은 자원 통합자이다.

이 논리에서 자원의 통합은 판매자와 구매자가 명확히 구분되는 선형적 형태의 한정된 공급사슬이 아니라 여러 방향으로 유기적 관계가 형성되는 가치창출 네트워크를 생성한다. 자원통합자로서 조직이 네트워크상에 존재한다는 것은 단순히 공급자와 소비자라는 두 주체만의 관계를 의미하는 것이 아니라 복잡한 경제 시스템 안에서 수많은 조직 간에 관계를 맺는다는 것을 의미한다. 고객 자원 네트워크란 고객들 간에 형성되는 고객 대 고객 네트워크로서 이를 근거로 고객은 자신이 얻고자 하는 서비스의 가치를 높이거나 창출하는 데 공동으로 기여한다. LG유플러스는 다양한 SNS를 이용해 프로모션을 진행하는 '소셜 쇼핑', 소비자 성향을 파악하기 위한 '설문 조사' 등 다양한 툴을 적용해 SNS 마케팅을 수행하고 있다. 또한 서비스 조직은 고객에게 자문, 정보획득, 기술지원, 소속감 향상 등을 위해 다양한 동호회와 커뮤니티를 운영하고 관리하고 있다.

⑩ 가치는 언제나 수혜자의 각기 다른 경험을 통해서 생성된다.

가치는 고객 각각의 경험이 다른 고객 및 기업과의 상호작용을 통해 창출되며, 그 기반은 지식이나 기술 등과 같은 무형 자원(operant)이다. 서비스 중심적 사고방식과 고객화 전략은 서비스의 가치를 높인다. 흔히 가치는 교환가치(value-in-exchange: 금전을 위해 교환되는 제품과 같은 자원에 내재된 가치)와 사용가치(value-in-use: 사용을 통해 고객을 포함한 수혜자에 의해 만들어진 가치의 결정과 함께 공동 창출 프로세스와 연결) 중에서 후자에 초점을 둔다. 이러한 가치는 특이하고, 실험적이고, 상황적(value-in-context)이다. 따라서 서비스 제공이 고객에 의해 사용되고 경험되기 이전에는 가치가 존재하지 않는다. 의료 서비스에서 환자가 여러 질병을 보유하고 있다면 고객별 전담 의사와 전담 간호사를 활용하거나 환자 중심의 정보 시스템 운영, 쉬운 진단서 용어, 진단 및 치료 전과 후의 충분한 정보 제공 등은 환자에 중점을 둔 시스템 개선이다.

2.3.2. 고객 지배논리

(1) 고객 중심 서비스의 중요성

서비스에서 고객 접촉 순간은 진실의 순간(moment of truth)이라고 하고 이 순간이 바로 고객 경험이 된다. 고객의 경험이 서비스 제공품의 핵심이라는 의미에서 경험 중심 서비스라는 용어가 등장하였다. 경험의 발생은 고객이 서비스 제공자에 의해 창출된 어떤 상황의 다른 요소들과 어떤 수준의 상호작용으로부터 결과되는 어떤 감정 혹은 지식 획득을 가질 때 발생한다. 따라서, 성공적 경험이란 고객이 독창적인, 기억할 만한, 지속가능한 경험을 발견하고, 이 경험을 반복하기를 원하며, 이 경험에 토대하고 구전을 통해 감정적으로 고취되는 경험을 말한다.

(2) 고객 지배논리의 개념

서비스의 제공자에 초점을 두느냐 아니면 수혜자에 초점을 두느냐에 따라서 공급자 지배논리와 고객 지배논리로 구분할 수 있다. 또한 제공품이 제품에 중점을 두느냐 아니면 서비스에 중점을 두느냐에 따라서 재화 지배논리와 서비스 지배논리로 구분할 수 있다. 여기서 재화 지배논리는 제공자 지배논리에 속한다. 이 재화 지배논리는 제공품에 대한 고객의 인식에 초점을 두고 서비스 제공자의 프로세스가 일차적이며, 고객은 그 프로세스를 따르는 것으로 가정한다.

고객 지배논리의 한 예로서, 고객은 영화나 석유를 구매하지 않는다. 오히려 그들은 오락이나 차를 움직이는 능력을 구매한다. 이 경우에 서비스 조직의 핵심 활동은 고객에 의해 인식되고 해석되는 서비스를 말한다. 인식된 서비스 가치는 재화, 활동, 기업과 고객 사이의 관계를 포함하는 서비스 기업의 총 제공품에 대한 고객의 경험을 의미한다. 고객 지배논리는 그 중심에 서비스, 서비스 제공자/생산자, 상호작용 혹은 시스템이 아니라 바로 고객을 위치시키는 관점을 의미한다. 따라서 이것은 서비스 지배논리의 하위개념이 아니라 약간 다른 관점이다.

이 관점은 고객 지향이라는 전통적 개념과도 다르다. 그 이유는 고객이 선호하는 서비스를 창출하기 위해 조직이 하는 것에 초점을 두는 대신에 고객이 서비스를 통해 하는 것과 자신의 목표를 달성하기 위한 서비스에 초점을 두어야 하기 때문이다. 즉, 일차적 이슈는 결과(물리적 재화, 서비스, 솔루션) 혹은 프로세스(서비스 상호작용)로 이루어진 제공품이 아니라 제공품과 관련된 고객의 생활과 일에 있다.

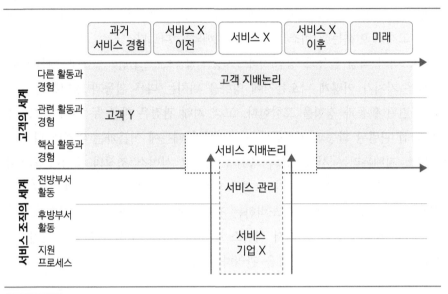

그림 4-3 서비스 지배논리와 비교된 고객 지배논리

Heinonen et al.(2010)에 의해 제시된 〈그림 4-3〉은 고객의 세계와 관련한 서비스 조직의 세계를 보여준다. 상부의 시간대는 서비스 관리의 시간대에서 두 방향으로 어떤 서비스 X를 확장한 시간대이다. 이것은 고객의 관점에서 서비스가 어떻게 소비되거나 사용될 뿐만 아니라 서비스 프로세스를 넘어서 잠재적으로 고객의 지속적 경험과 활동구조에 통합되는지를 반영한다. 즉, 과거 서비스 경험, 서비스 X 이전, 서비스 X, 서비스 X 이후, 미래로서 나타낸다. 서비스 프로세스 중에 발생한 것은 고객의 생활에 관련된 모든 활동과 경험의 단지 일부분이다. 그런데도 불구하고 지금까지 전통적 서비스 관리 문헌은 서비스 청사진의 디자인, 서비스 접점의 규명과 개발, 인식된 서비스 품질 측정, 인식된 서비스 가치 등의 이슈에 초점을 두면서 서비스 X만을 다룬다.

이 그림은 서비스 관리와 서비스 지배논리의 시간대를 확장할 뿐만 아니라 서비스 사용의 범위를 확장한다. 서비스 조직의 관점에서 서비스 활동과 자원의 활용에 고객의 참여는 서비스 X의 사용을 나타낸다. 사용될 때 그것은 서비스 경험과 서비스 경험으로 인한 가치의 경험을 발생시킨다. 서비스 지배논리에서 이 관점은 고객-기업 상호작용과 서비스의 공동창출을 포함하도록 확장된다. 그러나 고객은 진공상태에서 서비스를 사용하지 않고 서비스 사용에 대한 고객의 이해는 서비스 제공자의 이해와는 다르다.

고객의 핵심 활동과 경험(서비스 사용과 직접적으로 관련된 것들)과 더불어 이 그림은 가치가 어떻게 나오는지에 영향을 미치는 다른 활동과 경험뿐만 아니라 관련된 활동과 경험을 포함한다. 고객 지배 관점은 다른 두 관점이 서비스와 직접 관련된 활동과 경험들만을 고려하기 때문에 이들과는 완전히 다르다. 서비스 지배논리는 서비스만의 행위가 아니고 서비스 조직의 초점이 되어야 하는 활동과 경험뿐만 아니라 고객의 의도까지 포함한다. 즉, 서비스 조직은 고객이 하는 것 혹은 하려고 노력하는 것과 특정 서비스가 이것과 어떻게 일치하는지를 찾아야 한다. 따라서 서비스 조직의 도전은 고객의 활동을 지원하기 위해 전방과 후방부서의 활동을 관리하는 것이다.

(3) 서비스 지배논리와 고객 지배논리의 차이

서비스 지배논리에서 중요하게 주장하는 핵심 요소들이 존재한다. 그것은 서비스 공동창출, 사용가치, 고객 경험이다. 이 세 차원에서 고객 지배논리는 서비스 지배논리와 다른 속성을 지니고 있다.

① 서비스의 공동창출

서비스 지배논리의 지지자들에 의해 강력하게 지지되는 개념으로서 고객은 서비스 제공자와 함께 항상 가치의 공동창출자이다. 조직은 가치를 일방적으로 창출할 수 없고 서비스와 고객 가치를 고객과 공동으로 창출해야 한다. 하지만 공동창출 관점에서 서비스 지배논리와 고객 지배논리는 두 가지 점에서 차이를 보인다. 첫째, 참여 방식이다. 서비스 지배논리에서는 서비스 공동창출에 고객이 포함된다. 그러나 고객 지배논리에서는 고객 활동에 서비스 제공자가 참여한다. 둘째, 통제의 관점에서 서비스 지배논리는 서비스 제공자가 공동창출을 관리 혹은 통제하나 고객 지배논리에서는 고객이 가치창출을 통제한다.

② 사용가치

교환가치와 반대로 사용가치는 가치가 전달되는 것이 아니다. 즉, 가치창출은 직접 혹은 간접적 상호작용에 의한 상호작용 프로세스로 만들어진다. 따라서, 가치는 상호작용적 프로세스에서만 나타나게 된다. 사용가치 관점에서 고려하면 서비스 지배논리와 고객 지배논리는 가시성(visibility) 관점에서 차이를 보인다. 서비스 지배논리에서는 시각적으로 보이는 가시적 상호작용에 초점을 두어 사용가치가 결정되나 고객 지배논리에서는 가시적 상호작용뿐만 아니라 비가시적이고 정신적 행동도 고려하여 사용가치가 결정된다.

③ 고객 경험

서비스 경험, 고객 경험, 소비자 경험, 소비 경험 등으로 다양하게 불리는 이 용어는 특이한, 경험상의, 상황적인, 의미가 있는 가치의 속성을 반영하고 있고 매우 주관적이다. 고객 경험 관점에서 보았을 때 서비스 지배논리와 고객 지배논리는 두 가지 점에서 차이를 보인다. 첫째, 범위(scope)이다. 서비스 지배논리에서는 고객 경험이 서비스 내에서 형성되나 고객 지배논리에서는 고객의 생활에서 등장한다. 둘째, 특징의 관점에서 서비스 지배논리는 경험이 특이하고 특별한 특징을 가지나 고객 지배논리에서는 경험이 일상적인 활동의 특징을 갖는다.

2.3.3. 서비스 사이언스

IBM은 1960년대 컴퓨터 사이언스의 발전에 힘입어 서비스 사이언스, 경영, 공학의 발전에서 견인차 역할을 하였다. IBM의 Almaden Service Research Center의 이사인 짐 스포러(Jim Spohrer)에 따르면, 서비스 사이언스의 중요성에 대한 아이디어는 하버드 대학 사회학자인 다니엘 벨(Daniel Bell)의 1973년 책인 *The Coming of Post-Industrial Society*에서 나온다(⟨표 4-4⟩ 참조). Bell은 다음 십 년 동안 지식기반 서비스들이 서구사회의 성장엔진으로서 제조업을 추월할 것이고 일반적으로 서비스는 고용의 원천으로서 제조를 넘어설 것이라고 예측하였고 실제로 2000년까지 Bell의 예측이 실현되었다. 미국에서 비농업 고용의 80%가 서비스 분야에 있었고 서비스 비즈니스는 IBM 수익의 40% 이상을 설명하고 있었다. 이에 스포러는(Spohrer)는 "제조에서 서비스로 거대한 이동이 있었다"고 하였고 "큰 무언가가 세상에서 일어나고 있었고 우리는 그것을

표 4-4 벨(Bell)의 경제발전의 단계

사회	전기 산업화	산업화	후기 산업화
지배적 활동	농업, 광업	재화 생산	서비스
인간 노동의 사용	근육의 힘	기계 조작	창의적, 지적, 예술적
사회생활의 단위	확장된 가정	개인	커뮤니티
삶의 표준 지표	생존, 생계	재화의 양	건강, 교육, 휴양과 같은 삶의 질
조직 및 사회구조	일상적, 전통적 권위주의	관료주의, 계층	상호의존적
핵심 기술	단순한 손도구	기계	정보

다루어야 했다"라고 말하였다.

이때 서비스 사이언스는 서비스 산업의 향상을 위해 서비스 산업의 본질을 규명하고 서비스의 혁신과 생산성 향상을 이루기 위해 기술·경영·사회과학·경제·산업공학 등 여러 분야의 지식을 종합한 분야로 정의된다. 이를 위한 서비스 사이언스 접근법은 기술의 활용을 발전된 서비스의 핵심 요소로서 규정한다. 예를 들어, 그것은 서비스 사이언스, 경영, 공학 체계뿐만 아니라 마케팅의 새로운 로직을 위한 실제 존재 이유인 사용자(고객)에게 서비스하는 것을 가능하게 하는 애널리틱스(analytics) 및 커뮤니케이션 기술과 능력이다.

사용자와 상호작용하고, 사용자의 상황에 적응하고, 사용자를 위해 고객화하고, 사용자와 공동 생산하고, 많은 경우에 사용자에게 발생된 가치를 측정하고, 입증할 수 있는 것(예, 최적의 시기에 전기를 사용함으로써 절약을 보여주는, 음식을 대체함으로써 칼로리를 회피하기, 재난 발생 초기 개입으로 인해 향상된 생존율 등), 그리고 사람의 접촉을 제공하는 것은 최선의 디자인 과학과 프랙티스의 발전을 위해 중요하다. 오늘날 IBM의 서비스 사이언스, 경영, 엔지니어링 아이디어는 IBM과 협력하여 그 주제를 중심으로 활동을 개발하는 전 세계의 수많은 대학들의 관심을 유인한 후에 널리 퍼진 하나의 이론적 기반으로서 발전하였다.

──── 참고문헌

Bitner, M.J. (1992), "Servicescapes: The impact of physical surroundings on customers and employees", *Journal of Marketing, 56*(2), 57–71.

Eiglier, P. & Langeard, É. (1987), *Servuction, le Marketing des Services,* McGraw–Hill, Paris.

Grönroos, C. & Gummerus, J. (2014), "The service revolution and its marketing implications: Service logic vs service–dominant logic", *Managing Service Quality: An International Journal, 24*(3), 206–229.

Heinonen, K., Strandvik, T., Mickelsson, K.J., Edvardsson, B. & Sundström, E. (2010), "A customer–dominant logic of service", *Journal of Service Management, 21*(4), 531–548.

Kim, K.J., Lim, C.H., Lee, D.H., Lee, J., Hong, Y.S. & Park, K.T. (2012), "A concept generation support system for product–service system development", *Service Science, 4*(4), 349–364.

Lytle, R.S., Hom, P.W. & Mokwa, M.P. (1998), "SERV*OR: A managerial measure of organizational service orientation", *Journal of Retailing, 74*(4), 447–454.

Nordin, F. & Kowalkowski, C. (2010), "Solutions offerings: A critical review and reconceptualisation", *Journal of Service Management, 21*(4), 441–459.

Ostrom, A., Bitner, M. J., Brown, S. W., Burkhard, K. A., Goul, K., Smith–Daniels, V., Demirkan, H., & Rabinovich, E. (2010). "Moving forward and making a difference: Research priorities for the science of service", *Journal of Service Research, 13*(1), 4–36.

Roth, A.V. & Menor, L.J. (2003), "Insights into service operations management: A research agenda", *Production & Operations Management, 12*(2), 145–164.

Tukker, A. (2004), "Eight types of product service system: Eight ways to sustainability experiences from SUSPRONET", *Business Strategy and The Environment, 13*(4), 246–260.

Vargo, S.L, & Lusch, R.F. (2004), "Evolving to a new dominant logic for marketing", *Journal of Marketing, 68*(1), 1–17.

생각해 볼 문제
Question

01 다음 문제의 참과 거짓을 판단하시오.

1.1 고객 인식가치는 서비스 패키지와 경험 요인들의 함수를 가격으로 나눈 개념이다.

1.2 고객의 서비스에 대한 경험은 서비스 제공자의 패키지 요소들과 서비스 제공자와 고객의 상호작용으로부터 나오는 감각 혹은 지식을 얻었을 때 발생한다.

1.3 어떤 가치를 갖지 않지만 판매 혹은 사용할 수 있는 제품과 서비스 모두를 포함한 것을 서비스 제공품이라고 한다.

1.4 공유경제 시스템의 임대 혹은 공유 방식은 제품−서비스 시스템에서 사용 지향적 서비스에 해당한다.

1.5 제품−서비스 시스템에서 시스템 판매의 의미는 하드웨어, 소프트웨어의 결합이라는 제공품을 시스템화하여 판매한다는 뜻이다.

1.6 제조업의 서비스화는 제품−서비스 시스템과 다른 개념이다.

1.7 서비스 솔루션은 고객 특유의 문제해결에 초점을 두면서 고객 혹은 사용자의 프로세스와 운영에 초점을 두고 제품, 서비스, 소프트웨어로 구성된 패키지를 제공하는 것을 말한다.

1.8 서비스 솔루션은 고객들의 문제에 대한 대응보다는 고객의 니즈에 대한 선행적 감지만을 중시한다.

1.9 지원 서비스와 서비스 지향은 서비스 지배논리의 등장을 촉진한 중요한 배경이 되었다.

1.10 서비스 지배논리는 생산된 제품이 단순히 서비스 제공을 위한 부차적 도구라는 사고와 관련된다.

1.11 제품과 서비스가 교환의 근본적 단위라는 것은 서비스 지배논리의 기본 원칙 중 하나이다.

1.12 서비스 지배논리에 의하면 사람들은 전문적 역량 혹은 서비스를 얻기
      위해 교환 활동에 참여하기 때문에 무형 자원을 확보하는 것이 경쟁력
      의 원천이 된다.

1.13 서비스 지배논리에 의하면 가치는 고객 각각의 경험이 또 다른 고객 및
      기업들과의 상호작용을 통해 창출되며 그 기반은 지식과 스킬과 같은
      유형 자원이다.

1.14 서비스 지배논리에서 사용가치는 특이하고, 실험적이고, 상황적이고, 의
      미로 가득하다.

1.15 재화 지배논리는 제공자 지배논리에 포함된다.

1.16 고객 지배논리의 주요 관심대상은 재화, 서비스, 솔루션과 상호작용으
      로 이루어진 제공품과 관련된 고객의 생활과 일에 있다.

1.17 서비스 지배논리에서는 서비스 공동창출에 고객이 포함되나 고객 지배
      논리에서는 고객 활동에 서비스 제공자가 참여한다.

1.18 서비스 지배논리에서 사용가치는 가시적인 상호작용에 초점을 두나 고
      객 지배논리에서 사용가치는 가시적이지 않은 정신적 행동도 고려하여
      결정된다.

1.19 고객 지배논리에서 고객 경험은 서비스 내에서 형성된다.

1.20 토론보다는 강의위주의 대학 교육은 서비스 지배논리에 적합한 서비스
      제공이다.

02   선택형 문제

2.1 다음 중 반복 구매, 고객 충성, 고객 참여와 같은 경험기반 행동의 발생요
     인과 상관없는 것은?

     ① 고객의 감정, 감각, 느낌, 지식, 새로움 등이 중요하다.

     ② 서비스 패키지 자체이다.

     ③ 경험 콘텐츠가 지속적이어야 한다.

     ④ 구전과 브랜드 홍보에 대한 고객들의 열정이 필요하다.

2.2 다음 중 서비스 패키지에 해당하지 않는 것은?

① 명시적 서비스 　　　　　　② 지원시설

③ 촉진재화 　　　　　　　　　④ 제공품

2.3 다음 중 서비스 패키지에 대한 설명이 부적절한 것은?

① 서비스 패키지의 개별 요소들은 개별적으로 이용이 불가능하다.

② 서비스 제공자의 관점에서 함께 판매되어 규모의 경제를 제공한다.

③ 개별적으로 구매된 요소들의 총 가격은 더 작아진다.

④ 고객의 관점에서 함께 구매됨으로써 선택을 단순화시키거나 불필요한
요소들을 지불하도록 한다.

2.4 다음 중 연결이 잘못된 것은?

① 명시적 서비스 – 치과에서 치통의 해소

② 암묵적 서비스 – 식당에서 대기하지 않고 입장

③ 지원시설 – 골프장의 골프코스

④ 촉진재화 – 극장의 스크린

2.5 다음 중 제품–서비스 시스템의 사례로 적절하지 않은 것은?

① 자동판매기

② 전동퀵보드

③ 에어비앤비(Airbnb)의 숙박공유

④ 구내식당의 외주화

2.6 제품–서비스 시스템의 성공을 위한 역량이 아닌 것은?

① 시스템 통합 역량

② 시스템 운영 역량

③ 고객 비즈니스에 대한 종합적 자문

④ 고객의 수익 및 비용절감을 위한 재무 서비스

2.7 다음 중 서비스 솔루션의 특징과 관련이 없는 것은?

① 정보   ② 고객화

③ 통합   ④ 광의의 제공품

2.8 다음 중 서비스 지배논리로서 연결이 잘못된 것은?

① 가치실현 – 개념

② 가치개념 – 솔루션

③ 가치결정 – 부가가치

④ 시장과 관계 – 서비스 제공자와 고객의 상호작용

2.9 다음 중 서비스 지배논리에서 제안하는 기본원칙과 가장 거리가 먼 사례는?

① 맥도날드의 표준화된 서비스

② 쌍방향 TV

③ 정수기 임대 서비스

④ 실시간 온라인 강의

2.10 고객 지배논리에 적절한 설명은?

① 서비스 공동창출에 고객이 포함된다.

② 고객 경험은 서비스 내에서 형성된다.

③ 가시적 상호작용에 초점을 두어 사용가치가 결정된다.

④ 고객이 가치창출을 관리하고 통제한다.

1.1 다음의 서비스 중에서 잘 알고 있거나 경험한 바 있는 세 개의 서비스를 선택하시오.

> 학원, 무료급식 서비스, 네일숍, 등산동호회, 경호 서비스, 발렛파킹 서비스, 가스공급 서비스, 제과점, 모델하우스, 이삿짐 서비스, 세금 환급 서비스, 게임방, 스키장, 해수욕장, 포장마차, 벤처창업센터, 우체국, 경찰서, 요양병원, 호텔 조식 서비스, 아파트 수리 서비스, 교회, 고속버스 운송 서비스, 동물병원, 당구장, 독서실, 결혼중매 서비스

(1) 선택한 서비스에 대해 재화 지배 관점에서 서비스 지배 관점으로 변화시 어떤 특성을 강조해야 하는지를 제시하시오.

(2) 선택한 서비스에서 서비스 제공품은 어떤 것으로 구성되어 있는가?

(3) 선택한 서비스에서 고객이 인식하는 가치는 어떻게 정의될 수 있고 어떤 요인들에 의해 결정되는가?

(4) 선택한 서비스의 서비스 패키지 요소를 구체적으로 찾아내시오.

(5) 선택한 서비스에 대해 고객 지배논리하에서 그 사용가치가 어떻게 정의되는지 설명하시오.

1.2 현재 대학의 교육 서비스를 고려하여 논의하시오.

(1) 서비스 솔루션은 어떻게 정의되는가?

(2) 대학의 서비스 패키지 구성요소는?

(3) 서비스 지배논리의 기본원칙을 적용한다면 현재 대학 교육이 어떻게 변경되어야 하는가? 그러한 교육이 가능하려면 어떤 기술이 필요한가?

(4) 고객 지배논리를 적용한다면 서비스 지배논리에서 현재의 대학 교육이 어떻게 추가적으로 변화되어야 하는가? 그러한 교육이 가능하려면 어떤 방식의 교육이 필요한가?

1.3 비대면 서비스의 유행으로 24시간 무인카페가 등장하고 있다. 이 카페는 커피밴딩머신을 매장에 도입하여 스마트 24시간 무인 시스템을 통해 기존 가맹점의 영업 시간과 인건비 고민을 한번에 해결할 수 있는 대안으로서 각광받고 있다.

(1) 이러한 비대면 서비스에서 서비스 패키지는 어떻게 정의되는가? 추가로 제공할 수 있는 서비스 패키지는?

(2) 무인카페에서 사용하는 커피벤딩머신과 같은 장비를 제조하여 임대해 주려 하는 업체에서 PSS를 적용하고자 할 때 필요한 역량을 구체적으로 설명하시오.

(3) 이러한 비대면 서비스에서 서비스 지배논리와 고객 지배논리의 기본 원칙들은 어떻게 적용될 수 있는가?

서비스 혁신

Service Operations Management

05

배경

서비스 운영 시스템의 산출물인 서비스 제공품, 서비스 패키지 등에 대한 의사결정은 서비스 조직의 성과에 매우 중요하다. 특히, 서비스 디자인에서 혁신은 매우 중요한 의사결정에 해당한다. 일반적으로 서비스에서 혁신은 제품 부문의 혁신과 비교하여 공통점도 존재하지만 차이점도 명백히 존재한다. 이러한 점을 이해하고서 서비스 혁신의 유형을 포함하여 그 특징을 정리하고 어떻게 혁신적 서비스를 창출할지 학습하는 것이 중요하다. 결과적으로, 성공적인 서비스 산출물에 대한 의사결정을 위해 지금까지 제안된 서비스 혁신을 창출하는 다양한 도구와 접근법을 활용할 수 있어야 한다.

주요 이슈

● 서비스 혁신의 유형과 의미는?
● 서비스 혁신과 제품 혁신의 공통점과 차이점은?
● 고객과 공동가치 창출의 개념과 방법은?
● 서비스 혁신을 지원해 주는 방법론은?
● 아키텍처 및 모듈식 서비스 혁신의 의미는?
● 신서비스개발 방법론은?

1 서비스 혁신의 개념과 특징

1.1. 혁신의 개념

1.1.1. 혁신의 조건에 의한 정의

혁신(innovation)이 성립되기 위해서는 새로움(novelty)이 전제되어야 한다. 새로움이라는 것은 기존에 존재하지 않은 참신하고 진기한이라는 특징이 포함된다. 즉, 기존에 없던 새로운 제품, 서비스, 프로세스, 정보 등이 이에 해당한다. 그러나 아무리 새로움이라는 전제가 충족되더라도 시장에서 활용되지 않으면 그것을 혁신이라고 부르지 않는다. 발명가, 엔지니어, 기술자들이 뛰어난 아이디어를 찾아서 계속 새로운 무언가를 만들고 있지만 우리는 그 모든 것을 혁신이라고 부르지 않는다. 따라서 혁신으로 불려지기 위해서는 새로움뿐만 아니라 시장에서 성공적 활용(successful market usage)이 이루어져야 한다.

1.1.2. 혁신의 핵심 특징에 기반한 정의

OECD(2005)에 의하면 서비스 혁신은 새롭거나 의미 있게 향상된 제품(재화 혹은 서비스) 혹은 프로세스, 새로운 마케팅 방법/비즈니스 프랙티스/조직 형태, 혹은 외부 관계에서 새로운 조직적 방법을 추진하는 것으로 정의하였다. Menor & Roth(2007)는 현재 서비스에 새로운 것을 추가하거나 전달 프로세스를 변화시키는 것 중 하나인 서비스 혁신은 서비스 제공자와 고객에 의해 적용된, 역량의 변화를 필요로 하는, 고객에게 이전에 이용가능하지 않았던 제공품이라고 제안하였다.

1.1.3. 차원 혹은 항목에 의한 정의

이 방법은 기존의 제품 혁신과 유사하게 서비스 혁신을 정의하는 방법이다. 어떤 서비스가 제공자의 특징, 고객 역량, 기술적 특징, 최종 사용들의 서비스 특징에 기초한다는 Lancaster(1966) 관점에 토대하여 서비스 혁신을 정의하기도 한다. 그러나 가장 일반적인 혁신 정의는 Schumpeter(2012)의 관점을 따라 새로운 서비스의 도입, 새로운 전달 수단의 도입, 원재료의 새로운 원천, 새로운 시장, 새로운 조직의 발견으로 서비스 혁신을 정의할 수도 있다.

1.2. 서비스 혁신의 중요성

서비스 혁신은 경제성장의 엔진이고 그 결과는 제조와 서비스 모든 부문에 스며든다. 몇 가지 예를 보면 다음과 같다.

(1) 서비스 혁신에 의해 자극받아 인터넷 서비스 기업들은 수십 년 동안 엄청나게 성장하였다. 단적인 예로, 페이스북(Facebook), 트위터(Twitter), 넷플릭스(Netflix)와 같은 인터넷 서비스들은 과거 십 년 동안 급격하게 성장하였다.

(2) 제조업체 중에서도 솔루션과 재무 서비스 조직으로 변신을 통해 고객 서비스에 초점을 둠으로써 그들의 경쟁력을 향상시켰던 IBM(예, Global Business Services), GE(예, GE Capital, GE Digital 등) 등이 있다.

(3) 새로운 고객 경험을 창출함으로써 그들의 비즈니스를 재정의한 기업이 있다. 예를 들어, 치폴레(Chipotle)는 모바일 주문용 앱을 통해 디지털화, 유머에 기반한 입소문 홍보, 인공감미료를 사용하지 않는다는 캠페인, 모바일 드라이브 스루 서비스 등을 활용하고 있다. 또한 스타벅스(Starbucks)도 디지털 트랜스포메이션 2.0을 통해 새로운 혁신을 추진하고 있다. 그 결과로서 첫째, 'customer insights mining'을 통해 고객 행동에 따른 맞춤형 매장을 운영하고 있다(예, 오전에는 주문의 편의성, 오후에는 여유롭고 편안한 휴식에 초점을 둔 운영). 둘째, 창업기업(start-up)에 대한 투자를 통해 새로운 아이디어 발굴과 혁신의 적용을 확대하고 있다. 셋째, 로열티 프로그램 강화를 통해 고객 경험을 강화하고 있다(1,600만 명의 정회원이 회사 거래의 40%를 차지).

(4) 기타 소매업체들, 예를 들어, 이케아(IKEA)의 space 10과 아마존(Amazon) 도 이러한 혁신에 동참하고 있다.

(5) 엄청난 서비스 혁신 성장은 사회 서비스 부문 혹은 공공 분야까지 혁 신에 영향을 미쳤다. 공공 분야의 서비스도 24시간, 실시간, 온라인 정 보제공 서비스로 바뀌고 있는 것이다.

1.3. 서비스 혁신의 특징

서비스에서 혁신은 서비스 개념, 서비스 전달 시스템, 고객 인터페이스, 기술의 상호작용이다. 서비스 혁신은 이렇게 다차원적 측면을 지니고 있어서 새로운 고객 인터페이스/고객 접점, 새로운 서비스 전달 시스템, 새로운 조직 구조 혹은 마케팅 명제, 인적 자원 관리를 통한 생산성과 성과의 향상으로 이 루어진 향상된 서비스 제공품으로서 개념화된다.

서비스가 무형성, 이질성, 소멸성, 생산과 소비의 동시성으로 특징되기 때 문에 서비스에서 혁신은 제조에서 혁신과 다른 근본적 특징을 갖고 있다.

1.3.1. 무형성에 기초한 서비스 혁신의 특징

무형성은 서비스 혁신이 특허 보호를 통해 모방되지 못하는 것을 더욱 어 렵게 만들고 성과 측정은 사용자 인식을 기반으로 하여 대부분 주관적으로 이 루어진다. 또한 서비스는 통제된 환경에서 프로토타입을 만들고 고립된 실험실 에서 현실적으로 검증될 수 없다. 따라서 새로운 서비스 개발에 매우 큰 리스 크가 초래된다.

1.3.2. 이질성에 기초한 서비스 혁신의 특징

서비스 혁신을 위해 고객과 긴밀한 상호작용을 통한 이질성 강화를 강조 하기도 하지만 반대로 기술적용을 통한 표준화와 같이 이질성을 축소하는 다 양한 동태적 접근법을 요구한다.

1.3.3. 소멸성에 기초한 서비스 혁신의 특징

서비스는 유형의 제품처럼 저장되고 재판매될 수 없기 때문에 수요와 공급 용량을 더 잘 관리하고 계획하기 위해 서비스 혁신은 기술과 프로세스를 반드시 수반한다. 일반적으로 이러한 소멸성은 서비스 혁신에 긍정적 영향을 미친다.

1.3.4. 동시성에 기초한 서비스 혁신의 특징

서비스 혁신은 사람, 제품, 기술, 정보 간의 긴밀한 상호작용을 필요로 한다. 따라서 고객이 서비스 시스템에 참여하기 때문에 서비스 혁신은 급진적(radical) 이라기보다는 점진적(incremental)인 경향이 있다. 또한 서비스는 동시에 생산, 전달, 소비되기 때문에 결과 혁신(무엇이 생산, 전달, 소비되는가)과 프로세스 혁신 (그것이 어떻게 생산, 전달, 소비되는가)을 구분하는 것이 어렵다.

1.4. 제품 혁신과 차이점 및 공통점

1.4.1. 차이점

(1) 고객 – 공급자 관계

서비스 창출에서 고객 투입은 서비스 혁신을 본질적으로 복잡하고 다차원 적으로 만든다. 예를 들어, 서비스 혁신 프로세스에서 고객 상호작용의 수준은 결국 이질성을 증가시키는 서비스에서 높은 수준의 고객화로 결과된다. 나아가 서비스의 무형적 특징들은 이 개방적이고 협력적인 고객–공급자 교환을 관리 하는 것을 더욱 어렵게 만든다. 결과적으로, 제조는 새로운 기술 조달을 위해 내부 R&D에 초점을 두나 서비스에서는 고객, 공급자, 외부 지적자산에 더 초 점을 두어 기술 혁신이 조달된다.

(2) 인적 역량과 전문성

개인 대 개인 스킬과 같은 인적 역량의 역할과 고객 인터페이스와 커뮤니케이션 스킬은 서비스 혁신에서 더 중요한 반면에 제품 혁신은 제품 및 기술 지향적이고 기술적 전문성과 전문가적 역량에 의존한다.

(3) R&D 비용

제품 혁신은 제품과 기술의 연구 및 개발에 관련된 높은 수준의 투자비를 포함하는 반면에 서비스 R&D 비용은 상대적으로 낮다.

(4) 소요 시간

서비스 혁신은 제품 혁신보다 시간이 덜 소요된다. 서비스에서 개념 정의가 더 빈번하게 일어날 수 있고 개발 프로세스가 덜 복잡하며, 개발 주체가 전략적 사업단위 수준이라기보다는 마케팅에 초점을 두는 팀 단위이고 공식적 개발 프로세스가 제조 부문보다 덜 중요하기 때문이다. 그러나 서비스 부문에서 혁신을 검증하는 것은 제조 부문보다 더 어렵다.

(5) 점진적 혁신

고객과 상호작용의 중요성으로 인해 서비스에서 혁신은 제조에 비해 상대적으로 느리고 그 수준도 낮다. 즉 서비스 부문에서 혁신은 주로 기존 루틴을 개선하는 데서 자주 발생한다. 그러나 이것이 항상 옳은 것은 아니다. 특히 IT 기술에 관련된 서비스의 경우에 산업에 대변혁을 일으킬 수 있는 새로운 비즈니스 모델을 창출하는 잠재력이 자주 기술에 의해 촉발되고 있다. 예를 들어, 구매와 판매의 개념을 새롭게 전환시킨 이베이(e-bay)의 온라인 경매, 정보를 탐색하는 방법에 대혁신을 일으킨 구글(Google), 기업의 혁신 활동이 다수의 군중에 의해 아웃소스되는 크라우드 소싱(crowd sourcing)의 대명사인 이노센티브(InnoCentive), 쿼키(Quirky), 쓰레들리스(Threadless), 델(Dell), 스타벅스(Starbucks), 온라인 비디오를 제공하는 유튜브(YouTube), 소셜 네트워킹을 통한 엔터테인먼트 서비스를 제공하는 페이스북(Facebook) 등은 모두 이러한 사례에 해당한다.

1.4.2. 공통점

(1) 제품 혁신의 프랙티스 적용

서비스 혁신이 의심할 여지없이 제품 혁신과 차별적인 특징을 갖지만 한편으로는 제품 혁신의 프랙티스를 적용하기도 한다. 예를 들어, 서비스 모듈화는 다양한 방법으로 그 모듈을 재결합하여 대량 고객화를 표준화와 가깝게 연결시킬 수 있게 만든다. 이것은 서비스의 제품화(productization)에서 결과되는 패스트푸드 체인과 콜센터에서 볼 수 있듯이 다양한 서비스 혁신으로 나타나고 있다. 동시에 제조 업체의 제조의 서비스화(servitization)도 서비스 혁신에 새로운 차원을 더하면서 점점 증가하는 추세이다. 또한 시장 지향의 중요성, 공식적 신서비스 개발 프로세스, 플랫폼 기반 혁신, 고객 참여 등을 포함하는 기본적인 개발 프로세스는 모두 제조에서 만들어진 절차를 뒤따른다.

(2) 기술의 역할

기술은 서비스 혁신을 가능하게 하는 핵심 역할을 한다. 예를 들어, 냉장기술은 바이오 기술과 의료 서비스의 유전공학뿐만 아니라 음식료 소매 분야에서도 혁신을 유인하였다. 모든 기술 중에서 정보기술이 서비스 혁신의 가장 중요한 동인으로 작용한다. 즉, IT가 유인한 서비스로 인해 나타나는 품질과 효율성의 대규모 향상이 가장 중요한 요인이다. 그러나 역사적인 관점에서 볼 때 서비스 부문은 제조와 비교하여 IT와 다른 기술을 더 느린 속도로 적용하였다. 이것은 서비스 혁신이 제조와 같이 표준화된 R&D 모델로 조직화될 수 없는 결과로서 서비스의 이질성과 동태성에 기인한다.

2 서비스 혁신의 유형

서비스 혁신은 서비스 개념, 변화의 수준, 변화의 유형, 새로움의 정도, 제공의 수단에 의해 다음과 같이 분류된다.

2.1. 서비스 개념에 따른 분류

표준화 대 고객화의 수준에 따라서 서비스 혁신을 분류한다. 노동집약의 정도와 고객과 상호작용 혹은 고객화 정도의 기반에서 서비스를 분류한 SPA 모델은 혁신을 분류하기 위한 기반을 제공한다. 유사한 맥락에서 양(volume) 대 다양성(variety)에 기반한 분류도 사용된다. 예를 들어, 패스트푸드 레스토랑과 같이 많은 양과 낮은 다양성 서비스에서 혁신은 효율성과 표준화에 초점을 두는 경향이 있는 반면에 경영 컨설팅과 같이 작은 양과 높은 다양성을 갖는 역량기반 서비스에서 혁신은 고객에 기반한 고객화와 전문화를 중심으로 하는 경향이 있다.

2.2. 변화의 수준에 따른 분류

서비스 혁신은 새로운 핵심 특징에 기반하느냐 아니면 기존 핵심 특징의 개선에 기반하느냐에 따라 분류되기도 한다. 기존의 서비스 대비 변화의 수준이 상대적으로 큰 경우에는 급진적이고 작은 경우에는 점진적 혁신이 된다.

점진적 서비스 혁신은 기존의 서비스 특징에 무언가를 추가하고 그 성과를 향상시키는 것에 초점을 둔다. 식당에서 새로운 메뉴 추가와 같은 서비스라인의 확장, 식당의 배달 서비스 추가와 대학의 온라인 강의와 같은 서비스 전달 프로세스의 개선, 대학 강의실의 전자 교탁 추가 및 계단식 강의실과 같은 인테리어 스타일 변화 등이 이에 해당한다.

한편, 급진적 서비스 혁신은 기존의 서비스와 관련 없는 특징들의 새로운 결합을 도입하는 것으로서 인터넷 뱅킹의 은행점포 대체, 우버의 택시 대체, 모바일 앱의 차량용 GPS 대체와 같은 기존의 서비스를 파괴하는 파괴적 서비스(disruptive service), 온라인 데이팅 플랫폼, 에어비앤비, 크라우드 펀딩, 태양의 서커스(Cirque du Soleil)와 같이 기존 시장을 파괴하지 않고 새롭게 시장을 창출하는 비파괴적 서비스(nondisruptive service), ATM과 같이 기존 시장에서 운영하는 새로운 서비스 등이 있다.

나아가, 이에 대한 확장으로서 급진, 개선, 점진, 애드혹(ad hoc), 재결합,

모방(me-too), 공식화, 변환 혁신 혹은 점진적, 차별적(old-new), 차별적(new-old), 대변혁 혁신으로 구분하기도 한다.

이러한 논리는 유사하지만 약간 다른 개념인 새로움의 수준에 따른 분류에도 적용된다. 즉, 경쟁자들에 의해 제공되지 않은 서비스 혁신이냐 혹은 특정 서비스 제공자에게 새로운 서비스냐에 따른 분류로서 세계에 새로운(new-to-the-world) 서비스인가, 시장에 새로운(new-to-the market) 서비스인가, 해당 기업에 새로운(new-to-the firm) 서비스인가로 분류한다.

2.3. 변화의 유형에 따른 분류

서비스 혁신은 산출물 혹은 서비스 제공품과 관련된 특징의 변화에 기초하기도 한다. 따라서 서비스 혁신의 결과가 제품이냐 프로세스이냐에 따라 제품 혁신(product innovation) 혹은 프로세스 혁신(process innovation)으로 구분된다.

다른 유형으로서는 물리적 서비스, 인적 서비스, 정보 서비스가 추가되기도 한다. 물리적 서비스는 운송과 식당에서 볼 수 있듯이 RFID와 냉장 시설과 같은 새로운 기술의 적용을 통한 물리적 변화를 포함한다. 나아가, 인적 서비스 혁신은 의료 서비스에서 고객화된 주치의 서비스와 같은 형태를 취하고 정보 서비스는 재무 서비스에서 온라인 뱅킹과 엔터테인먼트 서비스에서 상호작용 디지털 미디어와 같은 IT 혁신으로 특징된다.

한편, 제품과 프로세스의 범위를 확장하여 제품/프로세스/전달/전략/관리/마케팅/비즈니스 모델 혹은 주요 서비스 혁신, 서비스 라인 확장, 서비스와 스타일 개선, 주요 프로세스 혁신, 프로세스 라인 확장, 프로세스 개선 등으로 분류하기도 한다.

2.4. 제공의 수단에 따른 분류

서비스 혁신은 기술 혹은 새로운 조직 배치를 통해 새로운 방식으로 서비스를 제공한다. 이러한 수단에 따라 기술 혁신인가 혹은 조직 혁신인가로 분류되기도 한다. 나아가, 다른 학자들은 이러한 분류를 세분화하여 인터넷에 의한 혁신(e-innovation), 사람에 의한 혁신(p-innovation) 혹은 새롭거나 개선된 서비스 제공, 서비스 프로세스에서 서비스를 디자인하고 생산하는 새롭거나 개선된 방법 등으로 분류하기도 한다.

3 서비스 혁신의 원천

혁신의 원천은 개인 혹은 조직의 내부 또는 외부와 같이 모든 곳에 산재되어 있다. 특히, 개방형 혁신(open innovation)의 관점에서 보았을 때, 다양한 원천에서 서비스 혁신을 위한 정보를 획득하는 것이 매우 중요하다.

3.1. 시장 분석

모든 혁신은 고객으로부터 시작한다는 격언처럼 연구자와 실무자들은 가치 있는 혁신 아이디어를 도출하기 위해 고객 정보의 중요성을 강조하였다. 일반적으로 혁신의 초기 발생 징후는 낮은 공식화, 체계의 결여, 지속적 불확실성의 특징을 갖는데 이러한 특징을 선도하기 위해 고객 요구사항에 대한 정보가 중요하다.

이를 위해 전통적 시장 연구 방법들은 빈번하게 사용되는 방법이다. 실제로 고객으로부터 피드백을 얻는 방법은 많이 있다. 예를 들어, 이메일과 고객 의견청취 양식, 개별 인터뷰, 초점 그룹 인터뷰(FGI: Focused Group Interview), 고객 패널(customer panels), 미스터리 쇼퍼(mystery shopper), 고객 피드백 서베이(survey), 사용가능성 테스트, 소셜 미디어에 의한 선호도 조사, 불편사항 접수함 등이 있다. 이러한 정보를 분석하기 위한 방법으로는 과거 시계열자료에 기초한 예측(forecasting), 브레인스토밍(brainstorming), 다기준 의사결정(multicriteria decision making), 체크리스트(checklist) 등이 있다. 그러나 이 방법들은 주로 고객의 과거 경험에 토대하기 때문에 잠재적인 미래 니즈를 파악하는 데 도움이 되지 않고 급진적 혁신의 방향을 규명하는 데 거의 활용되기 어렵다. 즉, 이 방법들은 제품 사용의 현재 상황을 이해하고, 현재 제품의 문제를 규명하고, 현재의 소비자 니즈/동기/기대/가치를 평가하기 위한 정보를 제공하기 때문에 현재 시장에만 초점을 둔다.

이 중에서 가장 일반적 방법으로는 고객의 소리(VOC: Voice Of Customer)를 경청하고 분석하는 방법이 있다. 이것은 고객의 소리를 몇 가지 특성들로 군집화하고 그 중요성 가중치를 보여주는 방식이다. 여기에 고객의 소리가 실행되는 품질 관리 프로세스로서 신제품/서비스 개발을 위한 품질기능전개(QFD: Quality Function Deployment)를 적용할 수 있다. QFD의 고객의 소리 측면은 고객의 니즈를 규명하고, 그 니즈를 구조화하고, 고객 니즈에 우선순위를 배분한다는 장점이 있다. 그러나 무형적인 공동창출 서비스 상황에서 고객의 소리와 QFD를 적용하는 본원적 어려움을 고려하면 Li et al.(2009)의 새로운 서비스 품질기능전개를 활용할 필요가 있다. 아울러, 트리츠(TRIZ) 원칙을 도입함으로써 디자인 프로세스가 발명으로 결과되고 더 높은 경쟁력으로 결과되도록 확장할 필요가 있다.

서비스 분야에서 고객이 서비스 수혜자일뿐만 아니라 공동창출과 공동생산을 통한 서비스의 생산과 전달에 참여한다는 점을 고려하면 시장 분석의 미래도 이러한 포인트를 고려하는 방향으로 전환되어야 한다. 즉, 서비스 혁신은 조직 내부와 외부 원천 모두의 여러 유형의 정보 통합을 필요로 한다. 따라서 미래의 시장 분석은 데이터 마이닝(data mining)과 비즈니스 애널리틱스(business analytics)뿐만 아니라 전자적 구전(electronic word of mouth)과 같은 SNS 기반의 네트워크 분석(예, text mining과 social network analysis) 등을 포함한 빅데이터(big data) 분석이 새로운 정보원을 활용하는 시장 연구 방법으로서 자주 활용될 것이다.

3.2. 서비스 직원

서비스의 생산자와 사용자 사이의 만남으로 정의되는 서비스 접점은 두 당사자 사이의 상호작용이 발생하는 포인트로 매우 중요한 의미를 갖는다. 특히, 서비스 제공자의 전방부서 직원은 고객과 직접 접촉하는 사람이기 때문에 고객의 요구사항에 대해 가장 직접적인 소리를 청취하는 사람이다. 특히, 그들의 고객과 상호작용은 고객의 인식된 품질을 위해 중요할 뿐만 아니라 '제공자 기반 혁신'을 위해서도 중요하다.

　　어떤 의미에서 보면 직원은 제조 부문에서 기술과 동일하다. 그들은 서비스 제공품을 구성하는 활동을 수행하고 이 활동을 수행하는 데 필요한 지식을 갖는다. 직원은 기술을 사용하기는 하지만 보통 보조적 방식으로 사용한다. 그들의 영향력은 온라인 서비스 제공과 같이 셀프 서비스에서 더 작게 발휘되지만 심지어 이 상황에서도 직원과 고객 사이의 커뮤니케이션이 중요하고 혁신을 낳을 수 있는 아이디어를 제공하기 때문에 직원 주도의 혁신은 서비스에서도 필수적이 된다.

3.3. 선도 사용자

　　'사용자 기반 혁신'은 고객이 주도하는 혁신으로서 미래 고객에 대한 통찰과 혁신 정보를 사용자, 즉 고객이 중심이 되어 도출하는 방식이다. 고객 중에서도 특히 선도 사용자(lead user)가 매우 유용하게 활용될 수 있다. 전문적인 자전거 애호가들과 스키어들의 아이디어에서 출발한 산악 자전거와 스노우보드의 사례처럼 급진적 혁신을 지향하는 시장 연구 활동에서 선도 사용자로부터의 정보가 매우 중요한 것으로 고려되고 있다.

　　선도 사용자 기법을 적극적으로 주장한 von Hippel(1976)에 따르면 이러한 기법은 자신의 니즈가 시장 내 현 제품의 능력을 초과하는 사용자들이 존재하고 그들의 특정 니즈를 다루는 혁신 솔루션을 이미 보유한 사용자들이 존재한다는 사고에 기초한다. 결과적으로, 그러한 사용자들이 규명될 수 있다면 그들의 니즈와 솔루션에 대한 지식이 일반적인 고객을 위한 서비스를 개발하는 데 사용될 수 있는 것이다. Urban & von Hippel(1988)은 이 기법을 사용한 기업들이 그렇지 않은 기업들에 비해 신제품에서 평균적으로 약 8배의 수익을 창출했다고 한다.

　　이 기법의 장점으로는 신제품 개발의 효과성을 증가시키면서 실패 리스크를 줄이고, 신제품 도입의 성공률을 증가시키고, 신제품 개발의 실행 속도를 증가시킬 수 있다고 한다. 반면에 이 기법은 선도 사용자의 생각이 전체 시장의 사용자들을 대표한다는 전제에 기초하나 선도 사용자가 원하는 제품/서비스가 나머지 사용자들에게 인기가 없을 수도 있다. 예를 들어, Urban & von Hippel(1988)은 어떤 경우에는 비선도 사용자들이 선도 사용자를 따라가는 데 많은 시간이 소요될 수 있고 특정 개념이 선도 사용자에게만 호소할 가능성도 있다고 하였다.

국내의 현대기아차와 LG도 선도 사용자로 구성된 커뮤니티를 활용하여 이들이 신제품의 디자인 단계부터 참여한 후 제시한 의견을 적극적으로 신제품개발에 반영하고 있다. 또한, 마이크로소프트(Microsoft)와 같은 소프트웨어 기업들은 새로운 소프트웨어의 프로토타입을 검증하고 그들을 개선하는 투입물을 찾기 위해 온라인 사용자 커뮤니티를 활용하고 시스코(Cisco)는 온라인 포럼을 통해 고객의 시스템의 오픈 소스(open source) 접근을 허용한다. 이처럼 점진적 서비스 혁신보다는 급진적 서비스 혁신의 프로세스에 선도 사용자들을 포함시키는 것이 더 효과적인 것으로 알려졌다.

3.4. 개방형 혁신 패러다임의 활용

3.4.1. 개념

과거 Porter(1985)와 같은 학자는 서비스를 제품의 지원 기능으로 고려하여 서비스가 선형적인 가치사슬의 끝 부분에서 발생하는 것으로 보았다. 하지만 오늘날의 서비스가 이끄는 동태적 환경은 가치사슬을 공급자, 고객, 파트너, 중개자들과 같은 이해 관계자의 네트워크로 구성되는 것으로 본다. 이러한 변화는 고객을 포함한 여러 이해 관계자들이 공동으로 혁신하는 가치 네트워크상에서 상호작용적이고 반복적인 프로세스의 결과로서 혁신을 보는 개방형 혁신(open innovation) 패러다임의 개발을 이끌었다(Chesbrough, 2003). 개방형 협력 프로세스는 혁신을 위한 내부와 외부 자원들의 시너지를 유인하기 위해 모든 가치 네트워크 주체에 걸쳐 동태적 지식 교환을 촉진하도록 한다. 결국, 개방형 서비스 혁신은 제품 자체라기보다는 가치에 초점을 두면서 새로운 서비스를 개발하기 위해 다양한 외부의 주체들과 더 밀접하게 일하는 것을 의미한다.

3.4.2. 유형

Chesbrough(2011)는 개방형 서비스 혁신 모델에서 세 가지 유형의 개방성을 언급하였다. 내향(inbound) 개방형 혁신에서 조직은 그들의 비즈니스 내에 외부의 아이디어와 기술을 도입(아마존(Amazon)은 새로운 서비스를 창출하기 위해 고객 피드백에 참여하는 동안 내향 개방성을 추구)하는 데 초점을 둔다. 한편, 외향(outbound) 개방형 혁신에서는 다른 기업이 사용하도록 어떤 조직이 그들의 아이디어와 기술을 개방(제 3자가 Amazon을 제품을 판매하는 채널로서 사용하는 것을 허용할 때 외향 개방성을 보임)하는 형태를 보인다. 마지막으로 혼합형은 내향과 외향 모두를 사용하는 데 초점을 두는 개방형 혁신이다.

3.4.3. 정보 원천

시장에 대한 정보와 동향은 다양한 방법으로 획득할 수 있다. 협회, 박람회, 전시회, 콘퍼런스, 전문잡지, 학술대회 등은 여러 분야의 전문가들이 모여 정보와 의견을 교환하는 플랫폼 역할을 하기 때문에 정보를 얻는 데 필수적이다. 또한 급진적 혁신을 위해서는 유사 분야의 정보와 지식뿐만 아니라 유사성이 떨어지는 다양한 분야의 정보와 지식도 필요하다는 점을 고려해야 한다.

나아가, 서비스의 공급사슬을 고려할 필요가 있다. 특히 인력뿐만 아니라 서비스 패키지에서 유형의 재화를 공급하는 기업은 서비스 혁신을 위해 중요한 정보와 지식을 제공한다. 이 밖에도 민간 및 공공연구소, 대학, 커뮤니티와 같은 중요한 이해 관계자들은 서비스 혁신의 필수적인 동인이다. 마지막으로 서비스 혁신을 위해 보완 서비스 제공기업이나 경쟁 서비스 조직과도 경쟁 및 협력(co-opitition)을 할 필요가 있다.

3.5. 시장의 잠재적 요구사항

고객의 요구사항은 니즈(needs: 고객의 눈에 보이는 현재의 가시적 요구사항)와 원츠(wants: 고객 자신도 모르는 보이지 않는 잠재적이고 미래 지향적인 요구사항)로 구분할 수 있다. 수면 위에 존재하는 빙산의 윗부분으로 비유되는 고객의 니즈는 고객 요구사항의 매우 작은 부분이나 수면 아래의 빙산 아랫부분에 해당하는 고객의 원츠는 고객 요구사항 중 매우 큰 부분에 해당하고 이러한 정보를 파악하고 비즈니스에 활용하는 것은 고객 지향의 시금석이 된다.

그러나 잠재적이고 미래 지향적인 원츠는 쉽게 밝혀지지 않는다. 니즈는 제품의 경우에 기능성, 가격, 편리, 경험, 디자인, 신뢰성, 성과, 규격, 효율성, 호환성과 관련되고 서비스의 경우에는 감정이입, 공정성, 투명성, 통제, 옵션, 정보, 접근성과 관련된다. 예를 들어, 니즈의 예로는 음식, 물, 피난처, 의료 등 인간의 기본적 욕망과 관련하고 원츠의 예로는 자동차 스테레오, 스마트폰, 유명 브랜드 옷이나 신발, 햄버거 등 심리적이고 감정적인 욕망이 있다.

사람은 왜 기본적인 기능에서 큰 차이가 없는 데도 고장이 나지 않아도 매번 비싼 값을 치르고 휴대전화와 자동차를 바꾸려 하는 걸까? 사람의 마음은 개성을 표현하려는 욕망과 기타 수많은 심리적 욕망이 내재되어 있기 때문이다. 따라서 단순한 필요성이 아니라 상황에 따라 이러한 욕망을 자극하는 원츠에 초점을 두는 것이 필요하다. 원츠를 파악하는 하나의 방법으로 클로테르 라파이유(Clotaire Rapaille)의 컬처코드(culture code)의 개념을 학습하기 바란다.

니즈와 원츠를 동시에 나타내는 방법으로 가치 피라미드라고 불리는 개념이 있다. 이것은 제품과 서비스가 니즈(기능적)와 원츠(감정적, 라이프 변화, 사회적 영향)를 다루는 가치의 기본적 요소들을 전달하는 것을 다음의 순서대로 피라미드 형태로 체계화한다.

(1) 기능적 요소: 시간절약, 단순화, 돈 벌기, 리스크 감소, 조직화, 통합, 연결, 노력절감, 번거로움 회피, 비용절감, 품질, 다양성, 감각적 호소, 정보 등

(2) 감정적 요소: 분노 감소, 내게 보상, 향수, 디자인/심미, 휘장가치, 행복, 건강, 즐거움/오락, 매력, 접근 제공 등

(3) 라이프 변화 요소: 희망 제공, 자기실현, 동기부여, 소속/관계 등

(4) 사회적 영향: 자기초월 등

결국, 잠재적 원츠는 고객이 실제로 가치를 매기거나 필요로 하는 제품과

서비스를 의미하나 결코 경험되지 않았으며 요구할 것으로도 생각하지 않았던 것으로서 모호하고 암묵적 기대를 발생시킨다. 이러한 잠재적 요구사항은 장기 초점, 선행적, 파괴적 혁신을 위한 잠재력을 보유하고 있다.

혁신적 서비스 조직은 표현된 니즈뿐만 아니라 기존의 서비스된 시장에 의해 제한되지 않는 잠재적 원츠와 지금까지 서비스되지 않은 새로운 시장을 다룬다. 그들은 선도 사용자들뿐만 아니라 다른 시장 멤버의 니즈와 비교하여 가장 앞서 나가는 가장 정교하고 까다로운 고객과 밀접하게 함께 한다. 고객이 필요로 하는 원츠는 사회적, 기능적, 감정적 차원들로 이루어지고 그 고객은 탐구(exploration) 및 실험화(experimentation)와 탐색(probe) 및 학습(learn) 프로세스를 병행해서 사용한다. 이를 위해서는 일상적 루틴에서 제품 혹은 서비스에 대한 고객의 사용을 밀접하게 관찰하여 고객을 이해하는 대신에 고객이 제품 혹은 서비스를 선택하는 행동 자체를 이해해야 한다. 결국, 잠재적 원츠를 발견하고 이해하는 것은 고객과 밀접하게 탐구와 실험화를 반복함으로써 촉진될 수 있다.

4 주요 서비스 혁신 이슈

4.1. 공동창출을 통한 서비스 혁신

4.1.1. 개념

사용자/고객 관여(user/customer involvement), 공동개발(co-development), 고객 참여(customer participation), 참여 디자인(participatory design), 선도 사용자 관여(lead user involvement) 등 다양한 용어로도 불리는 공동창출 개념은 고객이 서비스 소비 프로세스 동안에 가치의 중요한 창출자임을 나타낸다. 서비스에서 고객 관여는 두 가지 유형의 참여행동을 정립하였는데 그것은 바로 가치 공동창출과 공동생산이다. 서비스가 공동으로 생산될 때 고객의 참여는 전체 디자인 프로세스에 걸쳐 집합적 창의성을 의미하는 공동 디자인을 필요로 할 수 있다.

이 개념하에 고객은 상호작용을 통해 혁신의 공동창출자로서 간주된다. 그러면 고객의 역할은 혁신자, 가치사슬 협력자, 자원 통합자의 역할로 확장된다. 결국, 이러한 역할에 따라 향상된 지식 공유와 학습 프로세스들이 새로운 서비스 제공품의 발견, 개발, 전달에 반영되기 때문에 고객과 더 높은 인접성을 유지하고 상호작용을 하는 서비스는 서비스 혁신을 위해 더 많은 기회를 제공한다.

'접점기반 서비스 혁신'이라고도 불리는 고객과 서비스 제공자의 서비스 공동창출은 서비스 혁신에 매우 중요한 요소이다. 흔히, 개방형 혁신은 고객 혹은 사용자를 포함하여 혁신 프로세스에 다양한 외부 주체의 포함을 다룬다. 사실 서비스 혁신은 고객의 경험에서 나오는 아이디어를 적극 포함하기 때문에 항상 개방적이었다. 그러나 서비스 혁신 프로세스에 효과적으로 고객을 참여시키는 것은 쉽지 않다. 고객 참여를 통해 얻은 통찰은 고객이 적용할 수 있는 방식으로 그들의 니즈를 명시적으로 표현할 수 없기 때문에 때때로 유용하지 않다고도 한다. 그러나 이를 극복하는 것이 중요하다.

4.1.2. 공동창출의 단계

고객과 공동창출을 위한 고객 참여의 단계는 크게 〈표 5-1〉과 같이 1세대와 2세대로 구분할 수 있다(Oertzen et al., 2018). 1세대 관점이 실제 서비스 프로세스에 고객을 일시적 참여자와 자원으로서 고려하는 반면에 2세대는 더욱 폭넓게 서비스 시스템에 그리고 서비스 가치사슬의 다양한 단계와 기능에 고객을 포함시키는 것을 강조한다. 이 고객의 참여는 아이디어 발생에서 최종 사용까지 서비스에 대한 전체 혁신 프로세스를 거쳐 적용될 수 있다(Mele et al., 2014). 따라서 제공자와 고객 사이의 커뮤니케이션은 산발적인, 단일 방향적, 불투명한 것에서 빈번한, 양방향적, 투명한 대화로 발전하였다.

고객-제공자 협력의 1세대 동안 협력은 제공자 중심 사고에 초점을 둔다. 하지만 2세대에서 협력의 초점은 오히려 고객과의 경험을 지향한다. 이러한 초점의 변화로 인해 협력 시작에서 전환이 발생한다. 이전에, 제공자는 고객이 참여하는 것을 가능하게 하고 참여하도록 초대하였다. 그러나 2세대에서는 제공자와 고객이 협력을 할 수 있을 뿐만 아니라 제공자가 협력을 위한 플랫폼을 제공하고, 고객이 제공자 초점의 외부에서 협력에 참여할 수 있는 방식으로 변화하였다.

표 5-1 고객 참여의 1세대와 2세대

특징	1세대 고객-제공자 협력	2세대 고객-제공자 협력
개념	• 고객 포함, 고객 참여, 공동생산, (비정규) 직원으로서 고객, 결합생산	• 고객 포함, 고객 참여, 공동창출, 공동혁신, 공동아이디어창출, 공공가치평가, 공동디자인, 공동시험, 공동출시, 공동투자, 공동생산, 공동소비
협력 기간	• 일시적	• 일시적 혹은 지속적
협력 커뮤니케이션	• 간헐적, 일방향적, 덜 투명한 대화	• 빈번한, 양방향적, 투명한 대화
협력 관계	• 비정규직원, 생산 프로세스를 합리화하기 위해 고객을 업무에 포함	• 긴급대응, 즐거움, 실험화를 배양하는 생산의 사회적 관계 재구성
협력 초점	• 제공자 중심	• 고객 중심, 경험 중심
협력 단계	• 서비스 생산과 전달 단계에서 발생	• 공동아이디어창출에서 공동소비까지
협력 주체	• 제공자-고객	• 복수주체 네트워크
협력 시작	• 제공자는 고객이 참여하도록 초대	• 제공자에 의해 고객이 참여하도록 초대, 제공자가 공동창출을 위한 플랫폼을 제공, 고객이 공동창출 시작, 공동창출이 제공자의 초점 외부에서 발생
바람직한 성과	• 제공자의 성과는 시간/금전/노력의 절약과 같은 경제적 특성, 생산성, 프로세스 편익	• 복지, 관계품질, 혁신, 출시지원과 같이 제공자와 고객에게 다양한 편익 제공

4.1.3. 공동창출 유형

구체적으로, 서비스 공동창출은 공동아이디어창출, 공동평가, 공동디자인, 공동시험, 공동출시, 공동생산, 공동소비라는 서비스 창출 프로세스에 서비스 제공자의 자원뿐만 아니라 공동창출의 전제조건인 고객의 자원을 참여, 관여, 포함시키는 프레임워크를 갖는다. 공동창출 서비스는 〈표 5-2〉와 같이 신서비스개발(NSD: New Service Development) 단계에 따라 다양한 유형으로 실현되고 있다.

표 5-2 신서비스개발 단계에 따른 공동창출 서비스 유형과 사례

공동창출 서비스의 유형	산업 프랙티스	사례
공동아이디어창출 (co-ideation)	아이디어 크라우드소싱 (crowdsourcing)	• E.ON은 온라인 커뮤니티를 통해 새로운 서비스를 찾기 위해 개방형 아이디어 제출 콘테스트 시행
	선도 사용자 관여	• 레고(Lego)의 Mindstorm은 프로그램된 로봇을 재프로그램하고 개발하기 위해 선도 사용자에게 소프트웨어를 공급
공동평가(co-valuation)	코멘트와 투표	• Threadless에서 사용자들은 회사가 제안한 디자인에 대해 의견을 주고 투표
공동디자인(co-design)	솔루션 크라우드소싱	• 넷플릭스(Netflix) 상은 기존의 영화선호에 기초하여 주어진 영화에 대한 사용자의 즐거움 수준 예측 시 정확성을 향상시키기는 솔루션 발견에 시상
	공동창출 워크숍	• DHL은 서비스 경험을 향상시키는 솔루션을 공동디자인하기 위해 고객과 공동창출 워크숍 진행
공동시험 (co-test)	개방형 서비스 혁신	• IBM과 고객은 공동으로 솔루션을 개발하고, 공동시험하고, 처음 시도하는 계획에서 나오는 지식을 공유
공동출시 (co-launch)	공동출시	• Threadless에서 사용자들은 스스로 광고하고, 카탈로그를 찍고, 신규 고객을 유인함으로써 디자인의 출시 책임을 회사와 공유
공동생산 (co-production)	공동생산	• IKEA는 고객이 자신의 가구를 조립하도록 가이드함으로써 고객과 함께 가족 생활의 개선을 공동생산
공동소비 (co-consumption)	브랜드 커뮤니티	• 할리데이비슨(Harley-Davidson)의 Harley Owners Group(HOG)은 온라인과 오프라인 채널을 통해 고도로 관여된 고객을 연결하고 상호작용

출처: Oertzen, A., Odekerken-Schröder, G., Brax, S.A. & Mager, B. (2018), "Co-creating services-conceptual clarification, forms and outcomes", *Journal of Service Management, 29*(4), 641-679.

〈표 5-2〉에서 언급한 사례 기업을 포함하여 선도 기업의 웹디자인의 특징을 정리하면 다음의 〈표 5-3〉과 같다.

표 5-3 선도기업의 공동창출을 위한 웹디자인 주요 특징

선도기업	웹디자인 상황	주요 단계	혁신 프로젝트	주요 주체	주요 활동
BMW	Co-Creation Lab	공동아이디어창출 공동디자인	Customer Innovation Lab Mobility services	관리자 고객 전문가	아이디어 제안 특정 주제에 외부 인력 참여
Dell	Idea Storm	공동아이디어창출 공동평가	Idea Storm project	직원 및 관리자 고객	고객에게 직접 목소리 제공 의견과 제안을 제공하고 평가
Lego	Mindstorm	공동디자인	Lego Mindstorm NXT	전문가, 팬, 디자이너, 관리자	신규 솔루션 제안 신규 솔루션 공동개발 프로토타입 제공
P&G	Connect+Develop	공동디자인	P&G C&D	전문가 파트너 중개업체 관리자	신규 솔루션 제안 및 공동개발 프로토타입 제공
Xerox	Open Xerox	공동시험 공동출시	Open Xerox Web Portal	전문가 파트너 고객 관리자	제품과 서비스 출시 제품과 서비스 타당성 검증
Starbucks	Mystarbucksidea	공동아이디어창출 공동평가	My Starbucks Idea	고객 팬 관리자	아이디어 제안 아이디어 읽고 의견 제공
Threadless	Threadless	공동아이디어창출 공동평가 공동디자인 공동시험 공동출시	Threadless graphic t-shirt designs	소비자 팬 디자이너 취미생활자 예술가 관리자	디자인 제안 디자인 매력도 평가 광고에 책임
MulinoBianco	Nelmulinchevorrei	공동아이디어창출 공동평가	Nel mulino che vortei	소비자 팬 관리자	개선을 위한 아이디어 제안 의견 제공 신규 제품 개념 제안

출처: Oertzen, A., Odekerken-Schröder, G., Brax, S.A. & Mager, B. (2018), "Co-creating services-conceptual clarification, forms and outcomes", *Journal of Service Management*, 29(4), 641-679.

한편, 혁신을 주도하는 주체가 무엇인지에 따라 다음과 같이 분류하기도 한다. 첫째, '기술 주도 공동창출'이다. 동료 파트너 사이의 기술 공동개발에

해당하는 것으로서 고객, 공급업체, 연구소 등 파트너들의 네트워킹 형태로서 대기업 중심의 개방형 혁신에 기반하여 R&D 혁신을 추구한다. 둘째, '고객 주도 공동창출'로서 사용자의 투입물 및 창의적 프로세스와 기업의 혁신활동을 연결하고 통합하기 위해 지속적 대화에 권한이 부여된 고객을 관여시키는 선도 사용자, 공동디자인과 협력적 공동디자인, 가상고객 환경, 크라우드소싱 혁신, 개방적 커뮤니티 기반 혁신을 포함한다. 여기에는 마케팅과 R&D 영역에서 고객 커뮤니티가 중요하고 권한이 부여된 사용자들의 네트워킹(고객 간의 네트워킹도 포함)을 위해 주로 ICT 도구를 통해 고객 통합을 추진하는 형태이다. 셋째, '서비스 주도의 공동창출'로서 기업과 고객의 통합 역할을 변화시키고, 정의하고, 고객에 의해 사용된 가치를 변화시키는 데 중점을 둔다. 주요 요소로는 프로세스와 상호작용을 통한 서비스 제공, 사용가치와 상황가치, 자원 통합 주체로서 네트워크, 공동 혁신자 네트워크 내 고객의 상황에서 공동창출이 있다. 이 공동창출에서 주요 관심사는 서비스 지배논리이다.

마지막으로, 서비스 접점에서 고객은 능동적 혹은 수동적 역할을 수행한다. 고객은 어떤 문제에 새로운 솔루션 혹은 서비스를 전달하는 새로운 방법을 제공함으로써 혁신 프로세스의 첫 단계인 아이디어 단계부터 능동적 역할을 할 수 있다. 또한 고객은 혁신 프로세스의 마지막 개발 단계에서도 능동적일 수 있다. 즉, 개발 프로세스에 직접 포함되거나 테스트 대상일 수 있다. 여기서, 고객의 능동적 역량은 고객은 가치 공동창출자이고 서비스를 그들 자신의 프로세스에 통합함으로써 서비스 제공자에 의해 주어진 가치명제를 실현하는 것을 지향한다는 의미로 이해해야 한다. 이 개념을 보완하기 위해 리빙 랩(living lab)의 개념을 조사해 보기 바란다.

서비스에 고객 관여의 수준은 아래의 〈표 5-4〉와 같이 분류될 수 있다.

표 5-4 서비스 고객 관여의 수준에 따른 분류

낮음: 고객 존재가 서비스 전달 중에 필요	중간: 고객 투입물이 서비스 창출을 위해 필요	높음: 고객이 서비스 제품을 공동창출
• 제품이 표준화됨 • 서비스가 어떤 개별 구매에 상관없이 제공 • 단지 고객 투입만을 필요로 할 수 있음	• 고객 투입은 표준 서비스를 고객화함 • 서비스 제공은 고객 구매를 필요로 함 • 고객 투입(정보, 재료)은 적절한 산출에 필요하나 서비스 기업이 서비스를 제공	• 적극적 고객 참여가 고객화된 서비스를 안내 • 서비스는 고객의 구매와 적극적 참여와 분리되어 창출될 수 없음 • 고객 투입은 강제적이고 산출물을 공동창출
최종 소비자 예		
• 항공여행 • 모텔 숙박 • 패스트푸드 레스토랑	• 미용실 • 신체검사 • 고급 레스토랑	• 결혼 자문 • 개인 트레이닝 • 체중감량 프로그램 • 중병 치료
B2B 소비자 예		
• 세탁 서비스 • 해충 방역	• 광고 대행사 캠페인 • 화물운송	• 경영 컨설팅 • 경영세미나 • 컴퓨터 네트워크 설치

4.1.4. 공동창출의 편익

공동창출을 위한 고객 관여는 다음과 같이 다양한 편익을 제공한다.

(1) 판매자 가치

① 경제적 가치: 생산성 향상, 뛰어난 재구매와 추천, 낮아진 가격 민감성, 향상된 브랜드 이미지, 더 빨라진 서비스 회복

② 관계 가치: 고객 만족, 향상된 충성과 신뢰, 긍정적 구전, 긍정적 평가, 풍부해진 양방향 커뮤니케이션

③ 혁신과 개발에 관련된 가치: 서비스 품질 향상, 고객화 증가, 향상된 서비스/제품개발 및 혁신

④ 부정적 가치 성과: 고객과 경쟁, 업무 스트레스 증가

(2) 고객 가치

① 제공품과 더 나은 적합을 통한 우월한 가치: 바람직한 편익의 달성, 증가된 통제와 권한부여, 인식된 서비스 품질과 가치의 증가
② 경제적 가치: 편의성, 비용 절감, 할인 혜택
③ 제공품에서 가치를 축적하는 스킬 향상: 네트워킹 역량 향상, 스킬 향상

4.1.5. 수행 절차

새로운 서비스 개발에 고객을 참여시키는 구체적인 프로세스는 다음과 같다.

(1) 1단계: 서비스 혁신 프로젝트의 초점을 정의
(2) 2단계: 프로젝트에 고객 혹은 사용자 관여를 위한 목표를 결정
(3) 3단계: 프로젝트에 참여할 수 있고 참여할 의지가 있는 고객/사용자 그룹 혹은 개별 고객/사용자를 규정
(4) 4단계: 공동 개발 프로젝트에 관여하기 위해 자원과 동기를 보장
(5) 5단계: 잠재 고객 혹은 사용자들과 접촉하고 공동개발 프로젝트를 논의하고 수립하기 위한 회의를 준비
(6) 6단계: 이 니즈를 다루기 위해 사전적인 신서비스 개념과 함께 바람직한 고객 니즈에 대한 이해를 공동개발
(7) 7단계: 공동개발 프로젝트의 세부사항을 준비
(8) 8단계: 핵심 성과의 평가

4.2. 고객의 서비스 경험

4.2.1. 서비스 경험의 정의

서비스 혁신은 고객의 경험에서 시작하기 때문에 고객의 서비스 경험을 이해하는 것이 중요하다. 고객은 서비스 경험을 통해서 다양한 반응을 한다. 이 과정은 고객 성향→상호작용→반응의 순서로 이어진다. 여기서, 개별 고

객의 기질에 해당하는 성향의 구성요소로는 사회문화적 상황, 환경적 상황, 사전에 형성된 이미지, 이전 경험, 개인의 특질/니즈/가치/신념/스킬 등이 있고 상호작용의 구성요소로는 현장 직원, 인프라, 기술, 사건 기간, 운영 방식의 특성 등이 있다. 이러한 고객 성향과 상호작용의 결과로 고객은 행동, 감정, 학습, 가치 인식, 이미지 형성, 의지, 소망 등의 반응을 보이게 된다.

이러한 서비스 경험은 정신적 개념으로 결과되는 인지적, 감정적, 행태적 반응으로 나타난다. 따라서 그 경험은 서비스에 대한 학습, 획득, 사용, 유지, 처분 시에 창출된 총합적이고 누적적인 고객 인식으로서 서비스 구매 혹은 사용 중 혹은 상상과 기억을 통해서 나타나는(구체적으로, 현상적 서비스 경험, 프로세스 기반 서비스 경험, 산출물 기반 서비스 경험) 고객 자신의 주관적 반응 혹은 해석으로 볼 수 있다.

결국, 서비스 경험은 상호작용이 중요하기 때문에 고객의 가치 공동창출과 동의어로서 이해할 수 있다. 그 결과, 고객 경험은 특정 고객에게 의미 있고 민감한 개인화된 상호작용을 통한 가치의 공동창출이 된다.

4.2.2. 서비스 경험의 결정요인

고객의 서비스 경험은 마케팅 믹스, 패키지, 프로세스, 사람, 환경과 같은 다양한 결정요인을 갖는다. 그 경험은 다양한 접점에서 고객과의 상호작용을 통해 세 단계(판매 전, 판매 중, 판매 후)에서 창출된다. 고객과 접촉하는 모든 것, 모든 사람, 모든 메시지가 조직에 대한 긍정 혹은 부정적인 내용을 소통하게 만든다. 고객이 브랜드 혹은 기업과 접촉하게 되는 어떤 상황은 접점(touchpoint)으로서 묘사되고 이 접점은 기업이 창출한 접점, 본원적 접점, 기대하지 않은 접점, 고객이 개시한 접점의 네 가지 항목으로 분류된다.

조직은 고객의 경험을 위해 다양한 기능적 및 감정적 신호를 사용하고 이것은 고객 경험 창출과 관리를 위한 기계적(개체 기반) 신호와 인간적(사람 기반) 신호로서 추가로 분류되기도 한다. 이 신호로는 브랜드 이름, 마케팅 커뮤니케이션 메시지, 전화상담 서비스, 웹사이트/콜센터, 소셜 미디어, 판매원, 물리적 환경, 사회적 환경, 마케팅 믹스, 청구와 지불 시스템, 전달 시스템, 부가가치 서비스, 셀프 서비스 기술, 기타 프로세스 등이 있다. 결국, 고객의 구매 프로세스 동안 모든 단계에서 그러한 신호와 선택적 상호작용은 경험 형성에 이바지한다.

4.3. 복잡성/차이에 의한 대안적 서비스 전달 프로세스 개발

서비스의 복잡성(complexity)의 수준은 서비스 청사진에서 단계들의 수로 측정한다. 따라서 복잡성이 높다는 것은 서비스가 고객에게 전달되는 데 많은 단계를 거친다는 의미이고 복잡성이 낮다는 것은 그 반대로서 매우 단순한 서비스 전달 프로세스를 거친다는 의미이다. 한편, 차이(divergence)의 수준은 서비스 제공자가 서비스를 고객화하는 데 승인된 재량의 크기를 의미한다. 따라서 높은 차이를 보인다는 것은 고객에 따라 각기 다른 서비스가 제공될 가능성이 높다는 의미로서 고객화에 초점을 두고 낮은 차이를 보인다는 것은 고객에 따라 각기 다른 서비스를 용인하지 않는 표준화된 서비스 제공에 초점을 둔다는 의미이다. 다음의 〈표 5-5〉는 분식집과 고급호텔의 복잡성과 차이 수준에 따른 서비스 전달 프로세스의 분류 사례이다.

표 5-5 복잡성/차이에 의한 서비스 전달 프로세스 사례

낮은 복잡성/차이(분식집)	일반 프로세스	높은 복잡성/차이(고급호텔)
예약 없음	예약 접수	특정 시간대와 좌석(예, 창가) 예약 가능
스스로 좌석 선택 후 벽의 메뉴판 이용	좌석 안내와 메뉴 제공	메뉴 설명, 전채와 특별요리 설명
김치, 물, 단무지 셀프	기본 서비스	음료수, 빵, 에피타이저 제공
구두 주문 혹은 고객 주문서 작성 후 전달	주문	테이블에서 웨이터가 개인적 주문 서비스
음식과 계산서 제공	음식 서비스	분리된 코스 서비스, 코스 중간 아이스크림
없음	디저트	선택 주문
출발 시 현금 혹은 신용카드 지불	지불과 이탈	테이블에서 지불 방법 선택, 발렛파킹 등 주차 서비스 등

5 서비스 조직의 혁신 프랙티스

5.1. 혁신의 5차원

혁신의 성공적 관리를 위해서는 다섯 개의 차원을 집중적으로 고려할 필요가 있다. 이 차원은 창의성/아이디어 관리, 선택과 포트폴리오 관리, 실행 관리라는 세 가지 혁신수행 프로세스와 이 세 가지에 모두 영향을 미치는 혁신 전략과 인적 자원 관리라는 두 가지 차원이다.

5.1.1. 혁신 전략

혁신 프로세스를 이끌어가는 신서비스 전략을 명확히 정의하는 중요성은 다시 강조해도 지나치지 않다. 혁신 전략은 명확한 방향을 제공해야 하고 조직의 혁신 목표에 대한 전체 조직의 노력에 초점을 두어 설정되어야 한다. 경영층에 의해 제시된 혁신 전략은 기업 내 혁신의 역할을 소통하고, 기술의 사용방법을 결정하고, 적절한 성과지표의 적용을 통한 성과향상을 포함한다.

5.1.2. 창의성/아이디어 관리, 선택과 포트폴리오 관리, 실행 관리

이 단계에서 혁신을 실행하는 데 필요한 프로세스를 구축하고 추진한다. 혁신 업무를 실행하는 데 사용된 프로세스는 새로운 제품과 서비스 아이디어를 창출, 선택, 실행으로 전환시키는 프로세스를 포함한다. 높은 수준의 혁신을 달성하는 조직은 보통 새로운 제품을 개발하기 위한 공식적 프로세스를 갖는다. 예를 들어, 신제품개발을 위한 구조화된 프로세스인 Stage−Gate® 모델이 그것이다. 그러나 서비스 조직에서는 공식적 프로세스의 사용이 일반적이지 않다. 혁신의 선행요인인 창의성과 아이디어 관리는 고객 요구사항을 다루는 아이디어의 자극에서 시작한다. 아이디어의 범위는 넓어야 하고, 모든 직원이 포함되어야 하고, 고객의 아이디어가 배양되어야 한다. 선택과 포트폴리오 관리는 발굴된 많은 아이디어에서 선택을 의미하고 실행가능성과 경제적 타당성 관점에서 최선의 아이디어를 결정하는 것을 의미한다. 실행은 새로운 아이디어를 새로운 제품, 서비스, 프로세스로 전환시키는 근본 역량이다.

5.1.3. 인적 자원 관리

인적 자원 관리는 주로 사람과 조직분위기 이슈를 다룬다. 혁신의 근본적 자극을 위해 직원이 혁신에 공헌하도록 동기부여하는 환경을 창출할 필요가 있다. 따라서 혁신을 지원하고 혁신 조직의 개발을 고무하는 효과적인 인적 자원 정책이 요구된다. 이를 위해 조직은 혁신적 문화를 구축하고 창의성과 실행을 지원하는 규범을 갖추어야 한다. 직원의 혁신 노력에 대해 금전적 혹은 비금전적으로 보상하는 것은 혁신적 문화를 구축하는 한 방법이다. 그러나 혁신 문화를 구축하는 것은 직무가 잘 수행된 부분에 대해 직원에게 보상하는 것보다 더 중요하다.

5.2. 창의성을 위해 필요한 자원

5.2.1. 지적 자원

지적 자원은 외부의 지식뿐만 아니라 조직 내 직원의 지식, 스킬, 경험을 포함한다. 이 자원에서 창의성 관련 요소로는 직원의 내재된 기업가 및 창의성 특질, 다학제적 자질, 기존지식을 재결합하고 그것을 다른 상황에 적용하는 능력, 새로운 아이디어를 위한 혁신 원천의 다양성(대학, 연구소, 협회, 공급자, 경쟁자 등), 조직 내 아이디어와 지식의 공유 등이 있다.

5.2.2. 조직 자원

이 자원은 공식적 조직 구조, 통제와 조정 시스템, 조직 문화뿐만 아니라 조직 내 비공식적 관계, 조직과 환경 사이의 공식적 및 비공식적 관계를 포함한다. 이 차원에서 창의성 관련 요소로는 창의성에 우호적인 조직 디자인, 직원의 재량수준과 자율성, 혁신/창의성 관련 조직 역할 정립, 교차기능 팀 구성, 규칙/규제/절차의 수준, 창의성에 대한 보상, 아이디어 창출/협력/지식이전을 육성하는 조직 문화와 분위기, 인식된 관리적 지원과 변환 리더십, 개인의 상호관계와 직원 협력/신뢰/감정적 안전, 위험수용/비판수용/실패관용, 외부에서 창의적 아이디어를 포착하고 조달하는 프로세스, 창의성을 위한 시간 허용 등이 문헌에서 자주 논의되었다.

5.2.3. 물리적 자원

이 자원은 시설, 장비, 정보기술, 도구를 포함한다. 이 자원에서 창의성 관련 요소로 창의성 향상 장비를 위한 재무자원, 외부지식을 흡수하기 위한 외부와의 커뮤니케이션 도구, 창의성 관련 IT 도구, 직원을 연결하고/지식을 명문화하고/경계확장 역량을 향상시키는 IT 등이 필요하다.

5.3. 서비스 혁신을 위한 역량

5.3.1. 창의성 강화 역량

(1) 창의적 인재를 유인하는 역량

이 역량은 사람을 창의적으로 만들기 위해 노력(교육 및 훈련)하는 것보다 많은 시간과 노력을 절감할 수 있다. 다양한 분야의 숙련성이 필수적인 서비스 상황에서 팀과 업무자체의 다양성을 제공하는 것이 중요하고, 창의적이고 자유로운 생각을 하는 분위기를 만들고, 업무 시 시간압력과 단기목표를 중시하지 않음으로써 원하는 직원을 유인하는 것이 필요하다. 실제로, 창의적인 직원은 직무 포지션이 제공하는 보상보다 그러한 업무 상황에 더 가치를 둔다. 따라서, 신서비스개발에서 창의성을 촉진하기를 원하는 조직은 잠재적 직원들에게 보내는 메시지를 조직의 이미지와 일치시킴으로써 의도적으로 관리를 해야 한다.

(2) 창의적 환경을 자극하기

이 역량은 조직의 여러 부분에서 자극하는 환경의 창출과 관련된다. 이 역량은 다양한 배경을 갖는 사람들을 함께 일하도록 하는 다학제적 업무 팀의 창출을 포함한다. 이것은 지원적 리더십 스타일을 적용하고, 조직 구조를 자주 바꾸고, 교차기능 간 협력을 향상시키고, 기능 내에서 우호적으로 경쟁을 촉진면서, 콘테스트와 게임을 통해 창의적 아이디어 개발을 자극함으로써 달성할 수 있다. 또한 창의성은 조직이 정체가 아닌 지속적 변화를 보일 때 번창하기 때문에 직원의 이직과 타 부서 이동을 두려워할 필요가 없다.

(3) 다양한 투입물을 결합하기

창의적 조직은 새로운 솔루션을 고안하기 위해 기존 요소들을 결합하는 독특한 능력을 갖추어야 한다. 이 요소들을 결합한다는 것은 다른 배경을 갖는 사람을 하나의 팀에 배치시킬 뿐만 아니라 단일 프로젝트에 여러 기능을 대표하는 사람을 함께 모으는 것을 의미한다. 이것은 또한 기존의 지식, 스킬, 역량을 새로운 솔루션을 창출하기 위해 결합하거나 외관상 관련되지 않는 산업 사이에 어떤 중복을 발견함으로써 새로운 서비스를 창출하는 것을 의미한다. 결과적으로, 다른 차원, 관점, 배경을 성공적으로 결합하는 능력은 다른 목표 시장에 대해 기존의 서비스를 새로운 솔루션으로 결합하는 것을 의미한다.

(4) 적합한 여유 자원을 제공하기

적합한 자원을 제공하는 역량은 조직의 창의성 도구(예, 소프트웨어), 프로세스(예, 아이디어 제출 절차), 새로운 서비스 아이디어의 창출을 위한 자금과 시간의 제공을 포함한다. 그것이 비록 창의성을 추진하는 큰 잠재력을 갖지는 않지만 서비스 혁신을 위한 창의성의 동인으로서 작용할 수 있다.

(5) 창의적 아이디어를 발생시키기

일단 아이디어가 나오도록 올바른 상황이 조성되면 그 아이디어가 발생하도록 만드는 것은 서비스 혁신 상황에서 조직의 중요한 능력이다. 그것은 아이디어라는 새로운 씨앗이 안전하게 나무나 꽃으로 성장할 수 있는 온실 환경을 창출하는 것이다. 그러나 서비스 혁신에서는 아이디어를 입증하고 개발하기 위해 프로토타입의 창출이 어렵다는 점을 고려하여 아이디어 소유자가 초기 생각대로 일하도록 하는 정당한 기회를 부여하고, 그들이 그 아이디어를 즐겁게 실행하는 분위기를 창출하고, 개인적 동기부여와 가이드를 위한 관리지원을 보장하면서, 신뢰가 충만한 멘토링과 아이디어 후원을 제공한다.

(6) 외부에 개방적이기

사회적 자본(social capital)이 중요한 시대에 조직이 외부 영향에 효과적으로 열려 있는 의지와 능력이 필요하다. 그 역량은 외부와 지식교환 스킬, 파트너십 구축, 지적 자산 조달, 네트워킹 등을 포함한다. 여기서, 개방은 개방형 혁신 프랙티스를 따르기 위한 조직 프로세스와 지적 자산의 효과적 적용을 의미한다. 서비스가 외부(고객, 선도 사용자, 재화 공급업체, 지역사회 등)와 고립되어 개발될 수 없기 때문에 이것은 서비스 상황에서 특히 적절하다.

(7) 리스크, 실패, 비판을 수용하기

이 수용의 대상은 리스크, 실패, 건설적 비판을 통해 지속적 개선을 하는 조직의 문화 및 프로세스와 관련된다. 경영층에 의한 위험 수용에 대한 적극적 격려 혹은 성공적이지 못한 프로젝트의 종료에 대한 보상이 그 예이다. 비록 이것이 모든 유형의 혁신(제품, 공정, 서비스 혁신)에 적용할 수 있는 역량일지라도 무형성의 특성으로 인해서 서비스에서도 매우 중요하다.

5.3.2. 서비스 혁신을 위한 동태적 역량

Teece et al.(1997)은 변화하는 비즈니스 환경과 일치하기 위해 기존 역량을 갱신하는 역량으로서 동태적 역량(dynamic capabilities)을 정의하였다. 이것은 조직이 자신의 동태적 역량과 외부 환경 사이의 일치를 추구하는 동안 내부 구조와 그들의 역량을 적합시키는 데 초점을 두도록 요구한다.

동태적 역량 구축은 서비스 혁신을 실행하는 데 결정적이고, 새로운 서비스 제공품을 개발하고, 전달하는 기회를 감지/포착/형성하고, 그 자원기반을 창출하고 재구성하는 조직의 능력과 관련된다. 서비스 혁신을 유지하기 위해 필요한 동태적 역량으로는 서비스 혁신의 구성요소인 비즈니스 네트워크의 창출, 기술적 역량, 고객 참여, 지식 경영, 다른 조직 단위로 구성된 팀 간 커뮤니케이션, 혁신의 실현을 가능하게 하는 협력과 관계 관리와 같은 소프트한 스킬 등이 여러 문헌에서 제안되었다. 또한 기업가적 경각심, 공동 진화적인 학습, 협력적 민첩성, 협력적 혁신 역량, 고객 참여와 같은 동태적 역량이 향상된 서비스 제공품을 전달하는 기업의 능력에 공헌한다. 나아가, 조직 자원과 역량 사이의 전략적 일치가 중요하게 고려되어야 한다.

den Hertog et al.(2010)는 서비스 혁신 전략을 위한 여섯 가지 차원의 프레임워크를 다음의 동태적 역량 관점에서 개발하였다.

(1) 미충족된 사용자 요구사항, 지배적 추세, 신기술 구성을 규정하면서 사용자 니즈와 유망한 기술적 옵션을 발굴
(2) 서비스 청사진을 만들어 서비스 혁신의 모호한 유형을 명시화하고 개념화
(3) 스마트한 서비스 결합을 창출하여 역량을 (탈)꾸러미화
(4) 개방적 서비스 시스템을 체계화하고 행동하여 공동생산하고 조율
(5) 서비스 제공품을 브랜드화하고 소통하여 서비스 혁신을 확산
(6) 서비스 혁신 프로세스를 적용함으로써 학습

5.4. 서비스 혁신을 위한 조직 학습 및 조직 문화 관리

5.4.1. 조직 지식 및 학습 관리

이미 조직 지식과 학습의 중요성이 서비스 혁신에 미치는 영향은 자주 언급된 바 있다. 조직의 지식을 관리하는 것은 혁신의 핵심 동력으로서 간주된다. 실행에 의한 학습(learning-by-doing), 실험(experimentation), 지식 공유, 지식의 명시화(codification of knowledge), 흡수 역량(absorptive capacity)을 통해 얻

은 조직 학습은 지식창출에 결정적이고 이것은 다시 혁신을 이끈다.

조직은 과거 혁신 프로젝트의 지식을 현재 지식으로 통합하고 지속적으로 그들의 지식기반을 확산하여 새로운 아이디어를 발생시키는 공동진화를 달성할 필요가 있다. 이를 위해 서비스 혁신은 제조에서 적용된 표준화된 선형적 R&D 모델보다는 더욱 유연하고 협력적인 지식 교환에 초점을 두는 프로젝트 팀을 통해 개발되고 전개될 필요가 있다. 성공적인 서비스 혁신은 포함된 모든 주체의 지식공유와 지식 재결합 프로세스를 자극하기 위해 조직 간 협력을 촉진하는 조직 구조를 필요로 한다. 또한 다른 프로젝트 네트워크에서 성공한 혁신을 모방하거나 활용하기 위해 모든 서비스 산업에 걸쳐 지식의 이전을 허용한다.

마지막으로, 서비스 혁신을 위해 조직 지식과 학습을 관리하는 데 지식 집약적 비즈니스 서비스(KIBS: Knowledge-Intensive Business Service)의 역할을 고려해야 한다. 기술적, 시장적, 제도적 지식부터 기업의 구체적 요구사항에 이르는 전문화된 지식을 적용하는 KIBS는 혁신 시스템에서 지식원천의 중개자(혹은 문지기(gatekeeper))를 형성한다. KIBS는 그들의 지식 교환과 학습 프로세스를 통해 다른 조직에 투입물을 제공함으로써 그 조직의 혁신을 가능하게 한다. 하지만 KIBS의 참여에는 몇 가지 지식 관련 리스크가 나타날 수도 있다. 예를 들어, 경쟁자에게 민감한 정보의 유출 가능성은 KIBS를 통해 최첨단 지식과 스킬에 접근하는 데 흔히 발생하는 문제점이다. 이 리스크를 통제하기 위해서는 전통적인 강제적 법적 계약을 넘어 사회적 통제 메커니즘인 협력 당사자들 사이의 신뢰를 개발할 필요가 있다.

5.4.2. 서비스 혁신을 위한 조직 문화 창출

서비스 혁신은 조직이 새로운 서비스 개념 혹은 경험을 창출하는 새로운 방법을 포괄하고 가치 네트워크에서 고객 및 다른 이해관계자들과 협력을 통해 달성된다. 따라서 서비스 혁신은 혁신 시스템의 일부분을 형성하는 모든 주체들의 규범, 가치, 윤리적 표준과 그들 사이에서 발생하는 공진화, 사회적 및 정치적 상호작용과 같은 사회문화적 동태성에 의해서도 영향을 받는다.

서비스 혁신의 동태적이고 복잡한 특성이 모든 서비스 혁신 사이클에서 고객 참여의 결과인 협력적 루틴과 공진화 학습 메커니즘을 배양하는 문화를 필요로 한다는 점을 명확히 인식해야 한다. 혁신적 문화는 지속적으로 새로운 아이디어를 발생시키기 위해 필요한 지식 공유와 학습을 촉진하는 비공식적 커뮤니케이션, 긍정적 업무 환경, 협력적 업무협약을 통해 한 조직 내 그리고 여러 조직에 걸쳐 직원들 사이의 창의성을 배양한다.

그러한 문화는 서비스 혁신을 지원하고 유지하는 생태계를 지탱하는 데 긴요하다. Tidd & Hull(2005)은 서비스 혁신을 지원하는 문화를 창출하는 네 가지 유형의 구조들을 제안하였다. 그것은 고객－프로젝트 지향(client－project orientation), 기계적 고객화(mechanistic customization), 혼합적 지식 공유(hybrid knowledge－sharing), 통합된 혁신(integrated innovative)이다.

(1) 고객－프로젝트 지향 구조

동태적인 고객 요구사항을 충족시키는 서비스 혁신을 위해 고객 요구사항에 대해 민첩하고 유연한 상황을 전달하는 프로젝트 관리 접근방법을 취한다.

(2) 기계적 고객화 구조

서비스 혁신 프로세스에서 고객과 공급자의 참여를 통한 표준화와 비용절감을 강조하는 구조를 의미한다.

(3) 혼합적 지식 공유 구조

서비스 혁신과 효율성의 균형을 맞추기 위해 협력적인 그룹 정체성, 팀워크, 지식교환 프랙티스를 사용하는 구조이다.

(4) 통합된 혁신적 조직

비록 비용과 시간의 증가가 발생할지라도 커뮤니케이션과 협력을 촉진하는 유기적 교차기능 팀과 수평적 조직 계층을 통해 서비스 혁신을 배양하는 구조이다.

서비스의 이질성을 고려한다면 이 네 구조 사이에 가장 이상적인 구조는 서비스 조직의 유형과 상황에 의존한다. 이 모든 네 구성들은 고객 관여와 참여뿐만 아니라 동태성과 유연성 문화, 협력, 지식공유를 배양함으로써 서비스 혁신을 촉진한다.

5.5. 서비스 혁신의 성과측정

서비스 혁신의 성과측정은 그 효과적 관리를 위해 중요하다. 제조와 서비스 혁신의 차이점이 존재하기 때문에 혁신이 측정되는 방식 또한 달라져야 한다. 기존의 혁신 문헌은 혁신의 핵심 측정치들로서 대부분 특허의 수(산출물)뿐만 아니라 R&D 활동에 대한 비용지출(투입물)을 포함한다. 그러나 서비스 부문의 매출액 대비 R&D 비율과 특허 관련 활동이 제조 부문에 비해 서비스 혁신에서 차지하는 비중이 훨씬 작기 때문에 이 방법은 결과를 왜곡할 수 있다.

서비스에서 혁신은 지식, 학습과 같은 무형의 자원과 프로세스를 통해 창출된 새로움에 주로 의존한다. 예를 들어, 상표권과 저작권은 서비스 혁신을 유지하는 데 포함된 브랜드와 지적 재산과 같은 무형 자산을 보호하는 도구들이다. 그 결과, 최근에, 서비스 혁신의 무형적 측면을 반영하는 많은 성과 측정치들이 제시되었다. 예를 들어, Agarwal & Selen(2010)은 서비스 혁신을 측정하기 위한 다차원적 프레임워크를 전략적 서비스 제공품, 운영적 서비스 제공품—생산성, 운영적 서비스 제공품—성과의 세 가지 차원으로 제시하였다. 나아가, 그들은 서비스 혁신의 핵심 선도지표로서 네트워크 협력을 추진하는 관계적 자본을 측정할 필요가 있다고 주장하였다.

(1) 전략적으로 향상된 서비스 제공품

- 새로운 서비스 제공품
- 새로운 고객접점 인터페이스
- 새로운 운영 구조
- 새로운 서비스 전달 프로세스
- 기존 서비스 제공품의 서비스 특성의 증가
- 새로운 서비스 제공품의 시장출시 비율 증가
- 새로운 시장 세그먼트와 다른 산업 부문으로 확장

(2) 운영적으로 향상된 서비스 제공품 – 생산성

- 서비스 전달 리드타임의 감소
- 서비스 정시 전달의 증가
- 새로운 서비스 상업화 시간의 감소
- 서비스 거래비용의 감소
- 고객 대기시간의 감소

(3) 운영적으로 향상된 서비스 제공품 – 성과

- 서비스 고객화 수준의 증가
- 시설과 자산 활용의 증가
- 서비스 신뢰성의 향상
- 수요를 충족시키는 능력의 증가
- 고객 만족 수준의 향상
- 고객 보유 수준의 증가
- 조직 브랜드 이미지의 증가
- 고객이 기억할 만한 서비스 경험의 증가

6 흥미로운 기타 이슈

6.1. 신서비스개발

신서비스개발(NSD: New Service Development)은 신제품개발(NPD: New Product Development)과 같이 서비스 혁신을 조직 내에서 구체적으로 실행하기 위한 모든 활동과 절차를 포함한다. 앞서 설명한 바와 같이 서비스 혁신은 아이디어 생성부터 새로운 서비스 제공품의 시장 출시까지 여러 단계를 포함하는 신서비스개발 프로세스를 통해서 달성된다. 여기서, 새로운 서비스를 개발할 때는 핵심 서비스 특성과 그 특성의 디자인뿐만 아니라 고객을 위해 가치를 확장하는 서비스 전달 프로세스에도 관심이 주어질 필요가 있다. 중요한 것은 서비스가 전달되는 동안 직원에게 고객과 함께 학습하고, 혁신하고, 가치를 공동 창출하는 기회를 제공하면서 협력을 위한 기회를 만들어나가야 한다는 것이다. 고객과 인터페이스와 기술적 옵션들은 서비스 디자인과 전달에 중요한 요인들로서 인식되어 왔기 때문이다. 결과적으로, 이 모든 요소 사이의 시너지는 성공적인 서비스 혁신에 중요하다.

6.1.1. 신서비스개발 절차

Scheuing & Johnson(1989)가 제시한 〈그림 5-1〉과 같은 새로운 신서비스개발 프로세스는 새로운 서비스의 목적과 전략을 수립하는 단계에서부터 시작한다. 이후 다양한 원천을 통해서 아이디어를 발굴한 후 어떤 포트폴리오를 선택하여 서비스 개념을 개발할 필요가 있다. 여기서, 새로운 아이디어의 원천은 고객(식당에서 고객의 요청에 의한 메뉴 추가), 현장 직원(정보 수집의 첨병), 고객 데이터베이스(CRM을 이용한 교차판매), 고객 인구통계의 추세(수명연장에 따른 장기요양 서비스), 새로운 기술의 등장(AI에 의한 서비스 로봇의 적용) 등이 있다. 선택된 아이디어는 개념개발과 테스트를 거쳐 비즈니스로서 실행가능성을 위해 사업 타당성분석이 이루어진다. 실행가능성이 검증된 개념은 프로젝트로서 권한이 부여되어 서비스 디자인과 검증, 프로세스 및 시스템 디자인과 검증, 마케팅 및 프로그램 디자인과 검증 후 인력에 대한 훈련 후에 종합적인 서비스 검증에 이어 시범운영과 테스트 마케팅(신제품 등을 판매할 때 미리 특정 지역을 골라 소비자의 선호도 등을 조사·분석하여 전체의 경향을 유추)을 진행한다. 최종적으로 시장에 본격적으로 출시한 후에는 출시 후 평가와 피드백이 수반되는 단계를 거친다.

이러한 NSD 모델은 제조 부문에 적용된 NPD에서 변형되어 적용되었다. 그 결과, 순차적 NPD 접근법과 Stage-Gate® NPD 모델이 서비스에도 자주 적용되었으나 서비스 혁신에 특징적인 고객-공급자 상호작용의 동태적 및 반복적 프로세스를 완전히 포착하지 못한다는 한계점이 지적되기도 한다. 이 한계를 극복하기 위해 몇 아이디어가 제시되었다. 예를 들어, 피드백 루프를 더 많이 도입하고 NSD의 반복적 프로세스를 강조하는 나선형 혹은 상호작용적

마케팅 목표 →	1. 신서비스 목적과 전략의 수립	← 환경분석
내부 원천 →	2. 아이디어 창출	← 외부 원천
	3. 아이디어 선별	
고객 접촉인력 →	4. 개념 개발	← 전망
	5. 개념 검증	
예산 개발 →	6. 비즈니스 분석	← 시장
	7. 프로젝트 승인	
운영 인력 →	8. 서비스 디자인과 검증	← 사용자
운영 인력 →	9. 프로세스 및 시스템 디자인과 검증	
	10. 마케팅 및 프로그램 디자인과 검증	← 사용자
	11. 인력 훈련	
모든 인력 →	12. 서비스 검증과 시범운영	← 사용자
	13. 테스트마케팅	← 사용자
	14. 본격적 출시	
	15. 출시 후 평가와 피드백	

그림 5-1 신서비스개발 절차

모델이 순차적 모델들보다 더 유연하고 효율적인 동시적 서비스 개발 모델로서 제안되고 있다.

6.1.2. 신서비스개발의 성공요인

신서비스개발의 성공요인은 서비스 차원과 새로움의 차원으로 분류하여 살펴볼 수 있다.

(1) 서비스 차원

Froehle & Roth(2007)는 이전에 규정된 혁신 성공요인들을 자원 지향적 NSD 프랙티스와 프로세스 지향적 NSD 프랙티스의 두 그룹으로 구분한다. 그들에 따르면, 혁신에서 성공하기 위해 조직은 두 프랙티스 내의 모든 요인들을 고려해야 한다고 한다. 이처럼 두 그룹을 고려하는 이유는 프로세스 지향적 NSD 프랙티스가 서비스 개발 시 행동을 가이드하고 서비스 조직을 효과적으로 만드는 반면에 자원 지향적 NSD 프랙티스들은 조직의 NSD 역량을 향상시키는 지적, 조직적, 물리적 자원들에 관심을 두고 있기 때문이다.

① 자원 지향적 NSD 프랙티스: 지적 자원, 조직 자원, 물리적 자원
② 프로세스 지향적 NSD 프랙티스: 디자인 단계, 분석 단계, 개발 단계, 출시 단계

한편, Menor & Roth(2007)는 문헌에서 발견된 성공요인들을 다른 차원으로 그룹화하였다. 그것은 다섯 개의 역량으로서 NSD 프로세스 초점, 시장 민감성, NSD 전략, NSD 문화, IT 경험이다. 이 모든 역량이 모두 준비될 때에만 충분한 우월성을 확보할 수 있기 때문에 이들 간의 보완적 영향을 고려하는 것도 중요하다.

(2) 새로움 차원

이 차원은 급진성의 수준과 직접적으로 관련되는 서비스 혁신의 성공요인을 다양하게 제시한다. 이에 대한 연구는 다양한 연구 결과를 제시하고 있다.

첫째, 여섯 가지 수준의 혁신성을 '시장에 새로운 서비스(new to the market services)', '기업에 새로운 서비스(new to the company services)', '새로운 전달 프로세스(new delivery processes)', '서비스 수정(service modifications)', '서비스 라인 확장(service line extensions)', '서비스 재포지셔닝(service repositioning)'으로서 급진적부터 점진적까지 서비스 혁신 수준을 규정할 수 있다. 이러한 서비스 혁신 수준에서 NSD 프로세스 활동, NSD 프로세스 공식성, 교차기능 참여가 모두 높은 수준의 혁신 성과와 동일하게 관련된다. 즉, 서비스 혁신성의 수준에 따라 다른 성공요인이 존재하는 것은 아니고 모든 요인들이 다 중요하다는 개념이다.

둘째, 다양한 수준의 혁신성에 대해 각기 다르게 영향을 미치는 성공요인
들이 존재한다는 것이 주장되기도 한다. 예를 들어, 혁신을 고무하는 조직 문
화는 점진적 혁신보다는 급진적 혁신에 더 의미 있게 관련된다고 주장되고 있
다. 하지만 NSD 프로세스 실행, 운영 시스템/고객 니즈의 구체적 지식에 토대
한 새로운 서비스 개발과 같은 요인들은 점진적 및 급진적 혁신 모두에 중요한
것으로서 규정되기도 한다.

6.1.3. 서비스 유형과 신서비스개발

Jaakkola et al.(2017)은 접촉강도와 기술적 복잡성의 높음과 낮음 수준에
따라 〈그림 5-2〉와 같이 네 개의 유형으로 구분하고 각 특성에 따라 네 개의
서비스를 정의하였다.

기술적 복잡성	
낮음	높음
유형 3 접촉집약적 서비스	유형 4 지식집약적 서비스
유형 1 루틴집약적 서비스	유형 2 기술집약적 서비스

그림 5-2 접촉 강도와 기술적 복잡성에 따른 서비스의 분류

그들은 그 각 서비스 유형별로 NSD의 특징이 차이 나기 때문에 이러한
특성을 반영하여 효과적으로 NSD를 실행해야 한다고 주장하였다. 그 특징을
정리하면 〈표 5-6〉과 같다.

표 5-6 서비스 유형별 신서비스개발 특징

NSD 특징	루틴집약적 서비스	기술집약적 서비스	접촉집약적 서비스	지식집약적 서비스
자원	• NSD에 가장 낮은 투자 • 내부에 초점을 두기 때문에 NSD 전략의 가장 낮은 확산	• NSD에 상대적으로 높은 투자 • NSD 전략의 가장 높은 확산	• NSD에 상대적으로 높은 투자	• NSD에 가장 높은 투자 • NSD 프로젝트에 포함된 가장 많은 수의 내부 당사자들
프랙티스	• 고객/외부 당사자와 가장 낮은 수준의 상호작용과 고객 참여 • 낮은 수준의 공식화된 프로세스의 사용	• 높은 수준의 NSD에 고객 참여 • 높은 수준의 공식화된 프로세스 사용 • 고객과 외부 당사자들과 중간정도의 상호작용	• 높은 수준의 NSD에 고객 참여 • 낮은 수준의 공식화된 프로세스 사용 • 고객과 외부 당사자들과 중간정도의 상호작용	• 고객/외부 당사자와 가장 높은 수준의 상호작용 • 가장 높은 수준의 공식화된 프로세스 사용
방법	• 가장 낮은 수준의 NSD 방법 사용	• 상대적으로 높은 수준의 다목적 NSD 방법 사용	• 상대적으로 높은 수준의 다목적 NSD 방법 사용(비즈니스 모델 캔버스 제외)	• 상대적으로 높은 수준의 다목적 NSD 방법 사용(특히, 서비스 청사진, 비즈니스 모델 캔버스)
결과	• 신서비스로부터 가장 낮은 매출	• 신서비스로부터 조금 낮은 매출	• 신서비스로부터 두 번째 높은 매출	• 신서비스로부터 가장 높은 매출

6.2. 린(Lean) 서비스 혁신

린 서비스 혁신은 서비스 부문에 식스 시그마(six sigma)의 개념을 도입한다. 고객에게 가치를 제공하는 가치흐름을 분석하여 고객 만족, 품질, 생산성, 수익을 증가시키고 더 많은 고객에게 서비스하기 위해 낭비를 줄이고 성과의 변동성을 줄이는 목적으로 린 서비스 혁신이 제품 부문의 린 식스 시그마의 기본 철학과 방법들을 응용할 수 있다.

사용가치(value-in-use)는 가치가 고객에 의해 독특하고 현상학적으로 인식되고 결정된다는 것을 반영한다. 이러한 사용가치는 서비스 혁신이 사회 시스템에 내재되기 때문에 집합적인 사회적 상황의 부분으로서 이해되어야 한다. 이케아(IKEA)는 문화적 상황과 생애주기 단계(아이들이 있는 가족과 없는 가족, 노인, 장애인 등)를 포함하여 일상적 사람의 삶에 대해 학습하는 방법을 적극 개발하고 있다. 그 결과, 초점을 제공된 제품이 아니라 어떻게 고객이 가정 내 소비 상황에서 그 제품을 사용할 수 있는가를 중시한다. 즉, 단지 고객에게 어떤 아이디어가 있는지를 질문하는 것은 충분하지 않고 대신에 그들이 자신의 일상 환경에서 실험화와 문제해결에 자신을 참여시켜 작동시키도록 해야 한다는 것이다.

Ojasalo et al.(2015)에 의하면 이것을 반영하여 린 서비스 혁신은 다음의 단계로 이루어진다고 제안한다.

(1) 깊이 있는 고객 이해와 공동창출

린 서비스 혁신의 전체 프로세스는 심도 있는 고객 이해와 공동디자인을 얻기 위한 시도에 의해 선도된다. 이를 위해 고객의 일상생활, 일상생활의 세부사항, 고객이 살아가거나 비즈니스를 운영하는 세계에 대한 이해가 필요하다.

(2) 예비 니즈와 문제 규명

혁신 프로세스는 고객 니즈와 문제의 예비적 규명에서 시작한다. 이것은 비즈니스 환경의 변화, 신기술의 등장, 고객 불평 등에 기초하여 나타난다.

(3) 솔루션 아디이어

어떤 솔루션을 위한 아이디어를 제안한다. 이 중에서 개발에 가장 유망한 것을 선택하게 된다.

(4) 솔루션 개발

고객 및 다른 이해 당사자들과 합리적으로 검증할 수 있는 솔루션을 디자인한다. 그 솔루션은 점진적 개선으로 나타나고 다음 수준의 버전으로 결과된다.

(5) 고객 및 다른 이해당사자들과 실험하고 신속한 프로토타이핑 개발

솔루션의 현재 버전이 실제 고객에게 검증받는다. 그 목적은 제안된 솔루션이 어떻게 고객 니즈와 문제에 대해 반응하는지에 대한 심도 있는 고객 통찰을 얻기 위함이다. 가능한 한 신속한 실험화와 프로토타이핑을 만들 필요가 있다.

(6) 평가

이전 단계의 모든 학습을 조심스럽게 분석한 후 혁신 프로세스를 진행하는 방법에 대한 의사결정이 이루어진다. 여기서, 세 가지 선택사항이 이용가능하다. 첫째, 이 프로세스가 개발 단계로 되돌아가 검증과 실험화의 경험이 솔루션의 현재 버전을 향상시키기 위해 사용된다. 둘째, 솔루션 아이디어가 실제 본격적 실행에 준비된 것으로 판명된다. 셋째, 목적과 향후 개발에 너무 부적합한 것으로 판명된다.

(7) 학습과 개선루프(Feedback loop)

고객 및 다른 이해관계자들과 솔루션 개발, 실험화, 신속한 프로토타이핑, 평가 단계의 반복된 시퀀스를 의미한다. 이 루프가 린 서비스(lean service)의 핵심으로서 서비스 혁신을 린으로 만든다.

(8) 본격적 실행

전체 린 서비스 혁신 프로세스는 점진적 실행으로서 이해되나 새로운 서비스가 비즈니스 목적뿐만 아니라 고객 가치를 충족시키는 데 충분히 개발된다고 확신하면 시장에서 본격적 실행을 위한 준비가 이루어진다.

(9) 폐기

만약 기업이 어떤 아이디어를 고객에게 가치를 제공하고 이익을 창출하는 서비스로 개발할 수 없다면 그 아이디어는 폐기한다. 어떤 솔루션 아이디어가 폐기되면 그 프로세스는 솔루션 아이디어 단계로 돌아가고 다른 아이디어가 향후 계속 개발된다.

6.3. 서비스 디자인

6.3.1. 개념

서비스 디자인(service design)은 서비스가 사용가능하고, 유용하고, 바람직하고, 효과적이 되도록 사람, 정보, 기술, 가구, 공간 사이의 상호작용을 디자인하는 사고방식과 프로세스를 의미한다. 성공적인 서비스 디자인을 위해서는 비즈니스＋경험＋기술이 삼위일체가 되어야 한다. 애플 스토어(Apple Store)의 목표는 도서관과 같은 공동장소가 되고 구매 경험이 아니라 소유 경험을 지원하자는 것이다. 이를 달성하기 위해 애플은 Space＋Services라는 이름하에 '보드룸', '크리에이티브', '수업', '지니어스 바(Genius Bar)', '모바일 체크아웃' 등을 운영하고 있다.

6.3.2. 방법론

(1) 서비스 디자인 진행 프로세스

서비스 디자인 진행을 위한 전반적인 과정을 설명하는 영국 디자인 카운슬(design council)의 더블 다이아몬드(double diamond) 모델이 유명하다.

이 모델은 진행 프로세스를 발견, 정의, 개발, 전달이라는 네 가지 단계로서 표현하고 있다. 발견은 디자인을 통해서 다루어지는 문제, 기회, 니즈와 원츠를 규명하고 솔루션을 정의하고 열망과 통찰로서 풍부한 지식 자원을 구축

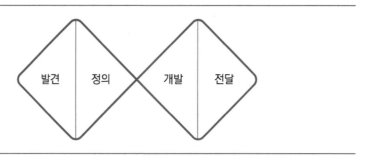

그림 5-3 영국 디자인 카운슬의 더블 다이아몬드 모델

하는 단계이다. 정의는 문제점 재정의, 요구사항 정리, 데이터 분석, 핵심 아이디어 도출과 같은 발견 단계의 산출물을 분석하고 결과물을 몇 가지 기회로 종합하며, 모든 이해관계자에 의해 명확한 개요를 도출하는 단계이다. 개발은 실행을 위해 사전 설명을 제안하는 단계로서 서비스 구성요소를 구체적이고 전체 경험의 한 부분으로서 디자인하고 최종 사용자와 개념을 반복적으로 테스트한다. 마지막으로 전달은 제품과 서비스를 출시하고 고객 피드백 메커니즘이 올바로 작동하도록 보장하며, 조직 내에 개발 프로세스의 교훈을 공유하는 단계이다.

이 모델의 디자인 원칙은 다음과 같다.

첫째, 사람을 첫 번째로 두라. 서비스, 니즈, 강점, 갈망을 사용하여 사람에 대한 이해로 시작하라는 의미이다.

둘째, 시각적이고 포괄적으로 소통하라. 사람이 문제와 아이디어에 대해 이해를 공유하도록 지원하라는 의미이다.

셋째, 협력하고 공동창출하라. 함께 일하고 다른 사람들이 하는 것에 의해 영감을 얻으라는 의미이다.

넷째, 반복, 반복, 반복하라. 초기에 당신의 아이디어에서 실수를 발견하고 리스크를 피하고 확신을 구축하라는 의미이다.

(2) 도구 및 방법론

디자인 사고 방법론이 서비스 논리 혁신 프로세스에 내재하는 것을 돕기 때문에 서비스 디자인 역량은 혁신을 위한 핵심 자산이다. 몇 가지 방법론들이 새로운 서비스의 디자인과 개발을 돕기 위해 제안되었다.

더블 다이아몬드 디자인 프로세스에 기초하여 그 도구 및 방법론을 나열하면 다음과 같다.

① 발견을 위한 도구

◆ 사용자 여정 매핑(user journey mapping)

이 도구는 서비스의 핵심 요소를 규명, 시간에 따른 모든 다른 요소들 간의 연계를 이해, 서비스에서 문제영역 혹은 새로운 것들이 추가되는 영역을 규명, 다른 유형의 사용자들과 공감을 창출하는 목적을 갖는다. 이 방법론은 공간/서비스를 통해서 어떤 개인(즉, 페르소나(persona))이 서비스를 어떻게 사용하고 이동하는지를 묘사한다. 여기에는 제공자와 페르소나가 상호작용과 지원을 필요로 하는 접점(touchpoints)을 설명하는 것이 포함되고 사전 서비스/서비스/사후 서비스라는 시간이 필수적으로 고려된다. 여정 맵은 유인(entice), 입장(enter), 관여(engage), 이탈(exit), 확장(extend)이라는 시간 순서대로 다섯 가지 요소 차원에서 맵을 작성할 수 있는데 각 차원에서 고객의 여정을 시각적 그림 형태로 나타낼 수 있다.

식당의 예를 들어 설명하면 다음과 같다.

- 유인: 고객의 미팅 약속 혹은 배고픔 해소 혹은 식당 외관 등→외부에 전시한 메뉴 확인→입장 결정→입장으로 연결
- 입장: 식당 진입→직원과 인사→좌석 안내→착석→관여로 연결
- 관여: 메뉴 전달→주문→식사→반찬 추가 요청→이탈로 연결
- 이탈: 식사 후 계산→현금 혹은 카드→영수증 전달→작별 인사→확장으로 연결
- 확장: 음식에 대한 평가 요청→향후 경품제공을 위한 명함 확보→식당 명함 제공→맛에 대한 온라인 리뷰 요청

◆ 사용자 일기(user diaries)

이 방법은 실제 사용자 니즈에 대한 정보 수집, 다른 사람의 경험을 이해하고 공감, 장기간 사용자의 생활에 대한 느낌을 얻는 목적으로 사용된다. 이를 위해 세 가지 주요 섹션으로 구성된 일기장을 작성할 수 있다.

- 배경 정보: 사용자의 이름, 나이, 직업, 주소, 가족, 취미, 좋아하는 것과 싫어하는 것 등을 포함한다.
- 일기: 일반적 일기와 같이 일정 기간 동안에 사용자가 완료한 어떤 일에 대한 내용으로서 사진과 동영상을 문서에 포함시키는 것도 바람직하다.
- 추가 질문: 사용자들이 특정 주제에 대해 더 많은 통찰을 얻도록 질문을 던짐으로써 추가 정보를 얻는다.

◆ 서비스 사파리(service safari)

이 방법은 실제 세계에서 서비스에 대한 정보를 얻고 좋은 서비스 경험을 만드는 목적을 갖는다. 디자이너들은 어떤 서비스 경험이 좋은지를 파악하기 위해 현장(예, 점포, 매장)에 가서 서비스를 직접 경험한다. 이러한 경험을 공유하고 종합하여 뛰어난 서비스 경험을 만드는 것을 종합적으로 정의한다.

◆ 사용자 새도우잉(user shadowing)

이 방법은 실제 사용자 니즈와 원츠에 대한 정보를 얻고, 다른 사람의 경험을 이해하며 공감하고, 상호작용과 접점과 같은 서비스의 부분을 이해하고, 서비스 혁신을 위한 장애요소와 기회를 규명하는 역할을 한다. 즉, 사용자의 니즈를 규명하고 그들의 일상생활을 이해하기 위해 적절한 사람을 선정한 후 그들을 그림자처럼 따라다니며 직접 관찰한 후 사진, 그림, 동영상 등의 문서를 작성하여 공유하는 방식이다.

② 정의를 위한 도구

◆ 사용자 페르소나(user personas)

페르소나는 라틴어로서 자아가 사회적 지위나 가치관에 의해 타인에게 투사된 성격을 의미한다. 서비스 디자인에서는 전형적 사용자들의 서로 다른 동기, 행동, 기대를 나타내는 페르소나에 대해 아는 것을 종합화한 것을 말한다. 그 목적은 이해하기 쉬운 형태로 사용자 연구를 패키지화, 디자인 개발 동안 사용자의 니즈에 초점 유지, 이 니즈에 대한 아이디어와 서비스 개념을 테스트하고 평가하는 것에 있다.

구체적으로 다음의 요소들이 포함된다.

- 이름: 그/그녀의 이름과 상징하는 핵심단어(예, 혁신자, 개척자, 연구자, 외로운 사람, 외향적 성격 보유자, 목소리가 큰 사람 등)
- 인구통계적 특징: 그/그녀의 특성(나이, 소속, 직위, 자택 주소 등)을 기술
- 동기: 무엇이 이 사람을 이끄는가? 그/그녀의 목표는?
- 행동: 그/그녀는 시간을 어디서, 어떻게, 누구와, 무엇을 하며 소비하는가?

- 기대: 그/그녀는 당신의 공간/서비스에서 당신으로부터 무엇을 기대하는가?
- 자원: 그/그녀가 서비스 업무가 수행되기 위해 필요한 자원은 무엇인가? 어떤 것이 그/그녀의 것이고 어떤 것이 당신이 제공하는 것인가?

◆ 브레인스토밍(brainstorming)

이 방법은 많은 잠재적 아이디어를 발생시키고, 추가로 개발하기 위해 핵심 아이디어를 규명하고, 어떤 주제의 잠재적 기회에 대한 이해를 공유하는 데 그 목적이 있다. 대안적 솔루션과 기회를 만들고 흥미롭고 중요한 아이디어를 규명하기 위해 그룹이 모여 풍부한 토론을 한다. 그러나 너무 많은 사람이 너무 오랫동안 모이는 것은 전형적 사고패턴을 깨기 어렵기 때문에 바람직하지 않고 1시간 내 다양한 스킬과 관점을 가진 최대 12명 정도가 바람직하다. 또한 한 번의 세션이 아니라 여러 번의 세션이 각 하위 주제에 대해 수행될 필요가 있고 동일한 주제에 대해 복수의 그룹이 토론할 필요도 있다.

브레인스토밍을 수행하는 데 명심해야 할 규칙은 다음과 같다.

- 판단 혹은 결정을 미리하지 말고 지연시켜라.
- 타인들의 아이디어에 기반하라.
- 주제에 초점을 두어라.
- 한번에 한 대화만 하라.
- 폭넓은 아이디어를 격려하라.

◆ 디자인 브리프(design brief)

다루어지는 문제 혹은 도전을 정의하고, 개발 단계에서 디자인을 위한 준거점을 제공하고, 계획을 제공하는 목적으로 수행된다. 이 브리프는 목표, 제약, 예산, 시간대를 요약하는 구조적인 기술서의 형태를 갖는다.

③ 개발을 위한 도구

◆ 서비스 청사진(service blueprinting)

Shostack(1977, 1982)이 서비스를 디자인하기 위한 방법론으로서 개발한 서비스 청사진은 전체 서비스의 전달 시스템과 흐름을 다양한 구성요소들 간에 시각적으로 보여주는 것이다. 이 방법론은 청사진이 가능한 실패 포인트를 고립시키고 과정(혹은 서비스 여정)을 위한 시간 프레임을 구축하면서 서비스를 구성하는 프로세스들을 규명하는 서비스 과정을 상세히 나타내는 것이다. 그러나 이 방법의 단점은 기본적 청사진 모델이 고객 활동의 차이를 완전히 설명하지 못한다는 것이다. 예를 들어, 고객이 프로세스에서 능동적인지 혹은 수동적인지는 반영하지 못한다. 이 도구는 사용자 여정 매핑과 유사하나 청사진은 기존의 서비스가 아닌 미래 서비스를 그린다는 차이점을 갖는다. 서비스 프로세스 관리에서 더 자세한 설명이 뒤따른다.

◆ **경험 프로토타이핑**(experience prototyping)

Buchenau & Suri(2000)는 서비스 디자인과 전달에 관계가 있는 모든 당사자들을 포함하는 시제품의 형태로서 경험 프로토타이핑의 사용을 제안하였다. 서비스에서는 비경제성 혹은 제조의 실행불가능성, 그리고 사용자가 필요한 시기에 직면할 상황의 비반복가능성 때문에 규모를 확대할 수 있는 소규모의 모델을 구축하는 것이 불가능하게 되는데 이 도구는 이러한 경험을 반영하여 서비스 시제품을 만드는 것을 도와준다. 그 목적은 구체적 접점 혹은 상호작용을 디자인하고 테스트, 서비스가 사용자의 니즈를 충족시키는지 사용자 니즈가 어떻게 향상되는지를 발견, 서비스가 이해관계자(제공자, 현장 직원, 파트너, 고객 등)에게 전달할 편익과 경험을 소통, 잠재적 사용자로부터 피드백 수집을 달성하는 데 있다.

이 방법론은 공간과 인력배치의 디자인에 대한 정보를 알기 위해 실물크기의 모형(mock-up), 역할 플레이(role play), 단기 파일럿(pilot) 프로그램을 통해 수행될 수 있으며, 서비스 청사진 개념을 테스트하고 개선, 질문에 답변, 피드백 수집, 잠재적인 새로운 공간과 서비스에 대한 사용자들의 준비를 지원하기 위한 파일럿 혹은 실험을 구축하는 활동을 한다. 이를 위해서는 사전에 다음의 질문에 대한 답을 할 필요가 있다.

- 가설: 어떤 질문이 답해지는 중인가?
- 사용자: 그것(공간과 서비스)은 누구를 위한 것인가?
- 위치: 그것은 어디서 발생하는 중인가?

- 기간: 얼마나 오랫동안 진행되는가?
- 임무: 그것을 위해 당신은 어떻게 할 것인가?
- 인력배치: 인력의 관점에서 누가 그것을 하는 중인가?
- 평가: 당신은 그것을 어떻게 평가하는 중인가?

◆ 비즈니스 모델 캔버스(business model canvas)

Alex Osterwalder에 의해 개발된 비즈니스 모델을 설명하고 제안하는 인기 있는 시각적 도구이다. 그 목적은 경험 프로토타이핑과 동일하다. 〈그림 5-4〉와 같은 캔버스에 핵심 파트너, 핵심 활동, 핵심 자원, 가치 명제, 고객 관계, 유통 경로, 고객 세그먼트, 비용 구조, 수익 흐름의 아홉 개 관점에서 중요한 포인트를 정리하여 시각적으로 종합화한 비즈니스 모델을 구축한다.

그림 5-4 비즈니스 모델 캔버스

④ 전달을 위한 도구

◆ 디자인 시나리오(design scenarios)

이 도구의 목적은 잠재적 미래 서비스 혹은 상황에 대한 이해를 공유, 개발 중인 특정 서비스의 사용 사례를 기술, 의사결정을 지원하는 중요한 동인들에 기초한 미래 비전을 창출하는 데 있다. 작은 팀에 기초하여 발생가능한 미래 혹은 미래 집합에 대한 사건들을 시나리오 형태로 창출하여 의미 있는 토론을 가능하게 한다.

(3) 서비스 디자인 성공 사례

① Deutsche Bank

혁신적인 은행 서비스를 위해 창구와 대기공간으로 분리되던 전형적인 공간 대신에 살롱이나 바와 같은 분위기로 전환

② Holiday Inn의 HUB

호텔이 단순히 머무는 공간이 아닌 다른 사람과의 만남의 공간으로 발전하도록 다양한 공간 및 환경을 설계

③ 애플의 지니어스 바

제품 구매 이후 고객관의 관계를 강화해 주는 서비스를 제공하기 위해 제품 문의, 사용법 및 무상수리, 유상수리 등 애플에 대한 관련 사항을 모두 제공해 주는 애플 스토어 내 서비스 센터

④ 서울 아산병원

이노베이션 센터를 통해 병원 내 고객의 경험을 다시 디자인하여 고객 중심의 의료 서비스를 제공하였다. 예를 들어, 수술 대기실에서 수술 전 환자가 느끼는 불안감을 줄이기 위해 수술 대기실 디자인 개선 프로젝트를 진행하여 대기시간을 환자와 간호사가 체크하고 조명의 밝기를 줄이면서 편안함 음악과 의료진이 환자의 뒤편으로 이동하는 동선에 기초하여 복잡함을 줄이도록 노력

⑤ 서울시 범죄예방 서비스 디자인

골목길의 범죄예방을 위해 전봇대에 비상벨 설치, 길바닥에 어린이 바닥놀이터 형성, 담에 커뮤니티 아트, 지킴이 집에 조명, 골목에 운동기구와 담에 디자인 안전펜스 설치

6.4 아키텍처에 의한 서비스 혁신

제조에서 활발히 활용되고 있는 모듈과 아키텍처 혁신의 개념을 서비스 부문에도 적용할 수 있다. 먼저 제조에서 적용되어온 기본 개념을 이해하고 서비스에서 그 개념이 어떻게 활용될 수 있는지를 파악할 필요가 있다.

6.4.1. 제조에서 기본 개념

(1) 아키텍처

아키텍처(architecture)와 모듈(module)이라는 개념은 제조 부문에서 먼저 적용된 개념이다. 제품 아키텍처는 기능적 요소들을 물리적 구성요소들과 그 구성요소들 사이의 상호작용과 연결시키면서 많은 물리적 구성요소들로 어떤 제품의 기능적 요소들을 배열하는 것을 의미한다. 다시 말해, 어떤 제품의 기능이 물리적 구성요소들로 배분되는 체계로서 정의될 수 있다. 이러한 아키텍처는 두 가지 방식으로 세분화되어 구체적으로 정의될 수 있다. 첫째, 디자이너에 의해 제품 혹은 공정 디자인의 전체 기능성(functionality)이 개별 기능적 구성요소들로 분해되는 방식이다. 둘째, 시스템 디자인의 전체 기능성을 제공하기 위해 개별 기능적 구성요소들이 상호작용하는 방식을 규정짓는 하나의 시스템을 구축하는 방식이다. 이러한 아키텍처는 프로세스와 공급사슬이라는 두 가지 영역뿐만 아니라 제품 모듈성, 구성요소 복잡성, 제품 플랫폼, 느슨하게 결합된 인터페이스, 구성요소 공통성, 구성요소의 수라는 여섯 차원을 갖는다.

(2) 모듈

모듈성(modularity)은 주어진 제품 아키텍처 내 구성요소들 간의 공유된 인터페이스들이 제품 패밀리 간 구성요소들의 더 큰 재사용성과 공통성(혹은 공유)을 허용하기 위해 표준화되고 규격화된 체계를 의미한다. 모듈은 이 모듈성의 기본 단위이다. 이 모듈성은 재결합을 통해 고객화를 위한 기반을 제공하고, 재결합으로서 범위와 규모의 경제를 산출하고, 특정 모듈의 아웃소싱을 촉진하기 위해 제품을 구조화하는 것을 지원하는 여러 편익을 제공한다. 이를 위해 제품 아키텍처의 모듈성에 관련한 의사결정은 어떤 시스템들이 공통성을 갖도록 분해되는 방식, 결합되어 사용되기 위한 구성요소들의 선택, 이 구성요소들이 서로 연결되는 방식과 관련되어 주로 이루어진다.

이러한 아키텍처 혁신은 급진적 혁신의 동인으로서 주장된다. 모듈성의 실행은 아키텍처 혁신을 대표할 수 있고 서비스 제공품 수준에서 모듈성을 도입함으로써 아키텍처 서비스 혁신이 가능해진다. 특히, 순수한 서비스나 순수한 제품이 아닌 혼합된 제공품(즉, 서비스 패키지)에서 모듈성과 플랫폼 기반 접근법은 통합된 솔루션 비즈니스 모델(PSS 시스템 포함)과 제조의 서비스화(servitization)에 관여하는 기업에게 매우 중요하다.

(3) 모듈적 제조 프로세스

제조 프로세스를 모듈적으로 조직화하게 되면 표준화와 유연성(혹은 고객화)의 장점들을 결합할 수 있다. 일반적으로 모듈성에 기반한 제조는 제품 모듈성, 동태적 팀 형성, 프로세스 모듈성이라는 세 가지 요소들을 제안한다. 여기서, 프로세스 모듈성은 모듈이 쉽게 재순서화될 수 있고 새로운 모듈이 변화하는 제품 요구사항에 대응하여 재빨리 추가될 수 있기 때문에 제조 프로세스 모듈을 표준화하는 프랙티스이다. 제조 부문의 제조 프로세스 순서에서 일반적 원칙은 표준화된 프로세스들이 우선 주문되어야 하고 나중에 가장 비용효과적인 고객화를 허용하기 위해 고객화와 관련된 하위 프로세스들이 발생해야 한다. 그러나 모듈적 제품 아키텍처는 전형적으로 표준화된 인터페이스를 갖는 구성요소들을 가지며, 이것은 구성요소들의 결합(coupling)을 가능하게 하여 다시 대량 고객화를 촉진한다. 여기서, 대량 고객화(mass customization)는 고객의 개별 니즈를 충족시키는 제품과 서비스의 대량 생산을 강조하는 개념이다. 이러한 대량 고객화는 구성요소들이 다양한 최종 제품과 서비스로 구성되는 것을 허용하기 때문에 모듈성으로 달성될 수 있다.

(4) 결합

결합(coupling)의 정도는 제품 아키텍처를 구성하는 구성요소와 인터페이스(상호작용)가 얼마나 단단하게(혹은 느슨하게) 함께 연결되는지를 나타내는 지표이다. 시스템의 구성요소들이 함께 연결(결합)될지라도 그들은 어느 정도 상호의존성을 갖는다. 그러나 그들의 상호관계가 그 시스템의 더 작은 단위 혹은 모듈로 어느 정도 분해되는 것을 허용하기 때문에 연결이 느슨해질 수 있다. 복잡한 시스템은 많은 독립적 구성요소들이 그들 사이에 상대적으로 많은 관계를 갖는 계층들(예, 하위 시스템, 모듈, 하위 모듈)로 구분될 수 있기 때문에 각 구성요소의 행태는 다른 구성요소의 행태에 의존한다.

(5) 공통성

공통성(commonality) 공유는 여러 제품들에 걸친 어떤 한 구성요소의 동일한 버전의 사용을 의미한다. 그것은 유사한 제품의 패밀리(family: 군집)들이 유사한 구성요소들을 갖는다는 사실에 의존하는 제품기반 전략이다. 이러한 구성요소 공유의 장점은 규모의 경제(표준 구성요소들로부터), 범위의 경제(독특한 구성요소들로부터), 빠른 제품개발, 생산을 위한 단축된 리드타임, 신속한 시장 진입 시간을 포함한다.

(6) 플랫폼

플랫폼(platform)은 어떤 아키텍처를 구체화한 것으로서 네트워크 사용자들의 상호작용을 촉진하는 제품, 서비스, 인프라를 위한 디자인으로서 정의된다. 어떤 플랫폼의 핵심은 제품 아키텍처를 구성하는 구성요소들과 인터페이스들의 조직화에 있다. 이러한 플랫폼 전략은 대량 고객화를 실현하기 위한 수단으로서 간주된다.

6.4.2. 서비스 아키텍처

(1) 아키텍처와 모듈 분류

제품 아키텍처의 최고 수준이 제품 그 자체인 반면에 서비스 아키텍처의 최고 수준은 서비스가 아닌 산업으로서 간주된다. 서비스 시스템은 산업 수준에서 시작하여 이산적인 서비스 모듈로서 생각할 수 있는 것까지 각 수준에서 분석할 수 있다. 예를 들어, Voss & Hsuan(2009)이 제시한 〈그림 5-5〉의 해양 크루즈 서비스를 고려해 보자. 이 서비스의 모듈이 오직 네 가지로만 분류되다고 가정하면 그 산업의 서비스 모듈은 아래와 같은 이산적 모듈로 정의될 수 있다.

0. 산업(Industry)
1. 서비스 기업/공급사슬(Service company/supply chain)
2. 서비스 묶음(Service bundle)
3. 서비스 패키지/구성요소(Service package/component)

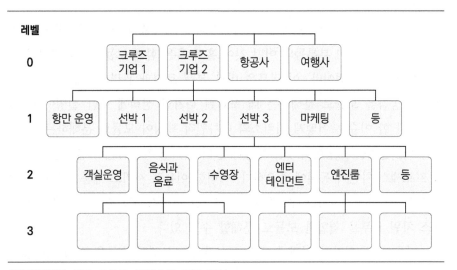

그림 5-5 해양 크루즈 서비스의 모듈 구분

수준 0에서 해양 크루즈 산업에 속하는 요소들은 크루즈 기업 1, 2와 항공사, 여행사 등이 있고 서비스 기업과 공급사슬로 구성되는 수준 1에는 항만 운영, 크루즈 선박, 마케팅 등이 있다. 서비스 패키지에 해당하는 수준 2는 승무원 운영, 음식과 음료, 수영장, 엔터테인먼트, 엔진 룸 등이 있다. 서비스 패키지와 구성요소로 이루어진 마지막 수준 3(4단계로 정의를 하자고 했기 때문임)의 예는 〈표 5-7〉과 같다.

표 5-7 해양 크루즈 서비스 패키지의 구성요소

레스토랑	풀	엔진 룸	승무원 운영
부엌	물 청소	유지	시설 관리
웨이터	구조원	모니터링	세탁
소믈리에	바(bar)	통제	룸 서비스
세탁	주방	청소 등	와이파이 연결
호스티스	태닝 제품 등		안전 등
메뉴 등			

(2) 모듈 분해 논리

서비스 모듈화에서 중요한 질문은 서비스 제공품의 개별 부분들(즉, 구성요소)을 규정하고 이 부분들의 어떤 것이 홀로 혹은 함께 모듈로서 디자인될 수 있는가에 대한 방법이다. 이 질문은 바로 분해 로직과 관련되는데, 이것은 서비스 제공품을 모듈로 분해하는 데 포함된 디자인 선택에 대한 설명이다. 이 논쟁에서 한 이슈는 어떻게 서비스의 다차원적 특성이 모듈로 분해하는 데 영향을 미치는지를 포함한다. 즉, 제품과 달리 서비스 제공품은 산출물뿐만 아니라 프로세스 차원이 동시에 중요하다. 이러한 이유로 서비스 제품 모듈과 서비스 프로세스 모듈 사이를 구분할 수도 있지만 서비스 제공품을 산출물과 프로세스 차원 모두를 결합한 모듈로 분해할 수도 있다.

다른 분해 디자인 선택에 대한 의사결정은 분해의 수준을 설정하는 것이다. 예를 들어, Voss & Hsuan(2009)이 앞서 제시한 바와 같이 산업, 서비스 기업, 서비스 패키지, 서비스 구성요소라는 네 가지 분해 수준을 선택할 수 있다. 또한 서비스 패밀리, 서비스, 모듈, 구성요소, 특성들로 분해하는 것도 가능하다. 결과적으로, 분해 논리와 관련하여 유용한 방법론은 다음의 두 가지를 동시에 충족시키는 것이다. 첫째, 모듈로서 개념화될 수 있는 독립적인 기능 부분 내의 상호의존성을 캡슐화(즉, 부분들을 하나로 묶는다)한다. 둘째, 이 모듈 간의 상호의존성을 최소화한다. 이 방법의 장점으로는 첫째, 모듈로 분해된 서비스들은 전체 디자인에 영향을 미치지 않고 모듈 내에서 최적화될 가능성이 있어 디자인 복잡성을 줄이는 것을 도와준다. 둘째, 최소화된 상호의존성은 표준화된 인터페이스(예, 서비스 구성요소들과 서비스 제공자들의 유연한 배열, 상호연결, 상

호의존성을 지배하는 규칙 및 가이드라인들의 집합)를 허용하여 조정비용을 줄인다. 셋째, 각 모듈이 차별적이고 이질적인 서비스 기능을 나타내기 때문에 분리된 모듈은 특정 고객 요구를 충족시키기 위해 유연하고 효율적으로 재결합될 수 있다.

모듈 방식 분해 논리의 구체적인 단계는 다음과 같다.

① 분해될 서비스 제공품의 경계를 정의

서비스 제공품의 경계는 산출물(전달되는 것)과 프로세스 차원(어떻게 그 서비스가 전달되는지) 모두를 언급한다. 산출물 차원은 제공되는 유형 및 무형의 서비스 패키지를 나타내고, 서비스 제공자가 존재하고, 고객이 서비스 조직을 방문하는 이유를 반영한다. 프로세스 차원은 서비스 제공자와 고객 사이의 상호작용과 고객 투입물을 서비스 산출물로 전환하기 위해 수행될 필요가 있는 활동들을 의미한다(예, 서비스 생산 및 전달). 따라서, 이 첫 번째 분해 단계는 산출물 지향, 프로세스 지향 혹은 산출물과 프로세스 지향의 결합일 수 있는 '분해 지향'에 대해 디자인 선택을 하는 것을 의미한다.

② 기능부분들이 규정될 분해 수준(들)을 결정

분해에서 두 번째 단계는 정의된 서비스 제공품 내에서 하위 시스템을 규명하는 것이다. 여기서, 기능 부분들이 다양한 분해 수준에서 정의될 수 있기 때문에 디자인 선택이 이루어져야 한다. 기능 부분들은 전체 서비스 제공품 수준(예, 사람들이 우울증 극복하는 것을 돕기) 혹은 세부 활동 수준(예, 운동을 가르치기)에서 수립될 수 있다. 서비스 제공품을 분해하는 데 있어서 디자인 선택은 모듈이 될 수 있는 분해 수준의 후보가 되는 기능 부분들을 규정하는 것이다.

③ 관련한 상호의존성을 규명하고 그들을 고립

모듈러 서비스 분해에서 세 번째 단계는 모듈 간에 상호의존성이 최소화되는 것을 보장하기 위해 상호의존성을 분석하는 것을 포함한다. 이 분해 단계는 부분들의 행태가 상대적으로 독립적이어야 하기 때문에 최소한의 분해가능한 수준까지 이루어져야 한다. 한편, 의존성 패턴은 세 가지 다른 의존성 유형인 집합된, 순차적인, 호혜적인이라는 계층적 유형에 토대하여 분석할 수 있다.

집합된 의존성은 공통 자원에 의존하는 동안 각 부분 혹은 모듈이 완전히 독립적 기능들을 이행한다는 의존성의 가장 느슨한 형태이다. 순차적 의존성은 한 모듈의 산출물이 다른 모듈의 투입물일 때 발생한다. 호혜적 의존성은 가장 복잡한 형태로서 순차적 의존성과 유사하나 순환적 효과를 갖는다.

(3) 서비스 분해 사례

① 우편 및 소포 서비스

- 분해: 1 수준−편지, e−post(인터넷 우체국), 소포, 저장/2 수준−1 수준 각각은 다시 활동(인쇄, 수합, 분류, 이동)과 전달 유형에 관한 선택 옵션(전자배송, 가정배송, 수합, 직접유통)으로 분해
- 분해 지향: 서비스 산출물과 프로세스
- 분해 수준: 2
- 분해된 부분 사이의 의존성 패턴: 1 수준−집합된 의존성/2 수준−순차적인 의존성

② 고령층 홈케어 서비스

- 분해: 다른 서비스 유형(힘든 가정 업무 지원, 목욕과 옷 입기 지원, 식사 지원, 재무 조언, 집수리 지원)으로 분류
- 분해 지향: 산출물
- 분해 수준: 1
- 분해된 부분들 사이의 의존성 패턴: 집합된 의존성

③ 레스토랑 서비스

- 분해: 1 수준−서비스 프로세스는 활동으로 분해되고 동시에 시설, 지원 프로세스, 관리 프로세스가 또한 이 분해의 부분/2 수준−폭넓은 범위의 부분들이 상호의존성 패턴(예, 일반 관리, 재고 관리, 지불, 고객 안내, 고객 관리, 주문 관리, 실제 서비스)과 모듈 동인들(시설, 대기 관리, 환영 프로세스, 지점 관리, 재고 관리, 교육, 일반 관리, 서빙)에 기초하여 모듈로 재결합

- 분해 지향: 시설, 지원 프로세스, 관리 프로세스뿐만 아니라 산출물과 프로세스
- 분해 수준: 2
- 분해된 부분들 사이의 의존성 패턴: 1 수준 – 결정될 수 없음/순차적인 의존성

④ 은행 서비스

- 분해: 1 수준 – 신용카드, 개인대출, 담보대출, 투자, 보험, 저축, 당좌예금/2 수준 – 1 수준의 서비스 모듈이 다른 채널을 통해 전달되는 유형 – 지점, 전화, 무선, 인터넷, 디지털 TV
- 분해 지향: 서비스 산출물과 프로세스
- 분해 수준: 2
- 분해된 부분들 사이의 의존성 패턴: 집합된 의존성

6.4.3. 제품과 서비스 모듈성의 비교

서비스 특징 중 하나는 동시에 생산되고 소비된다는 점이다. 따라서 서비스 제품은 또한 서비스 프로세스일 수도 있다. 서비스에서 인터페이스는 사람, 정보, 정보의 흐름을 지배하는 규칙을 포함한다. 따라서 서비스에서 아키텍처를 연구하는 경우에 서비스와 제품 사이의 유사점과 차이점을 고려하는 것이 중요하다.

서비스와 관련된 모듈성과 그 효과는 서비스 제공품 수준에서 모듈성, 서비스 생산 혹은 프로세스 수준에서 모듈성, 조직/공급사슬/서비스 산업/네트워크 수준에서 모듈성과 같이 다른 수준에서 논의될 수 있다.

제품과 서비스 관련 모듈의 특징을 정리하여 비교하면 다음의 〈표 5-8〉과 같다. 이 방법은 모듈성의 세 가지 차원을 서비스, 프로세스, 조직에서 규정한다. 서비스 모듈은 한 서비스 특성을 제공하는 하나 이상의 서비스 요소들로서 고려될 수 있다. 로지스틱스 서비스의 예를 들면, 창고저장은 서비스 모듈로서 간주될 수 있고 창고에서 요구된 공간은 서비스 요소로서 간주될 수 있

다. 프로세스 모듈은 표준화된, 분리불가능한 프로세스 단계들이다. 예를 들어, 주문 프로세스는 주문 보내기와 받기라는 두 가지 프로세스 모듈을 포함한다. 로지스틱스 서비스에서, 모듈성은 서비스 복잡성을 줄이고 서비스 다양성에 대한 더 나은 대응성을 얻기 위해 기업 내 다양한 기능의 통합으로서 정의될 수 있다.

표 5-8 제품과 서비스 관련 모듈 특징

	모듈	인터페이스	아키텍처
제품	구성요소, 부품, 하위조립품, 기능, 제품 특징	구성요소/부품/하위조립품 간의 인터페이스, 고객과 제품의 인터페이스, 표준적 플러그앤플레이/물리적/기술적 인터페이스, 느슨한 결합	제품 청사진
제품 프로세스/생산	하위 프로세스, 프로세스 단계	노동분업의 규정, 소프트/사람과 하드/기술적 프로세스 인터페이스, 느슨한 결합	프로세스 맵
제품 조직/공급사슬	공급사슬 멤버, 조직 단위, 전략적 사업 단위, 비즈니스 모델 모듈	조직과 조직 단위 사이의 인터페이스, 소프트/사람 인터페이스, 느슨한 결합	조직도, 공급사슬 구조
서비스	서비스 특징, 서비스 유형, 기능	노동 분업의 규정, 서비스 모듈 사이의 인터페이스, 고객과 서비스 사이의 인터페이스, 소프트/사람과 하드/기술적 사이의 인터페이스, 플러그앤플레이 인터페이스, 느슨한 결합	서비스 청사진
서비스 프로세스/서비스 생산	하위 프로세스, 프로세스 단계, 서비스 비즈니스 모듈	노동 분업의 규정, 프로세스 사이의 인터페이스, 소프트/사람과 하드/기술적 프로세스 사이의 인터페이스, 느슨한 결합	프로세스 맵
서비스 조직/서비스 공급사슬	서비스 공급사슬 멤버, 조직 단위, 전략적 사업 단위, 서비스 비즈니스 모델 모듈	조직/조직 단위 사이의 인터페이스(주로 소프트/사람 인터페이스, 표준, 계약, 서비스/품질 수준)	조직도, 공급사슬 구조

6.5. 서비스에서 공유경제

　　최근 공유경제라는 비즈니스 모델이 자주 회자되고 있다. 특히 서비스 부문에서 이 모델은 혁신적인 서비스를 가능하게 하고 많은 분야에서 기존의 서비스 조직과 경쟁하고 있다. 이러한 이유로 서비스 혁신의 중요한 이슈 중 하나로서 Guyader(2018)의 개념 정리를 토대로 공유경제를 다루도록 한다.

6.5.1. 진정한 공유와 B2C 접근 프랙티스

(1) 진정한 공유 프랙티스

　　공유경제의 유사공유 프랙티스(즉, 접근 기반 혹은 협력적 소비로서 뒤에 설명)는 진정한 공유가 아니다. 그 이유는 이익 추구 동기, 커뮤니티 의식의 결여, 호혜성에 대한 기대 때문이다. 진정한 공유 프랙티스는 탑승공유(카풀링(carpooling)과 같은 라이드셰어링(ridesharing))뿐만 아니라 자동차의 공동 구매와 집합적 활용을 공유하는 협력적 차량공유(스웨덴의 마요르나(Majorna))에서 발견된다.

　　일반적으로 공유의 구성요소는 다음 네 가지 요소로 이루어진다.

① 자원의 자발적 대여, 공동이용(pooling)
② 배분과 공공 재산의 승인받은 사용
③ 계약적 임차, 리스, 인정받지 못하는 절도 혹은 부당한 침해에 의한 재산의 사용은 포함되지 않음.
④ 공유는 시장 매개와 무보상은 아니고 소유권의 이전은 포함하지 않음.

　　일반적으로 가장 순수한 공유 프랙티스의 원형은 가족 내 자원의 돌봄(예, 공동육아), 공동이용(예, 반찬, 화장실 등), 배분(예, 재산, 용돈 등)이다. 친구와 지인들 간의 승차공유 프랙티스인 사회적 공유(social sharing)는 '온라인이 촉진하는 오프라인 공유(스마트폰을 통한 운전 공동여행)' 혹은 '인터넷이 촉진하는 공유', '공동기반 동료 생산(commons-based peer production: 가족 여행에서 부부 공동운전)'을 설명하기 위해 사용되는 개념이다. 흔히, '공유를 잘한다는 것'은 친사회적 프랙티스에 속하나 커뮤니티 내에서 부를 협력하여 만들기 위한 경제 시스템과는 무관하다. 이 유형의 사회적 관계는 친절, 이타주의, 사랑, 협력, 집단 생산주의, 공유된 정체성이라는 속성을 포함하기 때문에 '공동의 공유'로 불려지기도 한다. 일상적 라이드셰어링은 공동적이고 친사회적인 공유 프랙티스이다. 그러한 사회적 공유 프랙티스는 P2P 네트워크에 기반한 경제적 생산을 조직화하지만 단순한 기프트 제공(gift-giving)과 호혜성과는 구분된다.

한편, 진정한 공유 프랙티스로 분류되지 않지만 나눠받기(sharing in)와 나눠주기(sharing out)의 개념이 있다. 나눠받기는 가족 및 친구들을 포함시켜 관심을 갖는 사람 사이를 연결해 주고 공동체 의식을 갖게 한다. 나눠주기는 낯선 사람들을 배제하기 위한 약한 연결과 제한된 공동체 의식 혹은 관심에 기반한다. 이것은 공유경제에서 발견된 경제적 교환의 규범에 더 밀접하다. 반소비 프랙티스의 개념도 존재한다. 장난감 도서관과 같은 지역 커뮤니티 내 재화를 공유하는 이웃, 차량을 공유하는 시민, 온라인 커뮤니티를 통해 도서를 재유통시키는 사람들이 이러한 프랙티스를 실천에 옮기는 사람들이다. 또한, 디지털 파일 공유 프랙티스도 존재한다. 이 프랙티스는 P2P 네트워크 냅스터(Napster)와 같이 커뮤니티의 연결성 강화뿐만 아니라 재무비용 절감을 위한 목적으로 수행된다. P2P 네트워크 내에서 이러한 파일 공유 프랙티스(예, 해적판 영화와 음악)는 주로 공리주의 동기와 기회주의에 의해 유인된다. 여기서, 편의성과 연결성이 참가자들에 의해 높게 가치를 받게 되고 이 참가자들은 공통의 습성을 공유한다(예, 일반적 호혜성, 사회적 차별화, 의례, 상징).

이러한 다양한 공유 프랙티스의 참가자들은 프리사이클(Freecycle), 프리글(Freegle), 리얼리프리마켓(Really Free Markets)과 같이 대안적 시장(예, 오프라인)을 통해 재화를 거래하고 재유통하는 것을 공유 프랙티스로 조직화할 수 있다. 어떤 사람들은 음식을 교환하고 재분배하거나 랜드셰어(LandShare)를 통해 음식재료의 생산을 공유 프랙티스로 체계화할 수 있다. 이러한 보상이 없는 프랙티스 참가자들은 공용으로 귀속되는 제품의 사회적 편익 증가, 환경친화적 이념, 정의의 원칙에 의해 동기부여된다. 여기서, 참가자들의 문화적 배경이 또한 공유 프랙티스에 영향을 미친다. 아시아와 서구문화에서 가족과 친구들 사이의 대접 예절과 스페인에서 더욱 완화된 규범(예, 덜 개인적이고 물질적인) 등은 공유 프랙티스에 영향을 미치기도 한다.

(2) B2C 접근 프랙티스

렌털, 아웃소싱, 리스하는 서비스 등은 소유권이 없이 소유권과 동등한 편익을 제공하는 접근이라는 패러다임이 존재한다. 이 패러다임에서는 소유권을 구매하는 취득기반의 모델이라기보다는 소유권의 이전 없이 시장에서 매개된 교환을 제공하는 접근기반의 소비가 이루어진다.

접근기반 서비스, 제품공유 서비스, 비소유권 서비스, 상업적 공유, 제품-서비스 시스템과 같이 다양한 용어로 불리는 이 프랙티스는 복수의 고객이 동일한 유형의 재화를 순차적으로(협력적 소비에서 동시적이라기보다) 사용할 수 있는 일시적 솔루션을 제공한다.

'접근기반 서비스(access-based service)'는 서비스 제공자로부터 최소의 감독을 갖는 높은 고객 관여, 많은 개인 간 익명성, 소유권 이전 없이 재화에 대한 일시적 접근으로 특징되는 독특한 기술기반 서비스 혁신이다. 접근기반 서비스는 서비스 제공자에게 법적 소유권이 있으면서 고객이 접근 수수료를 부담하고서 재화에 일시적으로 제한된 접근을 제공한다. 그럼으로써 고객이 소유권의 부담(예, 리스크와 책임)을 회피하는 것을 허용한다. 영리 기업들은 차량 소유권없이 차를 사용할 수 있는 차량 공유와 같은 접근기반 서비스를 제공한다.

고객이 소유권의 부담을 줄이기 위해 접근기반 서비스를 활용하는 동안에 그들은 여섯 가지의 부담을 경험한다. 그것은 복잡성, 신뢰성, 오염(예, 고객이 커뮤니티의 부분이라고 느끼지 않는다면 불법행위의 확산), 책임성, 호환성, 이미지 장애이다. 이러한 접근기반 서비스의 고객은 소유권의 부담을 경감하기 위해 참여하나 소비의 장애물(예를 들어, 렌터카 이용 시 차량 정비와 청소 문제뿐만 아니라 보험가입 여부 등과 같이 고객들의 기술과 오염의 두려움과 신뢰의 문제)뿐만 아니라 그 장애물을 완화하기 위해 수행된 다섯 가지의 프랙티스(예, 거리두기, 상세히 설명하기, 관리하기, 통제하기, 관련시키기)에 접근하는 부담과 부딪치게 된다. 예를 들어, 차량공유(예, 집카(Zipcar), 쏘카(SOCAR), 카투고(Car2Go))에서 접근기반 소비는 이타주의적 관심보다는 대부분 사리추구와 공리주의 동기에 의해 추진되고 고객들은 동료 고객을 불신하고, 동료 고객들과 동일시되는 것을 회피하고, 타인, 차량공유 기업, 접근된 재화들에 대해 항상 기회주의적으로 행동하는 모습을 보인다.

'제품공유 서비스(product-sharing service)'는 계약 기간 동안 특정 시점에서 물리적 제품의 사용을 고객에게 제공하는 것을 의미한다. 이때, 다른 고객들이 동일한 계약 기간 동안 다른 시간에 동일한 제품을 사용하는 기회를 갖기 때문에 그 제품은 물리적으로 공유된다. 제품 공유는 전통적 소유권, 리스, 렌털과 이 관점에서 차별화된다. 상업적인 차량공유 서비스가 해당되고 고객은 이 서비스에서 중요한 특성으로서 렌털비용, 사전예약 공지 기간, 반환 옵션, 위치 유연성, 주차장으로부터 거리, 영업시작 시간 등을 고려한다.

'비소유권 서비스(nononwership services)'는 서비스가 재화 소유권의 편익을 제공하나 소유권의 부담은 없다. 공유경제 상황에서 비소유권 프랙티스는 공유, 교환, 거래, 단기 협력적 렌트를 포함한다. B2B(예, 무형의 서비스), B2C(차량공유), P2P(재화와 무형) 중 하나인 소비의 렌털 유형은 물질주의, 인식된 소유권의 재무적 및 사회적 리스크, 인식된 공리주의 가치에 의해 영향받는다.

'상업적 공유(commercial sharing)'라는 용어는 렌털을 통해 제공된 재화의 소유권을 보유하는 기업에 관련하여 사용되는 용어이다. 상업적 공유 프로그램은 소유권 없이 독특한 제품 편익에 접근하는 B2C 비즈니스 모델(예, 시장 매개된)이다. 상업적 공유 서비스는 플랫폼(제공자)을 통해 동료들(소비자들) 사이에 공유된 무형의 자원들이다. 예를 들어, 보험공유 프랙티스(예, 멤버십 요금으로 플랫폼에 의해 제공된 손해보험들)는 이익동기를 친사회적 아이디어(소속감)와 결합한다.

'접근기반 소비(access-based consumption)'는 소유권 이전의 발생 없이 시장이 매개될 수 있는 거래로서 정의된다. 즉, 고객과 개체 사이의 관계를 변화시키며, 소유되는 대신에 접근, 재화가 공유, 교환된다. 접근기반 소비는 일시성, 익명성, 시장 매개, 고객 관여, 접근된 개체의 유형, 정치적 소비라는 여섯 개의 차원으로 개념화될 수 있다. 카셰어링(예, Zipcar)은 고객이 개체와 관여하지 않는 접근기반 소비의 한 형태이다.

6.5.2. 관련 개념과 특징

(1) 반소비(Anti-consumption) 프랙티스

반소비주의는 물질적인 소유물의 계속 구매와 소비에 반대하는 이념이다. 유사한 용어로서 협력적 소비(collaborative consumption), 비소비(un-consumption: 사람들이 사물과의 관계를 다시 고려하도록 권장하는 조심스럽고 느린 소비의 철학), 지속 가능성과 환경 문제를 고려한 녹색 소비 프랙티스로도 표현된다. 일반적으로, 반소비 프랙티스의 참가자들이 자신이 소유한 자산(예, 스킬, 재화)을 거래하고 판매하는 경우에는 금전의 교환 혹은 대가가 포함되지 않는다.

이러한 반소비 프랙티스의 예로서 개인 수준의 활동으로는 자전거 타기, 교복 물려 입기, 채식주의, 녹색구매, 커피찌꺼기 활용, 개인컵 사용, 텃밭 상자에 채소 키우기, 친환경마크 확인 등이 있다. 한편, 조직 수준에서는 교환(swapping), 메이커스페이스(makerspaces: 3D프린터, 레이저커팅기, CNC조각기, 밀링 머신, 각종 프린터, 공구를 이용해 시제품이나 창작물의 제작을 공동으로 하는 공간을 의미), 시간은행(time banks: 서비스를 시간적 가치로 환산하여 가상의 화폐를 활용하여 사람이 돈이 아니라 노동시간 기반 크레딧으로 서비스를 교환하는 물물거래 시스템), 푸드셰어링(foodsharing), 랜드/가든 셰어링(land/garden-sharing: 꽃과 농작물을 공유하여 재배하는 토지와 정원공유 방식), 이웃재화 공유(예, 장난감 도서관), 기프팅(gifting), 무료 재유통(예, 프리글(freegle)의 불필요한 물건을 버리지 않고 그 물건이 필요한 사람을 연결해 주어 그 사람이 와서 가져가는 서비스) 등이 있다.

그러한 프랙티스에 참가하는 것은 일반화된 호혜성(이타적인 거래로 제공된 지원과 만약 가능하고 필요하다면 돌려받는 거래를 의미하는 것으로서 명확하지 않은 호혜성에 대한 기대는 무료 기프트, 도움, 관대함, 공유 프랙티스에서 발견될 수 있음)에 내재되고, 정의, 윤리, 책임을 강조하는 친사회적 및 친환경적 이념의 결합이다. 이러한 프랙티스는 강한 커뮤니티 이념과 일반화된 호혜성에 의해 추진되는 푸드셰어링(foodsharing), 교환(swapping), 재분배(redistribution)에 의해 추진되고 있다.

(2) 공유(Sharing)

공유는 인식된 공동 소유권으로서 정의된다. 공유는 비형식적, 비호혜적이고 관심과 사랑에 기반한다. 그것이 법적 요구(예, 계약) 없이 신뢰와 사회적 연대를 창출하기 때문에 양도할 수 없고, 개인 사이에 의존하고, 공동적이다. 나아가 공유는 이타적 동기, 공동성 의식, 간접적인 경제 편익, 명예 혹은 평판, 공리주의, 사회적 상호작용 욕구에 의해 추진된다.

협력적 소비와 공유경제가 인터넷 시대에 탄생한 현상인 반면에 공유는 인류만큼 오래된 현상이다. 예를 들어, 공유의 프랙티스로서 마더링(mothering: 엄마가 자식을 돌보는 것)은 공유의 전형으로서 사용된다. 엄마는 어떠한 대가를 바라지 않고 자신의 몸, 젖, 돌봄과 사랑을 아이와 공유한다. 결혼중매 비즈니스 모델과 같은 온라인 플랫폼 이전에 사적 자원은 이미 가까운 사회적 모임에서 공유되고 있었다. 예를 들어, 자동차 함께 타기, 히치하이킹(hitchhiking) 등이 그 예이다.

그러나 이러한 공유경제 프랙티스 사이에는 이념적 긴장이 항상 존재하고 있다. 예를 들어, 이익 극대화, 사리추구, 공리주의에 기반한 시장매개 교환 규범과 연대, 상호관계, 일반화된 호혜성, 공동 소유물에 기반한 비시장적인 사회적 규범은 항상 대립되는 관계에서 논의가 진행되고 있다. 블라블라카(BlaBlaCar)는 시장이 매개하는 교환 규범과 비시장적인 사회적 규범을 동시에 강화하는 정체성을 만들어 함께 타기 플랫폼을 재브랜드화하였다. 즉, 이 사이트는 대화를 통한 개인 간 연결, 매우 친밀한 사회적 모임에 버금가는 높은 수준의 신뢰, 커뮤니티 멤버들 사이의 교환을 풍부하게 하는 것을 강조한다. 국내에서도 스마트폰 앱을 이용하는 자전거 무인 대여 시스템인 따릉이는 서울 시내의 지하철역 주변에서 공유 자전거로서 역할을 하고 이외에도 에스바이크(S bike)와 전동퀵보드 공유 서비스인 킥고잉이 있다. 공유는 자전거와 차량 이외에도 공유의상(KIPLE, 열린옷장), 공유 오피스(패스크파이브, 르호봇), 정부의 공공자원 공유 서비스(회의실, 강의실, 강당, 주차장, 숙박시설, 체육시설) 등이 있다.

(3) 협력적 소비(Collaborative consumption)

협력적 소비 프랙티스는 시장에서 중개되기 때문에 진정한 공유 프랙티스가 아니지만 의미 있는 사회적 상호작용이 포함되는 현상이다. 이러한 협력적 소비의 성과는 플랫폼 제공자의 내부 성과(예, 웹사이트 사용가능성과 기술적 기능성)뿐만 아니라 플랫폼 제공자가 직접 통제하는 외부 자원인 동료들의 상호작용에 훨씬 더 의지하게 된다.

동료 제공자와 소비자들이 사적으로 소유된 재화와 서비스를 온라인 플랫폼을 통해 교환할 때 그것은 협력적 소비 프랙티스가 된다. 협력적 소비는 참가자들이 순차적이 아니라 동시에 자산에 접근하기 때문에 '접근기반 소비(access-based consumption)'의 하위 요소이고 '접근기반 서비스의 C2C 제공'으로도 불린다. 협력적 소비는 공유, 판매, B2C 접근기반 서비스, 온디맨드(on-demand) 서비스를 포함하지 않으며 일반적으로 P2P 기술(예, 오픈소스 소프트웨어 저장소, 협력적 온라인 사전, 소셜 미디어 공유 사이트, 파일 공유 등)에 기반한다.

또한 협력적 소비는 신뢰 분위기에서 자원을 공유하는 소비자 네트워크로서 정의되기도 한다. 나아가, 이 네트워크는 플랫폼 규제 커뮤니티(예, P2P 자동차 렌털인 겟어라운드(GetAround))와 자기규제 커뮤니티(예, 협력적 차량공유인 마요르나(Majorna))로 분류되기도 한다. 대부분의 협력적 소비 프랙티스는 숙박 렌털을 촉진하는 에어비앤비(Airbnb)와 재화 렌털과 이차 판매를 촉진하는 르봉쿠앵(LeBonCoin)과 같은 온라인 플랫폼에 의해 그 활용이 더 용이해지고 있다. 이러한 양면 플랫폼의 주요 활동은 P2P 교환에 대한 인식된 리스크를 줄이고 신뢰를 창출하면서, 동료 간에 충돌하는 목적 사이에서 교환을 최적화(예, 두 개의 다른 그러나 상호의존적인 가치명제가 수립됨)하고 그 지배구조 시스템을 디자인하는 것과 관련된다.

공유된 이동성과 관련한 P2P 차량 렌털은 대중적인 협력적 소비 프랙티스이다. 플랫폼 제공자(예, 겟어라운드(GetAround))는 차량 소유자들(동료 서비스 제공자들)이 제한된 기간 동안 다른 운전자들(소비자들)에게 그들의 개인차량을 렌트하는 것을 허용하는 온라인 시장을 개발하였다. 이를 위해 자동차 소유자(동료 제공자들)가 다른 운전자(소비자들)에게 제한된 시간 내에서 그들의 개인 자동차를 렌트하도록 허용하는 온라인 양면 플랫폼(예, 시장)이 필요하다. 그 플랫폼은 서비스 요금 및 수수료와 교환으로 고객 지원, 보험, 지원기술을 제공한다.

또한, 탑승공유(예, 블라블라카(BlaBlaCar), 캥가라이드(Kangaride))도 협력적 소비를 설명하기 위해 사용될 수 있다. 이러한 협력적 소비에 참가하는 이유는 사회적 동기에 의해 설명될 수 있다. 참가자들은 새로운 친구를 만들고 싶고,

사회적으로 상호작용하고 싶고, 그들이 커뮤니티에 속한다고 느끼고 싶어하는 사회적 동기를 지니고 있다는 것이다.

6.5.3. 공유경제하의 관여 플랫폼

최근 들어, 플랫폼 기반 비즈니스 모델이 자주 등장함에 따라 이에 대한 관심이 증가하고 있다. 그 기본적 유형은 다음과 같이 다양하게 나타나고 있다.

⑴ 탐색 플랫폼: 구글(Google), 빙(Bing), 사파리(Safari) 등

⑵ 커뮤니케이션 플랫폼: WhatsApp, Skype, WeChat, LINE 등

⑶ 소셜 미디어 플랫폼: Facebook, Linkedin, Twitter 등

⑷ 매칭 플랫폼: TaskRabbit, Tinder, e-Harmony 등

⑸ 콘텐츠와 리뷰 플랫폼: YouTube, TripAdvisor, Yelp 등

⑹ 예약 플랫폼: Booking.com, Expedia, Pagoda 등

⑺ 소매 플랫폼: Amazon, Etsy, Ebay, Craiglist 등

⑻ 지불 플랫폼: Paypal, Etsy, Visa 등

⑼ 크라우드소싱과 크라우드펀딩: InnoCentive, Kickstarter 등

⑽ 개발 플랫폼: appstores, gaming consoles 등

⑾ 공유경제 플랫폼: 용량 제한 자산과 자원의 공유(P2P 공유(Airbnb, Uber) 와 플랫폼 소유자 제공 자산의 공유(ZipCar, 서울시 따르릉)), 용량 비제한 자원의 공유(파일, 음악, 정보 공유, 대부분 P2P 방식)

한편, Breidbach & Brodie(2017)은 서비스 생태계에서 공유경제하의 관여 플랫폼 모델을 정립하였다.

서비스 생태계라는 거시 수준에서 미시 수준의 서비스 제공자는 (1) 제공품을 제공하고 중간 수준에서 가치 명제가 제안되면 고객은 미시 수준에서 이를 (2) 수용하고 (3) 서비스 제공자가 자원을 통합하여 관여 플랫폼을 통해 (4) 자원을 교환한다. 이후 고객은 이 교환으로부터 (5) 사용가치와 사회적 상황을 얻는다. 각 수준별 구체적인 설명은 다음과 같다.

첫째, 거시 수준에서 서비스 생태계는 주체들이 참여하는 경계와 상황을

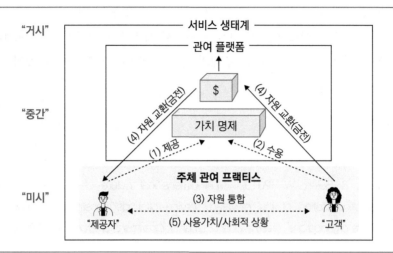

그림 5-6 공유경제하의 관여 플랫폼 모델

정의한다. 서비스 생태계는 경제 주체들(예, 플랫폼 소유자, 가치 명제를 제공하는 주체들, 이들을 수용하는 주체들) 사이에 자원의 교환과 통합(예, 자동차)과 사용 가치의 공동창출(예, 운송)을 촉진하는 원칙뿐만 아니라 공통의 제도적 장치를 공유하는 집합이다.

둘째, 중간 수준에서 관여 플랫폼은 서비스 생태계에 참여하는 경제 주체 사이의 상호작용과 서비스 교환을 촉진하는 물리적 혹은 가상의 접점들을 말한다. 이 관여 플랫폼은 자원의 교환과 통합을 통해 가치의 공동창출을 위한 구조적 지원을 제공함으로써 촉진 역할을 수행한다. 그러나 관여 플랫폼은 주체들이 상호작용하고 참여하는 사회적 메커니즘과 서비스 생태계의 논리 없이 그들의 촉진적 역할을 수행할 수 없다. 이것은 어떻게 서비스 생태계라는 거시 수준의 관점과 관여 플랫폼이라는 중간 수준의 관점이 상호 연결되는지 혹은 보완하는지를 보여준다. 공유경제 상황에서, 관여 플랫폼(예, 우버)은 사용 가치의 공동창출과 사회적 상황(예, 운송)을 낳으면서, 주체들(예, 잠재 승객들)이 자원을 통합하면서(예, 자동차, 돈, 시간), 다른 주체들(예, 유망한 운전자들)과 참여하도록 활용하는 중간재로서 작용한다.

셋째, 미시 수준에서 주체의 참여 프랙티스(혹은 활동)는 관여 플랫폼에 대한 주체 간 상호작용으로부터 결과된다. 많은 주체들이 참여함에 따라 다양한 자원 통합 패턴이 등장하고 이것은 가치의 공동창출을 낳으면서 각 주체에 의해 기존의 자원 구성을 변환시킨다. 공유경제 상황에서 주체의 참여 프랙티스는 참여 플랫폼과 상호작용하는 주체의 성향을 반영하고 일시적, 관계적, 정보적 특성으로 특징된다.

───── 참고문헌

Agarwal, R. & Selen, W. (2010), "Multi-dimensional nature of service innovation: Operationalisation of the elevated service offerings construct in collaborative service organisations", *International Journal of Operations & Production Management*, *31*(11), 1164–1192.

Breidbach, C.F. & Brodie, R.J. (2017), "Engagement platforms in the sharing economy: Conceptual foundations and research directions", *Journal of Service Theory and Practice*, *27*(4), 761–777.

British Design Council (2005), "The Double Diamond design model", https://www.design council.org.uk/news-opinion/what-framework-innovation-design-councils-evolv ed-double-diamond.

Buchenau, M. & Suri, J. (2000), "Experience prototyping", *Proceedings of the Conference on Designing Interactive Systems: Processes, Practices, Methods, and Techniques, DIS*, 424–433.

Chesbrough, H. (2003), *Open Innovation: The New Imperative for Creating and Profiting From Technology*, Harvard Business School Press, Boston.

Chesbrough, H. (2011), "Bringing open innovation to services", *MIT Sloan Management Review*, *52*(2), 84–90.

den Hertog, P., van der Aa, W. & de Jong, M.W. (2010), "Capabilities for managing service innovation: Towards a conceptual framework", *Journal of Service Management*, *21*(4), 490–514.

Froehle, C.M. & Roth, A.V. (2007), "A resource-process framework of new service development", *Production and Operations Management*, *16*(2), 169–188.

Guyader, H. (2018), "No one rides for free! Three styles of collaborative consumption", *Journal of Services Marketing*, *32*(6), 692–714.

Jaakkola, E., Meiren, T., Witell, L., Edvardsson, B., Schäfer, A. Reynoso, J. Sebastiani,

R. & Weitlaner, D. (2017), "Does one size fit all? New service development across different types of services", *Journal of Service Management, 28*(2), 329–347.

Lancaster, K. (1966), "A new approach to consumer theory", *The Journal of Political Economy, 74*(2), 132–157.

Menor, L.J. & Roth, A.V. (2007), "New service development competence in retail banking: Construct development and measurement validation", *Journal of Operations Management, 25*(4), 825–846.

Oertzen, A., Odekerken-Schröder, G., Brax, S.A. & Mager, B. (2018) "Co-creating services—conceptual clarification, forms and outcomes", *Journal of Service Management, 29*(4), 641–679.

Ojasalo K, Koskelo M. & Nousiainen A.K. (2015), *Foresight and service design boosting dynamic capabilities in service innovation*, Agarwal R & Selen W, eds. A Guidebook to Service Innovation (Springer-Verlag, London), 193–212.

Parasuraman, A., Zeithaml, V. A., & Berry, L. L. (1988), "SERVQUAL: A multiple-item scale for measuring consumer perceptions of service quality", *Journal of Retailing, 64*(1), 12–40.

Porter, M.E. (1985), *The Competitive Advantage: Creating and Sustaining Superior Performance*, Free Press, New York.

Rapaille, C. (2006), *The Culture Code: An Ingenius Way to Understand Why People Around the World Live and Buy as They Do*, Crown Business.

Urban, G.L. & von Hippel, E. (1988), "Lead user analyses for the development of new industrial products", *Management Science, 34*(5), 569–582.

Scheuing, E.E. & Johnson, E.M. (1989), "A proposed model for new service development", *Journal of Services Marketing, 3*(2), 25–34.

Schilling, M.A. (2000), "Toward a general modular systems theory and its application to interfirm product modularity", *The Academy of Management Review, 25*(2), 312–334.

Schumpeter, J.A. (2012), *The Theory of Economic Development: An Inquiry into Profits, Capital, Credit, Interest and the Business Cycle*, Transaction Publishers, New Jersey.

Shostack, G.L. (1977), "Breaking free from product marketing", *Journal of Marketing, 41*(2), 73–80.

Shostack, G.L. (1982), "How to design a service", *European Journal of Marketing, 16*(1), 49–63.

Storey, C., & Kahn, K. B. (2010), "The role of knowledge management strategies and task knowledge in stimulating service innovation", *Journal of Service Research, 13*(4), 397–410.

Teece, D.J., Pisano, G. & Shuen, A. (1997), "Dynamic capabilities and strategic management", *Strategic Management Journal, 18*(7), 509–533.

Tidd, J. & Hull. F. (eds.) (2005), *Service Innovation,* World Scientific Publications, London.

von Hippel, E. (1976), "The dominant role of users in the scientific instrument innovation process," *Research Policy, 5*(3), 212–239.

Voss, C. & Mikkola, J.H. (2009), "Service architecture and modularity", *Decision Sciences, 40*(3), 541–569.

생각해 볼 문제
Question

객관식 문제

01 다음 문제의 참과 거짓을 판단하시오.

1.1 혁신으로 불러지기 위해서는 새로움이라는 것뿐만 아니라 시장에서 성공
적 활용이 뒷받침되어야 한다.

1.2 서비스는 다차원적 측면을 지니고 있어서 새로운 고객 인터페이스/고객
접점, 새로운 서비스 전달 시스템, 새로운 조직 구조 혹은 마케팅 명제,
인적 자원 관리를 통한 생산성과 성과의 향상으로 이루어진 향상된 서비
스 제공품으로서 점진적 서비스 혁신을 개념화된다.

1.3 제조는 새로운 기술 조달을 위해 내부 R&D에 초점을 두나 서비스에서
는 고객, 공급자, 외부 지적재산에 더 초점을 두어 신기술이 조달된다.

1.4 서비스 혁신은 제품 혁신보다 더 시간이 소요되지만 서비스 부문에서 혁
신을 검증하는 것은 제조 부문보다 더 어렵다.

1.5 서비스에서 큰 이질성과 동태성으로 인해서 서비스 부문은 제조와 비교
하여 IT와 다른 기술을 더 느린 속도로 적용하였다.

1.6 서비스 개념에 따라서 서비스 혁신은 인터넷에 의한 혁신, 사람에 의한
혁신 혹은 새롭거나 개선된 서비스 제품, 서비스 프로세스에서 서비스를
디자인하고 생산하는 새롭거나 개선된 방법으로 구분한다.

1.7 개별 인터뷰, 초점 그룹 인터뷰, 설문지에 의한 서베이, 과거자료에 기초
한 예측, 고객 패널, 미스터리 쇼퍼 등은 고객의 과거 경험에 토대하기
때문에 고객들의 미래 니즈를 파악하는 데 도움이 되지 않고 급진적 혁
신의 방향을 규명하는 데 거의 사용되기 어렵다.

1.8 기능적, 감정적, 라이프변화, 사회적 영향에 의해 제품과 서비스의 니즈
와 원츠를 표현한 것을 가치 피라미드라고 한다.

1.9 공동창출을 통한 서비스 혁신은 사용자/고객 관여, 공동 개발, 고객참여,
참여 디자인, 선도사용자 관여로서 표현된다.

1.10 고객 참여의 수준이 높은 서비스 공동창출의 사례로 모텔 숙박, 항공여 행이 있다.

1.11 고객화에 초점을 두고 낮은 차이(divergence)를 보인다는 것은 고객에 따라 각기 다른 서비스를 용인하지 않는 표준화된 서비스 제공에 초점 을 보인다는 의미이다.

1.12 서비스 혁신을 지원하는 문화를 창출하는 네 가지 유형의 구조들로는 고객-프로젝트 지향, 기계적 고객화, 혼합적 지식 공유, 통합된 혁신이 있다.

1.13 더블 다이아몬드 모델은 서비스 디자인 진행을 위한 전반적인 과정을 설명한다.

1.14 전체 서비스의 전달 시스템과 흐름을 다양한 구성요소들 간에 시각적으 로 보여주면서 새로운 서비스 개발을 위해 사용하는 도구는 경험 프로 토타이핑이다.

1.15 모듈성의 실행은 아키텍처 혁신을 대표할 수 있고 서비스 제공품 수준 에서 모듈성을 도입함으로써 아키텍처 서비스 혁신이 가능해진다.

1.16 플랫폼은 어떤 아키텍처를 구체화한 것으로서 네트워크 사용자들의 상 호작용을 촉진하는 제품, 서비스, 인프라를 위한 디자인으로서 대량 표 준화를 실현하기 위한 수단이다.

1.17 서비스 모듈은 특정 기능과 표준화된 인터페이스를 갖는 서비스 제공품 의 상대적으로 독립적인 부분으로서 정의할 수 있다.

1.18 진정한 공유가 되기 위해서는 자원의 자발적 대여와 공동이용(pooling), 배분과 공공 재산의 승인받은 사용, 인정받지 못하는 절도 혹은 부당한 침해에 의한 재산 사용의 미포함, 시장 매개와 무보상은 아니고 소유권 의 이전은 포함하지 않는 것을 충족시켜야 한다.

1.19 공유경제하의 관여 플랫폼 중에 대표적인 소셜 미디어 플랫폼으로는 Facebook, Linkedin, Twitter, Amazon이 있다.

1.20 협력적 소비는 신뢰 분위기에서 자원을 공유하는 소비자 네트워크로서 정의되기도 한다.

02 선택형 문제

2.1 다음 중 슘페터(Schumpeter)의 관점을 따르는 혁신이 아닌 것은?

① 새로운 서비스의 도입　　② 새로운 역량의 도입

③ 새로운 전달수단의 도입　　④ 새로운 시장

2.2 다음 중 서비스 혁신의 중요성에 대한 설명과 가장 거리가 먼 것은?

① 그들의 비즈니스 내에서 표준화를 강화시킨 기업들이 성공적이었다.

② 서비스 혁신에 의해 자극받아 인터넷 서비스 조직들은 과거 수십 년 동안 엄청나게 성장하였다.

③ 제조업체들 중에서도 고객 서비스에 초점을 둠으로써 그들의 경쟁력을 향상시켰다.

④ 엄청난 서비스 혁신 성장은 사회적 서비스 부문 혹은 혜택을 못 받는 사람들을 목표로 하는 부문과 공공 분야에까지 혁신에 영향을 미쳤다.

2.3 다음 중 서비스 특성과 혁신 사이의 관계가 잘못 연결된 것은?

① 무형성－새로운 서비스 개발에 리스크 초래

② 동시성－급진적 혁신을 지원

③ 이질성－이질성 강화와 축소가 동시에 영향을 미침

④ 소멸성－서비스 혁신에 긍정적 영향

2.4 다음 중 급진적 서비스 혁신과 가장 거리가 먼 것은?

① 모바일 내비게이션 앱　　② 공유숙박

③ 식당의 배달 서비스 추가　　④ 인터넷 뱅킹

2.5 다음 중 서비스 혁신의 원천으로서 가장 거리가 먼 것은?

① 서비스 접점에 있는 현장 직원의 소리

② 선도 사용자

③ 고객 간 상호작용 네트워크

④ 고객의 잠재적 요구사항 분석

2.6 다음 중 고객의 원츠(wants)에 해당하는 것은?

① 음식   ② 물

③ 의료   ④ 자동차 스테레오

2.7 다음 중 서비스 디자인을 위한 소비자 요구사항 방법론에 해당하지 않는 것은?

① 사용자 여정 매핑   ② 서비스 사파리

③ 사용자 일기   ④ 사용자 페르소나

2.8 다음 중 비즈니스 모델 캔버스의 관점에 해당하지 않는 것은?

① 핵심 자원   ② 핵심 파트너

③ 비용 구조   ④ 고객 요구사항

2.9 다음 중 공유경제 현상을 촉발하는 동기와 가장 거리가 먼 것은?

① 모듈 기반 서비스 혁신의 등장

② 반소비 프랙티스 등장

③ 협력적 소비가 온라인 플랫폼으로 촉진

④ 소유권에서 접근기반 소비로의 패러다임 전환

2.10 다음 중 제품공유 서비스에 대한 설명으로 적절한 것은?

① 서비스가 재화 소유권의 편익을 제공하나 소유권의 부담은 없는 형태로서 공유, 교환, 거래, 단기 협력적 렌트를 포함한다.

② 서비스 제공자에게 법적 소유권이 있으면서 고객에게 접근 수수료를 부담하고서 재화에 일시적으로 제한된 접근을 제공한다.

③ 계약 기간 동안 특정 시점에서 물리적 제품의 사용을 고객에게 제공하는 것을 의미한다.

④ 커뮤니케이션과 경험과 같이 플랫폼(제공자)을 통해 동료들(소비자들) 사이에 공유된 무형의 자원들이다.

1.1 다음 중에서 본인이 경험했거나 잘 알고 있는 세 개의 서비스를 고려하시오.

> 해수욕장 서비스, 포장마차, 벤처창업센터, 요양병원, 신용카드사,
> 주민센터 서비스, 기업 연구소, 주유소, 세차 서비스, 옷수선 서비스,
> 목욕탕, 국정감사 서비스, 재건축조합, 관세 서비스, 고속도로 톨게이트,
> 군대 훈련소, 간호 서비스, 은행 대출 서비스, 재판 서비스, 제사
> 서비스, 시민단체, 대리운전 서비스, 수의사, 웹툰, 지역축제, 택시
> 서비스, 패스트푸드, 편의점, 극장, 보험, 학원, 초등학교, 간병 서비스,
> 스터디카페

(1) 선택한 서비스의 대표적 혁신 사례를 찾아보시오.
(2) 선택한 서비스의 서비스 청사진을 작성해 보고 실패 포인트를 규명해 보시오.
(3) 선택한 서비스의 혁신 원천을 찾아보시오.
(4) 선택한 서비스의 혁신적인 고객과 공동가치 창출 방법을 제안해 보시오.
(5) 선택한 서비스의 복잡성/차이 수준에 따른 서비스 유형을 구분해 새로운 서비스전달 시스템을 제안해 보시오.

1.2 4차 산업혁명이 서비스 혁신에 어떤 영향을 미치게 될지 정리하시오.

1.3 서비스 디자인 개발 성공 사례를 찾아 정리하시오.

> 예: IBK−KT 융합 스마트 브랜치, 파라다이스 부산 호텔 등

1.4 본인이 자주 이용하거나 관심을 갖고 있던 서비스를 선정하고 그 서비스의 새로운 디자인을 개발하시오.

1.5 이케아(IKEA)의 Research and Design Lab의 내용을 구체적으로 정리하시오.

1.6 스타벅스(Starbucks)가 우리나라에서 지원한 창업기업(start-up)에 대한 기사를 찾아 그 기능과 역할을 정리하시오.

1.7 서울시 범죄예방 서비스 디자인 사례(예, 염리동 소금길)를 검색한 후 관련 방법을 찾아 정리하시오.

1.8 환자의 경험을 디자인하기 위한 의료 서비스로서 서울 아산병원 이노베이션센터의 사례를 찾아 정리하시오.

1.9 다음의 사이트를 방문하여 고객 경험 혁신사례를 정리하여 보시오.
   (1) https://www.forbes.com/sites/blakemorgan/2019/10/21/20-fresh-examples-of-customer-experience-innovation/#6ebad1ae7c41
   (2) https://www.forbes.com/sites/blakemorgan/2019/04/15/10-fresh-examples-of-customer-experience-innovation/#355cc0757d3a

1.10 고객과 성공적인 공동창출 사례로서 다음의 사례를 참고하여 정리하시오.
   (1) Unilever
   (2) IKEA
   (3) DeWalt
   (4) Lego
   (5) Heineken
   (6) DHL
   (7) BMW
   (8) Anheuser-Busch
   (9) General Mills

1.11 다음의 비대면 서비스 중 잘 알거나 경험했던 서비스 세 개를 고려하시오.

> 무인카페, 배달 전문 도시락, 음식 배달 서비스, 인터넷 금융, 비대면 교육, 온라인 취미 수업, 세탁물 픽업 및 배달 서비스, 매장 내 물건 주문과 픽업 서비스, 셀프 관리형 정수기 필터 서비스, VR을 이용한 인테리어 제안, 사이버 모델 하우스, 메신저 상담, 챗봇, AI 스피커를 통한 쇼핑, 가상 피팅 의류/안경 쇼핑몰, 비대면 화상 면접, 비대면 육아 서비스, 재택 근무 서비스, 온라인 합동연주 및 콘서트, 비대면 결제 서비스, 동영상 스트리밍 서비스, 100% 셀프 스토어

(1) 선택한 서비스를 서비스 개념, 변화의 수준, 변화의 유형, 새로움의 정도, 제공의 수단에 기초하여 어떤 혁신에 해당하는지 규명하시오.
(2) 선택한 서비스에서 고객과 공동가치 창출은 어떻게 가능한가?
(3) 선택한 서비스에 아키텍처 및 모듈식 서비스 혁신의 적용이 가능한가?

1.12 자동차를 이용하여 모듈, 아키텍처, 공통성, 플랫폼의 개념을 설명하시오.

1.13 국내 공유경제 사례를 제시하고 어떤 유형에 속하는지 분류하시오.

서비스 공급용량 관리

Service Operations Management

배경

서비스에서 산출물을 효과적으로 제공하기 위해서는 공급용량 (capacity)을 잘 관리해야 한다. 가장 높은 수준의 잠재적 산출물의 크기로서 정의되는 서비스 용량은 투입물과 산출물 모두의 관점에서 측정될 수 있다. 서비스에서 용량 관리는 몇 특성으로 인해 제조 부문보다 상대적으로 더 어려운 의사결정이라 할 수 있다. 그러나 그 중요성에 비추어볼 때 서비스의 수요와 용량을 균형시키는 것은 비용뿐만 아니라 수익의 관점에서 매우 중요하다. 따라서, 용량에 대한 기본적인 전략뿐만 아니라 수요와 용량을 균형시키는 전략과 사용되지 않은 용량을 활용하는 전략이 필요하며, 이러한 용량 관리를 통해 수요와 공급의 일치라는 운영관리의 중요한 이슈에 효과적으로 대응할 수 있게 될 것이다.

주요 이슈

- 용량의 측정 방식은?
- 본원적 용량 관리 전략은?
- 수요와 용량을 일치시키기 위한 전략은?
- 수요와 용량을 효과적으로 관리하기 위한 각 전략은?
- 미사용 용량의 효과적 활용 방안은?
- 대기열의 의미와 대기열을 효과적으로 관리하기 위한 전략은?

1 용량 관리의 의의

1.1. 서비스 용량의 정의

서비스 용량(service capacity)은 사전에 규정된 인력 수준, 시설, 장비를 이용하여 특정 시간에 획득할 수 있는 가장 높은 잠재적 산출물의 양으로서 정의할 수 있다. 이러한 용량은 서비스 부문에서 단위시간당 달성할 수 있는 산출물 수준에서 정의된다. 예를 들어, 은행직원이 취급하는 하루의 거래 금액 혹은 고객 수가 된다. 또한 호텔 침대의 수 혹은 항공사의 시스템 수준에서 이용 가능한 좌석의 수와 같이 지원시설의 관점에서 정의될 수도 있다. 이러한 지원시설의 관점은 상황에 따라 서비스의 산출물이 아닌 투입물의 관점에서 용량을 정의할 수도 있다는 것을 보여준다.

1.2. 용량 관리의 목적과 영향

서비스에서 용량 관리의 주요 목적은 다음과 같다.

(1) 적절한 시간에 가장 효율적 방법으로 고객 수요에 대응해야 한다.
(2) 고객이 서비스를 받기 위해 필요한 대기 시간을 최소화시켜야 한다.
(3) 유휴 용량(idle capacity)은 기회비용을 창출하기 때문에 이를 회피하고 100%에 가깝게 모든 용량을 가동해야 한다.
(4) 용량에 적합하도록 수요를 조절해야 한다.

그러한 목적을 달성하기 위한 서비스 용량 관리의 영향은 다음과 같다.

(1) 공급보다 수요가 더 많은 경우에 특정 고객이 참여하는 기회의 손실을 발생시킨다.
(2) 용량 관리는 고객이 인식하는 서비스 품질에 상당한 영향을 미친다.
(3) 계절적 수요에서 발생하는 문제에 관련되어 특정 시간대에서 수요를 예측하는 모델을 가질 필요가 있다.

(4) 비성수기에 용량을 줄이는 가능성과 성수기에 용량을 늘리는 상황이
이상적이나 쉽지 않다.

(5) 일이 효율적으로 수행되기 위해서는 올바른 수의 인력이 올바른 장소
에 올바른 시기에 할당되는 것이 필요해진다. 예를 들어, 콜센터(운영
비의 50%가 인건비임)의 인력, 간호 인력, 경찰서 인력, 우편 서비스 인
력 문제 등에서 인적 자원 계획은 매우 중요하다.

1.3. 서비스에서 용량 관리의 어려움

서비스의 특성상 후속 사용을 위한 서비스 재고가 불가능(소멸성)하기 때
문에 서비스가 수익적 목적에 사용되지 않는다면 결코 저장될 수가 없다. 또한
불충분한 용량으로 인해 발생하는 타 서비스로의 고객 전환과 부진한 수요로
인한 유휴 용량은 기업의 수익에 직접적인 영향을 미치기 때문에 용량에 대한
조심스러운 계획과 관리는 많은 서비스 조직의 성공에 중요한 문제가 된다.

재고의 결여로 인해서 발생하는 수요와 용량의 불균형은 아래의 〈그림 6-1〉
처럼 여러 문제를 초래한다. 일반적으로 서비스 조직은 사이클적인 현상에 따
라 급변하는 서비스 수요 중 최대수요의 중간 부분에서 최대의 이용가능한 용

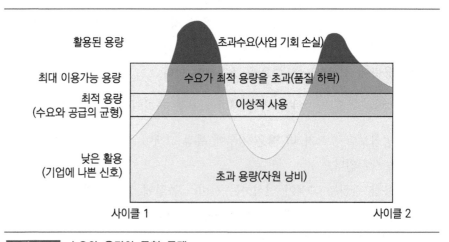

그림 6-1 수요와 용량의 균형 문제

량을 보유하지만 이상적인 수준은 수요와 용량이 일치하는 균형 상태이다. 그러나 이 용량이 초과 수요를 커버하지 못함에 따라 수요가 용량을 초과하여 이 부분에 해당하는 고객과 사업기회가 사라지게 된다. 반대로, 용량이 수요보다 크면 낮은 용량 활용으로 인해서 기업의 수익에 나쁜 신호를 보내게 된다.

완전한 상황이라면 서비스 조직은 비성수기에 용량을 줄일 수 있고 성수기에는 용량을 증가시킬 수 있어야 한다. 그러나 수요와 거의 일치하는 수준까지 용량을 최적으로 선택했음에도 불구하고 수요 예측은 정확한 과학이 아니라 일종의 스킬이다. 또한 외부 환경요인들로 인해 귀결되는 불균형이 그러한 수요 예측의 정확성에 오점을 남길 수도 있다. 한편, 모든 서비스 조직이 수요에 용량을 맞출 수 있는 것은 아니다. 만약 서비스가 예약을 통해 운영되지 않는다면 그들이 보유한 용량의 일관성 있는 활용을 기대하기는 어렵다. 심지어 예약 제도를 활용한다고 해도 유휴 용량은 여전히 실제 비즈니스 세계에서 계속 나타나고 있다.

특정 서비스 부문에서 다른 세분 시장을 목표로 하고자 서비스의 변동성에 여유를 제공하기 위해 유휴 용량이 요구되기도 한다. 흔히 수요가 어떤 서비스 조직 용량의 75%를 초과하면 서비스 품질은 급격하게 하락한다고 한다 (Heskett, 1986). 그 이유는 서비스 조직의 용량이 최대한으로 활용된다면 이용할 수 있는 투입물 자원의 부족이 발생할 가능성이 높아 다른 서비스 사용자들의 편안함이 감소하기 때문이다. 마찬가지로, 서비스 품질과 기업의 차별화 노력을 구축하고 유지하는 데 필요하기 때문에 어떤 서비스는 의도적으로 유휴 용량을 유지한다. 견인차 서비스, 엘리베이터 유지보수, 응급이송, 경찰 및 소방 등과 같은 긴급 서비스는 최소의 대기 시간을 통해서 차별화시키려고 노력하는 대표적인 서비스 조직들이다. 그 서비스에서 서비스의 이용불가능성과 긴 대기 시간은 빈약한 서비스임이 분명하기 때문에 많은 조직은 즉각적인 서비스를 제공하기 위해 용량 활용 수준을 충분히 낮게 설정할 것이다.

1.4. 수요와 용량의 통제 수준에 따른 서비스 분류

수요와 용량의 통제 수준에 따라 서비스를 분류할 수 있다. 구체적으로, 수요의 변동 수준과 공급이 제한되는 수준에 따라서 네 가지 서비스 유형으로 분류한다. 〈표 6-1〉과 같이 시간에 따른 수요 변동의 수준을 넓은 수준(Ⅰ)과 좁은 수준(Ⅱ)으로 구분하고 공급이 제한되는 수준을 최고 수요가 중요한 지연 없이 보통 충족될 수 있는 수준(Ⅲ)과 최고 수요가 정기적으로 용량을 초과하는 수준(Ⅳ)으로 구분할 수 있다.

표 6-1 수요와 용량의 통제 수준에 따른 서비스 유형

		수요 변동의 수준	
		넓음(I)	좁음(II)
공급이 제한되는 수준	최고 수요가 지연 없이 충족(III)	1 유형 인프라 및 공공서비스	2 유형 일상 서비스(필수적)
	최고 수요가 정기적으로 용량 초과(IV)	4 유형 필수 대기 서비스	3 유형 일상 서비스(비필수적)

이때, 수요 변동 수준이 넓고 최고 수요가 중요한 지연 없이 일반적으로 충족될 수 있는 수준에 해당하는 서비스 유형 (1)은 전기와 수도, 가스, 경찰과 소방 서비스, 인터넷 서비스 등 생활에 필수적인 인프라 및 공공 서비스가 이에 해당한다. 수요가 안정적으로 발생하기 때문에 안정적인 용량을 확보하는 것이 그 서비스 제공에서 가장 중요한 고려사항이다. 수요 변동이 협소하고 최고 수요가 보통 지연 없이 충족될 수 있는 수준에 해당하는 서비스 유형 (2)는 보험, 은행, 세탁 및 드라이클리닝 서비스 등 일상생활에서 수요의 예측이 상대적으로 쉽고 반복되는 필수 활동과 관련된 서비스가 해당한다. 여기서는 예측된 수요에 맞춰 적정 용량을 결정하는 이슈가 중요한 문제로 고려된다. 한편, 수요 변동 수준이 좁고 최고 수요가 정기적으로 용량을 초과하는 서비스 유형 (3)은 서비스 유형 (2)와 유사한 서비스이지만 용량 수준이 불충분하고 수요 변동이 심한 나이트클럽, 스키장, 주택청약 서비스, 독감백신 제공 서비

스, 공연 등 취미뿐만 아니라 주로 비일상적인 활동과 관련된 서비스가 이에 해당한다. 마지막으로, 수요 변동 수준이 넓고 최고 수요가 정기적으로 용량을 초과하는 서비스 (4)는 회계와 세무 서비스, 성수기 여객 운송/호텔/레스토랑, 놀이공원, 유명 맛집과 공연, 병원의 응급 서비스 등 대기열이 길게 존재하는 전문 및 일부 대량 서비스가 이에 해당한다.

1.5. 서비스 제공자와 고객의 통제 능력에 따른 서비스 유형

서비스 제공자가 개별 고객을 사전에 스케줄링할 수 있는지와 고객이 그들의 수요 시기를 통제할 수 있는지에 따라 〈표 6-2〉와 같이 네 가지 차원의 서비스 유형으로도 분류할 수 있다.

표 6-2 서비스 제공자와 고객 통제 능력에 따른 서비스 분류

		서비스 제공자가 개별 고객의 일정을 미리 결정할 수 있는가?	
		예	아니오
고객이 자신의 수요 시기를 통제할 수 있는가?	예	항공 호텔 운송 외래환자 서비스 병원 전문 서비스 스포츠 이벤트 학교 수업	전기 및 가스 우편 서비스/배달 여행 대리점 소매 및 도매 공공 운송 은행 정부/행정 서비스 식당 패스트푸드 레스토랑 레크리에이션
	아니오	법정 출두	응급 서비스 예약이 필요 없는 병원 긴급 수리 서비스 보험 청구 서비스 장례식장

1.6. 용량에 대한 제약의 특성

용량의 변동에 많은 제약이 뒤따르기 때문에 급변하는 수요에 맞춰 용량을 용이하게 조절하는 것은 쉽지 않다. 그 제약 사항은 다음과 같다.

1.6.1. 시간 제약

이에 해당하는 서비스는 법률, 컨설팅, 회계, 의료 등의 전문 서비스가 해당한다. 만족스러운 전문 인력을 단기간에 확보하는 것은 쉽지 않을 뿐더러 이러한 인력을 양성하는 경우에도 많은 시간이 소요된다.

1.6.2. 노동 인력 제약

시간적 제약과 마찬가지로 법무법인, 회계법인, 컨설팅 회사, 의료 분야 등이 해당한다. 수요의 증가 시에 유능한 인력을 확보하는 문제뿐만 아니라 수요의 감소에 대비하여 인력을 줄이는 것도 쉽지 않다.

1.6.3. 설비 제약

배달, 통신, 네트워크 서비스, 전기 및 가스, 헬스클럽 등이 이에 해당한다. 설비가 서비스의 성공에 중요한 요인이 되는 자본집약적 서비스 부문의 경우에 이러한 설비를 쉽게 변동시키는 것은 많은 비용이 소요된다.

1.6.4. 시설 제약

호텔, 레스토랑, 병원, 항공사, 학교, 극장, 교회 등이 이에 해당한다. 이러한 서비스는 시설에 많은 고정자본이 소요되는 자본집약적 서비스이기 때문에 용량을 쉽게 변동시키는 것이 용이하지 않다.

2 본원적 서비스 용량 전략

본원적 서비스 용량 전략은 세 가지 유형으로 구분할 수 있다.

2.1. 균등 용량(Level capacity) 전략

이 전략은 고정된 용량을 더 잘 활용하기 위해 고객 수요를 균등화시킬 수 있는 가격 인센티브와 같은 마케팅 지향 전략을 전개하는 방법이다. 용량을 증가시키는 데 비용이 많이 들어 용량 변화를 점진적으로 변하게 하는 대신에 고객이 중단되지 않는 서비스를 기대하기 때문에 이러한 전략이 필요하다. 전기를 생산하는 발전소를 생각해 보기 바란다. 이 외에도 고정된 공급에 대해 수요를 관리하는 다음의 방법을 활용할 수 있다.

(1) 수요를 늘리기 위해 할인을 제공한다.
(2) 수요를 늘리기 위해 가격을 낮춘다.
(3) 수요를 늘리기 위해 광고를 증가시킨다.
(4) 수요를 늘리기 위해 전화 및 방문 영업(cold-call)을 실시한다.
(5) 수요를 변동이 덜한 다른 세분화된 시장으로 다각화한다.
(6) 서로 주고받는 물물교환 협약하에 서비스를 판매한다. 여행 패키지에서 많이 사용한다.
(7) 용량이 부족하지 않은 다른 서비스를 제공한다. 인기가 높아 자리가 없는 영화 대신 다른 영화를 추천하는 활동이 그 예이다.
(8) 서비스를 다르게 포지셔닝해 수요를 줄이거나 늘인다.
(9) 예약 제도를 이용하여 서비스를 분산시킨다.
(10) 유휴 인력을 활용하여 가두광고(walking advertisement)를 함으로써 수요를 증가시킨다.

2.2. 수요 추적(Chase demand) 전략

변화하는 고객 수요와 용량을 일치시키기 위해 용량을 변화시키는 업무교
대 스케줄링과 같은 운영 지향 전략을 말한다. 콜센터의 경우는 기대된 수요의
변동에 따라 전화 상담원의 수에 대한 일정계획을 수립(scheduling)할 필요가 있
다. 이 외에도 고정된 수요에 대해 공급을 조절하는 다음의 방법을 활용할 수
있다.

> (1) 기업의 인력비용을 줄이기 위해 휴직과 일시해고를 실시한다.
> (2) 일부 유휴 서비스를 자선단체에 기부한다.
> (3) 불필요한 일부 인력에 대해 외부 교육기관 등에 위탁훈련을 실시한다.
> (4) 피크수요와 용량을 일치시키기 위해 서비스를 다시 스케줄링한다.
> (5) 핵심이 아니거나 부족한 용량은 외부에 아웃소싱을 준다.
> (6) 사무실 공간 혹은 장비임대와 같은 고정비를 줄이는 방법을 활용한다.

2.3. 혼합 전략(Hybrid strategy)

앞의 두 방법을 혼용하는 전략이다. 호텔 침대의 시설 용량처럼 침대 수
는 고정되었으나 호텔 직원의 수는 계절적 수요에 따라 변동시킬 수 있다. 이
러한 혼합 전략은 균등용량과 수요 추적의 상충관계를 이해한 후에 효과적으
로 적용할 수 있다. 예를 들어, 균등용량은 용량이 고정된 채 다양한 마케팅
활동이 필요하기 때문에 높은 수준의 노동스킬과 종업원의 훈련이 필요한 반
면에 고객 대기, 노동이직, 요구되는 감독 수준은 낮고 수요 예측은 장기로 이
루어진다. 이에 비해, 수요 추적은 변화하는 수요에 맞춰서 용량을 변화시키기
때문에 종업원 활용, 요구되는 감독 수준이 높고 그에 따른 노동이직이 높다.
반면에, 필요한 노동스킬과 요구되는 훈련은 낮고 수요 예측은 변화하는 수요
에 맞추기 위해 단기로 수행된다.

3 수요와 용량의 관리 방안

3.1. 옵션

수요와 용량을 일치시키기 위해서는 둘 중 하나를 집중 관리하든지 아니면 둘 모두를 일치시키도록 관리할 필요가 있다. 여기서, 수요 관리는 수요를 통제하려는 시도를 통해 수요를 관리하는 방식이고 용량 관리는 공급용량을 기대하는 수요에 일치시킴으로써 관리하는 방식을 말한다. 물론, 수요와 용량을 동시에 관리하는 동시 관리도 병원, 항공사, 호텔 등에서 자주 활용하는 방법이다.

〈표 6−3〉과 같이 수요와 용량 관리를 위해 지금까지 많은 옵션들이 제시되었다.

표 6-3 수요와 용량 관리 옵션들

용량 관리 옵션	수요 관리 옵션
• 필수적 용량 관리 옵션 종업원 스케줄링 종업원 고용 종업원 일시해고 • 선택적 용량 관리 옵션 파트타임 종업원 활용 일시적 종업원 고객대기 허용 초과근무 허용 유휴시간 허용 타 기업에서 용량 임차 타 기업과 용량 공유 고객 거절 바쁠 때 하청업자 고용 종업원 교차훈련 자원배분 변화 업무속도 변화 (종업원이 일시적으로 빨리 업무)	• 명시적 수요 관리 옵션 고객 예약/스케줄 수율 관리(yield management) • 암묵적 수요 관리 옵션 가격 차별화 서비스 차별화 (요일 혹은 주에 따라 품질 변화) 보완적 서비스 대체 서비스 (요구된 서비스가 이용불가능할 경우) 고객에게 정보제공과 교육 수요 증가를 위한 광고 특정 수요 수준을 달성하기 위한 광고 증가 (용량이 제한될 경우)

용량 관리 옵션	수요 관리 옵션
• 용량 관리와 수요 관리 중 하나일 수 있는 옵션 　운영 시간 혹은 요일 변경 　자동화 활용 　온라인 접근 제공(전화, 인터넷 등) 　고객 참여 수준 변경 　고객 분할(지위, 거래 기간 등)	

출처: Klassen, K.J. & Rohleder, T.R. (2002), "Demand and capacity management decisions in services: How they impact on one another", *International Journal of Operations & Production Management, 22* (5), 527–548.

〈표 6-3〉에서 필수적 용량 관리 옵션은 반드시 해야 하는 옵션으로서 인력배치와 스케줄링 이슈를 포함한다. 대부분의 서비스는 우선 필수적 용량 관리 옵션을 수행하고 다음에 선택적 용량 관리 옵션을 고려해야 한다. 또한 명시적 수요 관리 옵션은 모두 어느 정도 스케줄링을 포함하고 이것을 할 수 없는 서비스는 수요 패턴에 대해 훨씬 큰 통제를 갖는다. 이러한 인력 스케줄링에는 선형계획법, 정수계획법(0-1 정수계획법, Set covering 등) 등이 자주 활용된다. 암묵적 수요 관리 옵션은 수요에 영향을 미치거나 미칠 수 없는 행동들로서 선택은 여전히 고객에 달려 있다. 수율 관리(yield management)는 실제로 많은 옵션들의 결합이고 또한 비수기 수요를 촉진하는 것이기 때문에 명시적 수요 관리 옵션에 놓인다. 그러나 명백히 수율 관리는 사전 스케줄링 고객을 포함하고 따라서 명시적 수요 관리하에 가장 잘 맞는다.

3.2. 수요를 관리하기 위한 방안

3.2.1. 수요의 분할(Segmenting)

항공사는 수요가 작은 주중 비즈니스 여행자와 수요가 많은 주말 가족 여행자를 차별화하여 관리한다. 병원에서도 수요를 분할하는 경우가 존재한다. 예를 들어, 월요일에 많은 수의 환자가 존재하고 나머지 주중에는 소수의 환자가 존재하기 때문에 예약 제도를 통해서 환자를 월요일이 아닌 다른 요일로 분산시켜 예약해 수요를 균등화시키는 것이 필요하다. 예약이 안 된 수요는 통제 불가능하지만 예약은 통제가 가능하기 때문에 수요를 통제하에 두기 위해서 예약을 활용하면 된다.

3.2.2. 가격 인센티브 제공

서비스를 이용하는 고객에 대해 시간, 일, 월별로 가격을 차별화하는 방법이다. 극장에서 오전에 조조할인, 리조트에서 비시즌(off-season) 기간에 호텔 요금 할인, 여름철 전기요금 누진제 등이 그 사례이다. 차별화된 가격을 적용함으로써 서비스 조직은 동일한 요금제하에서 보다 동일하거나 더 높은 수익을 누릴 수 있고 수요를 어느 정도 안정화시킬 수 있다.

3.2.3. 비시즌 수요를 촉진

비시즌 동안 리조트 호텔을 동호회 혹은 종교 모임의 수련회, 기업의 세미나 및 워크숍 장소로서 활용할 수 있다. 스키장은 여름에 배낭여행을 위한 숙영지로 활용하거나 지역주민에게 일시적으로 개방함으로써 가족들이 모임을 하거나 캠핑을 할 수 있도록 유인하기도 한다. 방학 중 대학의 기숙사를 이러한 용도로 활용하는 경우도 있다.

3.2.4. 보완 서비스 개발

식당에 가벼운 주류와 음료를 구비한 바(bar)를 추가함으로써 보완 서비스의 편익을 발견할 수 있다. 즉, 바쁜 시간에 바가 있는 라운지로 대기 고객을 이동시킴으로써 기다림에 지치거나 성난 고객을 달랠 뿐만 아니라 식당의 수익 향상에도 기여한다. 영화를 상영하는 극장은 전통적으로 팝콘과 음료를 판매하였으나 현재 그들은 대기 고객을 바쁘게 만들어 기다리는 것을 느끼지 못하도록 만들기 위해 로비에 비디오 게임기를 설치하고 있다. 편의점도 고객을 바쁘게 하기 위해 셀프 주유와 패스트푸드 식사 및 편의점 이용, 심지어 샤워와 삼겹살을 구워먹을 수 있도록 보완 서비스를 확장하고 있다.

3.2.5. 예약 시스템과 초과예약(Overbooking)

예약을 한다는 것은 실제 서비스가 생산과 동시에 판매되는 것이 아닌 잠재적 서비스를 사전에 판매한다는 의미이다. 이러한 예약은 대기를 줄이고 서비스 사용가능성을 보장함으로써 소비자에게 편익을 제공한다. 그러나 서비스 제공자 입장에서는 노쇼(no−show)의 문제가 발생할 수 있다. 예를 들어, 항공사에서는 고객이 예약을 하고서도 오지 않을 경우에 대비해 초과예약을 받는다. 즉, 이용가능한 좌석 이상으로 예약을 받음으로써 항공사는 많은 수의 노쇼에 미리 대비하여 소멸되는 서비스를 줄여 수익을 올리고자 한다. 여기서, 바람직한 초과예약 전략은 예약한 손님을 탑승시키지 못하는 기대비용뿐만 아니라 유휴 서비스 용량의 예상되는 기회비용을 최소화해야 한다. 그러나 만약 항공사가 너무 많은 좌석을 초과예약할 경우에 정상적으로 예약하고 도착한 승객을 탑승시키지 못하는 리스크가 발생할 수도 있다.

3.3. 용량을 관리하는 방안

3.3.1. 스케줄링 조정을 통한 용량 관리

선형계획법(LP: Linear Programming), 정수계획법(IP: Integer Programming)과 같은 수학적 모델을 이용하여 다양한 제약조건하에서 적정 인력의 배치 일정을 결정할 수 있다. 이러한 스케줄링(scheduling)은 최적의 서비스 인력을 결정함으로써 용량을 최적으로 유지하도록 도와준다. 이 문제에 도움을 받기 위해서는 경영과학 교재를 참고하기 바란다.

3.3.2. 고객참여 증가

셀프 서비스와 같이 고객이 서비스 전달 프로세스에 더 많이 참여하도록 함으로써 서비스 제공 인력을 줄일 수 있다. 셀프 서비스 식당은 주문을 받고, 음식을 서비스하고, 식탁을 청소하는 인력을 줄일 수 있다. 즉, 고객(이 경우에 공동 생산자)은 제한된 메뉴 내에서 직접 주문할 뿐만 아니라 식사 후에 식탁을 청소한다. 고객은 이러한 공동생산의 보상으로 더 빠른 서비스와 저렴한 식사를 기대한다.

3.3.3. 조정가능한 용량을 창출

조정가능한 용량을 창출하기 위해 서비스 조직은 다양한 방법을 고안하였다. 첫째, 서비스 시설의 디자인을 통해 용량의 일부분을 변동시키는 것이 가능하다. 항공사는 변화하는 승객 믹스를 충족시키기 위해 일등석과 이등석 사이를 구분하는 파티션을 정기적으로 이동할 수 있도록 내부 인테리어를 디자인한다. 식당도 중간 문을 개방하거나 닫음으로써 이러한 문제를 해결한다. 둘째, 피크시간의 용량을 여유시간의 효과적 활용으로 확장한다. 레스토랑의 종업원들은 수요가 낮을 때 포크와 나이프 등을 냅킨으로 포장하거나 실내를 청소할 수 있다. 물론 피크시간에는 이 업무를 하지 않을 것이다. 셋째, 용량을 공유하는 방법이다. 어떤 용량을 활용하지 않는 동안 그 용량의 다른 용도를 고민할 필요가 있다. 소규모 공항에서 저가항공사는 동일한 게이트, 램프, 화물 취급 장비, 지상 인력을 서로 공유한다. 식당 주방의 공유도 최근에 많이 증가하고 있다(공유주방을 이용할 경우에 식당 창업비용을 1/23로 감소시킬 수 있으며 배달형 공유주방인 위쿡, 키친42 등이 창업되고 있다). 넷째, 교차훈련을 할 필요가 있다. 여러 업무를 수행하기 위해 종업원을 교차훈련시키는 것은 국지적인 피크수요를 충족하기 위한 유연한 용량을 창출한다. 슈퍼마켓에서 계산대에 줄이 늘어날 때 관리자는 고객 피크가 끝날 때까지 계산대를 운영하기 위해 후방부서(예, 창고정리 인력)에 정산업무를 할 수 있는 추가 인력을 요청할 수 있다.

3.3.4. 파트타임 종업원 활용

식당의 식사시간 혹은 은행의 월급날과 같이 활동의 피크가 지속적이고 예측가능할 때 파트타임(아르바이트 인력과 비정규직 인력 등) 직원이 정규 직원을 도울 수 있다. 만약 요구되는 스킬과 훈련이 최소 수준이라면 소득을 보충하려고 하는 사람뿐만 아니라 대학생을 아르바이트 인력으로 고용이 가능하고 항공사와 병원 등은 비정규직이 필요할 경우에 임시로 그들을 선발하여 항시 임시 인력을 피크에 대비하여 대기하도록 준비할 수 있다.

3.3.5. 자원 증가

용량을 증가시킬 수 있는 인력, 시설 등의 자원을 증가시킬 수 있다. 성수기에 초과 근무와 잔업을 활용할 수 있고 교대 근무를 추가할 수 있다. 또한 일시적으로 인력과 시설 등의 자원을 임대하여 활용할 수도 있다. 최대 용량을 초과하는 단체 손님이 오는 경우에 식당에서는 좌석, 불판, 식재료 등을 이웃 점포에서 잠시 빌려 활용하는 경우도 있다. 또한 직접적인 임대나 자원증가가 어렵거나 가치창출에 큰 공헌을 하지 않는 경우에는 일부 서비스를 아웃소싱하는 방법도 있다. 교육기관에서 청소, 경비 등의 서비스 업무를 외부에 용역을 주는 경우가 이런 경우에 해당한다.

3.3.6. 제품 수정

고객화된 제품을 표준화하는 방법을 통해서 서비스 용량의 부담을 줄일 수 있다. 또한 셀프 서비스와 같이 구매자가 서비스의 일부분이 되도록 만들 수 있고 수요를 줄이기 위해 품질 수준을 인위적으로 감소시킬 수도 있다. 마지막으로, 고객의 건강 관리를 위한 소프트웨어, 자가 혈당측정 등은 일부 서비스 운영을 제품 운영으로 전환하는 서비스의 제품화(productization)를 통해 서비스의 용량을 줄여주는 역할을 한다.

3.4. 수요와 용량을 동시에 관리하는 방안

수요와 용량을 동시에 관리하는 방법으로 수율 관리(yield management)가 대표적이다. 이것은 수익 증대를 목표로 가격과 서비스 기간(즉, 용량 관리)을 조절하여 수익률을 극대화하는 전략이다. 이 전략은 항공사에서 처음 적용되었다. 항공사 좌석은 쉽게 늘릴 수 없고 소멸성 특성으로 인해 고객이 점유하지 않는 좌석은 재고로 쌓아놓고 다시 판매할 수 없다. 이러한 문제를 해결하기 위해 비수기에 가격 할인을 통해 수요를 올리고 성수기에는 가격을 높여서(즉, 수요 관리) 최대한 수익을 향상시킬 수 있다. 결과적으로, 항공사의 경우에 이 수율 관리는 가장 수익을 높게 제공하는 방식으로서 세분화된 시장의 잠재적 수요를 일치시키기 위해 고정된 좌석 용량을 할당하는 관리 방식이다.

이러한 수율 관리에서 서비스 유형은 서비스가 이루어지는 기간을 예측할 수 있는지와 없는지에 따라서 구분될 수 있다. 예를 들어, 호텔, 항공사, 렌터카, 크루즈 여행 등은 1박 2일, 5시간 등과 같이 서비스 기간을 명확히 예측할 수 있다. 그러나 요양원, 병원 등은 사전에 서비스 기간을 예측하는 것이 불가능하다. 여기서 성공적인 수익성 관리를 위해서는 서비스 기간이 명확해야 한다. 즉, 이 서비스 기간을 예측할 수 있어야 그에 따라 가격을 변동시킬 수 있어 제공하는 서비스로부터 최대의 수익을 창출한다. 이를 위한 방법으로는 다음의 방법이 적용가능하다. 첫째, 고객 도착의 불명확성을 줄이기 위해 초과예약을 받거나 노쇼를 막기 위해 예치금이나 위약금 제도를 활용하여 서비스 기간의 불확실성을 줄일 수 있다. 둘째, 고객과 고객 사이의 간격을 줄이기 위해 이용시간을 정확히 예측하도록 노력한다. 셋째, 서비스 시간을 다시 정의하는 방법이다. 호텔의 오후 3시 체크인과 다음 날 오전 11시 체크아웃 규정을 바꿔 언제 어느 때라도 체크인과 체크아웃하도록 함으로써 시설활용과 수익을 동시에 높인다.

4 미사용 용량 활용 방안

수요와 용량의 일치를 위한 방안을 활용해도 사용되지 않은 용량이 항상 존재할 수 있다. 이 경우에 다음의 미사용 용량 활용 방안을 추가로 전개할 필요가 있다.

4.1. 고객 개발(Customer development)

당연한 이야기이지만 미사용 용량을 활용하기 위해서는 고객을 계속 늘려야 한다. 이를 위해서는 첫째, 고객의 충성을 구축하기 위해 용량을 활용한다. 항공사는 마일리지 축적의 반대급부로 무료 티켓을 제공한다. 호텔도 단골 고객에 공짜 숙박권을 제공하기도 하고 금융 서비스에서는 단골 고객에 대해 무료 컨설팅과 연구 및 투자보고서를 제공하기도 한다. 둘째, 무료 시제품을 통한 서비스를 시도한다. 구매 의사결정을 하기 전에 고객이 서비스를 경험하도록 허용하는 것이다. 헬스클럽은 멤버들이 친구를 데려와 헬스시설을 시험적으로 사용해 보도록 하는 프로그램을 운영하기도 한다. 새로운 여행상품을 개발하는 여행사 직원들은 무료 신규노선 시찰여행(familiarization trip)에 초대된다. 이 시찰여행은 단순한 인센티브가 아니라 그들의 자국시장에서 서비스를 판매하는 대리인의 능력을 확대시키는 작용도 한다. 그러나 서비스의 특성상 모든 서비스가 무료 시제품을 통한 서비스 시험에 적용가능한 것은 아니다. 그 예로 병원에서 이러한 서비스 시제품을 제공하는 것은 불가능하다.

4.2. 결합(Bundling)

이 방법은 두 개 이상의 제품을 묶어 할인된 가격으로 판매하는 것을 의미한다. 예를 들어, 항공사 좌석은 여행과 호텔 숙박의 패키지로 결합될 수 있다. 서비스 조직에서 이러한 결합의 편익은 다음과 같다.

(1) 더 향상된 서비스 가치 제공
(2) 수요 증가
(3) 직원에 패키지 부여와 이익 증가로 인한 편익 제공
(4) 서비스 조직의 판매 리스크 감소
(5) 마케팅 비용 절감
(6) 명시적으로 드러내지 않고 할인 제공(교차판매로 미사용 용량 부분을 할인하여 제공)

그러나 순수한 구성요소의 결합은 수익이 아니라 잠재적 손실로 결과될 수도 있다. 서비스를 개별적으로 구매하기 원하는 고객은 결합 서비스를 구매하려 하지 않을 수 있기 때문이다. 예를 들어, 배낭여행과 자유여행을 선호하는 여행객들은 이러한 패키지 여행을 구매하지 않을 것이다. 게다가 결합된 서비스를 구매하는 의지를 이미 갖고 있는 고객들은 현재보다 더 낮은 가격의 혜택을 누릴 것이고 서비스 기업은 추가 이익을 잃을 수도 있다.

4.3. 서약(Pledging)

서약은 신의에 기초하여 채널 멤버들을 어떤 관계에 연결시키는, 채널 멤버들에 의해 수행된 행동으로 정의된다. 어떤 호텔은 국내 기업에게 숙박을 위한 방을 보장해 주고 그 대기업은 다시 그 호텔을 위해 직원들에게 지정 숙박 프로그램을 시도할 수 있다. 이러한 신의성실에 기초한 관계 서약은 두 당사자의 기회주의를 줄이고 관계의 효과성을 증진시킨다. 복지시설의 생산품과 서비스를 영리 및 비영리기관에서 상호 구매해 주는 협약도 이러한 서약에 기초한 구매 패턴이다.

4.4. 직원에 혜택 부여(Employee endowment)

서비스 품질은 서비스를 현장에서 고객에 직접 전달하는 전방부서의 현장인력에 의존한다. 서비스 조직은 이러한 직원에게 일부 서비스를 기부하여 그들의 충성과 헌신을 구축하고 이직을 줄일 수 있다. 이직을 줄이기 위한 혜택 부여로서 항공사, 크루즈, 호텔, 은행과 같은 대규모 서비스 조직들은 공식적인 정책이 존재한다. 예를 들어, 크루즈선과 항공사는 사내 양도의 목적으로 10%의 자리를 확보하여 조직 내 할인 프로그램을 운영하고 있고 직원과 그 가족이 무료로 여행하는 동안 같이 동반하는 친인척 멤버들에게도 할인을 제공한다. 직원은 이 프랙티스가 자신과 회사가 함께하고 더 나은 업무 환경을 창출한다고 느낄 수 있다. 항공사의 복지 프로그램에서 직원과 그 가족에 대한 무료 티켓 제공은 우수 직원의 보유에 강하게 영향을 미치는 것으로 평가된다. 공식적이든 비공식적이든 간에 직원에 대한 이러한 특권 제공은 다른 서비스 조직에서도 많이 사용된다. 자사 직원에 대한 저리의 대출, 식당 직원에게 무료로 음식 제공, 임신한 헬스클럽 직원에게 무료 산후 프로그램 제공 등이 그 예이다. 결과적으로, 직원에 대한 이 혜택은 헌신적이고 동기부여된 직원을 만들어 이직률이 감소하여 학습효과(learning effect)를 창출하고 더 나은 서비스 품질과 성과에 공헌한다. 다만, 특혜시비 문제가 발생할 가능성이 있어 법적 허용범위 내에서만 실시해야 한다.

4.5. 교환(Exchange)

다른 조직과 어떤 서비스를 교환하는 것은 다음의 세 가지 목적을 위해 이루어진다. 첫째, 비용절감을 위해 용량을 교환한다. 항공사와 골프장은 그들의 상호 용량을 다양한 매체에 홍보하고 여행사와 촉진 캠페인을 벌인다. 둘째, 제품 범위를 확장하기 위해 용량을 교환한다. 대부분의 항공사는 코드공유(code share) 협약을 통해 전 세계의 비행경로를 연결시켜 항공기의 증가 없이 고객을 위한 비행라인의 수를 확대시킬 수 있다. 셋째, 더 높은 수익을 위해 용량을 교환한다. 항공산업에서 수율 관리 시대에 초과예약이 존재한다. 그러나 초과예약으로 인해 예약을 했음에도 쫓겨나는 승객이 많아 미국 정부는 이 수를 줄이기 위해 예약한 해당 편이 아닌 후속 편의 항공기를 자발적으로 기다리는 고객에게 인센티브를 제공하도록 법률을 제정하였다. 이러한 자발적 좌석포기(voluntary bumping)는 항공사의 용량 활용 차원에서 효율성 증가라는 편익을 제공하고 승객에게 더 큰 가치 제공으로서 작용한다. 호텔에서도 다른 인근의 호텔에 초과예약된 손님을 무료로 숙박시키는 것은 아주 흔한 전략이 되었고 이 방법은 서비스 제공자와 고객 양 당사자 간에 더 높은 편익을 창출하도록 만들어준다.

4.6. 진입 억제(Entry deterrence)

목표 시장에서 용량 확장을 통해 신규기업의 진입을 억제시킬 수 있다. 경쟁자의 신규 진입을 억제하기 위해 용량을 사용하는 것은 호텔과 항공사와 같이 높은 고정비용, 큰 규모의 경제, 높은 생산자 집중으로 특징된 산업에서 가장 효과적이다. 항공사는 다른 경쟁자들이 시장에 쉽게 진입하지 못하도록 하기 위해 소위 황금노선이라고 하는 특정 경로에 대한 용량을 확장하고 있다. 비록 그 경로에 대한 수익이 높을지라도 그 항공사는 다른 항공사의 진입을 억제하기 위해 의도적으로 초과 용량을 창출하고 요금을 더 낮추는 전략을 취한다.

4.7. 차별화(Differentiation)

서비스 품질을 향상시키기 위해 의도적으로 차별화시키는 도구로서 용량을 활용할 수 있다. 식당과 같이 어떤 용량(예, 좌석)을 여유롭게 보유함으로써 고객은 서비스를 제공받을 때 더 큰 편안함을 누린다. 그 이유는 서비스의 분리불가능성(즉, 서비스의 동시 생산과 소비)에 기원한다. 이 특징은 같은 서비스를 이용하는 다른 고객이 서비스에 대한 어떤 고객의 평가에 직접적으로 영향을 미칠 수 있음을 암시한다. 만약 식당에서 옆 테이블의 손님이 너무 시끄럽게 떠들거나 술에 취해 소동을 벌인다면 다른 고객들은 비록 음식의 맛이 매우 뛰어날지라도 고품질의 서비스를 누릴 수 없다. 마찬가지로 호텔에서 옆방 손님의 야간 소음활동이 밤새도록 이어진다면 다른 손님은 잠을 잘 잘 수 없을 것이다. 하지만 용량이 그러한 문제가 발생하는 것을 완전히 제거할 수 없는 반면에 문제의 영향을 감소시킬 수는 있다. 가령, 식당의 경우에 다른 테이블이 이용가능하다면 그 테이블로 옮길 수 있고 호텔 손님도 조용한 다른 방으로 이동시켜 줄 수 있다. 헬스클럽은 고객 멤버의 편안한 서비스 이용을 위해 20%의 유휴 용량을 유지하는 것이 바람직하고 민간병원은 비상시 응급목적으로 일정 비율을 유휴 용량으로 보유한다.

5 흥미로운 추가 이슈

5.1. 고객 대기라인 관리

　　사람들이 놀이공원에서 소모하는 전체 시간 중에서 줄을 서 대기하는 시간이 평균 50%를 차지한다고 한다. 그 고객은 줄을 서는 데 자신의 시간을 기꺼이 투자하나 약국, 식당, 주점, 은행 등에서 5분 대기는 계속 줄을 서 기다리고 있는 것처럼 느껴지고 커피숍에서 커피를 사는 데 10분 이상이 걸리면 불평하기 시작한다. 심지어 우리나라 고객은 식당에서 주문한 음식이 늦게 나오는 것을 참지 못한다. 이러한 고객의 대기는 금융, 운송, 체육시설, 소매점, 의료 등에서 모두 나타나는 현상이다.

　　이러한 대기열(queue)은 긍정과 부정의 양면성을 갖고 있다. 일반적으로 대기열은 고객의 시간낭비 초래, 고객의 좌절/분노/불안 증가, 서비스 품질에 나쁜 영향, 고객 불만족 증가, 고객 충성 악화라는 부정적 측면이 강조되고 부각된다. 반면에, 대기열은 점포의 품질 및 성과에 대한 간접적 정보를 제공하기도 하고 대기열에 있으면서 사회적 소속감과 차별적 감정을 확인하는 긍정적 역할을 하기도 한다. 이러한 고객 대기에 대한 다양한 특성을 이해하고 그것을 효과적으로 관리하는 것은 서비스에 대한 고객의 감정에 영향을 미치기 때문에 매우 중요한 이슈가 된다.

5.1.1. 대기에 영향을 미치는 요인

　　가장 일반적인 관점은 대기 시간이 증가하면 고객 만족은 감소한다는 것이다. 고객은 대기 시간을 과대평가하는 경향이 있고 이 과대평가된 대기 시간은 객관적 시간보다 더 크지는 않지만 고객 불만족에 동일한 영향을 미친다. 또한 인식된 대기 시간이 증가하면서 대기에 대한 감정적 반응은 더욱 부정적이 되고 그 대기는 고객에 의해 더욱 용인되지 않게 된다. 대기에 영향을 미치는 요소는 다음과 같다.

(1) 상황적 요인

대기 시간 추정치, 대기에 대한 평가, 고객 만족 사이의 관계는 대기 환경 내 특정 상황 혹은 환경 요소들에 의해 영향받을 수 있다. 예를 들어, 대기하는 동안 고객을 바쁘게 하는 것은 그들이 시간의 경과를 추적하고 추정하지 않도록 만들 것이고, 그들의 대기가 더 짧은 것으로 느끼게 만들어 증가된 고객 만족으로 이어질 것이다. 그러나 시간충족 활동의 효과에 대한 기존의 연구들은 이 효과를 명확히 설명하지 못하고 있다. 병원 약속을 위해 기다리는 동안 TV를 보는 고객은 대기하는 동안 아무것도 하지 않는 고객에 비해 인식된 대기 시간이 증가하고 만족 수준이 낮아졌다. 또한, 은행 줄에서 대기하는 동안 예금전표를 작성하는 고객은 더 긴 대기 시간을 인식하였고 아무것도 하지 않는 고객보다 더 낮은 고객 만족을 느낀다. 그 이유는 고객이 이용가능한 활동이 지루하거나 판에 박힌 것으로 인식하고 있기 때문이다. 반대로, TV가 은행 로비에 설치되면 대기 고객은 더 높은 만족을 보이긴 하였으나 대기 시간은 동일하게 인식하였다. 결과적으로 대기 시 고객을 이해시키고 참여하게 하는 것은 더 높은 수준의 관심을 불러일으켜 더 높은 만족을 초래하는 것으로 결론을 내릴 수 있다.

(2) 심리적 요인

심리학자들은 대기는 시간을 낭비하고, 고객에게서 주도권을 빼앗고, 지루함을 창출하고, 혼잡과 무시의 감정을 낳고, 만족감을 지연시키기 때문에 불쾌하다는 감정을 유인한다고 제안한다.

① 인식된 낭비 시간

시간은 희소자원으로 고려되기 때문에 조심스럽게 소비되어야 한다. 시간을 소비하는 대기는 서비스를 얻는 데 필요한 투자를 증가시키고 그것으로부터 도출될 수 있는 효용을 줄인다. 따라서 고객의 시간이 더 가치 있을수록 그 시간을 소비하는 것에 대한 그들의 인식은 더 부정적일 것이다.

② 인식된 통제

통제에 대한 인식의 증가는 인간의 물리적 및 심리적 행복에 중요한 긍정적 영향을 미친다. 일반적으로 대기는 고객의 무력감을 창출하고, 그 열에서 기다리는 사람은 움직이지 못하고 대기열에서 자신의 순서를 잃는 두려움 때문에 이동할 수도 없다. 따라서 고객은 대기열에 참여할지를 결정, 확실한 대기를 선택, 대기 시간을 알아내고 추정함으로써 그들의 대기 경험을 통제하려고 노력한다.

③ 인식된 지루함

지루함은 개인이 충분히 흥미로운 정보를 얻지 못할 때 발생한다. 지루함을 느끼는 사람에게 시간은 더 느리게 흘러가는 것으로 보인다. 즉, 대기하는 동안 할 일이 아무것도 없는 것은 무위로 결과되고 이것은 지루함을 낳게 된다. 은행 대기열에서 대기하는 동안 지루함을 경험하는 사람은 서비스 접점에 대해 더 낮은 만족을 보인다.

④ 인식된 무시

조직이 고객의 니즈를 이해하고 반응하는 수준(대응성)과 기업이 고객에게 보살핌과 개인적 관심을 제공하는 수준(감정이입)은 인식된 서비스 품질의 중요한 구성요소이다. 고객이 기다리도록 강요받을 때 조직은 무대응적이거나 감정이입적이지 않는 것으로서 고객에 의해 인식될 수 있다. 대기하는 동안 조직으로부터 무시당하는 이러한 감정은 불안과 불확실성을 초래하고 서비스 경험에 부정적으로 영향을 미친다.

⑤ 인식된 혼잡

혼잡은 공간이 제한될 때 환경에서 발생하는 물리적 조건인 밀도에 대한 인식적 반응을 나타낸다. 혼잡이라는 느낌은 사람들이 환경에서 고객의 수를 알 때 발생하고 그것은 불편함의 감정을 초래하기 시작한다. 결국, 인식된 혼잡은 스트레스, 걱정, 짜증, 타인에 대한 예민함 증가, 부정적인 대인 간 애정으로 이어진다. 예를 들어, 식료품점에서 쇼핑하는 동안 혼잡을 느낀 주체들은 혼잡한 환경을 느끼지 않은 사람들보다 쇼핑 경험에 덜 만족하게 된다.

⑥ 만족감의 지연

만족감의 지연은 나중에 더 큰 보상을 기다리기 위해 지금 더 작은 보상을 얻는(즉각적인 만족을 얻는) 충동을 자제하는 프로세스이다. 대기는 고객의 바람직한 보상(그들이 기다리는 재화 혹은 서비스)을 방해하는 작용을 한다. 즉, 대기는 외부에 의해 부과된 만족감의 지연이기 때문에 고통스럽다. 이 만족감의 지연은 보상이 앞에 있을 때, 특히 서비스 프로세스 이전의 대기 시에 또한 대기가 그 보상의 달성을 위협할 때 특히 고통스러울 것이다.

5.1.2. 대기열 관리 방식과 전략

고객의 불만을 해소하기 위해 사용하는 대기 방식은 〈그림 6-2〉와 같이 단일 대기열(single queue), 복수 대기열(multiple queue), 번호표 활용(take a number) 등 다양한 형태로 이루어진다.

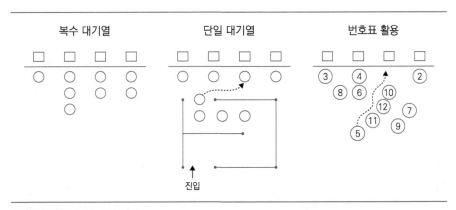

그림 6-2 대기 방식

일반적으로 고객 대기관리 전략은 세 가지 방식으로 이루어질 수 있다. 첫째, 대기열을 없애기 위해 예약 프로세스를 활용한다. 둘째, 비록 형평성의 문제가 제기될 수 있지만 대기하는 고객을 고객의 중요성, 업무의 긴급성, 서비스 거래의 기간, 프리미엄 가격 지불과 같은 기준을 사용하여 차별화시킨다. 은행의 VIP 고객과 같은 중요한 고객은 줄을 서지 않고 바로 서비스를 받도록 한다. 가전제품의 수리에서 서비스를 신속히 받기 위해 프리미엄 가격을 지불하는 경우에는 이 고객에 대해 우선적으로 서비스를 제공할 수 있다. 또한, 병원에서 위중한 응급환자의 경우와 같이 긴급 업무인 경우에는 대기하지 않고 바로 서비스를 받을 수 있도록 한다. 서비스를 거래한 기간이 장기인 단골 고객에 대해서는 그들이 수익에 더 큰 공헌(단골과 신규 고객의 이익공헌 차이)을 하기 때문에 기다리지 않고 서비스를 받을 수 있도록 하는 경우도 있다. 셋째, 대기하는 것을 더욱 즐겁게 만든다. 대기 시 TV 시청, 음악 청취, 잡지 및 메뉴 제공, 의자 등 편안한 환경 조성을 통해 대기 시간이 빨리 지나가는 것처럼 고객이 인식하도록 만들 수 있다.

5.1.3. 서비스 진행 단계별 고객 대기와 인식

서비스 진행 단계는 서비스 진입 전, 서비스 전달 중, 진입 후로 구분할 수 있다.

(1) 서비스 진입 전 대기

많은 학자들이 다양한 서비스 업종에서 서비스 진입 전 대기의 영향에 대한 연구를 수행하였다. 패스트푸드 레스토랑의 경우에 서비스에 대한 고객의 만족은 실제 대기 시간이 증가할수록 감소하고 이 단축된 고객 서비스는 더 높은 서비스 속도에 대한 만족과 더 높은 수준의 고객 서비스로 연결된다. 또한 패스트푸드 레스토랑의 운영에서 서비스 진입 전 대기는 점심과 저녁 서비스에 대한 고객 만족에 중요한 영향을 미치나 저녁 고객의 단골의지에는 영향을 미치지는 않는 것으로 나타났다. 은행 서비스의 경우에는 인식된 대기 시간이 고객 만족에 부정적 영향을 미치고 특히 텔러라인에서 대기 시간이 증가할 때 그 대기는 고객이 수용하기 어려운 것으로 나타났다. 항공사의 경우에는 탑승 라인에 대한 대기 연구에서 비록 서비스 지연이 고객 만족을 줄일지라도 다른 활동을 통해 공허한 대기 시간을 채우는 것은 고객이 경험한 불안과 불확실성을 축소시키는 것으로 주장되었다. 결과적으로 대부분의 연구는 대기가 고객의 분노에 영향을 미치고 고객의 분노는 그 서비스의 반복 활용과 고객이 불평할 가능성에 영향을 미치는 것으로 주장하고 있다.

이 결과를 종합하면, 서비스 진입 전 대기는 고객의 전체 서비스 경험에 영향을 미칠 수 있는 서비스 운영의 초기 인상을 창출한다. 대기에 관련된 만족이 이 첫인상에 의해 영향받는 반면에 대기열에서 물리적 편안함과 친절한 응대, 유능한 현장 직원의 설명과 같은 다른 대기 특성이 또한 중요한 것으로 나타났다. 만약 대기 구역이 너무 덥거나 춥고 너무 시끄럽거나 혼잡하다면 고객은 대기라인에서 불편함을 느낄 수 있다. 또한 대기라인의 혼잡은 서비스에 대한 고객의 통제감을 낮추고, 시간 소진으로 인하여 불안한 긴장상태를 높이고, 고객 만족을 잠식한다. 나아가, 일선 현장직원이 무례하게 행동하고, 고객의 요청을 무시하고, 대기가 얼마나 오래 지속될 것인지를 설명하는 데 실패한다면 고객은 분노하거나 좌절감을 느끼고 결국 그 서비스에 불만족할 것이다.

(2) 서비스 전달 중 대기

기존의 연구에 의하면 서비스 전달 중 대기는 서비스 진입 전 대기보다 전반적 서비스 만족에 대한 고객의 인식에 더 적은 영향을 미치는 것으로 논의되었다. 패스트푸드 레스토랑에서 초기의 서비스 진입 전 대기는 서비스 전달 중 대기보다 서비스 속도에 대한 고객 만족에 더 큰 영향을 미쳤다. 많은 연구에서 서비스 전달 중 지연은 서비스 진입 이전 혹은 서비스 종료 후 진출 대기보다 덜 불쾌한 것으로 제시되었다. 또한 여유로운 줄서기 문화와 성급한 국민성과 같은 고객의 문화에 기반한 선호는 서비스 진입과 서비스 진출에 대한 시간 기대에 영향을 미쳤으나 서비스 전달 중 대기에는 큰 영향을 미치지 않는 것으로 나타났다.

흥미로운 점은 서비스 전달 중에 고객의 대기 시간이 발생하면 고객의 관심은 다음의 서비스 특징으로 이동하기 때문에 이에 대한 관리가 필요하다는 것이다.

① 핵심 서비스 제공품에 대한 품질

예를 들어, 식당에서 음식 품질이 이에 해당한다.

② 서비스 장소에 대한 고객의 물리적 편암함

예를 들어, 가구, 장식, 조명, 음악, 온도, 냄새, 공기질, 소음, 배치 등이 이에 해당한다.

③ 현장 직원의 정중함과 고객에 대한 관심

예를 들어, 사람 간 스킬(보디랭귀지와 같은 비언어적인 실마리를 알아채는 것과 같은 대인 간 스킬)과 기술적 스킬(고객 요청의 정확한 세부사항을 올바르게 기억하는 능력 등)이 이에 해당한다.

(3) 서비스 진출 대기

고객은 제공된 대기라인의 유형에 상관없이 서비스 진출 대기 시간의 길이를 과대평가하는 경향이 있다. 슈퍼마켓 체크아웃 시간에서 인식된 대기 시간, 실제 대기 시간, 서비스 시간 모두는 점포 환경과 속도에 의해 영향받는다. 따라서 슈퍼마켓 점포의 체크아웃 라인에서 대기에 대한 고객의 태도를 향상시키기 위해 체크아웃 프로세스를 일반, 셀프, 급행 등 개인별로 고객화하는 것이 필요하다. 결과적으로, 서비스 진출 단계는 전반적 서비스 품질과 반복 구매의지에 대한 고객의 인식에 중요한 영향을 미친다.

5.1.4. 대기라인의 심리

(1) 의의

인식된 대기 시간의 관리를 위해서 고객이 대기 시 다른 활동을 하도록 유인하는 방법이 있다. 예를 들어, 엘리베이터 탑승 시 시간이 오래 걸린다는 느낌을 줄이기 위해서 내부에 거울이나 뉴스 모니터를 설치함으로써 대기 시간을 느끼지 않도록 하는 방법이 그 예이다. 대기와 관련한 이러한 인간의 심리상태를 표현하는 용어로 대기라인의 심리가 있다.

(2) 대기라인의 심리와 관련한 명제

대기라인의 심리로 불리는 열 가지 명제는 고객이 다양한 상황에 따라 대기와 관련해 어떤 감정을 갖는지를 나타낸다.

(1) 대기 시 고객이 바쁘지 않은 시간은 대기 시 바쁜 시간보다 더 길게 느껴진다.

(2) 서비스 프로세스 이전의 대기는 프로세스 중의 대기보다 더 길게 느껴진다.

(3) 고객의 불안은 대기를 더 길게 느껴지게 만든다.

(4) 불확실한 대기는 확실한 대기보다 더 긴 것으로 느껴진다.

(5) 설명되지 않은 대기는 설명된 대기보다 더 긴 것으로 느껴진다.

(6) 불공평한 대기는 공평한 대기보다 더 긴 것으로 느껴진다.

(7) 서비스가 더 가치 있을수록 고객은 더 오랫동안 기다릴 것이다.

(8) 혼자 대기하는 것은 단체로 대기하는 것보다 더 길게 느껴진다.

(9) 불편한 대기는 편한 대기보다 더 길게 느껴진다.

(10) 새로 오거나 단골이 아닌 고객은 자주 오는 단골 고객보다 더 길게 기다린다는 느낌을 받을 수 있다.

5.1.5. 대기요인과 통제 위치에 다른 대기열 관리 방법

대기의 심리에 기초하여 대기에 대한 인식에 영향을 미치는 다양한 요인과 그 대기를 통제할 수 있는 주체가 누구인지에 따라 대기열을 효과적으로 관리할 수 있는 방법을 제시할 수 있다.

(1) 서비스 제공자에 의해 통제 가능

① 불공평한 대기

불공평 대기로는 살며시 끼어들기(slip)와 뛰어넘기(skip)가 있다. 살며시 끼어들기는 나중에 온 사람이 기존의 대기자보다 먼저 서비스를 받는 경우로서 일종의 새치기이고, 뛰어넘기는 나중에 온 사람이 기존 대기자를 뛰어넘어 먼저 서비스를 받는 경우로서 긴 줄에 추가적인 라인을 열 때 기존 대기열의 뒷 고객이 새롭게 개설된 라인으로 가서 훨씬 더 오래 기다린 고객보다 먼저 서비스받는 경우이다.

그 해결 방법으로는 첫째, 서비스 시스템 디자인이 있다. 기본적으로 단일 대기열을 형성하고 만약 다른 줄을 새롭게 열고자 하는 경우에는 대기열의 첫 번째 사람을 그 새로운 줄로 이동시키는 결합대기를 활용하는 방법이다. 이러한 결합대기는 공평한 것으로 인식될 뿐만 아니라 대기열이 더 길지라도 평균 대기가 실제로 더 단축되는 것으로 인식될 수 있다. 대기열을 결합하기 전에 관리자들은 더 긴 줄과 운영 시스템의 물리적 요소를 고려해야 한다. 식료품 점포의 관례적인 물건배치 방식, 고객에 의해 필요된 물리적 공간, 대기열의 쇼핑카트 공간 등의 고려가 그 예이다. 그러나 고객들이 대기 시간을 줄이기 위해 줄 사이에서 자주 다투기 때문에 결합대기 시스템의 장점이 실제로 약화되는 경우가 자주 있다. 둘째, 물리적 대기를 넘어 서비스 시스템을 디자인할 필요가 있다. 예를 들어, 대면 서비스 직원들이 전화받는 것을 통제하는 방법이 있다. 고객 대기 중 전화를 받는 전방부서 직원들이 존재하면 대기 중 고객은 전화를 한 고객이 자신보다 우선 대우를 받는다고 인식할 수 있다. 셋째, 접촉시간에 대한 관리이다. 점포의 운영시간은 실제 게시된 서비스 시간을 초과해야 한다. 만약 소매점포가 오전 10시부터 오후 10시까지 업무시간을 갖는 것으로 게시했다면 그 점포는 오전 9시 50분에 문을 열고 오후 10시 10분에 문을 닫을 준비를 해야 한다.

② 불편한 대기

시험, 면접, 검사 등을 위한 대기와 같이 불편한 시간은 느리게 간다. 따라서 고객의 대기 시 심리적 및 물리적 편안함 혹은 안정감을 제공해 줄 필요가 있다. 그 해결책으로는 다음이 제안된다. 첫째, 편함을 다루는 방법으로는 온도, 조명, 좌석, 소음 수준을 적절히 관리하거나 만약 좌석이 없다면 기댈 수 있는 공간이라도 제공하는 것이 필요하다. 또한 번호를 받는 시스템을 활용하여 편안함과 공평성을 동시에 결합할 수도 있다. 둘째, 고객이 더욱 편안하게 다른 활동을 하면서 잠시 대기열을 떠나도록 한다. 레스토랑은 고객이 테이블을 기다리는 동안 라운지를 제공하여 점포와 고객이 윈윈(win-win)하는 상황을 만들 수도 있다. 즉, 레스토랑은 고객에게 판매되는 음료에서 추가적 수익을 얻고 고객은 대기하면서 즐겁고 편안한 환경을 누릴 수 있다. 셋째, 서비스 제공자와 고객이 공동으로 대기열을 제거하는 방법도 있다. 호텔에서 제공하는 서비스인 '익스프레스 체크아웃(express checkout)'은 방문 아래에 놓여 있는 청구서를 보고 방의 침실 옆 탁자에 열쇠를 남기는 방식이다. 즉, 고객이 전화할 때 자신이 대기열로 들어가고 로비에 물리적으로 존재하는 것처럼 가상의 짧은 대기 시간을 제공한다.

③ 설명되지 않은 대기

대기가 정당화되지 않거나 설명되지 않을 때 고객의 불만이 증가한다. 이를 해결하기 위해 다음의 방법을 고민해야 한다. 첫째, 고객의 공평성에 대한 인식을 중요하게 다루어야 한다. 예를 들어, 기다리고 있던 환자에게 의사가 점심에서 늦게 돌아왔다는 설명과 응급실 호출로 인해 늦었다는 두 설명은 대기환자를 진정시키는 데 다른 영향을 미칠 것이다. 둘째, 동일한 이유를 반복하여 사용하는 것은 편익을 줄일 것이다. 두 번 모두 동일하게 응급환자로 인해서 진료약속 시간에 늦은 의사에 대해 환자는 세 번째 지연이 발생 시 의사와의 약속을 취소할 것이다. 또한 대기에 대한 사과 시에는 구체적인 설명과 추후 약속에 대한 보장이 더 효과적이다. 이러한 행동은 서비스 제공자가 고객의 관심사항을 알고 있고 그들의 니즈를 존경하여 최선의 정보를 정직하게 제공하고 있다고 보여질 수 있기 때문이다. 셋째, 유휴 용량에 대한 관리가 필요하다. 바쁜 와중에 미사용된 용량(유휴 노동자 혹은 유휴 서비스 라인)의 존재는 대기에 대한 고객 불만족을 증가시킨다. 패스트푸드 레스토랑에서 점포가 바쁜 시간대와 비교하여 바쁘지 않을 때 고객 대기가 더 높은 불만족을 초래한다. 점심시간에 은행 방문 시 비어 있는 창구를 보는 고객의 시각도 유사할 것이다. 또한 휴식시간을 갖는 종업원은 고객이 볼 수 없는 곳에 있어야 하고 고객과 관련 없는 업무를 하는 종업원은 고객 시야의 밖에 있어야 하거나 대기 고객에게서 물리적으로 분리되어 있어야 한다.

④ 알려지지 않은 대기

대기 시간을 모른 채 대기하는 것은 알려진 시간 동안 대기하는 것보다 더 긴 것으로 인식된다. 사전에 결정된 대기 시간에서 업데이트 혹은 상태 보고는 고객에 의해 쉽게 수용이 된다. 우체국의 우편물 배달 서비스는 배달 담당자, 현재 위치, 도착 시간 등에 대한 정보를 계속 업데이트하면서 고객에게 대기 시간에 대한 정보를 제공하고 있다.

⑤ 초기 대 후속 대기

고객은 일단 그들이 대기열에 있다면 후속 대기보다 서비스 전달 시스템에 진입하기 이전의 초기 대기에 더 불만족을 느낀다. 그 이유는 초기 대기 이전에 고객은 그들이 시스템의 외부에 있다고 느끼는 반면에 초기 대기가 받아들여진 후에는 자신을 시스템 내에 있다고 고려하고 그들이 적절한 때에 처리될 것이라고 믿기 때문이다. 또한 콜센터나 서비스 센터의 전화문의 시 비록 전화 대기가 고객의 시각 외부에 있을지라도 대기로 생각하는 고객의 인식은 관리자가 분명히 명심해야 할 부분이다. 정보를 얻고 서비스 예약을 하기 위해 전화하는 고객은 통화가 되고 난 후에 대기하는 후속 대기보다 응답되지 않은 전화에 훨씬 더 참을성이 부족할 것이다. 결국, 서비스 관리자는 대면이든 비대면이든 간에 확장된 대기는 고객에 의해 수용될 수 없음을 알고 있어야 한다.

(2) 부분적으로 서비스 제공자에 의해 통제 가능

① 바쁘지 않은 대기

대기 중에 바쁘지 않은 고객은 바쁜 고객보다 대기 시간을 더 길게 인식한다. 이를 해결하기 위한 다음의 방안이 있다. 첫째, 대기열에서 고객의 시간을 바쁘게 만드는 많은 이용가능한 옵션이 존재한다. 예를 들어, 읽을거리 제공, 흥미로운 전시, 거울, 어항의 설치와 음악 제공 등이 있다. 나이트클럽에 진입하는 대기열은 카지노의 슬롯머신을 거쳐가도록 하는 경우가 있다. 그러면 고객이 바빠지고 수익이 증가하는 윈-윈(win-win) 상황이 펼쳐지는 것이다. 둘째, 고객 대기 시 서비스 효율성을 향상시키는 의미있는 활동들로 바쁘게 할 필요가 있다. 소매점포의 현금 데스크에서 대기할 때 고객은 지불을 처리하는 데 필요한 것에 대해 게시판을 통해 정보를 제공받을 수 있다. 예를 들어, '담배구입을 위해 신분증을 보여주세요', '현금영수증 필요하면 미리 말씀하세요' 등이 있다. 고객이 적절하게 준비하면 서비스 처리 시간은 줄어들고 대기 시간도 줄어들게 된다. 기다리는 동안 메뉴를 전달하거나 외부에 메뉴를 전시하는 유명 맛집 혹은 레스토랑의 고객은 주문시간에 그들의 선택을 더 빨리 할 수 있다. 셋째, 대기 경험을 향상시키는 다른 방법으로 고객이 자신의 업무에 대해 생산적으로 일할 수 있는 대기 환경을 제공하는 방안이 있다. 테이블 혹은 사적인 공간을 제공하는 공항 라운지에서 고객은 서류작업을 하거나 자신의 노트북을 사용할 수 있어 자신의 생산적 일을 수행할 수 있다.

② 불안한 대기

서비스의 본질에 대한 불안 혹은 대기의 불확실성은 고객 만족에 영향에 미친다. 이를 해결하기 위해서는 첫째, 서비스 조직이 특정 서비스와 관련된 불안을 제거할 수 없으나 그들이 제공하는 서비스의 본질을 볼 수 있고 불안이 존재할 경우에는 대기를 효과적으로 관리하는 필수 단계를 취할 수 있다. 응급실의 어떤 대기 혹은 중요한 실험 테스트의 결과를 얻기 위해 기다리거나 치과에서 풍치치료를 기다리는 것은 큰 불안이 존재하는 경우에 해당한다. 이러한 불안을 줄이기 위해 고객의 대기공간을 치료공간과 분리하여 차분한 음악을 들을 수 있도록 만들 필요가 있다. 또한, 서비스의 본질을 확인할 수 있도록 가족이 수술의 진행정보를 모니터로 확인하거나 고객 테이블에서 직접 요리를 하는 것은 서비스의 본질을 볼 수 있도록 하는 역할을 한다. 둘째, 대기 시 고객을 바쁘게 하는 읽을거리를 제공하고 후속절차를 설명하는 것은 매우 효과적인 방법이다. 병원에서 서비스 관련 정보를 제공하는 모니터 화면은 환자에게 불확실성을 줄이고 서비스의 신뢰성을 높이는 데 사용될 수 있다.

(3) 서비스 제공자는 다음에 대해서 통제불가능하고 고객에 의해 통제가능

① 고객의 홀로 혹은 그룹으로 도착

홀로 대기하는 고객은 단체로 대기하는 고객보다 더 참을 수 없게 되는 경향이 있다. 비록 이것이 서비스 조직에 의해 통제하는 것이 불가능할지라도 서비스에 적합한 대안들이 존재한다. 예를 들어, 스키장에서 1인 고객을 위한 분리된 대기열이 따로 존재하고 이 대기열은 전형적으로 두 명 이상의 대기열보다 더 짧게 유지되도록 한다. 그 결과, 단일 스키어는 훨씬 더 짧게 인식하는 대기 시간을 갖고 스키장은 단일 스키어들을 통해 빈 좌석을 채울 수 있어서 피크 기간 동안에 스키 리프트 용량을 최대한 활용할 수 있게 된다.

② 고객이 서비스에 대해 부여하는 가치

가치 있는 제품과 서비스일 경우에 고객은 더 길게 대기하는 의지를 갖는다. 아베크롬비앤피치(Abercrombie & Fitch)가 미국에서 점포정리세일(going-out-of sale)을 할 때 그 점포에 들어가는 대기열이 몇 블록까지 늘어난 바 있다. 우리나라에서도 미국의 커피 전문점 블루보틀(Blue Bottle) 매장은 새벽 5시부터 대기 행렬이 생겼다.

5.1.6. 영향요인에 의한 대기열의 심리명제

대기열의 심리명제는 통제뿐만 아니라 고객 유형에 대한 영향에 따라서도 분류할 수 있다(Jones & Peppiatt, 1996).

(1) 모든 고객에 영향을 미치는 명제

① 서비스가 가치 있을수록 고객은 더 오래 기다림.
② 홀로 대기는 그룹 대기보다 더 오래 걸리는 것으로 느껴짐.
③ 대기 시 바쁘지 않은 시간은 바쁜 시간보다 더 길게 느껴짐.
④ 불공평한 대기는 공평한 대기보다 더 길게 느껴짐.
⑤ 불편한 대기는 편한 대기보다 더 길게 느껴짐.
⑥ 신규 고객은 단골 고객보다 더 길게 기다리는 것으로 느낌.

(2) 단골 고객에 영향을 미치는 명제

① 설명되지 않은 지연은 설명된 지연보다 더 긴 것으로 보임.

(3) 단골이 아닌 고객에 영향을 미치는 명제

① 불안은 대기를 더 길게 만듦.
② 불확실한 대기는 확실한 대기보다 더 긴 것으로 느껴짐.

③ 설명되지 않은 대기는 설명된 대기보다 더 긴 것으로 느껴짐.

④ 프로세스 이전의 대기는 프로세스 중의 대기보다 더 긴 것으로 느껴짐.

5.1.7. 기술을 이용한 대기열 관리

정보기술은 대기라인과 대기 시간을 줄이기 위해 서비스 산업에서 폭넓게 적용되고 있다. AI와 모바일 기술은 기업의 효율성을 증가시키고 심지어 일부 현장 직원을 대체하고 있다. 많은 패스트푸드 레스토랑은 주문 프로세스를 신속하게 수행하고 인건비를 줄이기 위해 전 세계적으로 셀프 서비스 주문 키오스크를 활용하고 있다. 스타벅스(Starbucks)는 고객이 미리 주문하고 점포에서 대기열을 피하도록 하기 위해 'Order and Pay'앱을 개발하였다. 미국 샌프란시스코의 최신의 로봇 카페인 카페엑스(Café X)는 참신함을 추가하면서 서비스 효율성을 증가시키기 위해 로봇바리스타(robot-barista)를 도입하고 있다. 델타(Delta) 항공은 공항에서 승객의 대기 시간을 단축시키기 위해 사람이 하는 체크인 카운터를 안면인식 기능을 갖는 키오스크로 대체하려 하고 있다.

5.1.8. 대기의 긍정적 효과

긴 라인은 선택 포기, 고객 불만족, 부정적 구전을 만들면서 구매 시점에서 일종의 억제로서 간주된다. 그러나 모든 대기열이 부정적인 것은 아니다. 어떤 경우에 소비자는 긴 줄에 대해 긍정적인 대기열 효과를 느끼면서 다른 의미를 부여할 수도 있다. 가령, 긴 줄은 잠재적 고객에게 서비스 비효율성의 사인 혹은 높은 수요의 사인 중 하나로 생각될 수 있다. 따라서 고객이 우호적으로 대기라인을 해석할 때 줄에서 대기하는 것은 소비자와 기업에게 긍정적 영향으로 결과될 수 있다. 예를 들어, 아이폰 엑스(iPhone X), 플레이스테이션 포(PlayStation 4), 닌텐도 스위치(Nintendo Switch)와 같은 새롭게 출시된 제품을 얻기 위해 미리 수일 동안 반복적으로 사람들이 줄을 서는 현상은 긴 줄이 충성 고객 사이에 신제품 구입을 촉진하는 것을 도울 수 있게 하는 반면에 비충성 고객은 동일한 감정을 공유할 수 없다. 캘리포니아의 유명한 커피 로스터인 블루보틀(Blue Bottle)은 자주 긴 대기열을 보이고 있으나 그만큼 높은 브랜드 가치를 보유하고 있다. 결국, 즐거운 경험을 추구하는 소비자들은 대기열을 인기의 신호로서 간주하나 효용적인 가치를 추구하는 소비자들은 긴 줄을 바람직하지 않은 부담으로 간주하기도 한다.

(1) 대기열의 파워: Queue = Cue(신호 혹은 실마리)

고객이 대기열에 참여하는 것을 선택하거나 더 긴 줄을 선호하는 몇 가지 상황이 존재한다.

① 서비스 품질 신호로서 대기열

긴 대기열은 브랜드 혹은 서비스의 기대에 대한 가정을 형성한다. 고객은 긴 줄을 제품/서비스의 대중성과 연결시키고 높은 기대를 한다. 또한 줄을 이루는 사람들은 줄에 있는 다른 사람들뿐만 아니라 다른 소비자들의 공유된 의지와 프랙티스로부터 서비스 가치에 대한 정보를 형성하여 가치 공동창출을 지원하기도 한다. 음식 체인(Doughnut Vault, Ippudo, Pink's Hot Dogs, 백의 골목식당)이 새로운 입지에서 개장할 때 그 서비스에 친숙하지 않은 고객은 대기열을 우월한 품질의 지표로서 고려한다. 또한 대기열은 명성과도 직결되며, 대기열의 존재는 시설의 이미지를 신장시키고 소비자의 구매에 대한 즐거움을 향상시킨다. 디즈니(Disney)는 고객 흥분을 높이기 위해 테마파크에서 대기열을 성공적으로 활용한다. 인기 있는 놀이기구는 대기열이 더 길어질 것이고 어떤 고객은 그것을 위해 더 길게 대기할 의지를 보일 것이다. 심지어 5분 탑승에 5시간 이상 대기할 수도 있을 것이다.

어떤 서비스에 친숙하지 않은 신규 고객은 다른 고객들이 수 시간 동안 기꺼이 대기하고 있는 것을 본다면 그 서비스에 무언가 특별한 것이 있을 것이라고 생각한다. 동시에 이미 줄에 있는 고객은 대기열이 더 길게 늘어날수록 자신의 구매 선택에 대해 더 흥분하고 더욱 기꺼이 대기하려는 의지를 보일 것이다. 즉, 대기열에 참여하는 사람의 수가 늘어나면 최종 보상의 인기와 대기하는 초기 의사결정의 타당성을 재확인하게 된다. 일반적으로 소비자들은 그들의 예상된 제품 가치와 관련해서 수용가능한 대기 시간을 결정한다. 따라서 더욱 줄이 늘어난다면 비록 대기열이 느리게 움직일지라도 출판 사인회에서 평범한 저자를 기다리는 것보다 유명한 저자를 기다릴 때 더 긴 대기열을 허용할 수 있을 것이다.

② 자기독특성 신호로서 대기열

대기열은 여전히 핫(hot)한 소비자들이 제품을 위해 줄 서는 것을 쿨(cool)하게 느끼도록 만드는 독특성 인식을 자극한다. 새롭게 공연하는 해리포터(Harry Potter)의 브로드웨이 쇼는 더 큰 대중의 관심을 끌기 위해 초기에 충성 팬들의 긴 대기열을 홍보하여 많은 편익을 볼 수 있었다고 한다.

대기열은 고객이 서비스 경험에 참여하도록 촉구하고, 그 서비스를 더욱 매력적으로 보이게 하고, 구매를 더욱 긴급하게 만들면서, 희소성이라는 개념을 고객에게 만들어준다. 예를 들어, 소문난 이벤트 혹은 최신의 제품 구매를 위해 줄을 서 있는 것을 찍은 셀피(selfie)는 고객이 소셜 미디어 플랫폼에서 자랑스럽게 공유하는 특별한 경험의 증거가 되고 있다. 이때, 서로 공유하거나 보여주는 행위는 독특한 소비 의미, 정체성, 커뮤니티를 만들면서 서비스 혹은 제품 자체를 넘어서 추가적인 가치를 제공한다. 쾌락적인 이익(예, 사회적 인정)을 추구하는 많은 고객은 긴 대기열에 기꺼이 참여하고 그 줄에 서 있는 것에 대해 트위트(tweet)를 한다. 헤이티(Heytea) 고객은 그들이 차 자체를 즐기는 것보다 브랜드를 경험하기 위해 선구자가 되는 데 더 관심을 두고 있다고 한다. 이치란라멘(Ichiran Ramen)은 누들 수프의 향과 맛보다는 독특한 '낮은 상호작용을 하는 저녁'으로 더 유명하다. 즉, 쾌락적인 목표를 갖는 고객에게 그 라면가게의 긴 대기열은 독특한 저녁 경험을 창출하는 데 성공한 결과로서 고려된다. 그러나 효용적 목표를 갖는 소비자에게 대기는 여전히 지루한 것으로 보일 수 있고 시간낭비로 고려될 수 있다.

독특한 것에 대한 호소와 새로운 무언가를 시도하는 것은 고객이 서비스/제품을 얻는 데 더욱 열성적으로 만든다. 이러한 차별적 정체성 추구는 독특성에 대한 고객의 니즈를 반영하고 제한된 이용가능성을 갖는 어떤 것을 위해 대기하는 편익은 이 니즈를 만족시키는 것을 도와준다. 긴 대기열은 다가올 소비 경험에 대한 긍정적 기대를 촉진할 수 있다. 고객은 서비스 제공품에 대한 완전한 이해 없이 대기열에 참여할 수 있을 뿐만 아니라 단순히 줄에 있는 사람들의 수 때문에 대기하는 것을 선택하는 경우도 있다. 이 현상은 맹목적인 대기열(blind queue)로 불려진다.

③ 사회적 포함 신호로서 대기열

소비자들은 사회적 벤치마크로서 대기열을 바라볼 수도 있다. 개인의 서비스 경험과 인식은 다른 소비자들의 경험과 인식에 기원할 수 있기 때문에 다른 행위자들을 관찰하는 것은 개인의 의사결정과 후속 행동의 중요한 원천이 된다. 즉, 다른 사람들의 행동의 성과를 관찰하고 평가함으로써 개인들은 최고의 달성가능한 행동을 결정하기 위해 학습한다. 여기서, 긴 대기열은 특정 고객이 오히려 좋은 기회를 놓치지 않는 제품/서비스 유행의 신호일 수 있다. 블루보틀(Blue Bottle) 커피는 '실리콘 밸리가 좋아하는 커피'라는 명성을 갖는 첨단기술 커뮤니티 내 하나의 소비문화가 되었고 그 커피의 소비를 기술 엘리트들의 사회적 규범으로까지 확대시켰다. 슈프림(Supreme)은 젊은 쇼핑객이라는 정체성을 갖는 20대 소비자에 포함되는 것을 느낄 수 있는 기회로서 긴 줄에 서 있는 것을 선호하는 젊은이들을 유인하고 있다.

고객은 사회적 기대 혹은 그룹 규범에 따르기 위해 긴 줄에 참여하기도 한다. 어린 자녀들은 디즈니랜드나 유명 테마파크에서 휴가를 보낼 때 그들이 실제로 그곳에 있었다는 것을 주장하고 자랑하기 위해 자신의 친구가 언급한 유명한 놀이기구를 반드시 경험해야 한다. 고객은 때때로 서비스 경험을 사회적이고 유행으로 인식한다. 고객은 다른 사람들이 경험한 것으로 알려진 행태에 의해 거의 반무의식적으로 빨려 들어가는 성향이 있다.

특정 제품에 대한 대기열은 더 높은 사회적 가치로도 연결된다. 젊은 세대는 최고의 의류제품을 입는 것을 최근 유행으로 생각하고 점포 앞의 긴 줄이 그러한 인식을 어느 정도 보장하는 것으로 간주하여 그 긴 줄에 참여하는 것을 사회적 인정과 참여를 얻는 한 방법으로서 고려한다. 그 경우에 대기하는 행동 그 자체가 고객의 전반적 소비 경험의 한 핵심 요소가 될 수 있다. 오늘날의 온라인 티켓 구입 시스템에도 불구하고 수많은 팬들은 매년 기꺼이 수 시간 혹은 수일 동안 콘서트 혹은 스포츠 표를 위해 담요와 음식을 준비하여 줄을 서고 있다. 반면에 표 판매소에서 대기열이 없는 공연, 스포츠 등의 이벤트는 그 성과에 대해 의심을 제기할 수밖에 없게 된다.

④ 사회적 배제 신호로서 대기열

사회적 배제는 실제 혹은 기대된 경험 혹은 무시되거나 거절되는 감정을 말한다. 사회적 배제는 개인의 소속감에 대한 위협, 자부심의 감소, 반사회적 행동의 증가와 같은 부정적 결과를 초래한다. 이 바람직하지 않은 결과를 막기 위해 개인들은 다른 사람과 연계하도록 동기부여되고 사회적 규범의 기대와 일치하는 전략적인 소비 결정을 한다. 그 예로서, 고급매장의 현장 직원에 의해 구매문의가 거절되거나 무시된 고객은 그 브랜드에 대해 더 높은 구매의지를 보인다고 한다.

이러한 사회적 배제의 두려움은 고객이 어떻게 긴 대기열을 바라보는지에 영향을 미칠 수 있다. Z세대 소비자들이 코첼라(Coachella) 뮤직 페스티벌 티켓을 구매하기 위해 대기열에 참여하지 않는다면 인스타그램에서 줄에서 대기하는 사진을 보여줄 수 없고 페이스북에서 친구들의 대화에 참여할 수 없음을 의미한다. 하지만 어떤 소비자는 대기열을 우호적으로 보나 반면에 다른 세대의 소비자들은 반드시 동일한 해석을 하지 않는다.

(2) 긍정적 대기열 효과의 조건

① 대기열의 차별성

- 동의: 수많은 고객의 선택에서 동일한 생각이 필요하다.
- 일관성: 줄이 반복적으로 등장해야 한다.
- 차별성: 인근의 경쟁자들이 유사한 혼잡도를 보이지 않아야 한다.

② 선택의 이질성

제품 혹은 서비스의 선택이 거의 동질적인 것으로 인식된다면 고객은 구매 의사결정에서 가격 혹은 편리성에 초점을 둔다. 그러나 고객에 익숙하지 않으나 더욱 이질적인 것으로서 간주되는 제품과 서비스는 흔히 긍정적 대기열 효과로부터 편익을 본다. 새로운 미용실에 갈 때 고객은 가장 예약이 많은 스타일리스트를 선택하는 경향이 있고 새로운 식당에 익숙하지 않은 손님은 보통 소비 이전에 음식과 서비스의 품질에 대해 확신하지 못하기 때문에 대기열에 있는 고객의 수를 중요한 선택 기준으로 사용한다.

③ 소비 쾌락주의

효용주의 목표를 갖는 배고픈 학생은 합리적 의사결정에 초점을 두기 때문에 음식 판매자의 거래가격, 서비스 속도, 줄에 있는 사람의 수를 고려한다. 이에 비해, 쾌락주의 소비자의 의사결정은 더욱 감정적이고 기다림은 그 경험의 한 부분으로 선호될 수도 있다. 아이스크림 가게에서 대기열을 바라볼 때 쾌락주의 목표를 갖는 고객은 효용주의 목표를 갖는 고객보다 더 우호적으로 그 줄을 바라볼 것이다. 결국 이러한 성향을 갖는 고객에게 대기열로 인한 지연은 기대를 창출함으로써 사람들의 즐거움에 긍정적인 영향을 미친다.

④ 성과 불확실성

품질이 알려지지 않거나 모호할 때 서비스 제공자들은 고객이 대기하도록 만들어서 만족을 증가시킬 수 있다. 선택 의사결정에 충분하고 확실한 정보를 보유하지 않은 고객은 다른 사람들의 동일한 의사결정(긴 줄로 평가)에 의존한다. 영화의 내용에 대해 확신하지 못하는 고객은 영화의 누적 관객 수나 표의 예매율에 관심을 갖고 선택을 하게 된다. 또한 대학 수강 시 과목의 내용과 특성을 확신하지 못하는 학생은 수강생의 숫자에 따라 선택을 하게 된다.

─── 참고문헌

Heskett, J.L. (1986), *Managing in the Service Economy*, Harvard Business School Press.

Jones, P. & Peppiatt, E. (1996), "Managing perceptions of waiting times in service queues", *International Journal of Service Industry Management*, 7(5), 47–61.

Klassen, K.J. & Rohleder, T.R. (2002), "Demand and capacity management decisions in services: How they impact on one another", *International Journal of Operations & Production Management*, 22(5), 527–548.

생각해 볼 문제

Question

객관식 문제

01   다음 문제의 참과 거짓을 판단하시오.

1.1   서비스 조직의 용량이 최대한 사용된다면 그 서비스의 품질은 급격히 하락할 수 있다.

1.2   할인을 제공하고 광고를 증가시키는 방법은 고정된 용량에 대해 수요를 관리하는 방법이다.

1.3   본원적 용량 전략에서 균등용량 전략은 인력 스케줄링과 같이 변화하는 고객 수요의 수준에 맞추기 위해 용량을 변동시키는 운영 지향적 전략이다.

1.4   수율 관리(yield management)는 수요와 용량을 동시에 관리하는 방식이다.

1.5   병원에서 월요일에 많은 수의 환자를 분산시키기 위한 예약제도는 수요의 분할에 해당한다.

1.6   예약 시스템을 활용하는 것은 용량을 관리하기 위한 방안이다.

1.7   미사용된 용량을 활용하기 위한 방안으로서 고객 충성을 구축하기 위해 마일리지에 따라 무료 티켓을 제공하는 방법이 있다.

1.8   미사용 용량 활용을 위한 결합하기(bundling)는 항공사, 골프장, 여행사가 상호 간에 촉진 캠페인을 벌이고 용량을 교환하는 방식이다.

1.9   서비스 기업 결합의 전략적 편익으로는 더 나은 서비스 가치 제공, 수요 증가, 직원에 혜택 제공, 판매 리스크 감소, 마케팅 비용 절감 등이 있다.

1.10   서비스에서 고객의 대기는 용량, 시설배치, 서비스와 프로세스 처리 정책에 의해 영향받는다.

1.11   서비스 진입 전 대기는 고객의 전체 서비스 경험에 영향을 미칠 수 있는 서비스 운영의 초기 인상을 창출한다.

1.12   슈퍼마켓 체크아웃 시 인식된 대기 시간, 실제 대기 시간, 서비스 시간 모두는 점포 환경과 직원의 업무 속도와는 무관하다.

1.13   대기 시 불안은 대기를 더 길게 느끼도록 만든다.

1.14 공평하지 않은 대기는 공평한 대기보다 더 길게 느끼도록 만든다.

1.15 고객의 새치기, 뛰어넘기 등은 서비스 시스템 디자인을 통해 해결할 수 있다.

1.16 읽을거리 제공, 흥미로운 명화 전시, 거울/어항/음악 등의 활용은 대기열에서 고객의 시간을 점유하는 옵션들에 해당한다.

1.17 1인 고객보다 단체 고객의 대기 시 참을성이 약하기 때문에 이들에 관리를 집중해야 한다.

1.18 효용적 목표를 갖는 소비자들은 자기독특성 신호로서 대기열을 긍정적으로 바라본다.

1.19 긍정적 대기열의 조건 중 하나로는 대기열 차별화가 이루어져야 하는데 그것들은 수많은 소비자들의 동일한 생각, 줄이 반복적으로 등장, 주변의 서비스 경쟁자들이 유사한 혼잡을 보이지 않아야 한다가 포함된다.

1.20 블루보틀(Blue Bottle) 커피숍은 사회적 포함 사인으로서 대기열의 긍정적 효과를 불러온다.

02 선택형 문제

2.1 다음 중 서비스 용량 관리의 영향에 해당하지 않는 것은?

① 용량 관리는 고객들에 의해 인식된 서비스 품질에 영향을 미치지 않는다.

② 비성수기에 용량을 줄이고 성수기에 용량을 증가시키는 상황은 쉽지 않다.

③ 공급과 수요가 불일치함으로써 용량이 수요를 따라가지 못한 경우에 고객이 서비스에 참여하는 기회의 손실 문제가 발생한다.

④ 적절한 인적 자원 계획에 의해 서비스 용량 관리가 크게 영향받는다.

2.2 다음 중 고정된 용량에 대해 수요를 관리하는 방법에 해당하는 것은?

① 사무실 혹은 장비 임대 ② 인력의 교차훈련

③ 예약을 허용하기 ④ 하청 주기

2.3 다음 중 수요를 관리하기 위한 방안에 해당하지 않는 것은?

① 보완 서비스 개발   ② 예약 시스템 개발

③ 가격 인센티브 제공   ④ 고객 참여 확대

2.4 다음 중 보완 서비스 개발에 해당하지 않는 것은?

① 식당의 2층에 커피숍 개설

② 산악 스키장의 여름에 배낭여행 숙영지로 활용

③ 극장의 비디오 게임 운영

④ 편의점에서 패스트푸드점 운영

2.5 다음 중 조정가능한 용량을 창출하는 방법이 아닌 것은?

① 파트타임 종업원 활용

② 용량의 공유

③ 성수기 때 여유시간의 효과적 활용

④ 교차 훈련

2.6 다음 중 고객이 자신의 수요 시기를 통제할 수 있고 서비스 제공자가 개별 고객의 일정을 사전에 잡을 수 있는 업종에 해당하는 것은?

① 호텔   ② 소매

③ 은행   ④ 패스트푸드 레스토랑

2.7 다음 중 서비스 전달 중 대기에 대한 설명이 아닌 것은?

① 서비스 진입 전 대기보다 고객의 전반적 서비스 만족에 덜 영향을 미친다.

② 서비스 전달 중 대기는 고객에 의해 과대평가되는 경향이 있다.

③ 고객은 서비스 전달 중 지연을 서비스 진출 대기보다 덜 불쾌하게 생각한다.

④ 서비스 전달 중 대기 시간이 발생한 후 고객의 관심은 핵심 서비스 제공품 품질, 환경의 편안함, 직원들의 정중함에 관심이 이동한다.

2.8 다음 중 고객을 편하게 대기시키는 방법에 해당하지 않는 것은?

① 대기 환경을 편하게 디자인

② 번호표 부여

③ 서비스 상황에 대한 실시간 업데이트 정보 제공

④ 대기 시에 활용할 수 있는 보완적 서비스 제공

2.9 다음 중 서비스 제공자에 의해 통제되지 않는 대기 유형은?

① 불공평한 대기

② 불편한 대기

③ 설명되지 않은 대기

④ 점유되지 않은 대기

2.10 다음 중 대기의 긍정적 효과를 설명하는 신호가 아닌 것은?

① 서비스 품질

② 선택 이질성

③ 자기 독특성

④ 사회적 배제

1.1 다음의 서비스 중 경험하였거나 잘 아는 세 개 서비스를 고려하시오.

> 장례 서비스, 홈쇼핑 판매, 비대면 실시간 강의, 고속버스 운송, 학교의 취업지원 서비스, 우체국 택배 서비스, 프로야구 경기장 서비스, 대리운전, 모바일 앱 프로그래머, 정보보안 전문가, 귀농귀촌 플래너, 심리 상담사, 간병인 서비스, 기상정보 회사, 펀드매니저, 도서관 사서, 프로게이머, 병무청 신체검사, 포렌식(forensic) 서비스, 예비군 훈련 서비스, 철학원, 동물원, 웹툰 서비스, 주민센터, 목욕탕 때밀이 서비스, 셀프 주유소, 동물병원, 시민단체, 김밥분식, 응급 서비스, 당구장

(1) 선택한 서비스의 최적 용량 관리 방안을 제안하시오.
(2) 선택한 서비스의 미사용 용량 활용 방안을 제시하시오.
(3) 선택한 서비스의 효과적인 대기열 관리 방안을 제안하시오.
(4) 선택한 서비스에서 발생하는 대기열의 특성을 설명하고 효과적으로 관리하기 위한 방안을 제시하시오.

1.2 수율 관리가 필요한 서비스 세 개를 제안하고 그 이유를 밝히시오.

1.3 대기열이 오히려 긍정적 효과를 불러 오는 사례를 세 가지 들어 설명하시오.

1.4 다음의 비대면 서비스 중 잘 알거나 경험했던 서비스 세 개를 고려하시오.

> 무인카페, 배달 전문 도시락, 음식 배달 서비스, 인터넷 금융, 비대면
> 교육, 온라인 취미 수업, 세탁물 픽업 및 배달 서비스, 매장 내 물건
> 주문과 픽업 서비스, 셀프 관리형 정수기 필터 서비스, VR을 이용한
> 인테리어 제안, 사이버 모델 하우스, 메신저 상담, 챗봇, AI 스피커
> 를 통한 쇼핑, 가상 피팅 의류/안경 쇼핑몰, 비대면 화상 면접, 비대면
> 육아 서비스, 재택 근무 서비스, 온라인 합동연주 및 콘서트, 비대면
> 결제 서비스, 동영상 스트리밍 서비스, 100% 셀프 스토어

(1) 선택한 서비스의 공급과 수요의 일치는 중요한 의미를 갖는가?
(2) 선택한 서비스에서 공급과 수요 중 어떤 부분에 초점을 두는 관리를 해야 하는가?
(3) 선택한 서비스에서 미사용 용량 관리가 필요한가?
(4) 선택한 서비스에서 대기열에 관한 심리적 명제를 적용하는 것이 가능한가? 가능하다면 중요한 명제를 자신의 관점에서 제안해 보시오.

서비스 가격 책정

배경

서비스 산출물의 가격 책정은 서비스 조직의 이익에 직접적으로 영향을 미치는 중요한 의사결정이다. 이 장에서는 제품에서 사용된 가격 책정 전략과 방법을 응용하여 서비스 부문에서 가격을 어떻게 설정할 수 있는지를 이해한다.

주요 이슈

● 가격 책정의 목적은?
● 가격 책정 방법은?
● 서비스 조직의 가격 정책은?
● 소비자 희망가격과 선후불 가격 정책

1 가격 책정의 의의

1.1. 가격 책정의 중요성

만약 제품 개발, 촉진, 유통이 비즈니스 성공의 씨를 뿌리는 역할을 한다면 효과적 가격 책정(pricing)은 수확을 의미한다. 효과적 가격 책정이 다른 마케팅 믹스의 빈약한 시행을 결코 보상할 수 없을지라도 비효과적 가격 책정은 이 노력들이 재무적 성공으로 연결되는 것을 확실히 방해할 수 있다. 또한 마케팅 믹스 중 다른 모든 것들이 비용과 직결될지라도 가격 책정은 기업의 수익을 창출하는 유일한 요소이다. 가격 책정 의사결정이 마케팅 전략의 다른 요소들과 비교하여 상대적으로 빠르게 실행될 수 있다는 점에서 가격은 마케팅 전략 중 가장 유연한 요소이다.

가격 책정은 급격한 상황변화가 이루어지지 않는다면 장기적인 관점에서 이루어져야 한다. 그 이유는 가격 경직성으로 인해서 가격을 쉽게 변화시키는 것은 위험이 따르기 때문이다. 가격 경직성의 이유로는 명시적 계약체결로 인해 재협상을 하지 않을 경우에 가격 변동 불가능, 고객과 좋은 관계를 유지하기 위한 가격 고정, 가격 상승 시 고객의 이탈, 경쟁기업과의 협력 실패, 고객은 가격 인하를 품질 하락으로 인식, 품질과 서비스 등의 비가격 요인이 중요할 때 단순한 가격 인하가 시장지분 확대로 미연결 등이 있다. 따라서, 서비스 제공자는 심지어 불경기와 같은 경제충격 발생 시에도 가격 변동이 쉽지 않기 때문에 초기 가격 설정에 신중해야 한다.

1.2. 서비스 가격 책정의 특징

제품 가격에 비해 서비스 가격이 갖고 있는 독특한 특징은 다음과 같다.

1.2.1. 비용

(1) 서비스 가격은 서비스 전달 이후에도 결정되지 않을 경우가 있다. 즉, 서비스가 종료된 후까지 고객은 어느 정도의 요금이 부과될지 알 수 없는 경우가 있다. 많은 전문 서비스(자동차 수리, 법률, 의료 서비스 등)의 경우에 고객은 서비스가 완료될 때까지 그 서비스에 지불할 실제 가격을 알지 못한다.

(2) 서비스 전달에 고객 참여, 고객화된 서비스 등의 이유로 인해 비용 지향적 가격 책정은 서비스에서 더욱 어렵다. 또한 요구되는 노동 수준을 예측하기 어렵고 매출 제조원가가 총비용에서 작거나 존재하지 않는 경우도 발생하기 때문에 비용 추정이 더욱 어려워진다. 미용실, 여행, 교육 등의 서비스는 제조원가를 추정하기 어려울 뿐더러 고객화 수준에 따라 가격이 천차만별일 수 있다.

(3) 서비스는 변동비 대비 높은 고정비로 특징된다. 즉, 매출이 증가한다고 해서 총비용에서 변동비가 차지하는 비중이 쉽게 증가하지 않는다. 은행, 극장, 운송 서비스 등은 변동비의 추정이 매우 어려워 가격 책정을 더욱 어렵게 만든다.

1.2.2. 수요

(1) 서비스 수요는 재화 수요에 비해 더욱 가격 비탄력적이다. 즉, 서비스에서 가격 변화는 재화보다는 수요에 덜 영향을 미친다. 특히, 공공 서비스에 대한 세금부과와 전기요금 등은 가격 비탄력적 특성을 보인다.

(2) 소비자에 의한 암묵적 서비스 결합으로 인해 교차가격 탄력성이 중요해진다. 어떤 서비스의 가격 변화(예를 들어, 유선통신 서비스 가격 상승)로 인해 다른 서비스의 수요가 변화(예를 들어, 무선통신 서비스 수요 증가)하는 현상이 그 예이다.

(3) 동일 서비스에 대한 가격 차별화가 수요와 공급을 관리하는 중요한 프랙티스이다. 호텔, 항공 서비스에서 시행하는 수율 관리의 경우에 가격 차별화가 적극적으로 이루어진다.

(4) 규모의 경제가 제한된다. 따라서, 병원에서 서비스 수요의 규모에 따라 가격을 쉽게 변화시키기 어렵다.

1.2.3. 고객

(1) 가격은 재구매 시 고객에게 다가가는 가장 중요한 신호 중 하나이다. 특히 다이소와 같은 소매점에서 경제적 소비자에게 가격은 품질보다 우선시되는 신호이다.

(2) 소비자들은 품질에 대한 신호로서 가격을 사용하는 경향이 있다. 즉, 높은 가격을 고품질로 자주 생각한다. 고급 커피숍, 호텔과 같이 고급 서비스의 이미지를 부여하기 위해 가격을 올리는 경향도 있다.

(3) 소비자들은 예약 가격에 대해 덜 신뢰하는 경향이 있다. 호텔 서비스와 같이 실제 서비스를 경험하지 못했기 때문에 예약 가격은 의심받을 수밖에 없다.

1.2.4. 경쟁

(1) 소비자들이 경쟁자들의 가격을 비교하는 것은 실제 경험하지 않고는 매우 어렵다. 골프장, 테마파크, 의료 서비스의 고객화가 중요하고 접점이 고객마다 다를 수 있기 때문에 단순한 가격 비교는 무의미하다.

(2) 셀프 서비스는 핵심적인 경쟁 대안이다. 가격을 변동시키지 않고 변동비를 줄여 이익을 증가시킬 수 있는 효과적 도구이다.

1.2.5. 이익

(1) 가격 결합(price bundling: 서로 독립적이거나 관련 있는 다른 두 개 이상의 서비스를 하나로 묶어 가격을 책정하는 방법)은 서비스 결합에서 개별 가격의 결정을 더욱 복잡하게 만든다. 해외여행 패키지 가격은 다양한 서비스 결합으로 인해 적정가격 결정이 매우 어렵다.

(2) 하지만 가격 결합은 서비스 상황에서 더욱 효과적이다. 따라서 해외여행 패키지에서 여러 가지 요소를 고려하여 경쟁자와 경쟁할 수 있는 적정 가격을 결정할 필요가 있다.

1.2.6. 제품

(1) 제조와 비교하여 서비스 부문에서 많은 가격 유형이 존재한다. 그만큼 복잡한 가격 책정 의사결정이 필요하다는 증거이다.

(2) 고객은 할인가격을 이용하여 서비스를 비축할 수 없다. 따라서 해외여행 서비스를 할인한다고 해서 수요가 바로 증가할 것으로 기대하기는 어렵다.

(3) 제품라인 가격 책정이 더욱 복잡해진다. 예를 들어, 스포츠 장비의 초보자, 중급자, 고급자 수준의 옵션들은 구매자와 판매자의 다른 전문성 수준을 반영하기 위해 다른 가격이 결정된다. 또한 제품과 관련되는 부가 서비스에 따라 유사제품군들의 가격 결정은 훨씬 복잡해진다.

1.2.7. 법적 고려

(1) 불법적인 가격 책정 프랙티스가 발각되지 않을 기회가 높다. 성수기의 계곡, 해수욕장의 바가지 서비스 요금은 발각되어도 특별히 항의할 수 있는 방법이 별로 없다.

2 가격 책정의 목적과 유형

지금까지 비즈니스 관점에서 활용되어온 서비스 기업 가격 책정의 주요 목적은 다음과 같다.

- 이익 극대화
- 매출 극대화
- 시장지분 극대화
- 비용 회수
- 투자수익률(ROI: Return on Investment)
- 자산수익률(ROA: Return on Asset)

- 유동성 유지와 달성
- 가격차별화
- 서비스 품질 리더십
- 유통업체의 니즈 충족
- 기업 이미지 창출
- 시장에서 가격 안정성
- 가격 전쟁 회피
- 시장에서 매출 안정성
- 시장 개발
- 시장에 신규 진입의 방지
- 경쟁자와 가격 유사
- 기존 고객 유지
- 고객의 니즈 충족
- 고객에게 공정한 가격의 결정
- 신규 고객의 유인
- 장기 생존
- 사회적 목표의 달성

이러한 목적을 유형별로 정리하면 첫째, 극대화 지향 여부가 있다. 여기에는 매출 극대화, 이익 극대화의 경우처럼 최대의 재무적 성과를 달성하는 유형과 시장 지분을 다음 해까지 5% 포인트 증가시킨다는 만족스러운 재무적 결과를 추구하는 두 가지 유형이 있다. 하지만 극대화 관련 목적은 실제로 운영 및 달성이 어려워 대부분의 관리자는 만족 지향적인 목적을 강조함으로써 가격 책정 의사결정을 수립하는 경향이 있다. 둘째, 목표달성에 필요한 소요 시간 관점에서 비추어볼 수도 있다. 가격 책정 목적은 단기 목적과 장기 목적 추구로 분류할 수 있는데, 단기 목적에 대한 지나친 강조는 시장에서 오히려 기업의 장기적 생존을 위험에 빠뜨릴 수도 있다는 점을 명심해야 한다.

가격 책정 목적에 대한 실증 조사결과에 따르면 가격 책정 의사결정은 매우 복잡하기 때문에 한번에 하나 이상의 목적을 추구할 필요가 있다고 한다.

게다가 모든 목적이 서로 양립하지 않는다고 한다. 예를 들어, 매출 극대화 목적은 더 낮은 이익을 초래할 수도 있는 반면에, 이익에 대한 과도한 강조는 사회적 목표의 달성에 역효과를 낼 수도 있다. 실제로, 몇 실증연구 결과에 따르면 서비스 조직은 이익에 특별히 관심을 갖고서 정성적 목표보다 정량적 목표들을 더 중요한 것으로 간주하고 있었다(Avlonitis & Indounas, 2005). 미국의 43개 해충방역서비스 기업에 대한 연구에서 가장 인기 있는 목적은 이익 극대화이고 다음으로 만족스러운 이익의 달성으로 나타났다. 또한 71개 미국 회계기업의 가격 책정 행동에서 만족스러운 단기 이익의 달성이 가장 인기 있는 목적으로 나왔다. 나아가 영국의 45개 주택건설조합의 가격 책정 프랙티스는 80% 이상이 가장 중요한 목표로서 비용과 관련된 목표를 고려하고 있었다.

3 가격 책정 전략

3.1. 가격 책정 전략과 절차

지금까지 제안된 가격 책정 방법으로는 총 12개가 존재하고 이들은 비용기반 방법, 경쟁기반 방법, 수요기반 방법의 세 가지 큰 항목으로 다시 분류된다. 미국에 대해 이루어진 조사결과에 따르면 단순성과 사용 용이성으로 인해 비용-플러스 방법이 압도적으로 많이 사용되고 있었다. 실제로, 미국의 43개 해충방역서비스기업, 36개 드라이클리닝 세탁기업, 71개 회계기업, 기타 13개 서비스 부문의 323개 서비스 기업도 대부분 비용-플러스 방법을 적용하고 있었다. 한편, 이러한 가격 책정을 위한 정보로는 비용/이익/생산/판매와 관련된 정보, 경쟁자들과 관련된 정보, 고객들과 관련된 정보 등의 세 가지로 구분된다. 구체적으로 가장 많이 사용되는 정보는 미국에서 총 이익 마진, 공헌 마진, 경쟁자의 현재가치, 변동비용, 고정비용, 기존 공급용량의 유지, 가격에 대한 고객 태도, 가격으로 인한 고객 손실, 가격에 대한 불평, 경쟁자들의 반응, 경쟁자들의 재무 상태, 경쟁자 가격의 역사적 패턴, 다른 기간의 매출, 타 시장의 매출, 경쟁자의 시장지분 등의 순서로 나타나는 것으로 조사되었다(Tzokas et al., 2000).

이러한 가격 책정 방법은 매우 단순하여 작은 서비스 조직에서도 쉽게 적용할 수 있다. 그러나 가격은 서비스 제조원가와 이익을 포함하는 대외비 자료가 많이 사용되기 때문에 정확한 가격 책정은 쉽지 않은 문제이다.

고객 니즈와 기대의 규명에 기초한 시장연구를 통해 새롭게 개발된 서비스가 존재할 경우에 가격 책정을 위한 가장 일반적이고 포괄적인 절차는 다음과 같다.

(1) 가치 측정
새롭게 개발한 서비스에 대한 시장연구
(2) 가치 소통
촉진과 광고에 기반하여 고객과 가치에 대한 의사소통
(3) 가격 책정 전략
다양한 환경을 고려하여 자신의 가격 책정 전략 수립
(4) 가격 책정
수립된 가격 책정 전략을 반영한 가격 수립

3.2. 비용기반 전략

(1) 비용-플러스 방법(cost-plus)
서비스의 평균 비용에 이익마진이 추가되는 방식으로 가격이 결정된다.
(2) 목표 수익 가격 책정(target return pricing)
기업의 투자에 대한 목표 수익률을 산출하는 포인트에서 가격이 결정된다.
(3) 손익분기 분석(break-even analysis)
총수익이 총비용과 동일하게 되는 포인트에서 가격이 결정된다.
(4) 공헌 분석(contribution analysis)
손익분기 분석과 상관없이 단지 제품 혹은 서비스의 직접 비용이 가격으로 고려된다.

(5) 한계 가격 책정(marginal pricing)

단지 한계비용을 만회하기 위해 총비용과 변동비용의 아래에서 가격이 설정된다.

3.3. 경쟁기반 전략

(1) 경쟁자들과 유사한 혹은 시장의 평균가격에 기초한 가격 책정

평균 수준의 이익을 통한 경쟁을 추구한다.

(2) 경쟁자들보다 높은 가격 책정

경쟁자들보다 높은 가격 설정으로 고급 품질에 대한 이미지 제고와 초과 이익을 창출하는 목적을 갖고 있다.

(3) 경쟁자들보다 낮은 가격 책정

경쟁자들보다 낮은 가격 책정으로 신규 시장 진출과 목표 시장의 지분을 확보하는 목적을 갖고 있다.

(4) 시장의 지배적 가격에 따른 가격 책정

시장 선도자의 가격을 나머지 기업들이 따라가는 형태로 가격을 설정하는 방법이다.

3.4. 수요기반 전략

(1) 인식된 가치 가격 책정(perceived-value pricing)

가치에 대한 고객의 인식에 기초하여 가격 결정

(2) 가치 가격화(value pricing)

높은 고품질 서비스에 대해 매우 낮은 가격이 설정되는 방식으로 이루어진다.

(3) 고객의 니즈에 따른 가격 책정(customer needs-based pricing)

가격은 고객의 니즈를 만족시키기 위해 설정된다.

4 일반적 가격 정책

마케팅에서 자주 사용하는 가격 정책이 서비스에서도 중요하게 활용될 수 있다. 우선, 제품에서 사용되는 중요한 가격 정책을 정리한 후에 서비스 분야에서 적용될 수 있는 가격 정책을 제시한다.

4.1. 제품 가격 정책

제품의 가격 정책은 주로 자사 제품의 품질과 가격에 기반하여 설정된다. 예를 들어, 품질이 낮은 수준에서 가격을 낮추는 경제적 가격 정책(economy price policy)과 가격을 높이는 상류층 흡수 가격 정책(skimming price policy)이 있고 품질이 높은 수준에서 가격을 낮추는 침투 가격 정책(penetration price policy)과 가격을 높이는 프리미엄 가격 정책(premium price policy)이 있다. 구체적으로는 다음의 정책이 자주 사용된다.

4.1.1. 가치 가격 정책

소비자들이 가장 가치 있다고 생각하는 제품을 제공하도록 가격을 설정(주로 저가)한다. 맥도날드, 타코벨 등의 패스트푸드 레스토랑과 다이소 등의 할인점 등에서 자주 사용한다. 맥도날드는 99센트짜리 'Everyday Value Menu'를 제공하고 있다.

4.1.2. 프리미엄 가격 정책

자사 제품의 가치가 매우 높은 명성 있는 제품임을 인식시키기 위해 고품질의 제품에 대해 고가의 가격을 유지하는 정책이다. 고가의 프리미엄 라면(블랙 라면), 가구, 호텔 스위트 숙박가격 등이 이에 해당된다.

4.1.3. 경제 가격 정책

저가를 선호하는 소비자들을 대상으로 경쟁자 대비 가장 낮은 가격을 제시하는 전략으로서 가격 파괴를 추진하는 노브랜드(no-brand) 제품 소매, 전통시장, 분식집 등에서 추진하는 전략이다.

4.1.4. 선택적 제품 가격 정책

다양한 형태의 옵션을 제공하면서 고객이 특정 옵션을 선택함에 따라 가격이 변동하도록 만드는 정책이다. 자동차 제품은 내연기관, 엔진, 변속기, 드라이버 모드, 리모트 3D 뷰, 시트의 소재, 스피커 등 다양한 옵션을 제시하고 이러한 다양한 옵션의 선택사양에 따라 각기 다른 가격을 책정하고 있다. 가격을 결정할 때 주요 제품에 덧붙여서 선택제품과 서비스를 제공함으로써 가격을 다소 높게 책정하는 방법이다.

4.1.5. 부속제품 가격 정책

어떤 한 제품의 본체와 그 제품에 소속되는 부속제품을 구분하는 것이 가능한 경우에 본체는 상대적으로 저가에 판매하고 소모품의 성격이 강한 부속제품의 가격을 상대적으로 높게 설정하는 방식이다. 이 방식을 취하면 마치 전체 제품의 가격이 낮다는 인식을 심어줄 수 있다. 면도기 본체는 가격이 낮으나 교체하여 사용할 수 있는 면도날은 상대적으로 고가에 판매되고 있다. 프린트기와 잉크, 진공청소기와 필터 등도 동일한 사례이다.

4.1.6. 제품묶음 가격 정책

일명 묶음제품(bundle)으로 이름이 붙여진 여러 유사 제품을 하나로 묶어서 판매할 때 사용하는 가격 정책이다. DVD, 서적, 양말, 음료, 과자, 마스크 등을 하나로 묶어서 판매하는 경우에 개별 판매보다는 조금 낮은 가격을 설정한다.

4.1.7. 촉진 가격 정책

하나를 구입하면 하나를 무료로 제공(1+1)하거나 2개를 구입하면 하나를 공짜로 제공(2+1)하는 경우의 가격 정책에 해당한다. 재고가 존재하거나 판매 촉진 활동 차원에서 동일한 가격에 두 개 이상의 제품을 판매하는 정책이다. 특정 품목에 대하여 정상적인 가격보다 낮거나, 원가 이하의 가격을 설정하여 고객들을 유치하기 위해 사용하는 방법이다. 과자, 아이스크림, 스팸 등에서 흔히 볼 수 있다.

4.1.8. 초기 고가가격 정책

연예 및 예술 등 콘서트의 초기 가격을 매우 높게 설정하여 고객이 가치를 높게 인식하도록 유도하는 방식이다. 이후 행사가 진행됨에 따라 가격을 낮추는 방식이다. 가격-품질 연상효과에 의해서 가격이 높으면 품질이 좋을 것이라고 생각하는 소비자의 심리를 이용하는 고가격 전략이다. VOD 영화, 강연, 연극공연 등이 그 예이다.

4.1.9. 심리적 가격 책정

심리적으로 가격이 낮다는 점을 보여주기 위해 특정 가격을 넘지 않는 가격을 제시하는 경우에 해당한다. 실제 가격 차이는 별로 나지 않지만 소비자들이 심리적으로 느끼는 가격의 차이로 인해 판매량에 변화가 발생하도록 유인하는 가격이다. 예를 들어, 999원, 5,980원, 9,990원은 1,000원, 6,000원, 10,000원을 넘지 않는 가격으로 제시된다.

4.1.10. 제품라인 가격 정책

기업이 어떤 제품을 단일 품목으로 만들어 판매하는 것이 아니라, 여러 제품 유형으로 변형시켜 개발, 생산한 뒤 가격대를 제품의 원가차이, 상이한 특성에 대한 고객의 평가, 경쟁자의 가격 등에 따라 가격을 결정하는 방법이다. 스마트폰의 경우에 보급형, 고급형 등 다양한 등급으로 제품을 만들어 차별화된 가격을 제시하고 있다.

4.1.11. 신제품을 위한 가격 정책

(1) 침투 가격 정책

저가 항공사의 경우처럼 본원적 수요의 가격 탄력성이 높은 경우(즉, 가격에 따라 수요의 변동이 심한 경우)에 저가 전략으로 시장에 침투하고자 할 경우에 사용된다. 낮은 가격으로 제품을 출시하여 짧은 시간 내에 시장에서 지분을 확보하는 전략으로서 단기 이익은 조금 희생하더라도 장기적으로 이익을 더 많이 올리려는 데 주력하는 전략이다.

(2) 스키밍(Skimming) 가격 정책 전략

신제품 가격을 처음에는 높이 설정했다가 시간이 지나면서 차츰 내리는 것으로 가능하면 단기이익을 실현하는 것이 목적이다. 초기 고가가격 정책과 동일하다.

(3) 가격 차별화 전략

동일한 제품에 대해 다른 가격을 제시하는 방식으로 거래할인, 수량할인과 같이 가격 차별에 대한 합리성이 유지되어야 하고 법적 규제를 위반하지 않는 선에서 스마트폰, 놀이공원, 미용실, 스키장, 골프장 등에서처럼 학생할인, 경로할인, 비성수기 가격 할인 등이 있다.

(4) 이중 가격 전략

기본 가격에 사용 수수료를 이중으로 부가하는 전략이다. 놀이공원은 입장권, 이용료를 따로 설정하여 책정한다.

4.2. 서비스 가격 정책

서비스 조직에서 자주 사용되는 가격 정책으로는 다음의 정책이 있다.

4.2.1. 정가 책정(List pricing)

기업이 목표로 하는 세분화된 시장에 따라 가격을 차별화하지 않고 하나의 가격을 설정하여 운영하는 방식이다. 정수기 등의 수리 서비스 요금, 가전 제품 방문 서비스 시 출장비, 미용실의 성인 요금 등이 이에 해당한다.

4.2.2. 차별화 가격 책정(Differentiated pricing)

구매 시간, 구매 장소, 서비스의 소비, 고객의 개인적 특성과 같은 여러 기준에 기초하여 고객별로 다른 가격을 부과하는 방식이다. 목욕탕의 요금, 택시 할증요금, 극장의 첫 회 조조할인 요금, 새벽 시간대의 시내버스 요금, 수능 이후 운전면허 시험장의 고등학생 요금, 넷플릭스(Netflix)의 인원에 따른 베이식, 스탠다드, 프리미엄 요금제 등이 그 예이다.

4.2.3. 지역 가격 책정(Geographical pricing)

다른 지역에 위치한 고객에게 각각 다른 가격을 제공하는 방식이다. 즉, 지역별로 차별화된 가격을 책정하는 방식이다. 지역난방 요금, 대리기사 요금, 우체국의 제주지역 별도요금 등이 그 예이다.

4.2.4. 협상 가격 책정(Negotiated pricing)

서비스 조직과 고객 사이의 개별 계약에 기초하여 가격을 설정하는 방식이다. 스마트폰 이용료 할인요금제, 숙박업체의 경매에 의한 협상요금, 인터넷 및 TV 등의 가족 요금제 등이 그 예이다.

4.2.5. 수량 할인(Quantity discounts)

대량으로 구매하는 고객에게 할인을 제공하는 방식이다. 대형 워크숍에서 호텔 숙박비 단체 할인, 단체 회식에 대한 가격 할인, 기차의 단체 승차권 할인, 극장의 단체 관람 할인 등이 그 예이다.

4.2.6. 현금 할인(Cash discounts)

사전에 결정된 기간 내에 총비용을 지불하는 고객에게 할인을 제공하는 방식이다. 선불 항공권, 고속도로 하이패스 카드의 선불 할인, 외국인 통신요금 선납 시 할인 등이 그 예이다.

4.2.7. 거래할인(Trade discounts)

제품 혹은 서비스를 촉진하고 지원하기 위해 특정 도소매업체와 같은 대리인과 유통업체에게 할인을 제공하는 방식이다.

4.2.8. 미끼 가격 책정(Loss-leader pricing)

더 높은 수익을 창출하는 목적으로 초기에 서비스를 낮은 가격(심지어 원가 아래에서)으로 제공하는 방식이다. 온라인 쇼핑몰에서 미끼 제품을 던져 고객이 방문하도록 유인하거나 백화점에서 명품 브랜드 가격을 타 백화점보다 낮춰 방문하도록 유인하는 정책, 폐업 및 재고소진이라는 목적으로 한정행사를 강조하는 여행패키지나 특별 노선 할인 서비스, 매우 저렴했던 넷플릭스(Netflix)의 요금 인상, 무료로 제공하던 유튜브(Youtube) 프리미엄 서비스 구독비용 인상과 뮤직 스트리밍 서비스 전면 유료화 등이 이 그 예이다.

4.2.9. 이미지 가격 책정(Image pricing)

자사의 배타적 이미지를 전달하기 위해 높은 가격을 설정하는 방식이다. 블루보틀과 같은 고가의 커피숍, 고급병원, 고가의 소형오피스텔 중개 서비스, 유명 헬스클럽 등이 그 예이다.

4.2.10. 순수 가격 결합판매(Pure price bundling)

독립적으로 구매될 수 없는 두 서비스가 할인된 가격으로 제공되는 가격 결합의 한 유형이다. 구입의사가 있는 어떤 제품이나 서비스를 구매하기 위해서는 제공자가 제시하는 다른 제품 또는 서비스까지 포함해서 구매해야 하는 형태로서 제공자가 인기 없는 제품의 판매목적으로 악용할 경우에는 끼워팔기라고도 한다. 스마트폰 판매자의 기본 앱 판매, 게임기의 액세서리, 학원의 오프라인 수강 시 온라인 수업 의무수강 등이 그 예이다.

4.2.11. 혼합 가격 결합판매(Mixed price bundling)

교차판매의 형태로서 독립적으로 구매될 수 있는 두 서비스가 할인된 가격으로 제공되는 가격 결합의 한 유형이다. 통신사의 패밀리 결합 요금제, 윈도우 운영체제와 워드나 엑셀 등의 결합요금, 은행에서 카드/보험가입/주식계좌 동시 개설 시 할인 등이 그 예이다.

4.2.12. 관계 가격 책정(Relationship pricing)

고객의 니즈별로 그들의 요구 가격을 이해하고 그들과 장기적 관계를 개발하는 것을 지향하는 고객 지향적 접근법이다. 예를 들어, 단골 고객과 신규 고객과의 관계를 지속적으로 유지하기 위해 가격을 차별화하거나 고객이 평가하는 가치에 토대하여 가격을 설정하는 방법이다. 은행의 경우에 예금계좌를 보유한 단골 고객에게 특별 저축계좌와 안전금고를 제공한다든지 각종 증명서

를 할인하여 제공하기도 한다. 장기 계약과 가격 결합판매가 관계 가격 책정을
위해 자주 사용된다.

4.2.13. 수율 관리(Yield management)

다른 세분 시장의 수요를 관찰함으로써 기존 용량을 관리하고 고객이 기
꺼이 지불하는 세분 시장에 최대의 가격을 부과하는 방식이다. 이미 설명한 호
텔, 리조트, 크루즈 여행, 항공사 등이 그 예이다.

4.2.14. 효율성 가격 책정(Efficiency pricing)

서비스 조직의 비용을 낮추는 노력(예, 비용절감을 가능하게 하는 정교한 기술
과 혁신의 적용을 통해)을 통해 가격에 민감한 고객에게 최저가를 지속적으로 허
용하는 방식이다. 저가항공사, 사물인터넷(IoT)과 인공지능(AI)을 활용한 혈당
관리와 같은 의료진단 기술 등이 그 예이다.

4.2.15. 만족기반 가격 책정(Satisfaction-based pricing)

이 방법의 일차적 목적은 고객의 서비스 구매와 관련된 인식된 리스크의
크기를 줄이는 것이다. 이것에는 제공품 보장(offering guarantees) 방법이 있다.
서비스 보장은 고품질의 서비스를 제공하는 데 헌신한다는 이미지를 전달하는
방법으로서 고객이 구매한 서비스에 덜 만족하면 그 불만족을 상쇄하기 위해
부분적 혹은 완전한 환불을 해 주는 방법이다.

4.2.16. 조정 가격 책정(Adaptive pricing)

다양한 고객과 그들의 가치에 대한 니즈에 개별적으로 대응하기 위해 제
품 특성을 변동시킨다. 예를 들어, 제품 크기를 변환, 새로운 유통 채널을 활용
(온라인 점포 대 오프라인 점포), 최소 구매 요구, 다양한 가격 버전(좋은 품질, 나은

품질, 최고 품질에 대해), 촉진 가격 책정(예, 2 for 1 거래), 아라카르트(A la carte: 프 랑스어로서 코스요리의 묶음 구매가 아닌 각 요리의 개별 구매 시 그에 대한 개별 가격이 설정) 가격 정책 등이 이에 해당된다.

5 흥미로운 추가 이슈

5.1. 소비자 지불가격 결정

오픈 프라이스(open price)는 제조업체가 정하는 기존의 권장 소비자가격을 폐지하고 최종 판매업체(주로 유통업체)가 판매가격을 정하는 제도이다. 예를 들 어, 아이스크림의 가격은 이러한 방식으로 설정되는 경우가 있다. 이와 유사한 개념이 소비자 희망가격으로서 국내에서도 이러한 방식의 표기가 존재한다.

그러나 진정한 '소비자 지불가격 결정'은 소비자가 가격에 대한 완전한 통 제를 갖는 가격 책정 메커니즘을 의미한다. 즉, 소비자가 선택하는 어떤 가격 을 지불할 수 있도록 소비자에게 가격 책정의 의사결정을 위임하는 것을 말한 다. 이 방법은 판매자가 가격 차별화 전술을 활용하고 시장에 침투하기 위한 새로운 방법으로서도 활용될 수 있다. 서비스 상황에서, 식당, 호텔, 음악, 여 행 패키지, 놀이공원과 같은 다양한 상황에서 이 가격 책정이 나타날 수 있으 며 소비자의 관심과 인기를 끌 수 있다.

이러한 소비자 희망가격의 서비스 제공자에 대한 본원적 리스크는 고객이 고전적 가격 책정 방법보다 평균적으로 훨씬 덜 지불할 수 있다는 점이다. 특 히, 승차공유 서비스의 실패에서 볼 수 있듯이 이 가격 정책의 실행은 큰 리스 크를 포함하게 된다. 이러한 리스크를 극복하고 수익성을 향상시키는 동인으로 는 고객의 자발적 지불을 유도하기 위한 서비스 제공품의 가치 향상, 고객의 죄책감 인식 유발, 외부 준거가격에 노출(소비자가 제품에 대해 마음속으로 기대하는 기준가격으로서 소비자가 실제 제품가격을 평가하는 준거점이 된다. 소비자는 보통 실제가 격이 준거가격보다 높을수록 비싸다고 지각한다), 판매자의 비용과 타인의 지불정보 제공, 지불시기와 소비자 불확실성에 대한 영향(즉, 선불 및 후불) 등이 있다.

최근에는 '할 수 있는 것을 지불(pay what you can)'하는 운동이 일어났다. 레스토랑의 경우에 고객은 제공받은 음식에 대해 현금, 노동, 혹은 아무것도 지불하지 않을 수 있다. 그 비즈니스 모델은 고객의 지불능력에 상관없이 모든 고객에게 음식을 제공하고 여유가 있는 소비자에게 타인에 대한 작은 도움에 기여하도록 요청하는 데 있다. 따라서 메뉴에는 설정된 가격이 존재하지 않는다. 이 레스토랑은 가난한 사람이 아니라 이제 각계각층의 사람들이 함께 참여하게 되었고 점차 기업가와 독지가들의 참여확대로 늘어나고 있는 추세이다.

5.2. 선불과 후불 제도

선불과 후불제 중에서 어떤 제도를 선택할지가 고객의 구매에 영향을 미치는 중요한 의사결정이 될 수 있다. 이와 관련한 의사결정 시에 다음 사항을 중점적으로 고려해야 한다. 첫째, 후불은 선불과 비교하여 소비자가 지불하는 금액을 증가시킨다. 이것은 전통 레스토랑 혹은 크루즈 여행 시 부수적 촬영 서비스와 같이 추가 서비스 프로세스와 서비스 결과의 불확실성으로 특징되는 상황에서 두드러진 현상이다. 둘째, 다른 수단을 통해 불확실성을 줄이는 동안 고객이 후불할 수 있도록 하는 것은 고정가격 메커니즘과 비교하여 증가된 서비스 용량 활용으로 인해 수익성에 긍정적 영향을 미친다. 즉, 소비자 희망가격(혹은 가격 설정)은 수요를 자극하고 비록 고객이 기대보다 약간 낮은 금액을 지불할지라도 서비스 조직은 수익성이 더 높게 나올 수 있다. 셋째, 고객의 서비스 평가는 그들이 기꺼이 지불하려는 금액에 직접적으로 영향을 미친다. 하지만 서비스 제공자들은 선불을 통해 평균적인 지불금액을 확보하면서 소비 후에 불확실성 감소라는 편익을 볼 수 있다.

5.3. 무한리필 요금제

주위의 식당에서 주로 볼 수 있는 무한리필 운영 방식은 소비되는 음식의 양을 무한히 제공한다는 방식인데 가격 관점에서 본다면 음식을 무한히 먹게 되면 가격은 0에 가깝다는 것이 된다. 그러나 무한리필을 이용하기 위해서는 분명히 일정금액을 지불하고 이용하게 된다. 무한리필 점포의 주요 수익원은 구축된 식자재 유통망을 이용하여 식자재 조달을 저렴하게 하는 데 있다. 따라서, 무한리필은 프랜차이즈 방식이 대부분이다(예, 수입산 연어, 해외산 삼겹살, 미국 소고기 등). 일반적으로 6만 원대 주말 저녁 호텔 뷔페에서 본전을 채우려면 평균적으로 접시당 8개 음식을 넣고 22개의 접시를 먹어야 한다고 한다. 1만 원대 삼겹살 무한리필의 경우에는 최소 5.5인분(1인분을 한 접시 가득 고기가 찼을 경우로 가정)을 먹어야 원가 대비 본전을 찾는다고 한다.

참고로 무한리필에서 많이 먹기 위한 비법을 소개하면 다음과 같다. 음식을 먹기 전에 수프를 먹어 위벽을 보호한다. 처음부터 단 음식은 피한다. 음식 순서는 찬 음식에서 따뜻한 음식 순서로 먹는다. 가벼운 음식(샐러드)으로 시작해 무거운 음식(고기)으로 끝낸다. 파스타는 샐러드와 같이 먹는다. 한 그릇에 다양한 음식을 담으면 맛과 질이 떨어진다. 먹다가 쉬면 식사가 끝난 줄 알고 포만감을 느끼므로, 5분 이상 쉬지 않고 먹는다. 그러나 이러한 비법을 실천하기 전에 왜 그렇게 해야 하는지를 고민해 보기 바란다.

또한 여러분은 다음의 질문을 고민해야 한다. 무한리필에서 음식의 종류가 너무 많거나 적은 이유는? 음식이 주방의 바깥에 있는 이유는? 맛있고 비싼 음식은 가장 안쪽에서 종업원이 직접 요리해 주는 이유는? 그 이유는 한계효용체감의 법칙, 선택으로 인한 스트레스 유인, 가성비에 기초한 음식 진열 등과 관련된다. 결국, 무한리필 식당이라는 이름은 무한이 아니기 때문에 '양의 선택을 손님에게 맡긴 식당'이 더 적절한 표현이라고 한다.

한편, 무한리필 이외에 유사한 특성을 보이는 뷔페도 존재한다. 뷔페가 돈 버는 방법은 다음과 같다고 한다.

- 고객이 아무리 많이 먹어도 일반적으로 음식의 원가는 식사비용의 30 – 35% 수준이라고 한다.
- 음식 유형에 따라 데이터 분석을 하여 음식물 잔여분을 최소화시킨다.
- 배를 쉽게 채우는 저렴한 음식(비빔밥, 김밥, 국수, 감자 등)을 곳곳에 배치시킨다.

- 제철음식 제공으로 식자재 원가절감과 가치 향상을 노린다.
- 음료 제공으로 고객의 식사량을 축소시킨다.
- 작은 그릇을 통해 음식 양에 대해 시각적 부담을 느끼도록 유인한다.
- 음식배치(샐러드와 야채코너부터 시작하여 중간에 비빔밥, 회초밥, 김밥, 죽, 국 등을 배치하고 스테이크와 같은 비싼 즉석요리는 제일 먼 곳에 배치)를 통해 원가가 높은 음식을 적게 먹도록 유인한다.

5.4. 가격을 올리지 않고 매출을 높이는 방법

매출은 고객 수와 판매된 제품 혹은 서비스의 가격의 곱으로 이루어진다. 이때, 가격을 올리지 않고 매출을 늘리기 위해서는 고객의 수를 증가시켜야 한다. 가격을 올리면 경제적 고객과 효용을 중시하는 고객의 수가 급격히 감소할 수 있기 때문이다. 고객의 수를 높이는 방법은 잠재 고객을 규명하고 그 잠재 고객을 구매 고객으로 만든 다음에 최종적으로 그 고객을 계속 구매하는 충성 고객으로 만들 필요가 있다.

그러나 가격 자체의 조정을 통해 실제로 가격을 올리지 않으면서 가격을 높이는 효과를 내는 다음의 방법도 있다.

(1) 할인 구조를 바꾼다. 예를 들어, 할인의 비율을 낮추거나 할인 구간을 축소한다. 자동차보험 할인율을 낮추거나 전기요금의 누진구간 확대와 누진 단계 축소는 이러한 차원에서 이루어질 수 있다.

(2) 최소 주문량을 변화시킨다. 즉, 고객이 주문할 수 있는 최소의 양을 더 높여 구매하는 양을 증가시키는 방법이다. 식당에서 어떤 메뉴는 최소 2인분 이상의 음식을 주문하도록 규정하고 있다.

(3) 배달과 특별 서비스에 요금을 부과한다. 최근 음식의 온라인 주문에 따른 배달료를 추가로 부과하고 맥주를 추가로 요청할 경우에 이에 대한 추가요금이 붙는 것이 이 사례에 해당한다.

(4) 엔지니어링 및 설치에 요금을 부과하고 서비스된 장비에 대해서도 수리비를 부과한다. 전기밥솥의 수리에 요금을 부과하는 방식으로서 서

비스 인력의 공임과 더불어 부품비용을 모두 추가할 수 있다.

(5) 긴급 주문으로 인한 초과근무에 요금을 부과한다. 학회 논문심사 시 심시 기간 단축을 위한 긴급 심사를 요청할 경우에는 추가 심사비를 청구할 수 있고 자동차 보험사의 긴급출동 서비스는 무료가 아니라 추가요금이 붙는다.

(6) 연체에 대한 이자를 부과한다. 카드 사용대금 혹은 학자금 대출 시 연체이자는 당연한 것이고 서적 및 렌터카의 연체 반납 시에도 추가요금을 부과한다.

(7) 계약 시 패널티 조항을 작성한다. 항공사 및 골프장에서 노쇼(no-show) 시 패널티와 전동퀵보드 이용 시에도 다양한 상황에 따라 패널티가 부가된다.

(8) 제품의 물리적 특성을 변화시킨다. 새로운 제품라인 혹은 시리즈를 출시할 경우에 많은 옵션을 줄이거나 기술적 개선을 통해 더 낮은 원가로 제품을 생산하지만 부가되는 서비스 가격을 동일하거나 제품향상을 이유로 더 비싸게 받을 수도 있다.

─── 참고문헌

Avlonitis, G.J. & Indounas, K.A. (2005), "Pricing objectives and pricing methods in the services sector", *Journal of Services Marketing, 19*(1), 47-57.

Tzokas, N., Hart, S., Argouslidis, P. & Saren, M. (2000), "Strategic pricing in export markets: Empirical evidence from the UK," *International Business Review, 9*(10), 95-117.

생각해 볼 문제
Question

01 다음 문제의 참과 거짓을 판단하시오.

1.1 마케팅 믹스 중 가격 책정은 기업의 수익을 창출하는 유일한 직접적 요소이다.

1.2 가격 책정 시 단기 목적에 대한 강조는 기업의 장기 생존을 위험에 빠트릴 수 있다.

1.3 가격 책정 시 적용가능한 모든 목적은 호환적이다.

1.4 실제 비즈니스 세계에서 정성적 목표보다 비용이라는 정량적 목표가 더 중요한 것으로 간주되고 있다.

1.5 가격 책정 의사결정이 복잡하기 때문에 한번에 한 목적 이상을 동시에 추구하는 것이 필요하다.

1.6 총수익이 총비용과 동일하게 되는 점에서 결정되는 가격 책정 방법은 한계 가격 책정 방법이다.

1.7 가격 책정 방법은 비용, 경쟁, 수요에 기반한 방법으로 분류된다.

1.8 서비스 조직의 가격 책정에서 택시 할증 요금, 극장의 조조할인 요금은 차별화 가격 책정에 해당한다.

1.9 독립적으로 구매될 수 있는 두 서비스들이 할인된 가격으로 제공되는 가격 결합의 유형은 순수 결합판매 가격 책정이다.

1.10 서비스업의 비용을 낮추는 노력을 통해 가격에 민감한 고객에게 최대의 저가를 지속적으로 허용하는 방식은 관계 가격 정책이다.

1.11 신제품 가격을 처음에는 높이 설정했다가 시간이 지나면서 차츰 내리는 것으로 가능하면 단기이익을 실현하는 것이 목적인 가격 정책은 스키밍(skimming) 가격 정책이다.

1.12 다양한 형태의 옵션을 제공하면서 고객이 특정 옵션을 선택함에 따라 가격이 변동하도록 만드는 정책은 초기 고가가격 정책에 대한 설명이다.

1.13 고품질의 서비스를 제공하는 데 헌신한다는 이미지를 전달하는 방법으로서 고객이 구매한 서비스에 덜 만족하면 그 불만족을 상쇄하기 위해 부분적 혹은 완전한 환불을 해 주는 방법은 조정 가격 정책이다.

1.14 지역난방 요금, 대리기사 요금, 우체국의 제주지역 별도 요금 등은 정확히 차별화 가격 책정에 해당한다.

1.15 대학 등록금은 관계 가격 책정에 기반하기보다는 이미지 가격 책정 방식으로 결정하는 것이 바람직하다.

1.16 소비자 지불 가격 결정에서 고객이 낮은 가격을 지불하는 리스크를 줄이고 자발적 지불을 유도하기 위해 서비스 제공품의 가치 향상, 소비자의 죄책감 유발, 외부 준거가격에 노출하는 방법을 사용할 수 있다.

1.17 '할 수 있는 것을 지불(pay what you can)'하는 가격 책정 방법은 식당의 경우에 고객들은 제공받은 음식에 대해 현금, 노동, 혹은 아무것도 지불하지 않을 수 있는 가격 결정 방법이다.

1.18 자동차 보험사의 긴급출동 서비스는 긴급 주문으로 인한 초과 근무에 요금을 부과하여 가격을 올리지 않고 매출을 높이는 방법이다.

1.19 매출을 높이기 위해서는 가격보다는 보유하는 고객 수를 늘리는 것이 가장 바람직하다.

1.20 할인의 비율을 낮추거나 할인 구간을 축소하는 등 할인 구조를 바꾸는 것은 가격을 올리지 않고 높이는 방법 중 하나이다.

02 선택형 문제

2.1 다음 중 서비스 가격 책정의 목적이 아닌 것은?
   ① 시장지분 증가
   ② 가격 차별화
   ③ 서비스 품질 안정
   ④ 만족스러운 이익 달성

2.2 다음 가격 목표 중 극대화 목적으로 적절한 것이 아닌 것은?

① 이익 극대화   ② 시장지분 극대화
③ 매출 극대화   ④ 공정한 가격 결정

2.3 다음 중 비용기반 가격 책정 방법에 해당되지 않는 것은?

① 목표 수익 가격 책정
② 시장평균 가격에 기반한 가격 책정
③ 공헌 분석
④ 손익분기 분석

2.4 다음 중 수율 관리 요금정책 유형에 적절하지 않은 서비스는?

① 호텔의 성수기와 비성수기 요금
② 여름과 겨울의 스키 리조트 요금
③ 계절별 크루즈 여행
④ 고속도로 하이패스 선불요금

2.5 다음 중 전속 가격 정책에 해당하지 않는 사례는?

① 인기 있는 과자와 인기 없는 과자
② 면도기와 면도날
③ 프린트기와 잉크
④ 진공청소기와 필터

2.6 다음 중 조정 가격 정책에 해당하지 않는 것은?

① 한번 구매 시 최소한의 서비스 구매
② 온라인과 오프라인처럼 새로운 유통 채널을 활용
③ 서비스 품질 수준에 따른 다양한 가격 버전 제공
④ 결합 서비스 가격 설정

2.7 다음 중 소비자 지불가격 결정을 적용하는 데 가장 적절하지 않은 서비스는?

① 병원 치료   ② 놀이공원

③ 음악공연   ④ 여행 패키지

2.8 다음 중 선불 및 후불제와 관련한 설명 중 틀린 것은?

① 후불은 선불과 비교하여 소비자가 지불하는 금액을 증가시킨다.

② 고정가격보다는 후불제를 활용하는 것이 증가된 서비스 용량 활용으로 인해 수익성에 긍정적 영향을 미친다.

③ 서비스 제공자들은 선불을 통해 평균 지불 금액을 확보하면서 소비 후 불확실성 감소의 긍정적 영향으로부터 편익을 볼 수 있다.

④ 후불제에서 소비자 희망가격으로 인해 고객들이 약간 적은 금액을 지불할 가능성이 높기 때문에 기업은 수익성이 더 낮게 나올 수 있다.

2.9 다음 중 무한리필과 관련한 연결이 잘못된 것은?

① 무한리필에서 음식의 종류가 너무 많은 이유－한계효용체감의 법칙

② 무한이라는 이름이 붙은 이유－무한대에 근접 시 최소한의 비용 소요

③ 음식이 주방의 바깥에 있는 이유－선택으로 인한 스트레스를 유인

④ 맛있고 비싼 음식은 가장 안쪽에서 종업원이 직접 요리해 주는 이유
－가성비에 기초한 음식 진열 등

2.10 다음 중 가격을 올리지 않고서도 가격을 높이는 효과를 내는 방법으로 적절하지 않은 것은?

① 무한리필 제도를 도입한다.

② 긴급 주문에 추가요금을 부과한다.

③ 최소 주문량을 높인다.

④ 배달과 특별 서비스에 요금을 부과한다.

1.1 다음 서비스 중에서 본인이 경험했거나 잘 아는 세 개의 서비스를 고려 하시오.

> 유명 아이돌 그룹의 공연, 시내버스 서비스, 부동산 중개 서비스, 대학 학생식당, 치과 서비스, 대학 행정 서비스, 헌혈 서비스, 중고서적 교환 및 구매 서비스, 마케팅리서치 서비스, 외교관, 통역 서비스, 물리치료 서비스, 도로공사 고속도로 관리 서비스, 병원 응급실, 국방 서비스, 교도소 교정 서비스, 제사 서비스, 재판 서비스, 요리학원, 범죄프로파일러 서비스, 빅데이터 전문가, 행위 예술가, 조경사 서비스, 쇼핑 호스트, 경매 서비스, 컨벤션 서비스

(1) 선택한 서비스의 가격을 결정하는 데 가장 중요한 요소가 무엇이라 고 생각하는지 모두 찾아내시오.
(2) 선택한 서비스가 어떤 경우에 무료로 제공될 수 있는지 고려하시오.
(3) 선택한 서비스에 대해 요금 후불제와 선불제(고정요금) 중에서 어떤 방 법이 서비스 제공자와 고객의 관점에서 가장 바람직한지 결정하시오.
(4) 선택한 서비스에 대해 할 수 있는 것만큼 지불하는 정책을 도입할 때 가장 바람직한 서비스는?

1.2 병원, 변호사, 회계사, 자동차 정비업체와 같은 전문서비스를 고려하시오.
(1) 각 서비스에서 가격 책정은 어떻게 결정되고 있는지를 설명하시오.
(2) 각 서비스에서 가격 책정이 어떻게 결정되는 것이 바람직한지를 제 공자와 고객의 관점에서 설명하고 그 차이점을 구분하시오.

1.3 남자/여자의 집안일 혹은 가사 서비스의 가격은 어떤 기준으로 책정되는 것이 바람직한지를 근거와 함께 제안하시오.

1.4 고기, 곱창, 쌈밥, 피자, 샐러드, 초밥, 뷔페와 같은 분야에서 무한리필 가게를 운영한다면 가격대를 경쟁사 대비 최소로 내리는 것이 바람직한가? 아니면 중간? 혹은 최고 가격대? 그 이유는?

1.5 대학의 등록금에 대해 고민해 보시오.

(1) 등록금을 어떤 정책으로 결정하는 것이 가장 바람직하다고 생각하는가? 학교와 학생의 관점에서 고민해 보시오.

(2) 비대면 수업이 이루어지는 경우에 어떤 가격 정책이 적용되는 것이 바람직하다고 생각하는가?

(3) 성적 장학금 지급, 등록금 환불, 기숙사 및 학생식당 운영 각각은 어떤 가격 정책과 유사하다고 생각하는가?

1.6 다음의 비대면 서비스 중 잘 알거나 경험했던 서비스 세 개를 고려하시오.

> 무인카페, 배달 전문 도시락, 음식 배달 서비스, 인터넷 금융, 비대면 교육, 온라인 취미 수업, 세탁물 픽업 및 배달 서비스, 매장 내 물건 주문과 픽업 서비스, 셀프 관리형 정수기 필터 서비스, VR을 이용한 인테리어 제안, 사이버 모델 하우스, 메신저 상담, 챗봇, AI 스피커를 통한 쇼핑, 가상 피팅 의류/안경 쇼핑몰, 비대면 화상 면접, 비대면 육아 서비스, 재택 근무 서비스, 온라인 합동연주 및 콘서트, 비대면 결제 서비스, 동영상 스트리밍 서비스, 100% 셀프 스토어

(1) 선택한 비대면 서비스의 가격 결정에 가장 큰 영향을 미치는 요인 세 가지를 제안하시오.

(2) 선택한 서비스에서 경쟁우위를 위해 가장 적절한 가격 정책을 제안해 보시오.

(3) 선택한 서비스에서 경쟁우위를 위해 가장 적절한 가격 책정 방법을 제안해 보시오.

서비스 접점 관리

Service Operations Management

배경

서비스 산출물을 생산하기 위해서는 변환과정에 필요한 투입물이 있어야 한다. 성공적인 서비스 운영을 위해 필요한 투입물로는 서비스 조직, 인력 등을 포함하여 그 서비스 조직의 시설, 입지 등 여러 분야의 의사결정이 필요하다. 특히, 서비스 접점 삼각형으로 불리는 서비스 조직, 현장 직원, 서비스 고객은 서비스의 성공을 위해 관리되어야 할 필수 3요소이다. 본 장에서는 이러한 서비스 접점 관리에 중점을 두어 서비스 조직의 성공을 위해서 어떻게 의사결정을 해야 하는지에 대한 논의를 진행하며, 서비스 접점에서 신기술, 서비스 접점 문제와 서비스 이익 사슬의 개념에 대한 이해를 하고 최근의 흥미로운 관련 이슈를 다룬다.

주요 이슈

- 서비스 삼각형의 개념은?
- 서비스 조직의 관리 방안은?
- 현장 직원의 관리 방안은?
- 서비스 고객의 특성과 유형은?
- 서비스 이익사슬의 개념과 의미는?
- 고객의 공격, 감정노동 등 최근에 등장하는 흥미로운 이슈는?
- 특별한 상황에서 발생하는 서비스 직원의 유머, 외관의 역할과 관리 방법은?
- 특별한 상황에서 발생하는 고객의 특별 요청, 1인 고객, 고객 대 고객 상호작용에 대한 관리 방법은?

1 서비스 삼각형

1.1. 진실의 순간

서비스 제공자가 고객을 바라보는 관점이 시대에 따라 변하고 있다. 과거에는 서비스 제공자와 고객을 투우사와 황소를 이용하여 대립적인 관계로 비유하였다. 그 결과, 서비스 제공자는 고객을 요구가 까다롭고 변죽이 심한 적대적 관점에서 바라보기도 하였다. 그러나 현재는 고객을 일종의 파트너로서 '파트타임(part-time) 직원' 혹은 '가치의 공동생산자'로서 바라보는 관점을 취한다.

이런 현재의 관점에서 진실의 순간(MOT: Moment of Truth)이라는 용어가 등장하였다. 진실의 순간은 서비스 직원이 고객과 직접 만나는 약 15초의 시간을 의미하는 것으로서 이 짧은 순간에 고객이 인식하는 서비스에 대한 모든 것(서비스 품질, 고객 만족, 고객 충성)이 결정된다는 개념이다. 결과적으로, 이제 투우사와 황소의 대립적인 관계는 서로를 이해하고 고객 획득의 최종 승부를 결정짓는 중요한 시간이 된 것이다.

진실의 순간은 고객의 서비스 경험 흐름에 따라 세분화될 수도 있다. 첫 번째 진실의 순간으로 서비스 경험 이전에 고객이 어떤 제품/서비스를 고민하고 탐구하는 ZMOT(Zero MOT)가 있고 이후, 고객이 서비스 시설에서 제품/서비스를 바라보는 FMOT(First MOT), 고객이 제품/서비스를 구매하는 SMOT(Second MOT), 고객이 제품/서비스에 대한 피드백을 제공하는 TMOT(Third MOT)로 세분화된다.

이러한 진실의 순간에 영향을 미치는 요인으로는 크게 세 가지가 있다. 하드 요인(hard factors)은 주로 물리적 증거와 관련되는 교통편, 주차시설, 건물의 청결도, 시설 및 관련 상품, 제품구색 및 진열 등이 해당된다. 또한 소프트 요인(soft factors)은 주로 절차 프로세스에 관련되는 내부 서비스 시스템의 절차, 서비스 전달 절차, 업무 처리 등이 해당된다. 마지막으로 사람과 관련되는 인적 요인(people factors)으로서 고객이 느끼는 직원의 고객 지향 수준, 친절, 용모, 태도, 의사소통, 신뢰성, 이미지 등이 포함된다. 따라서 서비스 조직은 자신의 성공을 위해 이 세 가지 요인에 대한 관리를 철저히 하여 진실의 순간에 대한 종합적인 관리를 강화할 필요가 있다.

한편, 진실의 순간 관점에서 고객 접점을 개선하는 도구로서 간단한 그림을 이용하는 방법이 있다. 즉, 고객의 관점에서 고객이 서비스에 들어온 후(IN)부터 나갈 때까지(OUT)의 과정에 기초하여 개략적인 고객 행동 혹은 활동이 어떻게 펼쳐지는지를 도시하는 방식이다. 예를 들어, 음식점의 경우에 고객은 서비스에 들어오기 위해 〈그림 8-1〉과 같이 예약, 주차, 좌석안내, 음료 제공, 메뉴전달, 주문, 서빙, 추가 주문, 추가 서빙, 계산, 사후 서비스 등의 주요 활동을 한다. 이러한 활동들은 각 접점에 따라 서비스 조직의 관심과 고객의 요구로 분리하여 정의함으로써 진실의 순간에 영향을 미치는 두 주체의 차이점이 무엇인지를 파악할 수 있다. 이후, 앞서 설명한 MOT에 영향을 미치는 세 가지 영향요인별로 서비스 현황과 문제점을 파악하여 정리·분석하고 현장 직원이 실행할 수 있는 표준 서비스를 작성하여 학습·훈련할 필요가 있다. 이러한 모든 관리는 서비스를 고객 중심으로 개선하기 위한 절차이다.

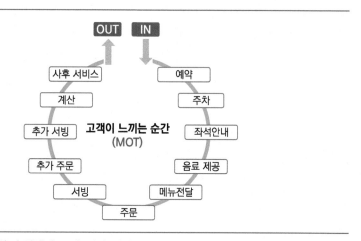

그림 8-1 진실의 순간에서 고객 접점 관리

1.2. 서비스 삼각형(Service triad)

1.2.1. 개념

　진실의 순간은 고객과 서비스 직원의 관점에서 고객 접점을 고려하지만 이를 조직까지 확장한 관점은 '서비스 삼각형'으로 표현된다. Albrecht & Zemke (1985)가 제시한 서비스 삼각형은 〈그림 8-2〉와 같이 '조직', '현장 직원', '고객' 사이의 관계를 배열한 것이다. 이 서비스 삼각형은 세 주체들 간의 관계를 설명하면서 동시에 잠재적 갈등의 원천도 제안한다.

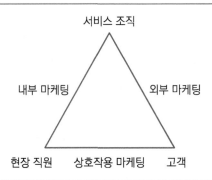

그림 8-2 서비스 삼각형

　서비스 조직은 조직 외부의 고객에 대한 관리를 철저히 해야 한다. 이는 외부 마케팅(external marketing)에 해당되며, 서비스 조직의 입장에서 자신의 효율성과 고객 만족 향상이라는 상충되는 목표를 동시에 달성하도록 노력해야 한다. 또한 서비스 조직은 내부 마케팅(internal marketing: 내부 직원의 동기부여를 통한 직원 만족에 초점을 두는 활동) 관점에서 조직 내부의 현장 직원에 대한 관리를 수행해야 한다. 이러한 관리도 서비스 조직의 효율성 향상과 현장 직원의 자율성(권한과 동기부여) 제고라는 두 목표를 동시에 달성하는 노력이 필요한 것이다. 마지막으로 현장 직원과 고객은 상호작용 마케팅에 초점을 두면서 진실의 순간에 영향을 미쳐 서비스 전달이 효과적으로 이루어지도록 만드는 결정적 관계를 창출하는 당사자이다.

이 서비스 삼각형에서 각 주체 간의 상충되는 갈등이 분명히 존재하기 때문에 이러한 부분을 최소화하면서 성공적인 서비스를 창출하기 위해 서비스 조직은 문화, 분위기, 권한부여, 통제 시스템, 성과평가 등의 관리에 집중할 필요가 있고 현장 인력에 대해서는 선발, 훈련 및 교육, 소통, 윤리적 분위기에 대한 관리에 노력을 경주해야 한다. 마지막으로, 서비스 조직의 성공을 위해서는 고객의 기대, 태도, 공동생산 등을 포함하는 고객 특성에 대한 철저한 이해를 필요로 한다.

1.2.2. 유형

서비스 삼각형은 세 주체 간의 관계 강도에 기초하여 〈그림 8-3〉과 같이 몇 가지 유형으로 분류할 수 있다(Gutek et al., 2002). 이 분류의 특징은 세 주체 간에 '강한' 혹은 '약한' 양자 관계의 결합을 보여주고 설명하는 데 있다.

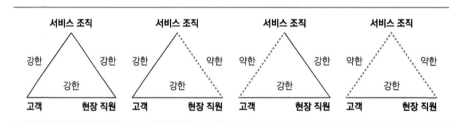

그림 8-3 관계의 강도에 기초한 서비스 삼각형의 유형

〈그림 8-3〉의 분류는 현장 직원과 고객 사이의 강한 연대에 기초한 장기 서비스 관계 중에서 두 주체가 서비스 조직과 어떤 관계 강도를 갖는지에 따라 네 가지 다른 시나리오로 규정된다. 이 시나리오는 특히 서비스 전달 시스템과 충성 프로그램을 일치시키기 위해 사용될 필요가 있다. 첫 번째 유형은 현장 직원과 고객이 강한 관계를 형성하고 있어 매우 바람직한 서비스 접점 체계를 유지하고 있고 내부 직원뿐만 아니라 그 관계가 외부 고객의 만족과 충성으로 이어질 가능성도 높다. 반면에 마지막 유형은 서비스 조직이 현장 직원뿐만 아

니라 고객과도 약한 관계를 유지하고 있어 조직 내부 직원의 만족과 충성뿐만 아니라 외부 고객의 만족과 충성으로도 이어지기 힘든 상황이다. 그에 비해 두 번째와 세 번째 유형은 서비스 조직이 각각 현장 직원 및 고객과 약한 관계를 유지하고 있다. 그 결과, 두 번째는 서비스 조직이 현장 직원과 약한 관계를 유지하고 있어 내부 직원 만족과 충성으로 이어지지 않고 세 번째 유형은 외부 고객과 약한 관계를 유지하고 있어 외부 만족과 충성으로 이어지지 않게 된다.

또한 사회심리학의 균형 이론에 기초하여 서비스 삼각형에서 다른 유형구 분도 가능하다. Carson et al.(1997)은 서비스 품질 문제의 배경 이유를 규명하 기 위해 사회심리학자 Heider(1958)의 균형 이론(balance theory)을 적용하였다. 균형 이론에 따르면 두 당사자 사이의 관계는 태도와 감정에 의해 그 방향이 결정된다. 균형을 이룬 양자 관계에서 두 주체는 서로를 좋아하거나 싫어한다. 그러나 주체들의 태도가 비대칭적(즉, 한 명은 다른 사람을 좋아하나 그 반대는 아닌 경우)이라면 불균형적 양자관계가 된다. 서비스 삼각형에도 이러한 논리를 적용 할 수 있다. 그 결과, 세 주체들의 배치에 이 이론을 적용하여 균형된 상황은 긍정적 관계의 홀수의 결과가 된다. 예를 들어, 만약 모든 세 주체들이 서로에 게 긍정적으로 생각한다면 나의 '친구'의 '친구'는 '친구'이다. 혹은 세 당사자들 중 둘이 부정적 감정으로 특징된다면 나의 '적'의 '적'은 나의 '친구'이거나 나 의 '친구'의 '적'은 나의 '적'이라는 결과를 도출할 수 있다. 반면에, 긍정적 양 자관계의 짝수는 내부적 긴장으로 특징되는 불균형된 삼각형으로 결과된다. 여 기서 나의 '친구'의 '친구'는 나의 '적' 혹은 나의 '적'의 '친구'는 나의 '친구'라 는 결과는 비논리적으로 보일지라도 그들은 사회적 관계에서 생각할 수 있는 경우이다. 가령, 어떤 고객이 어떤 서비스 조직에 긍정적 태도를 가질 수 있고 그 조직과 현장 직원들 사이의 관계도 뛰어날 수 있다. 하지만 그 삼각형은 부 정적으로 가득 찬 고객−현장 직원의 상호작용에 의해 위험에 빠질 수 있다.

결과적으로, 이 세 주체들 사이에 서비스 삼각형을 위한 〈표 8−1〉의 여덟 가지 시나리오가 도출될 수 있다. 이들 중 네 가지는 균형이고 다른 네 가지는 불안정한 불균형 관계이다. 여기서, 장기적으로 불안정한 배열은 서비스 품질 평 가와 서비스 관계(예를 들어, 고객 만족과 충성)에 부정적으로 영향을 미칠 수 있다.

표 8-1 여덟 가지 시나리오 배열에 기초한 서비스 삼각형 유형

고객-현장 직원	고객-서비스 조직	서비스 조직-현장 직원	관계의 특징
+	+	+	균형(세 개의 긍정적 양자관계)
+	+	−	불균형(두 개의 긍정적 양자관계)
+	−	+	불균형(두 개의 긍정적 양자관계)
+	−	−	균형(한 개의 긍정적 양자관계)
−	+	+	불균형(두 개의 긍정적 양자관계)
−	+	−	균형(한 개의 긍정적 양자관계)
−	−	+	균형(한 개의 긍정적 양자관계)
−	−	−	불균형(긍정적 양자관계 없음)

2 서비스 조직

　　서비스 조직은 서비스 접점을 위한 뛰어난 유·무형적 환경을 구축하는 역할을 해야 한다. 고객과 접촉 인력(현장 직원) 사이의 상호작용은 서비스가 제공되는 물리적 주변 상황뿐만 아니라 조직 문화 상황 내에서도 발생한다.

　　서비스 조직의 수월성을 창출하는 데 적용될 수 있는 두 개의 접근법이 존재한다(Bowen & Lawler, 1992). 첫째, '생산라인 접근법(production-line approach)'은 제조 산업에서 흔히 적용되던 업무 디자인 원칙에서 도출된 표준화와 절차에 초점을 둔 운영 방식이다. 중요한 특징으로는 업무 단순화, 명확한 분업, 직원을 설비와 시스템으로 대체, 직원에게 작은 의사결정 재량부여 등이 있다. 이에 비해, '권한부여 접근법(empowerment approach)'은 고객의 관심, 조직의 관심, 자신의 관심이 비슷하다는 것을 직원에게 설득함으로써 그들이 최선의 노력을 다하도록 유도하는 것을 지향한다. 중요한 특징으로는 전문화가 아니라 통합적 업무 방법, 권한 집중화가 아니라 분산, 제품 품질에 의한 직원 평가가 아니라 서비스 품질에 의한 평가, 강한 팀워크, 유연한 계획과 통제 시스템, 높은 업무 변동성, 직원의 다숙련성 등이 있다. 이것은 서비스 조직이 현장 직원들과 다음의 네 가지 요소들을 공유함으로써 달성된다. 그것은 조직 성과에 대한 정보, 조직 성과에 기초한 보상, 직원이 조직의 성과를 이해하고 공헌하는

것을 가능하게 하는 지식, 조직의 방향과 성과에 영향을 미치는 의사결정을 하는 권한부여이다.

　하지만 어떤 접근법을 취하든지 간에 서비스 조직은 서비스 수월성을 제공하고 경쟁우위를 달성하기 위해 강한 서비스 문화, 서비스 분위기, 지원적인 리더십 구조를 구축해야 한다.

2.1. 서비스 문화

　서비스 수월성을 고객에게 전달하려는 조직은 기업 전략과 직원의 일치된 배열을 얻기 위해 경영층이 지속적으로 개발하고 강화시킨 강력한 '고객 서비스 문화'를 구축할 필요가 있다. 서비스 문화는 조직 전체를 지배하는 고객 서비스에 대한 기본 전제와 가치를 반영한다. 조직 내 공유된 인식, 올바르거나 잘못된 것에 대한 공유된 가치, 수행하거나 수행하지 않는 것에 대한 공유된 이해, 왜 이 신념들이 중요한지에 대한 공유된 믿음과 전제, 다른 사람과 함께 일하는 스타일 등이 그 예이다. 일반적으로, 우월한 서비스 조직에서 발견할 수 있는 핵심 가치는 수월성, 혁신, 즐거움, 팀워크, 상호 존경, 진실성, 사회적 이익을 포함한다.

　강한 서비스 문화의 본질은 서비스 수월성과 뛰어난 고객 가치를 전달하는 것이 중요하다는 직원의 신념에 있다. 이와 함께 이 두 가지를 전달하는 동안 효과적 리더십이 직원의 열정을 끌어내야 한다. 따라서 서비스 직원에게 영감을 불러일으키고, 활성화시키고, 전달하는 가치를 갖는 서비스 문화를 창출하는 것은 이 리더십의 책임이다.

　뛰어난 서비스 문화의 사례로서 스타벅스(Starbucks)의 문화가 자주 등장한다. 첫째, 일과 가정 사이에 제3의 공간을 창출하여 여기서 사람들은 커피를 마시면서 만나고 커뮤니티를 창출할 것이다. 둘째, 뛰어난 업무 환경을 제공하고 개별 고객을 존경과 위엄으로 대우한다. 셋째, 절대 커피 품질을 타협하지 않는다. 넷째, 기업이 성장하면서 커피의 원산지를 포함한 여러 커뮤니티와 환경에 성과를 되돌려주는 사회적 책임을 완수한다. 이러한 서비스 문화는 조직의 정체성을 보여주기도 하는데 월트 디즈니(Walt Disney)에서는 현장 직원에게 적절한 심리상태를 주입하기 위해 그들을 출연진(cast member)과 같은 쇼 비즈니스업계의 용어로 부르면서 기업의 가치를 함께 소통하고 있다.

2.2. 서비스 분위기

문화가 전체적이고 가치에 초점을 두는 반면에 서비스 분위기는 직원이 명확하게 느끼고 볼 수 있는 조직 문화의 한 부분이다. 일반적으로 분위기가 구체적인 것(예, 서비스, 혁신, 안전)과 관련되기 때문에 직원과 조직에 따라 여러 분위기들이 조직 내에 공존한다. 서비스를 위한 분위기는 명백한 목표와 그 목표의 강한 추진을 포함하고 고객에게 우월한 가치와 서비스 품질을 전달하는 것을 지원한다. 구체적으로, 서비스 분위기는 특정 상황에서 지원되고 보상되는 프랙티스, 절차, 행동 유형에 대한 직원들의 공유된 인식을 나타내고 일반적 속성으로서 고객 지향, 관리적 지원, 업무 촉진의 세 가지 주요 요인으로 이루어진다.

서비스 조직 내 직원들이 중요한 것으로 인식하는 것은 조직과 리더들이 행동하는 것과 일치해야 한다. 따라서 직원들은 운영, 인적 자원, 마케팅, 정보기술과 같은 핵심 부서들의 정책, 프랙티스, 절차들과 그들의 일상적인 경험을 통해 학습한 중요성에 관한 이해를 결부시킨다. 결과적으로, 서비스를 위한 강한 분위기를 구축함으로써 모든 하위 부서들(예, 운영, 인적 자원, 마케팅, 정보기술)을 서비스 문화와 전략에 올바르게 일치시키는 것이 중요하다. 그 결과, 서비스 분위기는 서비스 혁신, 고객 충성, 재무 성과와 최종적으로 연결된다.

2.3. 서비스 리더십

서비스 리더십은 서비스를 위한 지원적 문화와 분위기를 창출하는 책임을 진다. 기업을 위대하게 만드는 리더는 강렬한 전문적 의지뿐만 아니라 개인적 겸손, 스스로의 잘못에 책임을 지면서도 다른 사람들을 믿는 의지를 필요로 한다. 여기에, 서비스 지향적 리더십은 서비스 분위기에 강한 영향을 미치고, 고품질 서비스 성과를 인정하고, 높은 서비스 표준을 설정한다. 마지막으로, 경영층이 말한 것을 실천하는 것도 매우 중요하다. 예를 들어, 호텔 매니저의 '행태적 진실성'이 직원의 신뢰, 헌신, 한층 더 노력하려는 의지에 매우 밀접하게 관련되고 호텔의 수익창출에 가장 큰 요인이 된다고 한다. 최고의 서비스 품질을 위해 직원의 근무시간 준수 후 철저한 휴식을 수시로 강조한 매니저가 실제로는 야간근무를 암묵적으로 종용한다면 그 매니저의 행태적 진실성은 떨어지고 리더십은 존재하지 않게 된다. 월마트(Walmart)의 창립자인 샘 월튼(Sam Walton)은 하인 리더십(servant leadership)을 통해 경영자의 역할을 강조하였다. "뛰어난 리더는 직원의 자존심을 복돋아주기 위해 특별한 노력을 한다. 만약 사람이 자신을 믿는다면 우리는 그 사람이 달성할 수 있는 것을 보고 놀랄 것이다"라고 하였다. 또한 미국 정치인인 존 아담스(John Adams)는 "만약 당신의 행동이 타인이 더 많은 꿈을 꾸고, 더 많이 학습하고, 더 많이 행동하도록 영감을 불러일으킨다면 당신은 리더"라고 했다.

2.4. 일선(현장)에 초점

뛰어난 서비스 성과를 위해서는 조직이 현장에 초점을 두어야 하고 수익이 고객과의 상호작용에서 발생한다는 것을 진실로 인식해야 한다. 또한 경영층은 현장에서 발생하는 것이 그들에게 매우 중요하다는 것을 그들의 행동으로 보여주어야 한다.

서비스에서 주목할 만한 리더십 중의 하나는 조직에 알리지 않은 채 리더가 다양한 현장에 정기적으로 방문하는 현장경영(management-by-walking-around)이다. 이 방법은 전방과 후방부서의 운영에 대한 통찰을 리더에게 제공하고, 직원과 고객을 관찰하면서 접촉하는 기회를 제공하고, 기업 전략이 고객과의 상호작용에서 어떻게 실행되는지를 알려줄 수 있다. 예를 들어, 디즈니 월드(Disney World)의 경영층은 현장 업무에 대해 더 잘 공감하고 이해하기 위해 매년 2주 동안 거리 청소하기, 아이스크림 판매, 놀이기구 탑승 직원으로 일하면서 현장 스태프 업무에 종사한다. 스타벅스(Starbucks)도 매년 말에 대졸 신입사원을 매장관리직으로 채용하여 입문교육 이수 후 매장에서 근무하며, 1년 동안 현장 교육 및 업무 수행에 대한 최종평가를 거쳐 부점장으로 발령받는다.

2.5. 조직의 권한부여

현장 직원이 스스로 일하고, 고객과 주도적으로 대면 접촉하며, 감독자가 직원의 이 모든 것을 모니터하는 것이 어렵기 때문에 직원은 자기주도적이 될 필요가 있다. 이러한 관점에서 직원에 대한 권한부여(empowerment)가 필요해진다. 그러나 권한부여는 단순히 권한을 위임한다고 해서 가능한 것은 아니고 오히려 직원이 보유하고 있는 본원적인 능력을 무조건 신뢰함으로써 가능해진다.

2.5.1. 권한부여의 몇 가지 교훈

(1) 기계만큼 혹은 그 이상으로 사람에게 투자하라.
(2) 현장 인력을 모니터하거나 대체하기보다 지원하기 위해 기술을 사용하라.
(3) 현장 인력의 채용과 훈련을 기업의 성공에 결정적인 것으로 고려하라.
(4) 모든 수준에서 직원의 성과와 보상을 연결하라.

2.5.2. 권한부여 수준

다음의 경우에 조직의 권한부여 수준이 높을수록 바람직하다.

(1) 서비스가 개인화되고 고객화될 때
(2) 조직이 경쟁사 대비 서비스를 차별화하고자 할 때
(3) 고객과 관계의 폭을 확장하고자 할 때
(4) 복잡하고 특이한 기술이 사용될 때
(5) 예외적인 서비스 실패가 발생하는 경향이 있을 때

그러나 서비스의 이질성이 낮을 때(즉, 표준화가 강할 때) 과도한 직원 권한부여는 오히려 역효과를 낳고 더 낮은 생산성을 초래할 수도 있다. 예를 들어, 맥도날드와 건강검진에서 과도한 직원 권한부여는 생산성 향상을 축소시키고 서비스의 신뢰성 문제를 일으킬 수 있다.

2.6. 서비스 전달 팀

서비스 전달 팀은 자율적인 교차기능 팀(cross-functional team)으로 구성하는 것이 필요하다. 효과적 팀과 팀 리더들은 팀 멤버 사이의 커뮤니케이션을 지원하고, 지식을 공유하고, 팀 내에서뿐만 아니라 여러 팀 간 활동의 일치를 추진해야 한다. 이러한 팀워크를 위해 필요한 스킬로는 다음이 있다.

(1) 다른 사람의 의견을 청취하기
(2) 서로 협력하기
(3) 서로를 코치하고 격려하기
(4) 서로의 차이를 이야기하고 말하고 어려운 진실을 서로와 상의하기
(5) 까다로운 질문을 잘하는 방법을 이해하기

3 서비스 직원

3.1. 직원의 중요성과 역할 및 자격

3.1.1. 직원의 중요성

현장 직원의 역량과 품질은 서비스 조직의 시장성공과 재무성과를 결정하는 데 중요한 역할을 한다. 그 이유로 대부분의 서비스 조직은 채용, 선발, 훈련, 동기부여, 직원 보유를 포함한 인적 자원의 효과적 관리를 위해 헌신하고 있다. 점점 더 경쟁이 심화되는 서비스 경제에서 성공하기 위해서는 서비스 조직이 자신만의 특화된 경쟁우위를 추구해야 하고, 이것은 서비스 수월성을 제공하는 핵심 요소인 현장 직원의 관리와 직결된다. 실제로, 강한 리더십과 유용한 인적 자원 정책들은 지속가능한 경쟁우위로 이어질 수 있다. 고성과를 내는 인적 자원은 경쟁자들이 다른 자원보다 모방하는 것이 훨씬 어렵기 때문이다.

구체적으로, 서비스 직원은 다음의 이유로 조직의 경쟁력에 중요하다. 첫째, 서비스 직원은 고객에게 다가가는 매우 가시적인 서비스 요소이고 서비스 제공품의 일부분을 차지한다. 둘째, 서비스 직원은 고객의 관점에서 볼 때 서비스 조직을 대표하고, 고객의 서비스 경험을 의미 있게 형성하고, 고객 가치와 브랜드 잠재성을 결정한다. 셋째, 현장 직원은 고객 니즈와 원츠에 대해 잘 이해하기 때문에 서비스 전달을 변화시킬 수 있고, 고객과 개인화된 관계를 구축하고, 고객 충성을 높이는 데 핵심 역할을 한다. 넷째, 서비스 직원의 일상적 서비스 업무에서 매출이 발생되기 때문에 기업의 수익에 영향을 미친다. 다섯째, 서비스 직원은 실제 서비스 운영의 주체이기 때문에 생산성에도 영향을 미친다.

3.1.2. 직원의 역할 및 갈등

조직행동(OB: Organizational Behavior) 분야는 현장 서비스 직원을 '경계 확장자(boundary spanners)'로도 부른다. 서비스 직원은 외부의 고객과 접점에 있기 때문에 조직의 경계에서 서비스를 운영하고, 내부와 외부의 이해관계자들에게 책임이 있으면서, 조직의 내부를 외부 세계에 연결하는 교량 역할을 한다. 또한 현장 직원은 외부적으로 조직을 대표하고, 서비스 전달을 수행하면서 동시에 내부적으로는 고객을 대표하고, 고객의 요구사항과 니즈를 소통한다.

그러나 이러한 조직 내 위치로 인해 경계 확장자들은 그들의 성과와 복지에 대해 부정적 영향을 갖는 모순적 역할이 자주 지적된다. 서비스 직무에서 발생하는 이 역할 다양성은 직원이 역할 갈등과 역할 스트레스를 경험하도록 만든다. 이러한 역할 갈등과 역할 스트레스는 세 가지 주요 원천을 갖는다. 즉, 조직 대 고객, 직원 대 역할, 고객 간 갈등이다.

조직 대 고객 원천은 고객과 충돌하는 조직의 목표에 참여해야 하는 현장 직원들에게 발생한다. 예를 들어, 마케팅(예, 고객 만족, 매출, 교차판매(cross sales: 관련 상품의 추가 구매를 직원이 유도하는 것으로서 햄버거 구매 시 감자튀김을 추천하는 것이 한 사례), 업셀링(upselling: 더 비싸거나 업그레이드된 제품을 고객에게 판매하는 것으로서 햄버거 구매 시 더 큰 사이즈와 고급제품 추천))과 운영적 목표(예, 생산성과 효율성)의 갈등이 그 예이다. 또한 호텔과 미용실 등에서 직원은 고객 만족과 직접 충돌할 수 있는 최고 요금제를 강제하는 책임을 부여받을 수 있다. 역할 갈등은 충돌하는 목표들의 통합이 현장에 주로 내몰려지기 때문에 고객 지향에 초점을 두지 않는 조직에서 특히 심하고 자주 발생한다.

직원 대 역할 원천은 서비스 직원이 그들의 직무가 해야 할 일과 자신의 개성, 자기인식, 신념 사이에 갈등을 인식할 때 초래된다. 예를 들어, 직원은 '미소를 지닌 서비스' 전제의 한 부분으로 강요되어 무례한 고객들에게도 미소를 짓고 친근하게 응대하도록 요구받는다. 그러나 현장 직원은 오만과 무례, 지나친 요구, 비합리적이라는 부정적 특성들로 표현되는 고객들을 자주 접하게 되고 심지어 직원 자신들도 고객을 그와 같이 표현하기도 한다. 나아가, 높은 품질의 서비스를 제공하기 위해서는 서비스하는 직원이 독립적이고, 온화하고, 우호적인 인성을 갖도록 조직이 요구하고, 그러한 개성은 더 높은 자부심을 갖는 직원에게서 더 많이 발견될 것이다. 그러나 많은 서비스 직무는 낮게 평가되고 낮은 교육수준, 낮은 임금, 성장 기회의 제한과 관련되는 것으로 여겨지고 있는 것이 사실이다. 최근, 보건, 경찰, 청소, 복지 등 행정 서비스 기관의 일선 직원에 대한 민원인의 욕설, 폭행, 협박 등은 사람 대 역할 갈등을 초래하는 전형적인 사례 중 하나이다.

고객 간 원천은 고객 간 충돌 시 이들을 중재해야 하는 서비스 직원들의 역할로 인해서 초래된다. 예를 들어, 항공여행 중 고객 간 주취로 인한 싸움, 교육기관에서 학생 간 실수로 인한 말다툼, 무도회장에서 어깨 부딪힘, 식당의 좁은 의자간격, 스포츠 경기에서 벌어지는 응원 팀 간 집단 난동 등으로 발생하는 낮은 자기통제라는 성격 특성에 의해 고객 사이에 충돌이 자주 발생하고 있다. 하지만 이러한 갈등 상황을 다루는 것은 서비스 직원에게 스트레스이자 큰 두려움을 초래할 수 있다.

서비스 직원은 세 가지 주요 역할을 수행한다고 볼 수 있다. 즉, 고객을 만족시키고, 생산성을 달성하고, 매출을 일으켜야 한다. 하지만 이것은 빈번하게 역할 갈등과 스트레스로 결과되고 이 충돌하는 목표들은 직원의 탈진, 직무 불만족, 결근, 이직의 주요 원인이 된다.

3.1.3. 직원의 자격

서비스 직원에게 필요한 스킬은 하드스킬(hard skills)과 소프트스킬(soft skills) 이 있다. 하드 스킬은 공식적인 교육과 훈련 프로그램을 통해 가르쳐질 수 있고 정량화가 쉬운 스킬로서 학위, 외국어 능력, 컴퓨터 프로그래밍, 작문, 수학, 법률 등의 지식을 의미하고 소프트 스킬은 주로 대인 간 스킬로서 창의성, 의사소통, 청취스킬, 자기통제, 긍정적 태도, 자기주장, 갈등해결, 공감, 객관화, 책임 수행, 유머감각, 유연성, 리더십, 팀워크, 시간관리 등의 대고객 서비스 업무와 관련된다.

직원의 자격과 관련된 흥미로운 조사로서 우리나라의 경우에 직장에서 퇴사시키고 싶은 직원으로는 팀 분위기를 저해하는 직원, 회사에 대해 불만이 많은 직원, 잦은 지각/결근 등 근태불량 직원, 시키는 일만 적당히 하는 직원, 소문과 뒷담화를 즐기는 직원, 성과를 내기보다 사내 정치를 하는 직원 등이 뽑혔다. 이러한 불량 직원의 유형으로 이름만 들어도 쉽게 이해할 수 있는 항상 불만형, 임시체류형, 유아독존형, 마찰회피형, 좌충우돌형, 무임승차형, 홈런타자형 등이 제시되고 있기도 하다.

이렇듯 서비스 직원에게 필요한 스킬도 중요하고 그들의 팀 내 활동과 성과를 높이기 위한 다양한 훈련 및 교육도 필요하다.

3.2. 채용

'사람들은 가장 중요한 자산이다'는 잘못된 격언이고 '올바른 사람이 당신의 가장 중요한 자산이다'가 적절하다. 오히려 잘못된 사람은 제거하기 어려운 부채(liability)가 되기 때문이다. 인적 자원을 올바르게 얻는 것은 분명히 올바른 사람을 채용하는 것에서 시작한다.

3.2.1. 후보 풀

올바른 채용을 위해서는 우선 후보 풀(pool)을 고민해야 한다. 잠재적 후보자들은 자신의 가치와 믿음에 기초하여 일하기 좋고 그에 적합한 이미지를 갖는 서비스 조직을 선호한다. 특히, 직장을 구하는 사람들은 업무 분위기, 임금 수준, 편익, 심지어 인터뷰 질문들을 사전에 알기 위해 현재 및 이전의 직원들에게 접근하여 정보를 얻기도 한다.

서비스 조직이 시장에서 효과적으로 원하는 인력을 확보하기 위해서는 잠재적 직원에게 다음의 매력적인 가치를 제시할 수 있어야 한다.

(1) 직원이 그 조직의 일부분이 되는 것을 명예롭게 느끼도록 함께 만들어야 한다.
(2) 직원이라는 것이 긍정적 이미지를 갖도록 해야 한다.
(3) 높은 품질의 제품과 서비스를 전달하는 것으로 보여지도록 해야 한다.
(4) 좋은 기업시민(corporate citizenship: 기업에 시민이라는 인격을 부여한 개념으로 현대 사회 시민처럼 사회발전을 위해 공존·공생의 역할과 책임을 다하는 주체를 의미)으로 보여지도록 해야 한다.
(5) 적절한 기업의 사회적 책임에 헌신해야 한다.
(6) 업계에서 최고의 인재라는 명성을 갖도록 해야 한다.

이를 위해서는 직원에 대해 합리적인 보상이 필요하다. 제공된 보상 패키지가 업계의 평균 이하이면 직원이 생각하는 공정성(justice)에 위배된다. 일반적으로 최고로 우수한 인재를 유인하기 위해서는 물론 최고의 대우가 가능하면 좋겠지만 시장의 60번째에서 80번째 분위수의 범위에서 임금을 제공할 필요가 있다고 한다. 오히려, 유망하지 못한 서비스 조직들은 하드스킬만을 보유한 인재를 우수하다고 판단하고 그들을 돈으로 유치하기 위해 더 높은 임금을 지불한다고 한다.

3.2.2. 선발

(1) 선발(Selection) 기준

에너지, 열정, 매력, 도덕성과 같은 부분에서 직원의 수월성은 그들에게 내재된 것이기 때문에 훈련을 통해 가르치기 힘들어 적절한 채용이 중요하다.

'올바른 사람은 어떤 통제와 인센티브 시스템과 무관하게 그들의 특성과 태도의 자연적 연장으로서 바람직한 행태를 보이는 사람들이다'라는 격언처럼 어떤 개인의 특질(trait)을 파악하는 것이 필요하다. 전형적으로 높은 수준의 외향성, 성실성, 쾌활성, 그리고 낮은 신경질을 보이는 사람을 채용하는 것이 필요하다. 게다가 서비스 조직은 직원이 미소로 서비스하는 능력과 감정노동을 경험할 때 스트레스를 덜 받도록 개인적 통제력이 높은 사람들을 채용할 필요가 있다. 그러나 완벽한 직원은 없다.

또한 직원 선발 시 직원과 서비스 조직의 적합성이 높게 일치되고 보장되도록 선발할 필요가 있다. 현장 직원이 조직의 이미지와 동일하고 고객이 직원의 행태를 진실한 것으로서 인식하도록 서비스를 전달해야 하기 때문이다. 즉, 채용과 선택 프로세스는 직원, 서비스 조직, 서비스 전략 사이의 올바른 적합도를 높이도록 명시적으로 설계해야 한다.

마지막으로 직원의 '인성 모델'을 강조하여 선발해야 한다. 이 의미는 현장 직원이 조직의 이미지와 동일하고 고객이 직원 행태를 진실한 것으로 인식하는 방식으로 서비스를 전달하려고 하는 마음속 계획을 평가하여 선발하라는 의미와 동일하다. 그러나 지금까지 지적한 적합도, 사람의 서비스 지향성, 인성을 정확히 측정하는 신뢰할 만한 테스트는 존재하지 않는다는 점을 또한 이해해야 한다.

(2) 적합한 후보 규명 도구

최적이라기보다는 적합한 후보 규명을 위해 많이 사용된 방법들은 인터뷰, 인성 검증, 사전 직무수행 관찰 등이 있다.

① 면접/인터뷰

채용의 신뢰성과 타당성을 향상시키기 위해 면접자는 한 사람 이상을 활용하고 사전에 준비된 구조화된 인터뷰를 실시한다. 한 명 이상의 면접자를 사용하는 것은 면접자들이 자신들의 평가가 더 조심스럽게 이루어지도록 만들고 나와 유사한 후보자에게 높은 점수를 부여하는 편의(bias)를 줄이도록 한다. 이러한 인터뷰/면접은 다음의 방식으로 이루어진다.

◆ 추상적 질문(abstract question)

이 인터뷰에서 질문은 개방형(open-ended)으로 이루어지며, 면접자들에 의해 추상적인 질문이 던져지고 피면접자가 이에 답하는 방식이다. 예를 들어, 어떤 유형의 고객이 다루기 가장 어려웠고 그 이유는 무엇인가? 고객의 주요 불평 혹은 부정적 특징은 무엇이었는가? 그 고객을 어떻게 다루었는가? 그리고 그 유형의 고객을 다루는 이상적 방법은 무엇인가? 등이 있다.

◆ 상황 장면(situational vignette)

피면접자는 사전에 설계된 특정 상황(가상의 시나리오)에 관한 질문에 답해야 한다. 예를 들어, 다음의 시나리오를 고려해 보자.

"어떤 식당에서 어떤 고객이 주문한 음식을 일부 먹은 후 맛이 없어 돈을 못 내겠다고 한다. 이에 현장 직원이 음식이 맛이 없으면 어떻게 맛이 없는지 설명해 달라고 하고 다시 음식을 조절해서 내오겠다고 정중히 답을 했다. 그러나 이 고객은 다짜고짜 욕설을 퍼부으며 '내가 음식의 맛이 없으면 없는 거지 그걸 어떻게 말로 다 설명해 줘야 하느냐?'고 소리를 지른 후 싸울 것처럼 자세를 취하였다. 식당이 소란스러워지는 것을 두려워한 직원은 그냥 죄송하다고 말하며 돈을 받지 않겠다고 하고 그냥 보내려고 하였다. 하지만 그 고객은 직원이 감히 손님에게 대꾸를 하고 눈을 부라렸다고 무릎 꿇고 사과하라고 다시 소란스럽게 소리를 질렀다." 이 경우에, 당신은 그 손님이 계속 화를 낸다면 어떻게 대응할 것인가? 무릎을 꿇으라는 요구에 당신은 어떻게 대응할 것인가? 손님의 싸우려는 자세에 당신은 싸울 준비가 되어 있는가? 그 손님이 처음이 아니라 벌써 두 번째 그러한 일을 벌이고 있다면 어떻게 대응할 것인가? 등의 질문을 할 수 있다.

◆ 역할 놀이(role play)

피면접자들이 모의상황에 참여하고 그 서비스 환경이 실제라고 가정하고서 피면접자들이 어떻게 대응하는지를 파악하는 인터뷰 기법이다. 피면접자의 상황에 따른 즉각적인 대처능력과 행동을 봄으로써 서비스와 관련된 스킬과 대응 방식을 간접적으로 파악하는 기법이다. 예를 들어, 한 피면접자를 호프집의 직원, 다른 피면접자를 진상 손님으로 역할을 부여하고 그들에게 어떤 상황

(예, 주문한 음식이 잘못 나옴, 나중에 주문한 손님의 음식이 먼저 나옴, 주문한 음식이 너무 늦게 나옴)을 제시한 후에 각자의 역할을 수행하도록 요청한다. 그러한 역할놀이를 통해서 피면접자가 어떻게 말하고 행동하는지를 관찰하여 서비스와 관련한 마음가짐과 행동을 파악한다.

② 인성검사

이 방식은 후보자의 개별 특성이 특정 직무 포지션에 요구되는 사항과 적합한지를 테스트하는 방식이다. 피면접자의 개성과 성격 특성에 기초하여 직원을 선택하는 기준으로는 고객을 정중히 다루는 의지, 공손함과 재치, 고객 서비스 니즈 지각력, 고객과 효과적으로 의사소통하는 능력, 유머감각 등이 있다. 보통 인성에 기초한 채용 결정은 특히 적합하지 않은 후보자의 규명이라는 차원에서 정교한 방식으로 알려졌고 어떤 주어진 포지션에서 최고 성과자의 특성을 규명하는 데 점점 더 광범위하게 활용되는 추세이다.

③ 사전 직무수행 관찰

행동은 표준화된 서비스 상황에서 행동 시뮬레이션과 평가 테스트를 사용하여 관찰할 수 있다. 어떤 서비스 조직은 시험삼아 직무를 수행해 보라고 후보자에게 요청함으로써 채용 프로세스 동안 그 직무의 실체를 후보자들이 잘 이해하도록 할 뿐만 아니라 그 직무를 효율적이고 효과적으로 잘 수행하는 역량을 갖추었는지를 파악할 수 있다.

(3) 기타 고려사항

흔히 좋은 채용 결정은 채용자가 직무 인터뷰에서 듣는 유창한 언변보다 피면접자가 하는 행동의 관찰에 토대할 필요가 있다. 이것은 '너무 말을 많이 하는 사람은 거의 행동하지 않는다'라는 격언에서 비롯된 사고이다. 만약 행동이 관찰될 수 없다면 과거 행동과 성과가 미래 성과의 좋은 예측요인라는 점을 이용하기도 한다. 예를 들어, 최우수 서비스 직원상을 받았거나, 많은 칭찬 편지를 받았거나, 과거의 고용주로부터 뛰어난 추천을 받은 지원자를 선발하는 경우가 이에 해당한다.

3.3. 역량 향상(Enabling employee)

올바른 직원을 채용한 후 훈련과 개발, 내부 커뮤니케이션, 권한부여, 팀 구축을 통한 직원의 지속적인 역량 향상이 필요하다. 이러한 역량 향상 프로그램의 목적은 직원 행동과 의사결정이 조직이 추구하는 방향으로 가도록 유도하는 것이다. 하지만 직원이 이 프로그램을 통해 학습한 것을 실제로 적용하지 않는다면 그 투자는 수익을 내지 못할 것이다. 따라서 업무 관리자는 그 학습 목적을 달성하기 위해 정기적으로 후속조치를 하고 주기적으로 훈련 및 교육(예, 불평과 서비스 회복을 다루는 방법)을 진행해야 한다.

훈련과 커뮤니케이션의 목표는 서비스 직원이 자신을 더욱 전문적 인력으로 느끼도록 만들고, 저숙련 직무에 일하는 자신의 이미지와 인상을 극복하도록 돕고, 궁극적으로 고객의 서비스 경험을 향상시키는 것에 있다. 예를 들어, 음식, 양념, 요리, 와인, 식사예절에 대한 지식과 불만족된 고객과 효과적으로 상호작용하는 법을 아는 웨이터들은 프로로서 자신을 느끼고 더 높은 자부심을 갖게 되어 결과적으로 고객으로부터 존경받게 될 것이다. 그렇기 때문에 훈련과 내부 커뮤니케이션은 개인과 역할 스트레스를 줄이고, 현장 직원이 서비스 수월성과 높은 생산성을 전달하는 것을 가능하게 하고, 조직에 활력을 불어넣는 데 효과적일 수 있다.

마지막으로, 좋은 경력개발 프로그램과 결합된 훈련과 개발은 직원이 조직에 의해 소중하게 여겨지고 있다고 느끼게 만들어 그들이 고객의 니즈를 최선을 다해 충족시키도록 동기부여한다. 하지만 이러한 역량 향상 프로그램은 서비스 조직의 재무적, 운영적, 인적 여유에 기초하여 적용된다는 것을 감안해야 한다.

3.3.1. 훈련

직원 훈련을 위해서는 훈련 매뉴얼(manual)과 직원 안내서(handbook)를 사용할 필요가 있다. 식당 서비스의 경우에는 서비스 기본 예절로서 예약 접수, 환영 및 예약 확인, 식사 중 서비스, 계산 프로세스에서 핵심 서비스 포인트로서 시선 및 미소와 같은 표정, 다양한 상황에서 태도와 자세, 인사 요령 등에 대한 응대 내용과 응대 멘트 등을 매뉴얼과 안내서를 이용하여 훈련시켜야 한다.

또한 다양한 상황하에서 발생할 수 있는 고객과 상호작용 스킬을 훈련시킬 필요가 있다. 하지만 이는 '고객에게 예의 바르게 웃음으로 응대하라'는 습관적인 코멘트와 함께 묵살되거나 쉽게 잊혀지는 경향이 있다. 그러나 서비스 조직은 실제로 발생할 수 있는 특이한 상황 혹은 문제들에 대해 사전에 대응하는 스킬을 미리 훈련시켜야 한다. 예를 들어, 비합리적 요구(예, 뷔페에서 남은 음식을 싸가려고 하는 고객), 모욕적 태도(예, 욕을 하거나 신체적 공격을 하는 고객), 부적절한 행동(예, 수영 가운만 걸치고 호텔 로비를 돌아다니는 고객), 언어 소통 문제(예, 외국어 사용 고객), 정책에 반하는 요구사항(예, 비흡연 식당에서 흡연을 하겠다는 고객) 등의 문제 고객에 대응하는 스킬과 이용불가능한 서비스(예, 주문 키오스크 고장), 서비스의 지연(예, 너무 긴 대기줄 발생), 수용불가능한 서비스(예, 음식에 이물질이 있어 정신적 위로금을 요구)와 같은 서비스 실패 발생 시에 대응하는 스킬을 지속적으로 사전에 훈련시켜야 한다.

일반적으로 훈련에 포함되어야 하는 핵심 내용으로는 다음이 있다.

(1) 조직 문화, 목적, 전략

이 훈련은 서비스 기업의 핵심 전략에 대해 직원이 감정적인 헌신과 몰입을 갖도록 하는 데 초점을 두어야 한다. 이를 위해, 서비스 수월성에 대한 헌신, 고객 니즈에 대한 대응성, 팀 정신, 직원 간의 상호 존경/정직/진실과 같은 핵심 가치를 촉진하고 소통해야 하고 직무의 세부사항보다는 왜, 어떻게, 무엇을 가르치는지에 초점을 두기 위해 관리자들을 활용해야 한다.

(2) 대인 간 및 기술적 스킬

이 스킬들은 높은 직무성과를 위해 필수적이다. 대인 간 스킬은 고객의 니즈를 이해하고 주의를 기울이는 청취 능력, 효과적 커뮤니케이션뿐만 아니라 몸짓 언어의 이해, 시선의 위치, 적합한 얼굴 표정과 같은 시각적 커뮤니케이션 스킬도 포함한다. 기술적 스킬은 업무 프로세스(예, 환불 수행 방법), 설비(예, 편의점 POS 기계를 사용하는 방법), 규칙(예, 놀이기구별 키 제한)에 관련된 지식과 서비스 프로세스(예, 최대로 들어줄 수 있는 고객의 특별 요구, 서비스 실패로부터 회복하는 방법)에 관련된 가이드라인을 포함한다.

(3) 고객 대응 기술 훈련

이것은 불평 고객을 개인이 아니라 조직 수준에서 프로답게 취급하는 방법과 조직이 직원의 내면 행위에 관여하여 고객에 대응하도록 직원을 지원하는 방법을 포함한다. 일반적이고 관례적인 고객 대응뿐만 아니라 특이한 고객의 요구사항과 이상 행동에 적절히 대응하는 것도 포함시킬 필요가 있다.

(4) 제품/서비스 지식 훈련

직원은 고객에게 효과적으로 제품과 서비스를 설명할 수 있도록 해야 한다. 예를 들어, 이동통신사업자나 가전 서비스의 서비스 직판점에서 직원은 가입 계획, 부가가치 서비스, 계약 세부사항, 제품 성능 및 특징, 유지와 보수, 지불 옵션을 포함한 많은 서비스 특징에 대한 질문에 답할 수 있어야 하고 이를 위한 훈련이 필요하다.

3.3.2. 내부 커뮤니케이션

내부 마케팅과 커뮤니케이션은 특정 서비스 가치에서 설립된 기업 문화를 유지·배양하고 전체 조직을 위해 강한 서비스 지향을 구축하는 필수적인 역할을 한다. 선도적인 서비스 조직은 내부 마케팅, 훈련, 핵심 원칙을 창출하고 공유, 기업 이벤트와 축하를 포함하여 그들의 서비스 문화를 구축하는 여러 도구들을 사용하고 있다.

3.4. 서비스 전달 팀

3.4.1. 팀 구성원과 리더의 역할

팀워크에 요구된 스킬은 다른 사람의 의견 청취, 협력, 서로를 코치하고 격려, 직원 간 차이를 인정, 어려운 진실을 서로와 공유, 까다로운 질문하기와 같은 것을 포함한다. 물론 이 모든 스킬들은 훈련을 필요로 한다. 게다가 팀이 성공하도록 이를 지원하는 적절한 팀 구조가 구축될 필요가 있다.

한편, 효과적 팀을 이끌기 위해 팀 리더는 팀 구성원 사이의 커뮤니케이션을 지원하고, 그들의 지식을 공유하고, 팀의 일치를 추진해야 한다. 많은 서비스 조직의 팀이 작고 자율관리 단위 형태로 설립되었기 때문에 그 팀은 자신의 활동에 대해 전적으로 책임을 갖고, 기능을 중심으로 조직화된, 고객 서비스 단위에 비해 더 작은 감독을 필요로 한다. 나아가, 이러한 자율관리 팀은 자율적으로 감독자가 설정한 것보다 더 높은 성과목표를 설정하는 경향을 보이기도 한다. 그 이유는 잘 기능하고 있는 팀 내에서 직원 간의 자체 압력은 외부의 강제적 압력보다 더 높은 경향이 있기 때문이다. 긍정적 팀 환경은 더 바람직한 서비스 성과와 높은 매출 성장으로 결과될 것이다.

3.4.2. 팀 구조

직원이 팀 내에서 일을 잘하도록 조직 구조를 형성하는 것이 중요하다. 고객에게 중단 없는 서비스를 제공하기 위해 보통 여러 기능을 담당하는 현장 직원들로 구성된 팀을 운영하는 것이 필요해진다. 추가하여 중요한 몇 가지 팀 구조로 제시할 수 있는 것은 다음과 같다.

(1) 팀이 달성해야 하는 목표 규정
(2) 요구된 스킬에 기초하여 주의 깊게 멤버들을 선택
(3) 팀의 모든 활동을 모니터링하고 피드백을 제공
(4) 팀 멤버의 목표 진척도와 달성 수준을 알려주고 공유

⑸ 노력과 성과에 대해 팀원에게 보상

⑹ 전반적인 조직 목표를 달성하기 위해 다른 팀, 부서, 기능들과 활동을 조정하고 통합

⑺ 전반적 팀 성과를 강화하기 위해 서비스 리더십, 서비스 헌신, 서비스 시스템을 포함하는 여러 측면에 대해 서비스 팀과 리더 사이의 동일한 인식을 공유

3.4.3. 부서와 기능 간 교차 통합

서비스 직원은 고객에게 만족을 제공하는 데 매우 중요한 장애물로서 부서 간 지원의 결여를 자주 지적한다. 서비스 조직에서도 언급하였듯이 이 장애물을 없애기 위해 교차기능 팀이 자율관리 팀의 한 유형으로서 이용될 수 있고 여기에 커뮤니케이션과 상호작용을 위한 조정 역할을 강조해야 한다.

부서 사이의 갈등을 줄이고, 잠재적 장애물을 없애고, 협력을 향상시키는 다른 방법들로는 다음이 있다.

⑴ 전체 조직차원의 관점 개발 및 공유

⑵ 부서 간 협력을 배양하기 위해 교차부서 및 교차기능적 프로젝트 구축

⑶ 교차부서 혹은 교차기능적 서비스 전달 팀 창출

⑷ 여러 부서 사이의 특정 목적, 활동, 프로세스를 통합하는 역할을 갖는 직원 임명

⑸ 내부 마케팅(내부 직원의 만족을 위한 대내 마케팅 활동)과 훈련 및 통합 프로그램 사용

⑹ 모든 부서의 중요한 목적들이 통합되도록 이끄는 최고경영층의 헌신

⑺ 부서 간의 더 나은 통합을 얻기 위해 다른 부서로 직원의 직무 순환과 이동

3.5. 동기부여

서비스 성과를 제고하기 위해 동기부여(motivation)와 보상(reward)을 제공하는 것은 고성과 직원들을 지속적으로 보유하도록 만들고 그들의 직무 스트레스를 줄여준다. 동기부여를 위해서는 직무 내용, 인정, 목표달성을 중요한 방법으로 사용할 수 있다.

3.5.1. 성과와 동기부여

직원 성과는 능력과 동기부여의 함수이다. 이를 위해 효과적 채용, 훈련, 권한부여, 팀워크가 능력 있는 사람을 얻는 데 중요한 역할을 하고 적합한 인사고과와 보상 시스템은 그들을 동기부여시키는 핵심이 된다.

3.5.2. 보상

기본급은 서비스 직원에게 일관되고 효과적인 동기요인이라기보다는 단기적인 동기부여를 제공하는 경향이 있다. 그러나 성과에 상응하고 모든 평가 기간에 얻을 수 있는 성과급은 그들의 효과성을 더욱 지속시키는 경향이 있다. 한편, 직원에 대한 동기부여 메커니즘이 다르기 때문에 보상과 인정은 다른 개념으로서 차별적으로 관리되고 받아들여져야 한다. 가장 지속적인 보상으로서 직무 내용 그 자체, 목표달성, 인정과 피드백이 고려되는 것처럼 보상은 단기적이고 인정은 장기적인 효과를 갖는다.

3.5.3. 직무 내용

서비스 직원은 그들이 좋은 일을 하고 있다는 것을 이해함으로써 만족되고, 동기부여되고, 자신에 대해 기분이 좋아지고, 나아가 그 기분을 강화한다. 이와 관련하여 다음의 사항을 항상 점검해야 한다. 어떤 직무가 다양한 활동을 포함하는지, 업무 자체가 종합적인지, 독자적인 업무의 완성이 가능한지, 그것

이 다른 사람의 생활에 영향을 미치는 중요한 업무인지, 자율과 유연성을 포함
하는지를 고려한 직무설계가 이루어져야 한다.

3.5.4. 피드백과 인정

직원은 그들의 고객, 동료, 관리자로부터 받은 인정과 피드백을 통해 정체
성과 소속감을 도출한다. 서비스 조직은 직원에 대한 주기적인 공식적 고과와
더불어 잘한 업무에 대해 항상 인정해 주어야 한다. '이달의 서비스 직원'과 같
은 보상의 형태는 직원의 뛰어난 성과를 인정하고 고도로 동기부여하는 역할
을 한다. 나아가 직원이 고객과 직접적인 접촉을 하고 그들로부터 긍정적 피드
백을 받을 때 서비스 직원들은 잘 동기부여된다.

3.5.5. 목표달성

목표가 직원의 에너지에 초점을 두고, 잘 소통되고 상호 간에 수용되고,
구체적이고, 어렵지만 달성 가능하다면 그들은 효과적이고 강한 동기부여의 역
할을 한다. 구체적 목표는 목표가 없거나 모호한 목표(예, 최선을 다해라) 혹은
달성이 불가능한 목표(예, 내일까지 100% 성과를 높여라)보다 더 높은 성과로 나타
난다. 또한, 그 목표는 서비스 조직과 직원 사이에 잘 소통되고 상호 간에 수
용되어야 한다.

일반적으로 효과적 목표설정을 위해 추가적으로 고려해야 하는 이슈는 다
음이 있다.

(1) 목표를 달성하는 것 그 자체가 보상이고, 나아가 보너스, 피드백, 인정
    을 포함하는 추가 보상을 제공하기 위한 기반으로 사용해야 한다.
(2) 피드백과 동료로부터의 인정은 재무적 보상보다 더 빠르고 작은 비용
    으로도 받아들여질 수 있고 직원의 자부심을 만족시키는 부가적 편익
    을 제공한다.
(3) 만약 목표가 직원의 존경 니즈와 관련된다면 목표달성에 대한 진도 보

고서(예, 피드백)와 목표달성 그 자체는 조심스럽게 공개되어야 한다.

(4) 목표가 구체적이고 어려우나 달성가능한 것으로 인식되고 직원에 의해 받아들여지면 심지어 다른 보상이 없더라도 목표추구는 목표달성으로 결과된다.

(5) 성과를 측정하기 위해 재무적 및 비재무적 측정치들을 혼합—학습과 성장, 내부 프로세스(혹은 직원), 고객, 재무 지표들을 포함—한 균형성과표(BSC: Balanced ScoreCard) 방법론을 활용한다.

3.6. 직원에 대한 권한부여

3.6.1. 중요성

올바른 후보자를 선택하고 그들을 잘 훈련시킨 후에 다음 단계는 서비스 전달을 고객화하고 서비스 문제에 대한 해결책을 발견하는 데 적합한 결정을 하도록 직원에게 권한을 부여(empowerment)하는 것이다. 서비스 조직에서도 언급하였듯이 현장 직원이 스스로 운영하고, 고객과 자주 접촉하고, 자기주도적이 되도록 유인하는 것이 중요하다. 게다가 고객에 대한 서비스 실패로부터 서비스를 복구하고 고객에게 어떤 잠재적인 문제가 발생하지 않도록 만드는 직원의 역량은 권한부여 없이는 불가능하다. 높은 권한부여는 흔히 향상된 고객만족과 연결된다. 나아가 권한부여는 직원의 서비스—매출의 두 관계와 긍정적으로 관련되고 특히 소기업의 성장을 이끄는 것으로 알려졌다.

3.6.2. 권한부여의 수준

높은 수준의 권한부여는 특히, 다음의 상황에 더욱 중요하다.

(1) 서비스가 개인화되고 고객화될 때 각 고객별 적절한 대응은 현장 직원의 권한부여에 의존한다.

(2) 조직이 서비스를 차별화할 때 어떻게 차별화할지에 대해 현장 직원의

높은 수준의 권한부여가 필요하다.

(3) 고객과 확장된 관계(예를 들어, 추가 서비스 제공, 판매 후 서비스, 서비스 만족 조사 등)가 존재할 때 이러한 관계에 대응 여부와 방법에 있어 현장 직원에 대한 높은 권한부여가 필수적이다.

(4) 복잡하고 특이한 기술이 사용될 때 그 기술에 대한 고객의 스트레스를 줄이고 문제 발생 시에 현장 직원의 적절한 대응을 위해 권한부여가 요구된다.

(5) 서비스 실패가 특이한 경향이 있을 때 그 일반적이지 않은 실패를 적절히 회복(문제 원인 발견, 즉각적 사과, 적절한 환불과 상품권 등 유·무형의 보상 제공 등)시키기 위해서는 현장 직원의 권한부여가 필요하다.

그러나 맥도날드와 같이 서비스의 이질성이 낮은 경우에, 즉 높은 표준화 서비스가 제공될 때에 직원 마음대로 패티를 추가, 감자칩 요리 온도를 조정, 서비스 순서 변경 등과 같이 현장 직원에게 많은 권한을 부여하게 되면 오히려 고객 만족에 역효과를 낳고 더 낮은 생산성과 품질 문제로 이어질 수 있다. 게다가, 서비스 실패 시에 그 실패를 회복시키기 위해 더 많은 노력을 하거나 불필요하게 공짜를 주고 잘못한 고객과 대립을 피하는 등의 잘못된 행동 사이의 경계가 모호하기 때문에 권한부여 수준에 대한 적절한 판단이 중요하다.

3.6.3. 권한부여의 요구사항

권한부여는 현장 직원이 적합하게 사회화되고, 훈련되고, 정보를 제공받는다면 새로운 아이디어를 발생시키고, 좋은 의사결정을 하고, 업무에 적극적으로 참여(혹은 관여)할 것이라는 전제에 기초한다. 권한부여는 단지 현장을 자유롭게 하거나, 정책 매뉴얼을 잊거나, 던져버리는 것이 아니다. 권한부여는 전체 조직에 걸쳐 상위 계층의 네 가지 핵심 요소들을 체계적으로 하위 수준에 재분배하는 것을 필요로 한다.

(1) 조직, 팀, 개인의 성과에 대한 정보
    예를 들어, 운영결과와 중요한 성과 측정치에 대한 정보가 현장까지 공유되어야 한다.

(2) 직원이 조직, 팀, 개인의 성과를 이해하고 공헌하는 것을 가능하게 하
는 지식

예를 들어, 문제해결 스킬이 있다.

(3) 거시적 수준에서 업무 절차와 조직 방향에 영향을 미치는 결정을 하고
미시적인 수준에서 특정 거래와 관련한 결정을 하는 파워

예를 들어, 거시적 수준의 결정은 자율경영 팀과 품질 분임조를 통해
서 의사결정하고 미시적 수준에서는 고객화와 서비스 회복에 관한 의
사결정을 할 수 있다.

(4) 조직, 팀, 개인의 성과에 기초한 보상

예를 들어, 현장의 직원까지 성과급 제공과 이익공유를 통해서 보상이
필요하다.

이 네 가지 요소를 현장에 부여하여 고성과자들에게 권한을 부여하고, 보
상을 하고, 성과 중심 문화를 배양하는 것은 서비스 조직을 더 수익적으로 만
든다. 나아가, 현장 직원이 새로운 서비스의 디자인과 실행에 참여할 때 권한
이 부여된 직원은 조직 학습과 혁신의 중요한 원천이 될 수 있다.

3.7. 윤리적 분위기 창출

고객 접촉 직원이 현장에서 밀착된 감독 없이 일하기 때문에 직원의 윤리
가 중요하다. 서비스 직원의 절도, 태만, 고의적인 문제 야기 등의 잘못된 행위
는 서비스 고객의 이탈로 이어지고 그 실패는 부정적 구전으로 인해서 매우 빠
른 속도로 다른 고객에게 확산된다. 특히, 서비스의 특성상 고객과의 상호작용
이 서비스의 성패를 결정하는 데 매우 중요한 접점 역할을 하기 때문에 서비스
조직의 윤리적 분위기는 중요한 관리 대상이다. 나이트클럽, 마사지 업소, 택
시, 식당에서 직원에 의한 고객 폭행, 성추행, 폭행은 심심치 않게 보는 뉴스이
다. 또한 국내에서 발생하는 많은 CEO 리스크 관련 사건들(예, 주로 현장 직원에
대한 갑질, 성추행, 폭력, 언어 공격 등)을 보더라도 이러한 윤리적 분위기는 현장

직원뿐만 아니라 모든 관리자들을 포함한다.

이를 위한 공식적 통제 도구로는 리더의 강력한 의지 표명 및 전담부서 설치, 윤리 행동강령의 제정 및 준수 강요와 윤리 파괴에 대한 벌칙 사용, 내부 고발 제도 운용이 있다. 또한 비공식적 통제로는 윤리에 대한 토론회, 윤리 강령의 내부화, 윤리적 분위기 강화, 교육을 통한 관심 환기 등이 있다. 비록 강제적인 공식 통제 방법이 단기적으로는 일시적 효과를 낼 수 있으나 비공식적 통제에 의한 방법이 장기적으로 높은 성과를 낼 수 있는 더욱 효과적인 방법이 될 것이다.

4 서비스 고객

모든 서비스 조직의 성과는 고객으로부터 발생하고 서비스 조직의 존재 이유는 바로 고객이다. 특히, 서비스 부문은 고객이 가치창출 프로세스에 공동으로 참여하기 때문에 서비스 지배논리하에서 본다면 고객의 존재는 더욱 중요하게 고려되어야 한다.

4.1. 고객의 분류

서비스 고객을 이해하기 위해서는 우선 고객 유형별 그 특성을 파악할 필요가 있다. 고객은 매우 다양한 기준에 의해 분류될 수 있는데 여기서는 몇 가지 대표적 기준을 이용한 분류 방법을 제시한다.

4.1.1. 고객의 변화에 따른 분류

(1) 잠재 고객
    어떤 서비스의 존재를 알지만 아직 관심이 없는 고객이다.

(2) 가망 고객

어떤 서비스의 존재를 알고 관심을 갖는 고객이다.

(3) 신규 고객

새롭게 어떤 서비스로 유입된 고객이다.

(4) 기존 고객

어떤 서비스를 현재 사용하는 고객이다.

(5) 충성 고객

지속적이고 반복적으로 어떤 서비스를 사용하는 고객이다.

4.1.2. 쇼핑 고객의 기대에 따른 분류

(1) 절약형(Economizing) 고객

자신의 효용 극대화를 추구하는 고객으로서 서비스가 제공하는 가치 혹은 편익과 비용에 관심이 많다. 이 고객을 잃는 것은 잠재적 경쟁 위협의 초기 경고신호로서 작용한다. 따라서 조직이 생존하기 위해서는 최소한 이런 고객을 기본적으로 충족시킬 필요가 있다. 다이소, 할인점, 저가항공사 등을 주로 이용하는 고객이 이에 해당한다.

(2) 윤리적(Ethical) 고객

어떤 서비스를 소비함으로써 자신이 믿는 윤리적 가치를 강화하여 자신의 명성을 올리거나 자기만족을 추구하는 데 관심을 갖는다(예, 연예인의 플라스틱 프리 챌린지 등). 이러한 고객은 사회적 문제뿐만 아니라 공급사슬상의 전 단계가 얼마나 윤리적으로 이루어졌는지에도 관심을 둔다(예, 공정무역과 관련한 커피 소비 등). 또한 자신의 편익과 비용을 희생하더라도 윤리적 소비를 추구함으로써 환경과 사회의 발전에 공헌하는 것에 높은 가치를 둔다. 최근 국내 ㅇㅇㅇ엔터테인먼트 회사의 경우 대표뿐만 아니라 소속 연예인의 음주운전, 마약, 도박, 성 관련 범죄 등 비윤리적 행위가 밝혀지며 비윤리적 기업으로 낙인이 찍혀 그 영향은 주가뿐만 아니라 소속 연예인의 인기에도 큰 영향을 미치게 된다.

(3) 개인화(Personalizing) 고객

표준적인 서비스를 소비하기보다는 고객화된 서비스에 더 높은 가치를 두는 고객으로서 서비스 직원으로부터 인정받고 대화하면서 대인 간 상호작용의 즐거움을 누리는 것을 중시하는 고객을 말한다. 넷플릭스(Netflix)의 추천 서비스를 이용하는 고객과 쿠팡의 개인화된 서비스를 선호하는 고객이 이에 해당한다. 쿠팡(Coupang)은 문자메시지 수신에 동의한 이용자를 대상으로 맞춤형 할인쿠폰을 발급한다. 쿠팡 웹페이지나 앱에서 가전제품을 검색한 이력이 있거나 가전제품을 주문하지 않고 장바구니에 담아두기만 한 고객이 있다면 이들에게만 가전제품 할인쿠폰을 문자메시지를 통해 지급하는 방식을 사용하는데 여기에 참여하는 고객은 개인화 고객이다.

(4) 편의적(Convenience) 고객

다른 여러 가지 요인 중에서 편리함을 최대로 추구하는 고객으로서 거주지 인근의 쇼핑센터를 이용하거나 홈딜리버리 서비스를 이용하는 고객이 이에 해당한다. 특히, 언택트 시대에는 이러한 고객이 증가 추세에 있게 된다. 그 예로, 모바일 결제와 모바일 해외 주식투자, 카카오톡 이체 서비스를 선호하는 고객이 이에 해당한다.

4.2. 고객이 인식하는 가치

고객에 대한 이해를 높이기 위해서는 서비스 부문별로 고객이 관심을 갖는 가치는 어떤 것이 있는지를 이해할 필요가 있다. 고객이 인식하는 가치는 다음과 같이 구분할 수 있다.

(1) 감정적 가치
　이 고객은 구매를 통해 즐거움, 만족, 편함과 같은 심리적 충족을 추구한다. 이러한 고객은 구매를 희망과 연관시키기도 한다.
(2) 사회적 가치
　고객은 구매를 통해서 자신이 사회적으로 더 인정을 받고자 하며, 서비스 활용을 통해서 좋은 인상을 제공받으려고 한다.

(3) 제품 품질 가치

좋은 품질의 제품, 수용가능한 품질 표준을 갖는 제품, 일관적 기능을 수행하는 제품에 높은 가치를 두는 고객을 의미한다.

(4) 화폐 가치

합리적 가격, 가격에 적절한 가치, 제품의 지불 가치에 초점을 두는 고객이다.

(5) 시각적 가치

제품 진열 시 매력과 서비스 장소의 내·외관을 선호하는 고객이다.

(6) 현실도피 가치

서비스 이용은 모든 것을 잊게 하고 모든 것으로부터 도피하도록 만드는 것을 추구하는 고객이다. 일종의 쇼핑중독 원인이다.

(7) 효율성 가치

서비스 이용시간을 효율적으로 관리해 주는 방식, 고객의 인생을 더 쉽게 만드는 효율적 서비스 이용에 초점을 두는 고객이다.

(8) 서비스 품질 가치

서비스 품질을 결정하는 정중하고 예의 바른 직원, 기꺼이 고객을 돕는 직원, 즉각적 서비스를 제공하는 직원에 초점을 두는 고객이다.

(9) 윤리 가치

제품의 편익과 특성을 과대평가하지 않고 환경을 보호하는 제품/서비스에 초점을 두는 고객이다.

4.3. 고객 대 고객의 상호작용

4.3.1. 중요성

많은 기업은 제품 혹은 솔루션 인식, 셀프서비스 문제해결, 지원비용 절감, 향상된 고객 충성을 포함하는 문제해결 커뮤니티를 통해 고객 대 고객 지원 서비스를 촉진하려고 노력한다. 그들은 이를 통해 자신만의 가치 있는 편익을 실현하고 있다(Bone et al., 2015). 애플(Apple), 인텔(Intel), 델(Dell), 휴렛패커드(HP), 스프린트(Sprint), 오라클(Oracle)은 전통적 고객 지원 서비스 모델을 보완하거나 대체하기 위해 대규모의 P3(peer-to-peer problem-solving) 커뮤니티를 창출하였다. 시스코(Cisco)는 더 나아가서 고객에게 시스코의 지식기반과 사용자 커뮤니티에 대한 개방적인 방식의 온라인 접근을 제공한다. 이 상황에서, 기업과 고객 두 당사자는 서로를 능동적으로 지원한다. 고객 지원 서비스의 공동창출에 고객이 능동적으로 포함됨으로써 그들은 서비스 조직이 맡았던 역할을 대신 수행하기도 한다. 그 결과, 기업은 전통적 지원 서비스와 관련된 시간과 비용을 절약할 수 있는 반면에 고객은 문제를 더 빠르고 더 효율적으로 서로 해결할 수 있게 되었다.

서비스 부문에는 서비스 접점이라고 불리는 많은 인적 상호작용이 존재한다. 이질성과 분리불가능성이라는 특성 때문에 서비스는 서비스 직원과 고객 사이의 매우 복잡한 상호작용, 교환, 성과의 합으로 고려된다. 따라서 여러 번 강조하지만 서비스 제조 프로세스에 고객의 관여(engagement)는 서비스의 성공을 위해 중요한 이슈가 된다. 즉, 장기 수익성을 창출하기 위해 고객을 서비스 조직에 관여시킴으로써 더 강한 고객-기업 관계를 구축하는 중요성이 점점 커지고 있다. 예를 들어, 추천 보상(예, 뱅크오브아메리카(Bank of America)는 추천을 한 고객에게 돈을 지원), 신제품과 서비스 개발 플랫폼(예, 고객이 신제품과 서비스 아이디어를 게시할 수 있는 My Starbucks Idea), 고객 커뮤니티(예, 사람들이 몸무게를 줄이는 조언을 제공하고 받는 Weight Watchers) 등이 있다.

이러한 고객 관여 행동은 두 가지 방식으로 기업의 성과에 공헌할 수 있다. 첫째, 서비스 향상을 위해 제안을 하는 고객과 서비스 직원의 상호작용에서 발생하는 고객 관여 행동은 고객 경험의 향상을 보장하면서 기업에 대한 비용절감으로도 결과된다. 둘째, 긍정적 구전을 확산시키거나 온라인 리뷰를 작성하는 고객과 같이 다른 고객들과의 상호작용에서 발생하는 고객 관여 행동은 서비스 조직에 대한 다른 고객의 태도와 행동에도 파급효과를 미친다.

4.3.2. 고객 대 고객 상호작용의 유형

Fisk et al.(1993)에 따르면 서비스 접점에 대한 연구는 세 가지 유형으로 구분될 수 있다고 한다. 그것은 고객과 직원의 상호작용, 서비스 생산과 전달에서 고객 참여, 고객 평가에서 유형물과 물리적 환경의 역할이다. 한편, 서비스 전달 시스템 내에서 고객의 전반적 경험은 다양한 잠재적 상호작용에 의해 영향받는다. 대표적인 상호작용은 서비스(접촉) 인력과 상호작용, 내부와 외부의 물리적 환경(설비를 포함)과 상호작용(일종의 서비스스케이프(servicescape)), 다른 고객들과 상호작용을 포함한다. 여기서 다른 고객들과의 상호작용이 바로 '고객 대 고객 상호작용'에 해당한다.

어떤 고객이 다른 고객과 상호작용하는 서비스 상황에서 고객들이 할 수 있는 세 가지 주요 역할이 있다. 그것은 지원 추구자(helpseeker), 선행적 지원자(proactive helper), 반응적 지원자(reactive helper)이다(McGrath and Otnes, 1995). 그 용어가 의미하듯이 지원 추구자는 자신의 서비스 목표달성을 지원하기 위해 서비스 환경 내 다른 사람들로부터 정보를 적극적으로 얻는 것을 추구한다. 반응적 지원자가 타 고객이 요청할 때에만 조언을 제공하는 반면에 선행적 지원자는 타 고객에게 자발적으로 조언을 제공하는 것을 선호하는 고객 역할이다. 여기서, 지원 추구자, 반응적 지원자, 선행적 지원자와 같은 역할은 명백한 영향을 미치는 고객을 의미한다. 반면에 관찰자(observer)와 판단자(judge)와 같은 다른 추가 역할을 고려하여 은밀한 영향을 미치는 고객으로 세분할 수도 있다.

한편, 고객 대 고객 상호작용은 다음과 같이 다양한 유형으로 분류될 수 있다.

(1) 긍정적인 고객 대 고객 상호작용의 유형

① 지식교환

축적된 실무 스킬 혹은 전문성 공유/제품 관련 경험의 공유/아이디어, 코멘트, 제안 제출/상호작용적 학습/콘텐츠에 의미 제공/노하우 교환

② 문제해결

문제에 대한 해답 제공/조언 요청/타 고객이 원하는 제품을 발견하는 것을 지원/타 고객 사이를 중재/물리적 지원/기술적 조언 제공/서비스 사용법을 설명하고 교육

③ 집합적 의미창출

공통적 목표를 얻기 위해 상징적으로 함께 행동/역사를 만들고 확산/경험을 반영하고 공유/공유된 소비

④ 커뮤니티 구축

우정 개발/전문적 네트워크 구축/친구들과 교제/단순한 다른 사람들의 존재

⑤ 추천

다른 사람들의 구매를 칭찬/격려/축하/제품 적합성에 대한 재보장/청취/공감 표현을 통한 감정이입/다른 고객들에 대한 개인적 책임감 표현/다른 고객들에 의존하여 고객 간 지원

⑥ 휴식과 시간소비

여유시간 대화/현장 쇼핑 시 대화/다른 고객들의 브랜드 즐기기/과하게 붐비거나 시간을 의식하지 않기/단순 휴식

⑦ 훈육적 행동

규칙 개발과 강제/관대함, 타인에 대한 책임감, 감사와 존경을 가르치기/악수하기/갈등 해결하기/멤버들의 빈약한 행동을 훈육하기

(2) 부정적 고객 대 고객 상호작용의 유형

① 언어적인 나쁜 행동

더러운 농담/부적절한 코멘트/소리 지르기/저주하기/서비스 직원과 다른 고객에게 무례/제품에 대한 불평/원치 않는 조언/빈약한 제안

② 물리적인 나쁜 행동

테이블 치기/의도적으로 차기/싸우기

③ 상황적인 나쁜 행동

다른 고객의 구매를 따라하기/관찰하기, 판단하기, 비난하기, 약탈하기/흡연/개인적 공간을 침략하고 타인들을 관찰, 엿듣기, 미행하기/취하거나, 너절하거나, 냄새나거나/규범을 따르지 않기

4.3.3. 고객 대 고객 상호작용의 성과

고객 대 고객 상호작용은 고객을 수동적 청중이 아니라 능동적 공동창출자로서 바라보기 때문에 증가된 조직 생산성, 고객 만족, 직원 직무 만족, 직원 직무 성과로 이어진다. 또한, 이 상호작용은 소비 경험에 대한 애정에 영향을 미칠 수 있는 '서비스 생산(servuction)' 프로세스의 한 잠재적 원인이다. 비록 서비스 전달이 고객 대 고객의 상호작용에 의존하지 않을지라도 서비스 경험에 대한 고객의 만족은 그 상호작용에 의해 향상될 수 있다. 또한 고객 간의 언어적 상호작용은 총 서비스 경험의 즐거움을 향상시킬 수 있다.

하지만 긍정적인 고객 대 고객 상호작용의 성과뿐만 아니라 부정적 가능성도 존재한다. 흥미로운 결과로서 어떤 고객의 소비 경험은 근처 고객들의 소비 경험에 영향을 미칠 수 있는 것으로 이야기된다. 예를 들어, 주취와 폭력적 행동과 같은 어떤 고객의 역기능적 행동에 의해 그 근처의 다른 고객의 소비 경험이 영향받는다고 한다. 타인들의 버릇없는 행동을 접한 소비 경험은 고객 만족과 충성의 수준에도 부정적 영향을 미치는 것으로 나타난다. 이러한 역기능적 고객 행동은 도둑, 규칙 파기자, 공격자, 공공기물 파손자, 가정 불화자, 사회낙오자를 포함하기도 하고 타인보다 더 빠른 서비스, 우월한 서비스, 심지어 무료 서비스를 목적으로 하는 '지옥에서 온 다섯 고객'으로 비유되는 독설적인 자기중심주의자, 모욕적인 불평불만자, 신경질적으로 소리지르는 사람, 독재자, 방종적 자유추구자가 있다. 그러한 고객은 서비스 접점을 역기능적인 방식으로 사용한다.

5 서비스 접점 종합 모델

5.1. 서비스 만족거울

만족거울(satisfaction mirror)은 직원과 고객 만족 사이의 관계를 포착하는 개념으로서 고객 만족의 관점에서 투사된 직원 만족에서부터 서비스 조직의 성공이 시작된다는 개념적 기반을 제공해 준다. 즉, 〈그림 8-4〉와 같이 고객과 서비스 직원(특히, 전방부서 직원)의 만족도가 거울에서 마주보듯이 같은 방향으로 이어지게 되는데, 더 많은 반복구매는 고객 니즈와 그것을 다루는 방법에 대한 친숙성, 서비스 실수에 대해 불평하는 성향은 실수로부터 회복을 위한 더 큰 기회, 더 낮은 비용은 더 높은 생산성, 더 나은 결과는 향상된 서비스 품질과 직접 맞닿아 있다. 서비스 직원의 좌절은 '실패의 사이클'로도 표현되는 최소의 훈련, 빈약한 보상, 빈약한 고객 서비스 강화를 통해 높은 이직으로 이어진다. 그 결과, 만족되지 않은 직원은 낮은 고객 만족과 직결된다.

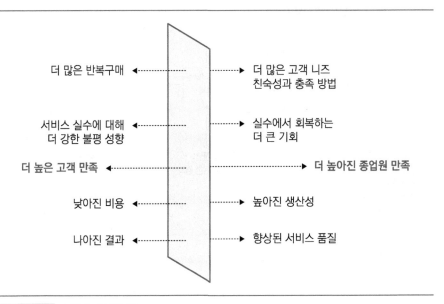

그림 8-4 서비스 만족거울

5.2. 서비스 이익 사슬

만족거울 개념을 확장하여 Heskett et al.(1994)은 이익, 성장, 고객 충성, 고객 만족, 고객에게 전달되는 재화와 서비스의 가치, 서비스 품질, 생산성, 직원 역량, 고객 만족, 고객 충성 사이의 직접적이고 강한 관계를 종합적으로 보여주는 연결관계를 제시하였다. 여기서 자유재량적 노력을 보이는 고도로 동기부여된 직원들은 서비스 수월성의 핵심에 있다.

그들은 그것을 서비스-이익 사슬(service profit chain)이라고 명명하고 직원과 고객 만족 사이의 강한 관계에 관한 많은 사례를 제공하였다. 그들의 연구는 직원 만족, 직원 보유, 직원 생산성, 서비스 가치, 고객 만족과 충성, 수익성장과 수익성 사이의 관계의 사슬을 입증한다.

이러한 서비스 이익 사슬은 아래 〈그림 8-5〉처럼 서비스 운영 전략과 서비스 개념, 서비스 전달 시스템과도 연계되어 서비스 조직의 수익창출을 위한 종합적 모델로 나타난다.

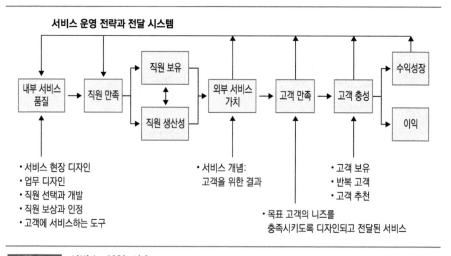

그림 8-5 서비스 이익 사슬

6 흥미로운 기타 이슈

6.1. 감정노동

6.1.1. 배경

서비스 직업의 어두운 면인 폭언을 하는 고객과의 상호작용은 과거 10년 동안 높은 관심을 불러일으켰다. 어떻게 직원이 직장 내 공격에 대응하는지는 감독자 혹은 동료들이 모욕을 하는 상황에서도 발생하지만 대부분의 직원 공격은 외부의 고객에 의해서 빈번하게 발생한다. 실제로, 서비스 직원은 고객에 의해 빈번하게 공격과 학대를 당하고 있다고 한다. 미국의 경우에 콜센터 직원의 다수는 공격적인 고객과 매일 7-10번의 접촉을 경험하고 있고 약 40%는 매년 고객으로부터 언어 공격(모욕, 욕설, 소리지르기, 고함 등)의 대상이 되고 있다고 한다. 또한 호텔, 레스토랑, 바의 직원 중 80% 이상이 고객으로부터 공격 대상이 되고 있다. 그러나 이러한 현상은 미국만이 아니라 우리나라를 포함한 전 세계적인 현상이다. 직원을 모욕하는 고객과 잦은 상호작용은 또한 소방 직원, 경찰, 공무원, 교사, 승무원, 간호사와 의사 등에게서도 고질적이고 빈번하게 발생한다.

이러한 고객의 폭언(욕설, 고함, 희롱, 위협, 거들먹거림, 비꼼, 신체적 공격 등)과 공격은 직원의 사회적 규범을 파괴하는 고객의 언어 모욕과 물리적 학대로 인한 직원의 감정적 탈진, 인격 상실, 이직 의지, 부정적 업무태도와 같이 조직성과를 부정적으로 유인하는 직접적이고 강한 원인이 된다. 특히, 고객의 언어 공격은 신체적 공격보다 일반적이고 조직 내 다른 직원(예, 동료 직원, 상사, 부하)의 언어 공격보다 더 빈번하게 발생한다. 고객의 언어적 공격은 무례하고, 짜증내고, 황당하고 이유 없이 불평하고, 직원과 언쟁하고, 과도한 요구를 함으로써 불편함을 초래하는 상황으로 정의된다. 이것은 특정 서비스 상황에만 제한되지 않고 대면 접촉과 전화 혹은 이메일과 같은 간접적 접촉도 포함한다.

고객으로부터의 언어 공격은 어떤 서비스에 대한 불만족에 뿌리를 둔 반응적 혹은 감정 중심의 공격이다. 나아가, 고객의 공격적 행태는 감정적 탈진으로 이어져 만성적으로 강한 감정적 및 심리적 자극을 발생시킬 것이다. 결국, 모욕적 고객과 빈번한 상호작용은 현장 직원으로서 기본적으로 요구된 감정과 실제 현장에서 경험하는 진정한 감정 사이의 차이로 결과될 수 있다. 이러한 '감정적 불화(혹은 불일치)'가 행복의 감소로 이어지는 것은 당연하다.

'감정노동'이란 용어는 혹쉴드(Hochschild(1983))의 책 *The managed heart*에서 처음 소개된 개념이다. 주변에서 흔히 볼 수 있는 소위 '갑질 고객'의 사례를 보더라도 현재는 이러한 감정노동의 중요성이 계속 부각될 수밖에 없다. 수천 건을 주문한 후 사은품 혹은 일부 구성품을 숨기고 제품을 반품하는 경우, 배달이 어려운 위치까지 음식 배달을 요구하는 경우, 자신이 고의로 넣고서 음식에 이물질이 포함되어 있다고 정신적 피해보상을 요구하는 경우, 제대로 자신을 몰라봤다고 사과하라며 직원의 무릎을 꿇리는 저명한 분들, 콜센터에 성희롱과 욕을 하는 경우 등의 사례가 실제로 점점 증가하고 있다.

우리나라의 조사결과에 의하면 이러한 감정노동이 많은 직업으로는 텔레마케터(전화통신판매원), 호텔관리자, 네일아티스트, 중독치료, 창업컨설턴트, 주유소, 항공발권, 노점 및 이동판매, 취업소개, 경력코치, 신용추심, 경찰, 응급실 의사, 코미디언 등 이루 말할 수 없으며, 스트레스 순위는 무시나 반말, 독촉, 부당한 요구, 질문에 무응답, 다른 업체나 직원과의 비교 등의 순서로 나타난다. 한편, 감정노동자에게 이러한 부적절한 행위를 하는 이유로는 손님은 왕이니 당연하다는 생각, 그렇게 대하면 기분이 좋음, 모두 그렇게 해서 따라한다는 등의 잘못된 생각에 기반한다. 그럼에도 불구하고, 서비스 직원은 모욕적인 고객들과 자주 접촉하기 때문에 서비스 직원이 비합리적이고 역기능적인 고객을 다루어야 하는 상황이 자주 발생한다.

6.1.2. 고객의 분노와 스트레스

(1) 고객 분노의 중요성과 개념

고객이 강렬한 분노와 화를 경험할 때 타인에게 공격적으로 행동하면서 그들의 감정을 표현하고자 하는 경향이 있다. 격분한 고객에 대한 직원의 노출은 직원을 고통스럽게 하고 잠재적으로 다른 고객에게 부정적 확산 효과를 창출한다. 분노와 같은 부정적 감정은 브랜드 전환 행동으로도 결과되기 때문에 고객 충성을 높이기 위해서는 고객의 분노에 대한 적절한 대응이 필요하다.

분노는 표현(물리적, 구두적, 비구두적)으로 수반된 극히 부정적인 감정으로 정의된다. 예를 들어, 격노, 증오, 혐오감, 격분 등이 이에 해당한다. 이러한 분노는 일련의 불만족스러운 서비스 경험을 따라서 서비스 조직에 잠재적으로 해를 끼치는 행동으로 결과된다. 예를 들어, 고객의 물리적 및 언어적 공격, 이탈, 부정적 구전이 그것이다.

(2) 부정적 감정의 발생 상황

부정적 감정을 효과적으로 관리하기 위해서는 발생하는 상황을 고려할 필요가 있다. 그 상황은 다음과 같이 다양한 상황에서 발생할 수 있다.

① 경제적 자원의 손실

경제적 자원은 돈과 시간을 포함하는데, 고객은 서비스를 경험하면서 이 돈과 시간을 낭비하였다고 생각하면 분노가 치밀어 오른다. 유명한 미용실을 이용하기 위해 많은 시간 대기하며 기다렸는데 막상 미용 결과가 마음에 들지 않으면 고객은 돈과 시간을 낭비했기 때문에 부정적 감정이 발생한다.

② 개인적 자원의 손실

개인적 자원은 고객의 자존심과 공정성을 포함하는 개념이다. 즉, 자존심이 위협받을 때 화, 적대심, 심지어 폭력적 행동과 같은 심각한 부정적인 감정 반응이 발생한다. 또한 공정성이 위협받을 때 서비스 제공자가 속인다는 인식이 생겨나고 이것은 불공정의 원천을 벌주려고 하는 잠재적인 욕구와 함께 매우 부정적으로 유발된 즉각적 감정으로 결과된다. 나이 어린 교수가 반말로 직장인 대상 강의를 했을 경우에 자존심이 상하거나 입시와 군대 문제에 있어서 공정성을 매우 중요시 여기는 상황이 자주 발생하고 있다.

③ 상황에 대한 통제능력 결여

개인이 상황에 대한 통제력이 잃게 될 때 이탈 혹은 부적응과 같은 행동뿐만 아니라 부정적 감정이 발생한다. 고객이 추구하는 통제력으로는 행동 통제, 인지 통제, 의사결정 통제가 있다. 식당에서 원하지 않는 좌석에 앉기를 요구(행동 통제의 결여), 음식에 대한 잘못된 설명(인지 통제의 결여), 잘못된 음식이 제공(의사결정 통제의 결여)된 경우에 서비스 전달 프로세스에 대한 고객의 통제력이 결여된다.

④ 물리적 피해의 위협으로부터 자유

직원이 일반적으로 받아들여지는 안전 표준을 충족시키는 데 실패하였을 경우, 예를 들어, 택시기사와 대리기사가 너무 빨리 운전하거나 차량의 능력을 고려하지 않는 경우에 자신이 입을 수 있는 신체와 차량에 대한 물리적 피해로부터 자유를 추구하기 위해 부정적 감정이 발생할 수 있다. 또한 병원 직원이 응급의료 니즈에 빨리 반응할 수 없을 경우에도 이러한 부정적 감정을 보이는 환자들이 자주 뉴스에 등장한다.

(3) 스트레스와 대응 이론

이러한 분노는 개인의 스트레스와 직결된다. 스트레스(stress)가 다양한 생활에서 나타나는 개인의 감정적 및 행동적 반응을 설명하기 위한 두 가지 핵심 심리 프로세스로서 인지적 평가와 대응(coping)이 존재한다.

① 인지적 평가 단계

우선, 어떤 사람이 어떤 서비스 접점을 그들의 자원에 대한 위협 혹은 개인 중요성의 손실로서 평가할 때 부정적 감정이 기대된다.

② 대응 단계

부정적 감정이 발생한 개인은 각기 다른 대응 전략을 사용하여 스트레스가 많은 상황을 다룬다. 첫째, '문제 초점 대응방식'이다. 여기서, 고객은 문제를 해결하기 위해 계획하고 원인에 맞서기와 같은 스트레스의 원천을 변화시키거나 감소시키려고 노력한다. 둘째, '감정 초점 대응방식'이다. 고객은 친구에게 말하거나, 가족의 지원을 찾거나, 그 문제에 대해 생각하는 것을 회피하려고 노력(예, 운동, 여행, 취미생활 등)하는 것과 같이 기분이 더 나아지도록 만들려고 노력한다.

6.1.3. 감정적 불화와 복수

감정적 불화는 실제 직원이 경험한 진정한 감정 혹은 느낌과 조직에 의해 직원으로서 요구된 감정과 느낌 사이의 충돌을 의미한다. 일반적으로 현장 직원은 쾌활한, 동정적인, 상냥한, 진심 어린, 혹은 심지어 겸손할 것으로 기대되고 있고 그렇게 강요받는다. 이 모든 감정은 얼굴 표정, 몸짓, 목소리 어조(말투)를 통해 고객에게 전달된다. 비록 일부 서비스 조직이 심리측정 검사로 긍정적 사고와 낮은 신경질적 성향을 갖는 직원을 채용하려고 노력할지라도 서비스 직원이 스스로 긍정적 감정을 느끼지 못하는 상황이 필수불가결하게 존재한다. 결과적으로, 여전히 멋지고 친절한 직원이라는 고객의 기대를 이행하기 위해 직원은 자신의 진정한 감정을 억누를 것을 계속 요구받게 된다. 여기서, 감정적 불화가 발생한다. 감정적 불화는 자기 소외, 우울, 좌절, 분노, 스트레스, 소진, 가정 문제, 감소된 직무 만족, 직무 탈진, 기분의 감소와 신체적 질병으로 이어진다고 한다.

이러한 감정적 불화에 대응하는 직원의 복수(revenge)는 고객이 초래한 피해에 대응하여 직원이 벌을 가하거나 어떤 피해를 초래하는 행위로서 정의된다. 복수의 일차적 목적은 인식된 부당성을 바로 세우고, 자아 존중감을 회복시키고, 미래의 부당함을 예방하는 것에 있다. 많은 상황에서 표면상의 부정적 감정, 특히 분노와 좌절은 어떤 사람이 반격하도록 유인하기 때문에 복수의 강한 예측인자이다. 그러한 복수는 조직과 다른 직원에게 심각한 영향을 미칠 수 있다. 그 복수 행동의 예로는 직원의 절도, 조직에 대한 공격, 직원의 태만(sabotage) 등이 있다. 결국, 복수는 보복에 대한 보복으로 이어질 수 있고 이것은 더 오랫동안 조직 내 지속되는 갈등을 창출할 수 있기 때문에 반드시 해결되어야 하는 문제이다.

한편, 서비스 태만은 서비스 접점을 파괴하거나 현장 직원과 고객 사이에 부정적 영향을 미치는 직원에 의한 어떤 고의적인 형태의 가시적이거나 은밀한 행동을 의미한다. 예를 들어, 미국의 경우에 고객 접촉 인력의 85% 이상이 일주일 동안 어떤 형태의 서비스 태만에 관여하고 있다고 한다. 또한 서비스 직원의 100%는 과거에 어떤 형태의 태만을 목격한 바 있다고 한다. 그 예로는 고객에게 무례하게 굴기, 고객을 비난하는 상징이나 은어를 사용하기, 고객을 당혹스럽게 하거나 비웃기, 고객과 언쟁하기, 무언가 잘못되었을 때 고객을 비난하기, 고객을 무시하기, 고객 앞에서 으스대기, 고객의 것을 빼돌리기, 서비스를 느리게 수행하기, 고객들에게 제공된 서비스에 대해 의도적으로 요금을 더 부과하거나 더 적게 부과하기 등이 있다. 결국, 이 태만 행태는 서비스 접점에 대한 고객의 평가(예, 서비스 품질 인식, 고객 만족, 고객 충성)에 부정적으로 영향을 미친다.

6.1.4. 직원의 감정적 스트레스 해소 방법

직원이 지속적으로 스트레스를 경험할 수 있기 때문에 서비스 조직은 감정적 스트레스를 다루기 위해 직원을 훈련시켜야 하고, 고객으로부터 압력에 대응해야 하고, 나아가 동료로부터 지지를 얻어야 한다. 만약 조직의 이러한 지원이 거의 없거나 아예 제공되지 않는다면 직원은 감정노동에 의해 초래된 스트레스에 저항, 고객과 접촉 자체를 회피, 조직을 떠날 의지를 굳히는 다양한 부정적 결과를 도출할 것이다. 이러한 감정적 부조화를 줄이고 결과적인 스트레스를 해소하기 위해 다음의 방법이 제안되고 있다.

(1) 높은 직무 자율성 보장

이것은 감정적 탈진에 대한 감정적 규제의 영향을 완화시킨다. 서비스 실패 시 항의하는 고객을 다루는 고객만족센터의 직원은 자기 스스로의 권한에 토대하여 자율적 의사결정을 할 수 있어야 적절한 대응이 가능하다.

(2) 조직 내 감정적 지지

비합리적이고 모욕적인 고객을 다루어야 할 때 조직 내 팀 멤버들의 지원이 필수적이다. 해당 직원을 위로하고, 휴식시간을 제공하고, 이야기를 들어주고, 공감하는 것이 필요하다.

(3) 자기효능감 향상

직원의 감정적 탈진에 대한 고객 공격의 부정적 영향을 줄이는 한 방법으로 직원의 대처훈련과 교육 프로그램을 통해 자기효능감을 향상시키는 것이 필요하다. 자기효능감은 어떤 상황에서 적절한 행동을 할 수 있다는 기대와 신념으로 성취 경험을 쌓고, 타인으로부터 칭찬 경험 배양, 타인의 성공체험을 위한 롤모델(role model) 설정, 심신의 건강함 유지를 통해 향상시킬 수 있다.

(4) 서비스 직원의 기분 향상 노력

직원의 스트레스는 더 나은 서비스 환경(분위기, 주변 환경, 시설 등)에 의해 향상될 수 있고 이것은 다시 향상된 고객 인식으로 변환시켜 준다. 자율 출퇴근 제도, 구내식당의 음악, 무료 체육시설 등의 업무 환경과 직장과 생활의 균형(워라벨: work and life balance)을 통해서 일상적으로 서비스 직원의 기분을 향상시켜야 한다.

(5) 조직 수준에서 고객의 압력에 대응

부당한 고객의 압력에는 반드시 개인이 아니라 조직 수준에서 대응해야 한다. 어떤 한 직원이 고객의 갑질에 당하고 있을 때 다른 직원은 방관하거나 자리를 피해서는 안 되고 반드시 상위 관리자과 다른 동료들이 적극 나서서 고객에게 대응해야 한다. 그 결과, 그 직원은 조직이 자신을 존중하고 대우하고 있다는 인식을 강화할 수 있다.

6.1.5. 악질 고객 관리 방법

악질 고객에 효과적으로 대응하기 위해서는 다음의 방법을 고려해야 한다.

(1) 소비자 분쟁 해결 기준에 의거하여 원칙적이고 객관적으로 대응한다. 이를 위해 산업안전보건법, 고객응대근로자보호법 등을 미리 학습할 필요가 있다.
(2) 악질 고객 대응 매뉴얼을 작성하여 사전예방 시스템을 구축한다. 그

예로, 악질 고객에 대한 협의·보상 중단, 감정적 응대와 자극적 멘트 지양, 무리한 요구에 구체적 역질문 등이 있다.

(3) 악질 고객 대응전담 팀을 운영하는 등 전담 인력을 확보한다. 문제가 발생하면 보안실과 상담실로 비상연락 체제를 가동하여 다른 고객과 직원에게 피해를 주지 않는 곳으로 유도한 후 상담을 하고 법적 분쟁에 대응해 사진·동영상 등의 입증 자료도 확보하는 전문성을 이용한다.

(4) 소비자원 등 제3의 기관을 안내하거나 변호사를 통해 법적 대응을 한다.

(5) 악질 고객 데이터베이스를 구축해 소위 블랙컨슈머(black consumer)에 대한 별도의 고객 관리를 한다.

(6) 개별 상황에 맞게 고객의 입장에서 고객의 눈으로 합리적 보상을 하는 조직 내 기준을 마련한다.

6.1.6. 감정노동에 대한 대응 전략

감정노동에 대한 대응 전략은 스트레스에 대한 대응 전략과 유사하게 크게 감정 초점 전략과 문제 초점 전략으로 구분할 수 있다. 감정 초점 전략은 고객의 잘못된 행동으로 초래된 직원의 심각한 스트레스를 줄이는 것을 지향하는 전략으로서 약물 복용, 까다로운 고객 무시, 감정이 영향받지 않은 것처럼 위장, 고객과 해당 직원의 분리, 곤란한 사건에 대해 동료들과 대화 등이 있다. 그러나 이 대처 방법은 문제를 잠시 잊게 해 줄 수는 있지만 근본적인 해결책은 아니다. 이에 비해 문제 초점 전략은 중간 수준의 스트레스를 유발하는 문제행동이나 환경적인 조건을 변화시켜 해소하고자 하는 노력으로서 문제 자체를 체계적으로 해결하는 데 집중한다. 예를 들어, 스트레스의 원인을 선행적으로 제거하거나, 다루려고 시도하고, 그 영향도 제거하고, 스트레스 원인 처리를 위한 조언 및 조력, 스트레스 원인을 극복하기 위해 업무 일시 중지, 적당한 시기까지 대처 행위 지연 등이 그 해결 방법이다.

나아가 감정대처 전략에 초점을 두면 행태적 이탈에 의해 명시된 회피, 감정적 지원 추구하기, 부정적 감정을 터뜨리기와 같은 세 가지 대처 행태가 추가로 나올 수 있다.

(1) 행태적 이탈

스트레스 원인 혹은 그 결과인 곤란한 감정에서 벗어나는 것을 지향하는 이탈 혹은 회피 대처는 스트레스 상황으로부터 거리를 유지하는 노력을 의미한다. 예를 들어, 서비스 위치를 벗어나기, 그 업무 대신 다른 업무를 수행하기, 까다로운 고객을 무시하기, 잠깐 쉬기와 같은 행동들을 포함한다. 이러한 이탈 대처는 곤란한 감정에서 탈출하는 시도를 포함하기 때문에 문제 초점이 아니라 감정 초점에 해당한다.

개인이 스트레스 상황의 원인 혹은 과정을 바꿀 수 없을 때(즉, 낮은 통제의 상황에서) 감정에 초점을 두는 대처 전략들이 문제 초점 전략들보다 더 효과적이다. 그러나 스트레스받은 직원이 후속 고객에게 전달되는 서비스 품질을 악화시킬 수 있기 때문에 이러한 회피 전략은 분명히 조직의 관점에서 바람직하지 않다.

(2) 부정적 감정을 폭발시키기

감정 폭발은 타인에게 자신의 감정적 느낌을 구두로 솔직하게 표현하는 것으로 정의한다. 이러한 방법은 서비스 업무 상황에서 직원의 부정적 감정을 반영하며, 고객에 대해 역기능적 반응을 나타내는 감정 초점 대처행태로 고려된다. 고객에게 무례한 행동 혹은 분노의 표출은 실제로 자주 발생하지 않지만 간혹 발생할 수 있고 한번 발생하면 그 파급효과는 매우 클 것이다.

고객의 행동과 상관없이 친절과 공손으로 고객에 대응해야 하는 것이 서비스 직원의 숙명이자 역할에 부합하는 요구사항으로 인식된다는 점을 고려하면 고객에게 분노를 표현하는 것은 정서표현 규칙의 심각한 침해로 고려될 가능성이 있다. 누군가의 부정적 감정을 폭발시키는 것은 행복 향상으로 결과되지 않고 오히려 부정적 감정을 확산시킬 수도 있다.

(3) 감정적 지원을 추구하기

사회적 지원을 추구한다는 것은 다른 사람들로부터 정보적, 유형적, 혹은 감정적 지원을 얻기 위한 어떤 개인의 노력으로서 정의된다. 편함과 이해를 추구하려는 어떤 개인의 노력인 감정적 지원 추구 행동은 문제 고객에 대해 동료에게 얘기하기, 경험을 공유하기, 동료들과 감정 폭발시키기를 포함한다.

비록 이 행동이 일상 업무를 파괴하지 않고 활용될 수 있을지라도 그것은 행태적 이탈 유형의 잠시 쉬는 것과 동일하다. 하지만 자신의 경험을 동료들과 논의하는 동안 서비스 직원이 그들의 업무를 수행하지 않기 때문에 다른 직원과 문제고객에 대해 얘기하는 것은 서비스 품질을 낮추는 가능성이 있고 직원의 부정적 감정적 상태를 다른 직원에게 전파시킬 수 있다.

6.2. 서비스 직원의 유머

6.2.1. 서비스에서 유머

유머(humor)를 두 가지로 분류할 수 있다. 즉, 상태로서 유머는 웃음이고 행복과 관련되는 속성으로서 유머는 유머감각(sense of humor)과 관련된다. 개인과 관련되는 유머감각은 지속적인 개성 특성으로서 다음의 공통 속성으로 이루어진다. 즉, 이러한 속성을 많이 갖는 사람이 유머감각이 높은 사람이라고 할 수 있다.

(1) 유머를 인식하는 속성
(2) 유머를 즐기는 속성
(3) 유머에 감사하는 속성
(4) 유머를 창출하는 성향

이러한 유머감각이 왜 서비스에서 중요한가? 그 답은 더 강한 유머감각을 갖는 사람들은 스트레스에 잘 대처하고, 타인들과 좋은 관계를 구축하고, 더 나은 정신적 및 물리적 건강을 유지하기 때문이다. 유머는 다양한 상황에서 다양한 성과를 만들고 있다. 온라인으로 휴가여행을 예약 시 우스운 만화, 만화로 된 그림, 오늘의 농담을 포함하는 웹사이트는 서비스 프로세스에 결점이 없는 한 비우호적인 결과를 완화시키고 고객의 즐거움, 만족, 행태적 의도에 긍정적으로 영향을 미친다고 한다. 몇 가지 상황별 유머의 성과를 정리하면 다음과 같다.

(1) 개인 간 관계: 이타주의와 대인 간 연계 향상, 로맨스 욕구와 밀접성 유인, 낯선 사람 간 친밀감 등

(2) 커뮤니케이션: 갈등 축소, 설득 증가, 대화 원천의 신뢰성 향상, 설득적 파워 등

(3) 온라인 협상: 증가된 신뢰와 만족 등

(4) 사무실: 향상된 업무 성과/직무만족, 작업 팀 응집력 향상, 탈진/스트레스/철회 감소, 리더의 효과성 강화, 리더와 리더의 성과에 대한 만족 향상, 그룹 생산성 향상, 그룹 내 학습 수준 향상, 직원 이직 감소 등

(5) 헬스케어: 노인에 대한 향상된 대응, 개선된 협력, 감소된 긴장, 감정 관리 향상, 인간관계 향상 등

(6) 서비스 접점: 즐거운 상호작용의 한 차원, 증가된 즐거움/만족/재구매 의도, 고객불만족과 불신(공격적 유머 시), 기억 증가와 공유 가능성 향상 등

6.2.2. 유머의 유형

Martine et al.(2003)은 유머를 타깃과 특징에 따라 네 가지 유형으로 분류하였다. 여기서 타깃은 유머의 대상에 따라서 자기중심적과 타인중심적, 특징은 유머의 속성에 따라 긍정적, 부정적으로 세분화된다.

(1) 친화적(Affiliative) 유머(긍정적이고 타인중심적)

자애로운 방식으로 타인을 목표로 하고 개인의 우스운 일화를 공유하는 것처럼 일상의 상황에서 발생한다. 친화적 유머를 보이는 사람은 높은 수준의 자부심, 심리적 행복, 감정적 안정, 타인에 대한 관심을 통해 외향적 성향이 있기 때문에 직원에게 편익을 제공한다.

(2) 자기고양적(Self-enhancing) 유머(긍정적이고 자기중심적)

직원이 작은 것에도 웃는 행복한 태도와 능력에서 나타난다. 스트레스 상황에 대응하는 실행가능한 수단으로서 유머는 서비스 직원의 행복과 성과를

증가시키는 편익을 제공한다.

(3) 자기패배적(Self-defeating) 유머(부정적이고 자기중심적)

직원이 자신에 대해 빈정대고 비꼬는 표현을 하는 비하 농담으로 특징된다. 그렇기 때문에 이것은 자기고양적 유머와 반대이다. 예를 들어, 이것은 서비스 직원에게 영향을 미치는 감정노동의 수준을 증가시킨다.

(4) 공격적(Aggressive) 유머(부정적이고 타인중심적)

고객을 의도적으로 비하하거나 우연히 비난하는 것을 의미한다. 공격적 유머는 서비스 실패 문헌에서 중요하게 고려된다.

6.2.3. 서비스에서 유머의 활용

서비스 상황에서 유머는 직원과 고객이 자신의 감정을 제어하면서 즐겁게 어떤 일을 하고 서로를 기쁘게 하는 목적으로 미소 혹은 웃음을 표출하기 위해 사용하는 의사소통의 한 형태를 말한다. 이를 위해 필요한 유머감각은 직원과 고객이 유머스러운 서비스와 가치 교환에 관여하는 그들의 능력을 지배하는 개성을 말한다. 즉, 적절하게 유머를 창출하고 유머스러운 표현을 이해하고, 즐기고, 보답하는 서비스 상황을 판단하는 역량이 바로 유머감각이 된다.

일반적으로 현장 직원이 더 많은 친화적 유머를 사용할수록 고객-직원 관계의 친밀성이 더 높아진다고 한다. 유머를 특징짓는 즐거운 상호작용의 결과는 만족, 충성, 구전으로 연결된다고 알려졌다. 일반적으로, 직원은 고객과 관계를 맺기 위해 유머를 사용하고 이것은 다시 소속감으로 이어진다. 웃음이 사람을 가치 있게, 보살펴지는 것으로, 상대방에게 이해되는 것으로 느껴지도록 만들기 때문에 웃음은 더 강한 사회적 연대를 창출한다. 다시, 이 긍정적 감정은 개인 사이의 매력, 좋아하는 감정, 협력적 행동을 높이고 이것은 다시 개인적 서비스 접점을 풍부하게 만든다. 그 결과, 현장 직원과 고객은 낯선 사이임에도 불구하고 유머스러운 접점을 공유하면서 짧은 시간에 친밀하게 될 수 있다.

구체적으로 서비스에서 유머는 다음의 세 가지 관점에서 활용될 수 있다 (Mathies et al., 2016).

(1) 친화적 행동으로서 유머

사람은 타인과 관계를 구축, 유지, 강화하고 협력하기 위한 상황에서 친화적 행동을 사용한다. 여기서, 현장 직원과 고객 사이의 개인적 친화가 중요한 모든 개인 간 서비스 접점에서 친화적 편익이 어떤 혜택을 제공해 준다. 특히, 친화적 유머는 서비스 상호작용의 사회적 및 관계적 편익에 높은 가치를 두는 고객에게 강한 영향을 미친다. 사람은 선천적으로 사회적 소속, 인정, 제휴를 추구하기 때문에 친화적 행동은 전형적으로 인정 욕구 혹은 긍정적 자기관에 의해 동기부여된다. 또한 친화적 행동은 스트레스 상황에서 경험하는 부정적 감정을 줄이는 것을 도와주기도 한다.

지금까지 언급한 친화적 행동의 역할을 강화하기 위해 유머가 사용될 수 있다. 유머는 친밀감과 유대관계를 초래하기 때문에 유머의 긍정적 사용은 심지어 낯선 사람과 개인적 제휴를 창출, 관계를 강화, 친밀감을 초래할 수 있게 한다. 유사하게, 현장 직원은 고객과 개인 간 유대를 개발하기 위해 유머를 사용할 수 있다. 결과적으로, 유머는 고객의 니즈를 인식하고 감정을 보여주기 위한 서비스 직원에게 적합한 옵션이 된다. 유머는 고객의 환심을 사는 파워를 가지고, 서비스 직원을 더욱 매력적으로 만들고, 목표(고객)로부터 동의를 촉진하도록 만들기 때문이다.

서비스에서 친화적 유머의 성과는 고객의 친화 욕구와 유머감각이라는 특징에 의해 조절된다. 사회적 친화 욕구는 타인들과 친밀한 관계를 맺고 참여하는 것을 선호하는 사람들 사이에서 가장 잘 개발된다. 결국, 이 욕구는 사회에 참여하려는 개인의 성향을 반영하고 사회적 즐거움을 얻기 위한 조화로운 관계를 창출한다. 친화에 대해 높은 욕구를 갖는 사람들은 타인들과 가까운 개인적 및 감정적 관계를 구축하고 유지하려 노력할 것이다. 따라서 현장 직원이 더 많은 친화적 유머를 사용할수록 고객-직원 관계의 친밀성이 더 높아지게 된다.

(2) 대처 행동으로서 유머

현장의 서비스 직원들에게 유머는 쉽지 않은 업무를 효과적으로 다루는 하나의 수단을 제공한다. 경계 확장자로서 현장 직원은 고객의 니즈와 원츠에 반응해야 하고, 고객 불평을 즉시 다루어야 하고, 고객을 지원하는 행동을 보여야 한다. 이러한 다차원적인 직무 요구사항을 이행하기 위해 서비스 직원은 고객 만족과 고객 보유와 같은 긍정적 고객 반응을 일으켜야 하고 다시 그 목적을 위해 그들의 감정 및 행동을 통제해야 한다. 하지만 이러한 감정적 표현은 직원의 진위 및 자기표현 니즈와 충돌하고 이것은 직원의 증가된 업무 스트레스와 낮아진 행복으로 연결된다고 이미 설명하였다.

이 업무 스트레스를 다루기 위해 서비스 직원은 자기규제를 필요로 하고 효과적인 대처 전략을 추구할 것이다. 현장 직원이 감정적 노동을 초래하는 스트레스 상황에 직면할 때 유머를 통해 그들의 부정적 감정을 억누를 수 있을 것이다. 만약 조직이 서비스 직원으로 하여금 항상 고객에게 미소를 보이도록 요구한다면 직원은 피상적 행동 혹은 내면 행동에 관여해야 한다. 즉, 그들은 피상적 행동으로 자신의 감정적 표현을 규제하고 내면 행동에서 자신의 감정을 수정해야 한다.

이를 위해서는 직원의 자기규제 자원이 필요하다. 만약 서비스 직원의 직무 요구가 그들의 활동과 스킬 활용을 통제하는 그들의 능력보다 더 높다면 그들은 고통받을 것이다. 이때, 조직은 직원에게 유머를 자기고양 행동으로 사용함으로써 직원의 행복을 증가시킬 수 있다.

사람들이 작업 현장에서 더 많은 긍정적 유머를 사용한다면 더 높은 직무 만족, 직무 참여, 정신 건강을 보인다고 한다. 그들은 또한 그들의 규제 노력에 대해 더 작은 스트레스를 경험한다. 이러한 의미에서, 유머는 직원 행복을 증가시킬 뿐만 아니라 자신의 자존심을 증가시키기도 한다. 그 예로서, 의사와 환자가 각자의 역할을 더 잘 수행하도록 좌절, 걱정, 고통, 불확실성을 다루기 위해 유머를 사용하는 것은 의료 상황에서 필수적인 커뮤니케이션 스킬이 될 수 있다.

이러한 자기고양 유머는 직원들이 긴장을 줄여 불쾌한 상황과 스트레스를 다루는 것을 도울 수 있기 때문에 이것을 대처 유머로 언급하기도 한다. 자기 고양 유머의 다른 일반적 사용은 잠재적으로 긴장상태를 해소시키기 위한 발표자 혹은 토론자와 긴장을 줄이고 분노를 낮추는 역할을 하는 협상자를 포함한다. 결과적으로, 현장 직원이 자기고양 유머를 더 많이 사용할수록 그들의 성과와 행복은 높아지고 감정노동은 줄어들 것이다.

(3) 서비스 회복으로서 유머

서비스 실패 시 그 서비스의 회복을 진행할 경우에 서비스 직원은 각 고객에 대해 분배적, 절차적, 상호작용적 공정성(justice)의 프레임워크에 기초하여 최고의 방법을 추구해야 한다. 여기서 분배적(distributional) 공정성은 경제적(예, 보상)과 감정적(예, 사과) 비용을 위한 보상을 나타내고, 절차적(procedural) 공정성은 직원의 감정이입과 관심을 포함할 수 있는 회복 프로세스의 편의성과 반응성의 평가를 반영한다. 또한 상호작용적(interactional) 공정성은 왜 서비스 실패가 발생하였고 어떤 솔루션이 이용가능한지에 대한 정보를 제공하는 데 직원의 공손함과 감정이입을 포착한다. 상호작용적 공정성은 청취하려는 의지, 적극적 청취, 적극적 문제해결, 고객을 심각하게 취급, 친근과 공손, 도우려는 의지, 고객의 상황을 이해하기와 같은 직원 특성에 기초한다.

이러한 공정성과 더불어 유머가 회복 성과를 높이는 데 영향을 미칠 수 있다. 첫째, 친화적 유머는 전달하는 메시지를 덜 심각하게 하거나 덜 위협적으로 만들기 때문에 감정적 반응을 부드럽게 한다. 자기고양적 유머는 서비스 회복 상황에서 이 목적을 가장 잘 달성할 것이다. 둘째, 유머는 개인 사이에 부정적인 영향을 미치지 않고 비판을 전달하는 메커니즘을 제공한다. 유머가 있는 불평은 불평하는 즐거움뿐만 아니라 불평하는 사람에 대한 존경을 향상시키기도 한다. 셋째, 유머는 유머를 보내는 사람의 신뢰성을 향상시킨다. 직원은 긴장을 완화시키고 고객들과 제휴하기 위해 유머를 사용한다. 여기서, 자기비난 유머는 직원이 자신의 실수 혹은 책임을 인정하는 것을 가능하게 하고 이것은 고객에게 자신의 우월성을 느끼게 하는 감정과 서비스 제공자의 고객 존중이라는 관점에 대한 통찰을 갖도록 한다. 유머는 회피 혹은 타협과 같은 전략을 통해 갈등 상황을 관리하는 데도 작용한다. 친화적이고 자기고양적인 유머는 특히 직원에게 해를 까치지 않고 서비스 실패 상황에서 분노한 고객의 감정을 누그러뜨리는 것을 도울 수 있다. 반면에 자기패배적 유머는 고객에게 편익을 제공할 수 있으나(예, 고객은 그들의 실수와 책임에 대한 직원의 인정에 만족할 수 있음) 직원에게 해(예, 직원은 고객의 환심을 사기 위해 자신을 비하함)를 끼친다.

결과적으로, 현장 직원의 친화적 및 자기고양적 유머의 사용은 서비스 회복의 효과에 가장 큰 긍정적 영향을 미친다. 하지만 자기패배적 유머는 효과가 더 적을지라도 서비스 회복 효과에 긍정적으로 관련된다. 그러나 그 효과는 서비스 실패의 심각성, 고객 및 직원의 유머감각에 의존한다.

6.3. 소매 서비스 접점에서 직원의 외모와 나이

6.3.1. 중요성

과거 주변에서 흔히 볼 수 있었던 전통 이발소의 직원과 유명 프랜차이즈 미용실 직원의 외모와 나이를 비교하는 경우가 있다. 또한 프랜차이즈 커피점의 직원, 항공사 승무원, 동네 분식점 직원의 외모와 나이가 어떤지를 생각해 보자. 현장 직원의 복장에 관한 센스/스타일, 목소리/말투, 신체적 외모와 관련한 '심미적 노동'의 개념이 Nickson et al.(2005)에 의해 등장한 바 있다. 그는 주로 소매나 환대와 같은 산업에서 고객 직원이 외모 혹은 심미적 노동을 사용한다고 주장한다. 고객이 아름다움을 더 나은 서비스와 동일시하는 것처럼 서비스 직원이 신체적으로 매력적일 때 서비스 품질에 대한 인식은 더 긍정적이라는 주장도 있다.

6.3.2. 서비스 노동자 외관과 접점에서 그 역할

현장의 직원이 입은 옷은 서비스 조직의 브랜드 이미지의 한 부분이고 직원의 몸은 그 브랜드가 소통되는 한 부분이다. 따라서 점차 여성과 노인이 많이 고용되는 상황에서 성과 나이와 같은 뚜렷한 특성이 어떤 역할을 하는지를 고려해야 한다. 서비스 노동자의 외관에 관련된 기존의 연구를 종합하면 다음의 이슈가 제안되고 있다.

(1) 직원이 입은 옷이 조직의 브랜드 이미지의 성과의 한 부분이고 직원의 육체는 그 브랜드가 소통되는 일부분이다.

(2) 레스토랑에서 아름다운 어떤 것을 고객이 더 나은 서비스와 동일시하는 것처럼 직원이 신체적으로 매력적일 때 서비스 품질에 대한 인식은 더 긍정적으로 나타난다.

(3) 나이가 있는 직원이 더 도움이 되고 그들의 니즈에 더 부응하는 제품을 더 제안할 가능성이 있다고 생각하기 때문에 나이가 있는 소비자는 젊은 직원보다는 나이가 많은 소매 직원에 의해 서비스되는 것을 선호한다.

(4) 나이는 서비스 접점에 대한 고객의 평가에 관련되는 중요한 요인이나 나이의 역할은 서비스 상황별로 다르게 나타난다.

(5) DIY(Do It Yourself) 주택개조 소매 서비스 접점에서 성의 차이와 관련한 연구에서 남성 서비스 직원이 여성보다 DIY에 대한 더 많은 지식을 가질 것이라고 생각하기 때문에 남성 직원에게 먼저 다가가는 것을 선호한다고 한다.

(6) 서비스 접점에서 성과 나이의 역할에 대한 고정관념은 성과 나이 관련 정체성과 유사한 점포 환경에 의해 강화된다. 여성과 남성의 최신 패션 점포가 그 예이다.

6.3.3. 미러링과 매칭

〈그림 8-6〉과 같이 미러링(mirroring)은 고객이 거울을 보듯이 자신과 유사한 특성(나이, 성별, 소득, 체형, 심지어 출신지역 등)을 보유한 서비스 직원을 찾는 경향을 설명하는 개념이고 매칭(matching)은 신뢰할 만한 서비스의 실마리로서 어떤 하나 혹은 그 이상의 특성을 일치시켜 사용한다는 개념이다.

그림 8-6 미러링과 매칭

출처: (왼쪽 사진) coachingandthejourney.wordpress.com, (오른쪽 사진) lifehacker.com

(1) 미러링

서비스 전달자와 수혜자 사이의 커뮤니케이션이 향상되고 결과적으로 좋고 신뢰할 만한 조언이 제공되기 때문에 고객은 그들과 닮아보이고 자신의 나이, 성별(때때로 민족, 인종)을 반영하는 직원에게 쉽게 다가간다는 개념이다. 예를 들어, 만약 판매원과 고객이 그들의 외모, 라이프스타일, 사회경제적 상태와 관련하여 유사하다면 신뢰와 만족에 긍정적 영향을 미친다는 연구가 있고 이와 유사한 개념으로 'similar-to-me' 효과는 개인은 공유된 태도를 갖는 집단 내 멤버에 더 많은 가치를 부여한다고 주장하는 사회적 정체성 이론에서 보고되고 있다.

(2) 매칭

고객은 또한 직원과 매칭 프로세스를 통해 신뢰할 만한 조언을 제공할 수 있는지를 결정하는 단서로서 나이와 성별을 사용한다고 한다. 서비스 수혜자들은 전문지식을 갖는 사람의 모습에 대한 자신만의 기대, 일선 직원의 나이, 성별을 자신과 매치시키도록 노력한다. 핵심 서비스 역할을 대부분 여성이 차지한다는 것을 고려하면 성은 특정 역할과 직업에 관련되나 나이는 주로 경험과 관련된다.

(3) 미러링과 매칭의 서비스 상황과 복합 효과

고객에게 서비스 접점의 무형적 요소는 유형적 요소만큼 서비스 품질을 평가할 때 중요하다. 고객에 의해 수행된 매칭과 미러링 프로세스는 소매 인력의 스킬이 하드/기술적 능력뿐만 아니라 감정적인 소프트 스킬의 관점에서도 이해되어야 한다는 점을 강조하고 있다. 실제로 서비스 제공자의 자기표현 스킬과 뚜렷한 다양성은 고객에게 전문적 지식의 수준에 대한 인상적 암시를 제공한다. 이 전문적 지식은 고객이 의료 혹은 화장품에 대한 조언을 추구할 때와 같은 고관여(high-involvement) 구매에서 더 중요하다. 치과와 은행과 같이 높은 신뢰가 필요한 서비스에서 고객이 서비스를 평가하는 것이 어렵기 때문에 고객은 서비스 접점에서 제공자의 지식에 의존한다. 하지만 서비스 직원의 성뿐만 아니라 고객의 성, 서비스 상황에서 성별 기대, 사용되는 서비스 특성과 상황, 성별/연령별 서비스에 대한 과거의 경험 등 다양한 요소들이 결합되어 나타나기 때문에 쉽게 이 효과를 규정짓는 것은 쉽지 않다. 따라서 일반화의 오류에 대해 조심스럽게 고민해야 한다.

6.4. 서비스에서 1인 고객

6.4.1. 중요성

사회적 추세는 소비자들이 1인 소비를 활성화하는 방향으로 가고 있다는 것이다. 친구 혹은 중요한 문제를 논의할 수 있는 믿을 수 있는 사람이 감소하는 것처럼 1인 가구도 지속적으로 증가하고 사회적 유대관계는 점차 약화되고 있다. 이러한 현상은 감염병의 존재로 인해서 점점 더 심화될 것이다. 따라서 이러한 고객의 심리를 이해하고 효과적으로 관리할 수 있는 방안을 찾을 필요가 있다.

6.4.2. 자존심과 사회적 배제

어떤 사람의 높은 자존심은 자신에 대한 우호적인 평가를 반영하는 반면에 낮은 자존심은 비우호적인 평가를 반영한다. 낮은 자존심을 갖는 사람은 높은 자존심을 갖는 사람보다 더욱 쉽게 사회적 배제를 인식하는 경향이 있다고 한다. 따라서 자존심이 높은 1인 고객(solo customer)에게는 그들을 충성스러운 고객으로서 계속 유인할 수 있는 다양한 방안을 적용할 필요가 있다. 그 예로, 단독 고객을 위한 공간마련, 혼자서 서비스를 활용할 수 있는 보조도구 제공, 혼자 오셨어요?라고 크게 소리 지르지 않기, 단독 고객을 위한 메뉴 혹은 1인용 서비스 제공 등이 있다.

하지만 몇몇 식당이 1인 고객을 유인하기 위한 방편(예, 1인용 테이블)을 도입하기 시작하고 미디어가 영화나 쇼에 혼자가는 것을 뛰어난 경험으로 묘사할지라도 많은 소비자들은 여전히 혼자 참여하는 것을 꺼려한다. 특히 자존심이 낮은 1인 고객은 자신이 느끼는 사회적 배제로 인해서 홀로 서비스받는 것을 민감하게 받아들여 거부하거나 회피할 것이다. 사회적 배제는 노인, 빈민층, 장애인뿐만 아니라 최근에는 게임을 즐기고 은둔생활을 하는 미취업청년층을 고객으로 갖는 서비스에서도 중요한 주제이다. 따라서 이들이 1인 고객으로 서비스받을 때 자신이 사회에서 배제되었다는 느낌을 강하게 받기 때문에 그러한 인식을 하지 못하도록 더욱 많은 대화와 관심(시설, 환경 등)을 보일 필요가 있다.

6.5. 고객 충성 프로그램

6.5.1. 개념과 효과

커피숍의 경우에 다양한 고객 충성 프로그램을 통해서 단골 고객을 유인하려 노력하고 있다. 예를 들어, 방문 횟수나 구매 금액의 몇 %를 적립하여 사이즈 업그레이드, 무료 제품 제공, 문화 공연 할인권 제공 등의 혜택을 제공하고 있다. 항공사의 마일리지 프로그램도 이러한 충성 고객을 유지하고자 하는 대표적 프로그램이다.

이처럼 충성 고객이 중요한 이유는 기존 고객을 관리하는 비용보다 신규 고객을 만들기 위한 비용이 훨씬 많이 들기 때문이다. 또한, 전체 매출에서 차지하는 충성 고객의 비중이 높기도 하다. 파레토(Pareto) 법칙을 따라서, 20%의 충성 고객이 전체 매출의 80%를 차지하며 고객 이탈을 5% 줄이면 순이익이 최대 95% 증가한다고 한다는 일반적인 경험칙이 존재한다.

충성 프로그램이란 고객의 비즈니스의 대가로 다양한 보상(예, 교환가능 점수, 현금, 무료 재화)을 제공함으로써 특정 브랜드 혹은 기업에 대한 고객들 사이의 관계적 태도와 행태를 향상시키려는 의도를 갖는 기업의 멤버십 기반 마케팅 프로그램이다.

충성 프로그램의 긍정적 효과는 경제적 편익으로서 재무 이익, 핵심 서비스 활용, 고객 지분 증가 등이 있고 비경제적 편익으로서 태도와 행태 충성, 교차 구매, 관계적 성과, 만족, 구전 광고 등이 있다. 반대로, 부정적 효과로는 가격 경쟁 약화, 충성 프로그램에 대한 초과 충성으로 인해 가격 촉진보다 반복구매 행동에 더 작은 영향 등을 제시할 수 있다.

6.5.2. 사회 정체성 이론(Social identity theory)에 기반한 관리 방안

사람들은 다양한 사회적 항목(예, 성, 민족, 일시적 그룹)들로 자신을 분류하고 그 그룹과 관련하여 정체성 의식(즉, 사회적 정체성)을 개발하는 경향이 있다. 고객 충성 프로그램도 사회 정체성 이론에 기반하여 설명이 가능하다. 이러한 사회 정체성 이론을 이용하면 충성 프로그램의 양면성이 가져오는 효과를 향상시킬 수 있는 두 가지 관리 방안이 도출될 수 있다.

(1) 충성 프로그램의 차별성

특정 충성 프로그램이 시장의 다른 충성 프로그램 사이에서 뛰어나다는 소비자의 인식이 차별성으로 나타난다. 많은 소매/서비스 기업들이 차별적 고객 충성 프로그램을 운영하고 있다(예, 힐튼(Hilton)의 HHonors와 하라(Harrah)의 Total Rewards). 이러한 충성 프로그램이 차별적이기 위한 한 방법은 여러 등급으로 구조를 나누는 것이다. 니만(Neiman) 백화점의 인써클(InCircle) 프로그램과 삭스(Saks)의 삭스퍼스트(SaksFirst) 프로그램은 다양한 멤버십 등급별로 고객에게 제공하는 권리와 편익을 차별화하기 위해 소비 수준을 사용하고 있다. 특히, 차별화 수준이 높은 멤버십을 제공할 때 최고 등급에 있는 소비자는 특별 대우를 받는다는 차별성을 인식하고 그것에 만족하게 된다.

(2) 정체성 일치

충성 프로그램이 제공하는 기능과 소비자가 관심을 갖는(정체성 목표) 기능
사이의 일치(유사성, 적합성, 관련성, 균형)를 이루어야 한다. 이러한 일치는 상대
적 및 규범적 측면에서 고려할 필요가 있다.

① 상대적 일치: 그룹 내 차이들이 그룹 간의 차이보다 더 작다고 인식할
   때 발생한다. 실용적 패션 브랜드인 아메리칸이글(American Eagle) 고객
   은 자신과 아베크롬비(Abercrombie and Fitch) 고객 간의 행동 혹은 태도
   의 차이를 인식한다면 소매업체의 충성 프로그램(AE Rewards)에서 그
   들의 멤버십이 적절하다고 믿을 것이다.

② 규범적 일치: 그룹 내 유사성과(혹은) 그룹 간의 차이가 그룹의 실재적
   인 사회적 의미에 대한 자신의 규범적 신념과 기대와 일치된다고 인식
   할 때 발생한다. 아메리칸이글(American Eagle)은 아베크롬비(Abercrombie
   and Fitch) 고객과 달리 실용적인 관점에서 멤버 간에 더 뛰어난 유사
   성을 인식한다면 그 업체의 서비스가 적합할 것이라고 평가할 것이다.

6.6. 고객의 특별 요청에 대처하기

6.6.1. 중요성

고객은 전에 없이 서비스 제공자가 자신의 고객화된 니즈와 요구사항을
충족시키기를 기대하고 있다. 고객 니즈와 요청에 대한 직원의 적절한 대응은
만족스러운 접촉의 거의 1/2을 설명한다고 한다(Bitner et al., 1994). 하지만 고객
의 어떤 요청은 직원이 서비스 전달을 변화시키거나 그들의 전형적인 서비스
업무를 넘어서기도 한다. 이것에 해당하는 모든 요청은 '특별 요청'이라고 하
며, 고객의 특별 요청이 중요하다는 것은 기업에게 큰 주목을 받고 있다.

고객의 특별 요청은 현장 직원의 일반적이거나 예상된 직무에서 벗어난
고객 요청으로 정의된다. 특별 요청은 너무 모호하고 다양해서 많은 서비스 조
직은 그러한 고객의 요청에 대한 구체적인 정보를 사전에 갖고 있거나 온라인

으로 제안하도록 하는 방법을 활용한다. 실제로 항공여행, 호텔숙박, 레스토랑의 경우에 고객은 자신의 식사와 관련된 주문 시 채식여부, 알레르기, 금기시하는 식재료 등의 조건을 사전에 전달할 수 있다.

6.6.2. 이론적 기반

고객 특별 요청과 관련된 이론적 기반을 이해하기 위해서는 역할 외 행동(extra-role behavior)의 개념을 먼저 알아야 한다. 고객 요청에 대한 관심과 해결은 보통 고객 지향 전략의 일부분으로 간주된다. 그러나 전형적인 직무 기대의 범위에서 벗어난 고객 요청은 역할 외 행동의 한 유형으로 간주된다. 역할 외 행동은 역할 규정을 넘어선, 공식적으로 보상되지 않는, 수행하지 않았다고 벌이 주어지지 않는 직원 행동으로 정의된다.

역할 외 행동과 밀접하게 관련된 조직 시민 행동(OCB: Organizational Citizenship Behaviors)은 직원의 기업과 다른 직원을 향한 친사회적이거나 지원적인 행동과 관련된다. 이와는 달리 고객 지향적인 직원의 역할 외 행동을 반영하기 위해 고객 지향적 행동(COB: Customer-Oriented Behavior)이라는 용어를 사용하기도 한다.

6.6.3. 특별 요청에 영향을 미치는 요인

고객의 정규적인 직무에서 벗어난 요청에 따르는 직원의 의지에 영향을 미치는 다양한 요인들이 존재한다. 예를 들어, 소매점포에서 기존의 반품정책으로는 설명이 안되는 모호한 반품 요청에 대한 직원의 의사결정에 영향을 미치는 네 가지 요인이 있다.

(1) 직원 요인

직원의 성향이 고객 지향적이고 갈등을 회피하는 성향이면 반품을 선택할 것이다.

(2) 고객 상호작용 성향

고객이 상호작용에 친화적 성향인지 아니면 지배적 성향인지에 따라서 의사결정이 이루어질 수 있다. 고객이 친화적 성향일 경우에 반품될 가능성이 높지만 반드시 그렇지만은 않다.

(3) 요청의 반환 정당성

고객의 요청이 합리적이고 증거가 있으며, 정당할 경우에는 반품 선택으로 의사결정할 가능성이 높아진다.

(4) 조직적 요인

직원의 유연성과 권한, 독자적 판단 시 처벌 기대 등의 요인들이 반품 의사결정에 영향을 미친다.

위 네 가지 요인 중에서 처벌 기대를 제외하고는 모두 직원의 특별 요청 순응 프로세스에 영향을 미친다.

이 밖에도 적응성이 자아 효능성과 직무 만족보다 더 강하게 직원 성과(역할 내와 역할 외)에 영향을 미친다. 적응성은 고객 니즈에 직원의 행동을 적응시키기 위한 직원 자유의 중요성을 강조한다. 따라서 서비스 조직은 자유재량적 의사결정을 위해 직원을 훈련시킬 필요성이 있다. B2B 서비스 전달에서도 현장 직원의 의사결정 프로세스에 영향을 미치는 세 가지 요인이 있다. 그것은 인식된 상황 리스크, 개인의 위험 수용 성향, 직원의 특별 요청에 대한 순응 성향(이것은 고객에게 가치 있고 만족스러운 서비스를 전달하고 서비스 협약 수준을 충족시키는 성향으로서 정의)이다. 또한 창의적 규칙타파(예, 직무 기대를 넘어서기)가 필요한 시기와 권한부여가 조직에 중요한 문제를 초래할 수 있는 시기가 존재한다. 따라서 권한부여가 직원에게 얼마나 많이 부여되어야 하는지를 평가할 필요가 있다.

6.6.4. 고객의 특별 요청에 대한 직원 평가

고객의 특별 요청이 존재하면 직원은 이를 평가하고 의사결정을 한다. 만약 그 요청이 긍정적으로 평가되면 그것에 따르고 부정적으로 평가되면 그 요청에 따르지 않는다.

우선, 고객의 특별하고 무리한 요청의 원인은 물리적 자원, 지식, 재무적,

시간의 네 가지로 구분할 수 있다.

(1) 물리적 자원

고객이 물리적 자원(예, 힘, 전문성, 역량 등) 혹은 설비의 결여로 인해 요청을 한다. 예를 들어, 가스레인지가 고장난 고객이 수리 서비스를 요청하였을 때 많은 부품의 교체가 필요함에도 불구하고 고객의 전문성이 떨어져 부품의 교체 없이 수리해 줄 것을 요청한다.

(2) 지식

고객은 서비스에 대한 지식의 결여로 인해 특별 요청을 한다. 흔히, 고객은 서비스 절차, 제공된 서비스, 서비스의 다른 측면을 잘 인지하지 못할 수 있다. 예를 들어, 고장난 가스레인지 사례에서 고객이 서비스되지 않는 지역에 있거나 서비스가 불가능한 고장을 요청하는 경우이다.

(3) 재무적

고객이 재무적 자원 혹은 서비스에 지불할 의지가 결여되어 특별 요청을 한다. 가스레인지 고장 수리 후 요금 지불을 못하거나 무료 서비스를 요청한다.

(4) 시간

고객이 시간 결여 혹은 일정 충돌로 인해 요청을 한다. 고객이 가스레인지 수리를 자신의 일정과 중복으로 인해 밤 9시 이후에 해 줄 것을 요청하는 경우에 해당한다.

한편, 직원 평가는 긍정적 요인과 부정적 요인으로 분류할 수 있다. 긍정적 요인으로는 고객을 도우려고 하는 바람으로 표현되는 동기부여와 특별 요청에 따르는 것을 쉽게 만드는 능력이 있다. 대부분의 직원은 고객을 돕는 것에 열정적일 수 있으나 어떤 고객은 특별 요청에 순응하지 않는 것을 선택할 수도 있다. 그 이유로는 정책 혹은 법에 위배, 특별 요청에 따를 경우에 발생하는 과다한 리스크(이익 감소, 상부의 질타, 고객의 사기 등), 자원의 결여(요청에 대응하는 인력, 자금, 시간의 부족 등)가 있다. 이 경우에 특별 요청에 순응하는 시도는 부정적 결과를 낳을 수 있다.

6.6.5. 대응 방안

어떤 고객은 서비스 조직과의 협약과 직원에게서 기대하는 것에 대한 이해 자체가 결여되어 있는 경우가 있다. 이때, 직원은 여러 분야에서 다양한 고객의 특별 요청을 인식하고 거기에 준비할 필요가 있고 적절한 대응으로 무장해야 한다. 또한 고객으로부터 받는 특별 요청의 기본적 항목을 미리 파악하고 이해함으로써 직원 대응을 지도하기 위한 더 나은 방법을 고안해야 한다.

만약 서비스와 관련된 고객의 지식에 문제가 있어 특별 요청이 있을 경우에는 직원이 할 수 있고 해야 하는 것에 관해 고객을 교육시킬 필요가 있다. 또한 서비스와 관련하여 규정이 존재하는 경우에는 고객과 그 정해진 내용에 관한 지속적인 소통을 해야 하고 서비스 제공자는 정해진 범위의 세부사항을 계속 검토할 필요가 있다.

직원에 대한 권한부여도 대응 방안이 될 수 있다. 고객의 특별 요청에 대해 현장 직원은 상황에 기반하여 의사결정해야 하고 최선의 판단을 해야 한다. 직원은 개인적 판단에 의한 결정이 필요한 상황을 세련되게 관리해야 한다. 고객이 사전에 정해진 것 이외에 무언가를 요청할 때 직원은 그 요청에 따를 수 있으나 그것은 정해진 서비스 범위 밖이기 때문에 고객이 그 차이를 이해하도록 설득해야 하고 향후에는 그것을 기대하지 않아야 한다는 것을 반드시 설명해야 한다. 하지만 권한부여는 역효과를 낼 수도 있다. 직원이 특별 요청 고객을 위해 특별한 노력을 하기 때문에 다른 고객이 기다려야 한다면 많은 고객은 불편을 경험할 수 있다. 또한 직원은 조직과 고객의 기대가 권한부여로 인해서 더 커지기 때문에 더 큰 직무 스트레스를 경험할 수도 있다.

현장 직원의 특별 요청에 대한 지원 제공은 더 큰 고객 만족과 더 좋은 긍정적 구전을 만들 수 있다. 따라서 이러한 지원을 제공하는 사고방식을 갖는 개인을 채용하는 중요성이 다시 강조된다. 예를 들어, 서비스 지향적 사고, 고객 지향적 사고, 사교성과 같은 기본적 자질이 중요한 것이다. 하지만 직원, 접점, 시기에 따른 서비스 제공자 활동의 차이가 다른 고객을 행복하게 만드는 반면에 잘못된 기대가 불행한 고객을 만들 수도 있음을 서비스 조직은 인식해야 한다. 결국, 직원이 적절한 시기에 고객의 특별 요청에 따르려고 할 때 이 자유재량 행동의 비용 대 가치를 평가해야 한다.

━━━━ 참고문헌

Albrecht, K., & Zemke, R. (1985), *Service America*, Homewood, IL: Dow Jones—Irwin.

Bitner, M.J., Booms, B.H., & Mohr, L.A. (1994), "Critical service encounters: the employee's viewpoint", *Journal of Marketing*, *58*(4), 95–106.

Bone, S.A., Fombelle, P.W., Ray, K.R. & Lemon, K.N. (2015), "How customer participation in B2B peer-to-peer problem-solving communities influences the need for traditional customer service", *Journal of Service Research*, *18*(1) 23–38.

Bowen, D. E., & Lawler, E. E. (1992), "The empowerment of service workers: what, why, how, and when", *MIT Sloan management review*, *33*(3), 31–39.

Carson, K.D., Knouse, S.B & Roe, C.W. (1997), "Balance theory applied to service quality: a focus on the organization, provider, and consumer triad", *Journal of Business and Psychology*, *12*(2), 99–120.

Fisk, B., Brown, S.W., & Bitner, M.J. (1993), "Tracking the evolution of the service marketing literature", *Journal of Retailing*, *69*(1), 13–60.

Gutek, B.A. Groth, M. & Cherry, B. (2002), "Achieving service success through relationships and enhanced encounters", *The Academy of Management Executive*, *16*(4), 132–144.

Heider, F. (1958), *The psychology of interpersonal relations*, Wiley, NY.

Heskett, J.L., Jones, T.O. & Loveman, G.W. (1994), "Putting the service-profit chain to work", *Harvard Business Review*, 72, 164–170.

Hochschild, A.R. (1983), *The managed heart*, University of California Press, CA.

Martin, R.A., Puhlik-Doris, P., Larsen, G., Gray, J. & Weir, K. (2003), "Individual differences in uses of humor and their relation to psychological well-being: development of the humor styles questionnaire", *Journal of Research in Personality*, *37*(1), 48–75.

Mathies, C., Chiew, T.M. & Kleinaltenkamp, M. (2016), "The antecedents and consequences of humour for service: a review and directions for research", *Journal of Service Theory and Practice*, *26*(2), 137–162.

McGrath, M. A., & C. Otnes (1995), "Unacquainted Interact in the Influencers: When

Strangers Interact in the Retail Setting," *Journal of Business Research*, *32*(3), 261–272.

Mehta, S.C., Lalwani, A.K. & Li, H.S. (2000), "Service quality in retailing: relative efficiency of alternative measurement scales for different product-service environments", *International Journal of Retail & Distribution Management*, *28*(2), 62–72.

Nickson, D., Warhurst C. & Dutton, E. (2005), "The importance of attitude and appearance in the service encounter in retail and hospitality", *Journal of Service Theory and Practice*, *15*(2), 195–208.

01 **다음 문제의 참과 거짓을 판단하시오.**

1.1 서비스에서 진실의 순간이란 서비스 현장 직원이 고객과 직접 만나는 순간을 의미하는 것으로서 고객 만족과 충성이 결정되는 순간이다.

1.2 서비스 삼각형 유형 중에서 고객−현장 직원이 긍정적 관계이고, 고객−서비스 조직과 서비스 조직−현장 직원이 부정적 관계이면 한 개의 긍정적 양자관계를 나타내는 균형관계라고 할 수 있다.

1.3 서비스 조직의 수월성을 창출하기 위한 생산라인 접근법은 맥도날드와 같이 표준화된 서비스 생산에 적합하다.

1.4 현장 서비스 직원과 서비스 조직 사이의 관계를 설명하는 개념은 경계확장자이다.

1.5 미소를 지닌 서비스라는 전제의 한 부분으로 강요되는 직원은 직원 대 역할 갈등의 한 원천이다.

1.6 서비스 조직의 윤리적 분위기를 조성하기 위해서는 윤리 강령 제정 및 준수 강요와 벌칙 등이 가장 바람직하다.

1.7 고객 대 고객 상호작용에서 고객이 하는 중요한 역할은 다른 고객에 대한 지식교환, 다른 고객의 문제해결, 다른 고객과 커뮤니티 구축, 다른 고객에게 추천 등이 있다.

1.8 고객 대 고객 상호작용은 고객을 수동적 청중이 아니라 능동적 공동창출자로서 바라본다.

1.9 서비스 만족거울은 서비스 조직의 성공은 고객 만족의 관점에서 투사된 서비스 교차기능 팀의 관계를 설명해 준다.

1.10 감정노동은 감정적 불화에 의해 발생한다.

1.11 서비스 직원의 감정적 스트레스에 대처하기 위한 전략은 감정 초점과 고객 초점 전략이 있다.

1.12 서비스 직원의 친화적 및 자기고양적 유머는 서비스 회복의 효과를 높이는 데 가장 큰 긍정적 영향을 미친다.

1.13 서비스 직원의 복장 스타일, 목소리와 말투, 신체적 외모와 관련하여 심미적 노동이라는 용어가 사용된다.

1.14 미러링은 similar-to-me 효과로도 설명되는 개념으로서 만약 판매원과 고객이 그들의 외모, 라이프스타일, 사회경제적 상태와 관련하여 유사하다면 신뢰와 만족에 긍정적 영향을 미친다는 개념이다.

1.15 낮은 자존심을 갖는 사람들이 더욱 쉽게 사회적 배제를 인식하기 때문에 이들을 위한 1인 고객 좌석을 준비할 필요가 있다.

1.16 고객 충성 프로그램의 성공을 위해서는 프로그램의 차별성과 정체성 일치를 강조해야 한다.

1.17 고객 충성 프로그램은 항상 경제적 및 비경제적 편익이라는 긍정적 결과를 유인한다.

1.18 온라인 리뷰 환경은 커뮤니케이션과 신뢰를 배양하고 협력적 경험을 촉진하는 것을 지향한다.

1.19 대학 교육 서비스에서 학생들 간의 중요한 상호작용 유형은 동아리, 학생회, 학과 선후배 관계를 통해 학생들 간의 지식교환, 문제해결, 집합적 정체성 의미 창출, 공통의 커뮤니티 구축, 휴식과 시간 소비, 훈육적 행동과 같이 다양한 형태로 나타난다.

1.20 대학에서 학생이 취업면접으로 인해 과제제출 기간이 지난 다음에 과제제출을 받아들이기를 요청하였을 경우에 그 이유는 고객의 교육 서비스에 대한 지식의 결여이다.

02   선택형 문제

2.1   다음 중 진실의 순간을 결정하는 요인이 아닌 것은?

① 물리적 증거와 관련되는 하드 요인들

② 서비스 전달 프로세스와 관련되는 요인들

③ 사람과 관련되는 요인들

④ 서비스 제공품과 관련된 요인들

2.2   다음 중 서비스 삼각형에 대한 설명 중 옳지 않은 것은?

① 서비스 조직, 직원, 고객으로 구성된다.

② 세 주체 간의 관계를 설명하면서 동시에 잠재적 갈등의 원천도 제안

③ 서비스 조직과 직원 간의 관계는 상호작용 마케팅에 해당한다.

④ 외부 마케팅은 서비스 조직의 입장에서 자신의 효율성과 고객 만족 향상이라는 상충관계를 다룬다.

2.3   다음 중 강한 서비스 문화와 관련이 없는 것은?

① 서비스 직원들에게 영감을 불러일으키고, 활성화시키고, 안내하는 가치와 함께 서비스 문화를 창출하는 것은 교차기능 팀이다.

② 우월한 서비스 조직에서 발견할 수 있는 핵심 가치는 수월성, 혁신, 즐거움, 팀워크, 상호존경을 포함한다.

③ 서비스 문화는 고객 서비스에 대해 서비스 조직을 지배하는 기본 전제와 가치를 반영한다.

④ 강한 서비스 문화의 본질은 서비스 수월성과 고객 가치를 전달하는 직원의 신념에 있다.

2.4   다음 중 올바른 서비스 조직과 상관없는 것은?

① 부서와 기능 간 교차 통합

② 현장에 초점

③ 고객 대 고객 상호작용의 효과적 관리

④ 현장에 권한부여

2.5 다음 중 서비스 직원의 가치 명제에 해당하지 않는 것은?

① 직원이 조직의 일부분이 되는 것을 명예롭게 느끼도록 함께 만든다.

② 업계에서 최고의 인재라는 명성을 갖도록 해야 한다.

③ 좋은 기업시민으로 보여지도록 한다.

④ 기업의 수익창출과 직원 자신의 가치가 일치되어야 한다.

2.6 다음 중 설명이 잘못 연결된 것은?

① 절약형 고객은 서비스가 제공하는 가치와 편익보다는 비용에 관심이 많다.

② 편의적 고객은 편리함을 최대로 추구하는 고객이다.

③ 개인화 고객은 고객화된 서비스에 더 높은 가치를 부여하는 고객이다.

④ 윤리적 고객은 사회적 문제에 관심이 많고 공급사슬상의 모든 단계가 얼마나 윤리적으로 이루어졌는지에 관심이 많은 고객이다.

2.7 다음 중 서비스 이익 사슬에 대한 설명이 아닌 것은?

① 내부 서비스 품질은 직원 만족을 유인한다.

② 직원 만족은 외부 서비스 가치로 이어진다.

③ 직원 보유와 생산성은 고객 만족과도 연결된다.

④ 서비스 조직의 리더십은 고객 충성으로 이어진다.

2.8 다음 중 직원의 감정적 스트레스를 해소하기 위한 방법이 아닌 것은?

① 서비스 제공자 스스로 해결하도록 서비스 환경 조성

② 직무 자율성 보장

③ 자기 효능감 향상

④ 조직 수준에서 고객압력에 대응

2.9 다음 중 고객의 특별 요청에 대한 대응 방안으로 부적절한 것은?

① 서비스와 관련된 고객의 지식에 문제가 있을 경우에 고객 교육 실시

② 고객에게서 받는 특별 요청의 기본적 항목을 미리 파악하고 이해함으로써 직원 대응을 지도

③ 직원에게 최대의 권한부여

④ 서비스와 관련한 정해진 것이 존재하는 경우에는 고객이 그 정해진 내용에 관해 지속적인 소통

2.10 다음 중 고객의 특별 요청에 대한 직원의 의사결정에 영향을 미치는 요인 중 설명이 잘못된 것은?

① 직원의 성향이 고객 지향적이고 갈등을 회피하는 스타일이면 요청을 따르는 경향이 있다.

② 고객이 상호작용에서 지배적 스타일일 경우에 특별 요청이 받아질 가능성이 높다.

③ 고객의 요청이 합리적이고 증거가 있으며, 정당할 경우에 특별 요청이 받아질 가능성이 높다.

④ 직원의 독자적 판단 시 조직의 처벌이 기대된다면 특별 요청이 받아들여질 가능성이 낮다.

1.1 다음의 서비스 중 본인이 경험했거나 잘 아는 세 개 서비스를 고려하시오.

> 휴게소 서비스, 청소 서비스, 헬스 서비스, 온라인 강의 서비스, 은행,
> 커피 전문점, TV 홈쇼핑, 학습지교육 서비스, 렌터카, 유인 주유소,
> 택시 서비스, 우체국, 고등학교 교육 서비스, 노래방, 성형수술 서비스,
> 헤드헌터, 동 대표, 수의사, 드론조정사, 보험 서비스, 기자, 감정평가
> 서비스, 유튜버, 해병대 병영체험 서비스, 감염병 검사 서비스, 역학
> 조사 서비스, 제빵점, 분식집, 파출부 서비스, 패션쇼, 창업박람회

(1) 선택한 서비스에서 중심이 되는 고객이 추구하는 가치는?

(2) 선택한 서비스에 대해 서비스 이익 사슬을 적용해 보시오.

(3) 선택한 서비스에서 발생할 수 있는 서비스 직원이 경험할 수 있는
감정 스트레스 유형을 제안하시오.

(4) (2)번에서 발생하는 감정 스트레스에 대한 적절한 대처 방안을 문제
초점과 감정 초점 전략으로 구분하여 제안하시오.

(5) 선택한 서비스에서 가장 적절한 충성 프로그램은 어떤 것이 있는지
제안하시오.

1.2 대학 혹은 회사의 교내/구내식당에서 진실의 순간은 무엇인지를 설명하고
그 순간을 개선하기 위한 방안을 제시하시오.

1.3 본인이 관심을 갖고 있거나 최근에 경험한 서비스에서 미러링과 매칭이
어떤 역할을 하는지 설명하시오.

1.4 본인이 원하는 서비스 조직에 취업하기 위해 갖추어야 할 하드(hard)와 소
프트(soft) 스킬을 나열해 보시오.

1.5 향후에 1인 고객이 증가하게 될 서비스를 찾아보고 그 고객을 만족시키기 위해 어떻게 관리하는 것이 바람직한지 제안하시오.

1.6 블랙 컨슈머의 사례를 조사하고 그들에 대한 효과적 대응 방안을 정리하시오.

1.7 입소문 마케팅의 유형인 커뮤니티 마케팅, 바이럴 마케팅, 버즈 마케팅의 개념과 방법에 대해 조사하시오.

1.8 존슨앤존슨, 포스코, 유한킴벌리, 현대자동차, 국민은행의 과거 사례와 윤리경영 사례를 조사하여 정리하시오.

1.9 다음의 비대면 서비스 중 잘 알거나 경험했던 서비스 세 개를 고려하시오.

> 무인카페, 배달 전문 도시락, 음식 배달 서비스, 인터넷 금융, 비대면 교육, 온라인 취미 수업, 세탁물 픽업 및 배달 서비스, 매장 내 물건 주문과 픽업 서비스, 셀프 관리형 정수기 필터 서비스, VR을 이용한 인테리어 제안, 사이버 모델 하우스, 메신저 상담, 챗봇, AI 스피커를 통한 쇼핑, 가상 피팅 의류/안경 쇼핑몰, 비대면 화상 면접, 비대면 육아 서비스, 재택 근무 서비스, 온라인 합동연주 및 콘서트, 비대면 결제 서비스, 동영상 스트리밍 서비스, 100% 셀프 스토어

(1) 선택한 서비스에 서비스 삼각형의 개념을 적용할 수 있는지 평가하시오. 전방과 후방부서의 직원 관리는 어떻게 해야 하는지 제안하시오.
(2) 그 서비스에서 발생할 수 있는 고객과의 다툼 상황을 찾아보시오.
(3) 선택한 서비스에서 진실의 순간과 고객 접점을 다시 정의하시오.
(4) 선택한 서비스에서 고객이 인식하는 가치는 무엇인가?
(5) 선택한 서비스에서 고객 대 고객 상호작용을 효과적으로 관리하기 위한 방안은 무엇이 있는지 제안하시오.
(6) 선택한 서비스에서 고객의 충성을 높일 수 있는 방안을 제안하시오.

서비스 시설 관리

Service Operations Management

09 CHAPTER

배경

오프라인 서비스의 경우에 고객에 대한 서비스는 서비스 시설에서 이루어진다. 하지만 고객은 오프라인이든 온라인든지 간에 서비스 접점을 둘러싸고 있는 서비스 시설을 항상 경험하고 있다. 따라서 서비스 투입물 차원의 서비스 시설에 대한 관리는 고객 만족과 충성에 관련되는 중요한 의사결정 분야이다. 서비스 부문에서는 이러한 서비스 시설에 대한 관리를 서비스스케이프(servicescape) 라는 용어로 표현하고 이에 대한 효과적 관리를 다룬다. 본 장에서는 서비스스케이프를 구성하는 차원과 더불어 이에 대한 확장과 서비스 시설의 복잡성, 설비 배치, 가상의 서비스스케이프 등 관련된 주제를 다루도록 한다.

주요 이슈

● 서비스 시설 디자인에 영향을 미치는 요인은?
● 서비스스케이프 모델은?
● 서비스스케이프를 구성하는 주요 차원과 그 특징은?
● 서비스 시설 복잡성의 개념과 관리는?
● 서비스 설비 배치 유형은?
● 효과적인 가상의 서비스스케이프 요인은?

1 시설 디자인

1.1. 오리엔테이션

환경이 사람의 심리에 미치는 영향은 '오리엔테이션(지향: orientation)'이라는 개념으로 설명할 수 있다. 이 용어는 시설 및 환경이 무엇을 지향하고 있는지를 나타내는 용어로서 어떤 장소에 진입하면서 고객이 느끼는 첫 행태적 니즈(behavioral needs)를 반영한다. 이 오리엔테이션은 소비자가 어디에 있는지를 인식할 수 있도록 하는 장소 오리엔테이션(예, 일본식 식당, 한정식 식당, 중국식 식당 등)과 여기서 무엇을 할 수 있는지, 이 조직이 어떤 서비스를 제공하는지를 쉽게 인식할 수 있도록 하는 기능 오리엔테이션(예, 뷔페에서 음식과 좌석의 배치, 롯데리아의 키오스크 주문기 등)이 있다.

이러한 오리엔테이션은 소비자에게 인식 및 행동의 준거점(reference point)으로 작용하기 때문에 서비스 조직은 이러한 오리엔테이션을 강조하기 위해 정형화된 시설을 사용한다든지 혹은 시설 디자인에 많은 노력을 기울인다. 특히, 프랜차이즈 서비스는 정형화된 시설을 사용하여 고객이 그 서비스의 방향을 명확히 알 수 있도록 하기 위해 다양한 시설을 사용한다. 유명 커피전문점, 치킨, 아이스크림 등의 상호와 실내 색감과 조명, 시설 배치, 직원 유니폼 등은 모두 이러한 관점에서 통일된 형태를 갖는다.

1.2. 시설 디자인의 고려사항

일반적으로 은행이나 호텔 첫 입구의 공간 배치는 전체 공간이 조망되고 넓은 중앙입구를 사용하는 형태로서 이러한 시설 디자인은 서비스 조직의 특성과 목적, 토지 이용가능성과 공간 요구사항, 유연성, 안전, 심미적 요인, 커뮤니티와 환경 등 다양한 고려사항을 바탕으로 결정된다.

1.2.1. 서비스 조직의 특성과 목적

은행은 금고를 수용할 수 있어야 하고, 소방서는 소방차를 주차하고 정비할 수 있어야 하고, 병원은 청결한 하얀색 중심, 유치원은 밝고 화려한 조명과 안전한 바닥으로 구성되어 있어야 한다.

1.2.2. 토지 이용가능성과 공간 요구사항

마트나 마켓에서는 무거운 짐을 차량으로 나를 수 있도록 지하 또는 지상 주차장을 보유하고 있어야 한다. 또한 레스토랑은 장소가 협소한 입지에서 고객에게 매장 내 서비스를 제공할 수 있도록 일층과 이층의 복층 구조를 갖고 있기도 한다. 최근 커피숍에서는 공부하는 학생을 위해 노트북에 연결이 가능한 콘센트와 와이파이(Wi-Fi)를 구비하고 있다.

1.2.3. 유연성

서비스에서 수요 변동에 대한 적절한 대응은 조직의 성공에 큰 영향을 미친다. 따라서 수요의 양과 특성의 변화에 대응할 수 있는 시설 디자인이 필요하다. 식당에서 개폐식 벽을 통해 한 테이블에 앉을 수 있는 고객 수를 변동시키는 것이 한 방법이다. 또한 식당은 테이블과 좌석을 쉽게 이동하여 단체 고객의 규모에 맞춰 자리를 이동시킬 수 있는 설비를 갖추고 있다.

1.2.4. 안전

서비스에서도 고객의 안전은 중요한 주제이다. 안전과 보안을 위한 감시카메라, 공개된 공간 등이 중요하다.

1.2.5. 심미적 요인

카페의 사진, 유명인의 사인, 테이블 및 공간의 청결, 잘 배치된 꽃 등의 장식은 고객에게 제공된 서비스에 대한 심리에 긍정적 영향을 미친다.

1.2.6. 커뮤니티와 환경

서비스가 제공되는 국가와 지역의 문화에 동화되고 규제를 준수할 필요가 있다. 인사동에서는 반드시 한글 간판만을 사용할 수 있는데 해외 프랜차이즈라 할지라도 이에 맞는 한글 간판을 달아야 할 것이고 고풍스럽고 전통이 강조되는 지역에 맥도날드와 같은 간판이 크게 걸려 있는 것은 오히려 소비자들에게 역효과를 불러올 수 있다. 지역사회의 특성을 반영한 시설 디자인이 필요하다.

2 서비스스케이프

2.1. 개념

서비스를 지원하는 시설 및 환경은 고객에게 심리적으로 영향을 미쳐 고객 만족과 충성으로 귀결되는 중요한 역할을 한다. 서비스에서는 이러한 지원 시설 및 환경을 서비스스케이프(servicescape)라는 용어를 통해서 강조하고 있다. Bitner(1992)는 서비스 조직 내에서 시장교환이 수행된, 전달된, 소비된 물리적 환경(장소, 배경, 무대 등)을 서비스스케이프로 불렀다. 결국, 이 개념은 직원과 고객의 행태에 영향을 미치는 물리적 주변상태를 디자인하는 것을 의미한다. 나아가 그녀는 서비스스케이프를 구성하는 세 가지 유형의 자극(stimulus)을 개념화하였다. 이것은 객관적 자극, 물리적 자극, 측정가능한 자극이다. 이 자극은 조직에 의해 통제가능하고 직원과 고객의 접근(approach)/회피(avoidance) 의 사결정을 향상시키거나 제한할 수 있으며, 직원과 고객의 사회적 상호작용을 촉진/방해할 수 있는 특징을 갖고 있다.

환경 심리학 문헌에서 가장 폭넓게 사용된 모델은 Mehrabian & Russell (1974)의 약자인 M-R모형이다. 이 모형은 자극-유기체-반응 패러다임(S-O-R: Stimulus-Organism-Response paradigm)에 기초한다. 환경으로부터 자극(S)은 사람들의 내적 평가(O)에 영향을 미치고 다시 행태 반응(R)에 영향을 미친다. 세 가지 감정 상태인 즐거움/불쾌함, 각성/무각성, 지배/복종(leasure/displeasure, arousal/non-arousal and dominance/submissiveness (PAD))은 접근 혹은 회피 행태에서 환경에 대한 반응을 매개한다. 접근은 점포에 남아 제공품을 살피는 욕구이고 회피는 그 반대이다. 환경으로부터 자극(Stimulus)은 사람들의 내부 평가(Organism)에 영향을 미치고 다시 행동 반응(Response)에 영향을 미친다.

이 모델에 기초하여 소비자의 행태적 반응인 긍정적 접근(approach) 행동과 부정적 회피(avoid) 행동에 영향을 미치는 서비스스케이프 자극으로는 주위조건, 공간/기능성, 사인/심볼/인공구조물이 있고 이들 사이를 매개하는 소비자의 내부평가 요소로서 신념과 범주화를 포함한 인지, 즐거움, 각성이라는 감정이 있다. 이러한 내부평가 요소를 강화시키거나 약화시키는 조절요인으로는

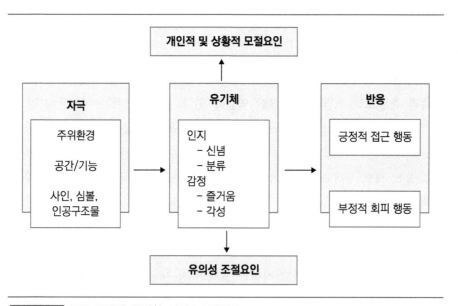

그림 9-1 SOR 모델에 근거한 서비스스케이프

개인적 및 상황적 요인과 유의성(valence: 개인 또는 행위가 갖는 이끄는 힘)이 있다. 이를 구체적으로 정리하면 〈그림 9-1〉과 같다.

　　이러한 모델에 기초하여 서비스스케이프 요소들은 다음 〈그림 9-2〉와 같이 구체적으로 모형화될 수 있다. 구체적으로, 환경적 차원으로는 온도/공기질/소음/음악/향과 같은 주변상황, 배치/설비/가구 등의 공간 및 기능, 사인/개인적 소유물/장식 스타일과 같은 사인/심볼/인공구조물이 있다. 이러한 환경적 차원들에 대해 고객의 인식된 서비스스케이프가 전체 환경을 구성하여 내부 반응을 초래한다. 한편, 내부 반응에 영향을 미치는 심리적 조절요인들로서 인지적, 감정적, 심리적 요인들이 존재한다. 여기서 인지적 요인은 신념/범주화/상징적 의미, 감정적 요인은 분위기/태도, 심리적 요인은 고통/편함/운동/신체

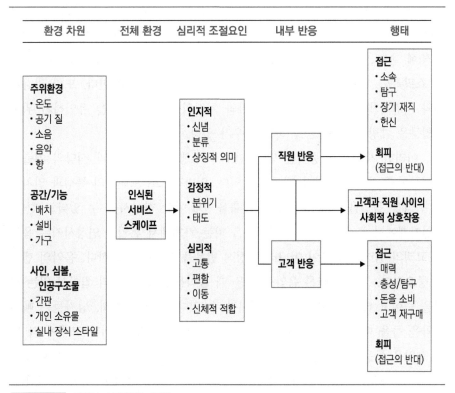

그림 9-2 서비스스케이프 모델

출처: Bitner, M. J. (1992), "Servicescapes: The impact of physical surroundings on customers and employees," *Journal of Marketing*, *56*(2), 57-71.

적합성 등으로 구성된다. 이러한 조절요인들로 강화된 내부 반응은 최종적으로 고객 행태의 변화로 귀결된다. 그 행태는 직원과 고객의 서비스에 대한 접근과 회피로 나타나며, 고객과 직원 사이의 사회적 상호작용으로도 결과된다. 직원의 반응으로서 접근은 소속감, 탐구, 장기 재직, 헌신으로 나타나고 회피는 접근의 반대이며, 고객의 반응으로서 접근은 매력, 충성/탐구, 소비, 재구매로 나타나고 회피는 접근의 반대이다.

2.2. 환경적 자극의 세 가지 차원

2.2.1. 주위 환경

인간의 감정에 영향을 미치는 배경 환경, 자극, 분위기를 나타낸다. 이 자극으로는 시각(예, 조명, 색, 밝음, 모양), 심미적 청결, 후각(예, 냄새, 공기질, 향기), 환경(예, 온도), 청각(예, 음악, 소음) 요소들로 구성된다. 흔히, 음악 템포는 고객의 쇼핑속도, 쇼핑시간, 소비수준에 영향을 미칠 수 있다고 한다. 또한 과자가게와 치킨가게는 신선하게 구운 과자와 치킨의 향기로 고객을 유인하기 위해 출입문을 개방한 채 영업을 하는 경우가 있다.

이러한 사실을 입증하는 많은 연구가 수행되었다. 음악과 식당의 매출과 관련하여 흥미로운 결과가 제시되고 있다. 일반적으로 브랜드의 특성과 일치하는 음악을 틀었을 경우에 식당의 매출을 9% 이상 향상시킬 수 있다고 한다. 와인가게에서 클래식 음악, 계절제품을 파는 가게에서 휴일을 연상시키는 음악은 고객의 심리적 반응이 아니라 감정적 반응을 유인한다고 한다. 음악의 템포도 중요하다. 고객이 빠른 음악을 들을 때 음식을 30% 더 빨리 씹어서 먹는 시간을 줄이고 테이블 회전율을 증가시킬 수 있다고 한다. 특히, 남자들은 빠른 음악을 들을 때 더 많은 음료를 더 빨리 마신다고 한다. 그러나 고객이 더 느린 음악을 들을 때 더 많은 음료수, 디저트, 커피 등을 소비하여 23%까지 소비가 늘어난다는 주장도 있다. 음악의 크기도 고객에게 중요한 영향을 미친다. 식당점포의 주인은 바쁜 시간에 고객을 더 빨리 회전시키기 위해서 음악을 시끄럽게 더 크게 올리기 원한다. 그러나 시끄러운 음악에 의해 고객이 맛을 제대로 느끼지 못하고 식욕이 떨어질 수도 있다는 주장이 있다. 그 결과, 고객은 더 적게 주문하거나 음식을 즐기기 어려워 다시 방문하지 않을 가능성이 높아진다. 이러한 긍정적 경험과 부정적 경험으로 인해 적절한 균형이 필요해진다. 음악의 스타일과 장르에서 적정성도 중요하다. 잘못되거나 부적절한 음악 선택은 전체 매출을 4% 감소시키고 적절한 음악 선택은 매출을 5% 증가시킨다는 연구결과도 존재하기 때문에 브랜드와 목표 고객, 연령, 소득수준, 주 고객의 선호에 맞춰 음악을 선별할 필요가 있다.

한편, 향기와 식당의 매출 간의 관계에 대해서도 흥미로운 제안이 나오고 있다. 이른바 향기 마케팅(scent marketing)이라고 하는데, 맥주, 바, 커피숍, 음식점 등에서 활발히 적용되고 있다. 신선하게 구운 빵과 친숙한 로즈메리 향을 이용하여 빵가게의 매출이 7% 증가하였고 가게가 산뜻한 냄새로 차 있을 때 고객은 44% 더 오래 머무르며, 던킨도너츠(Dunkin Donuts)에서 커피 향을 통해 지나가는 거리의 인파를 유인할 수 있었다. 이를 위한 관리 방법으로서 다음이 구체적으로 제안되고 있다. 첫째, 음식과 향기를 일치시켜라. 햄버거가게에서 커피, 계피, 라벤더 향기는 필요없지만 카페 시나봉(Cinnabon)은 시나몬 슈가(cinnamon-suger) 아로마(aroma) 향을 대표 향으로 보장하고 있다. 둘째, 대표적인 시그니처(signiture) 향을 보유하라. 신차를 구매했을 때 나는 냄새처럼 특정 브랜드하면 생각나는 향기가 무엇인지를 고민해야 한다. 고객은 뇌가 기억하지 못하는 것을 후각을 통해서 기억할 수 있기 때문이다. 셋째, 향을 과도하게 사용하지 마라. 향으로 고객을 유인하는 것이지 공격하는 것은 아니다. 너무 옅은 향기는 고객이 알아채지 못하고 과한 향기는 압도될 수 있다. 예를 들어, 마늘, 카레, 해산물, 양파, 홍어, 과메기 냄새는 그 향이 필요한 가게가 따로 있다는 점을 명심해야 한다.

2.2.2. 공간배치와 기능성

서비스 시설의 로비, 직원과 고객의 동선, 활동 중심포인트 등을 고려할 필요가 있다. 공간은 물리적 기계류, 설비(예, 전기), 기술, 가구류와 그들의 배열뿐만 아니라 관찰이 어려운 편의시설의 비치, 배치, 접근가능성을 나타내고 고객접근/회피 의사결정에 영향을 미친다. 한편, 기능성은 서비스 교환 프로세스를 촉진하고 인체공학적 방식으로 고객 지원을 향상시키기 위한 위의 모든 물리적 항목들의 능력을 나타낸다.

차원으로서 간주될 때 공간과 기능은 '디자인스케이프(designscape)'로 고려된다. 이것은 실제(예, 만들어진)와 추상적(예, 주관적) 의미 모두를 포함하는 물리적 항목의 느슨하지만 일관되고 지배적인 네트워크로 표현될 수 있다. 즉, 소비자는 현장의 의미 혹은 정체성을 이해하기 위해 디자인스케이프를 평가한다. 그렇게 함으로써 소비자들은 이 장소가 무엇을 나타내는가? 이 현장에서 나의 목표를 충족시킬 것인가?와 같은 자신의 질문에 답할 수 있다.

패스트푸드 레스토랑은 식사하는 손님의 적절한 활동을 시각적으로 소통하기 위해 시설을 의도적으로 디자인한다. 예를 들어, 메뉴는 현금지급기 위에 게시, 쓰레기통은 출구 근처에 위치, 셀프 서비스 음료 기계는 계산대와 식탁 사이에 위치하는 방법이 있다. 뷔페도 공간배치와 기능성을 고려해 대부분 유사하게 배치하고 있다. 즉, 고객의 이동동선이 가급적 중복되지 않도록 배치되었으며, 특히, 채소, 고기, 회, 음료, 디저트 등의 배치가 어떤 특성을 보이는지 생각해 보기 바란다.

한편, 기업은 디자인스케이프를 만들어내도록 조작할 수 있으나 소비자들이 그것을 어떻게 해석하고 반응하는지를 통제하기는 쉽지 않고 흔히 관리적 의도와 매우 다르게 고객에 의해 평가되기도 한다. 예를 들어, 비록 어떤 고객이 라스베가스와 같은 관광 메카를 특징짓는 디자인스케이프에 갈채를 보낼 수 있을지라도 다른 사람들은 이 서비스스케이프를 문화적 혹은 급진적인 허상으로서 부정적으로 평가할 수도 있다.

2.2.3. 사인, 심볼, 인공물

소비자에게 장소에 대한 일반적 의미를 소통하기 위해 관리자가 서비스스케이프에서 활용하는 물리적 신호를 의미한다. 주변에서 흔히 볼 수 있는 'No Smoking'이라는 금연 표시는 행동 규칙을 의미하고, 쓰레기 재활용 표시는 책임있는 행동을 권장하는 명시적인 사인에 해당한다. 나아가, 경계 표시 구분

(예, 신발 코너에서 아동용 코너 표시), 방향(예, 진입과 진출), 화장실 표시, 경고 표시(예, 바닥 젖음), 행동 규칙(예, 2m 간격 유지)과 같은 본원적 사인은 서비스스케이프를 통해 고객의 인식을 용이하게 하고 행동 규제를 촉진한다. 또한 KFC 할아버지와 같은 인공구조물부터 맥도날드에서 사용하는 로고와 같은 심볼, 레스토랑의 골동품/도자기/특색 있는 식탁보/유명인의 사진과 사인 등은 전통을 상징하는 심볼에 해당하고 교수 연구실의 클래식 음악/사방의 잘 읽지 않는 많은 두꺼운 책/잘 정돈된 책상 등은 모두 학식과 위엄을 보여주려고 하는 상징에 해당한다.

　　서비스 조직은 또한 심미적 인상을 창출하고 고객이 장소의 의미를 이해하는 것을 돕기 위해 미술품과 장식품을 포함하여 국기와 같은 심볼을 사용하기도 한다. 예를 들어, 현지느낌이 물씬 나는 식당 등이 최근에 많이 고려하고 있는 것처럼 올리브가든체인(Olive Garden chain) 레스토랑은 복제된 이탈리아 관련 인공물을 사용함으로써 레스토랑에 들어와 잠시라도 이탈리아를 경험하는 느낌을 고객에게 제공한다. 하와이 호텔은 복제된 폴리네시아 주제의 인공구조물을 사용하여 고객이 현실에서 탈출하고 모조된 세계에 진입하도록 도와준다. 이와 유사한 개념으로 사람이 살아가는 동안 접하는 상상된 환경뿐만 아니라 물리적 환경의 형태를 취하는 수준을 나타내기 위해 '경험스케이프(experiencescapes)'라는 용어를 사용하기도 한다. 나아가, 서비스 조직은 '브랜드스케이프(brandscapes)'를 창출하면서 기업 브랜드, 로고, 이름을 갖는 서비스스케이프를 강조하기 위해 사인을 활용할 수도 있다.

2.3. 서비스스케이프 요소들의 조화

2.3.1. 환경적 자극들의 상호작용

　　서비스스케이프 요소들은 개별적으로 고객에게 중요한 영향을 미치기도 하지만 여러 요소들 간의 조화와 상호작용도 중요한 영향을 미친다. 이미 환경적 자극과 접점 사이의 적합성의 존재가 중요한 관심을 받았다. 특히, 음악과 냄새가 가장 많이 연구되었다. 몇 가지 예를 들면, 점포와 음악의 조화는 서비스 접점에서 지출된 돈과 소비된 시간의 관점에서 소비자의 지출에 영향(Jacob et al., 2009)을 미칠 뿐만 아니라 고객의 직원에 대한 태도에도 영향(Chebat et al., 2001)을 미칠 수 있다고 알려졌다. 또한 서비스 환경과 냄새의 적합성에 관해서 성별로 적절한 냄새는 점포뿐만 아니라 그 점포의 제품에 대한 인식과 실제 매출에 영향(Spangenberg et al., 2006)을 미치고 점포에서 물리적 환경과 관련된 적절한 냄새는 쇼핑 행태를 향상(Parsons, 2009)시킨다고 한다. 이 밖에도 음악과 소매의 일치와 조명과 냄새(Vaccaro et al., 2009)와 같은 다른 환경적 자극의 존재도 분석된 바 있다.

한편, 환경적 자극과 접점 사이의 적합성도 중요하다. 두 환경 사이의 상호작용 효과는 환경적 자극(예, 큰 음악×강렬한 냄새)의 구체적 특징 상호 간의 영향에서도 발생한다. 연말 휴일 동안 크리스마스 음악과 크리스마스 냄새(예, 향신료, 계피, 오디 등) 사이의 상호작용과 조화에 대한 연구는 이 결합이 크리스마스 음악이 울려 퍼질 때 고객이 그 점포를 더 우호적으로 평가하도록 유인한다고 한다. 한편, 냄새는 크리스마스와 무관한 음악(즉, 비조화적 음악)이 틀어질 때 아무 영향을 미치지 않거나 어떤 경우에는 부정적 영향을 미칠 수도 있다. 어떤 연구에서는 아로마 향과 음악의 조화가 상호작용을 할 경우에 충동구매 경향을 갖는 쇼핑 경험이 향상되는 것을 발견하기도 하였다.

추가로 몇 가지 흥미로운 실험 결과가 제시되었다.

(1) 느린 음악이 흘러나오면 사람들은 한 시간 동안 느긋하게 식사를 즐겼지만 빠른 음악이 들리면 45분 만에 식사를 후다닥 마쳤다. 또한 느린 음악은 식사 중에 음료를 1.5배 더 많이 주문하도록 했다.

(2) 느린 음악이 흘러나오면 음식을 더 천천히 씹는다는 연구도 있다. 느린 음악은 고객을 더 많이 소비하게 만들지만 더 오래 머물게도 한다는 사실을 명심해야 한다. 손님들로 붐비고 인기 있는 레스토랑이라면 빠른 음악을 틀어서 더 많은 손님을 받는 것이 나을 수도 있다.

(3) 고객의 반응에 따르면 이지리스닝 음악은 식당을 싸구려로 느끼게 했고, 팝 음악은 즐겁고 활기찬 곳으로, 클래식 음악은 고급스러운 곳으로 느끼게 하였다.

(4) 영국의 한 실험에 의하면 음악을 틀지 않았을 때 사람들이 적은 소비 총액은 14.30파운드였다. 이지리스닝 음악이 연주되자 이 금액은 14.51 파운드로 올라갔다. 다시 팝 음악이 나오자 금액은 16.61파운드로 올라갔고, 클래식 음악은(늘 그렇듯이) 사람들에게 근사하고 고급스러운 분위기를 안겨주어 17.23파운드까지 올라갔다. 결과적으로 침묵과 클래식 음악의 차이는 2.93파운드로 20% 정도 차이가 났다.

2.3.2. 서비스 유형과 고객의 특이성

어떻게 물리적 환경들이 특히 '스포츠 접점(sportscape)', '레스토랑 접점(dinescape)', '은행 접점(bankscape)'과 같은 특정 서비스 산업 내 고객에 영향을 미칠 수 있는지를 고려할 필요도 있다. 한편, 고객의 문화적 및 물리적 차이의 중요성도 존재한다. 일반적인 서비스스케이프 연구가 서구 문화를 토대로 수행된 반면에 비서구 문화에서 어떻게 서비스스케이프 특징이 인식되는가가 주로 연구되기도 하였다. 예를 들어, 중국 문화에서는 일반적으로 서비스 환경(분위기, 디자인, 배치)이 재사용 의도에 낮은 수준의 영향을 미치는 것으로 나타났다. 그 이유는 일반적으로 중국 소비자가 미국보다 덜 충동적이고 구매가치에 강한 강조를 두었고 재화와 서비스의 심미적 차원에 대한 관심이 낮았기 때문이다. 또한 이집트에서 소매 환경은 매우 복잡하고 붐비기 때문에 소비자들은 인테리어 디자인보다 배경 음악과 같은 요소에 의해 더 영향을 받았다. 한편, 미국 내 히스패닉과 같은 이민자 그룹의 구매 의도는 서비스스케이프의 친숙성과 직접 관련이 있었다. 그 결과, 그들은 판매 인력에 의해 잘 응대되면 다른 분위기 요소를 무시하는 경향이 있었다.

2.4. 서비스스케이프의 역할

(1) 환경에서 사람들을 돕는 촉진자

서비스스케이프는 서비스 소비를 편안하게 만들고 고객을 편리하게 만든다. 또한 서비스 전달에서 효율성을 보장한다.

(2) 고객과 직원 사이의 완벽한 사회자

서비스스케이프는 직원과 고객 모두의 기대된 역할과 행동을 전달한다. 조직의 신규 직원은 서비스스케이프를 통해서 자신의 일이 어떤 것이고 어떻게 수행되어야 하는지를 지도받는다. 또한 은행의 고객들은 프라이빗 뱅크와 퍼블릭 뱅크의 서비스스케이프 차이를 시설을 통해 경험할 것이다.

(3) 외관을 통해 내부 이미지를 전달하는 것을 돕는 패키지

서비스 패키지는 특정 이미지를 구축하기 위한 시각적 은유(metaphor)로서 작용한다. 페덱스(FedEx)의 제품 포장용지는 이러한 효과를 강조한다.

(4) 경쟁자로부터 기업의 디자인을 분리하는 차별자

기업을 다시 포지셔닝하고 새로운 고객을 유인하는 것을 지원한다. 쇼핑몰의 사인, 색, 음악 등은 자신만의 독특한 서비스스케이프를 보유하고 유지하려고 노력한다.

2.5. 확장된 서비스스케이프

Rosenbaum & Massiah(2011)은 서비스 환경 내에서 잠재적 조절요인과 환경적 자극의 복잡성에 대한 철저한 이해를 제공할 목적으로 〈그림 9-3〉과 같은 확장된 서비스스케이프 모델을 제안하였다.

이 모델에 따르면 인식된 서비스스케이프를 구성하는 환경적 차원들은 물리적, 사회적, 사회적으로 상징적, 자연적 차원으로 구성된다. 그들의 논의를 중심으로 구체적으로 설명하면 다음과 같다.

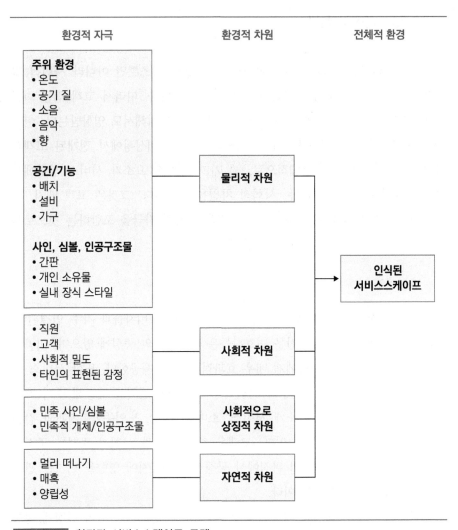

환경적 자극　　　　　　환경적 차원　　　　　전체적 환경

주위 환경
- 온도
- 공기 질
- 소음
- 음악
- 향

공간/기능
- 배치
- 설비
- 가구

사인, 심볼, 인공구조물
- 간판
- 개인 소유물
- 실내 장식 스타일

물리적 차원

- 직원
- 고객
- 사회적 밀도
- 타인의 표현된 감정

사회적 차원

- 민족 사인/심볼
- 민족적 개체/인공구조물

사회적으로 상징적 차원

- 멀리 떠나기
- 매혹
- 양립성

자연적 차원

인식된 서비스스케이프

그림 9-3 확장된 서비스스케이프 모델

2.5.1. 물리적 차원

이 차원은 직원과 고객 행동을 향상(또는 억제)하기 위해 기업에 의해 통제 가능한, 만들어진, 관찰가능한, 측정가능한 자극을 포함하기 때문에 관리자가 가장 이해하기 쉽다. 이미 앞서 설명한 것과 동일하다.

2.5.2. 사회적 차원

대부분의 시장 교환은 고객이 자신의 실용적 니즈뿐만 아니라 사회적 및 심리적 니즈를 충족시키는 혼합된 교환으로 고려된다. 따라서 고객 접근/회피 의사결정은 물리적 자극뿐만 아니라 사회적 자극에 의해서도 영향받는다. 이러한 '사회적 서비스스케이프(social servicescape)'는 소비상황에서 전개된 고객과 직원 요소를 구성한다. 구체적으로, 세 가지 사회적 요소가 서비스 상황에서 고객의 경험에 영향을 미치는 사회적 차원을 구성한다. 그것은 고객 배치, 고객 관여, 직원과 상호작용이다. 또한 그것은 다음의 자극을 포함하는 것으로서 서비스스케이프의 사회적 차원이 정의될 수 있다.

(1) 직원

일선 현장 직원들은 개인적, 감정적 수준에서 소비자들과 자주 연결된다. 미용사, 바텐더, 의사, 이혼전문 변호사들은 정신건강의 중심에 있으며, 비공식적으로 필요한 시기에 사람에게 매우 효과적 지원을 제공한다. 또한 서비스 직원이 고객의 삶의 질을 높여주고 사회적 지원이라는 편익을 제공해 주기 때문에 고객은 미용실, 데이트 소개 서비스, 소매점, 식당, 노인종합복지관과 같은 시설의 단골이 되는 경향이 있다. 고객은 해당 직원과 사회적 관계를 조직의 품질, 미래 반복구매, 구전의 관점에서 긍정적 행동의지에 영향을 미치는 관계적 편익으로 고려하기 때문이다.

따라서 서비스 직원은 서비스스케이프에서 고객의 접근/회피 결정에 영향을 미치는 환경적 자극의 일부분으로 고려되어야 한다. 이것은 서비스 직원이 고객의 성향을 통제할 수 있다는 것을 의미한다. 하지만 많은 고객은 서비스 제공자와 관계를 계속 유지하는 것에 큰 가치를 두지 않는다. 따라서 서비스 조직이 고객화된 관계 프로그램을 양성하는 것이 중요해진다. 결과적으로, 직원-고객의 관계지원은 고객이 그것을 적극적으로 원할 때 효과가 있으나 고객에게 강요할 때는 그 가치가 줄어들 것이다.

(2) 고객

사회학에서는 가정과 직장의 영역을 넘어 일상적, 자발적, 비공식적으로 행복을 추구하는 개인들의 모임이 이뤄지는 공공장소를 '제3의 장소(the third places)'라고 한다. 그러한 장소로는 맥주집, 빨래방, 중고의류점, 커피숍, 식당 등이 있다. 제3의 장소는 보통 많은 이웃사람을 잘 아는 사람에 의해 운영되는 지역적으로 분포하고, 독립적이고, 작은 규모를 갖는 서비스 조직을 말한다. 제3의 장소는 보통 가정으로부터 벗어난 새로운 가정으로 생각하는 단골 고객에 의해 자주 애용되기도 한다. 실제로, 단골이 사회적 지원과 같은 자원을 다른 고객으로부터 얻을 수 있기 때문에 이 시설을 흔히 애용하게 된다. 예를 들어, 사별, 이혼, 은퇴와 같은 부정적 인생 경험과 관련한 사건들로 인해 사회적 지원의 손실을 경험한 소비자들은 제3의 장소에 있는 소비자들과 지원적 관계를 형성함으로써 사회적 지원의 손실에 균형을 이룰 수 있다. 마찬가지로, 암에 걸린 소비자들은 단순히 암 진단을 받은 동료들과 같이 있는 것만으로도 제3의 장소에서 위안을 얻을 수 있다.

사회적 지원은 단일 원천(즉, 한 사람)으로부터가 아니라 동일한 배를 탄(즉, 처지가 같은) 사람의 네트워크에서 전달될 때 가장 효과적이라고 한다. 이미 서비스 접점에서 지적한 바와 같이 긍정적인 고객-고객 상호작용은 상황에 대한 고객의 만족을 향상시키고 동시에 상황 내 부정적 서비스 경험을 상쇄시키는 능력을 갖고 있다. 또한 다른 배경과 사회적 지위에도 불구하고 서비스 조직 내부에서 순수한 사교에 참여하는 고객 사이의 공동체 의식은 서비스 상황에서 고객의 장기 애용과 충성을 촉진한다. 비록, 이러한 사례가 물리적 서비스 상황에서 고객 대 고객 상호작용에 초점을 둘지라도 서비스 영역에서 새로운 분야인 가상의 고객 대 고객 상호작용도 관심의 대상이 되고 있다. 실제로, 온라인 평론, 블로그, 채팅 등을 통해 서비스 조직과 가상으로 관여하는 고객들은 가치 있는 서비스 조직의 자산으로 인식되고 긍정적 기업 가치로 연결된다.

개인적 의무가 아니라 사회적 계약에 의해 연대된 소규모 소비자 그룹이 고객 간의 연계를 촉진하는 장소에 모이는 것은 그 소비자의 전통적 관계(가족, 친구, 동료)를 통해 창출할 수 있는 사회적 지원을 포함한 관계적 편익을 제공하기도 한다. 소비자들이 그 장소를 애용한다는 것이 카타르시스가 된다는 것을 알기 때문에 그들은 그 장소에 대한 독특하고 친밀한 감정을 더 확장시킬 것이고 거의 일상적으로 그곳을 애용하게 될 것이다. 하지만 모든 고객 대 고객 상호작용이 긍정적이라는 것을 의미하지는 않는다. 불행히도, 다른 소비자에 의해 물리적으로 공격당하고 피해를 입은 고객이 많이 존재한다. 예를 들어, 주점에서 남녀의 싸움, 나이트클럽에서 고객들 간의 싸움, 미국 쇼핑몰에서 고객들 간의 총격사건 등은 그러한 서비스에 대한 회피를 촉진한다.

종합하면, 서비스스케이프의 사회적 차원에 내재된 환경적 자극으로서 고객은 다른 고객들의 접근/회피 결정, 서비스 시설에서 사회적 상호작용에 중요하게 영향을 미친다. 따라서 고객이라는 환경 자극은 다른 고객을 서비스스케이프로 부착하는 접착제가 되고 그 이유로 인해서 중요한 서비스 조직의 관리 대상이 된다.

(3) 사회적 밀도

소비자들은 진정한 사회적 주체일 뿐만 아니라 서비스스케이프의 인식된 사회적 밀도(social density)에 의해 영향을 받는다. 최근에 고객의 높은 밀도(예, 과밀 혹은 혼잡)는 고객의 통제감 손실을 의미하기 때문에 접근 결정에 부정적으로 영향을 미친다고 한다. 그러나 반대의 경우도 사실이다. 고객의 높은 밀도는 서비스에 대한 기대와 정체성 공유로 인해서 긍정적 고객 반응을 초래하기도 한다. 유명 맛집의 대기줄은 맛에 대한 기대를 높이고 유명 공연의 대기 줄은 그 팬 중 한 명으로서 정체성을 확인시켜 주는 역할을 한다.

서비스스케이프의 과밀에 대한 고객의 접근/회피 행태는 고객이 개별 혹은 집단 소비를 원하는지에 의해 영향을 받는다. 예를 들어, 고급 레스토랑처럼 낭만적 음식을 제공하는 식당에서는 고객은 프라이버시를 중요시 한다. 그러나 다른 사람들과 함께 한 집단에 소속된 것이 소비 경험의 긍정적 측면으로 고려되는 경우인 헬스클럽, 동호회, 회식, 점심식사 등에서 혼자 있는 것은 이상하게 느껴질 수 있다. 타인들과 즐겁고 편한 관계로 어떤 서비스에 진입하는 것이 목표의 일부분일 때 고객은 높은 사회적 밀도를 갖는 서비스스케이프에 매력을 느낄 것이다. 예를 들어, 어떤 고객은 신선한 제품을 구매할 뿐만 아니라 직원 및 다른 고객과 즉흥적 대화에 참여하기 위해 백화점이 아니라 전통시 장을 애용하기도 한다.

(4) 타인의 표현된 감정

전통을 중시하고 소외된 고객은 소비 상황에서 부정적 신호에 더 자주 민 감하게 반응하고 직원과 다른 고객의 눈치를 보는 경향이 있다. 비록 관리자들 이 이 자극을 통제할 수 있을지라도 그들은 다른 사회적 자극, 즉 서비스스케 이프의 감정적 전염(확산)을 통제하는 능력이 부족하다.

소비자의 소비 경험이 개인적 혹은 집단적이든 간에 타인의 표현된 감정이 그가 접근/회피 결정을 하는 것에 영향을 미친다. 즉, 고객이 셀프 서비스 기술 을 사용하는 것처럼 개인적 소비에 참여할 때 그들은 서비스스케이프에서 타인 이 보여주는 감정을 해석하거나 심지어 관심을 가지지 않을 수도 있다. 그러나 소비자가 운동, 식사, 쇼핑과 같은 집단소비에 관여할 때 그들은 서비스스케이 프에서 타인이 보여주는 감정에 긍정적 혹은 부정적으로 반응할 수 있다. 회식 하는 어떤 장소에 대해 한 사람이 부정적 감정을 얘기하더라도 다른 사람들은 긍정적 혹은 부정적 의견을 다양하게 제시할 수 있는 것을 흔히 볼 수 있다.

2.5.3. 사회적으로 상징적인 차원

Bitner(1992)는 사인, 심볼, 인공유형물이 중심적 서비스스케이프 차원을 나타낸다고 주장하였다. 그녀는 고객과 직원이 동일한 방식으로 해석하는 경향 이 있는 공통적으로 활용된 '일반적 사인(예, 조직과 부서 사인, 방향 사인 등)'과 '아키텍처 디자인(예, 이탈리아와 멕시코의 독특한 실내 장식)'의 관점에서 이것을 개 념화하였다. 고객의 민족성은 서비스스케이프의 사인, 심볼, 인공물에 대한 고 객의 내적 반응을 조절할 수 있다. 해외에서 한국인 여행자는 한국어 간판을 일종의 향수로 느끼고 그 서비스에 접근하고자 한다. 반대로, 어떤 여행자는 그 간판을 무시하고 의도적으로 회피를 추구하기도 한다. 미국인이 해외를 여 행할 때 만나는 맥도날드 로고도 마찬가지 역할을 한다고 한다. 그러나 맥도날 드 로고는 나이, 성, 민족과 같은 잠재적 조절요인에 의해 어느 정도 영향을 받기는 하지만 모든 잠재적 고객 사이에 공통 감정(예, "I'm lovin' it")을 일깨우기 위해 전략적으로 관리하도록 노력하고 있다.

어떤 서비스 조직은 독특한 민족적, 문화적, 사회적 계층(예, 빈민층) 사이에 접근행동에 영향을 미치기 위해 특정 사회적 그룹의 의미로 가득찬 사인, 심볼, 인공물을 의도적으로 활용한다. 비록 그 상징적 의미가 사회적 그룹에 의해 창출, 유지, 변환되기 때문에 관리자가 그것에 영향을 미치는 파워가 없을지라도 그들은 접근/복귀를 높이기 위해 사인, 심볼, 인공물을 적극적으로 활용한다. 사회적으로 상징적인 차원은 동일한 민족 집단의 구성원에게 그들이 타인과 함께 한다는 의미, 즉 동일한 소리를 지르고, 동일한 언어를 구사하고, 유사한 행동을 하고, 동일한 문화와 역사적 경험을 공유한다는 의미를 알려주는 것으로 작용한다. 예를 들어, 게이와 레즈비언 사이에 'the rainbow pride flag and pink triangle'은 친숙성과 감정적 연결을 호소한다고 한다. 또한 유대인 사이에 유대인 율법에 따른 조리식품을 상징하는 코셔음식 사인(kosher sign), 매달린 살라미 (salamis) 등은 가족의 기억과 추억을 일깨워준다고 한다. 우리나라의 김치, 인도의 케첩, 터키의 케밥 등도 식당에서 동일한 감정을 불러오는 역할을 한다. 또한 사회적으로 상징적인 심볼은 편안함과 포용감정을 일깨움으로써 접근행동을 고무한다. 따라서 차별적인 상징적 경험세계(universe)를 유지하는 민족특유의 고객을 목표로 하기 원하는 서비스 조직은 디자인을 통해 고객에게 환영 메시지를 전달하는 사회적으로 상징적인 서비스스케이프를 개발해야 한다.

2.5.4. 자연적 차원

인간과 자연 생태계 사이에는 선천적 유대관계가 존재한다고 한다. 최근에, 고객-환경적 자극에서 자연적 자극에 대한 연구는 인간의 건강에 대한 자연의 영향에 초점을 두어 심리학과 의학 분야에서 자주 등장한다. 예를 들어, 환자의 복지와 건강에 대한 병원 정원의 영향이 있다. 서비스 부문에서 '황야 서비스스케이프(wilderness servicescapes)'는 삶의 질을 높여주는 복원적 품질을 포함하는 관련된 용어 중 하나이다. 비록 어떤 사람들이 레인포레스트 카페 (Rainforest Cafe) 레스토랑 체인과 디즈니의 윌더니스 캠프(Wilderness Camp)와 같은 상용화된 황야 서비스스케이프가 소비자 자본주의의 끔찍한 사례라는 주장이 있을지라도 사람의 힐링을 위해 자연적 자극을 모방할 수 있는 상업적 서비스스케이프의 잠재력도 고려할 필요가 있다.

서비스스케이프의 자연적 차원과 그에 상응하는 자극을 연구하기 위해 관심회복 이론(ART: Attention Restoration Theory)(Kaplan, 1995)에 토대할 수 있다. 이 이론은 인간은 본래 시간이 아니라 확장된 시간 동안 몹시 힘든 임무에 집중 노력을 펼치는 능력을 소유하지 않는다는 전제에 기초한다. 사람은 수 시간 동안 일한 후, 지루한 강의를 들은 후, 심지어 사랑하는 것을 돌본 후에 정신적으로 피로하고 소진되는 경향이 있고 그 결과, 주의력 피로(DAF: Directed Attention Fatigue)가 발생한다. 주의력 피로의 결과, 다시 사람은 낮아진 지적 역량, 증가된 사고위험, 더 높은 주의력결핍과잉행동장애(ADHD: Attention Deficit Hyperactivity Disorder) 발생, 계획의 어려움, 자극 과민성 반응을 경험한다. ART는 주의력 피로와 관련된 징후는 사람들이 확장 기간 동안 경험한 불쾌한 자극을 다시 복원할 때 치유될 수 있다고 가정하고 있다. 이 개인적 복원은 공원, 해변지역, 정원, 초원과 같은 자연적 상황에서 시간을 보낼 때 효과적으로 이루어진다. 그 예로, 5살 정도의 어린이들은 녹색환경, 뒷뜰, 공원에서 논 후에 ADHD 증상이 줄어든다고 한다. 또한 자연경관을 볼 수 있는 기숙사 방의 학생이 인공적 상황(예. 건물, 주차장 등)에 직면한 학생들보다 더 나은 학술적 성취도(예. 학점)를 보인다고 하고 치료 기간 동안 시각적으로 호소하는 환경에 노출된 병원의 환자가 그렇지 않은 환자보다 더 빨리 회복하고 덜 스트레스를 받는다고 한다.

하지만 모든 녹색공간이 정신적으로 지친 사람들에게 복원을 제공하지는 않는다. 특히, 감염증이 창궐하는 시대에 산행, 운동과 같이 자연적 공간에서 이루어지는 모임 자체가 두려움의 대상이 될 수도 있다.

일반적으로 자연적인 회복 환경은 다음의 세 가지 회복적 자극을 소유한다.

(1) 떠남(Being away)

일시적이지만 사람들이 다른 장소로 탈출하는 것처럼 느끼도록 만들면서 일상의 근심으로부터 벗어나 휴식을 제공하는 것을 의미한다. 여기서, 다른 장소에 해당하는 자연환경은 확장된 복원 기회를 위한 목적지로서 주로 해변, 식물원, 산, 호수, 초원지역, 공원이 적절한 장소이다. 일반적으로 떠나는 감정을 느끼는 데 거리는 상관없으나 그가 잠시 다른 세계에 있는 것처럼 느낄 필요가 있을 것이다.

(2) 매력(Fascination)

특별한 노력 없이 사람의 관심을 모으고 유지하는 환경(장소)의 능력을 의미한다. 그 사람은 그 안에 있는 무언가가 자신의 관심을 쉽게 유인하기 때문에 그 환경에 있기를 원한다. 예를 들어, 중년세대는 가벼운 마음으로 즐기는 담소(그것이 원대한 정치든 사소한 개인 이야기든 간에)에 관여하기 위해 일상적으로 모인다. 또한 암환자들은 같은 처지에 있는 다른 사람들을 만날 수 있기 때문에 암환자들의 모임(병원 밖에서 느끼는 상대적 고립감을 줄이며, 정서적 및 신체적 문제의 자각 및 공유로 사회적 지지 효과를 기대)에서 시간 보내기를 좋아한다. 여기서, 매력적인 서비스스케이프는 사람들이 어느 정도의 소음과 다른 사람의 가벼운 농담을 듣고 다른 사람들과 함께 할 수 있는 관여적인 서비스스케이프로 나타난다.

(3) 양립성(Compatibility)

사람에게 소속감 혹은 사람과 장소의 일치를 제공하는 환경의 능력을 의미한다. 양립적 환경은 사람이 발버둥치지 않고, 난처하지 않고, 그들의 활동을 순조롭게 수행하는 환경을 말한다. 사람이 양립적 환경에 있을 때 그들은 직업과 사회경제적 위치와 같은 사람 간 상호작용을 방해하는 어떤 제약으로부터 벗어나 자유롭게 사교모임에 참여할 수 있다. 따라서 암환자들은 그들의 탈모에 대한 좌절로부터 자유롭기 때문에 암환자 모임에서 사회화를 즐기며 큰 위안을 구할 수 있다. 유대인들은 비유대 레스토랑에서 용납이 안 되는 큰 소리의 대화를 할 때 코셔 델리카트슨(kosher delicatessens)이라는 가계가 양립가능하다는 것을 발견한다고 한다.

고객에게 이 세 가지 유형의 복원적 자극을 제공할 수 있는 상업적 서비스스케이프는 그들이 애용을 통해 정신적 피로증상을 경감하도록 도울 수 있다.

이 전제하에서 비디오 게임방과 PC방의 십 대 단골들은 떠남, 매력, 양립성 감정을 포함하는 복원적 자극과 함께 시설의 자연적 서비스스케이프 차원을 경험하고 있다. 그들은 PC방의 서비스스케이프를 경험하면서 비록 짧은 시간이지만 모든 스트레스를 날리고 행복을 느낄지도 모른다. 실제로 Rosenbaum et al., (2009)의 연구에 따르면 게임방의 복원적 자극을 느낀 고객은 다른 게임방 고객보다 더 작은 ADHD 증상을 보인다고 한다. 또한 그들은 상업시설 내에서 건강한 서비스스케이프의 존재와 복원적 자극의 효과성을 확인하였다. 그 결과에 따르면, 시카고의 한 재단이 지원하는 카페의 노인 고객들에게 아침, 점심, 사회적 활동(예, 운동 수업, 컴퓨터 수업, 혈압)을 제공하는 복원적 자극에 대해 카페의 자연적 차원을 감지한 고객과 그들의 행복 사이에 긍정적 관계가 존재한다는 것을 확인하였다. 비록 그 카페의 단골이 된다는 것이 고객의 행복에 유일한 영향을 미치는 것은 아니나 자연적 서비스스케이프가 고객에게 정신적 피로를 줄여줌으로써 치료목적의 소비에 관여하는 기회를 제공한다.

3 서비스의 설비 배치

서비스 설비 배치(layout) 방식은 제조 분야의 설비 배치 방식을 적용하여 그 유형을 분류할 수 있다.

3.1. 신속한 서비스 시스템

고객이 빠른 서비스를 원하는 서비스 시스템에서 서비스 산출량의 최대화를 위해 고객이 빨리 서비스받고 시스템을 나갈 수 있도록 제품별 배치(product layout)를 취하는 것이 바람직하다. 즉, 제품과 설비의 기능이 고정되어 있고 고객이 이동하면서 원하는 서비스를 받는다. 맥도날드와 같은 패트스푸드점, 장병의 신체검사, 구내식당의 배식 라인, 뷔페식당 등 대량 서비스가 주로 이에 해당한다.

3.2. 판매 기회의 최대화

판매 기회를 최대화하기 위해 고객을 목표시간 동안 시스템 내에 붙잡아 두기 위해 공정별 배치(process layout)가 바람직하다. 즉, 고객을 중심으로 서비스가 이루어지는 프로세스에 따라 설비의 배치가 이루어진다. 백화점, 할인점, 고급 레스토랑 등이 이에 해당한다. 고객의 구매 패턴을 고려한 대형 할인점의 제품 배치를 고려해 보기 바란다. 예를 들어, 대형마트 입구에 항상 있는 과일 매장, 입구 쪽 판매대의 낮은 진열대 높이 등을 고려하여 고객이 모든 매장에 전시된 제품 정보를 파악하고 소비욕구를 자극하여 순서대로 제품을 진열하는 패턴을 보인다.

3.3. 전문 서비스

특정 분야의 서비스에 집중하기 위해 관련 기능을 한데 모아놓은 셀 배치(cell layout) 방식이 바람직하다. 암센터, 특성화 대학 등이 이에 해당한다.

4 흥미로운 기타 이슈

4.1. 서비스스케이프 디자인에서 복잡성

4.1.1. 서비스스케이프 디자인 요인

서비스스케이프 디자인에 영향을 미치는 요인은 두 가지가 있다. 첫째, 누구를 위한 서비스스케이프인가? 고객? 아니면 직원인가? 일반적으로 직원은 고객보다 더 오래 서비스스케이프를 경험한다. 둘째, 서비스 복잡성이다. 서비스 프로세스가 상대적으로 단순한 미용실과 우편 서비스의 경우와 같은 린(lean) 서비스에서는 소수의 요소/공간/설비를 활용한 단순한 서비스스케이프가 필요하다. 하지만 호텔, 레스토랑, 보험과 같이 서비스 프로세스가 더 복잡하고 정교한 서비스의 경우에는 다수의 요소/공간/설비를 활용한 복잡한(혹은 정교한) 서비스스케이프가 필요하다. 이러한 두 가지 기준에 따라 서비스스케이프의 유형을 구분하면 다음의 표와 같다.

표 9-1 대상과 복잡성에 따른 서비스스케이프의 유형 구분

서비스스케이프 사용	복잡	단순
셀프 서비스 (고객만 대상)	골프장, eBay	ATM, 자동차 세차, 단순 인터넷 서비스
대인 간 서비스 (고객과 직원 모두를 대상)	호텔, 레스토랑, 병원, 은행, 항공사, 학교	세탁소, 소매 카트, 미용실
원격 서비스 (직원만 대상)	통신사, 보험사, 전기 및 수도회사, 전문 서비스	콜센터, 자동 음성메시지 서비스

4.1.2. 인테리어 서비스의 복잡성

(1) 메타인지(Metacognition) 이론

매력의 핵심 동인은 얼마나 유창하게 사람들이 자극을 처리하는가에 의존한다. 여기서, 처리 능숙성(processing fluency)은 다가오는 자극이 처리되는 용이성과 속도의 주관적 경험을 의미한다. 흔히, 사람들이 자극으로부터 의미를 도출할 수 있는 용이성과 속도가 중요하기 때문에 처리 능숙성은 사람들에게 정보의 중요한 원천이다. 일반적으로 높은 능숙성은 긍정적인 정서반응을 표출한다. 일부 카페의 미니멀리즘(minimalism)과 복잡한 구조의 서점을 비교해 보기 바란다.

(2) 시각적 복잡성

처리 능숙성을 유인하는 특징 중 하나는 시각적 복잡성이다. 시각적 복잡성의 결정요인으로는 다음이 있다(Orth & Wirtz, 2014).

① 비규칙성: 배치가 규칙적이지 않을수록 복잡한 것으로 인식

② 구체성: 배치가 구체적일수록 복잡한 것으로 인식

③ 비유사성: 배치가 유사하지 않을수록 복잡한 것으로 인식

④ 대상의 양: 배치되는 양이 많을수록 복잡한 것으로 인식

⑤ 비대칭성: 배치가 대칭적이지 않을수록 복잡한 것으로 인식

⑥ 색과 대비의 변화: 그 변화가 많을수록 복잡한 것으로 인식

한편, 서비스 환경과 복잡성을 연관시키면 일반적으로 낮은 복잡성을 갖는 인테리어는 처리를 촉진하고 즐거움을 증가시켜 더 큰 매력과 접근행동으로 결과된다. 여기서, 인식된 시각적 복잡성은 대상의 양과 범위, 색/재료/표면 스타일의 다양성에 따라 증가하는데 대칭, 반복, 유사성과 같은 규칙성을 사용하면 시각적 패턴을 단순화시킬 수 있다. 즉, 반복적이고 균일하게 지향된 패턴을 갖는 질감은 무질서하고 어수선한 것보다 어떤 대상을 덜 복잡하게 인식하도록 만든다는 것이다. 시각적 복잡성은 인테리어뿐만 아니라 식당의 메뉴, 테이블 배치 등 다양한 곳에도 적용될 수 있다.

여러분은 중국집의 복잡한 메뉴판과 2-3개의 메뉴로 구성된 소규모 전문 음식점의 메뉴판을 비교해 보기 바란다. 어느 경우에 의사결정을 위한 정보를 처리하는 능숙성이 더 잘 나오는가? 너무 많은 메뉴는 선택을 어렵게 만들고 골치 아프게 만들지만 단순한 메뉴는 쉬운 선택을 하게 만들어 긍정적인 결과를 낳게 만든다. 또한 복잡하게 제품이 놓여진 시장의 채소나 과일가게와 제품 종류별로 잘 진열된 화장품가게를 비교하기 바란다. 나아가 서비스 분야인 잘 정비된 미용실과 테이블 배치가 규칙적이지 않고 각 테이블마다 환기통이 달려 있는 복잡한 삼겹살가게를 비교하기 바란다.

(3) 인테리어의 시각적 복잡성과 소비자 반응

① 최적 각성 이론(optimal arousal theory)

시각적 복잡성에 대한 관찰자의 반응은 낮은 수준에서 높은 수준까지 연속선을 따라 표시될 수 있다는 이론이다. 여기서, 반응은 복잡성이 연속선의 중간 위치에 있을 때 가장 긍정적으로 나타난다.

② 시각적 복잡성과 정보처리 능숙성

시각적 복잡성은 서비스 환경에서 소비자 정보처리의 핵심 투입물이다. 결과적으로 능숙성이 실수 없는 처리와 성공적 자극 규명을 암시하기 때문에 긍정적 반응을 발생시킨다. 서비스 환경에서도 높은 능숙성은 고객의 재방문 의지, 선호, 접근행동에 긍정적 영향을 미치는 것으로 알려져 있다.

③ 시각적 복잡성 감소 방안

시각적 복잡성을 줄이기 위해 대상, 표면의 다양성, 조직, 대칭성 활용이 필요하다.

- 차별적 개체 혹은 요소를 줄임(예, 가구, 상품, 진열, 사인 등)
- 더욱 유사한 개체를 선택
- 대상의 변동성을 줄이고 그들의 공간 배치가 더욱 잘 구조화되도록 유지
- 각기 다른 부분들이 쉽게 구분되고 분리되도록 유지
- 유사 부분들을 그룹화(예, 가구, 상품, 진열)
- 색, 자재, 표면 스타일의 다양성 축소
- 반복적이고 균일한 패턴을 갖는 표면 질감 사용(예, 바닥, 천장, 벽 장식 등)

4.1.3. 개인 및 상황적 쇼핑 차이에 따른 최적의 시각적 복잡성

(1) 개인의 현장 의존과 독립 차이

현장 의존이라는 것은 시각적 현장의 보편적인 구조에 대해 개인의 인식이 의존하는 수준과 관련한다. 더욱 현장 의존적인 사람들은 복잡한 전체와 따로 존재하는 특정 부분을 인식하는 데 어려움을 경험한다. 따라서 그들은 관련되거나 관련되지 않은 정보 신호를 구분하는 데 어려움을 겪게 된다. 결과적으로 현장 독립적인 사람들은 의존적인 사람보다 복잡한 시청각 현장에서 브랜드를 더욱 쉽게 인식하고 내재된 브랜드를 선호한다. 그러나 이러한 현장 의존성은 변화할 수 있다. 즉, 사람마다 다르고 개인의 생애에 따라서도 변화한다. 일반적으로 어린 시절에 현장 의존성이 높아 30대 후반에 정점을 찍으나 성인이 되면서 점점 감소하게 된다고 한다. 또한 개인의 현장 의존성은 상황 및 문

화적 영향에 민감하게 영향받으며, 사회적 정보에도 민감하여 상품의 품질에 대한 평가, 서비스 품질 인식, 즐거움 경험, 재방문 의지에 영향을 미친다.

(2) 쾌락적 대 효용적 쇼핑 목표

소비자들은 머릿속에 특정 목표를 갖고 서비스 환경에 진입한다. 이 목표는 쾌락(혹은 즐거움으로도 표현)에서 효용까지 양극단을 갖는 연속선을 따라서 위치된다. 즐거움 목표는 기쁨과 흥분과 같은 긍정적 정서를 경험하고자 하는 목적으로 하는 고객의 서비스 경험 자체에 초점을 두는 목표이다. 그 예로서, 친구와 쇼핑 여행을 들 수 있다. 이에 비해, 효용 목표는 본질적으로 필수적이거나 기능적인 것에 초점을 두는 목표이다. 그 예로 주 1회 생필품 구매를 위한 시장 또는 슈퍼마켓 쇼핑이 된다.

고객은 어떤 목표에 초점을 두느냐에 따라 시각적 자극에 다른 반응을 보일 수 있다. 그 결과, 업무 지향적 고객의 목표달성을 방해하는 어떤 것은 부정적 반응을 초래한다. 십 대 소녀의 즐거운 쇼핑동기는 쇼핑몰 인테리어의 시각적 측면(예, 분위기)과 경험 사이의 관계를 향상시키나 그 반대는 부정적 반응을 초래한다. 그러나 효용적 상황에서 제품이나 서비스를 선택할 때 과도한 인테리어는 오히려 부정적 반응을 초래하기도 한다.

가격이 저렴한 동네 치킨가게와 친구들과 불타는 금요일을 즐기기 위한 홍대 앞의 분위기 있는 카페를 비교해 보기 바란다. 효용을 주 목표로 하는 고객이 대부분인 동네 분식집에서 화려하거나 고풍스러운 인테리어를 생각해 본 적이 있는가? 아니면 즐거움을 목표로 하는 홍대 앞 분위기 있는 음악카페에서 분식가게와 같은 단순한 인테리어를 생각해 본 적이 있는가?

(3) 최적의 시각적 복잡성 수준 결정

일반적으로 시각적 복잡성 수준은 고객이 기대하고 요구하는 서비스 경험에 맞추어 설계될 필요가 있다. 대부분의 점포는 중간 수준의 시각적 복잡성을 유지하면서 이의 균형을 맞추려고 한다. 그러나 일부 서비스 점포는 자신의 서비스 특징과 고객 목표를 명확히 보여주기 위해 양극단을 유지하는 경우도 있다. 예를 들어, 레인포레스트 카페(Rainforest Cafe)와 유니버설 스튜디오 테마파크(Universal Studios Theme Parks)는 방문자들이 더 오래 머물도록 가장 높은 수준의 복잡성을 유지하고 있다. 하지만 빅토리아 시크릿(Victoria Secrets) 점포와 스파(spa)는 편안하고 휴식을 취하는 분위기를 제공하기 위해 가장 낮은 수준의 복잡성을 유지한다. 또한 쇼핑 고객의 목표에 따라서도 환경이 결정된다고 이미 지적한 바 있는데 정부의 행정 서비스용 사무실은 100%의 고객이 효용적 목표를 갖고 오기 때문에 단순한 환경을 필요로 한다. 마지막으로 개인의 특성 (목표 고객)에 맞게 디자인할 필요가 있다. 현장의존적 유형의 방문자의 문화, 나이, 상황적 촉발요인에 따라 정보처리를 촉진하기 위해 너무 시각적으로 복잡한 디자인은 회피하는 것이 바람직할 것이다.

4.2. 가상의 서비스스케이프

웹사이트의 분위기는 우호적인 소비자 반응을 창출하기 위한 웹환경의 의식적 디자인으로 정의할 수 있다. 다른 용어로는 e−scape, cyberscape, e−servicescape, bricks−and−clicks setting, clicks−only setting으로도 불려진다.

기존의 연구결과들을 종합하면 가상의 서비스스케이프는 전통적 서비스 환경과 몇 차이점을 보이는 특성이 있다. 예를 들어, 가상의 서비스스케이프에서는 색에 의한 자극이 중요하나 소리의 영향은 다소 무관심하고 공간/기능 자극과 가상의 쇼핑 인터페이스가 중요하다. 나아가, 가상의 서비스스케이프에서 중요한 자극과 무의미한 자극이 존재한다. 그 예로서, 가상의 서비스스케이프에서 새롭게 등장하는 중요한 자극으로는 디자인 자극(예, 어수선하지 않은 화면, 신속한 정보 제시, 단순하거나 단순하지 않은 탐색 경로), 내비게이션 분위기, 정보의 적시성을 포함한다. 이에 비해 중요하지 않아 사라진 자극으로는 Bitner(1992)의 세 번째 환경 차원인 사인/심볼/인공물이 하나로 통합되거나 사이트 보안의 차원으로 완전히 대체될 수 있다.

──── 참고문헌

Bitner, M. J. (1992), "Servicescapes: The impact of physical surroundings on customers and employees", *Journal of Marketing, 56*(2), 57-71.

Chebat, J.C., Chebat, C.G. & Vaillant, D. (2001), "Environmental background music and in-store selling", *Journal of Business Research, 54*(2), 115-123

Jacob, C., Guéguen, N., Boulbry, G. & Sami, S. (2009), "'Love is in the air': Congruence between background music and goods in a florist", *The International Review of Retail, Distribution and Consumer Research, 19*(1), 75-79.

Kaplan, S. (1995), "The restorative benefits of nature: Toward an integrative framework", *Journal of Environmental Psychology, 15*(3), 169-182.

Mattila, A.S. & Wirtz, J. (2001), "Congruency of scent and music as a driver of in-store evaluations and behavior", *Journal of Retailing, 77*(2), 273-289.

Mehrabian, A. & Russell, J. A. (1974), *An Approach to Environmental Psychology*, The MIT Press: Boston.

Orth, U.R. & Wirtz, J. (2014), "Consumer processing of interior service environments: The interplay among visual complexity, processing fluency, and attractiveness", *Journal of Service Research, 17*(3), 296-309.

Parsons, A.G. (2009), "Use of scent in a naturally odourless store," *International Journal of Retail & Distribution Management, 37*(5), 440-452.

Rosenbaum, M.S. (2009), "Restorative servicescapes: Restoring directed attention in thirdplaces", *Journal of Service Management, 20*(2), 173-191.

Rosenbaum, M.S. & Massiah, C. (2011), "An expanded servicescape perspective", *Journal of Service Management, 22*(4), 471-490.

Spangenberg, E.R., Sprott, D.E., Grohmann, B. & Tracy, D.L. (2006), "Gender-congruent ambient scent influences on approach and avoidance behaviors in a retail store", *Journal of Business Research, 59*(12), 1281-1287.

Vaccaro, V., Yucetepe, V., Torres-Baumgarten, G. & Lee, M. (2009), "The impact of the atmospheric scent and music-retail consistency on consumers in a retail or service environment", *Journal of International Business and Economics, 9*(4), 185-196.

01 다음 문제의 참과 거짓을 판단하시오.

1.1 오리엔테이션은 시설 및 환경이 무엇을 지향하고 있는지를 설명하는 용어로서 어떤 장소에 진입하면서 고객이 느끼는 개인의 첫 번째 행태적 니즈를 반영한다.

1.2 유명 커피전문점, 치킨, 아이스크림 등의 상호간판과 실내 색감과 조명, 시설배치, 직원 유니폼 등은 정형화된 시설을 사용하여 고객이 그 서비스의 방향을 명확히 알 수 있도록 하기 위해 오리엔테이션을 사용한다.

1.3 서비스 부문에서는 서비스 조직의 특성과 목적에 상관없이 시설이 디자인될 수 있다.

1.4 서비스를 지원하는 시설 및 환경은 고객에게 심리적 영향을 미치지만 고객 만족과 충성이 아니라 서비스 품질에 중요한 영향을 미친다.

1.5 서비스스케이프의 자극은 조직에 의해 통제가능하고 직원과 고객의 접근/회피 의사결정을 향상시키거나 제한할 수 있으며, 직원과 고객의 사회적 상호작용을 촉진/방해할 수 있는 특징을 갖고 있다.

1.6 서비스스케이프는 자극-유기체-반응 패러다임 체계를 갖고 있고 환경으로부터 자극은 사람들의 내적 평가에 영향을 미치고 다시 행태 반응에 영향을 미친다.

1.7 서비스스케이프의 주의 환경은 서비스 시설의 로비, 동선, 활동 중심 포인트 등과 관련한다.

1.8 브랜드의 특성에 맞는 음악 선택은 식당의 매출을 증가시킬 수 있다.

1.9 음악과 냄새와 같은 환경적 자극의 상호작용은 고객의 구매에 영향을 미치지 않는다.

1.10 서비스 부문에 따라 물리적 환경이 고객에게 영향을 미칠 수 있을지는 산업 특유의 자극을 어떻게 도입하는지에 따라 결정된다.

1.11 고객의 문화적 및 물리적 차이점은 서비스스케이프에 영향을 미치지 않는다.

1.12 서비스 교환 프로세스를 촉진하고 인체공학적 방식으로 고객 지원을 향상/혁신시키기 위한 위의 모든 물리적 항목들의 능력이 서비스스케이프의 차원으로 고려될 때 공간과 기능을 '디자인스케이프(designscape)'라고 한다.

1.13 사람들이 살아가는 동안 만나는 환경이 경험의 상상된 환경뿐만 아니라 물리적 환경의 형태를 취하는 수준을 나타내기 위해 '브랜드스케이프(brandscapes)'를 사용한다.

1.14 맥주집, 빨래방, 중고의류점, 커피숍, 식당 등은 가정과 직장의 영역을 넘어 일상적, 자발적, 비공식적으로 행복을 추구하는 개인들의 제3의 장소가 될 수 있다.

1.15 사회적 지원은 단일 원천(즉, 한사람)으로부터가 아니라 동일한 배를 탄(즉, 처지가 같은) 사람의 네트워크에서 전달될 때 가장 효과적이다.

1.16 서비스스케이프의 과밀에 대한 고객의 접근/회피 행태는 고객이 개별 혹은 집단 소비를 원하는지에 의해 영향을 받는다.

1.17 황야 서비스스케이프(wilderness servicescapes)는 사회적으로 상징적인 차원인 민족적, 문화적, 사회적 계급(예, 빈민층)의 그룹들 사이에 접근행동에 영향을 미치기 위한 사인, 심볼, 인공물을 사용한다.

1.18 ATM 서비스는 복잡성 차원에서 단순한 서비스스케이프이고 그 대상이 고객인 서비스스케이프 유형에 해당한다.

1.19 설비와 가구가 배치되는 양이 작고 비대칭적일수록 시각적 복잡성을 초래한다.

1.20 사인/심볼/인공물은 가상의 서비스스케이프에서 다른 차원으로 통합되거나 중요하지 않다.

02 　선택형 문제

2.1 다음 중 시설 디자인이 고려사항이 아닌 것은?

① 서비스 제공품의 특성　　② 토지 이용가능성

③ 서비스 용량의 유연성　　④ 심미적 요인

2.2 서비스스케이프의 세 가지 자극의 특성에 해당하지 않는 것은?

① 객관적 자극　　　　　　② 상황적 자극

③ 물리적 자극　　　　　　④ 측정가능한 자극

2.3 다음 중 소음, 음악, 조명, 온도, 향기와 같은 배경 특징과 관련한 서비스
스케이프 차원은?

① 공간 배치　　　　　　　② 기능성

③ 주위 환경　　　　　　　④ 사인과 심볼

2.4 다음 중 주위 환경과 관련없는 설명은?

① 향기와 식당의 매출은 높은 관련성이 있다.

② 음악의 속도는 식당의 매출과 높은 관련성이 있다.

③ 음악은 고객의 감정적 반응을 유인한다.

④ 식당 내 유명인의 사인은 점포의 전통과 맛집을 상징한다.

2.5 다음 중 서비스스케이프의 역할이 아닌 것은?

① 동일 산업 내 경쟁자들과 동일한 위치에 속하도록 유인하는 역할을
한다.

② 서비스스케이프는 직원과 고객 모두의 기대된 역할과 행동을 전달
한다.

③ 외관을 통해 내부 이미지를 전달하는 것을 돕는 패키지 역할을 한다.

④ 서비스스케이프는 서비스 소비를 편안하게 만들고 고객을 편리하게
만든다.

2.6 다음 중 서비스스케이프의 사회적 차원에 해당하는 것은?

① 양립성

② 고객

③ 인공물

④ 민족 상징

2.7 다음 중 사인, 심볼, 인공물 차원에 관련된 것이 아닌 것은?

① 경고 표시

② 금연과 같은 행동 표시

③ 설비와 가구의 배치

④ 경계 표시

2.8 다음 중 사회적 차원에 대한 설명 중 올바르지 않은 것은?

① 사회적 요소가 서비스 상황에서 고객의 경험에 영향을 미치는 사회적 차원을 사회적 서비스케이프라고 한다.

② 서비스 직원은 서비스스케이프에서 고객의 접근/회피 결정에 영향을 미치는 환경적 자극의 일부분으로 고려되어야 한다.

③ 사회적 차원에 내재된 환경적 자극으로서 고객은 다른 고객들과의 접근/회피 결정, 서비스 시설에서 사회적 상호작용에 중요하게 영향을 미친다.

④ 고객들의 높은 밀도(예, 과밀 혹은 혼잡)는 고객이 통제의 손실을 인식하기 때문에 접근 결정에 항상 부정적으로 영향을 미친다.

2.9 다음 중 신속한 서비스 시스템을 위한 제품별 배치 방식에 해당하지 않는 것은?

① 대형마트

② 신체검사

③ 뷔페

④ 구내식당

2.10 다음 중 시각적 복잡성과 관련한 설명 중 올바르지 않은 것은?

① 현장 독립적인 소비자는 현장 의존적인 사람보다 복잡한 시청각 현장
에서 브랜드를 더욱 쉽게 인식한다.

② 효용적 상황에서 제품이나 서비스를 선택할 때 복잡한 인테리어는 부
정적 반응을 초래한다.

③ 일반적으로 청소년기 소비자는 고령층의 소비자보다 서비스 디자인
의 복잡성을 선호한다.

④ 쾌락적 목표를 갖는 소비자들은 정보처리 능숙성이 낮아서 일반적으
로 복잡한 서비스 디자인을 추구한다.

그룹 토론 주제

1.1 다음 중 본인이 경험했거나 잘 아는 세 개의 서비스 조직을 고려하시오.

> 편의점, 코인 빨래방, 주민센터, 호텔 레스토랑, 모델 하우스, 성형외과, 카지노, 5성급 호텔, 네일숍, 포장마차, 교수연구실, 프로야구 경기장, 홈쇼핑, 대학교 홈페이지, 고속도로 화장실, 한국관광공사 홈페이지, 병원 응급실, 선거관리위원회 홈페이지, 군대 훈련소, 목욕탕, 만화방, 도서관, 미술관, 테마파크, 트로트 경연대회, 헬스클럽, 부동산중개업소, 미용실, 목욕탕, 골프장, 모텔

(1) 선택한 서비스의 시설 디자인에서 가장 중요한 고려사항을 모두 제안하시오.
(2) 선택한 서비스에 대해 서비스스케이프 차원을 구성하는 가장 중요한 핵심 요소를 하나씩 제안하시오.
(3) 선택한 서비스의 복잡성 수준을 상대적으로 평가하시오.
(4) 선택한 서비스의 설비 배치 방식은 어떤 것에 해당하는가?

1.2 최근에 본인이 경험한 최고와 최저 수준의 서비스를 하나씩 제시하고 그 서비스를 서비스스케이프 차원에서 평가하시오.

1.3 본인이 재직 중인 학교 혹은 회사의 홈페이지를 고려하시오.
(1) 그 홈페이지를 가상 서비스스케이프 차원 관점에서 평가하시오.
(2) 기존의 서비스스케이프 차원 관점에서 제외되거나 새롭게 포함되어야 하는 차원들을 제안하시오.

1.4 다음의 비대면 서비스 중 잘 알거나 경험했던 서비스 세 개를 고려하시오.

> 무인카페, 배달 전문 도시락, 음식 배달 서비스, 인터넷 금융, 비대면
> 교육, 온라인 취미 수업, 세탁물 픽업 및 배달 서비스, 매장 내 물건
> 주문과 픽업 서비스, 셀프 관리형 정수기 필터 서비스, VR을 이용한
> 인테리어 제안, 사이버 모델 하우스, 메신저 상담, 챗봇, AI 스피커
> 를 통한 쇼핑, 가상 피팅 의류/안경 쇼핑몰, 비대면 화상 면접, 비대면
> 육아 서비스, 재택 근무 서비스, 온라인 합동연주 및 콘서트, 비대면
> 결제 서비스, 동영상 스트리밍 서비스, 100% 셀프 스토어

(1) 서비스스케이프를 구성하는 Bitner의 차원으로는 어떤 것이 있는가?
(2) 새롭게 적용될 필요가 있는 차원은 무엇이 있는가?

1.5 무인점포에서 중요한 서비스스케이프 차원을 찾아 그 중요성을 평가하시오.

서비스 입지 관리

Service Operations Management

배경

서비스에서 입지 결정은 운영 시스템에서 여러 설비와 점포를 위치시킬 장소를 결정하는 의사결정이다. 이러한 입지는 기업 전체의 전략적 목표뿐만 아니라 다른 점포들과의 관계를 고려해서 결정해야 한다. 일반적으로 입지 결정은 새로운 시설이나 재배치하려는 시설에 대한 여러 후보지들을 평가하여 최적의 입지를 구하는 전략적이고 장기적인 의사결정 사항이기 때문에 서비스 조직의 성과에 영향을 미치는 중요한 의사결정이다.

주요 이슈

- 서비스 입지의 중요성은?
- 서비스 입지 의사결정 기준은?
- 서비스 입지에서 사용하는 전략적 입지 고려사항은?
- 서비스 부문에서 특이한 전략적 입지 고려사항은?
- 서비스 분야별 입지 결정의 특이사항은?

1 서비스에서 입지의 개념과 중요성

1.1. 입지의 의의

서비스 입지(location)는 서비스 시설의 위치를 결정하는 의사결정이다. 예를 들어, 신도시에 설립하는 은행 지점의 위치, 새롭게 개업하는 변호사 사무소의 위치, 병원과 소방서 확장을 위한 신규 위치, 인구 증가로 새로운 위치에 편의점 확장, 경쟁 증가로 인한 기존 프랜차이즈 커피숍 폐쇄 등은 모두 서비스 시설 입지와 연관성이 있는 의사결정 분야이다. 유사한 개념으로 시설배치(facility layout)가 있는데 이 용어는 서비스 시설 입지 내에서 서비스를 위해 필요한 다양한 물리적 시설을 어떻게 배치할 것인지와 관련되기 때문에 다른 개념이다.

1.2. 중요성

이러한 입지는 불확실성하에서 거대한 장기 자본투자를 필요로 하고 한번 결정되면 변경이 쉽지 않으며, 입지에 따라 유통비용과 고객과의 접촉가능성이 결정되고 법적/인구통계적/사회적 요인 등에 의해 제약을 받는다는 특징을 갖고 있다. 다시 말해, 입지는 미래의 불확실성에도 불구하고 대규모의 자본투자를 필요로 하는 전략일 뿐만 아니라 기업의 성공에 심각한 영향을 미치기 때문에 소매 부문을 포함한 서비스 조직에게 매우 근본적이고 장기적인 의사결정이다. 단독 서비스 시설일 경우에도 이러한 의사결정은 중요하지만 특히 최근 일반적인 현상으로 나타나고 있는 프랜차이즈 서비스의 경우에도 입지 문제는 조직 내부에서 매우 중요하다.

서비스에서 이러한 입지의 중요성은 온라인 서비스이냐 혹은 오프라인 서비스이냐에 따라 달라지기도 한다. 모바일 뱅킹, 웹툰 서비스, 원격 강의와 같은 온라인 서비스의 경우에 입지 문제는 거의 중요하지 않다. 하지만 오프라인 서비스에서 입지는 고객과의 접점을 결정하는 요소 중 하나이기 때문에 매우 중요하게 고려될 수 있다. 특히 오프라인 서비스 중에서도 시설 중심의 서비스가 서비스 접점에서 종업원과 상호작용이 고객 만족에 중요한 영향을 미치기 때문에 입지 문제의 주요 대상이 된다. 예를 들어, 미용사, 변호사, 물리치료사, 대학 실험과목 등은 물리적이고 자본집약적인 시설이 필수적이고 고객과 상호작용이 중요하기 때문에 입지 문제가 중요하다. 그러나 보험과 같은 재무 컨설턴트, 과외 및 방문 학습지, 가정 청소부 등은 시설보다는 고객과 종업원의 장기적 관계가 성공에 중요한 역할을 하기 때문에 고객과 상호작용을 위한 입지 문제는 별로 중요하지 않다.

2 입지 의사결정 기준

일반적으로 제조 부문에서 다음 요인들이 가장 중요한 입지 결정요인으로 적용되곤 한다.

(1) 지역의 산업 분위기
(2) 노동 생산성
(3) 운송
(4) 토지 이용가능성과 확장 여유
(5) 토지와 건설비용

이 외에도 다른 연구자는 사회적 및 문화적 환경, 노동조합, 건물과 에너지 비용, 세율, 인구밀도(Schemenner et al., 1987), 시장 인접성(Schemenner, 1982)의 중요성을 추가하였다. 나아가 Karakaya & Canel(1998)은 가장 중요한 요인으로서 숙련 노동의 이용가능성, 운송시설, 세율, 환경 규제, 부동산 세율, 주요 도로와 항만 인접성, 주요 공항과 인접성, 유틸리티 비용, 건설비용, 지역 공항의 이용가능성을 들었다.

지금까지의 기존 연구에서 제안된 모든 요인들의 리스트를 정리하면 다음 〈표 10-1〉과 같다.

표 10-1 일반적 입지 결정 요인

요인	
지역의 비즈니스 분위기	건물과 확장을 위한 토지 이용가능성
지역의 교육과 훈련 강점	토지비용
노동 조합화	건축비용
정부/지방의 태도	시장 이용가능성
정부/지방의 인센티브	시장 인접성과 접근성
지역사회 태도	고속도로 인접성
통근 거리	유틸리티(전기, 가스 등) 이용가능성
지역 내 다른 경쟁 산업	유틸리티 비용
운송비용	지역 생활비
운송설비의 이용가능성	세금종류와 세율
노동생산성과 생산성에 대한 태도	보험 고려사항
노동비	자본조달 기회
노동 이용가능성	은행 서비스
숙련된 노동의 이용가능성	사회적 및 문화적 분위기
비숙련된 노동의 이용가능성	지역 내 삶의 질
자격 있는 기술 및 관리 인력의 이용가능성과 이전	주거시설
공급자/자원과 인접성	자치단체 서비스 비용
원재료 인접성	의료, 화재, 경찰, 레크리에이션 시설의 이용가능성
유통 채널과 인접성	지역과 물리적 인프라
현재 기업의 비용우위	인구밀도
환경 규제	분위기
신선한 물 이용가능성	
CEO/소유자 선호	

출처: Karakaya, F. & Canel, C. (1998), "Underlying dimensions of business location decisions", *Industrial Management & Data Systems*, *98*(7), 321-329.

종합하면, 서비스 부문의 물리적 입지에서 장소 결정을 위한 중요한 의사결정 기준으로는 다음이 필수적으로 고려되어야 한다.

(1) 충분히 시장이 존재할 정도로 수요의 규모가 커야 한다. 즉, 시장 인근에 위치해야 한다.

(2) 고객의 접근 가능성을 높이기 위해 교통 용이성과 주차공간이 확보되어야 한다.

(3) 입지를 운영하는 데 소요되는 임차료를 비롯한 다양한 비용이 수용가

능해야 한다. 즉, 고려하는 비용최소화 조건을 충족시켜야 한다.

(4) 경쟁이 치열하지 않은 곳이어야 한다.

(5) 연령, 남녀비율, 소득 수준 등 다양한 인구통계적 적정성이 확보되어야 한다.

(6) 추구하는 서비스와 관련된 문화와 커뮤니티 특성과 일치해야 하고 제공하는 서비스를 보완할 수 있는 환경을 갖추고 있어야 한다.

(7) 고객이 쉽게 장소를 찾을 수 있도록 가시성이 높아야 한다.

(8) 국가별, 지역별로 지켜야 하는 법적 규제를 충족시켜야 하고 세금을 고려해야 한다.

물론 법적 규제를 제외한 물리적 서비스 입지의 고려사항은 인터넷 비즈니스의 관점에서는 전혀 고려사항이 아닐 수 있다.

3 서비스에서 일반적인 전략적 입지 고려사항

서비스 부문에서 특정의 전략적 목적을 달성하기 위해 입지를 활용하는 몇 가지 방법이 있다.

3.1. 유연성

입지 결정 시 고려사항은 항상 시간에 따라 변동하게 되어 있다. 따라서 변화하는 경제, 인구통계, 문화, 경쟁 상황에 능동적으로 대응할 수 있는 입지의 유연성이 중요하다. 일반적으로 시설 입지는 자본집약적(즉, 매우 많은 투자비용이 소요된다는 의미)이고 장기적인 투자가 필요하다. 국내에서도 지역의 경제상황이 수시로 변동하는 사례는 많이 있다. 80년대 유행을 선도했던 압구정동(소위 오렌지족의 대명사), 신촌(유행을 선도하는 대학가), 대학로(젊은이들의 공연예술 해방구) 지역은 지역경기 하락으로 인해서 현재 엄청난 상권의 하락을 경험하고 있다.

이러한 다양한 상황의 변화에 대한 리스크를 줄일 수 있도록 변화하는 경제, 인구통계, 문화, 경쟁 등에 대한 대응 방안이 필요하다. 이러한 문제를 해결하는 하나의 방법으로 다중 입지를 포트폴리오 관점에서 접근하는 것이 필요하다. 이것은 고객 접근성을 향상시키고 리스크를 관리하기 위한 목적을 갖는다. 가전 및 스마트폰 회사의 서비스 네트워크는 고객 접근성을 향상시키고자 하는 목적으로 주요 거점 위치를 중심으로 골고루 분포되어 있다. 다른 방법으로는 탄력적 수요를 비탄력적으로 전환하기 위해 특정 시설 인근에 개별적으로 입지하는 방법도 있다. 호텔은 단독으로 입지할 경우에는 계절적 수요 변동으로 인해 매우 탄력적 수요를 가질 수 있다. 그러나 컨벤션 센터 인근에 입지하게 되면 이러한 수요 변동을 어느 정도 평준화(smoothing)시킬 수 있게 된다. 하지만 이에 반대되는 사례로서 유흥가 지역의 건물을 유심히 보면 한 건물의 각 층별로 주점과 편의점, 당구장, 노래방, 바, 모텔 등 관련성이 높은 서비스 시설이 동시에 집중적으로 입주해 있는 경우를 볼 수 있다.

3.2. 경쟁적 포지셔닝

서비스 시설이 진입장벽으로서 역할을 하기 위해서 시장이 개발되기 전에 중요한 입지를 사전에 선점하고 유지하는 전략적 방법이 있다. 커피숍, 호텔체인, 치킨점 등 프랜차이즈와 같은 다중 입지의 경우에 자주 사용되는 방법이다. 유명 관광지의 리조트와 같은 숙박업소는 좋은 전망을 갖는 장소를 선점하여 건물을 입지시킴으로써 자신의 명성을 강화하고 경쟁자가 쉽게 진입하기 어렵게 만든다.

3.3. 수요 관리

수요 관리를 잘 하기 위해서는 서비스 조직 스스로가 수요의 품질, 시기, 양을 통제하는 능력을 향상시켜야 한다. 이를 위해 서비스 조직은 다양한 시장 창출자들 인근에 위치할 필요가 있다. 호텔의 경우에는 시설이 고정되어 있기 때문에 다양한 시장 창출자인 공연, 행사, 카지노 등의 인근에 위치하는 것이 바람직하다. 이러한 사례는 식당/호텔/공연장이 함께 모여 있는 강남의 코엑스나 카지노/공연장/호텔/회의장/전당포/예식장이 모여 있는 라스베가스 등에서 쉽게 찾아볼 수 있다.

3.4. 확장 혹은 초점

이 방식은 인접한 특정 지역의 빈틈을 메꾸거나(확장) 특정 지역에 집중(초점)하는 방식이다. 확장을 더 용이하게 하기 위해 많은 입지에 유사한 서비스를 제공할 수 있다. 치킨점포와 커피숍 등 주로 프랜차이즈 서비스에서 이러한 방법을 적용한다. 여러분은 스마트폰의 맵을 활용하여 치킨점포와 커피숍이 어떤 지역에 집중해 있는지를 확인해 보기 바란다.

초점을 위해서는 일률적 확장과 자기잠식(cannibalization) 방법을 적용할 수 있다. 최근 편의점들은 유동인구가 많은 노른자 땅에 출점을 진행하면서 이미 인근 50m 이내에 여러 경쟁사들이 영업 중에 있지만 그럼에도 불구하고 점포 오픈을 강행하고 있다. 이것은 일률적 확장의 사례에 해당한다. 또한 대형 편의점주가 자사의 편의점 영업을 직영형태로 중요한 입지에 개장함으로써 대리 편의점과 경쟁하고 그들의 생존권을 위협하고 있다. 이러한 사례는 새로운 형태의 편의점 운영으로 경쟁력을 강화하기 위해 기존 시장에서 자기 시장을 스스로 잠식하는 자기잠식의 한 형태이다.

4 서비스 부문에서 일반적 규칙을 깨는 전략적 입지 고려사항

4.1. 경쟁적 군집화(Competitive clustering)

여러 경쟁자들이 치열한 경쟁을 회피하지 않고 오히려 경쟁자 근처에 입지하는 경우가 있다. 대학로 공연거리, 역 주변의 커피숍, 모텔타운, 곱창골목, 감자탕골목, 순대타운 등 일반적으로 고객은 여러 유사한 서비스를 비교하기를 원한다. 이런 경우에 경쟁자와 함께 입지하게 되면 공동 홍보효과로 인해서 시장 점유율이 오히려 높아지는 경우가 있다. 그러나 코리아타운, 차이나타운, 행정타운은 경쟁적 군집화와는 다른 개념으로서 민족성과 업무적 군집화와 관련된다.

4.2. 포화 마케팅(Saturation marketing)

고객이 모여 있는 특정 지역에 하나의 회사가 동일한 점포를 여러 개 개설하고 공동으로 운영하는 것을 말한다. 높은 인구밀도를 갖는 다운타운 입지에서 자주 볼 수 있는데, 광고비 절감, 감독 용이, 고객 인식 확장 등의 장점을 누리기 위해 여러 점포를 모아놓는 경우에 해당한다. 예를 들어, 스타벅스(Starbucks)는 유동인구가 많은 주요 거점에 높은 밀도로 점포를 모아놓는 경우가 흔히 있다. 이 경우에 모든 점포가 직영이기 때문에 시장 잠식화가 발생하지 않고, 고객을 고착화(lock-in)시켜 충성도를 높이고, 새로운 충동 고객을 유인하고, 커피와 모임장소하면 스타벅스라고 소비자를 세뇌시킬 수 있다는 장점이 있다. 맵을 통해 스타벅스 점포가 서울의 특정 지역에 어느 정도 몰려 있는지 확인해 보기 바란다.

4.3. 후방부서와 전방부서의 분리

어떤 서비스의 경우에 전방과 후방부서는 공동으로 입지될 필요가 없는 경우가 있다. 드라이클리닝, 신발수선이 그 경우이고 신용카드 발급 후 전달서비스는 중간업체를 통해 그 카드가 전달된다. 이러한 서비스에서 비용우위를 얻기 위해 후방부서를 전방부서에서 분리하고 비용이 저렴한 다른 장소에 입지시켜도 된다. 드라이브 스루(drive-thru) 점포에서 주문을 접수할 때 굳이 해당 점포 내 직원이 주문에 응답할 필요는 없고 하나의 콜센터에서 모두 응답을 해도 되는 것이다. 공유주방도 전후방부서를 분리하여 비용우위를 달성할 수 있는 사례 중 하나이다.

4.4. 인터넷의 영향

지금까지는 물리적 시설의 입지에 대해서 설명하였지만 서비스 입지 결정에서 인터넷의 영향은 매우 커지고 있다. 웹사이트는 아마존(amazon.com), 반스앤노블(barnesandnoble.com), 이베이(ebay.com) 등과 같은 e-tailer의 가상 입지를 가능하게 하고 있다. 그 결과, 서비스 조직은 전 세계에 걸쳐 전략적으로 입지할 수 있게 되었다. 즉, 인도, 아일랜드, 자메이카 등 저임금 국가의 영어가 가능한 노동력을 활용하여 각 국가에서 주간근무만 해도 24시간 서비스가 가능한 24/7 콜센터를 운영할 수 있게 된다.

5 입지 모델

5.1. 입지 모델의 발전

지금까지 다음의 네 가지 기본적인 입지 이론 유형이 제시되었다.

(1) 입지 선택 이론
  입지 선택의 이유를 분석한다. 주로, 비즈니스 경영과 기술적 이슈에 관한 질문에 초점을 둔다. 가장 많은 관심을 갖고 연구되고 있는 분야이다.

(2) 입지 효과 이론
  특정 입지를 선택하는 결과를 검토한다. 모든 기술적 측면을 포함한다.

(3) 입지 발전 이론
  입지 구조의 역사적 발전을 분석한다. 모든 기술적 측면을 포함한다.

(4) 입지 디자인 이론
  장소의 공간적 분포를 디자인하기 위한 다양한 옵션을 분석한다. 대부분 경제 정책과 거시경제 이슈를 다룬다.

5.2. 입지 선택 방법론

(1) 정량적 방법론

측정가능한 핵심 지표들을 창출하고 처리하는 데 기초한다. 그 지표들은 수학적으로 전환될 수 있는 단위의 관점에서 숫자들로 표현될 수 있다. 정량적 방법으로는 표준과 척도의 설정, 체크리스트, 쌍대비교(paired comparison), 선호 매트릭스(preference matrix), 분류 나무(classification tree), SWOT 분석 등이 있다. 나아가, 이 방법론으로 구분되는 구체적인 모델들은 대부분 입지과학(location science)과 경영과학(management science/operations research)에서 유래되었다. 그 예로서, set covering model, integer programming, median, center, hierarchical, flow capturing, hub location, location-routing, dispersion, anti-median & anti-center, goal programming, multi-criteria decision making model, analytical hierarchy process 등이 있다.

(2) 정성적 방법론

대부분 언어에 의해 표현된 기술적인 정보에 기초한다. 개념적 방법은 숫자를 비교하고 해석하기보다는 주제와 특징을 비교하고 문제를 해석한다. 그러나 그 분석의 결과는 다른 결과 및 해석과 비교될 수 있도록 정량화될 수 있다. 구체적 방법론으로 비화폐적 방법을 적용하는 편익분석, 서열화(편익분석의 응용), 비용-편익분석, 비용-효과성 분석 등이 있고 화폐적 방법으로는 투자수익률(ROI) 등의 투자 계산 방법이 있다.

5.3. 입지 결정 기준

입지 결정 기준은 다음과 같이 다양한 방식으로 분류할 수 있다.

(1) 정량적 대 정성적 입지 기준

이 기준은 하드(hard)와 소프트(soft) 기준으로도 불린다. 하드 입지 요인은 기업 성공에 대한 공헌이 직접 측정될 수 있는 기준들이다. 따라서 그들은 비교하기 쉽다. 예를 들어, 다양한 입지에서 임금 수준(즉, 노동비) 혹은 원재료 공급처 혹은 수요처로부터 거리(즉, 물류비용과 시장 인접성)와 같이 숫자 혹은 화폐적 평가를 할 수 있는 모든 기준을 포함한다. 반대로 소프트 입지 요인들은 정량화가 어려운 기준을 나타낸다. 그들은 사회경제적이거나 심리적 측면들을 포함하기 때문에 정성적 용어로 잘 설명될 수 있다. 그러나 이들은 측정이 쉽지 않기 때문에 객관적 비교를 하기에 충분하지 않다. 전형적 예로는 입지 상황의 정치적 혹은 사회경제적 프레임워크이다. 또는 환경에서 발견될 수 있거나 입지가 제공하는 정주여건도 포함한다.

(2) 양 관련 대 품질 관련 입지요인

양 관련 요구는 원재료, 자금확보, 계획된 생산량의 판매와 같은 생산요인들의 공급을 의미한다. 그러나 이 구분에 중요한 것은 공급비용 혹은 생산으로 발생된 이익이 아니다. 유일한 관심사안은 바람직한 투입물 양이 이용가능한지 그리고 고려하는 시장이 산출량을 흡수할 수 있는지이다. 이것은 왜 양 관련 입지요인들이 충족되거나 충족되지 않음으로써만 판단되는지를 설명한다. 반대로 품질 관련 입지요인들은 입지비용, 입지에서 수행된 활동들로 발생된 이익, 입지에 필요한 지분을 의미한다. 따라서 그들은 입지의 수익성에 영향을 미친다. 수익성은 상응하는 소득(이익)에 의해 비즈니스 프로세스로부터 발생하는 지출(비용)을 포함한다.

(3) 입지요인 관련 거시환경 대 미시환경

입지 분석은 다양한 입지 변동요인을 고려한다. 지역 선택과 입지 선택은 명백히 구분할 수 있다. 요즘에는 소위 거시환경과 미시환경으로 분류한다. 목표 자산 혹은 부지가 위치한 광범위한 지역의 특성을 나타내는 거시환경의 예로는 입지 중심성, 이웃하는 환경의 이미지, 지역의 경제적 파워와 미래 잠재력, 공급과 수요의 구조, 도달 가능거리와 면적, 기후, 자연현상에 의한 영향(폭풍, 지진, 홍수 등), 기타 소프트 입지 요인(문화적, 여가, 교육, 복지시설 등), 국가/지역/지방 수준의 정치적 상황, 법률/규제/표준, 이용가능한 보조금, 경쟁 프로젝트 등이 있다. 반면에 미시환경은 자산 상황과 부동산에 대한 규제와 채무, 기존의 건물권리와 규제, 접근성, 접근 도로와 운송 연결, 부지의 크기와 형태, 위치, 지형, 인프라 시설 등을 포함한다.

(4) 객관적 대 주관적 입지요인

올바른 입지를 규정하기 위해 보통 객관적 및 주관적 요인이 고려되기도 한다. 객관적 요인들은 고객 인접성, 노동의 이용가능성과 비용, 건설 및 토지비용, 유틸리티의 이용가능성과 비용 등이 있다. 주관적 요인은 가시성, 이미지, 커뮤니티 태도, 지역 노동조합의 강도, 미래 확장 잠재력, 법적 제한 등이 있다.

6 흥미로운 추가 이슈

서비스 시설의 유형과 본질이 각 입지요인의 상대적 중요성에 영향을 미친다. 따라서 어떤 요인은 특정 유형의 서비스 운영에 중요하고 다른 요인은 그렇지 않을 수 있다.

6.1. 리조트 입지

리조트(resort)는 휴식과 레크리에이션뿐만 아니라 아름다운 환경, 고품질 음식, 운동과 다양한 건강에 좋은 활동을 지원하는 시설을 제공한다. 이 서비스 부문에서 자주 사용된 입지 의사결정 기준을 관련 논문에 기초하여 정리하면 다음 〈표 10-2〉와 같다.

표 10-2 리조트 입지 체크리스트

차원/지표	
• 부존 자원 　노동 자원	− 토지, 노동, 인프라와 같이 산업 경쟁력에 필요한 생산요인의 평가 − 회계, 인적 자원, 구매, 보안, 홍보에 참여하는 인력과 전문적인 환대 사업 재능의 질과 양을 포함하는 리조트 인력의 평가
자연 자원	− 토지, 물, 공기를 포함한 물리적, 화학적, 생물학적 환경의 평가, 생태계, 시각적 환경(자연경관과 도시경관)

차원/지표	
자본	– 리조트 빌딩의 자본요구사항 평가
인프라	– 입지에 필요한 유틸리티(물, 에너지, 운송자원, 통신서비스) 평가
• 수요 상황	– 기업이 경쟁력을 향상시키도록 동기부여하는 소비자 수요의 평가
지역 경제	– 프로젝트에 의해 만들어질 것으로 기대되는 개인과 지역 소득의 평가
인구	– 인구 규모와 인구통계적 및 여행 부문 구조의 평가
시장 세분	– 가족, 성인 여행 시장, 업무여행시장의 변화와 같은 중요한 세분 시장의 평가
마케팅 범위	– 신규 고객과 경쟁리조트에서 제외된 고객과 컨벤션, 연회와 같은 잠재 시장의 평가
지역 주민의 태도	– 지역주민의 태도는 여행 환경을 보장하는 데 중요하고 여행자 경험에 직접적으로 영향을 미침
• 기업전략 구조와 경쟁	– 기업의 창출, 조직, 관리를 지배하는 정책과 경쟁 상황 평가
사업 전략	– 브랜드와 호텔 체인 글로벌화와 같은 사업 경쟁 전략의 평가
사업 구조	– 파트타임과 계절 직원을 포함한 모든 고용 포지션의 평가
전략적 제휴	– 제품, 기술, 서비스의 교환, 공유, 공동개발을 포함한 기업 간의 자발적 관계의 평가
정책입안자의 태도	– 이사회, 컨설턴트, 리조트 시장에 주식을 보유하기 원하는 다른 전문가의 평가
기업가적 비전	– 조직 목적과 초점의 평가
기업의 사회적 책임	– 기업 이익을 넘어 사회적 가치를 갖는 법적으로 강제된 활동의 평가
• 관련 혹은 지원 산업	– 경쟁력 관점에서 공급자 산업과 관련 산업의 평가
지역의 경제발전	– 신흥 지역 경제의 평가
지역 활동의 지원	– 숙박, 음식, 화폐교환, 기념품, 여행 가이드의 평가
여행객 쇼핑 시설	– 여행객 지출의 평가
지역의 자연 자원	– 시골풍경과 같은 자연 매력의 평가
지역의 인적 자원	– 자전거, 낚시, 관광, 골프, 문화유산, 성, 사원, 축제, 박물관, 민속촌과 같은 레크리에이션 매력의 평가
긴급사용을 위한 의료 시설과 경찰서	– 리조트 호텔에서 이용가능한 병원, 경찰서와 같은 긴급시설의 평가
자산 관리 정보 시스템	– 기록 저장과 관리를 위한 시스템 평가
• 정부	– 정부 정책의 평가
지역 제한	– 공원 개발을 지배하는 기존 규제의 평가
법적 요구사항	– 개발에 적합한 토지의 이용가능성과 법적 상태의 평가
안정적이고 명료한 정부 정책	– 정치적 안정성과 잠재적 여행 개발의 평가
정치적 환경	– 정치적 환경을 이루는 계획 규제, 인프라, 파트너십 개발, 재정적 인센티브의 평가
국가 산업정책	– 국가와 지방 정부의 정책 평가
• 기회	– 기업의 통제를 벗어난 사건의 평가
자연 재앙	– 지진, 쓰나미, 홍수, 가뭄, 태풍, 정치적으로 동기부여된 사건들의 평가
기술적 지원	– 디자인에 대한 자본투자와 새로운 생산기술의 실행에 대한 평가

차원/지표	
기술 혁신성	- 여행 경험을 향상시키고 리조트가 여행객들에게 어떻게 마케팅하는지에 영향을 미치는 기술적 발전의 평가
TV와 영화의 대중성	- 여행 마케팅의 상황에서 특정 입지에 대한 영향을 포함하여 TV 프로그램 영향의 평가
변화에 대한 시장 수요	- 지역 여행 수요의 변동의 평가
이중언어	- 여행객에게 두 가지 언어로 된 브로슈어를 제공하는 기존 시스템의 평가
정치적 갈등	- 테러와 범죄 영향의 평가

6.2. 식당 입지

식당 입지는 고객에게 서비스의 편리성을 결정하고 시장 지분과 이익창출 능력에 중요한 영향을 미치기 때문에 식당 관리의 성공으로 이어지는 핵심 요인이다. 식당 경쟁 전략의 개발 시에 가격은 경쟁사에 대응하는 것을 도울 수 있고, 서비스는 수익을 확장하고 향상시키는 것을 도울 수 있고, 제품은 중복적일 수 있고, 판촉은 모방될 수 있다. 그러나 식당의 입지로부터 발생하는 편익은 좀처럼 수익을 훼손시키거나 저평가될 수 없기 때문에 그만큼 식당의 입지가 중요하다.

식당 입지 선택에 자주 사용하는 일반적 평가 기준을 관련 논문에 기초하여 정리하면 다음 〈표 10-3〉과 같다.

표 10-3 식당 입지 선택 기준

차원	기준
경제적	• 임대료 비용
	• 운송 비용
운송	• 대중운송의 편리성
	• 주차 능력
경쟁	• 유동인구
	• 인근 유사 식당 수
	• 인근 유사 식당의 규모(경영 특징, 식당의 공급용량, 분위기, 음식의 전문성 포함)
상업 지역 환경	• 상업지역(철도역, 정류소, 커뮤니티센터, 문화센터, 운동장, 체육관, 도서관 등) 규모
	• 공공시설 정도
	• 쓰레기 처리 편리성
	• 하수처리 용량

6.3. 긴급 서비스

긴급 서비스는 경찰(범죄), 앰뷸런스(의료), 화재(인구 혹은 재산에 대한 위협), 장비 고장(자동차)의 광범위한 상황에서 발생한다. 긴급 서비스는 일상에서 대부분 매우 낮은 빈도로 발생하나 실제 발생 시에는 많은 사람과 넓은 지역에 영향을 미친다. 이 독특한 서비스는 일반적인 입지 결정 요인과는 차별화된 많은 특이한 요인들이 존재한다(Marianov, 2017). 첫째, 적시성이다. 이러한 적시성은 명백히 서비스 단위의 입지에 의존한다. 이러한 문제를 해결하는 세 가지 기준은 각 고객으로부터 거리 합의 최소화(각 긴급수요 사이의 거리의 평균 혹은 합의 최소화), 중심 혹은 최소－최대(수요와 가장 가까운 서비스 단위 사이에 최장거리를 최소화시켜 가장 불이익을 받는 수요를 최소화), 범위(긴급한 수요에 도달하는 거리가 표준거리 혹은 시간이 표준을 넘어서서는 안 됨)이다. 둘째, 각 서비스의 다른 요구사항과 특이사항이 존재한다. 의료 서비스에서 제공하는 앰뷸런스는 다른 유형의 인력과 장비를 운용할 수 있다. 화재의 규모와 유형의 차이는 한 소방차 혹은 여러 유형의 소방차 출동과 같이 각기 다른 대응을 요구한다. 셋째, 지역을 적절하게 반영해야 한다. 시골지역에서 인구밀도는 낮기 때문에 긴급 서비스의 입지는 단순한 도로 네트워크상에 존재해야 한다. 반면에 도시지역에서는 인구밀도, 즉 수요가 많기 때문에 두 이동거리 사이에 여러 경로를 제공하는 거리 네트워크에 기초해야 한다. 넷째, 서비스 관점에서 다른 긴급 단계를 특징지어야 한다. 관심을 부르는 긴급사항은 전화에서 시작하는데 그때 긴급 심각성과 유형에 대한 평가가 수행되어야 하고 긴급의 정도와 크기에 기초하여 수요처에 다양한 서비스를 배분해야 한다. 결국 이렇게 복잡한 특징과 중요성을 갖는 긴급 서비스는 대부분 경영과학에 기반한 수학적 프로그래밍을 이용하여 해결되어야 한다.

6.4. 소매점포 입지

편의점, 백화점, 마트와 같은 소매점의 점포 입지는 수익성에 영향을 미치는 중요한 문제로서 앞의 〈표 10－3〉에 나왔던 모든 입지요인들을 고려해야 한다. 우선 외부 환경을 분석한 후에 내부 환경(조직 구조, 문화, 재무)을 고려하고 이후 입지 관리와 부동산 포트폴리오가 이루어지는 단계를 진행할 수 있다. 이들 네 가지 요소는 서로 연결되어 있는데 거시적인 외부 환경(시장, 경쟁, 정치 환경 등)과 내부 환경(이익/성장/위험에 대한 태도, 의사결정 스타일, 정보와 기술 문화 등)은 전략적 의사결정으로 이어지고 전략적 의사결정하에서는 입지 전략(기업과 마케팅 전략, 입지 포지셔닝)과 기업의 전체적 관점에서 총체적 자산 포트폴리오 관리(공간 확장, 틈새시장 침투)가 요구된다. 미시적인 환경은 전술적인 의사결정으로 연결되어 입지 배합(신규점포 개설, 확장, 재배치, 합리화, 재단장, 재홍보 중 하나)을 결정하고 각 점포의 마케팅(점포배치, 다른 점포와 연결 등)을 결정한다. 이러한 입지 배합은 개별 점포의 관점에서 건축, 합병, 변경, 폐쇄의 형태로 점포 포트폴리오 관리를 하고 지역적 마케팅은 각 점포의 촉진과 가격 책정을 결정한다.

6.5. 비즈니스 서비스 입지

비즈니스 서비스는 제품을 생산하는 핵심 활동을 지원해 주는 디자인, R&D, 컨설팅 등 아웃소싱의 대상이 되는 지식 서비스의 전형으로서 경제 전반의 성장과 기업의 혁신 활동에 중요한 역할을 지원해 주는 서비스 부문이다. 이러한 서비스에서 입지 선정 시 중요하게 고려되어야 하는 요인은 다음이 있다. 첫째, 수요 시장과 분리되어 존재하는 것은 의미가 없기 때문에 지리적 근접성이 절대적으로 요구된다. 둘째, 지식투입 비중이 높은 몇몇 비즈니스 서비스업은 종종 특정 지역에 지리적으로 집중되는 경향을 보이기 때문에 이러한 지역별로 특화된 클러스터를 고려하여 의사결정해야 한다. 셋째, 비즈니스 서비스업은 정보와 지식이 풍부한 대도시(주로, 시내, 산업단지의 중심)를 중심으로 입지할 필요가 있다. 따라서 지식 서비스 내에서는 서비스 유형별 지식의 특성을 반영하여 여러 상충되는 기준을 잘 고려하여 최적 입지를 결정할 필요가 있다.

─────── 참고문헌

Karakaya, F. & Canel, C. (1998), "Underlying dimensions of business location decisions", *Industrial Management & Data Systems*, *98*(7), 321–329.

Marianov. V. (2017), "Location Models for Emergency Service Applications", *In INFORMS TutORials in Operations Research*, Published online: 03 Oct 2017, 237–262.

Schemenner, R.W. (1982), *Making Business Location Decisions*, Prentice–Hall, Inc., Englewood Cliffs, New Jersey.

Schemenner, R.W., Huber, J. & Cook, R. (1987), "Geographic differences and the location of new manufacturing facilities", *Journal of Urban Economics*, *21*(1), 83–104.

생각해 볼 문제
Question

01 다음 문제의 참과 거짓을 판단하시오.

1.1 서비스 시설 입지는 서비스를 위해 필요한 다양한 물리적 시설을 어떻게 배치할 것인지와 관련된다.

1.2 시설 중심 서비스는 서비스 접점에서 종업원과 고객의 상호작용이 중요하기 때문에 입지가 중요한 문제이다.

1.3 서비스 입지 의사결정 시 고객이 쉽게 서비스 장소를 찾을 수 있도록 가시성이 높아야 한다.

1.4 법적 규제를 제외한 물리적 서비스 입지 고려사항은 인터넷 비즈니스의 관점에서는 전혀 고려사항이 아닐 수 있다.

1.5 탄력적 수요를 비탄력적으로 전환하기 위해 특정 시설 인근에 개별적으로 입지하여 수요 변동을 평준화하는 사례로는 편의점, 당구장, 노래방, 바, 모텔 등이 있다.

1.6 경쟁적 포지셔닝은 서비스 시설이 진입장벽으로서 역할을 하기 위해서 시장이 개발되기 전에 중요한 입지를 사전에 선점하고 유지하는 전략적 방법이다.

1.7 커피숍, 호텔체인, 치킨점 등 프랜차이즈와 같은 다중 입지의 경우에 자주 사용되는 방법이 포화 마케팅이다.

1.8 호텔과 같은 서비스 조직은 공연, 행사, 카지노 등 다양한 시장 창출자들 인근에 위치할 필요가 있다.

1.9 대형 편의점주들이 자사의 유사 편의점 영업을 직영형태로 중요한 입지에서 개장함으로써 대리 편의점과 경쟁하고 자기 시장을 스스로 잠식하는 형태를 자기잠식이라고 한다.

1.10 고객이 모여 있는 특정 지역에 하나의 회사가 동일한 점포를 여러 개 개설하고 모아서 함께 운영하는 것을 경쟁적 군집화라고 한다.

1.11 품질 관련 입지 결정 기준들은 입지 비용, 입지에서 수행된 활동들로 발생된 이익, 입지에 필요한 지분을 의미한다.

1.12 입지 관련 미시적 환경의 예로는 자산 상황과 부동산에 대한 규제와 채무, 기존의 건물권리와 규제, 접근성, 접근 도로와 운송 연결, 부지의 크기와 형태, 위치, 지형, 인프라 시설 등이 있다.

1.13 입지 관련 주관적 입지 기준으로는 가시성/이미지, 커뮤니티 태도, 지역 노동조합의 강도, 미래 확장 잠재력, 법적 제한 등이 있다.

1.14 경찰(범죄), 앰뷸런스 혹은 트라우마 센터(의료), 화재(인구 혹은 재산에 대한 위협), 장비 고장(자동차)의 광범위한 상황에서 발생하는 서비스를 긴급 서비스라고 한다.

1.15 서비스 유형별로 공통적인 입지 결정 기준이 존재하지만 특이한 속성을 반영하는 독특한 기준들도 존재하기 때문에 각 서비스별 입지 결정 기준은 다르게 마련되어야 한다.

02 선택형 문제

2.1 다음 중 서비스 시설 입지와 관련이 없는 것은?
① 새롭게 개업하는 변호사 사무소의 위치
② 경쟁 증가로 인한 기존 프랜차이즈 커피숍 폐쇄
③ 신도시에 설립하는 은행 지점의 위치
④ 점포 내 판매 시설의 재배치

2.2 다음 중 서비스 시설 입지의 중요성에 해당하지 않는 것은?
① 대규모 자본투자를 필요로 한다.
② 온라인 서비스의 경우에도 입지는 중요한 의사결정이다.
③ 장기적 의사결정이다.
④ 한번 결정되면 변동이 어려운 전략적 의사결정이다.

2.3 다음 중 입지가 중요한 서비스에 해당하지 않는 것은?

① 보험 컨설팅　　　　　　② 미용실
③ 변호사 사무소　　　　　　④ 편의점

2.4 다음 중 서비스 부문의 중요한 입지 결정 기준과 가장 거리가 먼 것은?

① 수요의 규모　　　　　　② 경쟁 현황
③ 원재료 및 공급처와 인접성　④ 임차료를 포함한 다양한 비용

2.5 다음 중 전략적 서비스 입지 고려 시 유연성에 대한 설명이 아닌 것은?

① 관련성이 높은 서비스 시설이 동시에 입주하여 위기에 공동으로 대응
하는 방법이 필요하다.
② 변화하는 경제, 인구통계, 문화, 경쟁 상황에 능동적으로 대응할 수
있는 입지의 유연성을 의미한다.
③ 유연성을 강화하기 위해 다중 입지를 포트폴리오 관점에서 접근하는
것이 필요하다.
④ 탄력적 수요를 비탄력적으로 전환하기 위해 특정 시설 인근에 개별적
으로 입지하는 방법이 필요하다.

2.6 다음 중 경쟁적 군집화 사례로 가장 적절하지 않은 것은?

① 곱창골목　　　　　　② 호텔과 컨벤션
③ 순대타운　　　　　　④ 감자탕골목

2.7 다음 중 후방 오피스와 전방 오피스를 분리한 사례 중 가장 적절한 것은?

① 공유주방　　　　　　② e-tailer
③ 공연거리　　　　　　④ 리조트

2.8 다음 중 정성적 입지 결정 기준은?

① 임금　　　　　　② 물류비
③ 유동인구　　　　　　④ 지역사회의 태도

2.9 긴급 서비스의 입지 결정 시 고려해야 하는 상황이 아닌 것은?

① 긴급 상황의 특징과 단계를 고려한 서비스 할당

② 지역별 균일한 서비스

③ 적시성을 고려

④ 각 서비스의 요구사항과 특이사항

2.10 다음 중 소매점포 입지에 대한 설명으로 적절하지 않은 것은?

① 우선 외부 환경을 분석한 후에 내부 환경을 고려하고 입지 관리와 부동산 포트폴리오가 이루어지는 단계를 진행한다.

② 서비스 조직의 전체적 관점에서 자산 포트폴리오 관리를 위해 공간 확장, 틈새시장 침투라는 전략적 의사결정이 필요하다.

③ 종종 특정 지역에 지리적으로 집중되는 경향을 보이기 때문에 이러한 지역별로 특화된 클러스터를 고려하여 의사결정한다.

④ 미시적인 환경은 전술적인 의사결정으로 연결되어 신규점포 개설, 확장, 재배치, 합리화, 재단장, 재홍보라는 입지 배합을 결정해야 한다.

1.1 다음 서비스 중 본인이 경험했거나 잘 아는 세 개 서비스를 고려하시오.

> 편의점, 리조트, 장례식장, 동사무소, 부동산중개, 경찰서, 병원, 초등학교, 무인카페, 방송국, 농수산물공판장, 프랜차이즈 햄버거, 법무법인, 유치원, 무료급식소, 모델 하우스, 프랜차이즈 커피숍, 보건소, 보험지점, 시장, 버스터미널, 대형할인점, 유료주차 서비스

(1) 선택한 서비스에 대해 고객과 상호작용의 중요성을 상대적으로 평가하시오.
(2) 선택한 서비스의 입지 결정에서 가장 중요한 기준 다섯 개를 제안하시오.

1.2 주변에서 흔히 볼 수 있는 경쟁적 군집화, 포화 마케팅, 후방 오피스와 전방 오피스 분리 방식의 사례를 세 개씩 찾아 제시하시오.

1.3 다음의 비대면 서비스 중 잘 알거나 경험했던 서비스 세 개를 고려하시오.

> 무인카페, 배달 전문 도시락, 음식 배달 서비스, 인터넷 금융, 비대면 교육, 온라인 취미 수업, 세탁물 픽업 및 배달 서비스, 매장 내 물건 주문과 픽업 서비스, 셀프 관리형 정수기 필터 서비스, VR을 이용한 인테리어 제안, 사이버 모델 하우스, 메신저 상담, 챗봇, AI 스피커를 통한 쇼핑, 가상 피팅 의류/안경 쇼핑몰, 비대면 화상 면접, 비대면 육아 서비스, 재택 근무 서비스, 온라인 합동연주 및 콘서트, 비대면 결제 서비스, 동영상 스트리밍 서비스, 100% 셀프 스토어

(1) 선택한 서비스와 유사한 대면 서비스의 입지 고려사항은 무엇인가?
(2) 선택한 서비스의 중요한 입지 의사결정 기준은?
(3) 비대면 서비스에서 입지 의사결정은 전혀 중요하지 않다는 것은 사실인가? 사실이 아니라면 어떤 사례가 있는가?

서비스 공급사슬 관리

Service Operations Management

11 CHAPTER

배경

어떤 서비스의 투입물은 다양하며 이런 여러 투입물들을 효과적으로 조달하기 위한 관리가 중요하다. 이렇게 운영에 대한 의사결정을 한 조직이 아닌 확장된 가치사슬의 차원에서 관리하기 위해 공급사슬 관리의 개념이 등장하였다. 서비스 공급사슬은 한 서비스 조직이 공급자와 고객과 다양한 형태의 연결관계를 갖는 일종의 네트워크이다. 서비스 패키지는 유형의 재화와 무형의 순수한 서비스로 구성되기 때문에 서비스에서 공급사슬은 재화 중심의 공급사슬과 순수한 서비스의 공급사슬의 두 가지 속성을 동시에 갖고 있다. 따라서 서비스 유형에 따라서 다양한 서비스 공급사슬 전략이 존재할 수 있다. 본 장에서는 고객 관점에서 이러한 서비스 공급사슬의 특징을 파악하고 그 공급사슬을 효과적으로 관리하기 위한 전략을 이해한다.

주요 이슈

● 서비스 공급사슬과 제조 공급사슬의 차이점은?
● 서비스 공급사슬 형성 메커니즘은?
● 서비스 채찍효과와 대응 전략은?
● 서비스 전달 프로세스에 따른 공급사슬 전략은?
● 서비스 지연 전략은 어떤 의미인가?

1 서비스 공급사슬의 개념과 유형

1.1. 서비스 공급사슬의 중요성과 개념

　서비스 공급사슬(service supply chain)은 재화 중심 공급사슬 혹은 제품의 공급사슬과 다른 것으로서 인식되어 왔다(Ellram et al., 2006). 따라서 제품 공급사슬에서 얻은 통찰을 서비스 공급사슬로 단순히 이전하는 시도는 서비스 제공자에 대한 과도한 초점과 서비스 고객을 포함하지 않는 문제를 초래하였다. 특히, 재화 중심적 공급사슬의 단순한 접목은 서비스 지배논리에 기원한 현대적 관점과 반대 입장에 서 있기 때문에 큰 문제가 될 수 있다.

　구체적으로, 제조 공급사슬과 서비스 공급사슬은 공급사슬 구조, 산출물 형태, 안정성, 공급사슬 조정 등에 기초하여 〈표 11-1〉과 같이 구분된다.

표 11-1 서비스 공급사슬과 제조 공급사슬의 항목별 차이

항목	서비스 공급사슬	제조 공급사슬
구조	서비스 제공자 → 서비스 통합자 → 고객	공급업체 → 제조업체 → 도매업체 → 소매업체 → 고객
산출물	무형의 서비스 혹은 무형의 서비스 내 유형의 제품	유형의 제품
공급사슬 조정	서비스 공급용량과 서비스 계획의 조정	제품 계획과 재고 관리의 조정
공급사슬의 안정성	낮은 안정성	높은 안정성
성과평가	주관적이고 추상적 지표를 사용한 서비스 운영에 기초	객관적이고 관찰이 용이한 제품 운영에 기초
채찍효과(bullwhip effect)의 영향요인	서비스 신호, 수요 신호, 가격 변동	재고, 수요 신호, 가격 변동

　제품과 마찬가지로 어떤 서비스가 존재하기 위해서는 하위 구성요소 서비스와 부품/원재료를 공급하는 공급업체(혹은 협력업체)와 유통업체가 존재해야 하고, 그 업체들과 긴밀한 관계에 토대하여 고객에게 최고의 서비스를 제공하

는 조직이 성공하게 될 것이다. 예를 들어, 식당이라는 서비스가 존재하기 위해서는 식자재, 조리도구, 가재도구 등이 필요하고 고객에 대한 서비스를 제공하는 서비스 인력이 필요하다. 이러한 자재와 도구를 제공하는 공급업체와 긴밀한 관계를 유지하는 것뿐만 아니라 인력을 효과적으로 조달하지 못한다면 그 식당의 손님맞이는 엉망이 될 수밖에 없고 고객을 유인하기 어렵다.

서비스 패키지 형태로 제공되는 서비스에서 특히 서비스 공급사슬이 중요하다. 성공적인 의료 서비스는 환자치료라는 서비스를 제공하기 위해서 우수한 의료 인력이 필요할 뿐만 아니라 약품, 수술도구, 진단장비 등 다양한 재화들이 적절히 준비되어 있어야 한다. 따라서 의료 서비스를 구성하기 위한 병원, 제약업체, 의료기기 공급업체, 제약사의 원재료업체, 해외 공급업체 등과 의료 인력 공급을 위한 대학 및 병원, 경비와 청소 서비스 인력을 공급하는 조직 등 다양한 조직이 존재하기 때문에 이러한 조직 사이의 끈끈하고 굳건한 사슬관계가 필요하다.

서비스 공급사슬은 구매된 어떤 유형적 재화의 반환과 처분을 포함하여 최상향의 공급자에서 최종 고객까지 정보, 프로세스, 역량, 서비스 성과, 자금, 유형재화의 양방향 흐름의 관리이다. 즉, 서비스 공급사슬은 서비스를 만드는 데 필요한 자원의 거래기능을 수행하는 공급자, 서비스 제공자, 소비자, 다른 지원 단위들의 네트워크를 의미하는 것으로서, 지원과 핵심 서비스로 이 자원의 변환과 고객에 이 서비스를 전달하는 역할을 수행한다(Baltacioglu et al., 2007).

1.2. 서비스 공급사슬에 대한 세 가지 관점

서비스 공급사슬의 개념은 다음 세 가지 관점의 관점에서 설명될 수 있다.

(1) 구분(Demarcation) 관점

이 학파는 서비스와 재화 중심적인 경제적 교환을 구분하여 서비스 공급사슬을 전통적인 재화 중심적 공급사슬과 다른 것으로 인식한다. 서비스 공급사슬은 물리적 재화의 흐름이라기보다는 정보의 흐름에 의존한다. 고객과의 상호작용, 생산 및 소비의 동시성, 무형성, 소멸성, 노동 집약과 같은 서비스의 특징은 서비스 공급사슬에 존재하는 독특한 요소들이기 때문에 이러한 주장이 가능하다. 비록 이 관점에 대한 비판이 전혀 없는 것은 아니지만 가장 오래되고 유명한 관점이다.

(2) 확장(Expansion) 관점

이 관점은 서비스 공급사슬이 제조 조직의 능력을 향상시키는 목적으로 사용된다고 주장한다. 재화와 서비스가 구분이 되지만 개별 서비스는 단순히 전통적인 재화 중심적 공급사슬의 확장 혹은 향상으로서 간주한다. 이러한 관점은 제품-서비스 시스템(Product Service System)이 추가적인 부가가치 역량으로 결과되는 서비스화(servitization)와 유사하다. 그렇게 되면 재화 공급사슬과 서비스 공급사슬을 구분할 필요가 없기 때문에 서비스 공급사슬은 존재하지 않으며 단지 재화 중심적 공급사슬의 일부분일 뿐이라는 견해가 받아들여진다.

(3) 서비스 중심 관점

본 장이 토대하는 이 관점은 서비스 지배논리에 기초하여 서비스(단일 서비스)를 경제적 교환의 근본적 기반으로서 인식한다. 따라서 개별 서비스 공급사슬은 정보 흐름으로 연결된 다수의 경제 주체들이 이루는 더 큰 가치 네트워크를 의미한다. 단일 서비스 공급사슬의 개념적 경계는 단적으로 정의하기 어렵다. 하지만 가장 중요한 점은 구분 관점의 공급자 중심에서 고객과 다른 주체들을 포함하는 전체적 관점으로 관점이 이동하였다는 점이다.

1.3. 서비스 공급사슬논리와 형성 메커니즘

공급사슬에 대한 전체적인 관점을 견지하는 세 가지 기본 논리가 다음의 〈표 11-2〉와 같이 존재한다. 서비스 지배논리는 고객논리에 기초한 공급사슬논리와 일치한다.

표 11-2 공급사슬논리

	제조논리	서비스논리	고객논리
주요 관점 공급사슬 경계	• 서비스 제공자 • 최종 고객과 상호작용까지(최종 고객을 포함하지는 않음) 포함하는 공급사슬	• 서비스 제공자 • 최종 고객과 상호작용을 포함하는 공급사슬	• 고객 • 고객은 공급사슬 시스템 내에 있고 일차 서비스 제공자의 경계 끝에 존재
계층	• 조직에서 출발하여 공급사슬에 포함된 조직까지	• 고객에서 출발하여 공급사슬에 포함된 조직까지	• 고객에서 출발하여 고객과 직접 상호작용하는 일차 서비스 제공자에 초점
통제 메커니즘	• 조직에 의해 발휘되고 보통 공급사슬 전체에 거쳐 조정된 통제	• 고객과 상호작용을 위해 예측하고 계획하려는 서비스 제공자에 의해 발휘된 통제	• 고객은 다양한 서비스 제공자를 조정하며 가치 실현을 통제하려고 시도

　　서비스 부문은 제도적 조정 메커니즘과 관계적 지배구조 메커니즘에 기반하여 공급사슬 지배구조가 형성될 수 있다. 일반적으로, 재화 중심적 공급사슬 문헌은 공급사슬 형성 프로세스에 영향을 미치는 중요한 요소로서 제도화된 조정 메커니즘을 고려한다. 나아가, 이들은 공급사슬 내 주체들 간의 계약, 인센티브 시스템, 정보기술과 정보공유, 공동 의사결정과 평판효과를 포함한 관계적 지배구조 메커니즘을 포함한다. 이에 비해 서비스 공급사슬의 초기 형성은 새로운 시장 기회, 자원에 대한 접근, 기존 공급사슬의 효율성 향상 욕구에 의해 동기부여될 수 있다. 서비스 공급사슬에서 이 메커니즘은 서비스 패키지의 속성으로 인해서 제도화된 조정 메커니즘과 관계적 지배구조 메커니즘 두 가지를 중심으로 동시에 논의하고 있다. 두 메커니즘은 완전 대체가 가능하지만 또한 보완적이기도 한다. 계약과 같은 제도적 메커니즘은 실행이 쉽고 리스크를 경감시킨다. 하지만 관계적 메커니즘은 개발하는 데 더 긴 시간이 소요될지라도 신뢰, 헌신, 사회적 규범을 통해 복잡하고 많은 비용이 드는 공식적 메커니즘의 니즈를 대체할 수 있다.

1.4. 서비스 공급사슬의 유형

서비스 공급사슬은 제품의 구체적 유형에 따라 다음의 두 가지로 분류된다.

1.4.1. 서비스 유일 공급사슬(Service only supply chain)

의료 서비스에서 건강검진과 같이 제품은 순수한 서비스이고 물리적 제품은 아무런 역할도 하지 않는 경우이다. 유사한 사례로 통신, 금융, 인터넷 서비스, 여행(기념품 제외), 모바일 앱 등이 있다. 이 공급사슬에서는 아웃소싱, 모바일 관련 서비스, IT서비스, 서비스 경쟁, 고객 서비스, 서비스 공급용량 등이 중요한 이슈이다.

1.4.2. 제품-서비스 공급사슬(Product-service supply chain)

식당과 같이 제품(예, 음식)이 물리적 제품과 무형의 서비스(예, 인사, 주문접수, 음식전달)의 결합(즉, 서비스 패키지)이다. 프랜차이즈 수수료, 서비스 행위별 수가(fee-for-service) 계약, 성과기반 계약, 보증을 포함한 제품 묶음, 붕괴(disruption) 리스크와 서비스 아웃소싱을 갖는 공급 관리, 로지스틱스 서비스, 서비스 공급 역량, 보너스 계약 등이 중요한 이슈이다.

2 서비스 공급사슬의 기본관계로서 삼자관계

서비스는 공급사슬을 교환의 주요 기반인 가치 공동창출 네트워크로서 고려한다. 이것은 공급사슬 관리에서 대단히 중요한 서비스 지배논리 관점에서 나온다. 공급사슬은 로지스틱스와 유통, 공급사슬 자본조달, 정보관리 시스템 통합, 설치와 유지보수, 전문적 훈련과 같은 서비스를 전달하기 위한 책임이 있는 다양하고 전문화된 제3자 서비스 제공자로 이루어진다. 여기서, 서비스 제공자들은 그들의 서비스하는 공급사슬의 원활한 운영을 가능하게 하는 핵심 조직이다.

이때 공급사슬의 양자관계 구조(dyadic)는 〈그림 11-1〉과 같이 구매기업 (client)과 공급기업(provider)으로 이루어진 양자관계로 제한한다. 그러나 이러한 양자관계는 네트워크 내 기업이 직면한 복잡성을 포착하는 데 부적절하다.

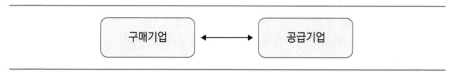

그림 11-1 공급사슬 양자관계 구조

이를 해결하기 위해 도입된 〈그림 11-2〉와 같은 서비스 통합자-서비스 제공자-최종 사용자라는 서비스 삼자관계(service triads) 개념은 제3자, 즉 고객 의 존재로부터 발생하는 도전으로 공급사슬의 초점을 다시 돌린다. 여기서, 삼 자관계는 공급사슬 네트워크의 동태성을 포착하는 가장 작은 단위이고 따라서 더욱 복잡한 네트워크를 이해하는 유용한 출발점이 된다. 한편, 삼자관계에서 서비스 통합자는 구매기업, 서비스 제공자는 공급기업으로도 불린다.

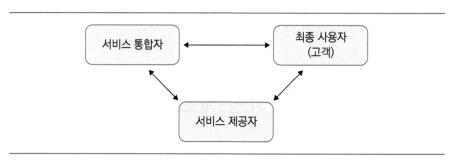

그림 11-2 서비스 공급사슬 삼자관계 구조

서비스 통합자는 보통 강한 통제력으로 경쟁우위를 달성하기 위해 서비스 제공자에게 일부 기능을 담당하는 서비스를 외부 조달(outsource)할 수 있다. 나 아가, 서비스 통합자는 기능적 솔루션들을 통합한 서비스 솔루션을 창출하여 최종 고객에게 전달한다. 아파트 경비 서비스의 경우에 서비스 통합자는 입주민대표회의, 서비스 제공자는 아파트 경비업체, 최종 사용자는 아파트 입주민이다. 식당 서비스의 경우에 서비스 통합자는 식당점포, 서비스 제공자는 인력과 다양한 식자재 공급업체, 최종 사용자는 식당 손님이 된다.

서비스 삼자관계에서 서비스 통합자(구매기업)의 성공은 대부분 고객과 직접적 접촉을 하고 중요한 부품과 원자재를 제공하는 서비스 제공자(공급기업)의 성과에 의존한다. 결국 서비스 삼자관계는 제조 분야에서 관찰된 선형적인 공급사슬에서 접하는 것과 근본적으로 다른 조직 간 관계 구조를 수반한다. 여기서 삼자관계 구조의 핵심 포인트는 각 주체가 다른 두 주체와 직접적 연결을 갖는다는 것이다. 아파트 입주자 대표회의와 경비는 아파트 주민과 직접 관계를 맺고 있다. 물론, 그러한 연결은 상황에 따라 지속되거나 단속적일 수 있다.

삼자관계의 유형은 〈그림 11-3〉과 같이 중개(brokerage), 매개(mediation), 연합(coalition)의 형태가 있다. 중개는 한 주체(B)가 다른 두 주체(A_1과 A_2)를 중개하는 경우로서 주체가 다른 두 주체 사이의 상호작용에 영향을 미치고, 관리하고, 촉진하는 행동이다. 예를 들어, 아파트 매수자와 매도자는 직접 거래를 하기보다 부동산 중개 서비스를 통해 거래를 수행한다. 또한 백화점, 편의점, 마트 등의 도소매 서비스는 제품의 생산자와 소비자를 중개하는 서비스이다. 매개는 삼자관계 내 양자관계의 내재이다. 제3의 당사자(T)와 관계(점선)가 A_1과 A_2 사이의 양자관계에 영향을 미치고 영향을 받는 메커니즘이다. 예를 들어, 우버의 플랫폼은 승용차 기사와 승객을 매개하는 서비스를 제공하고 있고

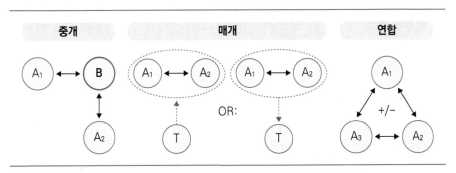

그림 11-3 삼자관계의 유형

재판 서비스는 원고와 피고 사이의 관계에 영향을 미친다. 연합은 전체로서 세 주체 사이의 연결 구성과 진화로서 주체들(A_1, A_2, A_3)이 그들 사이의 관계의 특징($+/-$)을 포함하여 삼자관계에서 관계를 형성하고 균형을 잡는 논리와 프로세스이다. 개인 승용차의 윤활유 교체 서비스에서 소비자는 윤활유를 스스로 교체하기도 하지만 자동차 정비업체에 맡기기도 한다. 따라서 윤활유 제조업체는 소비자와 직접 교환관계를 맺으면서 동시에 정비업체와 교환을 하기도 한다.

　이러한 삼자관계에서 제조와 서비스의 전략적 외부 조달은 다시 〈표 11-3〉과 같이 네 가지 주요 유형의 삼자관계로 이어진다.

표 11-3 제조와 서비스에서 전략적 외부 조달의 유형에 따른 구분

삼자관계	제조 1. 계약 제조	서비스		
		2. 후방부서 프로세스 아웃소싱	3. 전방부서 프로세스 아웃소싱	4. 프랜차이징
그림	OEM SI ←→ SP	후방부서 서비스 제공자 SI ←→ SP	전방부서 서비스 제공자 SI ←→ SP	프랜차이즈 가맹점 SI ←→ SP

주) SI: 서비스 통합자, SP: 서비스 제공자, OEM(Original Equipment Manufacturer): 주문자 부착상표 제품 생산업체

(1) 계약제조

　신발과 축구공과 같이 OEM으로 불리는 업체가 브랜드(예, 나이키) 소유자와 관계를 유지하지만 고객에 대한 제품판매는 오직 브랜드 소유자에 의해서만 이루어진다.

(2) 후방부서 프로세스 아웃소싱

　서비스 통합자의 후방부서 역할을 서비스 제공자가 대신하지만 고객에 대한 서비스 전달은 서비스 통합자에 의해서만 이루어지는 방식이다. 즉, 서비스 제공자가 고객과 단절된 서비스 삼자관계는 후방부서 서비스를 아웃소싱하는 방식으로서 경비절감을 위해 금융 서비스에서 자주 사용되고 고객지원센터를

이런 방식으로 자주 적용하기도 한다.

(3) 전방부서 프로세스 아웃소싱

서비스 제공자가 고객과 직면하는 서비스 삼자관계는 배달과 같이 고객 대면 서비스를 아웃소싱하는 방식이다.

(4) 프랜차이징 서비스

서비스 제공자로서 가맹점(franchisee)이 서비스 통합자인 프랜차이즈 본사와 함께 고객과 직접 연결된다.

3 서비스에서 채찍효과와 대응 전략

3.1. 서비스에서 채찍효과

서비스에서 채찍효과(bullwhip effect)는 서비스 수요의 예측 어려움과 불확실성 증가로 인해 공급사슬의 상부(즉, 기능별 서비스 제공자)로 갈수록 이에 대비하는 공급용량을 과다하게 보유하게 되는 효과를 의미한다. 제품의 공급사슬처럼 서비스 공급사슬에서도 변동하는 수요의 불확실성과 수요에 대한 정보공유가 미흡해 수요 변동의 확대효과(amplification effect)가 존재한다. 특히, 서비스 부문의 공급사슬에서 수요 변동성의 증가와 수주잔고(backlog) 증가와 같은 요인으로 인해 발생하는 채찍효과는 서비스 조직이 그들이 최종 재화를 재고로서 저장하지 못하기 때문에 그들이 수주잔고를 개별적으로 조정해야 하는 현상에 기인한다.

실제로, 서비스 공급사슬에서 확대(채찍)효과의 본질과 원인의 관점에서 제품 공급사슬과 비교하면 유사점과 차이점 모두가 존재한다. 서비스 공급사슬에서는 재고축적이 아니라 주문잔고가 서비스 공급사슬에서 핵심 요소가 된다. 또한 직원의 업무부하(workload)와 전달되는 서비스 품질 사이의 상호작용은 채찍효과로 이어질 수 있다. 공급사슬 상부(공급업체)의 연쇄적인 실수는 업무부하를 확장한다. 즉, 서비스 인력의 판매 캠페인, 업무 과부하, 실수가 채찍의 촉발자가 되기 때문에 사슬 간 장벽(정보공유의 어려움)이 더 큰 확대를 초래하게 된다. 대형 미용실의 경우에 갑자기 수요가 증가할 경우에 이에 상응하여 스킬을 갖는 직원과 미용도구를 갑자기 증가시키기 어렵기 때문에 기존 직원에게 과도한 업무부하가 발생한다. 그 경우 미용실의 주문잔고가 증가하고 서비스 품질이 하락할 가능성이 커짐에 따라 고객불만이 증가하여 평판과 충성이 떨어지고 수익에 영향을 미치게 된다. 또한 미용도구라는 재화의 경우에는 제품의 공급사슬과 동일한 상황이 발생하게 된다.

이를 해결하기 위해서는 기존의 공급사슬 관리처럼 공급용량 조정 의사결정에서 필요한 정확한 수요 정보를 실시간으로 확보하게 되면 그 변동이 줄어들 것이다. 즉, 서비스 지연을 줄이면 주문잔고의 변동을 줄일 수 있으나 동시에 공급용량의 변동을 증가시키게 되면 이것은 공급용량과 관련된 비용을 늘릴 뿐만 아니라 고용과 훈련의 증가와 수시 해고를 초래할 수도 있다. 주문잔고가 줄어듦에 따라 무엇인가가 그 수요 불확실성을 흡수해야 하고 서비스 조직에서 그것은 바로 공급용량 변화의 증가로 연결되기 때문이다. 따라서 주문잔고 변동을 줄이는 것과 공급용량 비용을 증가시키는 것 사이에는 상충관계가 존재한다.

서비스에서 채찍효과와 관련된 일반적 명제는 다음과 같다.

(1) 축소된 정보 이용가능성, 긴 업무 프로세스, 복잡한 의사결정, 공급용량 전개의 지연은 수주잔고와 업무부하의 확대로 이어질 것이다.

(2) 수주잔고의 증가는 고객요청과 관련된 업무부하의 확대로 이어질 것이다.

(3) 증가된 업무부하의 변동성은 감소된 생산성으로 이어지고 이것은 다시 수주잔고의 증가와 업무부하의 변동성으로 이어질 것이다.

(4) 감소된 생산성은 서비스 품질의 감소로 이어질 것이다.

(5) 수주잔고 데이터의 결여는 문제발생과 그 문제에 대한 대응 사이에 더 길어진 지연, 즉 수주잔고의 지연으로 이어질 것이다.

(6) 공급사슬 관점의 결여는 공급사슬의 상방과 하방의 커뮤니케이션을

줄일 것이고 문제발생과 수주잔고 확장 사이의 지연을 더 길게 만들 것이다.

3.2. 채찍효과에 대한 대응 전략

서비스 채찍효과를 줄이거나 예방하기 위한 공급용량 전략은 공급용량과 변동성의 두 상황에 따라 다음의 네 전략을 적용할 수 있다.

(1) 요구된 공급용량 축소/알려진 변동성
    수요 균등화와 수요 예측이 필요하다.
(2) 요구된 공급용량 축소/계획되지 않은 변동성
    수요정보의 전달 속도와 품질을 향상시킨다.
(3) 이용가능한 공급용량 증가/알려진 변동성
    공급용량 버퍼링(buffering)을 활용한다.
(4) 이용가능한 공급용량 증가/계획되지 않은 변동성
    민첩성(agility)을 활용한다.

서비스에서 채찍효과는 고객 불만족과 비용 증가의 원인일 수 있기 때문에 관리자들이 발생 가능성을 인식하고, 예방하고, 완화시키기 위한 조치를 취하는 것이 중요하다. 일반적으로 채찍효과는 서비스 운영의 한 측면인 변동성에 의해 촉발된다. 즉, 수요와 업무 부하량의 변동성은 고객 수요의 변화, 서비스 개선, 기술적 문제를 포함한 많은 원천들로부터 발생한다. 또한 서비스에서 고객과 공동 생산 또한 고객이 유발하는 변동성으로 이어진다. 이에 대응하는 전략은 수요와 공급용량 관리를 포함한다. 수요 관리는 채찍효과를 예방하는 전략으로서 간주될 수 있고 공급용량 관리는 채찍효과를 완화하는 전략으로서 간주될 수 있다. 예방 전략은 흔히 호텔 방 혹은 항공사 좌석과 같이 매우 고정된 용량의 상황에서 필요로 한다. 소매 분야에서 매출을 향상시키고 선반 공간을 추가하기 위해 피크수요 동안 빈 공간에 일시적으로 운영하는 점포인 팝업 점포(pop-up store)를 활용하는 것도 한 방법이다. 완화 전략은 공급용량 자체를 수요에 맞춰 조절하는 방법이다. 서비스 부문에서 중요한 공급용량은 서비스 인력, 설비 등이 있다.

3.2.1. 예방 전략

관리자가 쉽게 파악하지 못하는 두 변동성의 원인이 존재한다. 첫째, 기존 고객에서 나오는 서비스 수요이다. 판매 촉진, 소프트웨어 업그레이드, 서비스 전달 프로세스에서 실수와 같은 요인들은 기대하거나 기대하지 않은 수요 급증을 촉발할 수 있다. 소프트웨어 기반 서비스에서 슬래시닷 효과(Slashdot effect)가 그 예로서 미국 유명 사이트인 Slashdot.org에 올라온 웹사이트에 일시적으로 방문자가 급증하는 현상에서 유래하여 유명 웹사이트가 규모가 더 작은 웹사이트를 링크할 때 막대한 트래픽 증가를 일으킨다. 둘째, 서비스가 더욱 자동화되면서 선의로 했지만 좋지 못한 결과를 내는 현상을 의미하는 폴아웃 효과(fallout effect)의 가능성이 증가한다. 따라서 관리자는 대규모 시장에 대한 영향과 자동화된 서비스로부터 나올 수 있는 어떤 부정적 결과(예, 급증하는 수요에 대한 부적절한 대응)를 인식해야만 한다. 예를 들어, 한번에 전체 시장기반에 영향을 미치는 어떤 것을 실행(예, 서비스 완전 자동화)하는 것을 피하는 것도 합리적일 수 있다. 따라서 기대하지 못한 서비스 수요의 급증을 위해 준비하는 것이 중요한데 이것은 비상 및 대기 인력 보유, IT에서 server farm(소프트웨어와 데이터를 보유한 대형 컴퓨터 회사)에 접근, 팝업 점포 사용, 다른 서비스에 이용가능한 공급용량을 대신 활용하는 것과 같은 여러 수단을 통해 신속하게 공급용량의 변화를 가져오는 차원에서 민첩성을 필요로 한다. 또한 다른 대응 방법은 수주를 제한하는 방식이다. 예를 들어, 긴 대기 줄, 자격 제한(예를 들어, 회원제 운영 등), 불편한 점포 진입로(예를 들어, 계단 사용, 비좁은 통로) 등의 방법으로 고객의 서비스 진입을 억제하거나 덜 중요한 고객 요구사항의 처리를 제한하는 방식으로 수주를 제한할 수 있다.

결국, 이용가능한 공급용량을 보유하거나 만드는 비용 대 수주잔고를 허용하는 비용 사이의 상충을 고려하는 것은 이 전략의 한 부분이다. 일반적으로, 채찍효과로 인해 수주잔고 비용은 예상보다 훨씬 더 클 수 있다. 그 비용은 즉각적인 고객 손실 비용뿐만 아니라 수주잔고를 줄이기 위해 서비스 직원에게 너무 과한 업무압력이 주어질 경우에 발생하는 생산성 손실일 것이다. 이 상충관계를 잘못 이용하게 되면 서비스 채찍효과의 중요한 촉발을 불러일으킬 수 있기 때문에 조직이 준비가 되지 않았다면 피크수요는 심각한 서비스 채찍효과로 이어질 수 있다. 이 전략들은 흔히 공급사슬의 처음 수준인 고객 접촉에서부터 적용된다. 따라서 공급사슬을 따라 진행되는 연쇄반응 혹은 도미노효과(knock-on effect)를 인식하고 전체 서비스 공급사슬에 적용할 필요가 있다.

3.2.2. 완화 전략

비록 좋은 예방 전략을 활용하더라도 채찍효과가 발생할 수 있기 때문에 서비스 조직은 그 효과를 완화하기 위해 추가 전략을 갖고 있어야 한다. 서비스의 변동성 관리에서 핵심은 주문잔고의 관리에 있고 채찍효과의 잠재적 원인은 주문잔고가 발생할 때 그것을 인식하거나 적시에 대처하는 데 실패하기 때문이다. 따라서 중요한 완화 전략은 공급사슬 내 각 프로세스 단계에서 수주잔고의 '가시성(visibility)'을 보장하는 것이다. 여기서 공급사슬 내 가시성은 공급사슬의 상부와 하부에서 벌어지는 모든 활동을 공급사슬 주체들이 볼 수 있는 것을 의미한다. 따라서 이러한 가시성을 확보하기 위해서는 공급사슬 각 주체들의 정보 공유가 매우 중요하다. 서비스 분야에서는 전체 서비스 공급사슬에 걸쳐 각 주체의 이용가능한 공급용량의 가시성을 필요로 할 것이고 이를 위한 정보 시스템 개선과 같은 수요와 행동의 가시성을 필요로 할 것이다.

채찍효과를 완화하는 마지막 분야는 시간 차이 혹은 지연을 줄이는 것이다. 공급사슬 내 한 주체의 공급용량 조정에서 지연(조정 지연) 발생 시에 확대가 증가할 것이다. 모든 잠재적 채찍효과는 어떤 계기가 되는 사건(예를 들어, 고객 니즈의 변화, 외부 거시경제 충격, 경쟁 서비스의 등장 등)이 존재하나 이것이 인식되지 못하거나 인식되더라도 대응 행동이 지연된다면 채찍효과로 이어질 수 있다. 따라서 지연은 확대효과의 핵심 원인이 된다. 요구된 공급용량의 증가가 발생할 때 만약 공급용량이 공급사슬의 각 단계에서 신속하게 조정될 수 있다면 거의 확대가 존재하지 않을 것이고 따라서 채찍은 없을 것이다.

4 서비스 공급사슬 프로세스

재화 관점에서 두 개의 중요한 공급사슬 프로세스 지향적 프레임워크가 존재한다. 그것은 Suppy Chain Operations Reference(SCOR) 모델과 Global Supply Chain Forum(GSCF) 모델이다.

4.1. SCOR 프레임워크

이 프레임워크는 다섯 개의 주요 공급사슬 관리 프로세스를 포함한다. (1) 계획(plan), (2) 조달(source), (3) 제조(make), (4) 배송(deliver), (5) 반품(return)이다. 이 SCOR 프레임워크는 실무자들이 그들의 공급사슬 프로세스를 더 잘 디자인하고 관리하는 것을 지원할 수 있는 진단 도구이다. 또한 이 모델은 표준화된 성과측정치로 표준화된 프로세스 평가를 허용함으로써 전략적 의사결정을 지원한다. 하지만 SCOR 프레임워크는 그 특징에 기초하여 제품의 공급사슬을 관리하기 위한 구체적 가이드라인을 제공하지 않기 때문에 전략적 도구가 아니며, 그 기본적 프로세스들이 유형 재화의 생산에 초점을 두기 때문에 서비스에 쉽게 적용하기 어렵다.

4.2. GSCF 프레임워크

이 프레임워크는 조직 운영 내 모든 핵심 프로세스를 포괄하는 여덟 개의 공급사슬 관리 프로세스를 규정하며 SCOR 프레임워크보다 더 광의의 개념을 갖고 있다. 또한 Giannakis(2011)는 서비스 조직을 공급자와 고객과 함께 정보와 유형 재화 모두의 양방향적 흐름을 갖는 것으로서 기술한 후 여섯 개의 핵심 프로세스를 규정하였다. 그것은 (1) 계획(plan), (2) 조달(source), (3) 조달된 서비스 자원의 개발(develop), (4) 자원 일정계획을 위한 조정(adapt), (5) 운영(operate), (6) 자산과 자원의 반환을 위한 회복(recover)이다.

그러나 재화에 초점을 둔 이러한 공급사슬 프로세스는 서비스 부문에 쉽게 적용되기 어려워 Ellram et al.(2006)은 다음과 같이 서비스에 초점을 둔 여섯 개의 공급사슬 프로세스를 제안하였다.

(1) 공급자관계 관리(supplier relationship management)

　　관련 활동으로는 공급자 선택과 계약, 공급자 관계를 관리하기가 있다.

(2) 공급용량 관리(supply capacity management)

　　관련된 활동으로는 자원과 공급용량계획, 자원의 일정계획이 있다.

(3) 수요 관리(demand management)

　　관련된 활동으로는 수요 예측, 이용가능한 공급용량과 예측된 수요의 일치가 있다.

(4) 고객관계 관리(customer relationship management)

　　주요 활동으로는 고객 세그먼트, 모니터링, 고객 만족 향상시키기가 있다.

(5) 서비스전달 관리(service delivery management)

　　관련 활동으로는 고객 니즈를 충족시키기 위해 고객 주문의 접수와 이행이 있다.

(6) 현금흐름 관리(cash flow management)

　　고객과 공급자들과 자금의 흐름을 관리하기가 주요 활동이다.

5 공급사슬 전략

5.1. 서비스 유형에 따른 차별화와 효율성 전략

Giannakis(2011)는 서비스 조직을 사람, 데이터, 사물의 유형자원 혹은 객체 자원(operand resource)/프로세스가 어떻게 가치를 창출하는지에 기초한 서비스 항목의 두 가지 기준을 토대로 하여 〈표 11−4〉와 같이 여섯 개의 핵심 프로세스를 규정하였다.

표 11-4 유형 자원과 서비스 항목에 따른 서비스 분류

유형 자원/객체적 자원	서비스 항목	
	변환(transforming)	운송(transporting)
사람	• 교육, 의료, 레스토랑, 극장, 테마 파크, 엔터테인먼트 서비스	• 대량운송 서비스(예, 항공, 기차, 지하철, 버스) • 개인적 운송 서비스(예, 택시, 자동차렌털, 리스)
데이터	• 세금환급, 컨설팅, 법률 서비스, 광고 대행사, 학술연구, 비디오/음악 생산, 투자연구, 은퇴계획, 보험 서비스	• 이메일 서비스, 통신 서비스, 소셜 미디어 사이트(예, 페이스북), 탐색 엔진(예, 구글), 음악유통(인터넷을 통한), 소매은행
사물	• 유지 서비스, 수선 서비스, 설치 서비스, 세탁 서비스	• 소매, 이테일링(e-tailing), 3자 로지스틱스 제공자, 우편운송 서비스, 화물운송 서비스

나아가, 이러한 각 서비스 전달 프로세스 유형별로 차별화 초점과 효율성 초점 전략이 〈그림 11-4〉와 같이 수립될 수 있다. 즉, 사람에 대한 변환 서비스로 갈수록 고객화된 서비스에 기반한 차별화에 초점을 둘 필요가 있고 사물에 대한 운송 서비스로 갈수록 대량 서비스에 기초한 효율성에 초점을 둘 필요가 있다.

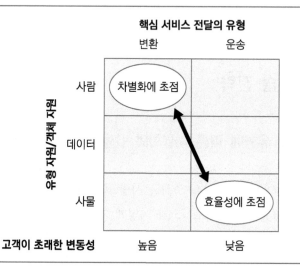

그림 11-4 차별화 초점과 효율성 초점 전략

5.2. 서비스 지연 전략

5.2.1. 제조 지연

실제 수요가 알려지기 전에 완제품 재고(혹은 완성된 업무)의 양을 감소시켜 공급과 수요의 불일치를 피하는 방법을 지연(postponement)이라고 한다. 이 전략은 재화 중심의 공급사슬에서 효과적으로 활용되는 전략이지만 서비스 부문에서도 적절하게 활용되면 유용한 편익을 제공할 수 있다. 제품생산에서 주도(push) 방식은 고객의 니즈와 관련 없이 제조업체가 표준화된 대량생산을 위해 공급사슬의 상부에서 주로 사용하는 전략이고 견인(pull) 방식은 공급사슬의 하부에서 고객의 니즈에 의해 제품을 생산하는 수요가 견인하는 제조 방식을 의미한다. 이러한 두 가지 제조 방식이 만나는 부분을 주도−견인(push−pull) 경계(혹은 분리점)라고 하는데 이 경계를 고객과 가깝게 가져가 완제품 제조를 최대한 늦추는 전략이 바로 지연 전략이 된다.

제조 공급사슬에서 주도−견인 경계는 전체 공급사슬에서 고객 주문 지향적인 공급사슬 부분을 분리하는 것을 의미한다. 공급사슬 성과를 향상시키기 위해 지연은 이 경계를 최종 사용자에게 더 가깝게 이동시킨다. 예를 들어, 휴렛패커드 데스크젯(HP DeskJet) 프린터는 과거에 캐나다 벤쿠버에서 미국, 극동, 유럽 시장을 위해 다른 최종 프린트기 버전(사용 전압의 차이)을 생산했었다. 여기서, 주도−견인 경계는 벤쿠버에서 이루어진 전류공급을 설치하는 포인트를 말한다. 이후, 이 회사는 프린터를 재디자인하면서 처음에 전력공급 없는 표준형 공통 프린터를 생산하고 최종 전력공급 부품의 조립은 제조가 지연되어 유통업체에 의해 수행되도록 하였다. 그러한 지연 전략을 통해서 HP가 물류 절감비로 매달 $200만 이상을 실현하였다.

5.2.2. 서비스 지연

서비스 지연은 고객 주문이 도착하기 전에 공통 혹은 표준적 프로세스의 적용에 의해 촉진된다. 즉, 고객의 다양한 서비스 요청에 대해 공통적인 것에 집중함으로써 서비스 효율성을 향상시키는 전형적 방법(즉, 주도형 제조)은 서비스 활동을 표준화하거나 자동화하는 것과 동일한 의미이다. 이것은 서비스 사전계획 수립, 생산의 예측가능성 향상, 서비스 전달 프로세스 수행의 일관성을 허용하고, 다시 서비스 품질을 통제하는 것을 더 용이하게 만든다. 고객은 항공사 셀프 체크인 키오스크와 온라인뱅킹 서비스와 같은 표준적인 자동화된 셀프 서비스 채널을 통해 더 뛰어난 속도와 편의성으로 혜택을 본다. 서비스 활동 혹은 프로세스의 표준화에 대한 강조는 웹사이트에서 광고문안 혹은 FAQ에 대한 표준적 조언의 제공에서도 발견된다. 법률 자문, 세무 지원, 전문교육과 같은 지식기반 서비스는 점차 표준화되고 있고 패키지화된 소프트웨어로서 계속 제품화되고 있다.

표준화된 서비스 요소의 전달은 더 많은 서비스 전달 활동의 사전 포지셔닝을 허용하고, 이것은 서비스 프로세스의 주도 부분을 증가시키고, 주도–견인 경계를 고객에 더 가깝게 이동시킨다. 이러한 관점에서 본다면 프로세스와 더불어 고객 투입물 혹은 인터페이스가 또한 표준화될 수 있다. 고객 투입물의 시기(혹은 도착)는 주도 활동의 양을 증가시키기 위해 예약 시스템 혹은 다른 가격 책정 계획을 통해 계획될 수 있다. 또한 고객 투입물 혹은 인터페이스의 표준화 혹은 자동화는 어떤 활동을 고객에게 전가시킬 수도 있다. 많은 기업들이 표준화된 형식을 사용하여 고객이 서비스 초기에 요청을 하도록 하는 방법을 찾고 있다. 예를 들어, 커피점포나 식당에서 배달의 경우에 웹기반 주문형식으로 데이터를 고객이 입력하도록 하고 있다.

많은 서비스 제공자들은 매우 적은 비용으로도 주도–견인 경계를 고객에 더 가깝게 이동시킬 수 있다. 서비스에서는 제조에서 일반적인 준비(setup) 시간이 거의 없다. 또한 ICT의 성장으로 정보에 접근, 구축, 저장, 유지하는 비용이 급속히 떨어지고 있다. 최종 고객화는 지식기반 서비스에서 특히 용이하게 실행될 수 있다. 그러한 고객화는 주문 상태, 사용자 등급, 포럼을 포함하는 맞춤형 정보가 필요시점에 고객에게 전달될 수 있는 많은 웹사이트의 제공품에서 발견된다. 웹포탈(web portal)과 같은 기업들은 더 큰 포괄적 범위의 서비스를 제공하기 위해 높은 수준의 정보를 확보하고 구축할 수 있다.

또한 서비스 청사진에서 나오는 가시선의 이동을 통해 지연효과를 달성할

수 있다. 가시선(line of visibility)은 현장 직원이 고객과 직접 대면하는 전방부서
와 대면하지 않는 후방부서를 분리하는 선을 말한다. 인터넷기반 서비스의 등
장으로 인해서 자동화와 기술의 사용을 통해 이러한 가시선이 점차 후방부서
로 이동하고 있다. 그러나 이러한 가시선을 고객이 숨겨진 것을 직접 보도록
의도적으로 이동시킬 수도 있다. 철판요리, 투명주방, 고객이 직접하는 셔츠 디
자인 등이 그 예이다.

6 흥미로운 기타 이슈

6.1. 핵심 서비스 전달 특징에 기초한 공급사슬 전략

서비스 유형을 핵심 서비스 전달 특징에 기초하여 〈표 11-5〉와 같이 분
류할 수 있다.

표 11-5 핵심 서비스 전달 특징에 기초한 서비스 유형

분리불가능성	물리적 접근의 중요성	고객 상호작용		
		수준	유형	
			변환	운송
분리불가능	높음	높음	가치 공동창출	참여
분리가능	낮음	중간	정보교환	거래적 교환
분리가능	중간	낮음	정보교환	거래적 교환

여기서, 서비스 전달 관리 프로세스에 영향을 미칠 뿐만 아니라 서비스
전략과 외부 조달 의사결정에 대한 전략적 시사점을 갖는 서비스 공급사슬의
네 가지 주요 특징이 도출된다.

6.2. 핵심 서비스로부터 고객의 분리가능성(분리가능 대 분리불가능)

이 개념은 고객이 핵심 서비스에 의해 제공된 전달 프로세스로부터 분리될 수 있는지를 의미한다. 대상자원이 고객일 경우에 고객은 핵심 서비스 전달 프로세스로부터 분리될 수 없으나 사물과 데이터일 경우에는 고객은 핵심 서비스 전달 프로세스에서 분리가 가능하다. 전방부서(예, 식당 홀)와 후방부서(예, 주방)의 분리가 그 예이다. 효과적인 분리는 다음의 내용을 토대로 가능하다.

(1) 정보(데이터)를 다루는 직원에 의해 소비된 상대적 시간과 관련한 정보 강도

정보를 오랫동안 다루어야 하는 부서는 후방에, 그렇지 않은 부서는 전방에 위치하는 것이 바람직하다. 호텔에서 고객의 정보를 관리하는 직원은 전방에 위치할 필요가 없다.

(2) 고객 접촉 니즈

직접 접촉과 가상 접촉 모두의 경우에 고객의 접촉 니즈가 강하면 고객을 분리하지 않는 것이 바람직하다. 고급 레스토랑 직원은 고객의 까다로운 주문에 효과적으로 대응해야 하기 때문에 항상 고객을 응시하며 대기하고 있다.

(3) 서비스 시 물리적 대상의 조작을 수행하기 위해 직원이 필요한 고객의 상호작용 니즈

레스토랑의 직원은 고객에게서 주문을 받고 음식을 서비스하기 위해 존재할 필요가 있고 간호사는 환자를 다루기 위해 물리적으로 가까운 곳에 존재할 필요가 있다.

6.3. 고객이 유발한 변동성의 수준(높음 대 낮음)

고객은 서비스 조직이 얼마나 많은 변동성을 수용하는지에 기초하여 자신의 경험에 대한 품질을 판단하기 때문에 서비스 상황에서 모든 변동성이 제거

될 수 없고 제거되어서도 안 된다. 고객이 유발한 변동성의 다섯 유형이 존재한다. 〈표 11-6〉과 같이 도착, 요청(고객의 특별한 요청이 충족될 수 있는 수준), 역량(고객이 서비스를 지원할 수 있는 수준), 노력(고객이 기꺼이 적용하는 노력의 수준), 주관적 선호(서비스 품질에 대한 고객의 인식)가 그것이다(Frei, 2006).

표 11-6 변동성의 유형과 관점

변동성 유형	제공자 관점	고객 관점
요청 변동성 도착 변동성	• 각 고객의 다른 요구사항 • 최고와 최저의 서비스 수요	• 각 서비스 제공자의 다른 요구사항 • 차이나는 서비스 이용가능성과 전달 시간 니즈의 차이
역량 변동성	• 고객은 각기 다른 스킬 수준을 보유	• 서비스 제공자는 각기 다른 스킬 수준을 보유
노력 변동성	• 어떤 고객은 고객 투입물/참여를 필요로 하고 고객은 그런 노력에 다른 의지를 가짐	• 어떤 서비스는 제공자 투입물/참여를 필요로 하고 제공자들은 그런 노력에 다른 의지를 가짐
주관적 선호 변동성	• 좋은 서비스를 이루는 것에 대한 다르고 충돌하는 관점	• 좋은 고객을 이루는 것에 대한 다르고 충돌하는 관점

고객이 유발한 변동성은 운송 서비스에 비해 변환 서비스에서 더 높게 나타난다. 트럭운송 프로세스 동안에 고객은 어떤 참여를 하기 어렵지만 미용실에서 고객은 서비스 프로세스에 적극 관여를 한다. 즉, 변환 서비스에서 고객은 적극적 참여자이고 그 참여 수준과 방식은 서비스 전달 프로세스의 변동성에 영향을 미친다. 반대로, 운송 서비스에서 고객은 표준화된 전달 프로세스 내에서 수동적으로 참여하는 경향이 있다. 예를 들어, 비행시간은 모든 승객에 동일한 시간으로 제시되고 고객이 유발한 변동의 수준은 낮다. 비슷하게 사물 혹은 데이터가 운송될 때 고객들은 서비스 제공자와 표준화된 거래를 하는 반면에 핵심 부가가치는 후방부서의 운영에 있다. 따라서 고객유발 변동성은 사물 혹은 데이터 변환 공급사슬(고객은 서비스 제공자와 더욱 복잡한 정보적 교환을 가질 수 있음)보다 사람 변환 공급사슬에서 더 낮아질 것이다.

6.4. 핵심 서비스에 대한 물리적 접근의 중요성

핵심 서비스 전달 프로세스에 대한 물리적 접근이 중요할 때(사람이 대상 자원인 경우) 서비스는 고객 근처에 위치해야 한다. 그러한 서비스에서 집중화를 통해 얻을 수 있는 규모의 경제는 전방부서의 운영에서는 실행이 쉽지 않다. 예를 들어, 사업을 성장시키기 원하는 미용실은 반드시 하나의 더 큰 시설을 만들기보다 새로운 입지를 개설함으로써 확장하는 것이 더 바람직할 것이다. 기술은 온라인 교육 서비스와 같이 물리적이라기보다는 가상의 서비스 전달 프로세스를 허용함으로써 이러한 문제를 경감시킬 수 있다. 물리적 접근은 사물(데이터일 때는 훨씬 덜함)이 대상 자원일 때 기술이 고객과 가상적 교환을 허용하고 대부분의 핵심적 부가가치 활동이 후방부서에 있어서 고객의 상호작용을 필요로 하지 않기 때문에 덜 중요하게 고려된다. 하지만 몇 가지 예외가 존재한다. 소매점, 서점, 우체국 같은 데이터 혹은 사물에 기초한 공급 네트워크들은 그들의 고객과 가까운 다수의 입지를 유지하고 있다. 비록 많은 소매점포가 수익성을 유지하고 있을지라도 서점과 우체국은 물리적 접근의 니즈 없이 기술이 고객을 서비스하는 대안적 수단으로 활용될 수 있기 때문에 최근에 상당한 손실의 피해를 보고 있다.

6.5. 고객 상호작용의 수준과 유형

고객이 서비스 전달 프로세스에 직접적으로 포함된(예, 사람이 대상 자원임) 서비스는 그렇지 않은 경우보다 더 큰 고객 상호작용의 수준을 갖는다. 분명히 서비스 전달 프로세스에서 고객 상호작용의 수준은 프로세스의 효율성과 반대의 영향을 미친다. 따라서 고객 상호작용이 가장 높은 프로세스는 가장 비효율적인 경향이 있고 또한 가장 높은 수준의 고객 유발 변동성을 갖는 경향이 있다. 고객은 변환 서비스에서 훨씬 적극적 역할을 하고 운송 서비스에서 더욱 수동적인 역할을 한다. 또한 사물이 대상 자원인 서비스 공급사슬은 상대적으로 고객과 단순한(거래적) 전방부서 상호작용을 하는 반면에 핵심 부가가치는 재화의 물리적 흐름을 포함하는 후방부서 프로세스에 있다. 데이터 중심적인 공급사슬은 단순한 거래를 넘어설 수 있도록 고객과 정보교환을 필요로 하나 부가가치 활동의 핵심은 여전히 후방부서에 있다.

6.6. 서비스 전달 프로세스를 위한 외부 조달

지금까지 언급한 서비스 공급사슬 특징을 종합하면 〈표 11−7〉과 같다.

표 11−7 서비스 공급사슬 특징

		핵심 서비스 전달 프로세스 유형			
		변환		운송	
		후방부서	전방부서	후방부서	전방부서
유형 자원 (operand)	사람	분리가능하고 복잡한 활동이 역량향상을 위해 외부 조달될 수 있다. 분리가능하고 표준화된 활동이 비용에 기초하여 외부 조달될 수 있다.	고객 공동창출 핵심 활동 고객 경험의 복잡한 분리불가능한 부분들이 내부 조달될 것이다.	수익률 관리(티켓팅, 가격 책정, 예약)가 핵심적이고 복잡한 활동이다. 내부 조달된다면 경쟁우위를 제공할 수 있다.	참여를 필요로 한다. 핵심 활동 내부 조달
	데이터		정보교환이 효과적 서비스에 결정적이고 복잡할 수 있다. 외부 조달은 위험하다.	핵심 활동 정보흐름 복잡하고 표준화된 활동들이 비용에 기초하여 자동화될 수 있고 외부 조달될 수 있다.	표준화된 거래적 교환이 자동화될 수 있고 외부 조달될 수 있다.
	사물	핵심 활동 고객 소유물에 대한 물리적 접근을 필요로 한다. 낮은 스킬과 표준화된 활동이 비용과 적시성에 기초하여 내부 혹은 외부 조달될 수 있다.		핵심 활동 물리적 흐름(로지스틱스) 복잡하고 표준화된 활동이 비용에 기초하여 내부 조달 혹은 외부 조달될 수 있다.	

출처: Frei, F.X. (2006), "Breaking the trade−off between efficiency and service", *Harvard Business Review*, *84*(11), 92−101.

사람기반 공급 네트워크를 위한 서비스 전달 프로세스의 전방부서 활동이 고객으로부터 분리불가능하고 복잡하기 때문에 그들은 내부 조달(insource)될 것이다. 그러나 고객으로부터 분리될 수 있는 전방부서 경험의 일부분이 외부 조달로 인해서 제한될 수 있다. 예를 들어, 의료 서비스에서 단순히 건강검진이 이루어질 수 있고 심지어 원격의료를 통해 원격으로 다루어질 수 있는 의료 네트워크도 있다. 또한 복잡하고 분리불가능한 어떤 전방부서 활동(예, 간호 서비스)은 역량 향상을 위해 전문화된 대리인에 의해 외부 조달될 수 있다. 비용이 아니라 차별화가 사람-변환 서비스의 중요한 경쟁동인이기 때문에 이 유형의 공급 네트워크에서 외부 조달 계약은 비용절감이 아니라 역량 향상에 더 초점을 두어야 할 것이다.

전방부서 프로세스는 데이터와 사물-변환 서비스에서 중요하지만 외부 조달이 위험을 초래할 수 있다. 예를 들어, 컨설팅 프로젝트의 목적과 결과물을 발생시키는 데 필요한 정보교환은 매우 복잡할 수 있고 프로젝트의 성공에 결정적이다. 따라서 그들을 제3자에게 아웃소싱하는 것은 위험하고 비효율적일 것이다. 사물-변환 공급 네트워크(예, 수리와 유지 서비스)를 위한 후방부서 활동도 외부에서 아웃소싱하는 것이 위험할 수 있다. 이 활동은 흔히 표준화된 낮은 스킬의 노동력에 의존하나 그들은 고객의 재산과 물리적 인접성을 필요로 한다. 이 경우에, 외부 조달 협약은 비용 효과적이지 않을 수 있고 서비스 시간을 증가시킬 수 있다. 실제로, 잔디 보수, 집 청소, 전자기기 수리 서비스와 같이 많은 소기업들은 그들의 핵심 (후방부서) 서비스 전달 프로세스 활동들을 내부 조달한다. 그러나 비용절감이 규모의 경제에 의해 가능해지고 적시 서비스가 여전히 유지될 수 있을 때 외부 조달이 가능하다는 예외가 있다. 예를 들어, 규모가 작은 세탁소 드라이클리닝 서비스는 대형 세탁소에 의류의 세탁을 아웃소싱하기도 한다.

사물-변환 서비스와 반대로 데이터와 사람-변환 공급 네트워크를 위한 후방부서 활동(예, 진단 테스트, 데이터 프로세싱)은 외부 조달을 위한 좋은 후보들이다. 이들 활동이 핵심 고객 경험과 분리가능하고 전체적인 전략적 초점이 차별화에 있을 것이기 때문에 복잡한 후방부서 활동을 아웃소싱할 때 적절한 동기는 비용이 아니라 바로 역량 향상이다.

운송 서비스의 경우에 사람-운송 서비스 네트워크의 전방부서 프로세스는 내부 조달되고 후방부서 프로세스는 외부 조달하는 것이 바람직하다. 여기서, 핵심적인 복잡한 후방부서 활동은 수율 관리(yield management)이다. 주요 항공사들은 고객을 모든 항공사들과 연결하는 글로벌 유통 시스템과 상호작용하면서 각 좌석을 동태적으로 책정(이용가능성에 따라서)하는 자신만의 독특한 수율 관리 시스템을 갖고 있다. 이 수율 관리 시스템은 기업에게 부가적 이익을 제공하여 경쟁우위를 제공한다. 그러나 이 시스템을 실행하는 데 많은 비용이 들고, 시간 소모적이고, 사용하기에도 매우 복잡하다. 이러한 이유로 인해 소규모 항공사들은 자신의 수율 관리 시스템을 개발하고 유지하는 것이 어렵기 때문에 대신에 다중 호스트(multihost) 항공사 예약 시스템을 활용한다.

데이터 혹은 사물을 운송할 때 다양한 외부 조달 계약이 실제로 이루어질 수 있다. 전방부서 활동이 표준화되고, 거래적이고, 자동화되고, 아웃소싱될 수 있다. 이 서비스에서 표준화되고 복잡한 후방부서 프로세스를 아웃소싱하기 위한 주요 동인은 바로 비용 최소화이다. 그러나 기업의 규모에 따라서 내부 조달 또한 비용 최소화를 가능하게 만들 수 있다. 예를 들어, 작은 소매업체와 e-소매업체에서 흔히 3자기업(FedEx와 UPS)이 하방 공급사슬 멤버들의 로지스틱스 니즈에 서비스하는 복잡한 공급 네트워크의 멤버들이다. 이 3자 중개자들은 여러 소매업체들의 주문을 묶어서 더 작은 소매업체들에게 상당한 규모의 경제를 제공할 수 있고 그들이 더 큰 경쟁자와 더 잘 경쟁하도록 만든다. 한편, 더 작은 경쟁자들과 반대로 규모가 큰 소매업체와 e-소매업체들은 그들이 자신만의 기술과 프로세스로 경쟁우위를 얻으면서 독립적으로 규모의 경제를 보장할 수 있기 때문에 대부분의 로지스틱 운영을 내부 조달하는 경향이 있다. 예를 들어, 월마트(Walmart)는 자신의 유통설비와 트럭선단을 보유하고 있고 아마존(Amazon)은 자신의 유통설비를 소유하고 계속 자신의 후방부서 운영을 위해 소프트웨어와 하드웨어에 많은 투자를 하고 있다.

━━━━ 참고문헌

Baltacioglu, T., Ada, E., Kaplan, M.D. Yurt, O. & Kaplan, Y.C. (2007), "A new framework for service supply chains", *The Service Industries Journal, 27*(2), 105–124.

Ellram, L.M., Tate, W.L. & Billington, C. (2006), "Understanding and managing the services supply chain", *Journal of Supply Chain Management, 40*(3), 17–32.

Frei, F.X. (2006), "Breaking the trade-off between efficiency and service", *Harvard Business Review, 84*(11), 92–101.

Giannakis, M. (2011), "Management of service supply chains with a service-oriented reference model: The case of management consulting", *Supply Chain Management: An International Journal, 16*(5), 346–361.

01 다음 문제의 참과 거짓을 판단하시오.

1.1 서비스 공급사슬은 서비스 지배논리 관점에서 재화 중심 공급사슬 혹은 제품의 공급사슬과 일치하는 부분이 많아 거의 그대로 적용이 가능하다.

1.2 서비스 공급사슬의 구조는 서비스 제공자, 서비스 통합자, 고객으로 이어진다.

1.3 서비스 공급사슬은 구매된 어떠한 유형적 재화의 반환과 처분을 포함하여 최상향의 공급자에서 최종 고객까지 정보, 프로세스, 역량, 서비스 성과, 자금, 유형 재화의 양방향 흐름의 관리이다.

1.4 서비스 공급사슬 형성의 메커니즘은 계약, 인센티브 시스템, 정보기술과 정보공유, 공동 의사결정에 기반한 제도화된 조정 메커니즘만을 고려한다.

1.5 서비스 삼자관계는 서비스 통합자, 서비스 제공자, 최종 고객으로 구성된다.

1.6 서비스 삼자관계에서 서비스 제공자는 외부 조달(outsourcing) 역할을 맡는 기업을 말한다.

1.7 금융 서비스와 고객 지원 콜센터 운영에서 자주 볼 수 있는 외부 조달은 전방부서 프로세스 아웃소싱이다.

1.8 서비스 부문의 공급사슬에서 수요 변동성의 증가와 수주잔고(backlog) 증가와 같은 채찍 효과가 발생하는 이유는 서비스 조직이 그들이 최종 재화를 재고로서 저장하지 못하기 때문에 그들이 수주잔고를 조정해야 하기 때문이다.

1.9 서비스 채찍효과에서 수주잔고 변동을 줄이는 것과 공급용량 비용을 동시에 증가시키는 것이 가능하다.

1.10 수요 관리는 채찍효과를 예방하는 전략으로 간주될 수 있고, 공급용량 관리는 채찍효과를 완화하는 전략으로 간주될 수 있다.

1.11 서비스 채찍효과의 핵심적인 완화 전략은 서비스 전달 시점에서 고객과 함께가 아니라 공급사슬 내 각 프로세스 단계에서 주문잔고의 '가시성'을 보장하는 것이다.

1.12 사물을 운송하는 서비스 유형은 차별화에 초점을 두는 서비스 전달 프로세스를 가져야 한다.

1.13 고객이 유발한 변동성은 운송 서비스에 비해 변환 서비스에서 더 높게 나타난다.

1.14 사람기반 공급 네트워크를 위한 서비스 전달 프로세스의 전방부서 활동이 고객으로부터 분리불가능하고 복잡하기 때문에 그들은 내부 조달(insource)되는 것이 바람직하다.

1.15 데이터와 사람-변환 공급 네트워크를 위한 후방부서 활동은 외부 조달이 바람직하지 않다.

1.16 실제 수요가 알려지기 전에 완제품 재고(혹은 완성된 업무)의 양을 감소시켜 공급과 수요의 불일치를 피하는 방법을 지연(postponement)이라고 한다.

1.17 고객 상호작용이 가장 높은 프로세스는 가장 효율적인 경향이 있고 또한 가장 낮은 수준의 고객 유발 변동성을 갖는 경향이 있다.

1.18 서점, 우체국 같은 데이터 혹은 사물에 기초한 공급 네트워크들은 핵심 서비스 전달 프로세스에 대한 물리적 접근이 중요하기 때문에 서비스는 고객 근처에 위치해야 한다.

1.19 고객의 다양한 서비스 요청에 대해 공통적인 것에 집중함으로써 서비스 효율성을 향상시키는 전형적 방법(즉, push 제조)은 서비스 활동을 표준화하거나 자동화하는 것과 동일한 의미이다.

1.20 고객은 서비스 조직이 얼마나 많은 변동성을 수용하는지에 기초하여 자신의 경험에 대한 품질을 판단하기 때문에 서비스 상황에서 모든 변동성을 제거하도록 해야 한다.

02 선택형 문제

2.1 다음 중 서비스 공급사슬의 특징에 해당하지 않는 것은?

① 서비스 패키지라는 제품에 대한 공급 네트워크이다.

② 공급사슬의 안정성은 제조 공급사슬보다 상대적으로 낮다.

③ 서비스 공급용량과 서비스 계획의 조정에 초점을 둔다.

④ 객관적이고 관찰이 용이한 서비스 운영에 기초한다.

2.2 다음 중 식당 서비스 공급사슬의 관심 대상이 아닌 것은?

① 식자재   ② 서비스 재고

③ 서비스 인력   ④ 고객 정보

2.3 다음 중 고객논리에 의한 서비스 공급사슬에 대한 설명이 아닌 것은?

① 주요 관점은 서비스 제공자이다.

② 고객은 공급사슬 시스템 내에 있고 일차 서비스 제공자의 경계 끝에 존재한다.

③ 고객은 다양한 서비스 제공자를 조정하며 가치 실현을 통제하려고 시도한다.

④ 고객에서 출발하여 고객과 직접 상호작용하는 일차 서비스 제공자에 초점을 둔다.

2.4 다음 중 서비스 유일 공급사슬 사례에 해당하지 않는 것은?

① 통신 서비스   ② 금융 서비스

③ 모바일 앱 서비스   ④ 식당 서비스

2.5 다음 중 채찍효과를 줄이기 위한 방안이 아닌 것은?

① 직원의 업무 부하 축소

② 서비스 지연 확대

③ 상부 공급사슬의 실수 방지

④ 공급사슬 전체에 걸친 가시성 확보

2.6 다음 중 서비스 공급사슬에서 변동성의 원인이 아닌 것은?

① 고객의 서비스 수요　　　② 서비스 자동화

③ 고객의 서비스 공동생산　④ 고객 불만족

2.7 다음 중 서비스 공급사슬 프로세스에 해당하지 않는 것은?

① 현금흐름 관리　　　　　② 공급용량 관리

③ 서비스전달 관리　　　　④ 고객주문 관리

2.8 다음 중 변환 서비스이면서 사람을 대상으로 이루어지는 서비스는?

① 의료 서비스　　　　　　② 컨설팅 서비스

③ 세탁 서비스　　　　　　④ 소매 서비스

2.9 다음 중 연결이 잘못된 것은?

① 전방부서 프로세스에서 사람기반 공급 네트워크–내부 조달

② 전방부서 프로세스에서 데이터와 사물–변환 서비스–내부 조달

③ 사물을 대상으로 하는 변환 서비스–외부 조달

④ 사람을 대상으로 하는 운송 서비스에서 후방부서–내부 조달

2.10 다음 중 서비스에서 지연 전략과 무관한 것은?

① 준비시간이 거의 없다.

② 최종 고객화는 서비스 부문에서 효과적으로 활용될 수 있다.

③ 고객 투입물 혹은 인터페이스의 표준화 혹은 자동화는 어떤 활동을 서비스 제공자에게 전가시키는 것이 필요하다.

④ 서비스 청사진의 가시선의 이동을 실행할 수 있다.

1.1 다음 서비스 중에 경험했거나 가장 잘 아는 세 개의 서비스를 고려하시오.

> 결혼예식장 서비스, 부동산 중개 서비스, 보험상담 서비스, 대학 구
> 내식당 서비스, 대학 행정 서비스, 편의점, 극장, 유튜브, 학교버스,
> 원룸, 방탄소년단, 이삿짐 서비스, 한국전력, 해수욕장, 경찰서, 전기
> 충전소, 재건축조합 서비스, 공방, 동물원, 박물관, 감정평가 서비스,
> 수화통역사, 선거 캠페인, 버스 터미널, 한식 뷔페, 가스 안전점검
> 서비스, 유료 웹툰 서비스, 애견호텔, 안경점, 택배 서비스

(1) 선택한 서비스에 존재하는 삼자관계 구조를 찾아보시오. 즉, 서비스
통합자, 서비스 제공자, 주요 고객을 정의해 보시오.

(2) 선택한 서비스의 산출물 형태를 정의하시오.

(3) 선택한 서비스별로 핵심 서비스 전달 프로세스 유형과 유형 자원에
따라 서비스를 분류하고 아웃소싱의 적용 가능성을 판별하시오.

(3) 선택한 서비스에서 발생가능한 채찍효과의 사례를 찾아 설명하고 효
과적으로 적용가능한 전략을 제시하시오.

(4) 선택한 서비스에 대해 지연 전략을 어떻게 적용할 수 있는지 제안하
시오.

1.2 당신이 단골로 가는 식당에서 가장 자주 먹는 메뉴에 대해 공급사슬 관점
에서 생각해 보시오. 즉, 서비스 패키지 관점에서 그 메뉴를 만들기 위해
어떤 주체들로 구성된 공급사슬이 필요하고 순수한 서비스를 위한 공급용
량은 어떻게 준비하는 것이 필요한지를 고민해 보시오.

1.3 다음의 비대면 서비스 중 잘 알거나 경험했던 서비스 세 개를 고려하시오.

> 무인카페, 배달 전문 도시락, 음식 배달 서비스, 인터넷 금융, 비대면 교육, 온라인 취미 수업, 세탁물 픽업 및 배달 서비스, 매장 내 물건 주문과 픽업 서비스, 셀프 관리형 정수기 필터 서비스, VR을 이용한 인테리어 제안, 사이버 모델 하우스, 메신저 상담, 챗봇, AI 스피커를 통한 쇼핑, 가상 피팅 의류/안경 쇼핑몰, 비대면 화상 면접, 비대면 육아 서비스, 재택 근무 서비스, 온라인 합동연주 및 콘서트, 비대면 결제 서비스, 동영상 스트리밍 서비스, 100% 셀프 스토어

(1) 선택한 서비스에 존재하는 삼자관계 구조를 찾아보시오. 즉, 서비스 통합자, 서비스 제공자, 주요 고객을 정의해 보시오.

(2) 선택한 서비스에서 채찍효과가 존재하는가? 존재한다면 어떤 방식이고 어떻게 해결할 수 있는지를 구체적으로 설명하시오.

(3) 선택한 서비스에서 효과적인 지연 전략은 어떻게 하는 것이 바람직한가?

서비스 프로세스와
품질 관리

Service Operations Management

12 CHAPTER

배경

서비스 운영 시스템에서 투입물을 산출물로 변환시키는 과정은 서비스 프로세스로 대표된다. 서비스 전달 시스템의 핵심을 이루는 서비스 프로세스는 조직의 성과를 결정짓는 매우 중요한 역할을 하기 때문에 그 프로세스에 대한 이해와 더불어 효과적인 관리 방법이 중요하다. 또한 고객이 경험한 서비스 프로세스에 대한 전반적인 인식은 품질로 결과되기 때문에 인식의 향상을 위해 이러한 서비스 품질의 개념을 정의하고 측정하는 것이 필수적이다. 본 장에서는 실무자와 학자들의 지대한 관심을 받아왔던 이 서비스 프로세스와 품질을 어떻게 관리해야 서비스 조직의 성과를 높일 수 있는지를 논의한다.

주요 이슈

- 서비스 프로세스 개념과 유형은?
- 서비스 프로세스 분석을 위한 서비스 청사진은 어떻게 작성되는가?
- 서비스 품질의 개념은?
- 서비스 품질 측정을 위한 SERVQUAL은 어떻게 측정되는가?
- 서비스 품질 향상 도구와 기법은 무엇이 있는가?

1 서비스 프로세스

1.1. 서비스 프로세스 개념

일반적으로 운영 시스템이라고 하면 환경 내에서 투입물을 변환 프로세스 혹은 시스템을 통해서 산출물로 전환시키고 이러한 프로세스가 피드백을 통해서 지속적으로 유지 및 개선되는 시스템을 의미한다. 여기서 프로세스는 투입물을 산출물로 전환하는 중요한 역할을 한다.

서비스 부문에서 변환 프로세스는 서비스 전달 프로세스의 초점이 된다. 식당의 경우에 투입물로 인력, 자본, 식자재, 조리설비와 홀 장비, 전방과 후방 부서의 서비스스케이프, 공급업자, 조리지식, 직원 근무 시간 등이 있고, 그 산출물로는 서비스 경험 및 가치와 같은 순수한 서비스와 이 경험을 촉진하는 유형의 음식으로 구성된 서비스 패키지가 있다. 여기서, 전환, 운송, 저장, 검사 등의 과정을 거쳐 투입물을 산출물로 전환시키는 프로세스가 서비스 전달 프로세스이고 이러한 과정은 서비스 운영을 통해 그 성과가 지속적으로 모니터링되고 통제되어 피드백을 거친다.

1.2. 서비스 프로세스의 성과지표

서비스 프로세스의 성과는 다음의 시간을 기준으로 측정된다.

(1) 준비시간(setup time): 하나의 서비스를 설비를 활용하여 생산할 때까지 소요되는 시간(설비정비시간, 청소시간 등)을 나타낸다.

(2) 처리시간(throughput time): 하나의 서비스가 투입되어 완성될 때까지의 소요 시간으로서 하나의 서비스를 완성하는 데 필요한 작업 시간(주문 후 서비스가 고객에 전달되기까지의 시간)을 나타낸다.

(3) 운영시간(operation time): 준비시간과 처리시간의 합(예를 들어, 오전 10시-오후 10시까지)으로 나타낸다.

(4) 리드타임(lead time): 고객의 주문 투입에서 서비스 전달까지의 경과시

간이다.

이 외에도 서비스 프로세스의 전반적 성과평가 시 고려사항으로는 다음이 있다.

 (5) 효율성(efficiency): 투입물과 산출물을 동시에 고려하여 투입물 대비 산출물의 비율로 측정되며, 콜센터에서 한 명의 직원이 고객의 주문을 얼마나 접수하였는지가 한 예이다.

 (6) 효과성(effectiveness): 오직 산출물만 고려하는 개념으로서 계획된 목표 대비 달성률을 반영하며, 예를 들어, 목표 품질 수준의 달성도가 고려될 수 있다.

 (7) 생산성(productivity): 효율성과 효과성을 모두 포함하는 개념이지만 협의의 개념으로는 효율성을 지칭하기도 한다.

 (8) 공급용량(capacity): 요구된 산출물을 생산하는 프로세스 역량이다.

 (9) 유연성(flexibility): 고객이 원하는 다양한 서비스를 생산하는 능력과 관련되어 얼마나 고객화된 서비스를 제공하였는지를 측정한다.

2 서비스 프로세스의 유형

2.1. 양과 다양성에 의한 분류

이 방법은 Sasser et al.(1982)이 제시한 바와 같이 제품의 양(product volume)과 제품 다양성(product mix)을 기초로 분류한 〈그림 12-1〉과 같은 제품 프로세스 유형을 서비스에 동일하게 적용하는 방식이다. 비록 이 방식이 서비스 시스템에 대한 진단과 사고에 충분하지 않고 서비스 산업의 필수적 특징인 서비스 프로세스 내 고객의 존재로 인한 본원적 변동성을 반영하지 못하고 있다는 비판을 받고 있지만 이해가 용이하고 분류가 상대적으로 명확하다는 장점을 갖고 있다.

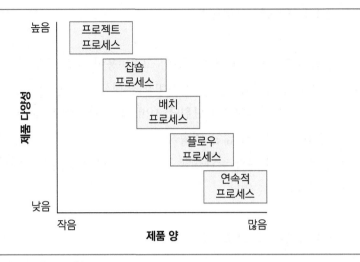

그림 12-1 제품 프로세스 유형

〈그림 12-1〉에서 본원적 생산 프로세스는 제품 다양성과 생산량에 기초하여 다섯 개의 프로세스인 연속형(continuous), 플로우(flow 프로세스 혹은 컨베이어 벨트를 활용하는 자동차 조립 산업의 경우에 assembly line 프로세스로도 불림), 배치(cell 혹은 batch), 잡숍(job shop), 프로젝트(project) 프로세스로 구분된다. 이러한 분류를 서비스 부문에 적용하였을 경우에 서비스 프로세스도 동일한 명칭으로 분류할 수 있다.

수주 측면에서 연속형과 플로우는 제조에서 재고생산(make-to-stock)에 해당하고 나머지는 주문생산(make-to-order)에 해당한다. 또한 생산의 흐름에 따라서 연속형과 플로우는 연속적, 나머지는 단속적이라고 할 수 있다. 품종과 수량에 따라서는 연속형과 플로우는 소품종 대량생산, 배치와 잡숍은 다품종 소량생산, 그리고 프로젝트 생산으로 분류할 수 있고 생산 반복성에 따라서 프로젝트는 개별생산, 배치와 잡숍은 배치생산, 연속형과 플로우는 연속적 대량생산으로 구분되기도 한다. 중요한 점은 이러한 생산 프로세스 유형에 따라 시스템 분석, 설계, 계획 및 통제 등이 달라진다는 점이다.

2.1.1. 연속형 프로세스

발전소 전기생산의 경우와 같이 고정비용이 크고 주요 변동비는 원재료가 되는 대량생산 방식의 표준화된 서비스를 생산하는 데 적합한 방식이다. 경쟁 시 저비용 전략을 선택하여 단위당 서비스의 생산비용을 줄이기 위해 이 방식을 선택하며 중단되지 않는 지속적 서비스 전달의 특징을 갖고 있다. 주요 경영 이슈는 설비 유지와 공급용량 계획에 있으나 서비스 운영에서는 거의 사용되지 않는 프로세스이다.

2.1.2. 플로우 프로세스

연속형 프로세스와 유사하나 최종 산출물이 분리가 용이한 이산적(discrete) 특성을 갖는 것에 있다는 점이 차이점이다. 예를 들어, 세차, 보험 클레임 처리, 구내식당, 패스트푸드 레스토랑, 주문 키오스크 등은 그 산출물이 하나하나 셀 수 있는 이산적 형태의 산출물이다. 이 방식은 제조의 단순성과 변동비 절감을 추구하는 다양한 소규모 배치를 대량생산하는 경우에 유용하다. 이 경우에도 서비스 산출물과 운영의 표준화를 추구하기 때문에 전문화된 대규모 설비로 단위당 원가를 낮추는 데 주력할 필요가 있다. 연속형과 마찬가지로 이 프로세스는 표준화된 운영을 하기 때문에 직원의 숙련성이 높을 필요가 없고 설비의 자동화가 더 중요해진다. 수요의 변동에 대한 균등화 이슈와 인력배치 문제 등이 중요한 경영 이슈이다.

2.1.3. 잡숍 프로세스

여기서 잡(job)은 독특한 업무(job)들이 수행된다는 의미이고 숍(shop)은 생산이 이루어지는 현장(또는 점포)을 의미한다. 이 프로세스는 소규모 배치 방식으로 각 산출물의 생산 프로세스가 다르게 진행되는 방식이다. 종합병원 진료, 대학 교육, 자동차 수리 공장 등은 많은 전문화된 부서를 보유하면서 고객화된 서비스를 위해 진행되는 프로세스가 고객별로 다를 수 있어 각 서비스별로 다른 투입물과 운영시간이 필요하다. 즉, 설비를 통한 서비스 생산 흐름이 업무별로 단속적인 형태로 진행되어 효율성보다는 유연성을 더 강조하는 경향이 있다. 이 방식하에서는 다양한 투입물과 산출물로 인해 효율적 관리와 고품질 관리가 어렵다는 단점이 있다. 직원의 일정계획과 효과적인 고객 동선 관리 및 공급용량의 균등화가 중요한 경영 이슈가 된다.

2.1.4. 배치 프로세스

이 방식은 플로우숍과 잡숍의 장점인 비용절감과 산출물 다양성 확대를 혼합한 프로세스이다. 병원의 건강검진과 항공 서비스와 같이 동시에 처리되는 고객 그룹 내에서 다양한 고객의 요구에 신속하게 대응하고자 하는 목적을 이루기 위해 이 프로세스가 사용된다. 소멸되는 서비스의 재고 문제와 가격 책정 문제가 중요한 경영 이슈이다.

2.1.5. 프로젝트 프로세스

이 프로세스는 서비스의 크기가 대규모이나 서비스가 제공되는 종료시간이 제한되어 있고 비반복적이고 다수의 업무가 동시에 수행되는 방식으로 진행된다. 즉, 고도로 고객화, 일회성, 대규모, 복잡한 활동으로 특징된다. 주로 유일한 서비스를 만드는 속성을 갖는 신제품개발을 위한 R&D, 선거 캠페인, 경영컨설팅, 환갑잔치, 연회, 재판 등이 이러한 특성에 관련된다. 중요한 경영 이슈로는 인력배치와 업무 스케줄링이 있다.

2.1.6. 프로세스 선택

프로세스 선택은 산출물의 양(volume)과 산출물 다양성(variety) 기준을 통해서 이루어질 수 있다. 일반적으로 산출물의 양이 큰 경우에는 자동화된 대량생산이 필요하고 다양성이 높은 경우에는 숙련된 작업자와 범용설비가 필요하다. 이러한 방식과 연관되어 재고생산(MTS: Make-To-Stock)과 주문생산(MTO:

Make-To-Order)의 개념이 등장하는데 재고생산은 경제적 규모의 배치(batch)로 생산 후 재고로 보유하는 방식(많은 양과 낮은 다양성 추구)이고, 주문생산은 고객이 요구한 규모의 배치로 생산 후 고객에게 인도하는 방식(적은 양과 높은 다양성 추구) 이다. 그러나 서비스 부문에서는 서비스의 소멸성으로 인해 재고보유가 불가능하 기 때문에 건강검진과 같이 재고생산은 존재하지 않는다. 또한 재고생산은 일단 생산 후 고객이 주문할 때까지 재고로 쌓아놓기 때문에 주도(push) 시스템, 주문 생산은 고객의 주문이 생산을 끌어간다는 의미에서 견인(pull) 시스템으로 부르기 도 하고 이의 혼합형으로서 서비스 모듈은 재고생산, 최종 완성 서비스는 주문생 산 방식을 취하는 것을 조립주문생산(ATO: Assemble-To-Order)이라고 한다.

2.2. 서비스 프로세스 분류의 여섯 가지 차원

서비스 유형의 분류에 적용되었던 Schmenner(1986)의 서비스 프로세스 매트릭스를 이용하여 서비스 프로세스를 분류할 수 있다. 이미 여러분은 2장에 서 이에 대해 학습한 바 있다. 그러나 서비스 운영 관리 문헌에서 자주 사용된 여섯 가지의 서비스 차원이 있는데, 이들 차원의 조합을 통해 서비스 프로세스 가 더욱 다양하게 확장될 수 있다. 이들 여섯 가지의 차원은 다음과 같다.

2.2.1. 설비/사람 초점(Thomas, 1975)

이 차원은 서비스와 서비스를 독특하게 만드는 특징을 논의할 때 관리자의 사고를 제품 지향적 용어에서 벗어나도록 시도하기 위해 제시되었다. 설비기반 서비스는 항공, 자동판매기, 사람기반 서비스는 가구수리, 경영컨설팅 등이 있다.

2.2.2. 고객 접촉 시간의 길이(Chase, 1981)

고객 접촉의 통제에 대한 시시점을 제공하기 위해서 제시되었는데, 고객 이 서비스와 접촉하는 시간의 길이를 나타내는 높은 접촉에서 낮은 접촉까지 의 연속선을 따라서 서비스를 분류한다. 서비스 전달 프로세스와 고객 사이의 높은 수준의 상호작용은 경영컨설팅, 낮은 수준은 우편 서비스가 그 예이다.

2.2.3. 고객화의 수준(Maister & Levelock, 1982)

예를 들어, 고객화 서비스는 경영컨설팅 프로젝트에 각 고객별로 서비스 패키지를 제공하는 것이고 표준화 서비스는 비록 몇 가지 경로 혹은 옵션이 존재할지라도 이용가능성이 항상 사전에 결정되는 다양하지 않은 프로세스로서 철도운송 시스템은 다양한 경로를 가질지라도 제공된 서비스는 개별 승객 니즈에 맞춤형으로 제공되기 어렵다.

2.2.4. 고객 접촉 인력이 개별 니즈를 충족시키는 데 판단을 하는 수준 (Maister, 1982)

전방 혹은 후방부서의 접촉 인력이 부가가치와 고객의 개별 니즈를 충족시키는 데 판단을 하는, 즉 재량 수준을 반영한다.

2.2.5. 제품/프로세스 초점(Johnston & Morris, 1985)

고객화의 수준에 대한 제품 혹은 공정 초점을 나타낸다. 제품 초점 조직에서는 고객이 구매하는 대상에 강조를 두는 반면에 공정 초점 조직에서는 고객이 어떻게 구매하는지, 즉 서비스가 전달되는 방식에 강조를 둔다.

2.2.6. 이전의 차원을 결합(Haynes, 1990)

Schmenner(1986)와 Schostack(1987)에 의해 제안된 이전의 차원을 결합하는 방식이다. 두 가지 차원은 운영적 복잡성의 수준과 운영의 기계적 혹은 유기적 수준으로서 이 방법은 서비스 유형을 분류하기보다는 서비스 포지셔닝 전략의 분석을 촉진하는 목적을 갖는다. 그러나 복잡성 수준과 기계적/유기적 수준의 조작화가 매우 어렵다는 단점이 있다.

2.3. Silvestro et al.(1992)의 서비스 프로세스 유형의 분류

그는 앞서 정의한 여섯 가지 차원 중 다섯 가지에 부가가치된 후방/전방 부서 차원을 포함시켜 세 가지 서비스 프로세스를 제안하였다.

2.3.1. 프로세스 분류를 위한 정의

(1) 설비/사람 초점

설비 초점 서비스는 어떤 설비의 제공이 서비스 전달의 핵심 요인인 서비스인 반면에 사람 초점 서비스는 접촉 인력의 제공이 서비스 전달에서 핵심 요소인 서비스이다.

(2) 거래당 고객 접촉 시간

높은 고객 접촉은 고객이 서비스 시스템에서 거래당 몇 시간, 일, 주를 소비하는 접촉인 반면에 낮은 고객 접촉은 서비스 시스템을 갖는 접촉이 단지 몇 분인 경우이다.

(3) 고객화의 수준

높은 고객화 수준은 서비스 프로세스가 개별 고객의 니즈에 맞도록 조정될 수 있는 반면에 낮은 고객화 수준은 변동하지 않는 표준화된 프로세스이다.

(4) 재량의 수준

높은 재량 수준은 전방부서 인력이 감독자의 언급 없이 서비스 패키지 혹은 프로세스를 바꾸는 데 판단을 할 수 있는 반면에 낮은 재량 수준은 서비스 제공의 변화가 단지 감독자의 권한에 의해서만 이루어질 수 있다.

(5) 부가가치된 후방/전방부서

후방부서 지향 서비스는 전체 인력 대비 전방부서(고객 접촉) 인력의 비율이 작은 반면에 전방부서 지향적 서비스는 총 인력 대비 전방부서 인력의 비율이 큰 서비스를 나타낸다.

(6) 제품/프로세스 초점

제품 지향적 서비스는 고객이 구매하는 것에 강조를 두는 반면에 프로세스 지향적 서비스는 서비스가 어떻게 고객에게 전달되는지에 강조를 둔다.

2.3.2. 서비스 프로세스 분류

전형적인 서비스 단위에 의해 매일 처리되는 고객의 수와 앞서 정의했던 여섯 가지 초점의 수준을 토대로 세 가지 서비스 유형을 분류하면 〈그림 12-2〉와 같다. 이들은 전문 서비스, 서비스 숍, 대량 서비스로 분류된다.

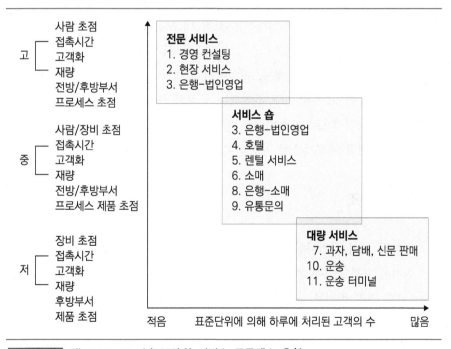

그림 12-2 Silvestro et al.(1992)의 서비스 프로세스 유형

3 서비스 프로세스 분석 방법

서비스 프로세스를 이해하고, 문제점을 발견하고, 개선하는 데 도움을 주는 몇 가지 효과적인 접근법이 제시되었다.

3.1. 서비스 청사진(Service blueprinting)

3.1.1. 개념

1981년에 Shostack에 의해 서비스 청사진이 개발된 후 Kingman−Brundage (1989)에 의해 서비스 매핑(service mapping)으로 발전하였다. 서비스 청사진을 하는 주요 이유는 프로세스를 규명, 실패 포인트(fail points)를 고립, 프레임 구축, 수익성 분석에 있다. 서비스 청사진은 조직 내 모든 사람들이 전체 서비스 프로세스와 그 기저에 있는 비즈니스 프로세스를 시각화하는 것을 허용한다. 서비스 청사진의 핵심은 고객 행동, 기업에서 고객과의 상호작용과 기술, 다양한 서비스 전달 동안 고객에 의해 부여되는 물리적 증거들이다. 일반적으로 새로운 서비스를 성공적으로 개발하는 기업은 고객의 관점을 취합하기 위해 체계적 디자인과 개발 프로세스를 사용하여 지속적으로 청사진을 개발한다.

3.1.2. 구조

전통적 서비스 청사진의 기본 구조는 다음 〈그림 12−3〉과 같다.

여기서 고객 행동은 가시적(on−stage) 직원 활동, 비가시적(back−stage) 직원 활동, 고객 접촉 직원을 포함하지 않는 지원 프로세스와 더불어 서비스 청사진에서 중심 개념이다. 물리적 증거는 소위 서비스스케이프(servicescape)가 서비스 품질에 대한 고객의 평가에서 핵심 요소이기 때문에 서비스 청사진의 제일 상단에 등장한다. 각 개념을 종합적으로 다시 정리하면 〈표 12−1〉과 같다.

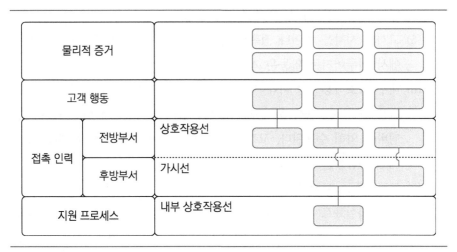

그림 12-3 서비스 청사진 구조

표 12-1 서비스 청사진 주요 개념의 정의

개념	정의
활동	고객, 전방부서 인력, 후방부서 인력, 지원 인력이 서비스에서 수행하는 활동
활동 흐름	활동의 순서
가시선	고객과 전방부서 인력 사이의 인터페이스
내부 상호작용선	전방부서와 후방부서 인력 사이의 인터페이스
실행선	후방부서와 지원 인력 사이의 인터페이스
커뮤니케이션 흐름	서비스에서 어떤 참가자들 사이의 커뮤니케이션 흐름
주체 항목	고객, 전방부서 인력, 후방부서 인력, 지원/실행 인력
소품과 물리적 증거	서비스 전달 과정에서 고객에게 보여지는 어떤 것

이러한 표준적 서비스 청사진의 체계적인 작성 방법은 다음과 같다.

(1) 서비스 청사진은 프로세스 플로우(process flow) 도표와 유사한 모양을 갖는 모듈형 디자인이지만 프로세스 묘사의 깊이가 더 구체적이다.

(2) 고객 행동은 서비스 프로세스의 일부분으로서 수행된 고객 단계들을 포함하고 모든 다른 청사진 요소들을 위한 기반이 된다.

(3) 고객의 여정은 발생 순서대로 수평으로 그려진다.

(4) 상호작용선에 의해 분리되어 접촉 직원들에 의해 수행된 가시적인 전

방부서 활동은 이 선 위에서 강조된다.

(5) 고객의 시각을 벗어나 접촉 직원들에 의해 유사하게 수행된 후방부서에서 이루어지는 활동은 가시선의 아래에 기록한다.

(6) 내부 상호작용선의 아래에 추가적인 지원 프로세스들이 열거된다. 그들은 전달 시스템을 촉진하고 고객과 접촉을 벗어난 서비스 팀의 다른 멤버에 의해 수행된다. 고객 혹은 서비스 제공자에게서 발생하는 프로세스 행동들은 직사각형에 의해 표현된다.

(7) 프로세스를 묘사하는 기본적 심볼은 상호작용과 방향의 흐름을 나타내는 화살표로 연결된다. 수직선이 상호작용의 수평선, 직접적 접촉, 혹은 서비스 제공자와 고객 사이의 진실의 순간을 가로지르는 모든 순간 발생한다. 내부 상호작용선을 가로지르는 수직선은 지원 인력과의 상호작용을 나타낸다.

(8) 서비스 시스템 내 개별 프로세스들은 사각형 문자로 상자 내에 표현된다.

(9) 마름모꼴의 문자 상자들은 서비스 제공자 혹은 고객이 따르는 서비스의 특성에 대한 의사결정을 하는 순간에 사용된다. 이러한 의사결정에 기초하여 다수의 결과로서 다방향일 수 있거나(예, 레스토랑에서 디저트를 주문하거나 거절하는 고객의 선택) 선형적일 수 있음(예, 어느 한 테이블에 손님을 앉히는 의사결정)

(10) 삼각형의 문자 상자는 대기 혹은 대기시간을 의미한다.

참고로 서비스 청사진의 사례로 가장 많이 사용되는 호텔 상황의 서비스 청사진은 다음 〈그림 12-4〉와 같다.

물리적 증거	광고 웹사이트	호텔 외관 주차장/차고	가방 카트 직원 복장	데스크 종이문서 로비 열쇠	엘리베이터 현관 룸
고객 행동	예약	호텔 도착	벨보이에게 가방 전달	체크인	룸으로 이동
전방부서/ 가시적 접촉직원 활동			인사와 가방 받기	프로세스 예약	
후방부서/ 비가시적 접촉직원 활동	고객을 위한 예약	룸 청소			룸에 가방 전달
지원 프로세스	예약 시스템에 예약 입력	예약 시스템에서 룸 상황 업데이트		예약 시스템에 고객 등록	

그림 12-4 호텔의 서비스 청사진 예시

3.1.3. 서비스 청사진의 편익과 단점

(1) 편익

① 운영 관점

서비스 청사진은 관찰가능한 활동과 임무에 집중하면서 복잡한 체계적 프로세스를 단순화시키고 다양한 활동 사이의 연계에 대한 고민과 연구를 통해서 기존의 병목부분과 잠재적 실패 포인트를 분리하는 것을 허용한다. 또한 고객 만족을 극대화할 일관성 있는 서비스 전달 시스템을 효율적으로 만드는 목표로 성과와 서비스 표준의 실행을 시각적으로 파악하게 함으로써 교정조치를 발굴해 내도록 지원한다.

② 신서비스 개발 프로세스 관점

서비스 청사진은 서비스 프로세스 내에서 5장에서 설명한 복잡성(complexity) 과 차이(divergence) 수준 사이의 균형을 발견하는 데 특히 가치를 갖는다. 여기 서 복잡성은 서비스 단계들과 순서의 수를 의미하고 차이는 그 단계와 순서에 서 변동성과 자유를 나타낸다. 본질적으로 서비스 청사진은 서비스의 기술적 단계들이 기능적 서비스 자극 대 기계적/인간적 자극을 사용하는 고객에 의해 기대되고 해석되는 모델에 활용될 수 있다. 이것은 서비스 경험을 인식하는 데 도움이 된다. 나아가, 고객이 생산과 소비의 동시성에 기초한 서비스 경험의 공 동생산자이기 때문에 서비스 청사진은 운영자가 프로세스에서 고객의 역할을 더 잘 이해하도록 돕는다.

③ 조직 관점

서비스 청사진은 조직이 프로세스 인식과 투명성을 확보하는 것을 도울 수 있다. 서비스 청사진은 판매되는 서비스를 만들기 위해 필요한 단계들을 표 준화하고 서비스 제공자와 고객에게 책임을 지우도록 사용될 수 있다. 청사진 을 사용하여 서비스 프로세스를 분해함으로써 관리자들은 서비스에서 요구된 단계를 결정할 수 있고 서비스 환경과 고객의 니즈에 기초하여 더욱 효율적으 로 프로세스를 창출하기 위해 직원 임무를 재설계하는 기회를 가질 수 있다.

④ 교차기능 목적

원가를 산출하는 목적으로 프로세스와 실패 포인트의 윤곽을 보여주는 것 은 청사진의 재무분석과 관련된 편익이다. 인적 자원 관련 책임을 갖는 관리자 는 직무 수행을 위한 업무의 다양한 측면을 평가하고 성과 데이터를 수집하는 효과적 도구뿐만 아니라 예외적인 운영(예, 서비스 실패 시 회복)의 훈련 도구로 서비스 청사진을 활용한다. 나아가 고객에게서 수집된 정보가 경영에 의해 간 과된 측면을 파악할 수 있는 소비자 연구를 위한 기반으로 작용한다.

(2) 단점

① 생산을 모듈적 프로세스(특히, 분해 방법)에 기반하여 표현하는 것은 다양한 서비스 상호작용에 관련된 특이한 요인을 포착할 수 없을 것이다. 레스토랑의 경우, 화장실을 사용하기 위한 서비스 프로세스 또는 천천히 요리해야 하는 음식의 경우, 극단적으로 많은 이용자와 주문으로 인해 곤란에 처한 화장실과 주방과 같이 정상적 흐름으로부터 이탈을 어떻게 고려할지가 문제이다.

② 서비스의 강도(예, 접점의 수, 상호작용)와 각 접점에서 고객활동 수준의 차별화가 예측될 수 없다. 즉, 기존의 청사진 모델은 상호작용과 비상호작용의 다양한 수준을 완전히 설명하지 못한다.

③ 서비스 청사진은 보통 양자적 형태에서 개념화된다. 서비스 청사진은 고객과 서비스 시설만을 연결(예, 레스토랑)하지 개별 서비스 제공자들 사이(예, 호텔, 웨이터, 소믈리에, 벨보이 등)는 반영하지 못한다. 이에 따라, 서비스 조직, 서비스 인력, 고객 사이의 삼자관계를 모델화할 필요가 있다. 또한 조직화된 서비스 전달에서 역할 책임을 평가하기 위해 시스템 내에서 공급 측면의 서비스 인력을 분리할 필요가 있다.

④ 서비스 상호작용의 의존성은 복잡성과 예측불가능성을 보여주기 어렵다. 서비스 시스템에서 의존의 복잡성을 보여주는 대형 레스토랑 사례는 다음과 같다.

- 프로세스-개체: 요리사가 메뉴에 잘못된 오늘의 특별 음식을 인쇄하는 경우
- 프로세스-주체: 직원이 현금지불 시 잔돈을 가져다주는 것을 지연하는 경우
- 주체-개체: 손님이 스테이크 칼로 자신을 다치게 하는 경우
- 프로세스-프로세스: 요리사가 실수로 동시에 후식과 전채를 접시에 놓으려고 하는 경우
- 주체-주체: 시끄러운 아이들로 인해 옆 테이블 손님을 괴롭히는 경우
- 개체-개체: 뜨거운 수프가 찬 그릇에 부어지는 경우

한편, 정보집약 서비스에서 레스토랑 서비스 접점의 복잡성을 보여주는 사례는 다음과 같다.

- 사람－사람 서비스: 손님이 주인에게 테이블을 요청
- 기술이 향상시키는 사람－사람 서비스: 주인이 서비스를 고객화하기 위해 오픈테이블(OpenTable) 데이터베이스를 활용
- 셀프 서비스: 손님이 샐러드 바에서 스스로 서비스
- 다채널 서비스: 손님이 오픈테이블 플랫폼에서 저녁식사를 예약하고 레스토랑에서 식사를 함.
- 복수 장치 혹은 플랫폼상의 서비스: 손님이 피자를 주문하기 위해 스마트폰 애플리케이션을 사용, 손님이 피자가 도착할 때 문자메시지를 제공받음.
- 후방부서의 집약적/분석적 활동: 레스토랑은 비용지불을 위한 손님의 신용카드 사용 권한 획득
- 센서 기술을 사용한 입지 기반/상황인식 서비스: 계산 직원과 음식배달 직원이 각 테이블의 주문을 파악하기 위해 RFID를 사용

3.2. Business Process Modeling Notation (BPMN)

사용자들이 도해적 방식으로 정보 흐름, 의사결정 포인트, 비즈니스 프로세스의 역할을 표현하기 위해 사용한 그래프 표현 방식이다. 이 도구는 조직 내 사람들이 비즈니스 프로세스에 대해 소통하고자 하는 니즈에서 등장하였다.

하나의 예로서, 앞서의 호텔 상황의 서비스 청사진과 동일한 BPMN은 〈그림 12-5〉와 같다. 여기서 수영장 레인(swim-lane)을 사용하고 있는데 이 수영장 레인은 주체들을 분리시키는 역할을 하고 각 주체가 시작부터 끝까지 프로세스 내에서 완성하는 업무(tasks)와 활동(activities)을 보여준다. 이 업무 혹은 활동으로 불리는 프로세스 내 단계들은 더 단순화된 단계들로 구성될 수 있고 사건(event)은 어떤 주체의 활동을 자극한다. 예를 들어, 메시지 수령은 어떤 활동을 촉발하는데, 이 예에서 콜센터에서 전화를 받는 사건은 콜센터 인력이

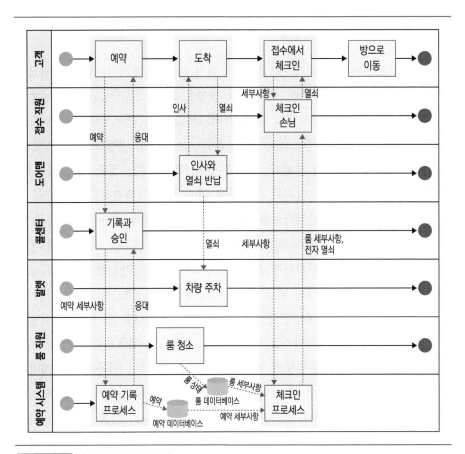

그림 12-5 호텔의 BPMN 예시

'기록과 확인' 활동을 하도록 유인할 수 있다. 활동은 어떤 주체가 어떤 일을 완료할 때 보여진다. 이 활동은 실제 완료된 일을 설명하는 핵심이 된다. 화살표는 사건, 활동, 임무를 연결하고 프로세스의 순서를 보여주며 흐름(flow)으로 불린다. 흔히 세 가지 유형의 흐름이 존재한다. 첫째, 실선으로 표현되는 순서 흐름(sequence flow)은 프로세스가 실행되도록 계획된 방법을 의미한다. 둘째, 점선으로 표현되는 메시지 흐름(message flow)은 메시지의 흐름을 나타낸다. 셋째, 점선으로 표현되는 연관성(association)은 활동 사이의 논리적 연계를 반영한다.

3.3. 고객 여정 매핑(Customer journey mapping)

이 방법도 탁월한 고객 경험을 제공하기 위한 고객 중심 접근 방법으로서 시각화된 여정지도를 통해 고객 경험 향상을 목적으로 작성된 매핑 방법이다. 여기서 고객 여정은 고객이 구매에 이르는 과정을 의미한다. 일반적으로 고객 여정의 3단계는 인식(awareness), 고려(consideration), 결정(decision)으로 이루어진다. 인식은 고객이 문제가 있고 무엇이 필요하다는 것을 알고 있는 단계를 말한다. 고려사항은 발견된 문제점에 대해 가능한 해결책을 탐구하고 고려하는 것을 나타낸다. 마지막으로 결정은 고객이 구매에 대한 의사결정을 하는 단계를 의미한다. 식당의 예를 든다면 잠재고객은 배고픈 고객이 되고 그 고객은 자신의 문제를 인식하게 된다. 이후 그 고객은 가능한 해결책으로서 누구랑 먹을 것인지? 어디서 먹을 것인지? 무엇을 먹을 것인지? 언제 먹을 것인지?에 대한 해결책을 고민한다. 마지막에 그 고객은 12시에 가까운 식당에서 친구와 분식을 먹을 것인지를 구체적으로 결정하고 행동으로 옮기게 된다. 고객이 이 3단계를 거치는 동안 서비스 제공자는 고객이 이동하는 단계마다 적절한 해결책을 제시해서 그/그녀를 단골고객으로 만들 필요가 있다. 서비스 조직은 이러한 고객 여정을 연구함으로써 구매자의 요구, 행동, 탐구, 의사결정 프로세스, 구매 기준 등을 이해할 수 있고 궁극적으로는 잠재고객을 확보할 수 있게 된다.

이 매핑의 구성요소는 다음이 있다.

(1) 단계
일련의 고객 행동이나 이벤트의 집합으로서 구매행위의 경우에 인지, 평가, 구매, 사후관리 등으로 구분한다.

(2) 시간대
고객 경험의 흐름을 나타낸다. 물리적 경험의 흐름뿐만 아니라 웹사이트나 앱 등에서 페이지의 흐름을 나타낼 수도 있다.

(3) 행동/사건
각 경험 단계에 있어서 고객이 하는 행동을 말한다.

(4) 접점

제품/서비스와 고객의 상호작용이 발생하는 부분이다.

(5) 정성적 정보

각 단계나 특정 행동에 따라 나타나는 고객의 생각이나 감정을 포함한다. 감정의 경우에 수준뿐만 아니라 감정을 느끼게 되는 이유, 그 순간의 고객 상황, 어떤 생각을 하는지를 포함한다.

(6) 정량적 정보

정성적 정보를 뒷받침해 줄 수 잇는 신뢰성 있는 정보를 제공한다.

(7) 판단 및 평가기준

매핑 후 활용에 도움을 줄 수 있도록 중요한 부분이 어딘지, 어떤 기준으로 경험을 판단해야 하는지에 대한 정보를 제공한다.

(8) 고통점(pain point) 등의 통찰

서비스 개선이나 혁신으로 이어질 수 있는 중요한 포인트를 발견한다. 고객이 가장 고통스러워하는 지점일 수 있고 제품/서비스와 단절이 발생하는 부분이다.

(9) 알게 된 것, 후속행동 등

기회가 무엇인지, 통찰이 무엇인지, 가능한 조치, 가능한 아이디어를 표시한다.

또한, 구체적인 작성 절차는 다음과 같다.

(1) 목표를 설정

고객 여정 매핑을 하는 목표를 설정하고 방법을 학습한다.

(2) 구매자 가상인물(persona)을 창출

당신의 브랜드를 위한 목표 시장 내 가상 구매자의 배경, 인구통계적 특성, 라이프스타일, 정보 원천, 쇼핑 선호, 개성, 정체성, 성격 등을 규정한다.

(3) 동기와 고통 포인트를 규정

가상 구매자의 동기가 무엇이고 그들이 목표를 달성하는 것을 방해하고 두려움을 갖도록 하는 포인트는 무엇인지 정의한다.

(4) 구매자의 여정을 도표화

구매자 여정의 3단계인 인식, 고려, 의사결정에 기초하여 더욱 개인화된 고객의 경험을 제공하기 위해 구매자의 각 여정 단계를 파악한다.

(5) 접점(touchpoints)을 최대화

우연히 당신의 브랜드가 구매자 여정의 초기에 고객과 처음으로 접촉할 수 있다. 그러나 디지털 시대에 이것이 항상 발생하는 것은 아니다. 접점은 고객이 당신의 브랜드를 접촉할 수 있는 많은 채널들을 의미한다. 이것은 고객에게 올바른 인상을 심어주는 기회를 창출한다.

(6) 진실의 순간 발견

고객 여정에서 중요한 단계로서 당신의 브랜드에 대한 고객의 의견이 고객의 경험에 기초하여 형성된다.

(7) 개선

올바른 고객 여정 매핑이 이루어질 때까지 계속 프로세스를 개선한다.

4 서비스 품질

4.1. 품질의 정의

서비스 경험은 개별 소비자에게 모두 다르게 인식된다. 이러한 서비스 경험은 종합적으로 서비스 품질에 반영될 수 있다. 이처럼 품질이 모든 고객에게 다르게 인식될 수 있기 때문에 품질은 하나로 정의되지 않고 지금까지 다섯 개의 항목으로 각기 정의되어 왔다.

4.1.1. 초월적

품질은 선천적인 수월성으로 정의된다. 그러나 이 품질 정의는 품질의 결정 요인에 대한 사전 규정이 불가능하기 때문에 거의 실무적으로 적용되지 않는다.

4.1.2. 제품 중심

품질은 제품 혹은 서비스를 가득 채우는 우수함(goodness)으로 정의된다. 이 정의는 서비스의 우수함의 단위 혹은 유형적 특성(attributes)의 정량화에 토대하나 실제로 그들을 정량화하는 것은 매우 어렵고 서비스의 특성을 명백히 규명하는 것도 쉽지 않다. 또한 우수함은 절대적인 것이 아니라 특정 상황에 따라 상대적으로 정의된다. 예를 들어, 고객은 테마파크에서 제공하는 서비스를 예술의 전당에서 제공하는 것보다 더 품질이 높은 것으로 판단할 수 있다. 예술의 전당에서 생산되는 결과물이 항상 더 많은 우수함의 단위(혹은 특성)를 소유하고 있음에도 불구하고 이러한 현상이 발생한다. 테마파크에서 인식된 더 높은 서비스 품질은 고객의 요구와 기대를 밀접하게 충족시키기 때문일 것이다.

4.1.3. 프로세스 혹은 공급 중심

산출물의 품질을 결정하는 데 프로세스의 중요한 역할을 고려하여 품질은 요구사항에 대한 적합(conformance to requirements)으로서 정의된다. 이 정의는 공급 측면의 품질 관리와 통제의 중요성에 강조를 둔다. 또한, 그 초점은 조직의 외부(즉, 소비자)라기보다는 내부에 있다는 점을 강조한다. 이 정의는 표준 제품 혹은 서비스 중 하나를 생산하거나 산출물이 대량상품(commodity)으로서 분류될 수 있는 조직에서 유용할 수 있다. 쓰레기 수거, 우편 서비스, 가정 배달, 공공 운송, 재무 서비스, 패스트푸드 체인과 같은 고객 접촉 수준이 낮은 표준 서비스를 제공하는 조직에서 이 정의가 유용할 것이다.

4.1.4. 고객 중심

여기서 품질에 대한 초점은 조직의 외부에 있다. 품질은 고객의 요구사항을 만족시키는 것 혹은 목적에 대한 적합성(fitness for purpose)으로 정의된다. 이 접근법은 고객의 요구사항을 결정하거나 이 요구사항을 충족시키는 조직의 능력에 의존하여 품질이 결정된다고 주장하지만 어느 정도 암묵적으로 공급

중심의 접근법을 반영하고 있다. 고객 중심 정의는 의료, 법률, 회계, 미용실, 교육, 컨설팅, 레저, 호텔과 같은 높은 접촉, 스킬지식 기반, 혹은 노동집약적 서비스에 가장 적합하다.

4.1.5. 가치 중심

품질은 생산자에 대한 비용(costs to the producer)과 고객에 대한 가격(price to the customer) 혹은 품질, 가격, 이용가능성의 관점에서 고객의 요구사항을 충족시키는 것 중 하나로서 정의된다. 그 초점은 조직의 외부인 소비자에게 있다. 이 접근법은 품질, 가격, 이용가능성 사이에 상충관계가 존재한다는 것을 인정하면서 구매자는 동일한 의사결정에서 품질, 가격, 이용가능성을 평가한다고 전제한다. 품질에 대한 이 정의는 대부분의 서비스 조직에 적용이 가능하다.

4.2. 서비스 품질의 정의

서비스는 무형이기 때문에 구매자는 구매와 소비 이전에 그 품질 혹은 가치를 판단할 수 없다. 따라서 서비스 상황에서 고객은 그들이 받아야 하는 것에 대한 그들의 기대와 그들이 실제 받는 것에 대한 인식을 비교함으로써 품질을 판단할 수 있다. 이러한 기대와 인식 모두는 반드시 사실이 아니라 경험적인 느낌이기 때문에 서비스 상황에서 기대를 요구사항 혹은 목적으로 대체하는 것이 필요해진다. 대부분의 서비스 품질 정의는 고객 중심 혹은 가치 중심 항목으로 분류할 수 있다. 이러한 관점을 적용하면, 품질은 고객의 기대를 지속적으로 충족 혹은 초과하는 것으로 정의할 수 있다.

이러한 개념을 적용하여 서비스 조직에서 품질은 전달된 서비스가 고객의 기대를 충족시키는 수준의 측정치로 규정할 수 있다. 한편, 고객이 전달 프로세스에 관여하기 때문에 품질에 대한 인식은 서비스 결과뿐만 아니라 서비스 프로세스에 의해서도 영향받게 된다. 결과적으로 인식된 품질은 다음과 같이 표현될 수 있다. 이 패러다임은 이전의 기대가 실제의 서비스 전달 프로세스 및 서비스 결과와 비교되고 이러한 비교를 통해서 인식된 품질이 결정된다는 것이다.

인식된 품질＝이전의 고객 기대＋실제 프로세스 품질＋실제 결과 품질

여기서, 이전의 고객 기대는 고객이 서비스를 구매할 때 갖게 되는 경험 이전의 이미지이다. 이 선험적 이미지에 영향을 미치는 요인으로는 개인적 니즈, 과거 경험, 구전, 시장 커뮤니케이션, 이미지, 가격 등이 있다. 서비스 제공자는 마케팅과 외부 커뮤니케이션 노력을 통해 고객의 기대를 형성하는 데 있어서 그 상황을 주도할 수 있다. 실제 품질은 제공된 서비스 품질의 실제 수준을 의미하는 것으로서 서비스 제공자에 의해 결정되고 통제된다. 비록 전부는 아닐지라도 몇 가지 서비스 품질 특성에 대해 표준을 정량화하고 설정하는 것이 가능하다. 하지만 서비스 품질이 고객의 인식에 의해 결정되지 서비스 제공자의 인식에 의해 결정되는 것이 아님에 주목할 필요가 있다. 마지막으로 인식된 품질은 서비스 품질에 대한 고객의 느낌을 말하며, 그것은 고객 만족의 수준을 결정한다.

5 │ 서비스 품질의 결정요인

품질은 단일이 아니라 다차원적 현상으로 이해해야 한다. 품질의 중요한 측면들을 결정하지 않고 제품 혹은 서비스 품질을 보장하는 것은 불가능하기 때문에 이러한 결정요인을 이해할 필요가 있다.

5.1. Lehtinen & Lehtinen(1982)의 서비스 품질 차원

5.1.1. 물리적 품질

서비스 시설, 건물의 상황, 가용 장비와 같은 항목을 포함한다.

5.1.2. 기업 품질

조직의 이미지와 인지도를 포함한다.

5.1.3. 상호작용적 품질

고객 간의 상호작용뿐만 아니라 서비스 조직의 인력과 고객 사이의 상호작용을 포함한다. 예를 들어, 직장인 MBA 프로그램의 품질에 대한 학생의 경험과 인식은 교수의 역량과 상호작용뿐만 아니라 학생들 사이의 상호작용에 의해서도 영향을 받는다. 또한 품질의 결정요인을 연구하는 데 서비스 전달 프로세스와 관련된 품질과 서비스 결과와 관련된 품질 사이를 구분하는 것이 필요하다. 이 관점의 가장 큰 공헌은 서비스 품질을 프로세스 품질과 결과 품질로 분리한 것으로서 이것은 다른 연구자들에게 연구 기반을 제공하였다.

5.2. Grönroos(1984)의 서비스 품질 차원

5.2.1. 결과(outcome)의 기술적 품질, 즉 서비스 접점의 실제 결과

서비스 결과는 흔히 객관적 방식으로 소비자에 의해 측정가능하다. 자동차 수리의 경우에 서비스 결과의 한 예는 약속된 시간에 차의 이용가능성, 정돈, 정비 조건, 가격 등이다.

5.2.2. 서비스 접점의 기능적 품질

이 품질 요소는 서비스 제공자와 수혜자 사이의 상호작용과 관련되고 흔히 주관적 방식으로 인식이 가능하다. 자동차 수리의 경우에 고객에게 보여진 공손함, 대기실의 물리적 상황, 수행된 것에 대한 설명의 수준, 약속 시간에 수리되지 않거나 추가 작업이 필요된다면 즉각적인 설명과 고객과 접촉하기 등이 해당된다.

5.2.3. 기업 이미지

이것은 서비스 조직에 대한 고객의 인식에 관련된다. 이미지는 기술적 및 기능적 품질, 가격, 외부 커뮤니케이션, 물리적 입지, 장소의 외관, 서비스 직원의 역량과 행태 등을 포함한다.

5.3. Parasuraman et al.(1985)의 초기 서비스 품질 차원

5.3.1. 확실성(Reliability)

적시에, 정확하게, 신뢰할 만하게 약속된 서비스를 제공하는 능력을 반영한다. 예를 들어, 우편물의 다음 날 배달과 바람직한 상황에서 우편의 전달, 보험사에서 클레임에 대한 적절한 해결, 대학 전공에서 적절한 수준의 지식이 해당된다.

5.3.2. 반응성(Responsiveness)

서비스의 불평과 신속성을 효과적으로 다루는 능력을 나타낸다. 패키지 여행에서 고객의 일반적 요구를 신속하고 효과적으로 다루기, 렌터카 회사에서 라디오 고장과 같은 작은 문제가 발생할지라도 유사하거나 더 좋은 급의 대체차를 제공하기 등이 해당한다.

5.3.3. 고객화(Customization)

고객의 니즈를 충족하기 위해 서비스를 조정하는 의지와 능력을 반영한다. 식당에서 기본메뉴에 고객의 추가 요구사항을 들어주는 의지, 여행에서 고객의 특별 요구사항을 충족시키는 여행 패키지를 맞춰주기 등이 해당한다.

5.3.4. 신뢰성(Credibility)

서비스가 믿어지고 신뢰되는 수준을 반영한다. 서비스 제공자의 이름과 평판, 현장 인력의 개인적 특질에 의한 신뢰성 향상, 보험사의 클레임의 해결을 위한 노력에 대한 평판 등이 해당한다.

5.3.5. 역량(Competence)

인력이 서비스를 효과적으로 수행하기 위해 필요한 스킬, 지식, 정보를 소유하는 것을 반영한다. 보험 중개인이 잠재적 고객에게 최고의 조언을 제공해야 하기 때문에 이를 위해 제품 포트폴리오과 조건을 잘 알아야 하고 그 제품과 고객 니즈를 일치시키는 스킬을 보유하는 것 등이 해당한다.

5.3.6. 접근(Access)

고객의 서비스에 대한 접근성과 접촉의 용이성을 반영한다. 편리한 영업시간, 전화로 접근 가능, 편리한 입지 등이 해당한다.

5.3.7. 공손(Courtesy)

현장의 접촉 인력에 의해 고객에게 보여진 정중함, 존경, 배려, 따뜻함, 친절을 반영하는 직원의 태도와 관련된다.

5.3.8. 안전(Security)

고객의 위험, 리스크, 의심으로부터 자유를 반영한다. 예를 들어, 물리적 안전, 재무적 안전, 비밀 유지를 포함한다.

5.3.9. 의사소통(Communication)

고객에게 그들이 이해할 수 있는 언어로 서비스에 대해 정보를 계속 알려주고 고객의 소리를 청취하는 것을 반영한다. 항공사의 서비스 지연 발생 시 세부적이고 정확한 정보 제공이 해당한다.

5.3.10. 유형물(Tangibles)

촉진재의 상태, 빌딩과 주변의 물리적 상황, 인력의 외모, 설비의 조건을 포함한다. 유형물은 온라인 대학과 같은 낮은 접촉 서비스보다는 전통적 대학과 같은 높은 접촉 서비스에서 더 중요하다.

5.3.11. 고객을 이해하고 알기

높은 접촉 서비스에서 품질의 중요한 결정요인으로서 고객의 니즈와 구체적 요구사항을 이해하려는 노력, 개인화된 관심을 제공, 단골 고객의 요구에 대한 대응을 포함한다.

6 서비스 품질 모델

서비스 품질 차원을 어떻게 결합하여 최종적으로 서비스 품질을 측정할지에 대해 지금까지 제안된 중요한 서비스 품질 모델을 시간대별로 정리하면 다음과 같다. 서비스 품질에서 제안된 모델은 이전 모델의 결과를 지속적으로 업데이트하고 학습하면서 순차적으로 발전하는 경향이 있다. Grönroos(1984)는 구전이 잠재적 고객에 상당한 영향을 미치고 다음이 전통적 마케팅 활동이라고 판단하였으며, 소비자의 관점에 기초한 서비스 품질 모델의 니즈를 강조하였다.

이후, Parasuraman et al.(1985)은 기대된 서비스에 대한 핵심 공헌인자로

서 구전을 사용하여 여러 차원들에서 소비자와 제공자 측면 사이의 차이(gap)
로서 서비스 품질을 모델화하였고 다시 Parasuraman et al.(1988)은 개선된 서비
스 품질 측정도구인 SERVQUAL을 개발하였다. 이 차이 모델과 SERVQUAL을
토대로 하여 다시 내부 서비스 품질 모델이 개발되었고(Frost and Kumar, 2000)
위의 두 모델의 투입물을 취하는 서비스 품질 모델을 제안하였다.

한편, Cronin and Taylor(1992)는 소비자들은 항상 최고의 품질 서비스를
구매하지 않고 대신 서비스의 가치에 대한 그들의 평가에 기반하여 구매할 수
있다고 주장하였다. 이것은 가치의 중요성을 강조하고 서비스 품질의 개선/이해
를 위한 가치를 포함하는 특징을 지닌 SERVPERF로 나타난다. 지금까지는 가장
유명한 SERVQUAL이 연구자와 실무자들에 의해 가장 높은 지지를 받는 것으로
보인다. 그러나 Parasuraman et al.(1988)에 의해 제안된 일반 구조(RATER)는 많
은 연구자들에 의해 논쟁이 되고 있고 서비스 품질을 위한 SERVPERF에 찬성하
는 주장도 존재한다.

6.1. 기술적 및 기능적 품질 모델(Grönroos, 1984)

성공적으로 경쟁하기 위해 기업은 품질에 대한 소비자의 인식과 서비스
품질이 영향받는 방식을 이해해야 한다. 인식된 서비스 품질을 관리하는 것은
기업이 고객 만족이 달성되도록 기대된 서비스와 인식된 서비스를 서로에게
일치시켜야 하는 것을 의미한다. 이미 언급하였지만 〈그림 12-6〉과 같은 모
델에서 서비스 품질의 구성요소는 세 가지로 이루어진다.

6.1.1. 기술적 품질

소비자가 서비스 조직과 상호작용의 결과로서 실제로 받는 것의 품질이고
서비스 품질에 대한 소비자의 평가에 중요하다.

6.1.2. 기능적 품질

소비자가 어떻게 기술적 결과를 얻는지를 나타내고 소비자와 소비자가 받는 서비스에 대한 관점에 중요하다.

6.1.3. 이미지

서비스 기업의 평판에 중요하고 이것은 다른 요인들(전통, 이데올로기, 구전, 가격 책정과 홍보)을 포함한 기술적 및 기능적 서비스 품질에 의해 구축되는 것으로 기대된다.

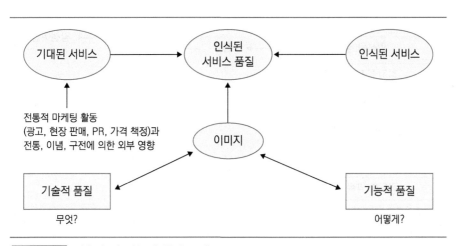

그림 12-6 기술적 및 기능적 품질 모델

6.2. 차이 모델(Parasuraman et al., 1985)

서비스 품질은 품질 차원을 따라 기대와 성과 사이의 차이의 함수로 나타날 수 있다. 즉 전반적 서비스 품질은 여러 특성치별로 성과 인식과 서비스 품질 기대의 차이들을 모두 합한 것으로 측정된다. 이 모델에서는 〈그림 12-7〉과 같이 다양한 갭(Gap)들이 존재한다.

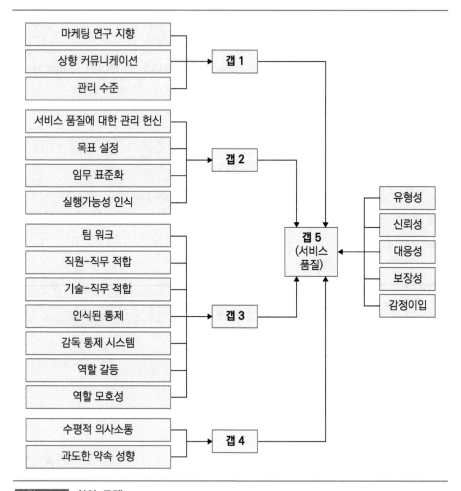

그림 12-7 차이 모델

- 갭 1: 소비자의 기대와 관리자의 이 기대에 대한 인식의 차이(예, 소비자가 기대하는 것을 알지 못함)
- 갭 2: 소비자의 기대에 대한 관리의 인식과 서비스 품질 규격 사이의 차이(예, 부적절한 서비스─품질 표준)
- 갭 3: 서비스 품질 규격과 실제로 전달된 서비스 사이의 차이(예, 서비스 성과 갭)
- 갭 4: 서비스 전달과 서비스 전달에 대해 소비자에게 커뮤니케이션 사

이의 차이(예, 약속이 전달과 일치하는지)

- 갭 5: 소비자의 기대와 인식된 서비스 사이의 차이. 이 갭은 마케터의 측면에 대한 서비스 전달 품질과 관련된 네 가지 갭들의 규모와 방향에 의존

나아가 이 연구는 서비스 품질에 대한 고객의 인식을 측정하기 위해 SERVQUAL로 개선되었다. 그 결과, 앞서 설명한 서비스 품질의 원래 10개 차원들은 5개로 줄어들었으며, 그들은 신뢰성, 반응성, 유형성, 보장성(커뮤니케이션, 역량, 정중함, 안전), 감정이입(고객에 대한 접근과 이해/앎을 포착)으로 나타난다.

6.3. 성과 모델(Cronin and Taylor, 1992)

서비스 품질의 개념과 측정에 관련해서 Parasuraman et al.(1985)의 SERVQUAL 프레임워크에 비해 서비스 품질이 고객 태도의 한 형태이고 서비스 품질 성과만의 측정치가 향상된 수단이라는 것을 보여줌으로써 SERVPERF라 불리는 모델이 제안되었다. 즉, SERVQUAL은 만족과 태도의 차이가 나기 때문에 서비스 품질은 태도와 유사한 것으로 개념화될 수 있고 적절성-중요성 모델에 의해 조작될 수 있다고 한다. 그 결과, 이 모델에서는 성과-기대 대신에 오직 성과가 서비스 품질을 결정한다고 주장하였는데, 서비스 품질은 기대와 중요성의 가중치 없이 오직 인식에 의해 평가된다. 즉, 전반적 서비스 품질은 각 특성별 성과인식의 합이다.

6.4. 내부 서비스 품질 모델(Frost and Kumar, 2000)

차이 모델(Parasuraman et al., 1985)의 개념에 기초한 내부 서비스 품질 모델로서 대규모 서비스 조직 내 내부 고객(현장 직원)과 내부 공급자들(지원 인력) 사이의 서비스 품질을 결정하는 차원들과 그들의 관계에 초점을 두어 제안된 모델이다. 내부 갭 1은 현장 직원(내부 고객들)의 기대에 대한 지원 인력(내부 공급자들)의 인식 차이를 보여주고, 내부 갭 2는 내부 서비스 성과 차이로 결과되

는 서비스 품질 규격과 실제로 전달된 서비스 사이의 중요한 차이이다. 내부 갭 3은 현장 직원(내부 고객들)에 초점을 두어 현장 직원의 기대와 지원 인력(내부 공급자)의 서비스 품질에 대한 인식의 차이에 기초한다.

7 SERVQUAL 모델

7.1. 서비스 품질의 결정

SERVQUAL은 인식된 서비스 품질의 측정을 위해 〈그림 12−8〉과 같이 기대된 서비스와 인식된 서비스를 다섯 개의 서비스 품질 차원에서 고객이 평가한 후 기대된 서비스(ES: Expected Service)가 인식된 서비스(PS: Perceived Service)를 초과하면 놀라운 품질, 동일하면 만족스러운 품질, 미만이면 수용할 수 없는 품질로서 규정한다. 또한 기대된 서비스는 구전, 개인적 니즈, 과거 경험에 의해 영향받는다고 한다.

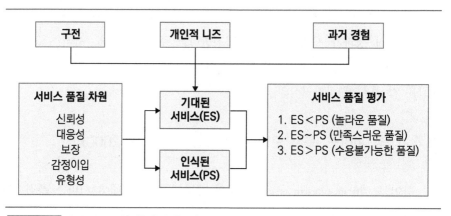

그림 12-8 SERVQUAL의 품질 수준 결정

7.2. 서비스 품질 차원

앞서 열한 가지 차원 중 다양한 서비스 부문에 대한 소비자 조사 결과로 도출된 총 다섯 가지의 품질 차원을 토대로 기대된 서비스와 인식된 서비스가 결정된다.

7.2.1. 신뢰성(Reliability)

약속된 서비스를 믿을 만하고 정확하게 수행하는 의미로서 예를 들어, 매일 동일한 시간에 우편물을 수령하는 것이다.

7.2.2. 대응성(Responsiveness)

고객을 즉시 돕는 의지를 반영하며, 분명한 이유 없이 고객들을 기다리게 하지 않는 것이 한 예이다.

7.2.3. 보장(Assurance)

신뢰와 확신을 전달하는 능력으로서 예를 들어, 고객에게 정중하고 존경을 보이는 것과 관련된다.

7.2.4. 감정이입(Empathy)

고객에게 다가가는 능력으로서 좋은 청취자가 되는 것이 한 예이다.

7.2.5. 유형성(Tangibles)

물리적 시설과 촉진 재화를 반영하는 것으로서 서비스 시설의 청결이 한 예이다.

7.3. 품질 갭분석 모델

지금까지의 내용을 토대로 SERVQUAL의 차이분석 모델은 〈그림 12-9〉와 같이 총 다섯 개의 차이로 종합화된다.

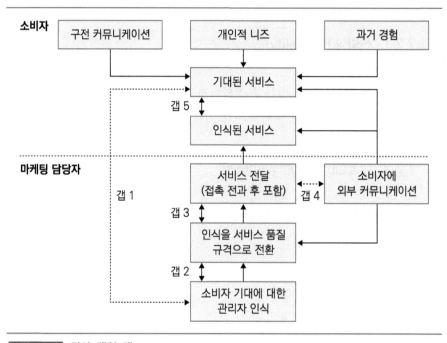

그림 12-9 다섯 개의 갭

〈그림 12-9〉는 품질에 대한 인식에 영향을 미치는 서비스 조직의 다양한 활동을 보여준다. 또한 관련 활동 사이의 상호작용을 보여주고 만족스러운 수준의 서비스 품질 전달에 적절한 서비스 핵심 활동 사이의 연결을 규정한다. 이 연결은 차이로서 설명되며, 이 차이는 만족스러운 수준의 서비스 품질을 얻는 중요한 장애물을 나타낸다.

7.3.1. 고객 기대 – 관리인식 차이(갭 1)

관리자는 소비자들이 (실제로) 기대하는 것에 대해 부정확한 인식을 가질 수 있다. 이 갭의 발생 이유는 적절한 시장/고객 초점의 결여 때문이다. 마케팅 부서의 존재는 자동으로 시장 초점을 보장하지 않는다. 오히려 적절한 관리 프로세스, 시장분석 도구, 직원의 적극적 태도가 필요하다.

7.3.2. 서비스 품질 규격 차이(갭 2)

고객 기대를 서비스 품질 규격으로 전환시키는 데 관리자가 무능할 수 있다. 이 차이는 서비스 디자인의 측면과 관련된다. 예를 들어, 고객이 단거리 여행에서도 더 나은 식음료 서비스를 필요로 한다는 것을 항공사가 알았다면 이 차이를 줄이기 위해 식음료 메뉴를 전환할 필요가 있는 것이다.

7.3.3. 서비스 전달 차이(갭 3)

서비스 전달을 위한 가이드라인은 높은 품질의 서비스 전달 혹은 성과를 보장하지 않는다. 그 이유는 현장 직원에 대한 충분한 지원의 결여, 서비스 프로세스 문제, 현장 접촉 인력의 성과 차이 등에 기인한다. 예를 들어, 항공사는 승무원이 준비하고 서비스할 수 있는 충분한 시간을 주지 않고 무조건 색다르고 확장된 메뉴를 도입하는 경우가 있다. 또한 서비스 방식이 품질에 대한 인식에 영향을 미치는 경우도 있다. 예를 들어, 승무원의 역량이 부족하고 친절하지 않다면 식음료 서비스에 대한 투자는 품질에 대한 인식을 개선하지 못할 것이다.

7.3.4. 외부 커뮤니케이션 차이(갭 4)

소비자 기대는 조직의 외부 커뮤니케이션에 의해 만들어진다. 고객의 이상적이 아닌 현실적인 기대는 일반적으로 서비스 품질에 대한 더 긍정적 인식을 촉진한다. 서비스 조직은 마케팅과 촉진활동이 서비스 제공품과 전달되는 방식을 반영하도록 보장해야 한다.

7.3.5. 기대 서비스 – 인식 서비스 차이(갭 5)

인식된 서비스는 갭 5의 규모와 방향에 의존하고, 이것은 다시 서비스의 마케팅, 디자인, 전달과 관련된 차이들의 특성에 의존한다.

8 산업 특유의 서비스 품질 모델

비록 SERVQUAL이 우수한 모델로 평가받고 있을지라도 제시된 차원이 모든 상황에서 서비스 품질을 측정하기 위한 본원적 척도가 될 수 있는지는 의문시되고 있다. 또한 SERVQUAL 항목의 산업 특성을 반영한 단순한 수정은 서비스 산업의 다양성을 넘어 서비스 품질을 측정하기에 불충분하다는 견해가 있다. 이러한 이유로 다양한 산업 특성을 반영한 서비스 품질 모델이 계속 제안되고 있다.

지금까지 연구에서 제안된 일부 예를 정리하면 〈표 12−2〉와 같다. 이 결과를 보면 SERVQUAL 차원 중에서 유형성은 대부분의 산업에서 공통적으로 적용되고 있다.

표 12-2 주요 산업별 서비스 품질 차원

서비스 산업	품질 차원
숙박 산업	• 신뢰성, 보장, 대응성, 유형성, 감정이입
돌봄 서비스	• 친절, 유형성, 신의
헬스케어	• 유형성, 의료 대응성, 보장, 간호 인력, 개인적 신념과 가치
레스토랑	• 유형성, 신뢰성, 대응성, 보장, 감정이입
소매	• 물리적 측면, 신뢰성, 개인적 상호작용, 문제해결, 정책
여행 대리점	• 대응성과 보장, 신뢰성, 감정이입, 자원과 기업 이미지, 유형성
물류 서비스	• 정보 품질, 주문절차, 주문 발주 양, 적시성, 주문 정확성, 주문 품질, 주문 조건, 주문 불일치 취급, 직원 접촉 품질

서비스 산업	품질 차원
대학 경력센터	• 유형성, 신뢰성, 대응성, 보장, 감정이입
유적지 관광 서비스	• 대응성, 유형성, 커뮤니케이션, 감정이입, 기념품
도서관	• 서비스, 장소, 장서에 대한 접근, 신뢰성
병원	• 돌봄과 관심, 효과성과 연속성, 적절성, 정보, 효율성, 음식, 첫인상, 직원 다양성
은행	• 서비스 시스템 품질, 행태적 서비스 품질, 기계 서비스 품질, 서비스 거래 정확성
인터넷 소매 서비스	• 성과, 접근성, 보안, 감각, 정보
컨설팅 서비스	• 보장, 대응성, 신뢰성, 감정이입, 프로세스, 교육
대학	• 신뢰성, 학생, 감정이입, 보장, 이러닝, 대응성, 유형성

9 서비스 품질 관리

9.1. 서비스 품질 접근법

일반적으로 서비스 품질에 대해 서비스 조직은 두 가지 기본적 접근법을 적용한다.

9.1.1. 수동적 혹은 반응적

이 접근법에서 품질은 서비스 차별화 혹은 경쟁우위의 주요 원천으로서 고려되지 않는다. 수동적 품질 계획과 통제의 일차적인 강조 포인트는 고객 만족의 실현이라기보다는 고객 문제 혹은 골칫거리의 최소화에 있다. 품질 계획과 통제 노력은 허츠버그(Herzberg, 1959)의 동기위생 이론(motivation-hygiene theory)에 따라 직무에 불만족을 느끼게 하는 환경 요인인 위생 요인에 초점을 둔다. 이들은 고객에 의해 당연시된 요인인 예를 들어, 비행기의 이륙시간, 레스토랑에서 청결한 테이블과 그릇을 나타낸다. 결과적으로, 이 요구사항을 충족시키는 것은 고객 만족을 보장하지 않으나 실패할 경우에는 고객 불만족으로 결과될 것이다.

9.1.2. 전략적 혹은 선행적

이 접근법에서 품질은 서비스 제공품을 차별화시키기 위해 사용하고 경쟁 우위를 얻기 위한 조직 전략의 핵심에 있다. 따라서 품질은 비즈니스의 일차적 동인 중 하나이고 기업 이미지는 제공품의 품질을 기반으로 만들어진다. 예를 들어, 싱가포르 항공사의 최신 기종, 승무원의 유니폼, 소리와 향기를 이용한 브랜딩 등이 있다.

9.2. 서비스 품질 관리도구

9.2.1. 통계적 도구를 통한 품질 문제의 이해

서비스 품질은 통계적 방법을 이용하여 관리될 수 있다. 매우 간단한 통계 도구로서 다음의 도구가 사용될 수 있다. 물론 실험계획법, 다구찌 방법, 반응표 면 방법, 시뮬레이션 등 이것보다 훨씬 복잡한 통계도구가 사용되기도 한다.

(1) 빈도 표

잠재적 문제들을 나열할 때 효과적인 방법이다. 예를 들어, 월별/주별/일 별로 품질 문제별로 발생 빈도를 정리한 후에 어떤 문제가 가장 빈번하게 발생 하였는지를 파악할 수 있다.

(2) 선 도표

기간에 따른 문제의 추이, 이동, 사이클 등을 파악하여 중요한 프로세스 변동의 변화를 추적하는 데 용이하다. 예를 들어, 월별/주별/일별로 특정 품질 문제의 빈도수를 선 그래프로 표현하여 그 추세가 증가하는지 감소하는지를 쉽게 파악할 수 있다.

(3) 막대 도표

막대 도표 혹은 히스토그램(histogram)을 사용하여 분포의 개략적인 모양을 확인하거나 증가 혹은 감소라는 추세를 파악할 수 있다. 예를 들어, 특정 품질 문제에 대해 빈도수를 기간별 발생 횟수 형태로 표현할 수 있다.

(4) 파레토(Pareto) 도표

가장 큰 품질 문제에 초점을 두어 노력을 집중하기 위해 내림차순의 형태로 막대 도표를 작성하여 상대적 빈도로서 문제를 순서화시키는 방법이다. 예를 들어, 품질 문제에 대해 가장 높은 빈도를 갖는 문제부터 순서대로 나열하여 가장 심각한 품질 문제가 무엇이고 어떤 문제에 품질 관리를 집중해야 하는지 쉽게 이해할 수 있다.

9.2.2. 품질 결함의 원인 파악

서비스 전달 프로세스의 결함 발생 시 가장 뛰어난 교훈 중 하나는 근본원인(root cause)을 찾아서 해결하라는 것이다. 뽑아야 할 잡초(즉, 품질 결함)가 있다고 가정하면 보이는 문제는 지표의 표면에 나와 있는 잡초의 윗부분에 해당한다. 하지만 그 문제의 원천은 지표 아랫부분의 불명확한 부분으로서 그 잡초를 뽑거나 파헤칠 경우에만 완전한 해결을 기대할 수 있다. 이러한 근본원인을 찾기 위해서 여러 가지 기법들이 제시되었다.

(1) 산포도(Scatter plot)

근본원인을 규명하기 위해 두 변수(원인과 결과) 사이의 관계를 시각적으로 보여주는 역할을 한다.

(2) 5 Whys 분석

어떤 문제에 대해 다섯 번의 왜?라는 질문을 각 단계의 다음 질문으로 연이어 던지면서 문제의 근본원인을 파악하는 방법이다. 예를 들어, 식당을 방문하는 고객이 서비스 품질에 대해 불만을 갖고 있다면 다음의 질문을 던질 수 있다. 왜 고객이 서비스 품질에 불만을 갖고 있는가? 만약 음식의 맛에 그 원인이 있다고 판단되면 왜 음식의 맛이 없는가?라는 질문을 다시 던진다. 만약 음식 맛이 텁텁하다는 느낌을 준다면 음식 맛이 텁텁한가?라는 질문을 다시 던진다. 만약 텁텁한 이유가 식자재의 유통기한과 관련된다면 왜 식자재가 신선하지 않는가?라는 질문을 던진다. 마지막으로, 신선하지 않은 식자재의 문제가 보관의 문제로 귀결된다면 왜 보관이 잘못되었는가?라는 질문을 던진다. 이러한 과정을 계속 반복하여 문제의 근본원인을 찾아내 해결하는 노력을 전개하면 된다.

(3) 물고기 뼈 그림(Fish-bone diagram)

이 그림은 가장 우측에 놓인 어떤 문제의 원인들을 시각적으로 편리하게 도출하기 위해 〈그림 12-10〉과 같이 일차적인 원인을 찾아내고 다시 그 원인을 발생시키는 원인을 세부적으로 찾아내어 표현하는 방법이다. 이것은 근본원인을 발견하기 위해 문제와 관련된 모든 잠재적 원인들을 구체적으로 규명, 탐구, 그래프 형태로 보여주는 구조화된 접근법으로서 최종 결과가 물고기 뼈를 닮았다고 해서 붙여진 이름이다.

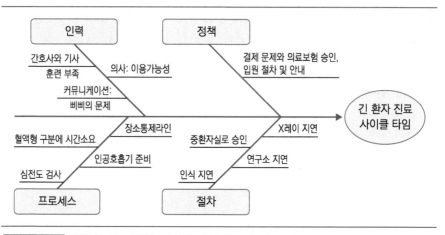

그림 12-10 환자의 긴 사이클 타임에 대한 물고기 뼈 그림

(4) 플로우차트(Flowchart)

특정 문제의 원인을 파악하고 해결책을 찾는 것을 지원하는 방법으로서 서비스가 진행되는 프로세스의 시각적 표현을 이용하여 문제가 발생하는 포인

트 혹은 솔루션을 위한 중재 포인트를 규명하는 것을 도와준다.

9.3. 서비스 품질 개선을 위한 조직 관리

9.3.1. 전반적 지향

이 전략적 지향은 전사적 품질경영(TQM: Total Quality Management)의 관점에서 논의한다.

(1) 시장과 고객 초점

서비스 품질 문제는 고객의 니즈와 기대를 규명하고 그것에 따라 행동하는 것에 초점을 두지 않는 조직에서 더 발생할 것이다. 따라서 품질에서 우수한 조직은 자신을 고객의 입장에서 생각해야 하고 그 정책을 고객의 관점에서 수립해야 한다. 구체적으로 고객과 접촉, 고객의 욕구에 대한 정보수집, 제품과 서비스를 디자인하고 전달하는 데 그 정보를 사용하는 것이 필요하다.

(2) 명백한 서비스 품질 비전 제공

품질에 대한 명백한 비전과 정의가 결여되었을 시 직원들이 서비스 품질에 대한 자의적 해석을 하게 할 가능성이 높아진다. 이러한 공통 비전의 결여는 서비스 전달의 각 단계 내에서 고객에 의해 경험된 변동성을 증가시키고 고객대응의 비일관성과 변동성은 품질에 대한 인식에 나쁜 영향을 미칠 것이다.

(3) 서비스 초점 문화

고객/서비스 지향과 서비스 품질에 대한 이해를 향상시키는 강한 문화는 품질의 성공적 관리에 결정적인 영향을 미친다. 서비스 지향적 문화는 직원의 행동/서비스 전달에 강력한 영향을 미친다. 직원의 행동이 고객의 서비스 품질의 인식에 영향을 미치기 때문에 직원의 행동은 고품질의 서비스를 전달하는 데 중요하다. 경영층은 품질과 직원의 행동에 직접적 통제를 하지 못하기 때문에 직원 행동에 영감을 불어넣는 강한 서비스 지향적 문화를 통해 직원에게 올바르고 적절한 행동을 위한 가이드라인을 제공한다.

(4) 현장 인력에 권한부여

서비스 품질은 현장 인력이 고객의 니즈에 관한 중요한 결정을 하도록 일정 수준의 재량을 제공함으로써 향상될 수 있다. 현장 인력의 고객에 대한 관심에 영향을 미치는 현장 인력에 대한 권한부여는 특히 서비스 문제 발생 시 큰 도움이 된다. 이런 권한부여의 효과적 실행을 위해서는 최고 경영층을 포함한 리더의 품질에 대한 관심과 의지가 선행되어야 한다.

(5) 잘 훈련되고 동기부여된 인력

직무를 수행하는 데 적절히 훈련되지 않은 현장 직원은 효과적으로 그들의 임무를 수행하는 데 어려움을 발견하게 된다. 이것은 다시 고객에 의해 주목받게 되고 나쁜 품질 인식을 초래할 것이다. 동기부여된 인력은 적절하고 명백한 경력 사다리와 기회, 보수와 인정, 측정 시스템, 평가 절차의 제공, 품질 분임조 활동 등을 필요로 한다.

(6) 전사적 품질 관심

조직의 모든 계층 및 부문의 참여는 서비스 개선을 성공적으로 실행하는 데 중요한 요소이다. 단지 지속적 개선은 품질 전담 인력만의 문제가 아닌 현장 직원을 포함한 모든 구성원이 적극적으로 참여함으로써 그 노력이 통합된다.

(7) 서비스 전달 프로세스에 초점

지속적 서비스 개선의 대상은 고객에게 가치를 창출하는 프로세스이다. 이 초점은 서비스가 제공되는 프로세스의 편차를 줄이고 신뢰성을 높이는 것을 강조하며, 그것이 달성된 후에는 고객 만족을 위한 전달 프로세스의 재설계를 필요로 한다.

9.3.2. 품질 개선을 위한 현장 관리 프랙티스

(1) 채용과 선발

빈약한 서비스 품질의 주요 원인이 잘못된 사람의 채용에 있기 때문에 필요한 잠재적 인력의 채용과 선발은 서비스 품질을 전달하기 위한 필수로 간주된다. 많은 서비스 조직에서 인력의 이직이 매우 높은 것이 공통적으로 인식되고 있다. 이러한 상황에서 낮은 인력이직이 우월한 서비스 품질을 만드는 경향이 있기 때문에 인력보유 향상이 또한 필수적이다.

(2) 훈련

훈련은 품질을 향상시키는 필수요소 중 하나이고 서비스 품질을 확실하게 전달하도록 만든다. 빈약한 훈련이 인적 서비스 부문의 품질 결함의 중요한 이유 중 하나이기 때문에 훈련은 서비스 실패 리스크를 최소화할 수 있게 한다.

(3) 팀워크

팀워크는 서비스 품질을 전달하기 위한 의지를 지원하는 수단이다. 팀 멤버의 지원을 통해 고품질의 서비스를 제공하기 위한 동기가 계속 부여될 것이고 효과적 팀워크는 높은 수준의 서비스 품질을 전달하기 위한 역량을 개발하도록 한다. 낮은 서비스 성과는 팀워크의 결여와 밀접하게 관련되기 때문에 서비스 실패는 팀워크에 의해 최소화될 수 있다. 팀워크가 효과적이면 팀은 고객 서비스에 대한 직원의 헌신과 높은 수준의 서비스 품질을 제공하는 역량을 개발할 수 있게 한다.

(4) 커뮤니케이션

커뮤니케이션은 서비스 품질을 지원하는 중요한 역할을 한다. 하향 커뮤니케이션은 고객이 조직에게 기대하는 것을 직원에게 전달할 수 있게 하고 상향 커뮤니케이션은 직원이 경영층에게 고객에 대한 정보를 제공하도록 만든다. 커뮤니케이션의 결여로 중요한 정보가 이전되지 않을 때 좌절로 결과되고 다시 고객 불만족과 빈약한 서비스 품질을 초래한다. 커뮤니케이션은 직원의 기

업에 대한 헌신을 유인하고 서비스 품질로 이어지는 직원의 동기부여와 관심
의 기반이 된다.

(5) 권한부여

다시 강조하지만 일선 직원에 대한 권한부여는 서비스 품질 수준을 향상
시키는 근본이다. 그러나 일선 직원의 권한부여는 긍정뿐만 아니라 부정적 결
과도 갖는다. 긍정적 결과로는 신속한 의사결정, 고객 불평에 즉각적 대응, 서
비스 전달의 신속화, 고객화가 있고, 부정적 결과로는 서비스 전달의 지연과
비일관성 초래, 총 서비스 생산성 감소, 조직 규칙의 파괴, 잘못된 사람에게 권
한을 부여할 때 불편한 감정 창출 등이 있다. 또한 각기 다른 서비스에 대해
다른 수준의 권한이 부여될 수 있기 때문에 중간 수준의 권한부여에서 높은 수
준의 서비스 품질을 얻는 것이 가능하다. 따라서 서비스 품질과 권한부여 사이
의 관련성은 단순하지 않고 권한부여가 높을수록 서비스 품질이 높다는 것은
반드시 사실이 아니다.

(6) 성과평가와 보상(측정과 인정 포함)

현장 인력에 올바른 방향을 제시하는 성과평가와 보상이 서비스 부문에서
중요하게 인식된다. 성과평가는 관리 부문의 기대를 직원들에게 소통함으로써
현장 직원에게 방향을 제공한다. 또한 최고 경영층은 보상과 인정을 통해 현장
직원에게 방향을 제공한다. 비록 평가와 보상의 부정적 영향도 발생될 수 있으
나 조심스럽게 설계되고 적절히 관리될 때 직원의 바람직한 성과를 규명하고
고객 만족과 연결된 보상 시스템을 수립함으로써 이런 활동은 품질에 대해 긍
정적 영향을 미칠 것이다.

9.3.3. 서비스 품질 개선의 장애물

(1) 가시성의 결여

서비스 품질 결함은 제공자에게 항상 가시적이지 않다. 즉, 눈에 보이지 않
는다는 것이다. 어떤 시점에서 25%의 고객은 재구매를 멈출 정도로 서비스에 불

만족하지만 단지 그중의 4%만이 조직에 불평을 얘기한다고 한다(The Technical Assistance Research Project (TARP)의 추정 결과). 이것은 품질 문제의 규명에서 서비스 제공자가 선행적으로 움직이는 것을 어렵게 만든다.

(2) 구체적 책임 지정의 어려움

서비스 품질에 대한 소비자의 종합적 인식은 여러 서비스 전달 단계의 종합적 경험에 의해 영향을 받는다. 그렇게 때문에 어떤 품질 결함을 특정 서비스 전달 단계로 돌리는 것이 어렵다. 그 결과, 품질 문제의 근본 원인을 파악하는 것이 어렵게 된다.

(3) 서비스 품질을 향상시키는 데 필요한 시간

서비스 품질 결함을 해결하는 데 오랜 기간 동안 많은 노력이 요구된다. 이것은 서비스 품질이 시스템과 절차보다 사람(즉, 모든 조직 구성원)에게 더 의존하기 때문이다. 사람의 태도와 신념을 변화시키는 것은 절차를 바꾸는 것보다 더 오래 걸리고 어렵다. 결국, 관리자가 그들의 관심을 품질 문제에 계속 두고 그 근본원인을 찾아서 제거하는 것이 어렵게 된다.

(4) 전달 불확실성

서비스 전달과 품질 통제는 개인과 사람들의 예측불가능한 본성에 의해 더욱 복잡해진다. 여기서 사람 요소는 고객과 서비스 현장 인력 모두를 포함한다.

─── 참고문헌

Chase, R.B. (1981), "The customer contact approach to services: Theoretical bases and practical extensions", *Operations Research*, *29*(4), 698–706.

Cronin Jr., J.J., & Taylor, S. (1992), "Measuring service quality: A reexamination and extension", *Journal of Marketing*, *56*(3), 55–68.

Frost, F.A. & Kumar, M. (2000), "INTSERVQUAL–An internal adaptation of the GAP model in a large service organisation", *Journal of Services Marketing*, *14*(5), 358–377.

Grönroos, C. (1984), "A service quality model and its marketing implications", *European Journal of Marketing, 18*(4), 36–44.

Haynes, R.M. (1990), "Service typologies: A transaction modelling approach", *International Journal of Service Industry Management, 1*(1), 15–26.

Herzberg, F., Mausner, B., & Snydermann B. (1959), *The Motivation to Work*, Wiley, New York.

Johston, R. & Morris, B. (1985), "Monitoring and control in service operations", *International Journal of Operations & Production Management, 5*(1), 32–38.

Lehtinen, U. & Lehtinen, J.R. (1982), *Service quality: A study of quality dimensions*, Helsinki: Service Management Institute, Finland, OY, Unpublished working paper.

Maister, D.H. (1982), "Balancing the professional service firm", *MIT Sloan Management Review, 23*(1), 15–29.

Maister, D.H. & Lovelock, C.H. (1982), "Managing facilitator services", *MIT Sloan Management Review, 23*(4), 19–31.

Parasuraman, A., Zeithaml, V.A. & Berry, L.L. (1985), "A conceptual model of service quality and its implications for future research", *Journal of Marketing, 49*(4), 41–50.

Parasuraman, A., Zeithaml, V.A. & Berry, L.L. (1988), "SERVQUAL: A multiple–item scale for measuring consumer perceptions of service quality", *Journal of Retailing, 64*(1), 12–40.

Sasser, W.E., Olsen, R.P., & Wyckoff, D.D. (1982), *Management of Service Operations*, Allyn and Bacon, Boston.

Schmenner, R.W. (1986), "How can service businesses survive and prosper", *MIT Sloan Management Review, 27*(3), 21–32.

Shostack, G.L. (1981), 'How to design a service', in J. H. Donnelly & W. R. George (Eds.), *Marketing of Services*, AMA, Chicago, IL, 221–229.

Shostack, G.L. (1987), "Service positioning through structural change", *Journal of Marketing, 51*(1), 34–43.

Silvestro, R., Fitzgerald, L., Johnston, R. & Voss, C. (1992), "Towards a classification of service processes", *International Journal of Service Industry Management, 3*(3), 62–75.

Thomas, D.R.E. (1975), "Strategy is different in service businesses", *Harvard Business Review, 53*(4), 158–165.

객관식 문제

01 다음 문제의 참과 거짓을 판단하시오.

1.1 서비스 프로세스는 투입물을 산출물로 전환하는 중요한 역할을 한다.

1.2 서비스 부문에서 변환 프로세스는 서비스 전달 프로세스의 초점이 된다.

1.3 서비스 프로세스의 운영시간은 준비시간과 리드타임의 합이다.

1.4 본원적 생산 프로세스에서 연속형과 플로우는 다품종 소량생산에 적합하다.

1.5 배치(batch) 프로세스는 플로우숍과 잡숍의 장점인 비용절감과 산출물 다양성 확대를 혼합한 프로세스이다.

1.6 서비스 모듈은 재고생산을 최종 완성 서비스는 주문생산 방식을 취하는 것을 조립주문생산(ATO: Assemble−To−Order)이라고 한다.

1.7 서비스 청사진에서 내부 상호작용 라인은 고객과 전방부서 인력 사이의 인터페이스를 의미한다.

1.8 탁월한 고객 경험을 제공하기 위한 고객 중심 접근 방법으로서 시각화된 여정 지도를 통해 고객 경험 향상을 목적으로 작성된 매핑 방법이 고객 여정 매핑이다.

1.9 서비스 조직에서 품질은 전달된 서비스가 고객의 기대를 충족시키는 수준의 측정치로서 나타낼 수 있다.

1.10 대학교육의 서비스 품질은 여러 차원에서 결정되는 학생들의 기대 수준에 의해 측정된다.

1.11 서비스 품질은 품질 차원을 따라 기대와 성과 간의 차이의 함수로 나타내지는 갭(gap)으로 표현될 수 있다.

1.12 서비스 차원 중 유형성은 전통적 대학과 같은 높은 접촉 서비스보다는 온라인 대학과 같은 낮은 접촉 서비스에서 더 중요하다.

1.13 SERVPERF 모델은 서비스 품질이 고객 태도의 한 형태이고 성과—기대 대신에 성과가 서비스 품질을 결정한다고 주장한다.

1.14 SERVQUAL은 기대된 서비스와 인식된 서비스를 다섯 개의 서비스 품질 차원에서 고객이 평가한 후 기대된 서비스가 인식된 서비스 미만이면 놀라운 품질로 평가한다.

1.15 SERVQUAL의 기대된 서비스 수준은 구전, 개인적 니즈, 과거 경험에 의해 결정된다.

1.16 SERVQUAL의 대응성은 고객들을 즉시 돕는 의지를 반영하며, 분명한 이유 없이 고객들을 기다리게 하지 않는 것이 한 예이다.

1.17 비록 SERVQUAL이 우수한 모델로 평가받고 있을지라도 모든 서비스 상황에서 서비스 품질을 측정하기 위한 본원적 척도가 될 수 있는지는 의문시되고 있다.

1.18 서비스 품질의 수동적 혹은 반응적 대응은 동기위생 요인 중 동기 요인에 초점을 둔다.

1.19 서비스 품질 문제의 원인을 발견하기 위한 통계적 도구 중 품질 문제에 대해 가장 큰 빈도수를 갖는 문제부터 순서대로 나열하여 가장 심각한 품질 문제가 무엇이고 어떤 문제에 품질 관리를 집중해야 하는지 쉽게 이해하는 도구는 산포도이다.

1.20 서비스 품질 개선을 위해 고객의 입장에서 생각해야 하고 그 정책을 고객의 관점에서 수립해야 한다.

02 선택형 문제

2.1 다음 중 서비스 프로세스의 성과지표로 가장 적절하지 않은 것은?
① 처리시간
② 리드타임
③ 품질
④ 효율성

2.2 다음 중 플로우(flow) 프로세스의 사례로 적절하지 않은 것은?

① 보험 클레임 처리   ② 세차

③ 패스트푸드 식당   ④ 종합병원

2.3 다음 중 프로젝트(project) 프로세스와 가장 관련성이 떨어지는 것은?

① 재판 서비스   ② 자동차 수리

③ 경영컨설팅   ④ 선거 캠페인

2.4 다음 중 설비, 후방부서, 제품에 초점을 두고 접촉시간, 고객화, 직원의 자유재량 수준이 낮은 서비스에 해당되지 않는 것은?

① 소매 서비스   ② 운송 서비스

③ 터미널 서비스   ④ 렌털 서비스

2.5 다음 중 서비스 청사진의 주요 구성요소가 아닌 것은?

① 정보   ② 물리적 증거

③ 지원 프로세스   ④ 후방 접촉 인력

2.6 다음 중 SERVQUAL의 다섯 가지 차원이 아닌 것은?

① 반응성   ② 유형성

③ 감정이입   ④ 접근성

2.7 다음 중 전략적 혹은 선행적 서비스 품질 접근법에 가장 근접하는 식당 서비스 사례는?

① 기본반찬 제공

② 고객의 특별 요청에 대한 신속하고 적절한 대응

③ 식당의 청결

④ 직원의 친절

2.8 다음 중 품질 결함의 근본원인을 파악하는 도구로서 적절하지 않은 것은?

① 산포도   ② 5 Whys 분석

③ 고객 여정 매핑   ④ 물고기 뼈 그림

2.9 서비스 품질 개선을 위한 조직 관리 프랙티스에 대한 설명으로 잘못 연결된 것은?

① 채용과 선발−낮은 인력 이직이 우월한 서비스 품질을 만드는 경향이 있기 때문에 인력 보유 향상이 필수적이다.

② 팀워크−팀워크가 효과적이면 팀은 고객 서비스에 대한 직원의 헌신과 높은 수준의 서비스 품질을 제공하는 역량을 개발하는 것을 가능하게 한다.

③ 문화−서비스 지향적 문화는 직원의 행동/서비스 전달에 강력한 영향을 미친다.

④ 커뮤니케이션−상향 커뮤니케이션이 품질 개선에 중요하나 하향 커뮤니케이션은 지양될 필요가 있다.

2.10 다음 중 서비스 품질 개선의 장애물로 적절하지 않은 설명은?

① 서비스 품질이 사람보다 시스템과 절차에 더 의존하기 때문에 품질 결함을 해결하는 데 너무 짧은 시간이 소요된다.

② 서비스 품질 결함은 항상 조직에게 명백하게 파악되지 않는다.

③ 여러 서비스 전달의 단계에 대한 소비자의 종합적 경험에 의해 품질이 결정되기 때문에 품질 결함 발생 시 구체적 책임 지정이 어렵다.

④ 서비스 전달과 품질 통제는 고객과 서비스 현장 인력 모두의 본성에 의해 더욱 복잡해진다.

1.1 다음 중 본인의 경험했거나 잘 아는 세 개 서비스를 고려하시오.

> 화물운송 서비스, 회계감사 서비스, 증권사, 방송사, 동물원, 모텔,
> 한식 뷔페, 렌터카, 방역 서비스, 프로야구, 민간보안 서비스, 신용카
> 드사, 편의점, 프랜차이즈 커피숍, 케이블 TV, 입시학원, 피시방, 코인
> 노래방, 헬스센터, 항공사, 고속버스, 극장, 종합대학, 회전초밥집,
> 맥주집, 도서관, 택배, 이비인후과의원, 기숙사, 볼링장

(1) 선택한 서비스에 대해 제품의 양과 다양성에 기초하여 그 서비스 프로세스의 유형을 결정하시오.

(2) 선택한 서비스의 청사진을 작성해 보시오.

(3) 위 서비스 중 서비스 품질이 조직의 성과에 결정적 영향을 미치는 서비스 다섯 개를 선별하고 그 이유를 제시하시오.

(4) 선택한 서비스에 대해 SERVQUAL의 다섯 개 차원을 설명하고 어떤 차원이 서비스별로 가장 중요한지 제시하시오.

(5) 선택한 서비스에 대한 세 개의 주요 경쟁업체를 선정한 후 5점 척도로 각각 평가한 후 가장 우수한 품질 수준을 보이는 업체 하나를 선택하시오.

1.2 여러분이 커피숍의 주인으로서 제안할 수 있는 고객 여정 매핑을 작성해 보시오.

1.3 다음의 비대면 서비스 중 잘 알거나 경험했던 서비스 세 개를 고려하시오.

> 무인카페, 배달 전문 도시락, 음식 배달 서비스, 인터넷 금융, 비대면
> 교육, 온라인 취미 수업, 세탁물 픽업 및 배달 서비스, 매장 내 물건
> 주문과 픽업 서비스, 셀프 관리형 정수기 필터 서비스, VR을 이용한
> 인테리어 제안, 사이버 모델 하우스, 메신저 상담, 챗봇, AI 스피커를
> 통한 쇼핑, 가상 피팅 의류/안경 쇼핑몰, 비대면 화상 면접, 비대면
> 육아 서비스, 재택 근무 서비스, 온라인 합동연주 및 콘서트, 비대면
> 결제 서비스, 동영상 스트리밍 서비스, 100% 셀프 스토어

(1) 선택한 서비스의 프로세스 분석을 위한 서비스 청사진은 어떻게 작성
되는가?

(2) 선택한 서비스 품질의 개념은?

(3) 선택한 서비스의 품질을 측정하기 위한 SERVQUAL 차원은?

서비스 전달 프로세스에서 기술의 관리

Service Operations Management

13 CHAPTER

배경

서비스 전달 프로세스의 핵심인 접점에서 현장 직원과 고객의 인터페이스는 인간 주도에서 점차 기술지배적으로 진화하고 있다. 이러한 상황하에 서비스에서 기술의 역할을 이해하고 기술활용의 문제점과 도전과제를 이해한 후에 적절한 기술관리 방안을 도출하는 것이 바람직하다. 특히, 최근 서비스에서 적용되고 있는 다양한 기술 중에서 가장 많은 관심을 받고 있는 서비스 로봇과 AI의 단계별 특징을 이해하고 서비스 직원과 직무에 어떤 영향을 미치게 될지 선행적으로 이해하는 것이 중요하다.

주요 이슈

- 서비스에서 기술의 역할은?
- 서비스에서 기술의 패러독스는 어떤 의미인가?
- 서비스에서 기술의 활용 분야는?
- 셀프 서비스의 장단점과 관리 방안은?
- 서비스 로봇과 AI의 특징 및 진화 단계는?
- 소셜 미디어를 사용한 기업의 평판도 관리 방안은?
- 모바일 앱을 이용한 고객 관계 관리는?

1 식당 서비스의 미래

스마트폰, 첨단 로보틱스, 지능형 에이전트(Intelligent Agents), 사물인터넷 (IoT: Internet of Things), 인공지능(AI: Artificial Intelligence)은 고객과 조직 사이의 상호작용을 근본적으로 변화시키고 모든 참여 주체들의 역할도 변화시킨다. 주변에서 쉽게 접할 수 있는 식당 서비스에서도 많은 기술의 도입으로 변화가 예상된다. 여러분은 다음의 상황을 경험하고 있거나 앞으로 경험할 것이다.

1.1. 식당 서비스를 이용하기 위한 기술

① 키오스크를 이용한 주문
② 가상 및 증강현실을 이용한 메뉴제공과 식당 이용정보 획득
③ 모바일 예약 및 주문
④ 사물인터넷을 활용한 주방과 홀 서비스
⑤ 셰프와 직원 대신 로봇 생산 및 서비스
⑥ 3D 프린팅을 이용한 식당 도구 제조 및 음식 제조

1.2. Diliveroo 사례

다양한 기술을 활용한 신개념 외식 서비스인 Diliveroo의 사례를 인터넷을 통해 조사해 보자. 그 사례를 통해 여러분은 다음의 질문을 고민해 볼 필요가 있다.

① 주문은 어떻게 이루어지는가?
② 식음료의 전달은 어떻게 진행되는가?
③ 지불 방식과 주문의 추적 방식은?
④ 식음료를 즐기는 공간은?

2 서비스에서 기술의 역할

2.1. 서비스의 본질 자체를 급격하게 변화

기술은 새로운 서비스 제공품이 몇 년 전에는 상상할 수 없는 큰 잠재력을 갖도록 한다. 현재도 많은 신기술이 지속적으로 등장하고 있다. 예를 들어, 카카오 택시, 스마트 편의점, 인터넷 서비스, 스마트폰을 이용한 결제, 아마존(Amazon)의 여러 기술 등은 서비스 전반에 큰 영향력을 미치고 있다. 심지어 커넥티드 자동차(connected car)의 경우에는 내비게이션과 같이 사람이 길 위에서 모든 유형의 기존 및 새로운 서비스에 접근하도록 하고 있고 미래에는 차량 내 시스템(In-car system)을 통해 특정 거리 내 선호된 소매업체가 있을 때 운전자에게 정보를 제공하여 쇼핑 추천, 날씨 예측, 온도 제공, 근처 식당 추천 및 호텔 예약, 엔터테인먼트 등이 가능해진다.

2.2. 서비스 전달 프로세스를 급격하게 변화

고객과 직원이 더욱 접근가능한, 편리한, 생산적인, 고객화된 서비스를 누리고 제공하는 것을 가능하게 하는 동인이 바로 기술이다. 기술은 기본적 고객 서비스 기능(요금 납부, 질문, 주문 추적 등), 거래(소매와 B2B), 학습과 정보 탐색(원격 교육, 온라인 헬스케어) 등을 촉진한다. 예를 들어, 요기요, 배민 등 플랫폼을 이용한 배달 서비스, 24시간 무인카페 등과 월스트릿저널(Wallstreet Journal)의 상호작용 편집판 제공(고객이 개인의 선호와 니즈에 맞춰 신문의 콘텐츠를 조직화할 수 있도록 허용), 기타 AI와 서비스 로봇, 드론 등을 이용한 전달 방식의 변화가 그 예이다. 또한 기술은 구매를 위한 직접적 수단을 제공하여 거래를 촉진한다. 그 결과, 기술은 고객 서비스의 얼굴을 대면 서비스, 전화기반 서비스, 인터넷 기반 서비스, 무선의 모바일 서비스로 점차 변화시켰다.

2.3. 서비스 직원 역량의 확장

기술은 서비스 접점에서 서비스 직원을 지원하고 보완하는 역할을 한다. 최근에 기술이 인간의 사고, 분석, 행동을 지원하는 상황을 반영하는 지능 확장(IA: Intelligence Augmentation)이 자주 언급되고 있다. 즉, 기술은 더 나은 서비스 접점을 만들기 위해 직원과 협력하여 사용될 수 있다. 그 예로, 스마트 글래스(glass) CRM(Customer Relationship Management: 고객 관계 관리) 시스템은 직원에게 투명 디스플레이가 장착된 안경을 착용하도록 함으로써 고객의 프로파일을 실시간으로 검토하도록 하여 교차판매 기회를 증가시키고 전환율(conversion rate: 입장한 고객이 실제 구매를 하는 비율)을 높이도록 한다. 또한 로우(Lowe)가 도입한 로우봇(LoweBot)이라는 혁신 랩의 자율적 서비스 로봇은 고객이 제품을 발견하도록 돕고 간단한 질문에 답변할 수도 있다. 결과적으로, 이 회사의 직원은 고객에게 전문적 지식을 제공하는 데 더 많은 시간을 할애할 수 있게 되었다. 나아가 의료 기관에서 지능형 비서(Intelligent Assistants)가 휴먼케어 제공자들을 점점 더 보완하고 있다. 아이비엠(IBM)의 왓슨(Watson)은 암 진단 시 의사들을 지원하고 서비스 로봇은 노인 돌봄에서 간호 인력을 점점 더 적극적으로 지원할 수 있게 되었다.

2.4. 고정된 서비스의 글로벌 접근과 비즈니스 네트워크를 촉진

기술은 고정된 시스템(예, 식당의 점포, 은행 지점 등)에서 전달하던 서비스를 가상의 공간으로 확장시켰다. 인터넷은 하나의 큰 서비스 매체로서 이러한 도구를 활용하여 지리적 인접성을 전 세계적으로 확장시키고 있다. 예를 들어, 전 세계적인 꽃배달 서비스, 글로벌 택배 서비스, 글로벌 해외 주식투자, 인터넷을 통한 행정 서비스 제공, 점포와 직원이 필요 없는 식당 등이 그 사례이다.

2.5. 다면 플랫폼의 확장

기술은 사물이든 혹은 사람이든 어떤 주체들의 연결과 관계를 가능하게 하는 동력으로 작용한다. 디지털 플랫폼과 IoT의 **빠른** 개발에 자극받아 이 역할은 점차 확대되고 있다. 특히 네트워크 조정역할을 하는 기업들은 그러한 기술에 강하게 기초하고 있다. 그 기업의 비즈니스 모델은 서비스 접점에서 다수의 주체(인간과 기술 모두)를 연결하는 방식으로 기술을 활용하는 것을 추구한다. 즉, 네트워크 편익을 얻기 위해 플랫폼을 통해 다수의 다른 주체들이 서로에게 서비스 제공품을 제공하는 다면 시장(multi-sided markets) 혹은 다면 비즈니스 플랫폼이 이러한 방식으로 활용되고 있다. 예를 들어, 에어비앤비(Airbnb)는 여행객에게 그들의 재산을 기꺼이 렌트해 주는 민간 주택 소유자 사이의 교환을 촉진하는 기술기반 플랫폼이다. 마찬가지로 우버(Uber)의 플랫폼은 운송의 목적으로 민간 운전자와 고객들을 서로 연결하고 있다. 두 사례는 물리적 자산, 즉 호텔과 자동차를 소유하지 않지만 네트워크 기술의 사용을 통해 단순히 서비스 교환을 촉진하는 것을 보여준다. 이 다면 플랫폼은 둘 이상의 고객 집단 또는 참가자 집단 간의 직접적인 상호작용을 통해 가치를 창출하는 기술이나 제품, 서비스를 만들어낸다. 이 플랫폼을 매개로 수요자와 공급자, 그 외 참여자(예, 링크드인(LinkedIn)은 채용기업(담당자), 유저(구직자), 광고주로 구성)가 연결되어 다양한 상호작용이 일어나는 양면(다면) 시장의 구조는 간접, 직접 네트워크 효과를 만들어내는 원동력이 된다.

2.6. 서비스 분야에서 규모 및 범위의 경제 가능

앞서 서비스는 그 특성으로 인해 규모와 범위의 경제가 용이하지 않다고 하였다. 그러나 합리화와 중심화를 목표로 하는 기술에 대한 투자는 규모의 경제 달성을 위한 플랫폼 구축을 지원한다. 배달 앱 서비스와 모텔 추천 및 예약 서비스의 경우에 플랫폼 구축으로 인해서 배달 네트워크의 규모가 클수록 더 많은 수익창출이 가능해진다(예, 네트워크 외부성). 또한 기존의 기술에 기반하여 추가 서비스에 대한 마케팅이 가능해진다면 범위의 경제도 추구하여 비용과 차별화 우위를 창출할 수 있다. 이러한 간접비 공유를 통한 한계비용 절감은 은행에서 보험 서비스를 제공한다든지 여행사에서 차량 렌트, 숙소 예약, 여행 보험 가입 등을 저렴하게 제공할 수 있도록 만든다.

2.7. 조직의 의사결정 지원

정보통신기술은 서비스 조직이 의사결정을 실시간으로 효율적으로 수행할 수 있도록 도와준다. 예를 들어, 편의점은 VMI(Vendor Managed Inventory)를 통해 제품 공급자가 편의점의 재고 관리 의사결정을 할 수 있도록 하여 자신의 업무를 줄이고 재고 관리 및 주문 관리를 효율화시킬 수 있다. 또한 조직의 기술 전략과 ERP에 기반한 생산 시스템은 변화하는 환경에 맞추어 실시간으로 의사결정의 조정 및 적용이 가능하다.

3 기술 활용의 문제점과 도전과제

3.1. 기술 패러독스

하지만 서비스 부문에서 기술이 항상 환영받지는 않는다. 서비스에서 기술 적용의 반작용 혹은 역효과도 고려할 수 있는데, 이를 기술 패러독스(paradox)로 표현할 수 있다. 기술 패러독스가 발생하는 원인은 다음과 같다.

3.1.1. 고객의 기술에 대한 태도

고객은 항상 기술을 두 팔 벌려 환영하지 않는다. 기술은 사람을 기술 자체에 동화시키게 만들기도 하지만 반대로 고립시키는 작용을 하기도 한다. 일반적으로 기술은 싫어하는 사람에게 기술이 사람을 통제하고 있다는 의식을 심어주기도 하지만 기술이 더 필요하다는 감정을 제공할 수도 있다. 이렇게 기술이 사람에게 미치는 양면성은 서비스 조직에 엄청난 효율성과 생산성을 제공하고 사람 사이에 참여와 활동을 촉진(예, SNS를 이용하여)시킬 수 있는 동시에 시간과 노력의 낭비를 불러올 수도 있다. 또한 서비스 조직이 인터넷을 통해 고객에 대해 학습하고 직접적으로 상호작용하는 것을 추구하는 경우에 고객 입장에서는 프라이버시와 비밀유지에 대해 걱정하지 않을 수 없게 된다. 그 예로서, 의료건강 부문에서 원격의료와 같은 기술적용을 발전시키기 위한 노력들이 이 문제로 인해 실제로 배제되거나 방해받고 있다.

3.1.2. 서비스 직원의 기술가치에 대한 저항

서비스 직원이 변화에 대한 저항을 할 수 있고 기술이 자신에게 피해를 끼친다는 관점에서 기술의 가치를 제대로 보려고 하지 않는다. 특히 기술이 인간 노동을 대체하고 직원의 일을 없앨 수 있을 거라고 인식하는 성향이 매우 높다. 비록 이것이 사실이 아닐지라도 직원들은 신기술을 학습하지 않으려 하거나 그 진정한 가치를 보지 않으려 하기 때문에 기술포용을 꺼려할 수 있다.

3.1.3. 상호작용의 감소

기술의 활용으로 대인 간 접촉과 상호작용이 줄어들게 된다. 모든 고객이 서비스 조직과 상호작용하는 수단으로서 기술을 활용하는 것에 동일하게 높은 관심을 두지 않는다. 따라서 고객 기술 준비성(readiness)이라는 개념은 기술을 사용하는 것에 관심을 갖거나 준비된 세분화된 고객이 존재한다는 특성을 반영한다. 많은 부모들은 자녀들이 컴퓨터 앞에서 많은 시간을 보내고, 게임과 상호작용하고, 온라인 학습을 하고, 온라인 친구를 사귄다고 걱정하고 있고 심지어 직장 내에서도 이메일과 SNS를 통해 직원 간 소통하는 것을 싫어하는 사람들이 있다.

3.1.4. 기술 투자비 회수에 대한 불안감

기술 투자에 막대한 비용이 들어가고 기술 투자비 회수가 점점 불확실해지고 있다. 실제로, 기술에 대한 투자가 생산성 혹은 고객 만족으로 이어지는 데 오랜 시간이 소요될 수 있고 경우에 따라서는 그 성과가 나타나지 않을 수도 있다.

3.2. 기술의 도전

기술에 기반한 서비스는 근간을 이루는 기술 플랫폼이 이전에 존재하지 않았다는 점에서 상대적으로 새로운 현상이고 매우 혁신적으로 평가받는다. 예를 들어, 블록체인(blockchain), 5G 모바일 기술, GPS(Geographic Positioning Systems)에 기초한 서비스, 가상 및 증강현실 서비스, 무인카페 등은 혁신적 기술로 인정받고 있다. 그러나 많은 고객은 그러한 기술을 상상하지만 실제 서비스와 관련시키는 것을 어렵게 생각한다. 따라서 이러한 기술이 시장에서 본격적으로 수용되기 위해서는 선도 고객을 유인할 필요가 있고 이 고객이 초기에 기술에 기반한 서비스에 흥미를 갖도록 만들 정도로 혁신적이고 창의적인 서비스를 제공할 필요가 있다.

또한 고객의 기술 수용에 영향을 미치는 요인을 효과적으로 관리할 필요가 있다. 예를 들어, 정보기술의 적용을 위한 모델은 태도와 행동 의지 사이의 관계가 중요하다는 점을 강조하고 있다(Hebert & Benbasat, 1994). 나아가, 이와 관련한 유명한 이론인 기술수용 모델(Technology Acceptance Model (TAM), Davis et al., 1989)은 행동에 대한 태도-행동 의지를 반영하고 있다. 이 모델에 따르면 기술에 대한 개인의 태도에 영향을 미치는 요인은 사용 용이성과 인식된 기술의 유용성이 중요한 것으로 제안된다. 나아가, 셀프 서비스 기술의 적용에 관련되어 만족에 영향을 미치는 요인들로는 유용성, 사용 용이성, 이용가능성, 편의성(Meuter et al., 2000)과 통제, 성과, 인간적 상호작용 니즈, 속도, 신뢰(Dabholkar, 1996) 등이 제시되고 있다.

3.3. 서비스에서 기술의 적용가능 분야

기술의 도전과제가 충족이 된다면 서비스 혁신과 디자인에 다양한 기술이 활용될 수 있다. 중요한 예시는 다음과 같다(Bantau & Rayburn, 2016).

3.3.1. 커뮤니케이션 기술

◆ 데이터 수집: 소비자의 목소리 파악, 소비자 행동 예측, 서비스 제공자 피드백 전달 등

3.3.2. 빅데이터(Big data)

◆ 데이터 수집과 결합: 다른 원천의 데이터 결합, 분석을 위한 공통 언어로 데이터의 전환, 데이터로부터 숨겨진 연관성(association)과 인과성(causality)의 발굴 등

3.3.3. 비즈니스 애널리틱스(Business analytics)

◆ 데이터 전환, 분석, 전달: 데이터를 사용가능한 정보로 전환, 더욱 풍부한 정보에 의한 의사결정, 소비자 통찰(니즈, 원츠, 욕구)에 접근 등
◆ 새로운 서비스 플랫폼 창출: 비즈니스 애널리틱스에서 전문화, 서비스 전문화로 서비스 네트워크 확장 등

3.3.4. 사물인터넷(Internet of Things)

◆ 연결성: 어떤 스케일로도 데이터에 접근, 향상된 의사결정, 새로운 서비스 플랫폼 창출 등
◆ 데이터 수집: 소비자 목소리 파악, 소비자 행동 예측 등

3.3.5. 센서(Sensor)

◆ 연결성: 로지스틱스 효율성 향상, 공간 계획, 서비스 개인화, 서비스 생산 및 전달의 스마트화 등

3.3.6. 셀프 서비스

◆ 소비자 통제: 소비자가 경험 통제, 운영적 효율성 향상, 조직과 소비자
에게 시간과 비용 절감 등

3.3.7. SMART 제품

◆ 데이터 수집: 소비자의 제품/서비스 행태에 대한 예측 등

3.3.8. 디바이스 허브(Hub of devices)

◆ 새로운 서비스 플랫폼, 데이터 수집 등

3.3.9. 인공지능과 로봇

◆ 새로운 서비스 플랫폼, 데이터 수집, 기계에 의한 학습 등

3.3.10. 블록체인

◆ 서비스형 블록체인, 비대면 서비스에서 플랫폼 적용 서비스로서 블록체
인(BaaS: Blockchain as a Service), 언택트 서비스에 정보 보안 등

4 서비스 접점에서 기술의 역할

4.1. 기술의 다섯 가지 역할

기술의 발전은 고객이 서비스 제공자와 상호작용(서비스 접점)하는 방식에 중요한 영향을 미친다. Froehle & Roth(2004)에 의하면 서비스 접점에서 기술의 역할은 다음의 다섯 가지로 분류된다.

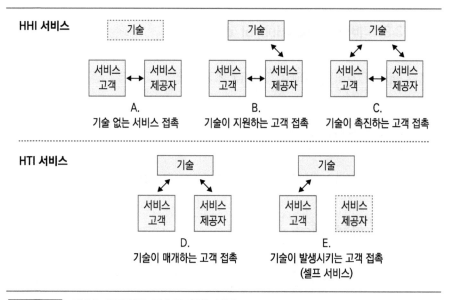

그림 13-1 서비스 접점에서 기술의 역할 분류

여기서 HHI(인간−인간 인터페이스: Human−Human Interface) 서비스는 서비스 고객과 서비스 직원이 직접 상호작용을 하면서 기술이 상호작용을 지원해 주는 역할을 하는 경우에 해당한다.

(1) 기술 없는 서비스 접점(A)

전통적인 높은 접촉 서비스 혹은 대면 서비스로서 고객은 인적 서비스와 전문 서비스의 경우처럼 서비스 제공자와 물리적으로 인접하고 상호작용을 한다. 대표적인 인적 서비스로는 미용과 안마 등이 있고 전문 서비스로는 법률, 의료, 컨설팅 등이 있다.

(2) 기술이 지원하는 서비스 접점(B)

단지 서비스 제공자만이 대면 서비스를 촉진하기 위해 기술에 접근하는 방식이다. 의료 서비스, 안경점의 시력 측정, 치과의 X−ray 촬영 등이 이에 해당한다.

(3) 기술이 촉진하는 서비스 접점(C)

고객과 서비스 제공자가 동일한 장소에서 기술에 접근하는 방식이다. 예를 들어, 보험설계사가 여러 가지 상황과 정책에 따라 예상되는 보험료와 수익률을 자신의 노트북을 이용하여 고객에게 보여주는 재무 설계사 등이 이에 해당한다.

이에 비해 HTI(Human−Technology Interface) 서비스는 서비스 고객과 직원은 직접적인 상호작용을 하지 않고 오직 기술에 의해 간접적으로 관계를 맺는 서비스 유형이다.

(4) 기술이 매개하는 서비스 접점(D)

주로 커뮤니케이션 기술을 사용하는 비대면 접촉이 이에 해당한다. 식당 예약을 위한 전화, 원격 서비스 센터의 기술 지원 등이 이 사례이다.

(5) 기술이 발생시키는 서비스 접점(E)

이 유형은 고객이 셀프 서비스를 하거나 서비스를 제공하는 비용을 절감하기 위해 아웃소싱을 하는 경우에 해당한다. 예를 들어, ATM, 공항의 체크인 키오스크(kiosk), 스마트폰을 이용한 온라인 예약 등이 해당한다.

4.2. 기술의 사용에 따른 서비스 접점의 다른 유형

〈그림 13-1〉에서 A와 B는 기술이 수동적 역할을 하고 고객-서비스 제공자 접촉이 직접적인 HHI로서 발생한다. 그러나 D와 E는 기술이 능동적 역할을 하고 서비스의 중심적 부분의 역할을 하고 고객-서비스 제공자 사이의 접촉이 HTI 방식으로서 원거리로 발생한다. 한편, C는 고객-서비스 제공자 접촉이 HHI와 HTI처럼 동시에 발생한다. 즉, 고객과 서비스 제공자 모두가 개인 간 상호작용을 할 뿐만 아니라 기술과 비인간적 상호작용을 동시에 갖게 된다. 비록 고객이 서비스 제공자와 직접 상호작용할지라도 기술은 서비스 전달이 완료되기 위해 존재해야 한다. 예를 들어, 원격의료, e-정부 서비스의 텔레센터(tele-center) 등이 해당한다.

5 셀프 서비스와 기술

5.1. 사례

셀프 서비스의 사례로서 뷔페, 분식집, 셀프 세차, 셀프 빨래방, 패스트푸드의 주문 키오스크를 고려해 보자.

    (1) 이 셀프 서비스의 장점과 단점은?
    (2) 이 셀프 서비스를 대체하는 새로운 기술로는 어떤 것이 등장하는가?
    (3) 이 셀프 서비스의 미래는?

5.2. 셀프 서비스 기술의 추세

셀프 서비스 기술은 직접적인 서비스 직원의 참여와 독립적으로, 고객이 서비스를 생산하는 것이 가능한 기술적 인터페이스를 말한다. 항공티켓 발권, ATM을 이용한 은행업무, 할인점 셀프 체크아웃 등은 신기술의 사용이 전통적 고객 인터페이스를 완전히 대체하는 고객 중심의 상호작용으로 변화시킨 대표적 셀프 서비스 사례이다.

초기에 셀프 서비스는 부가가치를 제공하지 않거나 수익향상 기회를 갖는 서비스 거래, 즉 비용절감을 추구하는 데 초점을 두었다. 즉, ATM과 같이 은행직원(teller) 인건비의 절감과 고객의 은행업무 시간확장과 편의성 제공목적이었다. 이후에 연예 및 오락, 정보, 교육 등과 같이 인터넷을 통해 디지털화되고 전달될 수 있는 서비스가 새로운 기회로 등장하였다. 그러나 항상 셀프 서비스가 모든 서비스 분야에 적용되지는 않는다. 높은 접촉(high-touch)과 관련된 서비스에 해당하는 의료, 소방, 치과 등은 셀프 서비스가 용이하지 않다. 그러나 향후에는 다양한 기술의 발전으로 인해서 높은 접촉 서비스에서도 셀프 서비스 급증이 예상된다. 원격의료가 도입되면 가정 내에서 측정한 혈압 정보가 병원의 의사에게 자동으로 전달되어 셀프 서비스가 이루어질 수 있다.

서비스 로봇, AI 등의 도입으로 인해서 향후에 서비스에서 기술의 적용은 급증할 전망이다. 특히, 인건비 향상, 표준화된 서비스 제공을 위한 셀프 서비스의 도입은 활발히 적용될 것이 분명하여 셀프 서비스 기술의 전문성과 서비스 전문성이 매우 중요해지고 있다. 그 결과, 저연령, 비숙련, 비부가가치 서비스 직무는 사라질 운명에 처해 있고 향후에는 고숙련(예, 의료, 기술스킬), 지적(예, 지식 전문가), 창의적(예, 연예, 1인 크리에이터) 분야에서 집중적으로 서비스 직무의 성장이 이루어질 것이다.

이러한 현상은 영리 조직뿐만 아니라 비영리 조직에게도 동일하게 적용되고 있다. 정부와 기타 공공 조직도 시민에게 신속하고 중단 없는 서비스를 제공하기 위해 정보기술을 더욱 활발히 적용하고 있는데, 행정 사무소의 키오스크, 셀프 세금 서비스, 공동 도서관의 셀프 서비스 체크아웃, 우체국의 셀프 서비스 키오스크 등의 사례가 바로 그것이다.

5.3. 셀프 서비스의 장단점

5.3.1. 장점

(1) 고객에 대한 편익

- 고객에 의한 서비스 전달 프로세스 통제
- 고객의 대기시간 감소
- 고객에 서비스 전달 비용 감소
- 서비스 운영시간과 위치의 편리성
- 고객에게 독립감, 권한부여, 성취감 제공
- 고객의 기술사용을 통한 즐거움

(2) 제공자에 대한 편익

- 제공자의 시간과 비용(특히, 노동비)절감
- 고객에게 표준 서비스 제공
- 제공의 생산성 증가(특히, 인력 감소와 영업시간 증가)
- 대고객 서비스 전달 속도 증가
- 인식된 고객화 수준의 향상
- 높은 기술 수준에 대한 명성 제고
- 서비스 전달에서 인적 요소와 관련된 두 가지 어려움인 이질성과 소멸
  성을 통제

5.3.2. 단점

(1) 제공자에 대한 단점

- 사람의 소개에 의한 연쇄 판매(up-selling)의 기회 손실
- 서비스 실패 발생 시 적절한 회복의 어려움.
- 비영리 조직인 공공 조직에서 셀프 서비스의 강제적 사용은 실패 시
  더 많은 손실을 초래

- 사회적 유대관계의 손실

(2) 고객에 대한 단점

- 선택의 자유 감소
- 고객이 기계와 서비스 제공자에 의해 조종받는 느낌
- 기술과 그 사용에 편안함을 느끼지 못하는 고객에게 근심과 스트레스의 원인을 초래
- 기술을 다룰 때 발생하는 문제들이 어떻게 해결되는지에 대해 확신하지 못함.
- 고객이 신기술로 전환하는 비용(심리적 전환비용과 금전적 전환비용)이 큰 경우에 문제
- 서비스 접점을 사회적 경험으로 간주하고 사람과 접촉하는 것을 선호하는 고객의 불만 발생

5.4. 성공적 셀프 서비스를 위한 관리

5.4.1. 고객 가치향상을 위한 요소

셀프 서비스 키오스크가 고객에게 가치를 제공하기 위한 요소로는 Vakulenko et al.(2018)의 연구에 의하면 다음의 여러 가지가 제시되어 왔다.

(1) 경험 이전 단계

주로 셀프 서비스 키오스크에 대한 고객의 특성과 관련하여 태도와 인식, 특성, 충성, 사회경제적 특성, 기대, 경험, 친근감, 습관, 혁신 저항, 혁신성, 새로움 추구, 낙관주의, 사회적 수용, 사용빈도, 사용의지 등이 있다.

(2) 셀프 서비스 키오스크 상호작용 단계

주로, 키오스크의 특성과 상호작용에 영향을 미치는 여러 특성과 관련하여 접근성, 실제 사용, 역량 차이, 명료성, 청결성, 복잡성, 통제, 편리성, 혼잡,

고객 관여 수준, 고객 참여, 고객의 역할 스트레스, 고객의 역할 능력, 고객화, 디자인, 불편함, 노력, 직원 태도, 직원 지원, 즐거움, 촉진 상황, 공평성, 강요된 사용, 인적 상호작용, 독립성, 정보, 키오스크의 수, 대기시간, 서비스 환경, 서비스 속도, 성과 및 개인적 리스크, 프라이버시, 문제해결, 재무요인, 소매 서비스 품질, 안전, 자기유효성, 서비스 비용, 서비스 효율성, 서비스 실패, 서비스 적합성, 서비스 품질, 서비스 신뢰, 서비스스케이프, 사회적 리스크, 기술에 대한 우려, 기술 준비성, 시간 압력, 시간 효율성, 총 서비스 시간, 불확실성, 다양성 등이 있다.

(3) 경험 후 단계

주로 사용 후 고객의 감정과 충성에 대한 인식과 관련하여 변화 의지, 즐거움, 부정적 구전, 비사용의지, 추천의지, 후회, 보유, 재사용의지, 만족, 신뢰 등이 있다.

5.4.2. 성공적 관리 방안

이러한 상황에 비추어 셀프 서비스를 성공적으로 도입하고 활용하기 위한 관리 방안이 매우 중요해지고 있다.

(1) 기술에 대한 충성 수준 제고

고객과 현장 직원 사이의 긍정적인 상호작용이 서비스 품질, 고객 만족, 고객 충성, 긍정적 구전에 긍정적 영향을 미친다. 그러나 전통적인 하이터치(high-touch: 높은 수준의 인간-인간 상호작용)와 로우테크(low-tech: 낮은 수준의 인간-기술 상호작용) 서비스에서 로우터치(low-touch)와 하이테크(high-tech) 서비스로의 변화로 인해서 고객 충성이 감소할 수 있다. 따라서 서비스 접점보다는 기술 애호가에 대해 기술에 대한 고객 충성을 높이는 데 중점을 둘 필요가 있다.

(2) 서비스 전달 구조의 변화

서비스 부문은 새로운 셀프 서비스 채널과 전통적 대인 간 채널 모두를 보유하는 복수의 채널 서비스 제공자가 되는 경향이 있다. 최근, 코로나19로 인해 언택트(untact) 서비스가 유행하고 있는데 현재는 무조건적인 언택트보다 는 콘택트와 언택트를 혼용하는 딥택트(deeptact)의 성공가능성이 더 높은 것으로 나타났다. 아마존과 같은 소매업체들은 온라인 쇼핑(새로운 셀프 서비스 채널)과 매장 내 쇼핑(전통적 인적 채널)을 동시에 시행하고 있다. 심지어 매장 내 쇼핑 채널에서도 고객이 체크아웃 카운터(인적 서비스 옵션)나 셀프 체크아웃 기계(셀프 서비스 옵션)를 동시에 사용하도록 하고 있다.

(3) 셀프 서비스와 관련된 개인의 의지에 영향

그 의지는 적용에 대한 태도에 의해 결정되고 그 태도는 다시 셀프 서비스 기술의 특징과 개인별 차이에 의해 결정된다. 셀프 서비스 기술의 특징은 인식된 유용성(시간, 비용절감, 신뢰성 등), 사용 용이성, 기쁨/즐거움, 리스크, 통제로 결정되기 때문에 유용하고, 사용이 쉬워야 하고, 즐거워야 하고, 위험하지 않아야 하고, 통제가능해야 한다. 개인별 차이는 인구통계(나이, 성별, 교육, 소득) 및 심리통계(기술불안, 기술준비성, 행동관성, 인적 상호작용 니즈 등)와 더불어 사용에 대한 개인적 태도(주관적 규범, 경험, 상호작용 니즈, 자기유효성, 외부 통제, 우려, 컴퓨터 즐거움 등)로 분류된다(Wang & Schoefer, 2016). 결론적으로 지금까지의 연구에 기초하여 셀프 서비스 기술은 더 젊고, 학력이 높고, 소득이 많고, 덜 불안하고, 신기술을 포용할 준비가 되어 있고, 개인적 접촉 필요성이 더 적은 고객을 대상으로 해야 한다. 그러나 두 가지 요인 중에서 개인별 차이보다 셀프 서비스 기술의 특징이 더 중요한 것으로 연구결과가 도출되었다는 점을 명심할 필요가 있다.

(4) 고객의 역할 명료화

역할은 개인과 사회 혹은 개인과 시스템 사이의 관계를 설명한다. 어떤 주체의 역할은 자원 통합과 같이 가치 공동창출 프로세스에서 그것을 가능하게 하는 원동력이 될 수 있다. 예를 들어, 고객은 만약 어떤 역할을 함으로써 바라던 상태가 더 쉽게 달성된다면 그 역할을 의도적으로 선택할 수 있다. 이케아(IKEA)를 방문하자마자 고객은 단순히 직원의 지시에 따르는 낮은 수준의 활동뿐만 아니라 공동으로 학습하고 정보를 적극적으로 탐색하고 피드백을 제공하는 높은 수준의 활동을 포함한 모든 것을 스스로 하면서 능동적이고 독립적인 고객 역할을 한다.

여기서 역할로부터 기대하는 것이 명확하지 않을 때 발생하는 역할 모호성이라는 개념이 중요하다. 일반적으로, 고객과 직원들은 그들의 기대로 인해 서로의 역할에 대해 서로 다른 견해를 가질 수 있다. 기대는 역할을 강력하게 결정하며, 역할 명료성은 모든 사람이 그들의 역할에 대한 명확한 이해를 공유할 때 발생한다. 고객이 서비스 프로세스 중에 기대된 것을 제대로 이해할 때 이 강한 역할 명료성은 셀프 서비스 시스템에 대한 수용의 증가로 이어진다. 고객이 역할 명료적일 때 필요한 행동을 수행하는 그들의 능력이 증가하기 때문이다. 또한 역할 명료성은 동기부여를 촉진하는 능력 혹은 활동(즉, 셀프 서비스를 사용하는 행동)을 수행하는 의지로 이어진다. 그 이유는 그것이 명확한 편익을 제공할 것이라고 판단했기 때문이다. 셀프 서비스 기술의 관점에서 고객의 역할 명료성을 향상시키기 위해 서비스 인력은 '필요시 시연'과 '같이 하기'를 보조수단으로 사용할 필요가 있다.

6 흥미로운 기타 이슈

6.1. 서비스 로봇과 AI

6.1.1. 배경

로봇은 복잡한 일련의 행동을 수행할 수 있는 기계로서 서비스 로봇은 고객에게 서비스를 전달하고 고객과 상호작용 및 커뮤니케이션하는 시스템 기반의 자율적이고 적응가능한 인터페이스로 정의될 수 있다. 서비스 로봇은 다양한 센서와 여러 원천으로 받은 데이터에 기초하여 자율적 의사결정을 할 수 있고 (예, sense−think−act 패러다임) 상황에 적응하여 이전의 사건으로부터 학습할 수 있다. 현장의 서비스 상황에서 로봇은 고객과 상호작용하는 상대방이기 때문에 사회적 로봇으로서 고려될 수 있다. 미래에는 인터넷 기반과 클라우드 기반의 시스템을 통해서 모든 서비스 로봇은 더 큰 시스템에 연결되고 내재될 것이다. 즉, 로봇 자체의 투입물 경로(예, 카메라, 마이크로폰, 센서들)와 함께 인터넷, 집합 지식, 고객 배경, 선호, 거래 데이터를 포함하는 CRM 시스템과 더불어 폭넓은 다른 데이터 원천에 접근할 수 있다. 나아가, 바이오매트릭스(biometrics: 생체 통계)와 결합되어(예, 안면과 음성 인식 시스템) 서비스 로봇은 고객을 규명할 수 있고 매우 작은 비용으로 고객화되고 개인화된 서비스를 대량으로 제공할 수 있을 것이다.

한편, 인간 지능의 특성을 보이는 기계로 설명되는 AI는 서비스에 활용 가능성이 높고 혁신의 주요 원천이 될 수 있다. 가정, 헬스케어, 호텔, 레스토랑의 로봇은 우리 삶의 많은 부분을 자동화시킬 것이다. 예를 들어, 인공지능 플레이어를 의미하는 가상봇(virtual bot)과 AI 스피커(speaker)는 고객 서비스를 셀프 서비스로 전환시키고 있다. 또한 빅데이터 AI 응용은 포트폴리오 관리, 의사 진단, 법률 서비스를 대체할 가능성이 높은 것으로 평가되고 있다. 페퍼 (Pepper)와 같은 사회적 로봇은 고객 대면 서비스에서 손님을 응대하는 사람을 대체할 수도 있다.

6.1.2. 기술 분류

서비스 상황에서 로봇은 세 가지 디자인 특성을 가져야 한다. 즉, 묘사, 의인화, 임무 지향이다. 서비스 로봇은 물리적 실체(예, Pepper)이나 가상적으로 나타내질 수 있다(예, Alexa). 또한 서비스 로봇은 인간의 외관을 모방하는 휴머노이드(humanoid: 예, 의인화)로서 디자인되거나(예, Sophia) 비휴머노이드(non−humanoid: Roomba 청소 로봇)가 될 수 있다. 이러한 서비스 로봇은 근원적인 컴퓨터 파워로 인해 인지적−분석적 임무(예, 의료진단을 지원하는 이미지 분석 소프트웨어) 혹은 감정적−사회적 임무(예, 리셉션 로봇)를 할 수 있다.

임무 유형과 서비스 수혜자에 의해 서비스 로봇을 분류하면 〈표 13-1〉과 같다.

표 13-1 서비스 로봇 분류

		서비스 수혜자	
		사람	사물
서비스 업무 유형	유형의 행동	물리적 서비스 로봇	
		• 휴머노이드 로봇 (예, 호텔 리셉션 로봇, 미용실 로봇) • 비휴머노이드 로봇 (예, 호텔 리셉션 로봇, 자율 주행 택시)	• 휴머노이드 로봇 (예, 포터(porter) 로봇과 같은 고객 접점) • 비휴머노이드, 산업 로봇 (예, 자동차 수리 서비스)
	무형의 행동	가상의 서비스 로봇	
		• 홀로그램 기반 (예, 정보 카운터 서비스) • 비디오 기반 (예, ATM 인터페이스에서 조언 봇) • 소리기반 (예, 소리기반 챗봇: Siri, Alexa) • 문자기반 (예, 챗봇)	• 소프트웨어 통합 봇 (예, 감사와 클레임 처리 봇)

출처: Wirtz, J., Patterson, P.G., Kunz, W.H., Gruber, T., Lu, V.N., Paluch, S. & Martins, A. (2018), "Brave new world: Service robots in the frontline", *Journal of Service Management, 29*(5), 907-931.

한편, AI와 관련하여 확장된 현실(reality) 기술은 〈그림 13-2〉와 같이 구분된다. 물리적 현실과 디지털 현실의 양극단이 존재할 경우에 물리적 실체에 근접한 기술은 이케아 공간과 같은 증강 현실(AR: Augmented Reality)로서 그리

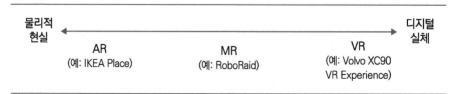

그림 13-2 확장된 현실 기술의 분류

고 디지털 실체에 근접한 기술은 볼보(Volvo) XC90 VR Experience와 같은 가
상 현실(VR: Virtual Reality)로 정의된다. 이 양극단의 가운데에 있는 부분은 로보
레이드(RoboRaid)와 같은 혼합 현실(MR: Mixed Reality)로 정의될 수 있다.

또한 〈그림 13-3〉과 같이 대화 에이전트에 따라서 구분될 수도 있다. 동
일한 방식으로 양극단을 물리적 현실과 디지털 현실로 구분하였을 경우에 사
람과 유사한 물리적 현실에 근접한 대화 주체는 사회적 로봇으로서 물리적 현
실과 근접한 나오(Nao)와 같은 물리적 대화 에이전트, 페퍼(Pepper)와 같은 혼
합 현실 대화 에이전트가 있고 디지털 현실에 근접한 대화 에이전트는 가상의
지원/챗봇(chatbot: chatting robot의 합성어)으로서 디지털 현실에 근접한 애플
(Apple)의 시리(Siri), 아마존(Amazon)의 알렉사(Alexa), 네이버의 클로바(Clova), 카
카오의 카카오아이(Kakao I)와 같은 비육체적 대화 에이전트(소위 인공지능 비서)
가 있고 물리적 현실에 가까운 미국 육군의 서전트스타(Sergeant Star)와 같은 육
체적 대화 에이전트가 존재한다. 결과적으로, 물리적 현실부터 디지털 현실까
지 물리적 대화 에이전트, 혼합 현실 대화 에이전트, 육체적 대화 에이전트, 비
육체적 대화 에이전트, 마지막으로 디지털 현실로 분류할 수 있다.

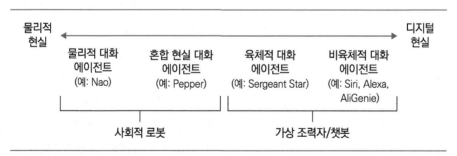

그림 13-3 대화 에이전트에 따른 분류

6.1.3. 지능(Intelligence)의 유형

지능의 유형은 〈그림 13-4〉와 같이 지능의 수준과 시간에 따라 기계적
(mechanical), 분석적(analytical), 직관적(intuitive), 감정적(empathetic) 지능으로 구
분된다.

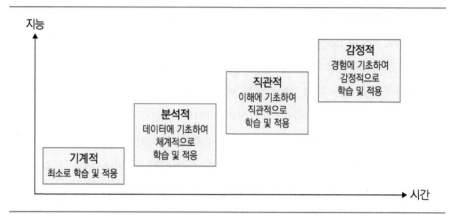

그림 13-4 지능의 유형

출처: Huang, M.H. & Rust, R.T. (2018), "Artificial intelligence in service", *Journal of Service Research*, *21*(2), 155-172.

(1) 기계적 지능

이 지능은 일상적이고 반복적인 업무를 자동으로 수행하는 능력을 말한다. 기계적 노동은 비숙련 노동을 반영하고 이것은 콜센터 직원, 소매점 판매원, 레스토랑 웨이터/웨이트리스, 택시 운전사 등과 같이 고급 훈련 및 교육을 필요로 하지 않는다. 이 지능을 활용하는 서비스 로봇은 인간의 육체적 업무를 지침 없이 자율적으로 운영하고 사람들의 도움 없이 컴퓨터에 의해 지시된 기능을 수행한다. 즉, 규칙기반(rule-based)이고 서비스 환경에서 물리적 및 일시적 변동성을 관찰하고 반응하기 위해 사전적 지식과 연속적 센서(sensor) 인식에 의존한다. 예를 들어, 구글(Google)의 지능 검색인 빙(Bing) 혹은 다른 검색엔진이 이 경우에 해당한다. 이들은 강력한 서버를 사용하여 분석을 하고, 질문의 의미를 이해하고, 올바른 결과를 되돌려주는 지능 알고리듬을 사용한다. 그 엔진들이 다른 페이지보다 어떤 페이지들이 더 적합한지를 이해하기 위해 지능 알고리듬을 이용하나 그 페이지의 내용을 이해하지는 않는다는 점에서 그러한 검색 방식은 여전히 기계적이라 할 수 있다.

이러한 기계적 AI는 인간에 비해 극단적 일관성을 갖는 상대적 강점을 보유하고 있다. 그 결과, 인간의 피로와 무관하게 반복작업을 계속 할 수 있고 매우 신뢰할 만한 방식으로 환경에 반응할 수 있다.

(2) 분석적 지능

이 지능은 문제해결을 위해 정보를 처리하고 문제해결로부터 학습하는 능력을 의미한다. 이것은 정보 처리, 논리 추론, 수학적 스킬에 기반하고 이 어려운 스킬은 훈련, 숙련성, 인지적 사고 내에서 특화된 전문성으로부터 얻어질 수 있다. 예를 들어, 컴퓨터와 기술 관련 노동자, 데이터 과학자, 수학자, 회계사, 재무 분석가, 자동차 서비스 기술자, 엔지니어는 이러한 분석적 스킬을 크게 사용하는 직업군이다.

기계학습과 데이터 애널리틱스는 중요한 분석적 AI 적용 방식이다. 다양한 유형의 기계학습이 있고 전형적인 분석적 AI는 데이터로부터 통찰력 있는 정보를 직관적으로 발견하기 위해 학습 알고리듬을 사용한다. 아이비엠(IBM)의 체크 컴퓨터인 딥블루(Deep Blue)는 이러한 규칙기반 학습을 적용한다. 그러한 AI는 만약 규칙이 변동하지 않는다면 동일한 실수를 두 번 저지르지 않을 것이다. 하지만 비록 그러한 AI 적용이 외관상 지능적 행동을 보일지라도 그들은 직관을 쉽게 모방할 수 없기 때문에 AI 문헌에서 분석적 AI는 '약한 AI'로 고려된다. 즉, 그러한 기계들이 지각 상태, 사고, 주관적 인식이 없기 때문에 어느 정도 한계가 발생할 수밖에 없다는 것이다.

이 지능은 복잡하나 체계적인, 일관적인, 예측가능한 업무를 수행하는 데 필요하다. 예를 들어, 데이터 관리 및 분석과 정보 집약적인 업무들이 이에 해당한다. 이 지능의 체계적 특성은 고객들의 빅데이터(big data)에 기초하여 대량 개인화에 적합한 것으로 변화시킬 수 있다는 점이다. 협력적 개인화도 그 사례가 될 수 있는데 이러한 빅데이터에 기초하여 AI는 서비스 로봇과 같은 고립된 기계에서 집단 지능을 발생시키는 네트워크화된 기계로 전환되는 것이 가능해진다. 대량의 데이터를 처리하고 종합하고 학습할 수 있는 기계로서 현재까지 서비스 분야에서 AI가 초래한 가장 심도 있는 폭넓은 변화로 나타나고 있다.

(3) 직관적 지능

이 지능은 창의적으로 사고하고 특별한 상황에 효과적으로 적용하는 능력을 의미한다. 이 지능은 전체적이고 경험에 기반한 사고에 기초한 지혜로 고려될 수 있다. 직관적 지능은 통찰과 창의적 문제해결을 필요로 하는 냉철한 사고(hard thinking)를 하는 전문 스킬을 포함한다. 예를 들어, 마케팅 관리자, 경영 컨설턴트, 변호사, 의사, 판매 관리자, 여행 대리인은 직관적 지능을 많이 사용한다.

직관적 지능에 포함되는 이해는 분석적 AI와 구분하는 핵심적인 특징으로서 고려된다. AI가 더욱 유연하게 더욱 인간과 같이 기능하도록 설계된다는 점에서 직관적 AI는 '강한 AI'도 부르기도 한다. AI는 폭넓은 범위의 인간 인지를 모방하고 사람의 아이와 유사하게 학습하도록 구축된다. 이런 이유로 기계 지능은 인간의 지능과 다르지 않는 것으로 생각될 수 있다.

만약 당신이 사용자의 질문에 답하기 위해 2천6백만 페이지를 검색하는 대신에 모든 페이지를 읽고 그 상황을 이해할 수 있는 기계를 갖는다면 실제로 그 질문에 답할 수 있다고 한다. 즉, 이 지능을 통해서 당신이 이 모든 페이지를 읽고, 이해하고, 그 모든 정보를 종합하는 것처럼 당신은 실제 질문에 답할 수 있고 정답을 얻을 수 있다는 것이다.

심지어 직관적 AI는 인간의 모든 특징인 자기인식, 직감, 의식을 포함한다. 직관적 AI는 경험으로부터 학습하기 때문에 동일한 실수를 두 번 저지르지 않을 것이다. 예를 들어, 왓슨(Watson)의 제퍼디(Jeopardy)는 직관적으로 학습할 수 있고 구글(Google)의 딥마인드 알파고(DeepMind AlphaGo)는 단지 계산이 아니라 본능을 모방하고 AI 포커 플레이어인 리브라투스(Libratus)는 불완전한 정보로 전략적 사고를 할 수 있다. 특히, 현재, 아이비엠(IBM)은 직관적 기술의 B2B 적용 관점에서 매우 진화한 기업이라고 한다. 왓슨(Watson)은 이해하고, 추론하고, 학습하고, 상호작용할 수 있는 비즈니스를 위한 중요한 AI 플랫폼 중 하나가 되고 있다.

일반적으로 복잡한, 창의적인, 혼돈적인, 전체적인, 경험적인, 상황적인 업무들이 직관적 지능을 필요로 한다. 서비스에서도 복잡하지만 특이한 업무 특성은 성공적인 서비스 제공을 위해 직관에 의존하도록 만든다. 고객에 대한 통찰이 외관상 생각이 비슷한 고객들의 데이터를 채굴하는 것으로부터 쉽게 얻어질 수 없기 때문에 이 지능에 기초한 고객 관계는 시간에 따라 고객의 고유한 니즈를 더 잘 알도록 도와줄 수 있다. 예를 들어, 복잡하고 개인화된 여행 서비스 계약, 고급 식당, 엔터테인먼트, 스포츠 분야에서 더 나은 서비스를 제공하기 위해 직관을 필요로 하는 경우가 많이 존재한다.

(4) 감정적 지능

이 지능은 다른 사람들의 감정을 인식하고, 이해하고, 적합하게 감정적으로 대응하고, 다른 사람들의 감정에 영향을 미치는 능력을 의미한다. 사람이 다른 사람의 감정에 민감하고 다른 사람들과 잘 일하는 것을 돕는 개인 간 스킬, 사회적 스킬, 인적 스킬을 포함한다. 이 스킬은 의사소통, 관계 정립, 리더십, 지지하고 협상하기, 업무와 생활의 균형, 사회성, 팀 업무, 문화적 다양성의 개념을 포함한다. 예를 들어, 감정적으로 숙련된 전문가들은 정치인 및 협상가와 같은 사람의 스킬이 필요한 분야와 정신과 의사와 같은 직무에서 자주 발견된다. 그들은 심리학자와 같은 숙련된 전문가 혹은 승무원과 같은 상대적으로 숙련되지 않은 현장 노동자일 수도 있다.

감정적 AI는 기계가 감정을 갖는 것처럼 느끼거나 최소한 감정에 따라 행동을 할 수 있는 기계를 나타낸다. 정서적 컴퓨팅은 감정과 관련되는, 감정으로부터 발생하는, 감정에 영향을 미치는 컴퓨팅으로 정의된다. 신경학 연구에서도 나타나듯이 인간의 인지와 인식 모두에서 감정은 정서적 컴퓨터가 인간을 지원하는데 더 나은 성과를 제공할 뿐만 아니라 의사결정을 하는 컴퓨터의 능력을 향상시킬 수 있어야 한다는 것을 의미한다.

감정적 AI의 본질적 의미를 규정하는 특징은 어떤 것을 경험하는 능력이다. 이것은 '어려운 문제(hard problem)'로 정의된다. 여기서, 이 어려운 문제는 그것이 어떻게 토마토의 붉은색, 고추의 매운맛과 같이 어떻게 물리적 시스템이 본원적 품질에 대해 생생한 경험을 가질 수 있는지를 설명하는 문제이다.

그러나 AI가 인간이 느끼는 방식과 동일하게 느낄 수 있는지에 대한 논쟁이 있다. 철학과 심리학 분야에서 감정은 이진 컴퓨팅 요소와 프로세스들로 쉽게 구분될 수 없는 생물학적 반응과 주관적 경험으로서 고려된다. 따라서 그 사고방식에 따라 어떻게 기계가 인간처럼 감정을 경험하도록 프로그램화될 수 있는지를 상상하는 것은 매우 어렵다. 그러나 AI 분야에서는 감정은 인식과 다르지 않고 추론과 인지능력을 발전시켜 충분한 프로그래밍 스킬을 반영하면 유사하게 프로그램화될 수 있다고 믿는다. 'The Emotion Machine(감정기계)'은 인지든 감정이든 간에 모든 정신 기능은 계산이라고 하는 주장에서도 볼 수 있듯이 AI 적용은 계산적 방식으로 감정을 경험할 수 있다는 것이다. 이러한 논쟁은 인지적 방식에서 감정을 모방하는 AI가 어떻게 인간이 감정을 경험하는 방식과 다른지를 반영한다.

감정적 AI는 가장 발전된 AI 세대이고 서비스에 대한 현재의 적용은 거의 없다고 봐도 무방하다. 몇 가지 예로는 레플리카(Replika: 심리적 편안함 혹은 행복을 위한 인공적 사람인 개인 봇), 소피아(Sophia: 핸슨로보틱스(Hanson Robotics)의 인간을 닮은 AI로서 사우디 정부는 이에 시민권을 부여)로서 지향적으로는 이들이 인간과 같이 보이고 인간과 같이 행동하도록 설계되었다.

6.1.4. AI의 직원 대체 논쟁

AI의 직원 대체 논쟁과 관련하여 우선 직무와 업무를 구분하는 것이 편리하다. 현장 직원의 직무(job)는 다양한 업무(task)로 구성된다. 이들 각각의 직무와 업무별로 다른 요구사항이 필요하게 될 것이다.

(1) AI의 인간 노동 대체

AI의 인간 노동 대체는 직무가 아니라 업무에 기초하여 구성하는 것이 바람직하다. 예를 들어, 다음의 업무와 같이 구분할 수 있다.

- 기본적 일상 루틴: 단순한, 규칙적인, 기계적인 업무
- 고객 선호 분석: 분석적, 복잡한 업무
- 고객 서비스 전략 분석: 복잡한, 직관적, 창의적 업무
- 고객과 소통: 소통적, 감정이입적, 감정적 업무

또한, 각 직무별 스킬 요구사항은 다음과 같다.

(2) 노동 대체 순서

기계적 업무, 분석적 업무, 직관적 업무, 감정적 업무의 순서로 AI가 노동을 대체할 것이다. 특정 지능에 대한 AI의 직무 대체는 AI 업무 대체와 비례할 것이고 특정 지능 내 AI 직무 대체의 비율은 그 지능 내 인간 노동자의 수와 비례할 것이다.

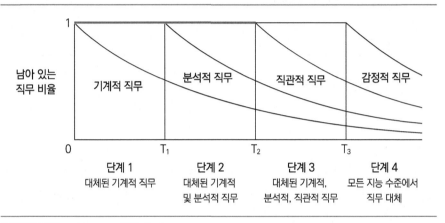

그림 13-5 AI의 노동 대체 순서

출처: Huang, M.H. & Rust, R.T. (2018), "Artificial intelligence in service", *Journal of Service Research*, *21*(2), 155–172.

(3) 노동 대체 단계

① 1단계: AI가 기계적 직무를 대체

대부분의 기계적 업무에서 일하고 있는 상대적으로 비숙련적인 노동은 일자리를 발견하는 데 훨씬 많은 어려움을 경험하는 시기이다. 맥도날드에서 주문받는 현장 직원은 'Create Your Taste'라는 터치 스크린 방식의 키오스크가 사용된 후에 더 이상 존재할 필요가 없게 될 것이다.

기계적 AI는 비용 효율성과 품질 일관성의 장점을 가지면서 표준화되고 반복적인 서비스 업무를 맡는다. 따라서 이것은 즉각적으로 대규모 직무 대체를 예상할 수 있는 지능이다. 예를 들어, 서비스 전달을 자동화하기 위한 음성

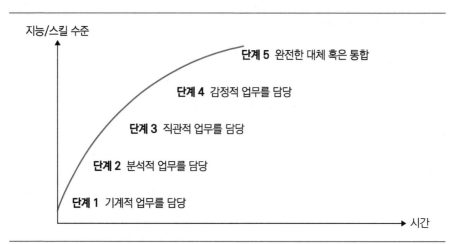

그림 13-6 노동 대체 단계

출처: Huang, M.H. & Rust, R.T. (2018), "Artificial intelligence in service", *Journal of Service Research*, *21*(2), 155-172.

인식 전화 메뉴 사용, 서비스 프로세스를 효율화하기 위한 프로세스 기술 사용, 일관된 서비스 제공을 위한 패스트푸드 점포의 생산성 기술 사용 등은 이러한 방향으로 움직이고 있다.

최근에는 일을 자율적으로 할 수 있는 다양한 로봇까지도 포함시키고 있다. 예를 들어, 안면인식 능력을 갖춘 페퍼(Pepper: 소프트뱅크 로보틱스(Softbank Robotics)에서 만든 휴머노이드 로봇)는 호텔, 크루즈선, 공항, 기타 장소와 같은 현장의 대고객 상호작용에 의존하는 산업에서 사용될 수 있는 자율적 AI의 한 예이다.

이 단계는 기계적 스킬에서 더 높은 지능적 스킬로 인간 노동의 수요를 이동시킨다. 미국의 경우에 컴퓨터 혹은 수학적 스킬을 필요로 하는 구인광고가 2014년에 비해 2015년에 5배 이상 증가하였다.

이러한 대체에 직면하여 노동자들은 더 높은 지능적 스킬을 사용하는 역할로 이동하기 위해 자신들의 스킬을 업그레이드할 필요가 있다. 우리나라에서 비숙련 노동자에서 숙련 노동자로 직무의 이동을 관찰하거나 해외의 저렴한 노동 경제로 직무가 이동(오프쇼어 혹은 아웃소싱)하는 것을 경험하고 있다.

② 2단계: AI가 기계적과 분석적 직무를 대체

빅데이터 애널리틱스는 분석적 업무를 대신함으로써 기계와 인간의 노동 분업을 유인하고 있다. 현재 자동차는 너무 복잡하여 정비 인력이 수리하는 데 한계가 있기 때문에 도요타(Toyota)의 기술자들은 문제가 무엇인지 파악하고 고치기 위해 차량 내부의 데이터와 정보에 의존한다. 또한 블랙록(BlackRock)은 빅데이터 AI를 사용하여 포트폴리오 관리자를 대체하고 있다. AI가 비록 고객의 투자 포트폴리오를 관리하는 데 직관적이고 창의적이지는 않으나 데이터와 분석 스킬에만 의존하는 관리자들은 AI에 의해 대체가 가능해진다.

③ 3단계: AI가 기계적, 분석적, 직관적 직무를 대체

딥인공신경망(deep AI)을 갖는 이미지 인식 AI는 피부암 분류에 대해 피부과 의사 이상으로 잘 판단한다고 한다. 상황적 상호작용에서 AI는 고객의 서비스 여정 경험을 강화하기 위해 상호작용을 가능하게 하는 의사결정 관련 지식을 사용할 수 있다. 스타우드(Starwood) 호텔은 고객이 호텔에 진입할 때 고객의 방 번호를 문자로 보내고 고객이 자신의 스마트폰상에서 엄지손가락 지문을 스캔하여 체크인하고 방에 접근 시 고객의 스마트폰이 가상의 열쇠로 전환하는 앱을 출시하였다. 나아가 그 앱상에서 다시 엔터테인먼트와 식사를 위해 적시에 개인화된 추천을 제공하기도 한다.

④ 4단계: AI가 기계적, 분석적, 직관적, 감정적 직무를 대체

전방부서의 상호작용에서 의사소통이 필수적인 고객 서비스를 위해 감정봇이 현장 직원의 부담을 덜어주고 소비자의 짜증을 줄여준다. 챗봇인 레플리카(Replika)는 사람과 대화하지 않으나 그들의 문자 스타일을 학습하고 모방하면서 현장의 의사소통을 개인화할 수 있다. 어펙티바(Affectiva)의 감정인식 소프트웨어 개발 키트(kit)는 유니티3디(Unity3D: 3D 비디오 게임, 건축 시각화, 애니메이션과 같은 인터랙티브한 콘텐츠를 만드는 데 사용되는 도구 혹은 게임 엔진 프로그램) 플러그인과 다른 플랫폼을 통해 게임에 내재되었고 게임 스토리는 플레이어의 심리적 반응을 다루면서 계속 변동된다. 또한 감정-인식 디지털 장치는 소비자가 듣는 것을 감지하고, 커피를 타기 위해 주방의 기기를 작동시키고, IoT

시스템이 블라인드를 열어 햇빛이 들어오도록 지시한다.

후방부서의 지원에서 감정적 AI 적용은 고객 경험과 관여를 위해 감정적 애널리틱스를 제공할 수 있다. 어펙티바(Affectiva)는 인간의 표현을 측정분석하고 그들을 감정(슬픔, 행복, 걱정, 즐거움 등)으로 항목화한 후 이것을 다시 고객들이 어떻게 실제로 느끼는지를 추적하기 위해 사용할 수 있다. 직원이 고객의 반응을 올바르게 이해하거나 기업이 올바른 시간에 올바른 서비스를 전달하도록 하는 AI는 고객 감정을 규명하는 것도 지원한다. 그 예로서, 광고에 사용되도록 얼굴을 추천하는 안면인식을 사용하거나 점포를 선택하고 수익을 증가시키는 가능성을 높이기 위해 TV 광고에 감정이 도입되는 방식을 결정하기 위해 기계학습을 사용할 수도 있다.

⑤ 5단계: 인간 대체 혹은 통합

AI가 인간을 완전히 대체하든지 아니면 둘 사이의 통합이 발생한다. 그 유형으로는 다음을 상상할 수 있다.

◆ 인간과 AI의 이중 서비스

AI와 인간의 이중 서비스가 제공될 수 있다. 어떤 고객은 인간과의 상호작용 혹은 인간 접촉에 더 높은 가치를 지불하고자 한다는 관점을 반영한다. TV 시청이 영화관에 가는 것을 대체하나 여전히 어떤 사람은 영화관에 가는 것을 즐기는 사례에서도 확인할 수 있다. 비록 인간 접촉 서비스가 기술이 제공하는 서비스에 비해 열등할지라도 어떤 사람은 여전히 사람에 의해 서비스받는 것을 선호한다. 이 경우에 인간과 기계 모두가 서비스를 병행하여 제공하면서 각각은 자신의 목표 시장에 대해 집중적으로 서비스하게 된다. 스티븐 스필버그 감독의 영화 AI를 보자.

◆ 인간과 AI의 분업

인간과 기계의 노동 분업이 이루어질 수 있다. 인간과 기계는 하나의 서비스를 제공하기 위해 함께 일을 수행한다는 것이다. 인간 두뇌(예를 들어, 전체적 방식으로)와 감정적 AI(예를 들어, 논리적 방식으로)가 다른 방식으로 감정을 경험한다고 믿기 때문에 하이터치 서비스에 서로 적용이 가능하다. 이 견해는 인간 지능은 생물학적이나 계산적 방식으로 완전히 설명될 수 없다는 점을 고려한다. 이 관점에서 AI는 단지 인간을 더 강력하게 만들 수 있는 역할만 수행한다. 결과적으로 AI가 할 수 있는 것은 인간지능을 확장하고 우리의 문명을 발전시키는 능력을 제공하는 강력한 도구라는 견해이다. 스타워즈와 아이로봇 영화를 보자.

◆ 인간을 서비스하는 AI

AI가 인간이 원하지 않는 업무/직무를 하는 반면에 인간은 그들이 계속하기 원하는 업무/직무를 선별하여 수행하면 인간은 더 나은 삶의 질을 누릴 수 있다. 이것은 AI가 계속 인간의 니즈를 충족시키기 위해 서비스하는 인간 중심적 관점이다. 모든 업무가 AI에 의해 수행될 수 있기 때문에 인간은 더 이상 어떤 일도 할 필요가 없고 단지 레크리에이션 활동에만 초점을 둔다는 세계관이다. 그러나 부차적인 걱정거리로서 AI에 의해 운영되는 경제는 경제행위를 통해 발생하는 서비스의 가치를 발견하기 어렵다는 기본적 문제를 초래한다. 즉, 제공되는 서비스의 가치를 어떻게 평가할 것인가? 영화 브루스 윌리스 주연의 서로게이트(surrogate)를 통해 확인하자.

◆ AI가 강화하는 인간

인간은 기계와 육체적 혹은 생물학적으로 통합되고 AI는 인간의 기술적 확장이 된다. 이식에 의해 무력화된 인간의 뇌를 기계 장치와 연결시키는 의료 서비스 혹은 글을 쓰고 움직이는 것을 돕는 뇌 모니터 등이 이에 해당한다. 스페이스엑스(SpaceX)와 테슬라(Tesla)의 CEO인 일론 머스크(Elon Musk)는 기계와 보조를 맞추는 것을 돕는 인간 두뇌를 AI와 합병하는 벤처인 뉴러링크(Neuralink)를 설립하였다. 그 목적은 컴퓨팅 장치와 더욱 직접적으로 인터페이스하는 것을 허용하거나 메모리를 향상시키기 위해 인간 두뇌에 작은 전극을 이식하는 것이다. 머스크(Musk)는 이것이 생물학적 지능과 디지털 지능의 병합이라고 생각한다. 더욱 급진적인 적용은 인간 확장이다. Foresight Factory and Future Foundation의 CEO인 메이브 쿠오이린(Meabh Quoirin)은 AI의 한 가능성은 인간 바이오 향상, 인공기관, 이식을 추가하는 '인간을 넘어서'이다. 6백만 불의 사나이와 소머즈가 등장할지도 모르겠다.

◆ 두뇌의 인터넷

관련 전문가들은 최근에 인터넷에 인간 두뇌의 연결을 검증하기 시작하였다. 이 시나리오는 집합적 지능을 위한 AI의 연결성을 모방하기 때문에 두뇌의 인터넷으로서 고려되었다. 그러한 연결성은 벌집이 개별 벌들의 역량을 확장시키는 것처럼 서비스 역량을 확장시키면서 서비스 환경에서 학습을 매우 크게 가속화시킬 것이다. 조니 뎁 주연의 영화 트랜센덴스를 보자.

◆ 최악의 시나리오

AI가 인간(예를 들어, 모든 서비스 노동, 고객, 직원)을 완전히 대체하는 것이다. 기술이 인간의 모든 형태의 지능에서 완전히 지배하게 된다는 우려를 반영한다. 스티븐 호킹(Stephen Hawking)과 빌 게이츠(Bill Gates)가 이러한 비관적 우려를 자주 이야기한다. 인류가 AI에 대한 통제를 잃어버리는 가능성을 걱정하며 사회에 훨씬 나쁜 것이 발생하지 않는다면 AI의 성장은 계속될 것이라고 주장한다. 가장 큰 위협은 개별 기계의 지능이 아니라 총합적 기계 지능을 확장하는 모든 기계의 연결성이다. 영화 터미네이터, 매트릭스, 프로메테우스 시리즈를 생각해 보자.

6.1.5. 기타 질문

(1) 서비스 조직은 AI로 직원을 대체해야 하는가?

지금까지 논의한 의사결정은 직무 수준이 아니라 업무 수준에서 노동 대체가 이루어져야 하고 이것은 기업이 직무 내 업무 포트폴리오에 대해 생각하고 인간 노동자와 AI 사이에 노동의 분업을 최적화할 필요가 있다는 것을 의미한다. 이러한 의사결정에 영향을 미치는 요인으로는 첫째, 업무의 특성이 있다. 이 관점에서 낮은 지능을 필요로 하는 업무가 우선 대체되어야 한다. AI에 의해 대체될 수 있는 업무가 많을수록 인간 노동자가 덜 요구되는 것은 당연하다. 둘째, 서비스의 특성이다. 단기간이면서 단순한 거래적 서비스(예를 들어, 서비스 제공자와 고객 사이의 긴밀한 관계가 중요한 편익을 제공하지 않는)는 AI 대체로부터 더 편익을 얻는 반면에 관계적 서비스는 더 높은 고객의 가치를 위해 인간 노동자로부터 더 많은 편익을 기대할 수 있을 것이다. 즉, 더 강한 인간 간의 상호작용 혹은 인간 접촉을 요구하는 서비스는 AI가 대체하는 것을 더 어렵게 만들 것이다. 셋째, 서비스 조직의 전략적 초점이다. AI 적용이 비용절감이라는 이유로 주로 발생하는 경향이 있다는 것을 고려하면 비용 리더십 전략을 활용하는 조직은 더 많은 AI 대체를 활용할 것이다. 반면에 품질 리더십 전략을 활용하는 조직은 더 많은 인간 노동과 더 작은 AI를 활용할 것이다. 그러나 미래에는 AI가 인간 지능보다 더 크게 발전할 것이기 때문에 품질 리더십 전략도 AI를 활용하게 될 것이다.

(2) 어떻게 조직은 AI로 인간 노동을 대체해야 하는가?

서비스 조직은 AI로 인간을 대체하는 데 다섯 가지 전략을 선택할 수 있다.

① 인간 혹은 기계 서비스 중 하나에 대해 더 초점을 두는 목표 시장으로 세분화 전략

이 전략의 핵심 고려사항은 서비스에 대한 소비자 선호의 이질성이 존재하는지와 기업이 인간 혹은 기계 서비스 중 하나에 경쟁우위를 갖는가이다.

② 인간과 기계 모두가 서비스를 제공하는 전략

이 전략에서 기계를 지원하는 인간 혹은 인간을 지원하는 기계 중 하나를 선택할 수 있다. 이 전략의 핵심은 인간 혹은 기계 중 누가 서비스 제공에서 지배적 역할을 해야 하는지이고 서비스 프로세스가 인간과 기계 모두를 포함하도록 효율적으로 조정될 수 있는 수준에 있어야 한다.

③ 기계가 모든 서비스를 제공하는 전략

조직은 충분한 비용우위가 존재할 때, 충분한 품질우위가 존재할 때, 혹은 두 경우일 때 완전히 서비스를 자동화해야 한다. Amazon Go는 서비스 인력이 전체 점포에 필요하지 않는 기계적 지능의 예이다.

④ 기계가 노동을 향상시키는 전략

이 전략은 기계가 고객 혹은 직원 노동을 향상시키는 가능성을 포함한다.

서비스 제공자는 보통 사람들의 성과향상을 위한 도구에 관심을 보인다. 핏빗 (FitBit)과 같은 장치의 성공은 칼로리를 태우는, 잘 먹는, 더 빠르게 일하는, 더 잘 이동하는 방식에 의존한다.

⑤ 기계가 집단 지능을 위해 노동 연계성을 향상시키는 전략

서비스 직원이 비록 개별적으로 제한된 지능을 가질 수 있을지라도 그들 이 집단적으로 서로를 지원할 수 있다. 고객은 이 집단 지능으로부터 동일한 편익을 볼 수 있다. 고객의 상호작용을 촉진하는 소셜 미디어가 그 예이다.

(3) AI와 관련된 스킬 중 어떤 것이 중요한가?

이미 언급한 바와 같이 AI는 낮은 숙련성을 갖는 직무를 대체하고, 더 높 은 지능에서 기능하기 위한 별도의 훈련이 필요하며 이 능력이 결여된 노동자 들은 고용하지 않을 것이다. 그 결과 대규모의 직무 이동은 불가피할 수밖에 없게 된다.

인간에게 필요한 스킬로는 우선 기계의 경쟁우위 중 하나인 비즈니스 애 널리틱스 스킬이 중요하다. 그러나 이에 대한 과도한 초점을 경계해야 한다. 그 이유는 이러한 스킬도 AI가 인간보다 더 빨리 발전할 것이기 때문이다. 다 른 중요한 스킬은 데이터 분석이 아니라 그 결과에 기초한 해석과 의사결정이 다. 따라서 교육 프로그램은 인간이 분석기계가 되는 것을 훈련시키기보다는 데이터를 해석하고 의사결정을 하는 데 필요한 창의적 사고와 직관을 강조해 야 한다. 결과적으로, 더 높은 지능으로 진화와 직관적 및 감정적 스킬을 얻는 것은 가장 유망한 자기계발과 교육 전략이 될 수 있다.

(4) 새롭게 부여된 직원의 역할

활발한 기술 활용 시 직원들의 네 가지 역할을 제시할 수 있다. 즉, 가능자 (enabler), 혁신자(innovator), 조정자(coordinator), 차별자(differentiator)이다. 직원이 한 역할 이상을 맡을 수 있기 때문에 이 역할들은 상호배타적이 아니다. 물론, 오늘날에도 여전히 전통적인 서비스 직원의 역할인 서비스의 실제 전달(즉, 대 면 접촉)은 계속 존재한다. 모든 서비스에 대해 기술적 대안을 찾아 구축하는 것은 경제적인 관점에서 볼 때 필수적인 것이 아니기 때문이다. 예를 들어, 어떤 시장 혹은 세분 시장은 기술적으로 준비될 수 없거나 기계 혹은 기술에 의해 서비스되기에 너무 규모가 작을 수 있다. 정신과 상담, 카운슬링, 공연, 예술교육 등은 여전히 기술이 넘보기 어려운 시장이다.

① 가능자

고객과 기술이 자신의 서비스 접점 역할을 잘 수행하도록 직원이 지원한다. 때때로 고객과 기술은 분노, 좌절, 불만족과 같은 부정적 결과로 이어지는 어려움을 경험할 수 있다. 이것을 막기 위해 직원은 어떤 기술적 인터페이스를 다루면서 고객에게 조언하고 고객의 기술적 실패 혹은 능력부족으로부터 파생되는 갈등을 다룰 수 있다. 기술이 직원의 역량을 확장하는 상황뿐만 아니라 직원을 완전히 대체하는 경우에도 후방부서 직원이 강한 가능자 역할을 할 수 있다.

② 혁신자

인적 자본이 창의성의 대체불가능한 원천으로 남아 있기 때문에 직원은 혁신자의 역할을 할 수 있다. 직원은 서비스 접점에서 고객을 접촉하고, 적극적으로 다루고, 고객과의 연결을 모니터링하고, 직접 및 간접적으로 고객 행태와 반응을 관찰하기 때문에 고객 환경의 지표와 서비스 개발의 이유와 방향을 잘 집어낼 수 있어 매우 가치 있는 자산이다. 지금까지 기계는 거의 창의적 능력을 보여주지 못하고 있다. 비록 이것이 점차 변하고 있지만 우리는 서비스 시스템의 한 부분으로서 직원이 여전히 고객 니즈를 더 잘 읽을 수 있다는 것을 알고 있다.

③ 조정자

직원은 서비스 접점에서 조정자 포지션을 맡을 수 있는데 이 역할은 다수의 주체들로 구성된 복잡한 서비스 시스템이 성공적 결과를 창출하기 위해 적극적 조정을 필요로 하기 때문이다. 이 상황에서, 직원들은 다른 네트워크 파트너 사이에 상호의존성을 조율하고 관리하기 위한 선도적 주체로서 기능할 수 있다. 보통 하나의 서비스 접점은 독립적이지 않고 전체 고객 경험을 함께 구체화하는 다수 채널의 여러 접점들과 자주 연결된다. 이 경험의 가치는 다른 접점의 일관성과 연결성에 크게 의존하고 이것은 서비스 직원의 조정 역할에 의해 관리될 수 있다.

④ 차별자

직원은 차별화하는 수단의 역할도 갖는다. 기술은 충성스럽지 않고 쉽게 모방될 수 있으나 직원과 그들의 스킬은 모방이 어렵다. 직원의 차별화 역할은 인적 접촉을 통해 시장에서 제공품을 차별화하는 것을 돕고 독특한 브랜드 구축 행태를 보여준다. 인적 접촉의 니즈는 특히 판매 후 상황(예, 서비스 요청과 실패 처리)에서 적합하다. 심지어 인터넷을 선호하는 고객도 판매 후 서비스에서 인접 접촉을 자주 선호한다고 한다. 기술(tech)과 접촉(touch) 사이의 최적 균형이 모든 서비스 접점 상황에서 나타나야 한다는 것은 명백하다.

6.1.6. 서비스 로봇과 AI의 윤리적 및 사회적 문제

(1) 미시 수준: 소비자에 대한 시사점

① 프라이버시 및 보안과 물리적 안전 문제

민감한 데이터가 클라우드에 저장되지만 범죄자들이 그 데이터에 접근하여 공갈협박 등 불법적으로 사용할 수 있다. 로봇이 해킹되어 물리적 피해와 가정 공간의 파괴를 초래할 수도 있을 뿐만 아니라 개인 생활에서 개인의 행동과 선호가 밀접하게 모니터되고 누군가에 의해 불법적인 접근이 일어날 수 있다.

② 인간성 파괴와 사회적 박탈

가사로봇이 인간의 자존감과 상호작용 기회를 박탈하는 것처럼 외로움과 사회적 고립문제가 발생할 수 있다.

(2) 중간 수준: 시장과 조직에 대한 시사점

① 승자독식 시장

로봇이 전달하는 서비스는 규모 및 범위의 경제와 네트워크 효과를 창출할 수 있다. 또한 서비스 로봇의 운용비용이 해마다 감소하고 있다고 한다. 이 경우에 로봇 제조업체, 로봇 개발자, 프로그래머들이 전유적 지적재산권과 표준설정의 우위를 차지할 수 있어 독과점 발생 우려가 있다.

② 투자, 혁신, 책임 영역

모든 서비스 로봇 혁신이 성공하지 않기 때문에 법적 행동과 초기 투자의 손실을 초래할 수 있다. 서비스 로봇의 사용을 둘러싼 법적 책임이 너무 엄격하면 민간 섹터는 이 책임으로 인해 투자를 줄일 것이다. 이것은 다시 서비스 로봇의 혁신과 실행을 방해할 가능성이 있다.

③ 로봇 공학과 고용

직장과 임금에 영향을 미칠 수밖에 없다. 이미 앞서 언급한 바와 같이 대부분의 낮은 스킬과 낮은 임금을 갖는 서비스 직종은 가까운 미래에 자동화될 것이다. 이러한 발전은 더 높은 실업의 두려움으로 이어지고, 다시 더 많은 경제적 불평등으로 결과되고, 이 기술이 창출하는 부의 수혜자는 더 줄어들 것이다. 몇 전문가들은 인간 고용에 대한 서비스 로봇의 근원적인 위협을 경고하였으나 그들은 또한 인간과 기계가 서비스를 함께 제공하는 기회를 낙관적으로 보기도 한다. 로봇과 인간을 결합함으로써 그들은 서로를 보완하고, 업무를 더욱 생산적이고, 흥미롭게 만들고, 더 낮은 비용으로 더 나은 서비스를 제공하게 만든다. 그러나 높은 수준의 창의적이고 사회적 지능을 갖는 노동자를 필요로 하는 직종은 자동화되기 어려울 것이다. 따라서 그들의 직장에 머물기 원하는 서비스 노동자들은 소프트한 스킬이 고용에 매우 중요할 것이기 때문에 그들의 감정적이고 직관적인 스킬을 업그레이드해야 할 것이다.

④ 사회의 불평등

국가, 커뮤니티, 사회 간 평등 문제가 불거질 것이다. 자본 소득과 노동 소득 중 로봇 주도의 사회는 자본 소득을 더 많이 지원할 것이다. 특히 개발도상국은 낮은 숙련성의 제조를 중심으로 하기 때문에 이를 로봇이 대체하면 이 국가들은 경제적 발전을 위한 기회가 더 줄어들 것이다.

6.2. 소셜 미디어를 통한 기업 평판 제고

소셜 미디어 기술은 서비스 조직에서 고객 관계 관리, 판매촉진, 홍보 등 다양하게 활용이 되고 있다. 특히 소셜 미디어를 이용한 기업 평판도 제고는 서비스 조직의 중요한 활동 중 하나로서 그 활용도가 점차 증가하고 있다. 기존의 조사에 의하면 소셜 미디어 활용의 주 목적은 고객과의 소통 및 관계개선, 기업/제품 이미지 제고, 제품/서비스에 대한 소비자 인지도 강화, 기업 미디어 채널 구축, 고객 이벤트 및 프로모션 활성화, 이슈 및 위기 관리, 소비자 의견 수렴 등이 있었고 그 도구로는 페이스북, 트위터, 블로그, 미투데이, 유튜브, 플리커 등이 있다.

6.2.1. 소셜 미디어와 평판

일반적으로 소셜 미디어는 일반적 커뮤니케이션이라기보다는 평판을 쉽게 손해볼 수 있는 통제되지 않는 플랫폼으로서 고려된다. 그러나 이러한 전통적 관점에서 점차 시각이 바뀌어 소셜 미디어는 기업과 고객 사이의 능동적 관계 구축과 이해 관계자들과 협력과 대화를 허용하는 시대로 변화하고 있다. 기업 평판(corporate reputation)은 여러 이해관계자들에게 소중한 산출물을 전달하는 기업의 능력과 관련된 과거 행태의 집합적 표현으로 정의할 수 있는데 소셜 미디어의 활발한 활용으로 인해서 미디어 평판이라는 용어가 최근에 등장하였다. 이 의미는 미디어에서 제시된 기업의 전반적 평가를 의미한다.

미국의 유나이티드 항공(United Airline)에서 잘못된 사례가 있었다. 그 항공사는 초과예약(overbooking)을 하였으나 표를 가진 승객을 강제 하차시키는 일이 벌어졌다. 그 후에 비난이 급등하자 CEO는 고객 하차에 대한 사과가 아니라 자신의 불편에 대한 사과를 하였다. 이후에 엄청난 비난이 뒤따랐고 그 항공사는 8억 달러에 이르는 주가하락을 경험해야 했다.

6.2.2. 소셜 미디어에서 커뮤니케이션 전략 유형

(1) 자기중심적(Egocentric) 전략

기업이 소셜 미디어 페이지를 통해 정보를 공유하나 고객 및 팬들과의 대화에 참여하지 않는 전략이다. 기업은 그들의 고객과 개인화된 관계를 창출하기를 원하지 않는다. 이 전략의 최종 목표는 소셜 미디어를 통해 기업의 존재에 대한 가시성을 증가시키는 데 있다.

(2) 대화적(Conversational) 전략

고객과 깊은 관계와 대화를 창출하는 것을 지향하는 전략이다. 기업은 대화를 구축하고 어떤 갈등을 조절하기 위해 고객에 의해 만들어진 모든 코멘트에 대응한다.

(3) 선택적(Selective) 전략

어떤 부정적 피드백은 무시하면서 단지 긍정적 코멘트만 여과하는 전략이다. 갈등 의견을 관리하기보다는 기업을 지원하는 고객하고만 관계를 창출하기 위해 고객과 공유된 모든 긍정적 코멘트에 대응한다.

(4) 개방(Openness) 전략

기업과 고객 대화의 투명성을 향상시키는 것을 지향하는 전략이다. 게시글은 삭제되지 않고 고객과 공유된 모든 의견에 공개적으로 대응한다.

(5) 비밀(Secretive) 전략

다른 사적인 채널(예를 들어, 페이스북에서 메일 혹은 사적 메시지)을 통해 소셜 미디어 페이지 내에서 환영받지 못하는 게시글이 삭제될 때 발생하는 갈등을 관리하는 것을 지향한다.

(6) 지원(Supportive) 전략

모든 구매 프로세스(정보탐색, 구매, 구매 후) 동안 제안과 참고 정보를 제공하고 고객을 돕는 정보를 제공하는 것을 지향한다.

6.2.3. 전략 선택 방법

첫째, 단지 고객의 소리를 듣는 것에 제한하지 않고 고객의 긍정적 인식에 적극적으로 영향을 미치려고 노력한다면 선택적 및 대화적 전략이 바람직하다. 둘째, 높은 평판을 보유한 기업은 기업의 신뢰와 이미지뿐만 아니라 고객과 상호작용을 향상시키는 투명한 관계를 구축하고자 하며, 이럴 때 개방 전략을 선택할 필요가 있다. 셋째, 기업 평판의 향상을 추구하는 기업은 고객 문제를 해결하기 위해 적극적 지원구조를 제공하는 데 헌신해야 하며, 이 경우에는 지원 전략이 바람직하다.

6.3. 고객의 모바일 앱 사용 관리

6.3.1. 배경

모바일 기술의 급격한 성장은 다양한 유형의 모바일 앱(mobile app)의 확산으로 결과되고 있다. 이마케터(eMarketer, 2015)의 보고서에 따르면 디지털 채널을 통해 여행을 예약한 여행자들의 5.18%가 모바일 장치를 사용한다고 한다. 또한 2018년 7.5억 개의 항공기 탑승권이 모바일 폰으로 전달되었고 2019년에는 15억 개의 탑승권으로 증가할 것이라고 전망하고 있다.

6.3.2. 모바일 마케팅

이 개념은 고객이 개인화된 메시지를 자신의 모바일 장치를 통해 정보에 접근하는 것과 관련한다. 모바일 매체, 장치, 기술을 사용하여 기업과 고객은 양방향 혹은 다중방향 커뮤니케이션과 서비스 제공품 전달을 촉진하고 있다. 초기 모바일 마케팅은 잠재 고객들이 SMS(Short Message Service)를 통해 거래와 판촉에 관련된 문자 메시지를 수령하는 방식의 광고 목적에서 시작하였다. 이

후, 모바일 마케팅은 스마트폰, QR(Quick Response) 코드, 근거리 통신(Near Field Communication: 모바일 장치를 무선의, 양방향, 단거리 연결을 제공하는 기술)을 위한 모바일 앱으로 확장하고 있다.

6.3.3. 브랜드 앱과 고객 관계 관리

특히 모바일 기술은 상호작용적인 브랜드−고객 관계를 배양하는 데 효과적으로 사용될 수 있다. 모바일 기술의 어마어마한 성장은 '손안의 브랜드'로서 알려진 모바일 마케팅 플랫폼을 제공한다. 일상 활동에서 모바일 장치에 고객의 관여가 증가하는 상황에서 서비스 조직은 신규 고객을 유인하고 고객의 브랜드 충성을 향상시키기 위해 필수적인 마케팅 커뮤니케이션 채널로서 브랜드 애플리케이션(brand application 혹은 app)을 개발하고 있다. 여기서 '브랜드 앱'은 흔히 앱의 이름과 브랜드 로고 혹은 아이콘의 외관을 통해 브랜드 정체성을 두드러지게 보여주는 모바일 장치에서 다운로드 가능한 소프트웨어를 의미한다.

모바일 마케팅은 고객 관계 관리를 향상시키면서 고객과 서비스 제공자 사이의 관계를 촉진한다. 여기서 CRM은 고객에게 가치를 창출하고 전달하기 위해 조직의 마케팅, 판매, 고객 서비스를 통합하는 종합적 전략을 의미한다. 결국, 모바일 앱은 고객의 일상의 삶 속에서 새로운 소비 습관을 개발하기 때문에 혁신적 CRM 프랙티스를 제공한다. 또한 브랜드 앱은 고객과 강한 관계를 구축한다. 구체적으로 브랜드 앱은 브랜드 태도와 구매 의도의 우호성에 영향을 미치고, 브랜드 앱에 로그인하면서 고객은 그 브랜드와 다양한 접점에 관여하고, 고객이 정보를 공유하고, 다양한 콘텐츠에 관여하고, 구매를 하도록 기회를 제공한다.

호텔의 경우에, 리츠칼튼(Ritz−Carlton)의 모바일 앱은 내장된 QR 코드 리더를 통해 특정 호텔의 위치에 관련된 디지털 경험을 제공한다. 만다린 오리엔탈 호텔(Mandarin Oriental Hotel)의 앱은 상호작용적 고객들이 3−D 글로벌 뷰와 지역 도시 안내를 이용할 수 있도록 한다. 호텔의 브랜드 앱은 고객에게 모바일 콘시어지(concierge; 예, 지역의 레스토랑 예약, 명소 정보 등)와 서비스 요청 기능(예,

청소 서비스, 지연 체크아웃 요청 등)을 제공하고 있다. 또한 운영 프랙티스와 고객의 경험을 전환시키는 목적으로도 활용된다. 구체적으로, 호텔은 고객에게 개인화된 서비스를 제공하고, 고객 충성을 향상시키기 위해 모바일 장치를 사용하고, 관계를 유지하기 위해 고객의 선호가 브랜드 앱을 통해 저장되어 활용된다.

──── 참고문헌

Bantau, G. & Rayburn, S.W. (2016), "Advanced information technology: Transforming service innovation and design", *The Service Industries Journal, 36*(13–14), 699–720.

Dabholkar, P.A. (1996), "Consumer evaluations of new technology-based self-service options: An investigation of alternative models of service quality", *International Journal of Research in Marketing, 13*(1), 29–51.

Davis, F.D, Bagozzi, P.R. & Warshaw P (1989), "User acceptance of computer technology: A comparison of two theoretical models", *Management Science, 35* (8), 982–1003.

Froehle, C.M. & Roth, A.V. (2004), "New measurement scales for evaluating cognizances of the technology-mediated customer service experience", *Journal of Operations Management, 22,* pp. 1–21.

Hebert, M. & Izak, B. (1994), "Adopting information technology in hospitals: The relationship between attitudes/expectations and behavior", *Hospital & Health Services Administration, 39*(3), 369–383.

Huang, M.H. & Rust, R.T. (2018), "Artificial intelligence in service", *Journal of Service Research, 21*(2), 155–172.

Meuter, M., Ostrom, A., Roundtree, R. & Bitner, M. (2000), "Self-service technologies: Understanding customer satisfaction With technology-based service encounters", *Journal of Marketing, 64*(3), 50–64.

Vakulenko, Y., Hellström, D. & Oghazi, P. (2018), "Customer value in self-service kiosks: A systematic literature review", *International Journal of Retail & Distribution Management, 46*(5), 507–527.

Wang, B.M. & Schoefer, C.K. (2016), "Factors influencing the acceptance of self-service technologies: A meta-analysis", *Journal of Service Research, 19*(4),

396–416.

Wirtz, J., Patterson, P.G., Kunz, W.H., Gruber, T., Lu, V.N., Paluch, S. & Martins, A. (2018), "Brave new world: Service robots in the frontline", *Journal of Service Management, 29*(5), 907–931.

생각해 볼 문제 🕐 💡 📖

Question

01 다음 문제의 참과 거짓을 판단하시오.

1.1 스마트폰, 첨단 로보틱스, Intelligent Agents, IoT, AI와 같은 첨단기술은 서비스 접점에 가장 큰 영향을 미친다.

1.2 서비스에서 기술 활용은 네트워크 편익을 얻기 위해 플랫폼을 통해 다수의 다른 주체들이 서로에게 서비스 제공품을 제공하는 다면 시장(multi-sided markets) 혹은 다면 비즈니스 플랫폼을 가능하게 한다.

1.3 기술이 서비스에서 항상 환영받지는 않는다. 서비스에서 기술 적용의 반작용 혹은 기술의 역효과도 고려할 수 있는데, 이를 기술 패러독스라 한다.

1.4 서비스 접점에서 기술의 역할 중 기술이 매개하는 서비스 접점의 사례로 ATM이 있다.

1.5 기술 없는 서비스 접점과 기술이 지원하는 서비스 접점은 기술이 수동적 역할을 하는 인간-기술 인터페이스이다.

1.6 높은 접촉(high-touch)과 관련된 서비스에 해당하는 의료, 소방, 치과 등은 셀프 서비스가 절대 불가능한 서비스이다.

1.7 셀프 서비스 도입으로 저연령, 비숙련, 비부가가치와 관련된 서비스 직무는 사라질 운명에 처해 있다.

1.8 전통적인 하이터치(high-touch)와 로우테크(low-tech) 서비스에서 로우터치(low-touch)와 하이테크(high-tech)로의 변화로 인해서 고객 충성이 증가할 수 있다.

1.9 셀프 서비스 수용에 영향을 미치는 요인 중에서 연령, 학력, 소득 등과 같은 개인별 차이보다 인식된 유용성, 사용 용이성, 리스크와 같은 셀프 서비스 기술의 특징이 더 중요하다.

1.10 고객이 서비스 프로세스 중에 기대된 것을 이해할 때 강한 역할 명료성은 셀프 서비스 시스템에 대한 수용의 증가로 이어진다.

1.11 서비스 로봇은 고객에게 서비스를 상호작용, 커뮤니케이션, 전달하는 시스템 기반의 자율적이고 적응가능한 인터페이스로 정의된다.

1.12 자율주행 택시는 서비스 수혜자가 사람인 유형의 서비스 행동에 해당한다.

1.13 창의적으로 사고하고 특별한 상황에 효과적으로 적응하는 능력을 의미하는 지능은 분석적 지능이다.

1.14 마케팅 관리자, 경영 컨설턴트, 변호사, 의사, 판매 관리자, 여행 대리인은 직관적 지능을 많이 사용한다.

1.15 단기간이면서 단순한 거래적 서비스는 AI 대체로부터 더 편익을 받는 반면에 관계적 서비스는 더 높은 고객의 가치를 위해 인간으로부터 더 많은 편익을 기대할 수 있을 것이다.

1.16 AI와 관련되어 필요한 스킬로는 비즈니스 애널리틱스와 알고리즘에 기반한 분석능력이다.

1.17 활발한 기술 활용 시 직원들의 새로운 역할 중에서 가능자 역할은 다수의 주체들로 구성된 복잡한 서비스 시스템이 성공적 결과를 창출하기 위해 적극적 조정을 하는 역할을 말한다.

1.18 소비자 수준에서 서비스 로봇과 AI의 윤리적 및 사회적 문제로는 프라이버시, 물리적 안전, 인간성 파괴, 사회적 박탈감 등이 있다.

1.19 소셜 미디어 활용의 주 목적은 고객과의 소통 및 관계개선, 기업/제품 이미지 제고, 제품/서비스에 대한 소비자 인지도 강화, 기업 미디어 채널 구축, 고객 이벤트 및 프로모션 활성화, 이슈 및 위기 관리, 소비자 의견 수렴 등이 있다.

1.20 브랜드 앱은 고객과 강한 관계를 구축하여 브랜드 태도와 구매 의도에 긍정적 영향을 미친다.

02 선택형 문제

2.1 다음 중 서비스에서 기술의 역할과 가장 거리가 먼 것은?

① 서비스 전달 프로세스를 급격하게 변화시키고 있다.

② 기술은 서비스 접점에서 서비스 직원을 지원하고 보완하는 역할을 한다.

③ 기술은 사물이든 혹은 사람이든 어떤 주체들의 연결과 관계를 가능하게 하는 동력으로서 작용한다.

④ 서비스 부문에서 범위의 경제는 축소시키면서 규모의 경제를 극대화한다.

2.2 다음 중 서비스에서 기술 패러독스와 가장 거리가 먼 것은?

① 기술은 사람의 표준화된 노동의 시간과 비용을 줄여주기 때문에 직원은 항상 기술을 환영한다.

② 기술의 활용으로 인한 대인 간 접촉과 상호작용이 줄어들게 된다.

③ 기술은 사람을 기술 자체에 동화시키게 만들기도 하지만 반대로 고립시키는 작용을 하기도 한다.

④ 기술 투자에 막대한 비용이 들어가고 기술 투자비 회수가 점점 불확실해지고 있다.

2.3 다음 중 데이터를 사용가능한 정보로 전환, 더욱 풍부한 정보를 활용한 의사결정, 소비자 통찰에 접근하는 도구로 사용될 수 있는 가장 적절한 기술은?

① 빅데이터

② 비즈니스 애널리틱스

③ 인공지능

④ 사물인터넷

2.4 다음 중 서비스 접점에서 수행하는 기술의 역할 중 인간-인간(Human-Human) 인터페이스 서비스에 해당하지 않는 사례는?

① 컨설팅 서비스
② 안경점 서비스
③ 재무설계 서비스
④ 스마트폰을 이용한 온라인 예약 서비스

2.5 다음 중 셀프 서비스의 장점에 대한 설명으로 가정 적절하지 않은 것은?

① 고객의 대기시간 감소
② 서비스 운영시간과 위치의 편리성 증대
③ 서비스에서 이질성과 소멸성 확대로 인한 고객화 증가
④ 고객에게 표준 서비스 제공

2.6 다음 중 셀프 서비스의 성공적 관리 방안과 가장 거리가 먼 것은?

① 기술에 대한 충성 수준 제고
② 대인 간 채널을 셀프 서비스 채널로 모두 전환
③ 셀프 서비스와 관련된 개인의 의지에 영향을 미치도록 관리
④ 고객의 역할 모호성 해소

2.7 다음 중 지능의 유형 중 기계적 지능이 수행하는 노동에 해당하지 않는 것은?

① 콜센터 직원   ② 레스토랑 웨이터
③ 택시 운전사   ④ 자동차 수리 서비스 기술자

2.8 AI로 직원을 대체할 때 고려해야 하는 요인 중 가장 적절하지 않은 것은?

① 대량생산과 고객화라는 서비스 생산 프로세스 특징
② 관계적 대 거래적이라는 서비스의 특성
③ 비용절감과 품질향상이라는 서비스 조직의 전략적 초점
④ 지능요구 수준과 같은 업무의 특성

2.9 다음 중 AI가 대체할 가능성이 가장 낮은 서비스 직무는?

① 교사

② 소방관

③ 예술가

④ 요리사

2.10 다음 중 소셜 미디어를 이용한 커뮤니케이션 전략 중 연결이 잘못된 것은?

① 개방적 – 고객들과 깊은 관계와 대화를 창출하는 것을 지향하는 전략

② 자기중심적 – 정보를 공유하나 고객 및 팬들과의 대화에 참여하지 않는 전략

③ 선택적 – 어떤 부정적 피드백은 무시하면서 단지 긍정적 코멘트만 여과하는 것을 지향하는 전략

④ 대화적 – 어떤 갈등을 조절하기 위해 고객들에 의해 공유된 모든 코멘트에 대응하는 전략

1.1 다음 서비스 중 본인이 경험했거나 잘 아는 서비스 세 개를 고려하시오.

> 요양병원, 번역 서비스, 전통시장, 종교 서비스, 의료 서비스, 교육 서비스, 연예오락 서비스, 프로배구, 부동산중개, 음식업, 자동차 정비, 국립묘지, 동물병원, 독서실, 학회, 당구장, 교회, 성당, 절, 뉴스 서비스, 학원, 네일숍, 피시방, 운전교습소, 경매 서비스, 마사회, 로또 서비스, 온라인강의, 카페, 치킨집, 부동산 중개, 취업지원 서비스, 국세청 종합소득세 결정 및 납부 서비스

(1) 각 세 개의 서비스에서 사용하는 기술의 예를 들어보시오.
(2) 각 세 개의 서비스에서 셀프 서비스가 어디까지 가능할지를 전망해 보고 그 이유를 제시하시오.
(3) 각 세 개의 서비스에서 현재 AI가 도입될 수 있는 부분과 단계를 기계적, 분석적, 직관적, 감정적 직무 관점에서 분류하여 제안하시오.
(4) 각 세 개의 서비스에서 AI를 포함한 기술의 인력 대체가 발생한다면 어떤 인력이 대상이 될 것인지 전망해 보고 그 경우에 AI와 협력하기 위해 인간에게 필요한 스킬은 무엇인지 제안하시오.

1.2 우리 대학 혹은 조직의 소셜 미디어를 활용한 커뮤니케이션 전략 유형을 정의하고 그 이유를 설명하시오.

1.3 본인이 사용하고 있는 브랜드 앱의 사례를 제시하고 구체적으로 어떤 특징을 갖는지 설명하시오.

1.4 전기자동차의 발전과 사용증가로 인해서 미래에 자동차정비 서비스 업종이 사라질 수도 있다고 한다. 이처럼 향후에 기술의 발전으로 사라지게 될 서비스 직업 세 가지를 제안해 보시오.

1.5 기술의 발전 특히, 4차 산업혁명 관련 기술의 도입으로 인해 대학의 미래는 어떻게 변화될 것인지 전망해 보시오.

1.6 다음의 비대면 서비스 중 잘 알거나 경험했던 서비스 세 개를 고려하시오.

> 무인카페, 배달 전문 도시락, 음식 배달 서비스, 인터넷 금융, 비대면 교육, 온라인 취미 수업, 세탁물 픽업 및 배달 서비스, 매장 내 물건 주문과 픽업 서비스, 셀프 관리형 정수기 필터 서비스, VR을 이용한 인테리어 제안, 사이버 모델 하우스, 메신저 상담, 챗봇, AI 스피커를 통한 쇼핑, 가상 피팅 의류/안경 쇼핑몰, 비대면 화상 면접, 비대면 육아 서비스, 재택 근무 서비스, 온라인 합동연주 및 콘서트, 비대면 결제 서비스, 동영상 스트리밍 서비스, 100% 셀프 스토어

(1) 선택한 서비스에서 현재 활용하는 기술은? 이 서비스에 서비스 로봇 혹은 인공지능이 활용될 가능성은?

(2) 선택한 서비스에서 브랜드 앱이 존재하는가? 존재한다면 어떤 기능을 갖는 것이 필요한가?

(3) 선택한 비대면 서비스에 비즈니스 플랫폼, 사물인터넷, 가상현실 및 증강현실, 블록체인, 빅데이터, 스마트 팩토리, 드론, 3D 프린팅 등 최신 기술이 추가로 적용될 가능성은?

서비스 회복 관리

14 CHAPTER

배경

사람과 사람의 접촉에 초점을 두는 서비스 전달 프로세스에서 실패는 항상 존재하기 마련이다. 이러한 실패를 방치하는 것은 고객 이탈과 전환이라는 더 큰 문제를 초래하기 때문에 적극적으로 관리하는 노력이 필요하다. 이러한 차원에서 서비스 회복 패러독스라는 관점하에서 서비스 조직이 수행할 수 있는 회복 프로세스는 어떻게 이루어지며 그 프레임워크는 어떻게 구성되는지를 이번 장에서 논의한다. 또한 흥미로운 이슈로서 공공 서비스 실패, 고객의 불평과 분노에 대해 이해하고 선행적 회복과 실패 예방을 위한 노력이 어떻게 수행될 수 있는지 파악한다.

주요 이슈

- 서비스 보장의 구성요소는 무엇으로 이루어지는가?
- 서비스 회복 패러독스란?
- 서비스 회복 프로세스는?
- 서비스 회복 프레임워크는?
- 공공 서비스 실패 관리 방법은?
- 고객의 분노와 불평 관리 방법은?
- 선행적 회복과 실패 예방 방법은?

1 진실의 순간

1.1. 고객 만족

모든 고객은 서비스를 통해서 만족되기를 원한다. 이와 유사한 개념인 고객 충성(customer loyalty)은 우선, 고객 만족이 달성된 후 더 나은 대안이 존재하지 않을 경우에 나타난다. 일반적으로 마케팅에서 고객 만족은 두 가지 개념으로 정의된다. 특정 구매기회를 선택한 후에 고객 만족을 평가하는 거래 특유의 만족과 시간이 경과하여 제공자에 대한 경험에 기초한 전반적 평가인 누적된 고객 만족이 있다. 비록 고객 감동, 고객 흥분 등 유사한 용어가 등장하고 있으나 이들은 모두 고객 만족(customer satisfaction)이라는 개념에 흡수될 수 있다.

1.2. 진실의 순간(Moment of truth)

서비스 제공자와 고객이 접촉하는 포인트(point)를 진실의 순간이라고 한다. 이 포인트는 고객과 접촉할 때 그들을 만족시키거나 불만족시키는 능력을 보유하고 있다.

2 서비스 회복

2.1. 서비스 보장

서비스 보장(service guarantee)은 서비스를 유형으로 만들어 고객이 인식하는 리스크를 줄이는 수단이다(Tax & Brown, 1998). 고객의 기대를 충족시키는 보장 능력은 고객이 그 보장을 어떻게 인식하는지와 보장에 대한 고객의 기대에 달려 있다. 보장에 대한 고객의 인식을 향상시키기 위해서는 보장 내용과 절차에 대한 이해와 소통이 용이해야 하고, 의미 있는 보장 내용(예, 서비스 조건, 금전적 보상)이 있어야 하고, 쉬운 보장 청구(즉, 많은 문서를 준비하고 여러 번 많은 사람과 통화하지 않아야 함)가 가능해야 하고, 신뢰될 수 있고, 고객의 불만을 현장에서 쉽게 수집할 수 있도록 해야 한다. 이를 위해 서비스 조직은 서비스 보장과 관련한 명확한 표준을 설정하고, 고객에 초점을 두고, 고객의 피드백을 적극 활용해야 한다. 또한 보장을 수행하는 현장 인력이 올바른 서비스 전달 시스템을 진행하도록 그들에 대한 교육 및 훈련이 필요하다.

일반적인 서비스 보장의 가이드라인이 존재한다(Hart et al., 1990). 그것을 구성하는 두 가지 요소는 무조건적 보장과 구체적 보장이다.

(1) 무조건적 서비스 보장

무조건적이라는 의미는 변명 없이, 설명 없이, 세세한 항목 없이라는 의미가 내포된다. 고객을 만족시키기 위해서는 이러한 무조건적 서비스 보장이 필요하다. 회사가 올바르게 한 것과 올바르지 않게 한 것에 대한 최종 결정권자는 현장 직원이기 때문에 이러한 방침은 현장 직원에 의해 바로 실행에 옮겨져야 한다.

(2) 구체적 보장

구체적이라는 의미는 서비스 보장이 되는 특정 사항에 대해 사전에 규정해야 한다는 것을 의미한다.

둘 중 어떤 것이 고객에 의해 선호되는지에 대해서는 상반되는 관점이 존재한다. 고객이 보장을 청구할 때 명확성과 분명한 보장 목록으로 인해 구체적 보장이 선호된다고 한다. 하지만 고객이 보장에 기초하여 기업을 선택할 때는 완전하고 포괄적인 범위를 제공하는 무조건적 보장이 선호되기도 한다. 그러나 무조건적 보장은 고객에 의해 모호한 것으로 인식되기 때문에 구체적 보장보다 덜 강력하다고 생각할 수도 있다.

2.2. 서비스 회복

진실의 순간에서 발생하는 문제로 인해 고객의 불만족이 발생하는 서비스 실패(service failure)는 항상 존재할 수 있다. 실수가 없는 서비스를 제공하는 것은 거의 불가능하기 때문이다. 실패는 피할 수 없기 때문에 서비스 제공자가 만약 실패의 영향을 줄이거나 근절할 수 있는 노력을 하지 않는다면 자신에 대한 고객의 충성과 신뢰를 잃을 수 있다.

이러한 서비스 실패의 심각성은 고객의 불만족과 충성에 영향을 미칠 수 있어 서비스 조직의 성패에 결정적 결과로 나타난다. 흔히 서비스 조직에서 실패 발생 시 사과, 긴급 복구, 고객의 문제에 공감, 상징적 보상, 후속조치와 같이 서비스 실패를 다루기 위한 여러 회복 옵션들은 풍부한 이익 증가로 이어지는 고객 만족과 고객 보유의 향상을 증가시킨다. 결국, 서비스 회복에 대한 만족수준을 높이는 것은 서비스 제공자의 서비스 보장으로 인해 충성을 향상시키고 미래의 구매 행태에 영향을 미친다.

고객은 실패를 수용할지 모르나 실패를 수정하는 노력을 하지 못하거나 하지 않는 조직은 용서하지 않을 것이라는 사실을 명심해야 한다. 나아가 고객이 만족스럽지 못한 서비스 회복을 경험한다면 그들은 이중 이탈(double deviation)의 경험에 의해 더 많이 고통받을 것이다. 여기서 이중 이탈은 서비스 전달 시스템에서 서비스 실패에 대한 부적절하고 부적합한 대응으로서 정의된다.

실패된 서비스로 인해 초래된 고객 불만족을 줄이기 위해서는 서비스 조직에 의해 다시 고객 만족을 향상시키도록 만드는 노력이 필요하다. 즉, 서비스 혹은 제품이 고객의 기대에 부응하는 데 실패한 후에 피해를 입은 고객을 조직에 다시 만족하는 상태로 돌리는 프로세스가 바로 서비스 회복(service recovery)이다. Zemke & Bell(1990)은 서비스 회복을 서비스 혹은 제품이 기대에 부응하는 데 실패한 후에 피해를 입은 고객을 다시 만족 상태로 돌리는 프로세스로 정의하였다. Michel et al.(2009)은 서비스 회복을 더욱 확장하여 서비스가 실패한 후에 고객 만족과 충성을 재구축(고객 회복), 실패 사건이 학습과 프로세스 향상을 고무하는 것을 보장(프로세스 회복), 이 목적을 위해 직원을 훈련시키고 보상(직원 회복)하기 위해 취하는 통합적 행동들로서 정의하였다.

2.3. 서비스 회복 패러독스

서비스 회복 패러독스는 서비스 실패 후에 불만족한 소비자를 진실되게 회복시켜 오히려 기존수준보다 더 고객 만족과 충성을 강화시킬 수 있다는 것을 나타내는 용어이다. 이 회복 패러독스의 기본은 만약 회복이 존재할 가능성이 있다면 서비스 실패를 숨기지 말고 능동적이고 선행적으로 대응하여 오히려 고객의 충성과 신뢰를 이전보다 더 높일 수 있다는 것이다.

2.4. 서비스 회복 차원

서비스 회복 차원은 회복의 주체에 따라 세 가지로 분류된다. 첫째, 고객 회복은 고객 만족, 고객 보유, 고객 충성에 관심을 두는 고객에 초점을 둔 고객 지향적 프로세스이다. 서비스 회복이 적중했는지에 대한 가장 직접적인 측정치이다. 둘째, 프로세스 회복은 비즈니스 관점의 사고에 기초하여 효과적 서비스 전달의 토대를 갖추는 방법이다. 즉, 내부 운영 프로세스의 실패로부터 학습을 통해 프로세스를 개선하는 데 초점을 둔다. 셋째, 직원 회복은 직원이 고객을 다룰 때 발생하는 직원의 부정적 감정으로부터 회복하는 것을 조직이 지원하는 것을 지향하는 개념으로서 직원에게 권한부여와 동기부여 등이 있다.

한편, 회복이 이루어지는 대상에 따라 외부와 내부 서비스 회복으로도 분류하는데 외부 서비스 회복은 외부 고객을 대상으로 하고 내부 서비스 회복은 고객 접점에 있는 전방부서 직원을 대상으로 하는 개념이다.

2.5. 서비스 회복의 실행

2.5.1. 서비스 회복 옵션

(1) 외부 서비스 회복 옵션

외부 서비스 회복 옵션은 여러 학자에 의해 다양하게 분류되어 왔다. Bell & Zemke(1987)는 회복을 위한 다섯 가지 차원을 사과, 감정이입, 긴급회복, 상징적 속죄, 후속 조치로서 제안하였다. Bitner(1990)는 문제인식, 이유설명, 적절한 장소에서 사과, 무료 티켓 및 할인 쿠폰 등과 같은 보상의 네 가지 단계 프로세스를 제안하였다. 이 밖에도 할인 제공, 경영진 중재, 교체와 환불, 정보 제공, 신속한 반응이 추가되었다(Boshoff, 1997).

(2) 내부 서비스 회복 옵션

만약 직원이 고객에게 뛰어난 수준의 서비스를 전달하기 원한다면 그 직원이 뛰어난 일을 하도록 직원의 만족 수준이 높아야 한다. 따라서 조직이 내부 고객(특히, 현장 직원이 내부의 서비스 분위기를 창출하기 때문에)을 다룰 필요가 있기 때문에 현장 직원은 '부분 고객(partial customer)'으로 불리기도 한다. 직원을 고객으로서 다루는 이 아이디어에 기초하여 직원이 외부 고객에게 서비스할 뿐만 아니라 조직은 내부 고객을 갖는다는 것을 인식하는 것도 중요하다. 즉, 서비스 인력은 어떤 서비스의 제공자일 뿐만 아니라 동시에 수혜자가 된다. 모든 서비스 운영은 서로를 지원하는 내부의 여러 서비스 기능들로 구성되고 만약 빈약한 내부 서비스가 존재한다면 고객에게 전달되는 최종 서비스의 품질이 결여될 것이다. 또한 고객과 접촉하지 않는 많은 지원 인력(즉, 후방부서 인력)도 고객에게 전달되는 서비스에 간접적으로 영향을 미친다. 결론적으로 직원 만족과 고객 만족 사이에 긍정적 관계가 존재한다(Schneider & Bowen, 1985).

불평하는 고객의 분노를 경험한 현장 인력은 발생된 문제뿐만 아니라 불행한 고객을 다루어야 함으로써 초래된 스트레스로 인해 좌절과 짜증을 느낄 수 있다. 비록 현장 인력이 고객을 다룰 때 이 감정을 바로 표현하지 않을지라도 그 여진은 계속되고 그 부정적 경험에 의해 만들어진 감정은 감독자 혹은 관리자에 의해 회복될 필요가 있다. 서비스 실패가 최소화되려면 다음과 같이 내부 고객의 니즈와 기대를 결정하고 다룰 필요가 있다(Reynoso & Moores, 1995).

① 내부 고객의 존재한다는 것을 조직이 인식해야 한다.
② 내부 고객과 내부 공급자를 규정해야 한다. 내부 공급자는 내부 고객에게 업무를 전달하는 관리자이다. 따라서 내부 고객은 수혜자의 입장이다.
③ 내부 고객의 역량과 요구사항을 충족시키는 데 존재하는 장애물을 논

의하기 위해 내부 고객과 내부 공급자들이 소통해야 한다.

④ 내부 공급자는 요구된 서비스 수준을 전달할 수 있도록 필수적 변화를 만드는 일을 해야 한다.

⑤ 내부 고객 만족을 위한 측정치를 규정해야 한다.

⑥ 만약 서비스가 향상되기 원한다면 지속적 피드백이 내부 공급자들에게 주어져야 한다.

또한 내부 서비스 회복 전략의 네 가지 단계가 다음과 같이 제시되었다 (Bowen & Johnston, 1999).

① 반응

문제가 발생된 것을 인정, 문제에 대한 사과, 고객 문제에 대한 감정이입, 문제에 대한 신속한 반응, 현장뿐만 아니라 관리자의 관여를 포함한다. 관리자는 직원이 책임질 수 없으나 고객에 대해 책임을 맡는 직원의 어려운 실패 상황을 자신이 다뤄야 한다는 것을 인정해야 한다. 이를 위해 관리자가 감정을 보이고 직원에게 사회적 지원을 제공하는 것이 필요하다. 스트레스에 대한 문헌은 이러한 사회적 지원이 스트레스로 인한 부정적 결과를 줄여주는 역할을 한다고 한다. 또한 관리자가 감정이입을 보이고 현장 직원의 회복 문제에 관심을 보이는지가 중요하다. 은행의 예에서, 관리자는 직원 스스로가 고객을 유연하게 다루는 것을 선호하나 관리자가 유연하지 않고, 사전에 규정된, 관료주의적 방식으로 고객을 다루는 것을 희망하면 직원은 지원을 받지 못하고 스트레스를 받아 결과적으로 고객은 그 은행의 서비스 품질을 빈약한 것으로 평가하게 될 것이다.

② 정보

이 단계는 실패에 대한 설명, 솔루션에 대한 고객의 관점을 경청, 솔루션에 동의하기, 다시는 발생하지 않을 것이라고 보장, 문서화된 사고를 포함한다. 관리자는 상황이 어떻게 발생하는지와 그 상황을 다루는 절차 혹은 프로세스를 향상시키는 방법에 대한 직원의 의견을 모아야 한다. 서비스 조직의 의사결정에 직원의 참여는 직원의 무기력을 해소할 수 있다. 또한 유사한 상황이 다시 발생하지 않을 것이라는 보장이 관리자에 의해 제공될 필요가 있다.

③ 행동

이 단계는 실패의 교정, 미래에 실패를 피하기 위해 절차를 바꾸기, 부작용을 점검하기 위한 후속조치 등을 포함한다. 실패가 다시 발생할 가능성을 줄이고 직원의 무력감을 교정하기 위해 서비스 전달 프로세스를 향상시키는 행동이 중심이 된다. 권한부여된 정신 상태는 무력감의 반대 개념이기 때문에 직원의 무력감을 줄이기 위해 서비스 직원에 대한 권한부여가 필요하다. 권한이 부여된 직원은 자기결정권(업무 활동의 시작과 지속에서 자율)과 영향력(업무에서 전략적, 관리적, 운영적 성과에 영향을 미칠 수 있다는 믿음)을 보유할 수 있다. 또한 고관여 업무 디자인을 위한 행동도 권한부여된 정신 상태에 관련된다. 이와 관련된 행동으로는 역할 모호성을 줄이기, 정보를 공유하기, 참여적 업무 분위기 창출하기, 경영통제의 폭을 넓히기 등이 있다. 나아가, 학습된 무기력과 관련된 수동적이고 소외된 직원의 행동은 추가적인 개입과 중재를 통해 다루어야 한다. 조직에서 유발된 무기력을 최소화하는 몇 가지 전략은 다음과 같다. 첫째, 이전의 빈약한 성과와 부정적 결과가 외부요인(예를 들어, 자신이 아니라 전달 시스템) 때문이라는 것을 직원들에게 상기시키기 위한 상담을 해야 한다. 둘째, 전달 시스템을 다시 디자인하여 더 높은 수준의 고객만족을 달성할 수 있다는 것을 보여줌으로써 성공이 가능하다는 것을 명시화하고 가시화해야 한다. 셋째, 새로운 외부 회복(즉, 대고객) 시스템을 열정적으로 실행하는 직원들이 명백히 인정받고 보상된다는 것을 확신시켜야 한다. 한편, 다시 서비스 실패가 발생하는지와 그들이 서비스 회복 중과 후에 관리자에 의해 잘 지원받는지를 파악하기 위해 일종의 후속조치로서 직원과 대화하거나 서베이하는 단계가 필요하다.

④ 보상

이 단계는 교환권(상품권) 제공, 동등한 보상 혹은 환불, 기대보다 큰 보상을 포함한다. 관리자는 좌절한 직원들이 스스로 회복하도록 시간(예, 업무에서 벗어난 휴식시간)과 공간(예, 휴게실과 같은 휴식공간)을 제공할 필요가 있다. 또한 직원이 불평 취급 업무에 지속적으로 참여하는 것에 대해 보상하기 위해 그에 대한 작은 선물과 공식적 인정이 주어질 필요가 있다. 예외적 상황에서는 금전적 보상도 제공될 필요가 있다. 예를 들어, 많은 불평 고객을 다룬 직원들에게 적절한 상품권 제공, 포상 휴가, 몇 시간 휴식 등의 제공도 필요하다.

2.5.2. 서비스 회복의 내용

서비스 회복은 다음을 포함한다. 회복 선택, 고객의 전반적 만족, 고객 행동 의지이다.

(1) 회복 선택

서비스 회복 프로세스의 기본 단계는 다음과 같다.

① 인식: 문제가 발생하였다는 것을 인식하기
② 감정이입: 고객의 관점에서 문제를 이해하기
③ 사과: 단지 미안하다고 말하기
④ 소유: 고객의 문제와 관심을 보유하기
⑤ 해결: 고객 문제를 해결하거나 최소한 그 문제를 해결하려고 노력하기
⑥ 보증: 문제가 해결되거나 해결될 것이고 다시 발생하지 않아야 한다는 보증을 제공하기
⑦ 보상: 문제의 심각성에 따라 환불, 상품권, 보상을 제공하기

여기서 서비스 회복의 성과를 높이기 위해 최고 연장자 중 한 사람에 의해 전체 혹은 부분적인 환불과 어느 정도의 보상이 이루어졌을 경우에 빠른 반응이 존재할 수 있다고도 한다. 여기에 특정 문제가 서비스 회복 프로세스에 추가되기도 한다. 단지 불만족된 고객들의 5-10%만이 불평하는 것을 선택하고 이중 이탈(일차 실패 후 회복도 실패)은 그들을 더욱 좌절시키는 상황으로 이끌고 가며, 그것은 서비스 실패 상황을 경험한 고객이 적시의 회복 대신에 더 심한 고통(금전, 시간, 혹은 감정적 손실)을 받을 수 있다는 것을 의미한다. 나아가 불평의 처리 지연, 프로세스 통제, 접근성, 시기/속도, 고객의 회복 니즈에 대한 적응의 유연성은 회복 프로세스를 훨씬 더 복잡한 프로세스로 만든다.

서비스 실패 시 조직은 앞서 언급한 다양한 외부 서비스 회복 옵션과 단계를 적용할 필요가 있다. 이러한 옵션과 단계 적용 시 또한 서비스 회복의 공

정한 실행이 중요하다고 지적된다. 앞서의 다양한 서비스 회복 옵션을 성공적으로 실행하는 데 있어서 매우 중요한 개념이 바로 공정성(justice)인 것이다. 서비스 회복에서 공정성은 세 가지로 구분하는데, 문제해결 절차의 공정성을 의미하는 절차 공정성(procedural justice), 개인 간 커뮤니티와 행태를 의미하는 상호작용 공정성(interactional justice), 서비스 결과의 인식된 공정성을 의미하는 분배 공정성(distributional justice)이 있다. 최근에 추가적으로 서비스 실패 후 소비자에게 설명하고 정보를 알려주는 정보 공정성(informational justice)을 포함하기도 한다. 결과적으로, 고객은 실패된 서비스를 회복시키려는 서비스 조직의 노력이 얼마나 공정하게 이루어졌는지를 자신의 평가로 결정하기 때문에 서비스 회복을 위해서는 이러한 공정성을 높이려는 노력이 필요하다.

한편, 서비스 회복에서 고객과 공동회복이 중요한 것으로 논의되고 있다. 고객이 공동회복을 긍정적으로 보면 공동으로 창출하는 서비스 회복은 효과적이나 고객이 공동회복 노력을 조직을 위해 대신 일을 하는 것으로서 간주하면 오히려 부정적 결과를 초래하기도 한다. 서비스 조직이 실패에 책임이 있을 때 고객은 그 조직이 초래한 자신의 손실과 불편을 정당화하기 위해 공동회복 노력의 큰 부분을 서비스 조직이 제공하기를 기대한다. 또한 직원들이 그들의 고객과 함께 공동회복을 시작할 때 고객은 직원들이 정중하고 문제를 해결할 의지가 있다고 우호적으로 느낄 것이다. 반대로 고객이 그러한 공동회복을 시작할 경우에 직원들이 그들을 도우는 데 열성적이지 않고 문제를 해결하는 데 노력을 크게 기울이지 않을 것이라고 인식할 수도 있다. 하지만 직원이 능력(통제 불가능 요인)이 없더라도 노력(통제가능 요인)을 기울여준다면 고객의 직원 노력에 대한 인식 수준은 향상될 것이다.

(2) 고객의 전반적 만족

만족이 예상과 기대의 함수이기 때문에 기대의 이행이 만족을 높인다. 중요한 것은 만족되거나 불만족된 고객을 이해하는 것이다. 그들의 행태는 무엇이 만족된 고객을 불만족된 고객으로 만들거나 전환시키는지를 예측하기 위해 조심스럽게 관찰되어야 한다. 서비스 회복의 보장은 전체 서비스 경험과 함께 고객의 전반적 만족을 증가시킨다. 게다가 서비스 회복의 품질은 고객의 만족에 큰 역할을 한다. 서비스 회복 품질 요소들은 신뢰성, 보장성, 직원의 권한부여, 고객화, 반응성, 향상된 장기적인 고객 관계를 포함한다. 불만족에 대한 가장 중요한 이유들 중 하나는 서비스 그 자체와 서비스 회복의 지연이다. 서비스 제공자들은 불만족을 통제하기 위해 서비스 정책, 불평 취급 절차, 보장 이행을 효과적으로 실행해야 한다. 또한 내부 만족이 서비스 회복 프로세스에서 동등하게 중요하다.

(3) 고객 행동 의지

서비스 실패 후에 나올 수 있는 고객의 행태는 탈출, 전환, 목소리, 부정적 구전효과이고 서비스 회복의 경우에는 긍정적 구전, 만족, 충성 등이 나타난다. 고객의 이전 경험과 기대가 그들의 행태에 반영된다는 점이 강조될 수 있으며, 이전의 서비스 경험이 없는 고객이 또한 연구 이슈가 될 수 있다. '불평하는 고객들이 가장 충성스런 고객들 중 하나'라고 믿는 것처럼 불평고객의 중요성이 강조될 필요가 있다. 또한 고객 전환과 관련된 의지도 매우 중요하다. 소비자의 행동이 나이, 성, 문화, 직업, 그의 전반적 경험에 관련하여 변할 수 있기 때문이다.

2.5.3. 서비스 회복 시기

일반적으로 학자들에 의해 논의된 적정 서비스 회복 시기 전략은 다음과 같이 정리된다.

명제 1) 높은 강도의 부정적 감정을 갖는 고객에 대해, 고객 만족과 재구매 의도는 즉각적 회복 후보다는 지연된 회복 후에 더 높음.

명제 2) 낮은 강도의 부정적 감정을 갖는 고객에 대해, 고객 만족과 재구매 의도는 지연된 회복 후보다 즉각적 회복 후에 더 높음.

명제 3) 높은 강도의 부정적 감정을 갖는 고객에 대해, 심리적 회복과 지연된 회복을 결합하는 것은 만족이 증가하면서 역의 U자형으로 재구매 의도가 증가하는 것을 초래

명제 4) 높은 강도의 부정적 감정을 갖는 고객에 대해, 경제적 회복과 지
연된 회복을 결합하는 것은 만족이 증가하면서 U자형으로 재구
매 의도가 증가하는 것을 초래

명제 5) 낮은 강도의 부정적 감정을 갖는 고객에 대해, 경제적 및 즉각적
인 회복을 결합하는 것은 만족이 증가하면서 역의 U자형으로 재
구매 의도가 증가하는 것을 초래

명제 6) 낮은 강도의 부정적 감정을 갖는 고객에 대해, 심리적 및 즉각적
인 회복을 결합하는 것은 만족이 증가하면서 U자형으로 재구매
의도가 증가하는 것을 초래

2.6. 서비스 회복 프레임워크 종합

고객은 서비스 실패가 발생하면 그 실패된 서비스가 회복될 것으로 기대
한다. 이 기대에 영향을 미치는 것은 실패의 심각성, 인식된 서비스 품질, 고객
충성, 서비스 보장이 있다. 즉, 실패 심각성이 높을수록, 인식된 서비스 품질이

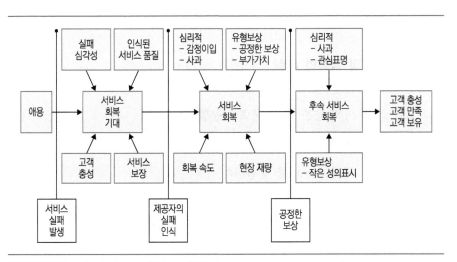

그림 14-1 종합적 서비스 회복 프레임워크

출처: Miller, J., Craighead, C.W. & Karwan, K.R. (2000), "Service recovery: A framework and empirical investigation", *Journal of Operations Management,* *18*(4), 387-400.

낮을수록, 고객 충성이 높을수록, 서비스 보장이 높을수록 서비스 회복 기대 수준은 높을 것이다. 서비스 제공자가 실패를 인식한 후에는 서비스 회복 활동이 전개될 것이다. 이 경우에 서비스 회복의 성공에 영향을 미치는 요인들로는 심리적(감정이입, 사과) 및 유형적(공정한 보상, 부가가치) 요인들이 있고 회복의 속도와 현장 직원의 재량이 필요하다. 공정한 보상 후 후속 단계에서는 후속 서비스 회복 활동이 필요한데 심리적(사과, 관심 표명)과 유형적 보상(작은 성의표시)이 영향을 미치고 그 결과는 고객 만족, 충성, 보유로 나타나게 된다.

3 흥미로운 기타 이슈

3.1. 고객 불평 관리

3.1.1. 고객 불평의 중요성

불만족한 고객이 불만족에 반응하여 취하는 행동으로 인해 기업에게 피해를 초래할 수 있기 때문에 이에 대한 관리가 필수적이다.

3.1.2. 고객 불평의 유형

고객 불만 시 반응은 네 가지로 구분할 수 있다.

(1) 이탈(exit)

고객이 제품의 소비를 중단한다.

(2) 항의(voice)

무엇이 잘못되었고 무엇을 기대하는지를 서비스 직원 혹은 조직에게 이야기한다.

(3) 무시(ignorance)

고객이 공급자와 관계에 대해 관심 없이 무심한 침묵을 유지한다.

⑷ 충성(loyalty)

고객이 어떤 서비스를 지속적으로 구매하고 제품의 향상을 기대한다.

한편, 고객이 불만 표현 시 사용하는 더욱 공격적 수단들이 존재한다. 일반적으로 소비자가 불만족스러운 서비스 경험에 반응하는 보복의 일곱 가지 항목은 다음과 같다.

⑴ 비용 혹은 손실 청구
⑵ 파괴행위
⑶ 소란스럽게 난장판 만들기
⑷ 절도
⑸ 부정적 구전
⑹ 개인적 공격
⑺ 소비자 기관에 신고하거나 법적 행동을 취하는 등의 제3자에게 호소

이 행태적 반응은 개별적 혹은 결합되어 나타날 수 있다. 불만족에 대한 고객 반응은 문제 유형, 고객 기대, 고객 감정, 비용과 편익 고려, 고객과 제공자의 관계와 같은 여러 요인을 포함하는 복잡한 의사결정 프로세스의 결과이다. 그러나 불평은 회복과 개선을 위한 기회를 가져오고 몇 가지 전략적 편익으로 결과되면서 건설적이고 편익을 제공할 수 있다. 그럼에도 불구하고 대부분의 불만족된 고객들은 불평하지 않는다. Tax & Brown(1998)은 불만족된 고객의 단지 5-10%만이 실제로 그들의 불만족을 소리내어 얘기한다고 한다. 따라서 기업은 고객 불평을 소중히 여겨야 하고 그들이 목소리를 내도록 격려해야 한다. 불평하는 의지와 행동은 그 불평이 잘 해결되면 오히려 반복 구매 의지로 이어질 수 있기 때문이다. 고객의 불평은 관리자들의 피드백에 의해 악화되지 않아야 하고, 대신에 고객 불평을 전략적으로 사용하고, 기업의 우위로 전환할 수 있어야 한다.

3.1.3. 고객 불평 관리

(1) 일반적 불평 관리 정책

- 모든 불평은 선물이다.
- 우리 조직은 불평을 환영한다.
- 우리 조직은 고객이 불평하도록 격려한다.
- 우리 조직은 불평하기 쉽게 만든다.
- 우리 조직은 불평을 빨리 다룬다.
- 우리 조직은 공정한 방식으로 불평에 대응한다.
- 우리 조직은 일선 직원들이 불평을 직접 다루도록 권한을 부여한다.
- 우리는 불평을 잘 다루는 직원들에게 보상한다.
- 우리 조직은 불평을 기록하고 학습한다.

(2) 개별 불평 취급

개별 불평 취급은 실패된 서비스를 회복, 고객을 만족, 후속적인 부정적 구전을 줄이기 위해 즉각적으로 개별 불평 사항에 대응하는 방법이다. 회복 패러독스와 같이 실패로부터 회복은 또한 기업이 매우 만족한 고객을 창출하는 기회를 제공할 수도 있다는 점을 명심해야 한다. 그러나 이러한 방법은 고객 불평의 원인이 아니라 징후와 결과만을 다룬다는 점에서 만병통치약은 아니다.

(3) 종합 불평 분석

종합 불평 분석은 조직이 불평 관리를 선행적으로 관리하도록 하는 방법이다. 그 목표는 모든 조직 수준에서 불평 관리 프로세스가 소통되어 비즈니스 프랙티스의 전략적 변화를 도출하도록 하는 데 있다. 즉, 불평의 원인을 규명하고, 실패의 재발을 막고, 불평을 줄이기 위해 서비스 품질을 향상시키는 균일한 가이드라인을 제공하는 방식의 관리 접근법이다.

3.2. 공공 서비스 실패

3.2.1. 공공 서비스 실패 사례

적시에 도착하지 않는 여권, 잘못된 정보로 승인, 누군가에게 권리가 있는 복지혜택 전달의 실패, 부정확한 세금 징수, 낮은 품질의 학교, 의료 실수를 범하는 병원, 오지 않는 공영버스 등이 대표적 공공 서비스 실패 사례이다. 특히 시민들이 종속적 위치에 있는 상황에서 그러한 실패는 심각한 결과를 초래할 수 있다. 예를 들어, 주택에서 퇴거, 직장을 잃기, 굶게 되기, 심지어 죽음으로까지 치달을 수 있다. 하지만 사람들의 삶에서 공공 서비스의 편재성과 공공 서비스의 실패가 삶에 미치는 엄청난 잠재적 피해규모에도 불구하고 민간 서비스 실패만큼 관심을 끌지 못하고 있다.

3.2.2. 공공 서비스 실패의 정의

이 개념은 설정된 규범에 기초하여 고객에게 서비스를 전달하는 데 공공 조직에 의한 실패 혹은 인식된 실패로서 정의할 수 있다. 이것은 정부 실패와 정책 실패와는 다른 개념이고 서비스 전달의 운영적 수준에서 서비스 실패를 의미한다. 정부 실패는 정부가 우선 개입해서는 안 되기 때문에 비효율성이 창출되었을 때 또는 더 뛰어난 편익을 발생시켜 주어진 문제를 효율적으로 해결해야 할 때 발생한다. 또한 정책실패는 자유 시장에서 간섭(시장 실패를 수정하기 위한 시도에서)하거나 정부 의사결정의 정치적 특성, 정책을 실행하는 데 관료주의적 비효율성, 대리인(즉, 공무원)의 사리사욕과 관련된다.

공공 서비스 실패와 서비스 실패의 일반적 차이는 다음과 같다.

(1) 실패의 결과가 다르다

실패할 경우에도 공공 서비스는 망하지 않는다. 폐지되거나 예산이 줄어들 뿐이다.

(2) 정치적 환경 내에서 존재하고 운영된다

서비스 실패의 인식과 해석이 민간 섹터 상황에서 보다 더 중요하고 사전에 규정된 표준에 기초하여 판단된다. 따라서 성공과 실패의 기준이 모호할 경우가 있다. 공공 서비스에 대한 기대가 다른 사람에게는 다른 평가로 나타날 수 있다.

3.2.3. 공공 서비스 실패에 대한 고객의 반응 행동

공공 서비스는 실패의 가정하에 운영하기 때문에 실패에 대한 고객 반응은 매우 제한적이다. 즉, 기대가 낮을수록 기대 불일치가 발생할 가능성이 작기 때문이다. 결과적으로, 민간 부문의 서비스 실패와 달리 공공 부문의 실패는 브랜드 충성, 고객 보유, 재구매 의지와 같은 반응과 관련성이 더 작다.

구체적으로, 반응의 유형은 무관심, 소외, 회피 등과 같은 수동적 반응과 비난하기와 탈퇴와 같은 공격적 반응으로 구분할 수 있다.

(1) 목소리 내기와 비난

비난은 실패에 대한 책임을 돌리는 프로세스를 의미한다. 고객은 서베이, 불평 절차, 옴부즈(고충처리기관), 온라인 리뷰 웹사이트, 소셜 미디어 등을 통해 비난의 목소리를 내기도 한다.

(2) 선택과 탈퇴

탈퇴는 공공 조직 혹은 민간 조직 내 대안적 서비스 조직으로 이동하는 것을 의미한다. 탈퇴의 두 가지 형태와 방식으로는 긍정적 형성과 부정적 형성이 있다. 긍정적 형성은 자족 생산, 자율 공급, 자율 조직 결성과 같이 시민이 스스로 필수적 대안을 창출(홈스쿨링과 자경단 등)하는 것을 의미하고 부정적 형성은 불법 영역으로 이동(밀수, 웃돈거래 등과 같이 서비스를 얻기 위해 비공식적 지불을 통해)하는 것을 의미한다. 그러나 탈퇴는 직접적 경쟁의 결여로서 정부조직의 향상을 초래하지 않으면서 정부의 재정부담을 줄일 수 있다. 또한, 탈퇴는 사회

그룹(예, 소득, 교육 등)에 따라 불균등하게 분배될 수 있다. 예를 들어, 부자들은 자녀들을 공립학교가 아니라 비용이 많이 드는 사립학교로 보낼 수 있다.

3.2.4. 공공 서비스 회복 전략

잠재적 실패를 피하기 위한 내부 반응으로서 조직 대체와 성과 전환과 같은 조직 재구성, 정치적 사임과 같은 리더십 교체가 있다. 이러한 반응 전략은 개별 고객에 대한 대응이라기보다는 집합적으로 대응하는 것을 지향한다. 시민을 고객으로 본다면 기존의 서비스 회복 전략이 관심을 받을 수 있다. 그렇게 된다면 고객 만족이 시민 만족을 대표하는 객관적 지표가 될 수 있다. 예를 들어, 금전적 및 비금전적 보상이 있을 수 있다. 그러나 개별 보상은 바람직하지 않거나 때때로 불법일 경우도 있다. SNS와 같은 소셜 미디어의 사용은 집합적 및 개별적 접근법 사이에 존재한다. 소셜 미디어에서 공공 서비스 조직의 출현이 증가하는 것은 개별 고객을 지원하는 노력이 이루어지고 있고 동시에 조직의 이미지를 보호하기 위한 노력이 이루어진다는 것을 의미한다. 그러나 개별 고객에 대해 서비스를 향상시키는 것은 서비스 전달에서 불평등을 증가시킬 수 있다. 결과적으로 공공 서비스 실패에서 보상에 대한 논의와 일부 소셜 미디어에 대한 선택적 관심은 공공 서비스 고객 관계에서 중요한 패러독스를 의미한다.

3.3. 선행적 회복과 실패 예방

3.3.1. 배경

Parasuraman et al.(1991)은 서비스 회복 시스템이 다음의 두 전략을 적용해야 한다고 주장하였다.

(1) 고객의 불평이 회복 노력의 출발점이 되는 반응적 전략
(2) 조직이 고객의 불평과 상관 없이 회복 노력을 개시하는 선행적 전략

반응적 전략은 미미하게 고객 만족을 향상시킬 뿐이고 선행적 전략이 수행될 때에만 고객 만족이 높게 향상된다. 여기서 부각되는 점은 서비스 회복이 피해를 통제하기 위한 메커니즘으로만 고려돼서는 안 되고 서비스 조직이 서비스 실패의 영향을 최소화하기 위해 선행적 회복 전략을 적용하는 것을 고려해야 한다는 것이다.

기업은 다음의 세 가지 상황에서 서비스 회복 노력을 적용해야 한다.

(1) 서비스 이전에 실패가 발생할 때(예방적)
(2) 서비스 실패가 발생할 때(동시적)
(3) 서비스 이후에 실패가 발생할 때(사후적)

또한 서비스 실패를 완벽하게 치료하기 위해서는 다음 세 단계의 회복 프레임워크가 필요하다.

(1) 회복 전 단계
(2) 즉각적 회복 단계
(3) 후속 회복 단계

서비스 실패를 위한 예방적 전략의 개발과 회복 전략의 성공적 실행은 고객 만족과 충성 및 기업 이익을 뛰어나게 향상시킬 수 있다.

3.3.2. 선행적 회복과 실패 예방 전략

이 전략은 서비스 실패로부터 선행적으로 회복하고 그 실패를 막기 위해 기업에 의해 적용된 모든 전략을 나타낸다. 일반적으로 서비스 조직은 후방부서에서 서비스 전달 시스템을 통해 전방부서에 있는 서비스 접점에서 서비스 패키지를 고객에게 전달한다. 이러한 관점에서 선행적 회복과 실패 예방 전략은 다음의 네 가지로 구분할 수 있다(Chen, 2016).

(1) 전방부서 관리

점포의 물리적 환경에 대한 더욱 효과적 디자인이 서비스 실패의 기회를 더 낮춘다. 또한 서비스 전달 시스템의 디자인이 서비스 시스템을 관리가능하고, 통제가능하고, 향상할 수 있도록 만들면서, 무형을 유형의 서비스로 전환할 수 있기 때문에 서비스 전달 시스템의 디자인은 매우 가치 있는 것으로 고려할 수 있다. 또한 서비스 실패를 막기 위해 관리자는 서비스 전달 프로세스를 향상시키는 필수적인 예방책을 세워야 한다. 서비스 환경, 시스템, 인력의 성공적 분석은 적시의, 일관적인, 고품질 서비스를 보장하기 때문이다. 다시 강조하지만, 조직이 고객의 행동(예, 고객 만족과 충성을 재구축하기), 프로세스(예, 실패가 학습을 고무하고 프로세스를 향상시키는 것을 보장하기), 직원 회복(예, 직원을 훈련하고 보상하기)을 위한 행동을 통합함으로써 완벽한 서비스 회복을 달성할 수 있다.

(2) 후방부서 관리

후방부서를 관리(예, 조달과 수용, 제품 개발, 전문적 스킬 향상)하는 것은 전방부서를 관리하는 것과 동일하게 중요하다. 서비스 패키지의 품질 결함과 고객 니즈의 대응에 실패와 같은 후방부서에서 발생하는 문제는 후방부서 시스템의 성과를 낮추게 된다. 나아가 후방부서 직원의 업무 방법과 절차가 제품의 시각적 호소에 영향을 미칠 수 있기 때문에, 고객 니즈를 만족시키기 위해 후방부서에서 고품질의 새로운 패키지를 개발하는 것이 중요하다.

(3) 인적 자원 관리

인적 자원 관리는 기업에게 매우 중요하나 작은 기업은 효과적 인적 자원 관리 시스템이 결여된 경우가 많다. 서비스 실패의 분석이 관리자로 하여금 운영적 조정, 인적 자원 계획(예, 선택, 훈련, 성과평가, 보상), 적절한 인력 배분을 통해 실패 발생을 최소화시키도록 허용한다. 관리 인력은 서비스 실패의 원인을 규명해야 하고 서비스 문제를 해결하기 위한 서비스 프로세스를 향상시키도록 노력해야 한다. 이를 위해 상위 관리자는 리더십, 전문적 숙련성, 교육 수준이 향상되어야 한다. 또한 직원 교육, 훈련, 권한부여가 서비스 회복 시스템의 효과성을 증가시킬 수 있다. 나아가 서비스 인력을 선발, 훈련, 감독, 동기부여하는 것은 고객 만족을 증가시키는 데 중요하다.

(4) 피드백 지원 시스템 관리

피드백 메커니즘은 회복 전략을 위해 필요하다. 서비스 실패의 근본원인은 문제를 이해하는 데 가치 있는 실마리로서 작용할 수 있다. 따라서 서비스 조직은 고객의 목소리를 체계적으로 청취하기 위해 단순하지만 다양한 불평 관리 시스템을 구축해야 한다. 서비스 조직은 고객의 불평 프로세스를 단순화시키고 고객이 제품과 서비스에 대한 피드백을 제공하도록 권장해야 한다. 이를 위해, 변하지 않는 고정 불평 채널이 필요하다.

한편, 만족스러운 고객 관계를 유지하는 기업은 고객이 서비스 실패에 상대적으로 덜 민감하게 만들고 서비스 회복을 더 쉽게 달성하도록 만든다. 강한 고객과의 관계가 고객 가치와 충성을 보존하고 서비스 실패의 부정적 영향을 약화시킬 수 있기 때문에 서비스 조직은 고객과 관계를 개발 및 강화하고 서비스 실패의 부정적 영향을 완화하기 위한 선행적 및 예방적 전략에 투자해야 한다. 마지막으로 효과적인 커뮤니케이션과 정보기술 시스템의 구축은 서비스 회복 전략의 영향을 향상시키는 데 공헌한다.

─── 참고문헌

Bell, C.R. & Zemke, R.E. (1987), "Service breakdown: The road to recovery", *Management Review*, 76(10), 32–45.

Bitner M.J., Booms B.H. & Tetreault M.S. (1990), "The service encounter: Diagnosing favorable and unfavorable incidents", *Journal of Marketing*, 54(1), 71–84.

Boshoff, C. (1997), "An experimental study of service recovery options", *International Journal of Service Industry Management*, 8(2), 110–130.

Bowen, D.E. & Johnston, R. (1999), "Internal service recovery: Developing a new construct", *International Journal of Service Industry Management*, 10(2), 118–131.

Chen, H.T. (2016), "Quality function deployment in failure recovery and prevention", *The Service Industries Journal*, 36(13–14), 615–637.

Hart C.W., Heskett J.L. & Sasser W.E. Jr (1990), "The profitable art of service recovery", *Harvard Business Review*, 68(4), 148–156.

Michel, S., Bowen, D. & Johnston, R. (2009), "Why service recovery fails: Tensions among customer, employee, and process perspectives", *Journal of Service Management*, *20*(3), 253-273.

Miller, J., Craighead, C.W. & Karwan, K.R. (2000), "Service recovery: A framework and empirical investigation", *Journal of Operations Management*, *18*(4), 387-400.

Parasuraman, A., Berry, L. L., & Zeithaml, V. A. (1991), "Perceived service quality as a customer-based performance measure: An empirical examination of organizational barriers using an extended service quality Model", *Human Resource Management*, *30*(3), 335-364.

Reynoso, J. & Moores, B. (1995), "Towards the measurement of internal service quality", *International Journal of Service Industry Management*, *6*(3), 64-83.

Schneider, B. & Bowen, D.E. (1985), "Employee and customer perceptions of service in banks: Replication and extension", *Journal of Applied Psychology*, *70*(3), 423-433.

Tax, S.S & Brown, S.W. (1998), "Recovering and learning from service failure", *MIT Sloan Management Review*, *40*(1), 75-88.

Zemke, R. & Bell, C. (1990), "Service recovery: Doing it right the second time", *Training*, *127*(6), 42-48.

생각해 볼 문제 ⌛ 💡 📖
Question

객관식 문제

01 다음 문제의 참과 거짓을 판단하시오.

1.1 고객 만족은 특정 구매 후에 고객 만족을 평가하는 거래 특유의 만족과 제공자에 대한 전반적인 경험에 기반한 누적 고객 만족이 있다.

1.2 고객의 기대를 충족시키는 보장 능력은 고객이 그 보장을 어떻게 인식하는지와 보장에 대한 고객의 기대에 달려 있다.

1.3 서비스 보장이 성공적으로 운영되기 위해서는 무조건적 서비스 보장과 포괄적 보장이 필요하다.

1.4 서비스 회복에 대한 만족 수준을 높이는 것은 서비스 제공자에 의한 보장으로 인해 충성을 향상시키고 미래의 구매 행태에 영향을 미친다.

1.5 고객은 실패를 수용할지 모르나, 실패를 수정하는 노력을 할 수 없거나 하지 않는 조직은 용서하지 않을 것이다.

1.6 고객이 성공적이지 못한 서비스 회복을 경험한다면 그것을 이중 이탈(double deviation)이라고 한다.

1.7 서비스 보장은 서비스 실패 후에 불만족한 소비자를 진실되게 회복시켜 오히려 기존보다 더 고객 만족과 충성을 강화시킬 수 있다는 것을 의미한다.

1.8 고객이 공동회복을 긍정적으로 보면 공동창출 회복은 효과적이고 고객이 공동회복 노력을 조직을 위해 일을 하는 것으로서 간주하면 오히려 더 강한 긍정적 결과를 초래하기도 한다.

1.9 높은 강도의 부정적 감정을 갖는 고객들에 대해, 고객 만족과 재구매 의지는 지연된 회복 후보다는 즉각적 회복 후에 더 높게 나타난다.

1.10 불만족된 고객의 단지 5-10%만이 실제로 그들의 불만족을 소리내어 얘기한다고 한다. 따라서 기업은 고객 불평을 소중히 여겨야 하고 고객이 소리를 내도록 격려해야 한다.

1.11　개별 불평 취급은 실패된 서비스를 회복, 고객을 만족, 후속적인 부정적 구전을 줄이기 위해 즉각적으로 개별적인 불평 사항에 대응하는 방법으로서 불평의 원인을 규명하고, 실패의 재발을 막고, 불평을 줄이기 위해 서비스 품질을 향상시키는 균일한 가이드라인을 제공하는 방식의 관리 접근법이다.

1.12　문제 인식, 이유 설명, 적절한 장소에서 사과, 무료 티켓 및 할인 쿠폰 등과 같은 보상의 네 가지 단계 프로세스는 내부 서비스 회복의 옵션에 해당한다.

1.13　서비스 회복 차원은 고객, 프로세스, 직원의 세 가지 차원으로 구성된다.

1.14　서비스 회복 프로세스의 기본 단계는 인식, 감정이입, 사과, 소유, 해결, 보증, 보상의 7단계이다.

1.15　고객의 스트레스 대응으로서 문제 초점 대응방식은 고객은 친구에게 말하거나, 가족의 지원을 찾거나, 그 문제에 대해 생각하는 것을 회피하려고 노력하는 것과 같이 기분이 더 나아지도록 만들려고 노력한다.

1.16　택시기사와 대리기사가 너무 빨리 운전하거나 차량의 능력을 고려하지 않는 경우에 자신이 입을 수 있는 신체와 차량에 대한 물리적 피해로부터 자유를 추구하기 위해 분노를 유발하는 부정적 감정이 발생할 수 있다.

1.17　사람들의 삶에서 공공 서비스의 편재성과 공공 서비스의 실패가 삶에 미치는 엄청난 잠재적 피해규모로 인해 민간 서비스 실패보다 더 많은 관심을 받고 있다.

1.18　민간 부문의 서비스 실패와 달리 공공 서비스 실패는 브랜드 충성, 고객 보유, 재구매 의도와 같은 반응과 관련성이 더 크다.

1.19　공공 서비스 실패 시 개별 보상은 바람직하지 않거나 때때로 불법일 경우도 있다.

1.20　서비스 회복 전략 중에 서비스 조직이 서비스 실패의 영향을 최소화하기 위해 선행적 회복 전략을 적용하는 것이 실패의 피해를 통제하는 것보다 더 중요하다.

02 선택형 문제

2.1 다음 중 적절한 서비스 보장이 아닌 것은?

① 서비스 조건과 금전적 보상과 같은 의미 있는 보장 내용이 포함되어야 한다.

② 철저한 문서화가 필요하고 조직 내 모든 계층의 승인이 있어야 한다.

③ 보장 청구가 쉬워야 한다.

④ 현장에서 쉽게 고객의 불만을 수집할 수 있어야 한다.

2.2 다음 중 외부 서비스 회복 옵션에 해당하지 않는 것은?

① 감정이입

② 사과

③ 휴식 공간과 시간 제공

④ 쿠폰 제공

2.3 다음 중 내부 서비스 회복 전략을 위한 행동에 적절하지 않은 것은?

① 정보를 공유

② 역할 모호성 감소

③ 참여적 업무 분위기 창출

④ 솔루션에 대한 고객의 관점을 경청

2.4 다음 중 서비스 회복의 공정성에 해당되지 않는 것은?

① 정보적 공정성

② 절차 공정성

③ 상호작용 공정성

④ 전달 공정성

2.5 다음 중 고객 불만 시 나타나는 반응이 아닌 것은?

① 충성   ② 포기

③ 이탈   ④ 무시

2.6 다음 중 고객 불평 관리 정책으로 가장 적절하지 않은 것은?

① 고객의 불평의 심각성에 따라 다르게 다룬다.

② 모든 불평은 선물이다.

③ 고객들이 불평하도록 격려한다.

④ 현장 직원들이 불평을 직접 다루도록 권한을 부여한다.

2.7 개인의 분노를 유발하는 부정적 감정의 발생 상황으로 가장 적절하지 않은 것은?

① 심리적 피해 위협   ② 경제적 자원의 손실

③ 자존심과 정의감 손실   ④ 상황에 대한 통제 능력 결여

2.8 다음 중 공공 서비스 실패의 유형이 아닌 것은?

① 서비스 조정 혹은 개혁 니즈를 인식하는 것을 실패

② 서비스를 조정하거나 개혁하는 능력 부족의 결과

③ 잘못된 솔루션을 적용하거나 잘못된 문제에 솔루션을 적용하는 결과

④ 부정적 정보보다 긍정적 정보에 더 민감하게 반응하는 경우인 긍정편향의 결과

2.9 선행적 회복과 예방 전략으로서 적합하지 않은 대상은?

① 전방부서 관리   ② 서비스스케이프 관리

③ 후방부서 관리   ④ 피드백 지원 시스템 관리

2.10 다음 중 교육 서비스 실패 시 회복을 위한 가장 적절한 회복 옵션은?

① 사과

② 문제인식

③ 실패에 대한 설명

④ 향후의 실패 회피를 위한 서비스 내용과 절차 변경

⑤ 모두 다

1.1 다음 서비스 중 본인이 경험했거나 잘 아는 서비스 세 개를 고려하시오.

식당, 당구장, 노래방, KTX, 숙박공유 서비스, 서점, 전통문화 체험 서비스, 가스점검 서비스, 극장, 대학 비대면 강의 서비스, 택배 서비스, 선거 캠페인, 동사무소 서비스, 대학행정 서비스, 세탁소, 어린이집, 대리운전 서비스, 미술관, 연극공연, 퍼스널 트레이닝, 간병인 서비스, 동물병원, 시내버스, 만화방, 낚싯배 대여 서비스, 정수기 대여 서비스, 해외 패키지여행, 국방 서비스, 커피숍, 과외 서비스, 수술 서비스

(1) 선택한 서비스에서 자신이 실제로 경험했거나 널리 알려진 중요한 실패 사례 하나를 찾아 그 이유와 결과를 설명하시오.
(2) 선택한 서비스에서 가장 효과적인 서비스 회복 옵션으로 사용될 수 있는 것들을 제시하시오.
(3) 선택한 서비스에 대해 가상의 실패를 가정하고 그에 대한 서비스 회복 기본 절차를 적용하여 보시오.
(4) 어떤 서비스에서 서비스 실패가 가장 빈번하게 발생할 것으로 생각하는가? 그 이유는?

1.2 본인이 경험한 공공 서비스 실패 사례를 두 가지 제시하고 그 실패의 회복을 위해 어떤 방안이 사용되었는지 찾아보시오.

1.3 본인이 경험하거나 이야기를 들은 고객 분노의 사례를 세 개 제시하고 그 분노한 고객에게 어떤 대응을 해야 하는지를 반응적과 선행적으로 구분하여 의견을 제안하시오.

1.4 다음의 비대면 서비스 중 잘 알거나 경험했던 서비스 세 개를 고려하시오.

> 무인카페, 배달 전문 도시락, 음식 배달 서비스, 인터넷 금융, 비대면
> 교육, 온라인 취미 수업, 세탁물 픽업 및 배달 서비스, 매장 내 물건
> 주문과 픽업 서비스, 셀프 관리형 정수기 필터 서비스, VR을 이용한
> 인테리어 제안, 사이버 모델 하우스, 메신저 상담, 챗봇, AI 스피커를
> 통한 쇼핑, 가상 피팅 의류/안경 쇼핑몰, 비대면 화상 면접, 비대면
> 육아 서비스, 재택근무 서비스, 온라인 합동연주 및 콘서트, 비대면
> 결제 서비스, 동영상 스트리밍 서비스, 100% 셀프 스토어

(1) 선택한 서비스의 실패는 어떻게 확인할 수 있는가?

(2) 선택한 서비스에서 가장 흔히 발생하는 서비스 실패 유형은?

(3) 선택한 서비스의 실패 시 적용할 수 있는 회복 옵션 중 가장 효과적
이라고 생각하는 것은?

서비스 프랜차이즈 관리

Service Operations Management

15 CHAPTER

 배경

프랜차이즈는 서비스의 빠른 성장을 지원해 주는 중요한 역할을 하고 있으며, 현재 많은 서비스 부문에서 프랜차이즈로의 전환이 이루어지고 있다. 따라서 서비스 운영의 마지막 장으로서 지금까지의 지식을 종합하여 프랜차이즈 관리에 대한 지식과 관리 방안을 학습할 필요가 있다. 본 장에서는 프랜차이즈를 위한 계약과 운영실무와 같은 구체적 내용을 설명하기보다는 프랜차이즈 비즈니스에서 발생하는 본사와 가맹점의 갈등을 포함하여 주요 이슈에는 어떤 것이 있는지를 소개하는 데 초점을 둔다.

 주요 이슈

- 프랜차이즈 유형에는 무엇이 있는가?
- 본사와 가맹점 관점에서 프랜차이즈의 장단점은?
- 프랜차이즈 비즈니스 수행 시 주요 이슈와 관리 방안은?
- 프랜차이즈의 성공적 관리 방안은?
- 본사와 가맹점의 갈등 유형은?
- 가맹점의 표준화와 유연성의 의미와 영향은?

1 프랜차이즈 성장

프랜차이징(franchising)은 중소기업이 국가 수준 심지어 세계 수준으로 성장하는 하나의 도구로서 활발히 적용되고 있다. 맥도날드(McDonald's)는 이에 힘입어 세계에서 가장 큰 레스토랑 프랜차이즈가 되었다. 프랜차이징은 1960년대 이후 미국에서 매우 성공적으로 발전하고 있는 중이고 비즈니스에서 지배적 역할을 차지하고 있다. 우리나라의 경우에도 서비스 부문에서 프랜차이즈의 빠른 성장을 목격하고 있다.

비즈니스 형태의 프랜차이즈는 본사(franchisor)에 의해 개발되고 소유된 상표명을 사용하여 제품 및 서비스를 판매하기 위한 본사와 가맹점(franchisee) 사이의 법적 협약에 기초한 비즈니스를 의미한다(Shane, 1996). 이와 유사한 개념으로서 기업 소유의 네트워크가 있다. 이것은 여러 점포들(예, 직영점들)이 한 기업에 의해 소유되고 고용된 관리자에 의해 운영되는 비즈니스 네트워크를 의미한다. 이 둘의 가장 큰 차이점은 소유권의 위치와 관리 방식에 있다. 스타벅스(Starbucks)와 국내 커피 프랜차이즈의 점포 운영 방식을 비교해 보자. 스타벅스는 모두 직영 방식의 운영을 하고 있어 한 기업 소유의 네트워크라 할 수 있는 데 비해 국내 커피 프랜차이즈는 모두 가맹점 방식의 운영을 하고 있어 비즈니스 형태의 프랜차이즈라 할 수 있다.

2 프랜차이즈 개념

프랜차이즈는 장기적이고 지속적인 비즈니스 관계로서 가맹점은 계약된 요구사항과 제약하에 프랜차이즈 본사의 브랜드를 활용하는 비즈니스를 수행하며 본사는 가맹점이 라이선스(license)에 포함된 비즈니스를 조직화, 상품화, 관리하는 데 조언과 지원을 제공한다(Tarbutton, 1986). 이러한 프랜차이즈는 제품 혹은 서비스를 마케팅하는 한 시스템 혹은 방법이다. 본사는 특별한 제품, 서비스 혹은 시스템을 개발하고 시장의 인정을 얻는다. 그리고 나서 본사는 그 상표(trademark)하에 이미 입증된 성공적인 방식으로 서비스 혹은 제품을 상품화하기 위해 작고, 독립적인 여러 가맹점들에게 권리를 허락하거나 라이선스한다.

프랜차이즈라는 용어는 다양한 비즈니스 형태에 적용되어 왔고 시간에 따라 진화해 왔다. 예를 들어, 석유 공급자들과 주유소를 운영하는 개인 사이의 라이선스 방식의 협의는 프랜차이즈 계약의 초기 유형으로 생각할 수 있다. 그러나 엄밀히 말해 그것은 프랜차이즈 방식 혹은 유형이 아니고 그 용어는 잘못 적용되어 왔었다. 이 문제를 해결하기 위해 '비즈니스 형태(business format) 프랜차이즈'라는 올바른 용어가 도입되었다.

3 프랜차이즈 유형

3.1. 제품/제품 유통(Product/Product distribution) 프랜차이즈

판매대리(독점)권으로도 부른다. 가맹점은 제조업체의 제품을 유통, 도매, 소매한다. 가맹점은 본사의 제품을 단순히 판매하고 공급자−판매자 관계를 유지하는 프랜차이즈 형태이다. 이 유형하에서 가맹점은 본사의 제품, 서비스, 상표를 사용하고 제품은 보통 지정된 지역 내에서 반드시 가공하지 않은 원상태로 가맹점에 의해 판매된다. 예를 들어, 자동차 딜러, 주유소, 주류, 신문, 두유 등의 제품이 이에 해당한다. 코카콜라의 경우에 미국 코카콜라의 자회사 한국 코카콜라(즉, 본사)가 착색음료 농축액을 코카콜라음료(즉, 가맹점)에 판매하고 가맹점은 최종 음료를 제조한 후에 프랜차이즈 레스토랑, 음료소매점, 자판기회사, 소매점포 등에 판매를 한다.

3.2. 비즈니스 형태(Business format) 프랜차이즈

제조 혹은 가공공장 협약이라고도 부른다. 우리가 흔히 프랜차이즈라고 부르는 것으로서 보통 지정된 시장 지역 내에서 라이선스 혹은 프랜차이즈 협약하에 제품을 실제로 수정, 제조, 생산하는 가맹점을 포함한다. 가맹점은 본사의 상표를 활용할 뿐만 아니라 제품 혹은 서비스를 생산하는 방법, 마케팅 계획, 운영 표준, 매뉴얼, 품질 통제 시스템, 전체 비즈니스를 운영하고 통제하는 기타 서비스를 적용한다. 예를 들어, 패스트푸드 레스토랑, 커피숍, 호텔, 치킨, 제과점, 베이커리 등이 이러한 방식으로 자주 운영한다.

3.3. 상호(Trade name/management) 프랜차이즈

체인 형식의 비즈니스 운영으로서 가맹점이 자신의 제조설비에서 만드는 제품에 대한 상표명을 사용하도록 본사가 라이선스하거나 허용하는 것을 말한다. 가맹점은 지정된 시장 지역에서 다시 특정 방식으로 그 제품 혹은 서비스를 판매할 수 있다. UPS 점포, 우리나라의 복면가왕 프로그램도 이러한 프랜차이즈하에 해외 방송에서 활용되고 있다.

3.4. 제조(Manufacturing) 프랜차이즈

실제 제품을 만들기 위해 재료를 가공하고 제조함으로써 제품을 공급하는 프랜차이즈를 의미한다. 본사는 가맹업체가 본사의 이름과 상호를 사용하여 제품을 제조하고 판매하는 것을 승인한다. 코카콜라 본사는 원액을 LG생활건강이 투자한 코카콜라음료에 판매하고 그 회사는 원액을 가공하여 콜라음료를 판매한다. 기타 음료수, 피자 프랜차이즈(이미 만들어진 피자원료를 구매하여 단순히 오븐에 구워서 내는 경우) 등이 이에 해당한다.

3.5. 마스터(Master) 프랜차이즈

본사가 존재하고 그 본사는 지역별로 마스터 가맹점을 두고 실제 이 마스터 가맹점이 다시 각 가맹점에 대해서 프랜차이즈 계약을 하는 방식이다. 각 지역의 마스터 가맹점은 특정 지역 내에서 일정 수의 가맹점을 소유하고 운영할 수 있으며, 각 단위 가맹점은 다시 자신의 가맹점을 소유하고 관리하는 하위 가맹점이 되어 마스터 가맹점 혹은 각 지역 가맹점으로부터 프랜차이즈를 판매할 권리를 제공한다.

3.6. 조인트 벤처(Joint venture)

전략적 제휴의 한 방법으로서 조인트 벤처는 여러 독립적 기업 간에 협력의 수준과 상호작용의 수준이 가장 높은 단계의 전략적 제휴이다. 즉, 여러 독립적 기업이 공동으로 자본과 기타 자원을 출자하여 하나의 독립적 회사를 만드는 방식으로서 협력 수준과 상호작용 수준이 중간 단계인 프랜차이즈에 비해 더욱 독립적으로 운영된다. 기업 간 인수 및 합병(M&A)은 한 기업이 다른 기업의 지분을 획득하여 완전히 합병한 후 하나의 기업으로서 운영되는 데 초점을 두는 반면에 조인트 벤처는 제한된 운영 기간, 당사자 간 편익과 리스크 공유, 다수의 경영층에 의한 지배구조, 파트너 간 협력에 토대한다.

4 프랜차이즈 장단점

일반적으로 기업이 프랜차이즈에 참가하는 이유는 다음과 같다. 이들은 프랜차이즈 구성원의 기대 역할과도 일맥상통한다.

① 유명 상표 사용
② 개설 이전과 이후 지원
③ 높은 독립성
④ 낮은 리스크
⑤ 높은 수익성
⑥ 빠른 사업 성장
⑦ 용이하고 체계적인 훈련
⑧ 낮은 초기 창업비용

⑨ 낮은 운영비용
⑩ 신속한 창업
⑪ 검증된 비즈니스
⑫ 초기지원
⑬ 높은 직무만족

4.1. 프랜차이즈 구성원의 역할

4.1.1. 본사 역할

(1) 지적재산을 사용하는 권리를 가맹점에게 제공
(2) 비즈니스 개설 및 수행에 대한 운영, 조언과 같은 지속적인 경영적 지원

이 외에도 좋은 프랜차이즈 시스템은 다음의 역할을 수행한다.

(3) 제품 혹은 서비스의 표준 품질과 균일성 확보
(4) 생산과 마케팅의 성공적이고 입증된 시스템 활용
(5) 입지, 인테리어 디자인, 자본, 운영, 마케팅에 대한 전문적 조언
(6) 경쟁을 유지하기 위해 필요한 연구와 시장 분석을 위한 전문 역량 활용
(7) 리스크를 줄이고 공유하기
(8) 규모 확대로 상대적으로 독립적인 비즈니스를 개발하기 위한 비즈니스 프레임워크 구축
(9) 중앙집중적인 구매 시스템을 공유함으로써 구매비용 절약
(10) 특별한 경우에 본사로부터 직접적인 재무 지원

4.1.2. 가맹점 역할

(1) 본사에 추가 수수료와 어떤 유형의 진행 수수료(판매에 따른 로열티) 지불
(2) 제품 믹스, 운영 절차, 품질에 관한 본사의 요구사항을 따르는 데 동의
(3) 자신의 비즈니스에 투자(따라서 본사의 운영과 법적으로 독립)

4.2. 본사의 장점

4.2.1. 더 작은 자본 요구(리스크 감소)

(1) 본사는 추가적인 유통 포인트를 구축하기 위해 가맹점의 자본을 사용
(2) 이 자본은 다시 생산 용량을 증가시키는 것과 같이 다른 영역을 지원
(3) 본사는 체인 스토어(통제권과 관리가 본사에 귀속) 운영보다 자본확보와 리스크 감소를 통해 더 큰 시장 침투를 달성

4.2.2. 확장 속도 향상

(1) 새로운 유통점의 증가로 인해 본사의 성장이 더 빠른 비율로 증가
(2) 이 활동은 제한된 소규모 자본을 갖는 기업에서는 달성 불가

4.2.3. 시장 침투 증가

(1) 신속한 확장으로 인해서 경쟁자가 시장 포지션을 구축하기 이전에 새로운 시장에 침투하거나 지배하는 것이 가능

4.2.4. 가맹점의 동기

(1) 가맹점은 비즈니스의 소유자이고 개인 자본을 투자하였기 때문에 성공에 대한 높은 동기 보유↔체인점과 비교될 수 있음.
(2) 개인 기업 혹은 체인점보다 성공률이 더 높고 이것은 다시 본사의 매출과 수익에 긍정적 영향

4.2.5. 효율적 품질 통제

(1) 가맹점 규모가 확장됨에 따라 그 운영의 통제가 어렵고 그 결과, 제품

혹은 서비스의 품질이 영향받을 수 있으나 가맹점주들은 일상의 비즈
니스 운영을 전담하고 본사는 품질 통제와 표준화에 집중 노력

4.3. 본사의 단점

4.3.1. 비즈니스의 통제 약화

(1) 만약 본사가 약한 프랜차이즈 협약을 맺거나 가맹점에 대해 건전한 현
   장 통제가 결여된다면 자신의 비즈니스 개념의 통제를 잃을 수 있으
   며, 이것은 본사 비즈니스의 실패로 연결

4.3.2. 비용 증가

(1) 프랜차이즈 무대로 진입하는 비용은 상당
(2) 주요 비용은 법률문서 준비, 잠재적인 가맹점 대상 소송, 재무회계 기
   록의 공인 감사 준비, 잠재적 가맹점들을 유인하는 광고비용 등

4.3.3. 낮은 이익 잠재력

(1) 본사는 단지 라이선스 제공자이고 각 유통점의 실제 운영자가 아니기
   때문에 도출된 수익의 단지 작은 부분(로열티 수수료)만의 권리를 가짐.

4.4. 가맹점의 장점

4.4.1. 비즈니스 리스크의 감소

(1) 미국의 경우 독립적인 소매 기업의 실패율이 76%인 반면에 프랜차이
   즈된 소매 기업의 실패율은 5% 미만

4.4.2. 운영적 강점

(1) 본사는 가맹점을 인도하는 검증되고 입증된 운영 방법 보유
(2) 이 방법은 가맹점의 실수 가능성을 줄이고 경영 및 관리 부담을 축소
(3) 가맹점의 장기적 성공을 보장하기 위해 지속적인 경영 컨설팅 제공 등
   이 본사에 의해 이루어짐.

4.4.3. 원활한 자본 조달

(1) 독립적 기업보다 프랜차이즈 기업이 자본을 더 용이하게 조달
(2) 자본 조달 시 프랜차이즈 기업의 낮은 실패율로 인해 더욱 우호적인
   상환 조건과 이자율 제공

4.4.4. 기업가 편익

(1) 프랜차이즈 비즈니스의 낮은 실패율
(2) 프랜차이즈는 새로운 비즈니스 개념을 창출하는 리스크와 낮은 스트
   레스하에 기업가가 되는 심리적 보상을 누릴 수 있도록 지원

4.4.5. 비즈니스 재판매와 지분 구축

(1) 프랜차이즈 기업은 구매자들이 프랜차이즈 기업의 성공률을 알기 때문
   에 판매가 용이
(2) 많은 본사는 판매가 이루어지기 전에 최소의 자본 요구를 충족시키는
   것을 보장하기 위해 재판매 프로그램에서 가맹점을 지원한 후 잠재적
   구매자들을 선별한다. 맥도날드(McDonald's)는 가맹점을 다시 구매하여
   운영하거나 재판매함.

4.5. 가맹점의 단점

4.5.1. 제한된 행동 자유

(1) 가맹점은 본사의 운영 표준을 엄격하게 준수하면서 운영
(2) 이 표준들은 운영시간부터 예약 방법까지 모든 것을 포함
(3) 이 제한은 독립적 비즈니스를 소유하고 운영하는 데 장점인 창의성과
    유연성에 대해 매우 엄격한 제약이 될 수 있음.

4.5.2. 수수료 지불

(1) 가맹점은 프랜차이즈 비즈니스를 구매하고 운영하기 위해 수수료 지불
(2) 이 수수료는 상당할 수 있고 단지 한 번의 초기 가입비뿐만 아니라 총
    매출에 대한 월별 로열티와 같은 진행 수수료를 포함(과거, 맥도날드는
    초기 가입비 $12,500＋월 총 매출의 11.5%를 진행 수수료로 요구)

4.5.3. 본사의 불이행

(1) 본사가 파산할 수 있고 그렇게 되면 가맹점의 성공에 결정적인 지속적
    서비스를 제공할 수 없음.

4.5.4. CEO 리스크

(1) 본사의 갑질과 CEO의 실수로 인한 피해가 가맹점의 몫으로 나타나는
    사례가 자주 발생

5 프랜차이즈의 주요 이슈

5.1. 프랜차이즈의 관리 이슈

프랜차이즈 비즈니스에서 중요한 이슈는 다음의 〈표 15-1〉과 같다.

표 15-1 프랜차이즈의 주요 이슈

이슈	해결해야 할 질문
프랜차이즈 수수료	금액, 한 번 혹은 매달, 판매단위당
로열티	순 혹은 총 규모의 비율, 로열티 차등제(sliding scale: 어떤 상황에 따라 지불해야 하는 요금이 변화는 제도)
품질 통제	품질 규격, 모니터링 프랙티스, 보상, 제재
광고	브랜드 관리, 수수료, 지역 예산, 국가 전체 예산, 강도, 메시지
제공품	제품라인, 제품 믹스, 요구사항, 대안
설비	필수, 추가, 자본조달
입지	장소선택 요구사항, 본사 지원, 자본조달
운영	유지, 내부장식, 인력 정책, 간판 등 사인, 운영시간, 교육 및 훈련, 수익 관리
평가	빈도, 감사, 제재, 방식
분쟁	해결 방법, 해결 프로세스의 주체, 가맹점 클레임 관리
종료	시기, 원인, 제재, 상환청구

이러한 주요 이슈와 관련하여 한국 맥도날드 프랜차이즈의 일부 방식은 다음과 같다.

첫째, 엄격한 품질 및 재고 관리 측면에서 매장에서 생산되는 모든 제품과 서비스 품질을 직접 관리한다.

둘째, 지속적 전문 컨설팅 제공 측면에서 가맹점주들에게 다양한 교육과 마케팅 활동, 제품 및 품질 관리 서비스를 지원해 안정적 매장 운영을 지원한다.

셋째, 체계적 지원교육 프로그램 측면에서 가맹점주들은 9개월 동안 원자재 수급 관리부터 품질 관리, 고객 서비스, 인력 관리, 금융 관리 등 모든 분야가 교육 내용에 포함돼 있는 맥도날드 경영 커리큘럼을 이수했으며, 이때 체계적인 교육 프로그램을 통해 맥도날드의 글로벌 경영 노하우를 전수한다.

넷째, 첨단 디지털 기술 활용 측면에서 매장을 방문한 소비자들이 스마트폰을 이용해 주문하고 결제하는 시스템을 도입한다.

다섯째, 협력업체와 관계 강화 측면에서 본사·가맹점주·협력업체의 관계를 '세 다리 의자(The Three-Legged Stool)'로 표현하면서 협력업체와 협업을 강조하고 있다.

기타 국내 다른 프랜차이즈 사업 방식과 가입절차 등은 각 프랜차이즈의 홈페이지를 방문하기 바란다.

5.2. 본사의 갑질 이슈

프랜차이즈 관련하여 본사의 갑질 및 규제 논란은 지속적으로 발생하는 문제이다. 본사의 파워가 가맹점보다 크기 때문에 이러한 일이 빈번히 발생한다. 예를 들어, ○○피자의 치즈 통행세 및 보복영업 논란, ○○치킨의 가맹점주에 기준 미달 닭 공급 논란, ○○강정의 필수품목 강매 논란, ○○빵집의 제빵기사 고용 문제 등 지속적으로 프랜차이즈 관련한 분쟁이 늘어나는 추세이다. 이에 대비해 주요 선진국은 가맹점을 보호하기 위한 엄격한 프랜차이즈 규제 제도를 갖고 있다. 미국은 주별로 가맹금 예치 명령제와 계약 갱신거절 제한 등을 운영하고 있고 호주는 본사의 필수 구입물품 지정 시 당국의 사전허가제, 본사가 광고 및 판촉비용 징수 시 별도계좌 개설 등을 강제하고 있다. 또한 캐나다는 가맹점 사업자 단체 구성에 대한 본사의 불이익 제공 금지와 이탈리아는 최소 1년 이상 직영점 운영 후 가맹점 모집, 최초 계약 기간은 3년 이상 등의 제도를 운영하고 있다. 결과적으로 본사와 가맹점의 신뢰에 기반한 자율적인 통제와 조율도 중요하지만 최소한의 규제 장치를 마련하여 가맹점을 보호하는 법적 및 제도적 정비도 필요할 것이다.

5.3. 프랜차이즈 이슈에 대한 효과적 관리 방안

앞서의 주요 이슈를 세부적으로 관리하는 방법은 각 분야별로 다음과 같다.

5.3.1. 경영

경영은 일반적으로 사람을 통해 일을 하는 것이다. 경영은 프랜차이즈 시스템에서 가장 중요한 요소이다. 그 이유는 비즈니스에서 실패의 주요 이유들이 ① 빈약한 경영 ② 핵심 인력의 부족 ③ 자본의 결여이기 때문이다. 경영 부문은 누가 프랜차이즈 핵심 플레이어인가? 그들이 무엇을 할 것인가? 조직 구조, 기본 정책, 운영 매뉴얼, 훈련 매뉴얼, 프랜차이즈 PERT(Project, Evaluation, and Review Techniques) 차트와 관련된 이슈를 다룬다.

5.3.2. 핵심 인력

대부분의 프랜차이징 조직은 핵심 인력을 중심으로 체계화되어 있다. 주요 핵심 인력은 본사의 판매 관리자, 운영 관리자와 기타 스태프 멤버들(프랜차이즈 시스템의 개발에서 핵심 인력인 훈련요원들, 판매 인력, 현장 인력, 마케터)로 구성된다.

5.3.3. 조직 구조

(1) 본사

본사 운영의 조직 관계를 그림으로 그리고 설명하는 조직도를 개발해야 한다. 이 조직도는 두 가지 항목으로 구성된다.

① 장래의 가맹점에게 판매
② 가맹점 단위들의 운영

따라서 판매(판매의 운영)와 운영(훈련, 제품, 서비스, 마케팅, 재무, 회계로 구성)을 각각 담당하는 관리자가 필요하다.

(2) 가맹점

프랜차이즈 단위 내 개인들 간의 조직 관계를 설명하는 차트를 개발해야한다. 이것은 가맹점과 본점 관리자, 부관리자, 스태프 사이의 관계를 설명할수 있다.

(3) 본사 정책

본사 조직의 활동을 규제하고 가맹점 조직의 운영을 규제하는 것에 대한정책의 제안 및 규정이 필요하다. 여기에는 참여하는 인력의 월급과 임금 구조(편익과 인센티브 포함), 채용 기법, 직무 기술, 성과 평가를 포함한다. 본사의 정책은 내부 정책과 외부 정책으로 분류할 수 있다.

① 내부 정책: 판매, 직원 고충, 일반 정책, 재무 통제 등 가맹점을 다루는정책을 포함한다.
② 외부 정책: 신용, 지불, 상품예약구입 제도, 반품 등 고객을 다루는 일반 정책들을 포함한다.

5.3.4. 프랜차이즈 운영과 프랜차이징 훈련 매뉴얼

(1) 프랜차이즈 운영

가맹점은 본사로부터 운영 매뉴얼을 얻는다. 운영 매뉴얼은 비즈니스의모든 측면을 운영하는 방법과 비즈니스의 일상 운영을 포함한다. 이것은 가맹점이 무엇을 하는지와 그들이 어떻게 최고로 수행할 수 있는지에 대한 세부사항을 포함하는 문서화된 매뉴얼의 형식이다.

(2) 프랜차이징 훈련

초기의 창업 단계에서 훈련 매뉴얼은 운영 매뉴얼과 동일하다. 이후, 조직이 성장하면서 훈련 매뉴얼은 보통 분리되어 개발된다. 가맹점에 대한 본사의태도를 전달하는 훈련 매뉴얼은 일반적으로 본사가 가맹점, 가맹점 관리자, 부관리자, 스태프 인력에게 얼마나 많은 훈련과 어떤 종류의 훈련을 제공할지를 포함한다. 또한 비즈니스 수행 방법에 대한 기술적 내용뿐만 아니라 가맹점들이 접하게 될 모든 상황들에 대한 정신적 자세도 포함해야 한다.

(3) PERT 차트

이 차트는 사건의 발생 순서로 제시된 관련 사건들의 집합을 일정과 함께 묘사하기 위한 계획이다. 이 차트는 본사가 가맹점을 선발하거나 가맹점이 목표를 달성하기 위해 필요한 다양한 임무들과 그 일정을 보기 위해 개발된다. 구체적인 방법론에 대해서는 생산운영 관리 혹은 경영과학 교재를 참고하기 바란다.

(4) 일상의 성공적 프랜차이즈 운영

성공적인 프랜차이즈를 운영하는 것은 다른 비즈니스를 운영하는 것과 유사하나 유일한 차이점은 광고, 촉진 아이디어, 경영 지원을 포함하는 본사의 투입물이다. 본사는 가맹점이 엄격하게 운영 매뉴얼과 시스템을 따른다면 사업이 성공할 것이라고 주장하나 그것은 항상 사실이 아니다.

일상 운영에서 성공을 기하려면 다음의 세 가지 결정적 스킬들을 필요로 한다. 즉, 직원 관리, 고객에 서비스, 사업에 집중이다.

① 직원 관리

기본적 원칙은 다음과 같다.

◆ 좋은 관리자 채용하기

직원 관리에서 가장 중요하다. 좋은 프랜차이즈 관리자란? 역량 있고, 신뢰할 수 있고, 진실되고, 충성스럽고, 사람들과 잘 지내는 사람이다. 더불어, 자격을 갖춘 프랜차이즈 관리자는 문서작성, 문제해결, 효율성 달성, 가맹점주/공급업체/유통업체들과 관계 관리와 같은 전문적이고 복잡한 관리 업무들을 수행한다. 또한 프랜차이즈 관리자는 뛰어난 개인 간 및 커뮤니케이션 스킬과 직원을 이끌고 동기부여하는 능력을 갖고 있어야 한다.

◆ 직원을 알기

관리자는 멤버들의 개성, 비즈니스에 관한 그들의 강점 및 약점, 조직과 함께 일할 때 그들의 개인적 목적, 심지어 그들의 가족 상황에 대해 어느 정도 알아야 한다. 개인의 생활이 업무성과에 영향을 미치기 때문에 이 이슈들은 무시되어서는 안 된다. Franchise Survey(www.ifranchise.net)에 따르면 "직원 없는 어떤 비즈니스는 단지 지적 자산들로 채워진 상자일 뿐이다. 만약 우리가 사람들에 대해 걱정하고 개인적으로 그들의 생활 가치에 관심을 둔다면 우리는 그 관심을 행동으로 보여주어야 한다. 사람들은 단순히 돈을 위해 결코 하지 않을 일들을 할 것이다"라고 지적한다.

◆ 책임을 위양하는 것을 배우기

각 직원은 그의 의무가 무엇인지 그의 개인적 목표와 비즈니스의 목표가 어떻게 일치되는지를 정확히 알아야 한다.

◆ 물리적이고 심리적인 업무 환경의 품질을 강조하기
- 물리적 환경: 직원과 고객을 존경한다는 상징으로서 청결하고 적합한 시설과 공간을 제공
- 심리적 환경: 열등 업무, 높은 이직률, 직원 절도, 고객과 다른 기업에게 비방 등과 같은 바람직하지 않은 문제를 창출하기 때문에 바람직한 심리적 환경을 조성하기 위해 직원 사이의 의견충돌 해소

◆ 봉급, 임금, 보너스를 믿을 수 있고 비밀스럽게 만들기

직원들이 그들의 임금을 비교할 수 없도록 해야 한다. '당신이 내가 하는 것 이상을 하나, 나는 당신이 하는 것보다 더 열심히 일한다'는 신드롬을 방지하기 위해서이다.

◆ 빈약한 직원 사기와 높은 이직에 대한 어떤 사인에 대해 매우 바짝 경계하기

빈약한 직원 사기와 높은 이직 신호에 대해 경계해야 한다. 새로운 사람을 반복적으로 고용하고 훈련시키는 것은 비용이 소요된다. 직원이 그들의 직무를 중단하게 만드는 주요 이유로는 빈약한 관리, 빈약한 업무 조건, 스킬에 비해 부적절한 직무에서 일하는 것, 잘못 계획된 업무 양 등이 있다. Franchise Survey(www.ifranchise.net)에 따르면, "우리는 명확히 문서화된 규칙, 규제, 이

해하기 쉬운 정책과 절차들과 함께 일관된 훈련과 교육으로 군건한, 보살피는 기업문화를 시행시켜야 한다"라고 지적하고 있다.

② 고객에 서비스

직원을 관리한 후에 조직이 고객 관계를 관리하는 방식은 프랜차이즈를 얼마나 잘 운영하는지를 결정한다. 고객 서비스가 프랜차이즈에 결정적인 이유는 다음과 같다. 첫째, 만족된 고객은 구전에 의한 무료 광고의 최고의 원천이다. 둘째, 단골 고객은 광고와 판촉비용을 절약하고 대규모의 효율적인 구매를 통해 이익을 증가시킨다.

고객 만족을 개발하는 입증된 방법으로는 다음이 있다.

- 모든 고객을 공손히 그리고 정중히 다뤄라.
- 비즈니스의 유형과 적합한 이미지를 구축하고 유지하라.
- 가능한 한 빠르고 고통 없이 불평을 다루기 위한 정책을 구축하라.
- 다른 일반 사안들보다 고객 불평에 우선을 두어라.
- 고객에게 올바른 방법으로 아니오를 말하는 방법을 학습하라.

이를 위해 직원을 훈련시키고, 동기부여할 필요가 있으며, 그들의 니즈가 충족되면 그 직원이 고객을 만족시킬 것이기 때문에 직원 관리가 중요하다.

③ 사업에 집중

경쟁자들과 차별화되는 운영은 서비스, 품질, 청결, 편의, 즐거움 등에 의해 가능해진다. 또한 할인과 판촉과 같은 방법을 통해 적정 수준의 고객기반을 구축해야 하고 비용의 최소화를 달성하기 위해 기업의 많은 소모품 재고, 과도한 인력 채용, 과다한 광고 지출, 과도한 할인 제공, 비용 축소를 위한 적합한 행동 여부를 고려해야 한다. 나아가, 모든 사람을 판매원으로 활용해야 한다. 직원을 행복하게 만드는 것은 항상 긍정적 방식으로 그들의 노력과 성취를 인식하는 것이 필요하다. 비록 그들이 실패하거나 실수할지라도 그 실수를 지적하거나 수정하면서 그 활동의 가치 있는 부분을 칭찬해야 한다.

5.4. 가맹점 선택과 점포 설립

5.4.1. 가맹점 선택 절차와 기준

(1) 선택 절차

우선, 잠재적 가맹자의 신청서 작성이 이루어진다. 이후, 본사와 가맹점의 초기 비공식적 미팅 후 다른 미팅으로 확대(신청자의 배우자 혹은 파트너도 대상)된다. 여기서 평가 기준으로는 능력, 적합성, 헌신, 보유 자원 등이 활용될 수 있다.

(2) 선택 도구

대부분 자신만의 선택 도구를 사용할 것이나 구체적 합격/불합격 기준은 거의 존재하지 않는다. 대부분 신청자의 성과와 적합성에 대한 주관적 평가가 이루어질 뿐이다. 요즘에는 평가의 기술적 복잡성으로 인해 이전의 경험을 토대로 가맹점을 채용하는 경향이 있으나 가맹점의 기존 비즈니스 경험 여부가 중요하지 않을 수도 있고 올바른 사람을 찾는 데 더 중점을 두는 것도 필요하다.

(3) 신규 가맹점의 과거 경험 여부

프랜차이즈의 운영 라인에서 이전 경험은 흔히 바람직하지 않은 것으로 간주된다. 본사 임원들은 본사 훈련 프로그램을 방해할 수 있거나 다른 가맹점을 오염시킬 수 있기 때문에 미리 형성된 아이디어 혹은 관행을 갖지 않는 산업 외부의 사람을 선호하는 경향이 있다. 한편, 반대의 경우에는 일반적인 비즈니스 배경을 갖는 사람을 선호할 수도 있다. 비록 본사가 그들의 특정 운영에 대해 가맹점에게 가르칠 수 있을지라도, 비즈니스를 운영하는 일반적인 방법을 가르치는 것은 아니기 때문이다. 미국 패스트푸드 가맹점에 대한 연구 결과, 과거의 경험을 갖는 사람들이 그렇지 않은 사람보다 더 높은 성과를 보이기도 하였다. 따라서 비즈니스를 운영할 누군가는 어떤 유형의 경험을 가져야 한다고 주장할 수도 있다.

(4) 선발 기준으로서 가맹점의 판매와 마케팅 경험 대 성격

어떤 본사는 가맹자가 정상적인 판매 능력을 갖고 있다면 오히려 경험이 없는 사람을 선발하기도 한다. 오히려 대다수의 본사는 가맹자의 성격을 더 중요시 한다. 그 이유는 가맹점이 고객과 본사 모두와 지속적으로 상호작용해야 하기 때문이다. 따라서 어떤 가맹자가 비즈니스에 대한 헌신을 갖고 있으며 제품에 대한 믿음을 가지기 위한 니즈에 관심이 있는지를 통해 선발할 필요가 있다. 이를 위해 가맹자의 성격 파악을 위한 질문지를 사용할 수도 있다.

5.4.2. 점포 설립

점포 설립을 위한 방법론으로서 가맹점과 입지 중심 접근법의 적용이 가능하다. 일반적으로, 프랜차이즈 네트워크를 기존의 네트워크에 추가하는 기업은 이미 적합한 위치를 규명하는 데 많은 경험을 보유하고 있다. 하지만 기존의 입지를 전환하는 기업은 이미 만들어진 적절한 부지의 공급 시에는 경험을 보유하고 있으나, 나머지 경우에는 경험이 거의 없을 수 있다.

(1) 가맹점 중심 접근법

본사는 가맹점의 입지에 어느 정도 도움을 제공하나 주로 가맹점 주도(가맹점이 선택되고 가맹점이 적합한 입지 결정)의 입지 선택이 이루어진다. 본사와 가맹점이 공동으로 입지를 결정하기 때문에 시간이 소요된다. 그러나 본사가 경험이 많기 때문에 주로 본사에 많은 책임이 있다.

(2) 입지 중심 접근법

본사가 입지를 우선 결정하고 가맹점을 채용하는 시도를 한다. 특정 지역에서 높은 역량을 갖춘 가맹점을 발견하기 어려운 경우에는 효과적이지 않을 수도 있다.

5.5. 임대차 계약 수행 주체

주로 본사가 부동산에 대한 리스(lease: 임대차 계약)를 주도하고 가맹점에게 다시 임대를 하는 방식이 사용된다. 그러나 너무 많은 가맹점을 보유한다면 리스를 관리하는 시간소모적인 프로세스로 인해 가맹점이 주도(부동산 관리 등)하는 정책을 수행하기도 한다. 이 경우에, 본사의 투자 자본이 축소되고 가맹점이 비즈니스에 중요한 관심을 두도록 동기부여할 수 있다.

5.6. 다중단위 가맹점 계약

한 가맹점이 여러 가맹점을 소유하도록 하는 경우를 말한다. 이러한 계약 시 고려사항은 다음과 같다.

- 가맹점이 새로운 점포를 같이 운영할 여유가 있는지
- 점포 사이의 거리
- 가맹점이 비즈니스의 운영적 측면을 숙달하였는지
- 가맹점이 새로운 점포에 그들의 노력을 기울일 때 원래 점포가 피해를 볼 수 있는지
- 관련된 편익

이러한 복수의 소유권이 활발하게 권장되는 두 가지 경우가 있다. 첫째, 새로운 가맹점을 채용하기보다 기존의 가맹점을 성장시키는 것이 더 유리한 경우이다. 둘째, 한 점포 이상을 운영할 수 있는 가맹자의 역량 제고를 희망하는 경우이다.

5.7. 수수료(fee) 설정

우리나라의 경우에는 프랜차이즈 창업비용으로 공통적으로 가맹비, 교육비, 인테리어, 장비 및 기자재, 본사 보증금, 기타 비용이 있고 점포비용으로 점포보증금, 권리금 등이 있다. 이러한 프랜차이즈별 총 창업비용은 업종에 따

라 천차만별이다. 예상되는 총비용의 관점에서 편의점, 도시락 간편식, 생활용
품, 김밥, 떡볶이, 밥버거 등 간편식, 주점, 치킨, 세탁의 순으로 높은 것으로
추정되나 업종 내 브랜드에 따라서도 매우 다를 수 있다.

가맹점이 본사에 지불하는 비용에는 다음의 네 가지 유형이 있다.

- 개시 혹은 라이선스 수수료: 가맹점포를 개설하는 본사의 비용을 이론
  적으로 포괄하는 비용
- 경영 서비스 수수료: 매출의 비율에 기초한 수수료
- 마케팅 서비스 수수료: 마케팅 비용 공동 분담으로서 경우에 따라서는
  경영 서비스 수수료에 포함되기도 함.
- 재화 공급비용: 본사가 가맹점에게 공급하는 다양함 소모품 등

5.7.1. 초기 수수료

모든 기업은 개시 수수료를 청구하며, 어떤 기업은 기존의 라이선스 협약
을 프랜차이즈 협약으로 전환할 때는 하지 않으나 새로운 가맹점에게는 청구
한다. 초기 수수료 설정의 세 가지 방법이 있다. 첫째, 계획된 수의 점포를 개
설하는 비용을 점포의 수로 나눈 추정된 비용의 평균으로 한다. 둘째, 새롭게
가맹점을 포함시키는 것이 추가비용을 초래하지 않기 때문에 공평한 자원의
내부배분을 고려하여 차별적 비용을 산정한다. 셋째, 과거의 입회비에 따라 결
정하며 현재의 비용을 고려하지 않는다.

5.7.2. 진행 수수료(Ongoing fees)

경영 컨설팅 서비스 수수료를 말하는 것으로서, 진행 수수료의 범위는 2%
부터 최대 10%까지 다양하다.

진행 수수료 결정의 주요 영향요인은 다음이 있다.

- 가맹점에 대한 지원 비용
- 가맹점에 대해 수용가능한 소득을 제공하는 니즈

- 본사에게 수용가능한 소득을 제공하는 니즈
- 제품/매출 규모 관계에 대한 총 이윤
- 다른 프랜차이즈 시스템과 경쟁하기 위한 니즈

이러한 진행 수수료는 단계적으로 부과할 수 있다. 즉, 가맹점이 지급가능한 비율을 첫해에 낮게 설정하고 둘째 해에 올라서 셋째 해에 최종 수준에 근접하도록 설정하는 방식이다. 그러나 가맹점에 대해 차별화된 진행 수수료를 부과하는 문제는 현실적으로 어려운 문제가 될 수 있다.

5.7.3. 마케팅 추가 부담금과 가격 인상(Marketing Levy and Marking-Up)

진행 수수료에서 마케팅 수수료의 분리가 가능하다. 이것은 가맹점과 협의 후 혹은 본사에 의해 강제로 부과될 수 있다. 흔히, 가맹점은 마케팅 활동이 즉각적인 수익과 연결되지 않기 때문에 초과 부담금에 동의하지 않을 가능성이 높다. 이 경우에 가맹점에 판매된(공급된) 재화의 가격을 인상하는 것으로 대체할 수도 있다.

5.8. 계약 기간

계약 기간은 다양하다. 본사와 가맹점 사이의 최소의 프랜차이즈 계약 기간은 5년, 최대는 20년, 가장 빈번한 길이는 10년이다. 일반적으로, 계약 갱신 시 수수료를 추가로 부담하는 경우는 거의 없다. 점포 재단장은 계약이라기보다는 필요사항과 연결되고 다양한 시기에 발생하기 때문에 엄격하게 강요된 조항은 아니고 갱신과 연계된다.

5.9. 지속적 지원

가맹점에게 제공된 지원은 다음의 비즈니스를 포함한다.

- 문제를 해결하고 가이드를 제공하는 현장 인력
- 가맹점과 그들의 인력의 지속적 훈련
- 핵심 서비스(마케팅, 구매 등) 지원
- 제품 개발
- 매뉴얼 개발
- 시스템 개발 등

회계, 임금, 인력 문제 등 가맹점은 점포를 운영하는 데 많은 책임을 맡기 때문에 본사의 지원은 체인 운영 시보다 더 적을 것으로 생각되나 실제로 자원의 유형과 양의 관점에서 본다면 동일한 수준이다. 그 지원의 규모는 가맹점의 정착으로 감소할 수 있으나 항상 그렇지는 않고 가맹점 성공의 정도와 지원이 무관한 경우도 발생한다. 본사의 지원부서는 본사의 일반 서비스 지원부서 혹은 프랜차이즈 전담 현장 인력에서 지원한다. 일반적으로, 이것은 규모의 함수로서 큰 프랜차이즈 시스템은 프랜차이즈 전담 현장 인력에 의해 지원되고 작은 시스템은 본사에서 지원하는 경향이 있다.

6 프랜차이즈 성공요인

6.1. 브랜드 평판

프랜차이즈 시에 본사는 최소한 두 가지 중요한 자원을 가맹점에 제공한다. 하나는 브랜드이고 다른 하나는 운영 루틴이다. 경쟁력이 있는 프랜차이즈 시스템은 가맹점에게 강한 브랜드, 규모의 경제, 효율적 프랜차이즈 시스템의 실행을 제공한다. 브랜드는 전략적 자원이기 때문에 브랜드 구축에 대한 투자는 누적 효과를 갖고 신규 진입자가 동등한 브랜드 인식을 갖는 것을 막기 때문에 프랜차이즈의 브랜드 평판이 프랜차이즈 산업에서 경쟁우위에 매우 중요하다.

소비자의 브랜드 인식에 의해 프랜차이즈 가입이 결정되기 때문에 프랜차이즈 브랜드 평판은 잠재적 가맹점에게 가장 의미 있는 영향을 미친다. 또한 가맹점은 본사와 공통의 브랜드 평판을 공유하고 본사는 브랜드에 대한 가맹점의 투자로부터 편익을 얻는다.

매년 소비자가 평가한 10대 프랜차이즈 브랜드를 조사해 보기 바란다. 치킨, 커피숍, 식당, 디저트, 편의점, 패스트푸드 등 다양한 브랜드가 주변에 있다.

6.2. 관계적 자원

본사와 가맹점 사이의 관계는 성공을 위한 훌륭한 자원이 될 수 있다. 프랜차이징 전략은 다음의 세 가지 관계적 자원을 포함한다.

6.2.1. 지식 공유

지식 자산과 자원 이전, 재결합, 창출을 허용하는 기업 간 상호작용의 일상적 패턴을 의미한다. 여기서 관계적 교환은 지식 공유의 효과적 사용을 의미한다. 지식 공유는 기업 간 협약을 보호하고, 거래비용을 최소화하고, 경쟁우위를 증가시키는 가치를 창출할 수 있다.

6.2.2. 갈등 관리

본사는 기존 점포의 분포를 하위 최적으로 만드는 시장 변화에 대응 능력이 부족할 수 있다. 모든 점포들이 소수 업체에 의해 소유되고 직원들에 의해 관리되는 다중 점포 비즈니스와 달리, 본사는 기존의 가맹점과 비즈니스들에 대한 네트워크 구조의 영향을 고려해야 한다. 또한 다른 인센티브 구조로 인해 본사와 가맹점의 목표는 거의 일치하지 않고 심지어 갈등이 초래되기도 한다.

본사와 가맹점의 이익 갈등은 다음의 경우에 자주 발생한다.

(1) 본사 관점

본사는 가맹점에 의해 지불된 수수료 기반에서 소득이 발생한다. 이들은 일반적으로 판매량—매출기반 수수료 혹은 가맹점이 본사로부터 조달해야 하는 자재 중 하나—과 연결된다. 따라서, 본사는 추가 가맹점을 개설함으로써 시스템 차원의 매출을 극대화하려는 인센티브를 갖는다. 그 결과, 새로운 가맹점을 개설하는 것은 시스템 차원의 수익 증가, 규모의 경제 증가, 시스템의 가시성과 인식 증가, 더 큰 고객 인정, 경쟁적 잠식의 감소, 경쟁자의 시장진입 매력 감소로 결과된다.

(2) 가맹점 관점

가맹점의 소득은 자신이 운영하는 점포의 순이익으로부터 도출된다. 프랜차이즈 시스템에 더해진 추가 가맹점은 하나 혹은 그 이상의 기존 가맹점의 매출과 이익의 잠식을 초래한다. 가맹점의 일차적 관심사는 그들의 투자 가치를 유지하기 위해 점포 단위의 이익을 극대화하는 데 있기 때문에 이러한 침해와 잠식은 본사와 가맹점의 갈등과 소송의 중요한 원인이 된다. 특히, 이 문제는 패스트푸드와 같은 성숙 프랜차이즈 시스템과 포화 시장에서 가장 일반적인 현상이다. 따라서 본사는 기존의 가맹점들과 발생할 수 있는 갈등으로부터 파생하는 유형 및 무형의 비용과 가맹점을 추가하는 경제적 편익을 균형 있게 고려하여 의사결정해야 한다.

프랜차이즈 시스템에서 관계는 복잡하고 상충적이다. 가맹점들과 본사가 공유하는 편익과 비용의 크기는 협력 혹은 갈등으로 결과될 수 있다. 이러한 다른 파워 원천들의 이익 갈등은 프랜차이즈 시스템에서 매우 일반적이다. 그 결과, 관계 갈등의 단점을 줄이기 위해 프랜차이즈 시스템에서 강한 파트너십이 필수적이다.

우리나라에서 일반적으로 본사와 가맹점이 경험하는 갈등은 본사 입장에서 결제대금 지연, 사제물품 구입, 물류비 증가, 매출 누락, 매장 관리 부실 등이고 가맹점 입장에서는 필수품목 강매, 밀어넣기, 불공정계약, 인테리어 강제 개선 등이 있다.

6.2.3. 기업 간 신뢰

신뢰는 다른 당사자에 의존하는 의지로서 정의된다. 기업 간 제휴에 대한 최근 연구는 신뢰가 거래비용을 절감하는 중요한 비공식적 지배구조이고 거래적 가치를 증가시킨다는 것을 보여준다. 신뢰는 본사 역량과 진실성에 대한 가맹점의 확신을 향상시키고, 그 결과 더 많은 협력적 파트너십으로 이어지도록 하는 역할을 한다.

우리나라 본사와 가맹점에서도 신뢰와 소통의 수준은 강하게 형성될 필요가 있다. 이러한 신뢰와 소통은 상생과도 직접 연결된다. 우리나라의 프랜차이즈 본사와 가맹점의 상생 사례를 찾아보기 바란다.

7 흥미로운 기타 이슈

7.1. 프랜차이즈 점포 수와 구역

7.1.1. 중요성

두 의사결정이 중요한 이유는 다음과 같다. 첫째, 프랜차이즈에서 근본적 의사결정 중 하나는 가맹점이 특정 지역에서 거래하는 권리를 할당받는 것이다. 어떤 경우에 본사는 가맹점에게 특정 지리적 구역을 공식적으로 할당하게 되나 다른 경우에는 가맹점이 시장 지역(인구에 기초하여 프랜차이즈 점포를 입지시킬지)을 스스로 정의하기도 한다. 둘째, 구역과 시장 지역의 디자인은 비즈니스 형식 프랜차이즈의 기본 차원이고 프랜차이즈 계약에서 규정된다. 만약 본사가 개별 가맹점이 완전히 활용하기에 너무 크다고 입증되는 구역을 할당하면 프랜차이즈 시스템은 그 잠재적 수익을 극대화할 수 없고 두 당사자 사이의 갈등으로 결과된다. 게다가 미활용된 구역의 남겨진 부분들은 새로운 경쟁자들을 유인할 수도 있다. 반대로, 작은 구역과 시장 지역은 프랜차이즈 점포의 생존을 위험에 빠트리면서 충분한 시장 잠재력을 결여시키게 된다.

7.1.2. 프랜차이즈 구역의 정의

미국에서 구역은 전형적으로 다음의 세 가지 방법 중 하나로 정의된다 (Zeller et al., 1980).

(1) 사전에 결정된 지리적 경계(예를 들어, 주경계, 국경)와 자연적 경계(산, 강으로 인한 분리)

(2) 점포 사이의 최소 거리

(3) 시장 잠재력(매출규모, 경쟁자 수/총 기업의 수)과 인구 규모(목표 시장의 규모)

이 중에서 구역 할당을 위한 가장 중요한 기준은 인구 관련 기준이다. 이에 추가적으로 다음의 기준을 적용할 수 있다.

(4) 교통의 패턴과 양

(5) 가시성과 진출 및 퇴출

그러나 영업 개시 이후 이러한 특성의 동태적 변화의 영향도 고려할 필요가 있다. 즉, 인구통계와 경쟁의 변화, 증가하는 가시성, 프랜차이즈 브랜드의 인식, 지역 인프라 개발(예, 신규 도로, 쇼핑센터 개발)은 구역/시장 지역 내에서 시장 잠재성을 변화시키는 잠재력을 보유하고 있다. 그 결과, 영업 단계에서 시장 잠재력이 기대를 초과할 경우 성장 기회가 증가하고 모방 경쟁자들의 위협을 최소화할 수 있다. 그러나 이것은 적은 수의 구역에만 영향을 미칠 것이다. 일반적으로 수요의 규모가 변화할 경우에는 전체 프랜차이즈 시스템을 장기적으로 재구조화하는 것이 필요하다.

7.1.3. 구역의 배타적 권리

이 개념은 신규 가맹점(프랜차이즈되거나 기업에 의해 소유되거나 중 하나)이 기존 가맹점이 입지한 특정 구역 내에 입지되지 않을 권리를 말한다.

본사의 관점에서 배타적 구역 제공의 장점은 다음과 같다. 첫째, 그 프랜차이즈를 더욱 매력적으로 만들어 더 나은 수준의 가맹점을 유인할 수 있다. 둘째, 배타적 구역의 가치 향상으로 본사는 더 높은 수수료를 부과할 수 있고 다시 전체로서 시스템의 편익 향상을 통해 가맹점에 대한 본사의 더 큰 노력과 투자를 유인할 수 있다. 셋째, 배타적 구역은 본사-가맹점 갈등 가능성을 줄여 비용이 드는 소송을 감소시킬 수 있다. 새롭고 덜 유명한 프랜차이즈들은 새로운 시스템에서 프랜차이즈를 구매하는 데 포함된 리스크를 상쇄하는 배타적 구역 활용 권리로 가맹점을 채용하기 위해 이 권리를 제공할 수밖에 없다. 그러나 프랜차이즈 계약 기간 동안 배타적 권리를 부여하는 것은 본사가 성장기회를 활용하기 위해 구역을 변화시키거나 네트워크를 재구조화할 수 없다는 것을 의미한다. 즉, 가맹점이 배타적 권리를 부여받은 구역에 새로운 단위를 추가하려는 본사는 프랜차이즈 계약에 위배된다. 비록 침해에 관한 미국의 사법적 결정이 압도적으로 본사에게 우호적일지라도 기존의 가맹점들은 침해를 근거로 새로운 점포의 개설에 법적으로 도전할 수 있다.

7.2. 프랜차이즈에서 표준화와 유연성

7.2.1. 표준화 니즈

비용을 최소화하고 널리 알려진 이미지를 유지하면서 혁신적이 되고자 하는 프랜차이즈 비즈니스의 니즈가 더 높을수록 프랜차이즈 네트워크의 표준화 요구가 더 증가한다. 그 이유는 다음과 같이 정리될 수 있다.

첫째, 프랜차이즈 비즈니스는 본사와 가맹점 모두의 비용 최소화를 지향한다. 특히 구매와 마케팅에서 가맹점을 통제하는 본사의 비용을 줄이기 위해서 표준화가 절대적이다. 다른 대규모 조직처럼 프랜차이즈 비즈니스의 핵심 장점 중 하나는 규모의 경제이다. 실제로, 이 규모의 경제는 가맹점 비용통제의 관점에서 대기업과 직접 경쟁하는 것을 가능하게 한다. 프랜차이즈 네트워크를 위해 제품과 서비스를 구매하는 본사는 각 가맹점에 높은 운영 마진을 가져다주도록 공급자에 대해 더 높은 협상력을 갖게 된다.

둘째, 균일성을 유지함으로써 고객은 프랜차이즈 네트워크에 대해 공통의 이미지를 갖고 점포와 무관하게 동일한 제품 혹은 서비스를 얻는 것을 기대한다. 구축된 브랜드 인식, 신뢰성, 균일성은 프랜차이징 파워의 한 부분이다. 따라서 표준화는 한 가맹점이 전체 네트워크에 피해를 주는 것을 회피하는 필수 도구이다.

셋째, 한 가맹점의 성공적 발견이 표준화를 통해 폭넓게 퍼질 수 있기 때문에 표준화는 네트워크 내 혁신에 핵심이 될 수 있다. 본사의 R&D는 새로운 아이디어, 혁신적 제품과 서비스를 시도하고 일단 입증되면 가맹점에게 그것을 전달할 것이다.

7.2.2. 표준화 구축 방법

이러한 표준화를 구축하는 가장 일반적 방법은 계약과 운영 매뉴얼이다.

(1) 계약

프랜차이즈 협약은 가맹점에게 협상할 기회가 거의 없다는 의미에서 보통 폐쇄된 계약이라고 한다. 예를 들어, 당사자들의 권리 및 의무와 비즈니스 모델의 운영조건들을 규정하고 있고 그 계약에서 본사는 재무적 보상(직접, 간접, 혹은 둘 다)의 보답으로 차별적 이미지, 노하우, 훈련의 제공이 포함된 비즈니스 모델을 운영하는 권리를 제공한다. 일방적으로 다양한 운영 조건들을 표시(구역적 독점, 비품 구매, 수수료, 로고의 배치 등)하기 때문에 보통 가맹점의 운영 마진은 계약의 단순한 수용 혹은 비수용으로 결정된다. 그러나 이렇게 계약을 제한하는 것은 네트워크 성과에 긍정적 영향을 미칠 수 있다.

(2) 운영 매뉴얼

이것은 가맹점에게 주어진 초기 및 지속적 훈련 프로그램에 포함되어 있다. 브랜드 이미지를 표준화하기 위해 대부분의 본사들은 브랜드의 가치에 대해 가맹점을 교육시키고 그들에게 로고 사용, 간판, 광고에 대한 가이드라인을 제공하는 노력을 펼친다. 그러나 가맹점이 그 프랜차이즈 비즈니스를 소유 시 발생하는 차별화된 특성에 전혀 관심을 두지 않을 때 표준화는 부정적 결과로 종료되기도 한다. 지역의 기업가인 가맹점은 그들의 성과를 극대화하는 것을 지향하고 과소평가되어서는 안 되는 그들의 운영 상황에 대한 구체적 지식을 소유하고 있기 때문이다.

7.2.3. 유연성 니즈

표준화와 반대로 지역별 적응을 지향하는 두 가지 주요 관심사가 존재한다. 이들은 지역 시장에 대한 가맹점 지식과 그들의 기업가적 정신을 유지하는 니즈이다.

(1) 지역 시장에 대한 가맹점의 풍부한 지식 활용

가맹점은 본사보다 지역 시장 상황에 더 친숙하고 그러한 지역적 지식은 지역의 시장 개발을 촉진하는 데 유용하다. 프랜차이징이 지리적으로 분산된 시장에 침투하는 비즈니스 모델로서 사용될 때 그러한 지리적 분산은 네트워크를 성과를 최적화하기 위해 자원과 상황의 적응을 요구하게 된다. 특히 본사가 있는 국가와 가맹점 현지국이 문화적 및 지리적으로 멀리 떨어져 있는 경우에 가맹점의 지역적 지식에 대한 접근 능력은 핵심 강점이 된다. 만약 본사가 가맹점과 좋은 관계를 유지하고 어떤 수준의 유연성을 허용한다면 그 유연성은 전체 프랜차이즈 네트워크에 편익을 제공할 지역적 적응을 잘 반영한다.

대부분의 표준화된 프랜차이즈는 지역 시장에 적응하기 위해 특히 국제화를 추진하는 경우에 어느 정도의 유연성을 허용한다. 가령, 음식 프랜차이즈 시스템에서 지역의 독특한 음식 선호는 전체 메뉴의 변동을 요구한다. 맥도날드는 인도에서 소고기를 서비스하지 않고 스페인에서 가스파초(토마토, 후추, 오이 등으로 만들어 차게 먹는 스페인 수프)를 제공한다. 이렇듯, 문화적 이슈는 지역적 적응의 명백한 이유이다.

가맹점에게 권한 위양을 하는 한 방법으로는 가맹점이 글로벌 계획에 참여할지를 결정할 뿐만 아니라 지역의 가맹점 군집들에 가격 책정 혹은 할인과 같은 어떤 전략의 계획과 실행까지도 제안할 수 있다.

(2) 가맹점의 기업가적 정신 유지

지역 시장에 적응하고 기업가에 의해 운영되는 프랜차이즈 비즈니스의 니즈가 더 높을수록 그 프랜차이즈 네트워크 내에서 더 높은 수준의 유연성을 요구하게 된다. 과도한 표준화는 가맹점의 기업가적 행태를 좌절시키고 이것은 다시 전체 프랜차이즈 네트워크에서 더 낮은 혁신 수준으로 결과되기 때문이다. 흔히, 가맹점은 고객과 가깝고 지역 시장에 대한 뛰어난 지식을 갖기 때문에 그들은 아이디어를 창출하고 혁신 프로세스를 개시하는 데 중요하다. 그들은 또한 자신의 성과를 향상시키는 높은 인센티브를 갖는 경향이 있다. 예를 들어, 맥도날드 가맹점은 체인을 통해 모든 것을 확산시킬 수 있는 신제품 혹은 절차를 개발하는 중요한 아이디어의 원천을 얻고 있다. 만약 가맹점이 자신의 기업가적 관심을 추구하지 못한다면 그들은 실망할 수밖에 없고 좌절하게 될 것이다.

7.2.4. 표준화 대 유연성 선택에 미치는 영향

(1) 프랜차이즈 기간의 영향

프랜차이즈 네트워크가 오래될수록 유연성의 수준은 더 높아질 것이다. 그러나 표준화와 유연성의 딜레마는 절대적 프랜차이즈 기간에 의해 고정되지 않고 프랜차이즈 시스템의 성숙에 따라 변동할 것이다. 비록 표준화가 네트워크 초기 단계에서 중요할지라도 시스템이 성숙함에 따라 그 니즈는 감소할 것이다. 그 이유는 비즈니스 환경이 시간이 지날수록 더 경쟁적이 되어 혁신을 위한 니즈가 급격하게 증가하고 유연성을 갖는 가맹점은 그들의 기업가적 정신을 확대하려고 하기 때문이다. 게다가 시간에 걸쳐 가맹점은 자신의 능력에 대해 더 자기확신적이 되고 그들의 지역 시장에 대해 더 심오한 지식을 얻는 데 비해 그들의 운영적 자유에 대한 한계가 지속되고 표준화로 인해 고객의 진기한 니즈에 적절히 대응하는 것이 허용되지 않는다면 불만족이 증가할 것이다.

(2) 경쟁우위와 관련한 자원 혹은 역량의 영향

표준화되기 쉬운 요소들은 기업의 경쟁우위를 유지하는 자원 혹은 역량과 관련된다. 표준화의 경직성에 두 종류의 요소들이 영향을 미친다. 첫째, 네트워크의 생존에 필수적인 핵심 요소로서 이에 대한 표준화는 예외 없이 그리고 완전한 균일성 수준으로 전체 네트워크에 걸쳐 강제되어야 한다. 둘째, 주변 요소로서 본사는 균일성의 편익과 지역 상황의 특정 환경에 적응이라는 두 가지 모두를 고려해야 한다. 구체적으로, 특정 지역 시장에 더 적합한 것으로 보장된 주변 요소는 제품-믹스 변동, 가격 정책, 지역 마케팅 캠페인, 채용 절차와 같은 인적 관계 프랙티스이고 핵심 요소는 유연성이 브랜드 이미지, 고객 기대, 경쟁우위를 위험에 빠트리기 때문에 엄격하게 표준화되어야 한다.

(3) 본사의 통제 영향

유연성을 남용하는 가맹점의 동기와 유혹이 높을수록 본사에 의한 통제의 사용이 더 높아진다. 유연성과 표준화 사이의 복잡한 균형을 효과적으로 관리하기 위해 본사는 가맹점을 모니터하는 지속적 니즈를 보유하고 있다. 이러한 방법으로 고객 피드백과 같은 비공식적 방법들이 존재하는 반면에 재무 감사, 현장 방문, 미스터리 쇼퍼(mystery shopper) 감사는 표준화를 통제하고 모니터링하는 가장 일반적 방법이다.

또한 관계적 규범은 협력적 행태를 강요하고 기회주의를 좌절시키는 중요한 메커니즘이다. 이러한 관계적 규범 혹은 지배구조의 관계적 형태에 의해 잠재적 갈등을 해결하기 위해 행동 규범과 문서화되지 않은 행동 강령을 서로 잘 이해해야 한다. 이 관계적 규범에 기초한 신뢰는 두 당사자들이 갈등을 만족스럽게 해결하는 것을 선호하는 수준, 협력의 강도, 본사와 가맹점 사이의 신뢰의 수준에 의존한다. 본사의 표준화 요구와 그 규칙에 대한 가맹점의 거절이라는 갈등을 해결하기 위해 설득에 의한 관리 방식은 위협과 제재에 의한 것보다 더 잘 작동한다고 한다. 이를 위한 훈련 프로그램과 개방적인 정기적 커뮤니케이션이 필요할 것이다.

그러나 어떤 가맹점이 표준화된 핵심 요소로부터 지속적으로 이탈한다면 본사는 더욱 강제적 행태를 보여주기 시작할 것이다. 우선, 본사와 가맹점은 비공식적 논의를 통해 문제를 해결하기 위한 시도를 시작할 것이다. 다음에는 공식적으로 문서화된 경고가 가맹점에 보내지고 만약 그래도 그 행태가 유지된다면 재무적 벌칙 혹은 벌금을 부과할 것이다. 마지막 단계는 프랜차이즈 계약을 종결하거나 종결한다는 위협을 가할 수 있다.

—— 참고문헌

Chane, S.A. (1999), "Why franchise companies expand overseas", *Journal of Business Venturing*, *11*(2), 73–88.

Tarbutton, L.T. (1986), *Franchising: The How-to Book*, Prentice-Hall.

Zeller, R.E., Achabal, D.D. & Brown, L.A. (1980), "Market penetration and locational conflict in franchise systems", *Decision Sciences*, *11*(1), 58–80.

객관식 문제

01 다음 문제의 참과 거짓을 판단하시오.

1.1 점포들이 어떤 한 기업에 의해 소유되고 고용된 관리자들에 의해 운영되는 네트워크를 프랜차이즈라고 한다.

1.2 우리나라 주유소 운영 방식이 대표적인 비즈니스 형태 프랜차이즈이다.

1.3 마스터 프랜차이즈는 본사가 존재하고 이 본사는 지역별로 마스터 가맹점을 두고 실제 이 마스터 가맹점이 다시 각 가맹점에 대해서 프랜차이즈 계약을 하는 방식을 말한다.

1.4 프랜차이즈 본사의 갑질을 예방하기 위해서는 본사와 가맹점의 신뢰에 기반한 자율적인 통제와 조율도 중요하지만 최소한의 규제 장치를 마련하여 가맹점을 보호하는 법적 및 제도적 정비도 필요하다.

1.5 프랜차이즈 계약하에서 가맹점은 일반적으로 본사의 운영 표준을 엄격하게 준수하면서 운영되기 때문에 독립적 비즈니스를 소유하고 운영하는 데 요구되는 창의성과 유연성과 비교하여 매우 엄격한 제약이 될 수 있다.

1.6 프랜차이즈 계약하에서 가맹점은 본사의 입증된 운영 방법을 보유할 수 있기 때문에 경영 및 관리 부담을 축소할 수 있다.

1.7 가맹점에 대한 본사의 태도를 전달하는 PERT는 일반적으로 본사가 가맹점, 가맹점 관리자, 부관리자, 스태프 인력에게 얼마나 많은 훈련과 어떤 종류의 훈련을 제공할지를 설명한다.

1.8 본사에서 신규 가맹점을 선택할 때 기존 가맹점 경험이 있는 사람은 무조건적으로 피하는 것이 바람직하다.

1.9 본사가 가맹점 점포를 설립 시에 항상 입지를 우선 결정하고 다음에 가맹점을 선택한다.

1.10 새로운 가맹점에게 청구하는 수수료는 진행 수수료라고 한다.

1.11 진행 수수료는 단계적으로 증가시켜 부과할 수 있다.

1.12 진행 수수료에서 마케팅 수수료의 분리가 가능하지만 마케팅 활동이 즉
     각적인 수익과 연결되지 않기 때문에 가맹점은 초과 부담금에 동의하지
     않을 가능성이 높아 가맹점에 판매된(공급된) 재화의 가격을 인상하는
     것으로 대체할 수도 있다.

1.13 가맹점은 점포를 운영하는 데 많은 책임(회계, 임금, 인력 문제 등)을
     맡기 때문에 본사의 지원은 체인 운영 시보다 더 적다.

1.14 프랜차이즈 브랜드 평판은 소비자의 브랜드 인식에 의해 프랜차이즈 체
     인이 선택되기 때문에 잠재적 가맹점에게 가장 의미 있는 영향을 미치
     는 요인 중 하나이다.

1.15 이익과 관련하여 본사는 전체 프랜차이즈 시스템의 이익을 최대로 하는
     데 관심이 있고 가맹점은 점포 단위의 이익을 최대화하는 데 있기 때문
     에 항상 갈등이 발생한다.

1.16 인구통계와 경쟁의 변화, 증가하는 가시성, 프랜차이즈 브랜드의 인식,
     지역 인프라 개발(예, 신규 도로, 쇼핑센터 개발)은 구역/시장 지역 내
     에서 시장 잠재성을 변화시키기 때문에 프랜차이즈 구역을 변화시키게
     만든다.

1.17 비용을 최소화하고 널리 알려진 이미지를 갖고 혁신적이 되려는 프랜차
     이즈 비즈니스의 니즈가 더 높을수록 프랜차이즈 네트워크의 유연성 요
     구가 더 증가한다.

1.18 표준화를 구축하는 가장 일반적 방법은 계약과 운영 매뉴얼이다.

1.19 프랜차이즈 네트워크가 오래될수록 유연성의 수준은 더 높아질 것이다.

1.20 가맹점의 유연성 남용과 관련하여 본사의 가맹점 모니터링, 관계적 규
     범 강화, 재무적 규제 등을 사용할 수 있다.

02 선택형 문제

2.1 다음 중 비즈니스 형태 프랜차이즈의 대표적인 사례 중 가장 거리가 먼 것은?

① 피자 프랜차이즈 ② 패스트푸드 레스토랑

③ 치킨 ④ 호텔

2.2 다음 중 프랜차이즈 참가 이유와 거리가 먼 것은?

① 유명한 상표 사용 ② 훈련

③ 신속한 창업 ④ 높은 의존성

2.3 다음 중 프랜차이즈 본사의 역할이 아닌 것은?

① 제품 혹은 서비스의 표준 품질과 균일성 제공

② 제품믹스, 운영절차, 품질에 관한 가맹점의 요구사항을 따르는 데 동의

③ 비즈니스 개설 및 수행에 대한 운영 및 조언과 같은 경영적 지원

④ 지적 재산을 사용하는 권리를 가맹점에게 제공

2.4 다음 중 가맹점의 장점과 가장 거리가 먼 것은?

① 비즈니스 성장 속도 향상

② 비즈니스 리스크 감소

③ 원활한 자본 조달

④ 본사로부터 입증된 운영 방법 보유

2.5 다음 중 다중단위 가맹점 계약 시 고려사항으로 적절하지 않은 것은?

① 가맹점이 여유가 있는가?

② 동시에 운영하는 가맹점의 수

③ 점포 사이의 거리

④ 가맹점이 비즈니스 운영을 숙달하였는가?

2.6 다음 중 가맹점이 본사에 지불하는 비용이 아닌 것은?

① 라이선스 수수료

② 경영 서비스 수수료

③ 점포 보증금

④ 재화 공급비용

2.7 다음 중 프랜차이즈 계약 시 초기 수수료 설정 방법으로 적절하지 않은 것은?

① 계획된 수의 점포를 개설하는 비용을 점포의 수로 나눈 추정된 평균 비용

② 향후 매출 전망에 따른 수수료 산정

③ 과거의 초기 수수료에 토대

④ 공평한 자원의 내부분배를 위해 차별적 비용 산정

2.8 다음 중 본사에서 가맹점에게 제공되는 지원에서 가장 거리가 먼 것은?

① 문제를 해결하고 가이드를 제공하는 현장 인력

② 시스템 개발

③ 제품 개발

④ 가맹점과 그들의 인력에 대한 한 번의 훈련

2.9 다음 중 프랜차이즈 성공요인 중 가장 거리가 먼 것은?

① 브랜드 평판

② 본사와 가맹점 사이의 관계

③ 초기와 운영 수수료의 공정한 배분

④ 본사와 가맹점 사이의 신뢰

2.10 다음 중 프랜차이즈 가맹점의 표준화 니즈가 증가하는 이유로 적절하지

않은 것은?

① 지역 시장에 대한 가맹점의 풍부한 지식 활용

② 본사와 가맹점 모두의 비용 최소화 지향

③ 한 가맹점의 성공적 발견이 표준화를 통해 폭넓게 퍼질 수 있기 때문
에 표준화는 네트워크 내 혁신에 핵심

④ 고객들은 프랜차이즈 네트워크에 대해 공통의 이미지를 갖고 점포와
무관하게 동일한 제품 혹은 서비스를 얻는 것을 기대

그룹 토론 주제

1.1 다음 서비스 중 본인이 경험했거나 잘 아는 서비스 세 개를 고려하시오.

> 치킨점포, 커피숍, 주스음료 가게, 극장, 피자집, 아이스크림 가게, 햄버거 프랜차이즈점, 샌드위치점포, 분식집, 자동차정비 서비스, 헬스센터, 초등학교, 도소매(화장품, 편의점, 사무용품, 건강식품 등), 제과점, 일식점포, 중식점포, 각종 주점(포장마차, 맥주, 와인 등), 기타 해외식 레스토랑(베트남, 태국, 러시아, 터키 등), 이동통신 대리점, 미용실 서비스, 여행사, 기원, 대형 학원, 대형 법무법인, 이삿짐 서비스

(1) 선택한 서비스의 매출액, 점포 수, 이익 기준 3대 프랜차이즈 브랜드를 찾아보시오.
(2) 선택한 서비스의 프랜차이즈 유형을 결정하시오.
(3) 선택한 서비스에서 프랜차이즈 가입 시 가맹절차와 규정에 대해 조사해 보시오.
(4) 선택한 서비스를 본인이 직접 가입한다는 가정하에 예상되는 여러 가지 비용을 추정해 보시오.
(5) 선택한 서비스의 표준화와 유연성 전략이 어떻게 활용되고 있는지 설명하시오.
(6) 선택한 서비스에서 발생한 CEO 리스크 사례를 찾아보고 그 문제에서 벗어날 수 있는 제도적 장치를 찾아서 제안하시오.
(7) 선택한 서비스에서 사라진 프랜차이즈 브랜드를 찾아 가장 중요한 이유를 찾아보시오.

1.2 맥도날드의 세 다리 의자(The Three-Legged Stool)에 대해 조사하여 설명하시오.

1.3 프랜차이즈에서 나타나는 디지털 기술 도입 사례로서 제너시스BBQ, 한국 피자헛, 배달의민족 앱을 이용하여 설명하시오.

1.4 빕스와 파리바게뜨를 이용하여 프랜차이즈 서비스의 지역 수요를 반영한 유연성 전략 사례를 소개하시오.

1.5 다음의 비대면 서비스 중 잘 알거나 경험했던 서비스 세 개를 고려하시오.

> 무인카페, 배달 전문 도시락, 음식 배달 서비스, 인터넷 금융, 비대면 교육, 온라인 취미 수업, 세탁물 픽업 및 배달 서비스, 매장 내 물건 주문과 픽업 서비스, 셀프 관리형 정수기 필터 서비스, VR을 이용한 인테리어 제안, 사이버 모델 하우스, 메신저 상담, 챗봇, AI 스피커를 통한 쇼핑, 가상 피팅 의류/안경 쇼핑몰, 비대면 화상 면접, 비대면 육아 서비스, 재택근무 서비스, 온라인 합동연주 및 콘서트, 비대면 결제 서비스, 동영상 스트리밍 서비스, 100% 셀프 스토어

(1) 선택한 서비스의 프랜차이즈 가능성을 평가하시오.
(2) 선택한 서비스에서 유연성과 표준화 전략의 장단점을 비교·평가하시오.
(3) 선택한 서비스의 프랜차이즈와 비즈니스 플랫폼과의 관련성을 설명하시오.

김진한

금오공과대학교 경영학과 교수인 김진한은 서강대학교에서 경영과학 전공으로 박사학위를 받은 후 한국외환은행 경제연구소, 현대경제연구원, 포스코경영연구소에서 과학적 의사결정, 신사업, 기술혁신 등에 대한 컨설팅과 프로젝트를 수행하였다. 현재 대학에서 서비스운영관리, 기술경영, 공급사슬관리, 데이터 분석 관련 과목에 대한 강의를 주로 하고 있다.

서비스 운영 관리

초판발행	2021년 2월 25일
중판발행	2023년 8월 30일
지은이	김진한
펴낸이	안종만·안상준
편 집	황정원
기획/마케팅	장규식
표지디자인	이미연
제 작	고철민·조영환
펴낸곳	(주) **박영사**
	서울특별시 금천구 가산디지털2로 53, 210호(가산동, 한라시그마밸리)
	등록 1959. 3. 11. 제300-1959-1호(倫)
전 화	02)733-6771
f a x	02)736-4818
e-mail	pys@pybook.co.kr
homepage	www.pybook.co.kr
I S B N	979-11-303-1203-3 93320

copyright©김진한, 2021, Printed in Korea

* 파본은 구입하신 곳에서 교환해 드립니다. 본서의 무단복제행위를 금합니다.

정 가   34,000원